V&R

GOTTFRIED ADAM /
FRIEDRICH SCHWEITZER (Hg.)

*ETHISCH ERZIEHEN
IN DER SCHULE*

VANDENHOECK & RUPRECHT
IN GÖTTINGEN

Die Deutsche Bibliothek – CIP-Einheitsaufnahme

Ethisch erziehen in der Schule / Gottfried Adam/Friedrich
Schweitzer (Hg.). – Göttingen : Vandenhoeck und Ruprecht,
1996
   ISBN 3-525-61277-X
NE: Adam, Gottfried [Hrsg.]

Schrift: Baskerville
Satz: Dörlemann Satz, Lemförde
Druck und Einband: Hubert & Co., Göttingen

Inhalt

5

Zweiter Teil: Unterrichtliche Entfaltungen

Klasse 5/6

7

8

9

Vierter Teil: Praktische Hinweise

Zur Einführung

Ethisch erziehen in der Schule – das kann als Beschreibung, aber auch als Aufforderung gelesen werden. In der heutigen gesellschaftlichen Situation, die durch zahlreiche Probleme belastet und von noch mehr Herausforderungen gekennzeichnet ist, wird der Ruf nach Moral- oder Werterziehung in der Schule immer lauter. Der Religionsunterricht und der Ethikunterricht rücken damit in den Vordergrund. Von ihnen wird ein besonderer Beitrag zur ethischen Orientierung, zum Aufbau von Tugenden und zur Übernahme von Grundwerten erwartet. Aber was können Schule und Unterricht hier tatsächlich leisten? Wo liegen Handlungschancen? Und wo ist statt dessen auf die Grenzen von Schule zu verweisen?

Der Titel des Buches »Ethisch erziehen in der Schule« soll nicht im Sinne von Erziehung als Anpassung, Eingliederung, Prägung, Festlegung auf gesellschaftliche Konventionen oder gar Indoktrination verstanden werden. Auch schließt die Verwendung des Erziehungsbegriffs hier keine Ablehnung des Bildungsbegriffs ein. Schon der Bezug auf »Ethik« verweist auf die selbständige Urteilsfähigkeit, um die es gehen soll, in Abgrenzung gegen solche Erziehungsvorstellungen, die Kinder und Jugendliche nicht als ethische Subjekte anerkennen und statt dessen direkt das Verhalten beeinflussen wollen. Insofern kann das Anliegen des Buches auch als »ethische Bildung« beschrieben werden. Wie aber steht es um ethische Erziehung oder Bildung in der Schule? Kann die Schule den auf sie gerichteten Erwartungen entsprechen?

Hinter den Forderungen an Schule und Unterricht stehen zunächst Veränderungen in der Gesellschaft selbst. Schon seit langem wird von einem Wertewandel gesprochen, manchmal sogar von einem Werteverlust. Auch wenn sich die weitreichenden Befürchtungen, die damit manchmal verbunden waren, empirisch nicht bestätigt haben, bleibt die Erfahrung einer Wandelbarkeit von Normen doch bestehen. Selbst wenn die übergreifenden Werte, wie manche sagen, gleich bleiben, weisen die daraus abgeleiteten Normen, die im alltäglichen Handeln bestimmend sind, zunehmend Vielfalt und Veränderlichkeit auf. Dies gilt nicht nur für Äußerlichkeiten wie Kleidung und Tischregeln, sondern auch für die zwischenmenschlichen Beziehungen einschließlich der Sexualität, für Einstellungen zu Arbeit und Freizeit usw.

Pädagogisch gesehen können die mit solchen Veränderungen in der Gesellschaft verbundenen Erwartungen allein die ethische Erziehung allerdings nicht zureichend begründen. Der Erziehungsauftrag der Schule muß so ausgelegt werden, daß er die Orientierungs- und Entwicklungsbedürfnisse der Kinder und Jugendlichen ebenso konstitutiv berücksichtigt wie die gesellschaftlichen Erfordernisse. Das Ziel der Erziehung kann nur eine verantwortliche Mündigkeit sein, nicht einfach die Anpassung an die Gesellschaft.

Vor neue Herausforderungen stellt in Deutschland auch die Situation nach der deutschen Vereinigung im Jahre 1990. Dabei wurde zwar das Grundgesetz der Bundesrepublik, und damit auch die Grundrechte und -werte, die mit dem Grundgesetz verbunden sind, für die neuen Bundesländer übernommen. Gleichwohl wirken die Traditionen der staatssozialistischen Erziehung weiter und verstärken zusätzlich die Situation von Vielfalt und Veränderlichkeit

Die Institution Schule ist davon mehrfach betroffen. Erstens verändert sich der wertbezogene gesellschaftliche Hintergrund, auf den sie sich bezieht und im besten Falle sogar stützen kann. Am augenfälligsten ist dies im Blick auf die kirchlichen Verhältnisse: Während die Schule in den alten Bundesländern mit einer ganz überwiegend christlich und kirchlich geprägten Elternschaft rechnen kann und zum Teil jedenfalls rechtlich als »christliche Gemeinschaftsschule« verfaßt und mit einem entsprechenden Erziehungsauftrag ausgestattet ist, stellt sich die Ausgangslage in den neuen Bundesländern fast diametral anders dar: Eine Zugehörigkeit zu Kirche oder Christentum ist nur bei einer Minderheit gegeben.

Zweitens wird in dieser Situation – im Osten, aber auch im Westen – die fachliche Zuständigkeit für ethische Erziehung neu verhandelt: Während herkömmlicherweise ethische (seit dem 19. Jahrhundert sog. »sittlich-religiöse«) Orientierungen vor allem vom Religionsunterricht und nur ersatzweise von einem Ethikunterricht erwartet wurden, kommt nun der Ethikunterricht als gleichberechtigte Alternative ins Spiel. Beim Brandenburger Schulversuch »Lebensgestaltung-Ethik-Religion« wird sogar von einer Überlegenheit eines nicht mehr nach Konfessionen und Religionen differenzierenden Unterrichts her gedacht.

Drittens steht damit auch die Frage nach der Rolle des Staates bei der ethischen Erziehung neu zur Diskussion. Es ist seit längerem unbestritten, daß auch der demokratische Staat einen Erziehungsauftrag, vor allem in der Schule, wahrnehmen darf. Allerdings konkurriert hier der Staat mit den für eine Demokratie ebenfalls konstitutiven Freiheits- und Elternrechten. Er ist deshalb zu großer Vorsicht und Sensibilität verpflichtet. Je weiter sich der Staat mit der Einrichtung eigener Fächer voranwagt und je weniger dabei Alternativen wie Religionsunterricht oder Abmeldungs- und Befreiungsmöglichkeiten bestehen, desto mehr muß nach der Legitimität des staatlichen Erziehungshandelns gefragt werden.

Dabei darf viertens nicht vergessen werden, daß die Möglichkeiten einzelner Fächer, sei es nun Religions- oder Ethikunterricht, bei der ethischen Bildung und Erziehung begrenzt sind. Der Aufbau von Werthaltungen kann nicht in wenigen Wochenstunden geschehen, bei der ethischen Erziehung ist stets die Schule als ganze gefordert. Dies bedeutet freilich nicht, daß besondere Fächer überflüssig wären. Ähnlich wie beim muttersprachlichen Unterricht gilt auch hier, daß die entsprechenden Fähigkeiten zwar in allen Fächern und bei allen Gelegenheiten gepflegt werden sollten, daß aber ein besonderer Unterricht zugleich für die Wahrnehmung entsprechender Fragen sorgen kann. Auch der Einwand, die anderen Bereiche von Schule fühlten sich durch die Existenz von Fächern mit besonderer Zuständigkeit für ethische Fragen ihrerseits entlastet und zur Ausblendung ethischer Aspekte ermutigt, setzt dies nicht außer Kraft. Zu fragen ist allerdings, ob und wie eine Stärkung der ethischen bzw. religiösen Lernangebote in der Schule erreicht werden kann – etwa durch fächerübergreifende Kooperation oder durch Einrichtung eines eigenen Pflichtbereichs, wie ihn die Denkschrift der EKD »Identität und Verständigung. Standort und Perspektiven des Religionsunterrichts in der Pluralität« (1994) mit ihrem Konzept der Fächergruppe vorsieht.

Solche Fragen sind dabei keineswegs auf Deutschland begrenzt. Die Herausforderungen einer multikulturellen und multireligiösen Gesellschaft sind überall in Europa und darüber hinaus zu bemerken. Ethische Bildung und Erziehung müssen deshalb zunehmend interkulturelle und interreligiöse Bezüge aufnehmen. Das friedliche Zusammenleben in Europa einschließlich religiöser Toleranz gehört denn auch zu den vom Europarat eigens hervorgehobenen Erziehungszielen.

Angesichts all dieser Erwartungen ist freilich erneut auf die Grenzen von Schule und Unterricht hinzuweisen. Nur wenn auch die außerschulischen Bereiche (Öffentlichkeit, Kirche, Familie usw.) bei der ethischen Erziehung mitwirken, ist es überhaupt denkbar, daß ethische Erziehung gelingt. Überzogene Erwartungen und eine Delegation von Aufgaben an die dadurch gleichermaßen überforderten Fächer Religion und Ethik oder die Schule insgesamt helfen nicht weiter.

Die Absicht des vorliegenden Bandes besteht nicht darin, unrealistische Erwartungen zu verstärken. Zu stützen und stärker wahrzunehmen ist gleichwohl, was Religions- und Ethikunterricht wie auch andere Fächer zum ethischen Erziehungsauftrag der Schule beitragen. An Leserinnen und Leser aus diesen Bereichen, aber auch an alle anderen, denen die ethische Erziehung in der Schule nicht gleichgültig ist, richtet sich dieser Band. Er will Wege zeigen, wie eine sozial verantwortliche und zugleich freiheitliche ethische Erziehung möglich ist. Weiterhin will er diejenigen Erkenntnisse, Methoden und Hilfen, die heute in Praxis und Theorie verfügbar sind, zugänglich machen.

Die Beiträge des Bandes machen deutlich, daß im Bereich der ethischen Erziehung mit einer Pluralität von Auffassungen, Positionen und Perspektiven zu rechnen ist. Anliegen der Herausgeber konnte es nicht sein, die Autorinnen und Autoren auf eine gemeinsame Sicht zu verpflichten. Der vorliegende Band will die Diskussion über ethische Bildung und Erziehung in der Schule nicht abschließen, sondern will sie gerade anregen und verstärken. Die Beiträge lassen freilich erfreulich viele Gemeinsamkeiten erkennen. So ist ein gemeinsames Werk von Autorinnen und Autoren entstanden, denen die Beförderung der ethischen Kompetenz der Schülerinnen und Schüler durch die Schule als ganze, durch Religionsunterricht und Ethikunterricht sowie in der Kooperation dieser Fächer wichtig ist.

Der Band ist so aufgebaut, daß zunächst (Teil 1) Grundfragen ethischer Erziehung in Schule und Unterricht geklärt werden. In Teil 2 geht es dann um unterrichtliche Entfaltungen, mit Beispielen zu zentralen Themen in Religions- und Ethikunterricht, auch unter Berücksichtigung verschiedener Altersstufen. Weiterführende Fragestellungen etwa im Blick auf aktuelle Diskussionen (weibliche Moralentwicklung, Wertewandel usw.), aber auch hinsichtlich der rechtlichen Voraussetzungen sowie der Aus- und Fortbildung werden in Teil 3 erörtert. Der letzte Teil (Teil 4) bietet praktische Hinweise zu Materialien und Medien sowie zu den Lehrplänen für die Fächer Religion und Ethik.

Allen, die uns bei der Erarbeitung dieses Bandes unterstützt haben, sind wir sehr zu Dank verpflichtet. Für Druckkostenzuschüsse haben wir der Barbara Schadeberg-Stiftung, der Evangelischen Kirche der Union, der Evangelischen Kirche von Hessen und Nassau sowie der Evangelischen Kirche von Kurhessen-Waldeck zu danken. Sie haben in erheblichem Maße dazu beigetragen, daß der Band in der vorliegenden Form bei einem gleichwohl vertretbaren Preis erscheinen konnte.

Wien/Tübingen, im Juni 1996

Gottfried Adam/Friedrich Schweitzer

ERSTER TEIL

Grundfragen

I.

Ethische Erziehung als Aufgabe und Möglichkeit der Schule

GOTTFRIED ADAM / FRIEDRICH SCHWEITZER

Soll die Schule ethisch erziehen? Darf sie es? Kann sie es? Und, wenn ja, auf welche Weise? Wo liegen ihre besonderen Möglichkeiten im Vergleich zu anderen Einflüssen – etwa des Elternhauses, der Medien oder überhaupt der Gesellschaft? Angesichts der vielfältigen Erwartungen, die sich gerade bei der ethischen Erziehung auf die Schule richten, ist es wichtig, vorab deren Berechtigung zu prüfen. Dabei ist insbesondere auch nach den Grenzen zu fragen, die der Schule und ihrer Wirksamkeit gezogen sind. Pädagogisches Handeln, das sich seiner Grenzen nicht bewußt ist, wird leicht zur Sisyphusarbeit und führt letztlich nur zu Enttäuschungen.

Im vorliegenden Beitrag soll deshalb zunächst untersucht werden, in welchem Sinne ethische Erziehung als Funktion oder Aufgabe von Schule bezeichnet werden kann. Sodann soll nach den Grenzen und schließlich nach den spezifischen Möglichkeiten ethischer Erziehung in der Schule gefragt werden.

Dabei gehen wir von einem Verständnis *»ethischer Erziehung«* aus, das von vornherein nicht gesellschaftliche Anpassung oder gar Abrichtung meint, sondern einen Bildungsanspruch im Sinne von Mündigkeit und kritischer Reflexionsfähigkeit einschließt.[1] Auf dieses Verständnis verweist bereits der Bezug zur *Ethik,* die als Reflexionsform bloß gelebter *Moral* oder *Sittlichkeit* immer schon auf das eigene Urteilen der Kinder und Jugendlichen zielt.[2] Im folgenden werden allerdings nicht nur die von uns ange-

---

1 Vgl. dazu bereits unsere Einführung, s.o.

2 Zu bedenken ist allerdings, daß sich Erziehung, besonders in der Kindheit, aber auch noch im frühen Jugendalter, nicht anders als auf der Ebene gelebter Moral oder Sittlichkeit vollziehen kann – mit der Folge, daß das Verhältnis zwischen reflexiv-ethischen und lebenspraktisch-moralischen Bezügen in der Pädagogik stets spannungsreich bleibt; vgl.

strebten Formen der ethischen Erziehung zu betrachten sein, sondern in einem weiteren Sinne auch all diejenigen normativ gehaltvollen Prozesse, die sich in der Schule vollziehen.

1. Ethische Erziehung als Funktion und Aufgabe der Schule

Die Frage, ob Schule ethisch erziehen soll, ist leichter zu beantworten, wenn umgekehrt gefragt wird, ob die Schule es *vermeiden* kann, Normen und Werte zu vermitteln. So gesehen ist nämlich unmittelbar deutlich, daß die Schule ganz unvermeidlicherweise auch in einem normativen Sinne erzieht. Was auch immer in der Schule geschieht und wie auch immer es begründet wird, Normen werden dabei zwangsläufig vermittelt. Selbst eine Schule, die sich ausschließlich auf die Vermittlung rein wissenschaftlicher Informationen beschränken will, würde doch auch ethisch erziehen – indem sie die wissenschaftliche Weltsicht als die einzig legitime Umgangsweise mit den Fragen und Problemen des Lebens erscheinen läßt. In diesem weiten Sinne findet ethisches Lernen also immer schon statt. Ethische Erziehung vermeiden, das kann Schule nicht. Es handelt sich um eine unvermeidliche Funktion von Schule. Fraglich ist allerdings, ob das Lernen auch in dem Sinne als ethisch bezeichnet werden kann, daß die ausdrücklich oder unausdrücklich, bewußt oder unbewußt, offen oder verdeckt vermittelten Normen und Werte reflektierten ethischen Kriterien und damit den ausweisbaren Ansprüchen von Schule in einer demokratisch verfaßten Gesellschaft gerecht werden.

Von zentraler Bedeutung für die Schule ist also weniger die Frage, *ob* sie ethisch erziehen soll, als vielmehr die, an *welchen* Normen und Werten sie sich dabei orientieren kann und soll. Drei mögliche Antworten – aus Schultheorie, Bildungsphilosophie und Bildungspolitik – sollen im folgenden aufgenommen werden.

dazu *F. Schweitzer*, Moralerziehung in der Pluralität. Schule, Staat und Gesellschaft zwischen Toleranzgebot und verbindlichem Ethos, in: *W. Beutel/P. Fauser* (Hrsg.), Politisch bewegt? Schule, Jugend und Gewalt in der Demokratie, Seelze 1995 (= Neue Sammlung 2/1995), 111–127. Zur weiteren Klärung der Begriffe *(Normen, Werte)* vgl. den Beitrag von *J.-P. Wils* im vorl. Band.

1.1 Theorie der Schule. Seit in der Pädagogik wissenschaftlich über Schule reflektiert wird, gehört auch die ethische Erziehung zu den Themen dieser Reflexion.

Bei *Friedrich Schleiermacher*[3], der als einer der ersten eine bis heute beachtliche Theorie der Schule vorgelegt hat, findet sich die Auffassung, daß eine über das Elternhaus hinausgehende Erziehung besonders in ethischer Hinsicht erforderlich sei. Anders als die Familie und über diese hinaus könne die Schule sittliche Bildung ermöglichen, wenn sie sich neben der Vermittlung von Fertigkeiten auch die Pflege des »Gemeingeistes« zur Aufgabe macht. Ethische Erziehung als *Gesinnungsbildung* gehört in dieser Sicht zu den Grundaufgaben von Schule.

Auch im Bereich des *Unterrichts* wird die Aufgabe ethischer Bildung in der pädagogischen Tradition schon früh als zentral angesehen. In einer der ersten voll ausgebildeten didaktischen Theorien vertritt etwa *Johann Friedrich Herbart* die These, daß aller Unterricht *»erziehender Unterricht«* sein müsse.[4] Die Bildung des Charakters gehört demnach zu den Grundaufgaben, die der Unterricht wahrnehmen muß, wenn er seiner pädagogischen Aufgabe gerecht werden soll.[5]

Auch in neueren schultheoretischen Darstellungen gehört die Vermittlung von Normen und Werten zu den Funktionen von Schule, häufig nun allerdings in kritischer Perspektive. Gesprochen wird von einem »heimlichen Lehrplan«[6], durch den die Kinder und Jugendlichen zur Anpassung an die bestehenden gesellschaftlichen Verhältnisse gebracht werden. Allgemein wird von der *Sozialisationsfunktion* der Schule gesprochen, die in der Regel nicht zu ethischer Mündigkeit, sondern zu Konformität führe.[7] Genau an diesem Punkt setzen allerdings auch reformorientierte Impulse an: Schule soll dann beispielsweise als »Polis« gestaltet werden, damit sie im Sinne der demokra-

---

3 Vgl. *F. Schleiermacher,* Erziehungslehre, hrsg. v. *C. Platz,* Berlin 1849, bes. 355ff.

4 *J.F. Herbart,* Allgemeine Pädagogik aus dem Zweck der Erziehung abgeleitet (1806), in: *ders.,* Pädagogische Schriften. Bd. 2: Pädagogische Grundschriften, hrsg. v. *W. Asmus,* Stuttgart ²1982, 9ff.

5 S. dazu den Beitrag von *F. Schweitzer* im vorl. Band.

6 *J. Zinnecker* (Hrsg.), Der heimliche Lehrplan. Untersuchungen zum Schulunterricht, Weinheim/Basel 1975.

7 Vgl. etwa *H. Fend,* Theorie der Schule, München 1980.

tischen Erziehung zum Aufwachsen mündiger Bürger beitragen kann.[8]

Daß die Möglichkeiten von Schule bei alldem nicht überschätzt und daß Schule nicht einfach als Gegeninstanz zu gesellschaftlichen Entwicklungen in Anspruch genommen werden darf, haben zuletzt die sich an die Frage des Wertewandels und das Problem der Gewalt anschließenden Debatten über ein angebliches Versagen von Schule gezeigt.[9] Schule ist immer auch Teil von Gesellschaft; sie ist den herrschenden gesellschaftlichen Einflüssen nicht enthoben. Vielmehr ist sie – beispielsweise am Wandel der Werte – auch selbst, und zum Teil sogar ursächlich, durch die von ihr vermittelte Bildung beteiligt. Weiterhin wird von der Schultheorie auch auf die Grenzen von Schule verwiesen (s.u. 2.).

1.2 Bildungsphilosophie. Während die Theorie der Schule in erster Linie auf die Schule als Institution bezogen ist, richten sich die Fragen von Bildungsphilosophie oder, wie heute häufig gesagt wird: von Bildungstheorie auf die Bildungsinhalte (Kultur) sowie auf die sich bildende Persönlichkeit (Individuum). Auch hier kann auf eine lange Tradition ethisch äußerst gehaltvoller Positionen in der Geschichte der Pädagogik verwiesen werden – etwa auf *Johann Amos Comenius,* auf *Jean-Jacques Rousseau* oder *Wilhelm von Humboldt.* Auch die Idee der Allgemeinbildung, wie sie dann ab dem 19. Jahrhundert etwa durch die Herbartianer populär wird, steht weithin im Zeichen einer sog. »sittlich-religiösen« Bildung.[10] Bildung, so darf gesagt werden, ist ohne ethische Dimension kaum denkbar.

Wie kommt es zu dieser hervorgehobenen Bedeutung der ethischen Dimension von Bildung? Am Beispiel von zwei Autoren,

---

8 So etwa *H. von Hentig,* Die Schule neu denken. Eine Übung in praktischer Vernunft, München 1993, bes. 179 ff.

9 Aus der breiten Diskussion s. etwa *W. Schubarth/W. Melzer* (Hrsg.), Schule, Gewalt und Rechtsextremismus. Analyse und Prävention, Opladen 1993, *H. von Recum,* Schule im sozialkulturellen Wandel, in: Die Deutsche Schule 1992, 388 ff. sowie die dort anschließenden Diskussionsbeiträge von *W. Hopf* und *A. Leschinsky.*

10 Vgl. die Dokumente bei *K.E. Nipkow/F.Schweitzer* (Hrsg.), Religionspädagogik. Texte zur evangelischen Erziehungs- und Bildungsverantwortung seit der Reformation. Bd. 2/1: 19. und 20. Jahrhundert (ThB 88), Gütersloh 1994, 107 ff.

deren Bildungsverständnis für die zweite Hälfte des 20. Jahrhunderts exemplarische Bedeutung zukommt, kann dies weiter verdeutlicht werden:

– *Wilhelm Flitner,* der mit seinem Verständnis von »Grundbildung« die gymnasiale Bildungsdiskussion der 50er und 60er Jahre maßgeblich mitgeprägt hat, bestimmt diese Bildung in der Sprache der geisteswissenschaftlichen Pädagogik als das, was »in einem Lebenskreis mit geistig-sittlicher Ordnung von jedermann und in jeder wichtigen Lebensbeziehung, nach jeder inhaltlichen Richtung durch die Erziehung entwickelt wird«.[11] Dieses Verständnis wird weiter präzisiert durch den Verweis auf vier zentrale Komplexe von Inhalten, die Flitner auch als »Initiationen« – als grundlegende Einführungen in die abendländische Kultur und deren Lebensformen[12] – bezeichnet: »Es sind im wesentlichen *vier sachliche Gehalte,* in welche Einführungen solcher Art notwendig sind ...: die christliche Glaubenswelt, das philosophisch-wissenschaftliche Problembewußtsein, die exakt-naturwissenschaftliche Methode mit ihrer Macht über die Technik, die politische Welt der Gegenwart in ihrer Wechselwirkung mit der gesellschaftlich-sittlichen Ordnung«.[13] Demnach ist Bildung ohne ethische Dimension nicht denkbar, weil sonst der geschichtliche Zusammenhang der abendländischen Kultur als Form der Sittlichkeit bedroht und weil das Leben in der heutigen Gesellschaft ohne sittliche Gestalt wäre.

– Stärker an der Gegenwart orientiert ist demgegenüber der seit den 80er Jahren von *Wolfgang Klafki* unternommene vielbeachtete Versuch einer Erneuerung des Bildungsverständnisses. Die ethischen Bezüge sind dabei wiederum von zentraler Bedeutung, schon wenn Klafki den Bildungsbegriff unter den Aspekten von »Selbstbestimmung«, »Mitbestimmungs-« und »Solidaritätsfähigkeit« bestimmt.[14] Noch deutlicher tritt die ethische Dimension hervor, wenn Klafki dann die Inhalte, die das Bildungsverständnis in materialer Hinsicht ausfüllen, in Form von »Schlüsselproblemen« definiert (etwa der Friedensfrage, der sozialen Ungleichheit, der Sexualität

11 *W. Flitner,* Grundlegende Geistesbildung. Studien zur Theorie der wissenschaftlichen Grundbildung und ihrer kulturellen Basis, Heidelberg 1965, 47.

12 Vgl. dazu *W. Flitner,* Die Geschichte der abendländischen Lebensformen, München 1967.

13 *W. Flitner,* Hochschulreife und Gymnasium. Vom Sinn wissenschaftlicher Studien und von der Aufgabe der gymnasialen Oberstufe, Heidelberg 1967, 59.

14 *W. Klafki,* Neue Studien zur Bildungstheorie und Didaktik. Beiträge zur kritisch-konstruktiven Didaktik, Weinheim/Basel 1985, 17.

usw.).[15] Eine Verbindlichkeit von Bildung wird vor allem im Blick auf ethisch-politische Herausforderungen erwartet.

Aus dem bildungsphilosophischen Verständnis erwachsen allerdings wiederum auch *Grenzen,* die bei der ethischen Erziehung prinzipiell beachtet werden müssen. Aus dem Interesse an Mündigkeit ergibt sich beispielsweise das grundlegende *Indoktrinationsverbot* in der Erziehung. Die Reflexion auf die Beschaffenheit der ethisch relevanten Fähigkeiten (eigene Urteilsfähigkeit, Subjektbezug usw.) führt zur Einsicht in die *Grenzen der Lehrbarkeit.*[16] Der Bezug auf das pädagogische Prinzip der Selbsttätigkeit führt nicht zuletzt in der ethischen Erziehung vor die Paradoxie, daß Kinder und Jugendliche zu einer Tätigkeit aufgefordert werden sollen, die ihnen gerade noch nicht zu Gebote steht.[17] Der hervorgehobenen Bedeutung der ethischen Dimension im Bildungsverständnis entspricht also keineswegs eine unbegrenzte Macht der Pädagogik, die erforderlichen Bildungsprozesse tatsächlich herbeizuführen. Weiterhin wird aus pädagogischer Sicht kritisch gefragt, wie weit der Erziehungsauftrag der staatlichen Schule reicht und ob etwa die »Lebensgestaltung« auf dem Wege schulischer Erziehung staatlich normiert werden dürfe.[18]

In der heutigen wissenschaftlichen Diskussion wird die bildungsphilosophische häufig durch eine *sozialwissenschaftlich-moralpsychologische Begründung* ersetzt oder erweitert. Bestimmend ist hier in der Regel das Ziel der

---

15 Ebd., 21.
16 Als letzte Stellungnahme hierzu *W. Fischer,* Ist Ethik lehrbar?, in: ZP 42/1996, 17 ff.
17 Vgl. pointiert *D. Benner,* Allgemeine Pädagogik. Eine systematisch-problemgeschichtliche Einführung in die Grundstruktur pädagogischen Denkens und Handelns, Weinheim/München 1987, 67.
18 So im Zusammenhang der Diskussion über den Brandenburger Schulversuch »Lebensgestaltung-Ethik-Religion« *D. Benner/H.-E. Tenorth,* Bildung zwischen Staat und Gesellschaft, in: ZP 42/1996, 3 ff., hier 6; vgl. auch *K.E. Nipkow,* Der Umgang mit dem weltanschaulich-religiösen Pluralismus auf dem Prüfstein, ebd., 57 ff. sowie *A. Leschinsky,* Vorleben oder Nachdenken? Bericht der wissenschaftlichen Begleitung über den Modellversuch zum Lernbereich »Lebensgestaltung-Ethik-Religion«, Frankfurt 1996.

Ausbildung von »*Handlungsfähigkeit*«.[19] Eine postkonventionelle *Ich-Identität,* die das Ziel von Entwicklung und Erziehung darstellen müsse, setzt in dieser Sicht auch eine postkonventionelle Moral oder Ethik voraus. Die Begründung liegt dabei ebenso beim Individuum, dessen freiheitliche Entwicklung gefördert werden soll, wie bei der Gesellschaft, deren demokratische Gestalt von einer kommunikativ begründeten (Diskurs-)Ethik abhängig gemacht wird. Zu beidem soll auch die schulische Erziehung beitragen.

1.3 Bildungspolitik. Erwartungen an die Schule hinsichtlich der ethischen Erziehung oder, wie es vielfach heißt: von Werterziehung und Tugendbildung kommen nicht zuletzt aus Politik und Öffentlichkeit. Bei besorgniserregenden Meldungen, beispielsweise über gewalttätige Ausschreitungen, wird fast regelmäßig ein verstärkter Einsatz der Schule im Sinne der Werterziehung verlangt. Solche Erwartungen sind nicht nur deshalb häufig fragwürdig, weil sie den Rahmen der schulischen Möglichkeiten bei weitem überschreiten (s.o.) und eher der gesellschaftlichen Problemabwehr oder -delegation dienen – die entsprechenden Erwartungen waren und sind vielfach auch inhaltlich problematisch.

In der Vergangenheit waren es immer wieder gesellschaftliche oder staatliche Ordnungsvorstellungen, denen die Schule dienen sollte. Als berühmtestes Beispiel für eine solche, durch politischen Konservatismus motivierte Einflußnahme gelten die Stiehlschen Regulative aus der Mitte des 19. Jahrhunderts: Nach der Revolution von 1848 wurde damals versucht, eine restaurative Politik u. a. mit Hilfe einer zu Gehorsam und Staatstreue erziehenden Schule durchzusetzen. Als Beispiel aus neuerer Zeit kann etwa das Forum »Mut zur Erziehung« genannt werden, das mit pädagogischen Mitteln eine politische Tendenzwende herbeiführen wollte. Bedenklich ist in solchen Fällen nicht die politische Couleur, die sich mit den Erwartungen an Schule verbindet – pädagogisch abzulehnen ist vielmehr der Versuch, Schule und Erziehung für (partei-)politische Ziele zu funktionalisieren.

Jenseits solcher Erwartungen ist aber bemerkenswert, daß ethische Erziehung auch in den grundlegenden Dokumenten bil-

---

19 Vgl. die Buchreihe »Beiträge zur Soziogenese der Handlungsfähigkeit«, die seit Anfang der 80er Jahre im Suhrkamp-Verlag erscheint (vor allem mit Veröffentlichungen aus dem Umkreis von *L. Kohlberg* und *J. Habermas*).

dungspolitischer Gremien durchweg eine hervorgehobene Rolle spielt. Das gilt ebenso für den Deutschen Ausschuß wie, mit anderen Akzenten, für den Deutschen Bildungsrat, es gilt für die Konferenz der Kultusminister ebenso wie für parlamentarische Ausschüsse, für gewerkschaftsnahe Stiftungen und nicht zuletzt für die Kirchen. Als aktuelle Beispiele sollen die beiden jüngsten grundlegenden Stellungnahmen bzw. Denkschriften der Bildungskommission Nordrhein-Westfalen und der Evangelischen Kirche in Deutschland etwas genauer dargestellt werden:[20]

Die *Bildungskommission NRW* stellt ihre Denkschrift unter das Thema »Zukunft der Bildung – Schule der Zukunft«.[21] Kennzeichnend ist durchweg der Versuch, die Schule zur Wahrnehmung ethischer Erziehungsaufgaben zu ermutigen, sie gleichzeitig aber, angesichts der Grenzen von Schule, vor einer Überforderung zu bewahren: »Schule kann und soll Erziehungsaufgaben parallel und komplementär zur sie umgebenden Gesellschaft bewältigen, kompensatorisch kann sie jedoch nur begrenzt wirken«.[22] Im Rahmen des dort entwickelten Bildungsverständnisses wird dann auf Herausforderungen u. a. durch die gesellschaftliche Pluralisierung, neue Technologien, ökologische Probleme und Wertewandel verwiesen.[23] Schule soll ein »Haus des Lernens« sein, in dem neben fachbezogenen Inhalten auch übergreifenden, u. a. ethischen, Aufgaben ein hervorgehobener Stellenwert zukommt.[24]

---

20 Von katholischer Seite vgl. die Erklärung zu Fragen der Bildungspolitik der *Deutschen Bischofskonferenz. Kommission für Erziehung und Schule* »Bildung in Freiheit und Verantwortung« vom 21. Sept. 1993, in der die Notwendigkeit einer wertorientierten Bildung und Erziehung herausgestellt wird. Unter Punkt 2.4 heißt es dort: »Bildung und Erziehung beschränken sich darum nicht auf Wissensvermittlung, sondern müssen auch Position beziehen und Wertvorstellungen vermitteln.« Diese Aufgabe wird nicht als Reservat einzelner Bildungseinrichtungen oder gar Fächer angesehen, sondern als durchlaufende Perspektive für die gesamte Bildungsarbeit. (Abdruck in: Marchtaler Pädagogische Beiträge 18/1995, Heft 2, 5–30, hier: 14.)

21 *Bildungskommission NRW*, Zukunft der Bildung – Schule der Zukunft. Denkschrift der Kommission »Zukunft der Bildung – Schule der Zukunft« beim Ministerpräsidenten des Landes Nordrhein-Westfalen, Neuwied u. a. 1995.

22 Ebd., XIII, vgl. 71.

23 Ebd., 23 ff.

24 Ebd., 77 ff.

Die Denkschrift der *Evangelischen Kirche in Deutschland (EKD)* gilt primär dem Religionsunterricht, enthält aber ebenfalls wichtige Überlegungen zum Bildungsverständnis, zur Schule und zur ethischen Erziehung.[25] Den Ausgangspunkt bildet hier die »*Grundlagenkrise*« der Moderne.[26] Religion dürfe zwar nicht mit Moral gleichgesetzt werden, aber der Religionsunterricht soll doch mit dafür sorgen, daß die »ethische Grundlagenproblematik« tatsächlich wahrgenommen wird. Speziell wird das »Integrations- und Verständigungserfordernis pluraler Gesellschaften« hervorgehoben, verbunden mit »übergreifende(n) Aufgaben der Schule«, zu denen u. a. die »Mitverantwortung für die weltweite Bewahrung des Lebens in Frieden und Gerechtigkeit« zählt.[27] Damit diese Aufgaben in der Schule verstärkt beachtet werden, plädiert die Denkschrift für die Einrichtung einer eigenständigen Fächergruppe (Religions- und Ethikunterricht), und zwar als Pflichtbereich.[28]

1.4 Zusammenfassung. Welches Bild ergibt sich aus den schultheoretischen, bildungsphilosophischen und bildungspolitischen Perspektiven? Vor allem drei Punkte sind noch einmal besonders hervorzuheben:

– Schule kann es nicht vermeiden, Normen und Werte zu vermitteln. Es fragt sich aber, um *welche Normen und Werte* es dabei gehen soll.
– In schultheoretischer, bildungsphilosophischer und bildungspolitischer Sicht gehört ethische Erziehung zu den unabdingbaren Aufgaben von Schule. In dieser Sicht konvergieren eine *individuelle Begründung,* die auf die Orientierungs- und Handlungsfähigkeit des einzelnen im Sinne persönlicher Mündigkeit zielt, und eine *gesellschaftliche Begründung,* die teils von Ordnungsvorstellungen, teils von Perspektiven einer weiteren Demokratisierung der Gesellschaft bestimmt ist. Eine Harmonie zwischen individuellen und gesellschaftlichen Begründungen ist dabei nicht zu erwarten. Ein balancierender Ausgleich, der sich an den reflektierten Interessen der Kinder und Jugendlichen orientiert, gehört zu den Grundaufgaben der Pädagogik.
– Besonders im Blick auf die ethische Erziehung besteht durchweg die Gefahr, daß von der Schule zu viel erwartet wird und daß gesellschaftliche Probleme an die Schule delegiert werden. Die Frage nach den *begrenzten Möglichkeiten von Schule* ist deshalb stets mitzubedenken.

---

25 *EKD-Kirchenamt* (Hrsg.), Identität und Verständigung. Standort und Perspektiven des Religionsunterrichts in der Pluralität. Eine Denkschrift der EKD, Gütersloh 1994.
26 Ebd., 9.
27 Ebd., 30, 32, 35, im Orig. z. T. gesp.
28 Ebd., 73ff., vgl. auch den Beitrag von *H. Schmidt* im vorl. Band.

2. Grenzen ethischer Erziehung in der Schule

Vor allem aus drei Gründen sind der ethischen Erziehung in der
Schule Grenzen gesetzt: zum einen aufgrund der gesellschaftlichen Entwicklung und der daraus resultierenden Orientierungs-
unsicherheit, die für westliche Industrieländer charakteristisch ist,
zum andern wegen der Struktur von Schule als solcher, und zum
dritten aufgrund der Grenzen der Ethik.

2.1 Außerschulische Einflüsse und Begrenzungen

(1) Moderner Pluralismus. Die Schule ist als Institution mitbetroffen
von jenem Relevanzverlust, der für alle Institutionen in unserer
Gesellschaft charakteristisch ist. Die Erosion von überkommenen
Gewißheiten für die Orientierung, die Infragestellung bisheriger
Identitätsangebote, der sich weiter beschleunigende Prozeß der
sozialen Entwicklung, die wachsende Komplexität von Wissen
und Information[29] – all dies betrifft auch die Schule in ihrer
Gesamtheit. Modernität bedeutet eine Zunahme der Pluralisierung im quantitativen und qualitativen Sinne. Dieser Vorgang hat
wiederum einen Rückgang von Selbstverständlichkeiten und gemeinsamen Wertanschauungen zur Folge. Das Pluralismuspro-
blem zeigt sich hinsichtlich der kulturellen, der weltanschaulichen
wie der ethischen und religiösen Dimension.

Kompliziert wird die Lage noch dadurch, daß die gesellschaftliche Entwicklung einerseits einen erhöhten Bedarf an ethischen Antworten »produziert«.
Andererseits aber wird es immer schwieriger, stimmige Antworten auf die
ethischen Fragen zu geben. Dies Dilemma hat eine seiner Wurzeln darin,
»daß die westlichen Freiheitsrechte einerseits unveräußerlich sind, andererseits ruinöse Folgen haben können. Der Freiheit des Menschen bieten sich
laufend neue Möglichkeiten, etwas herzustellen, anzuwenden, zu konsumieren. Mit dieser sich entgrenzenden Wahl- bzw. Dispositionsfreiheit
wachsen die Fähigkeiten zur ethischen Beurteilung nicht im gleichen Maße
mit.«[30]

---

29 Vgl. *P.L. Berger/Th. Luckmann,* Modernität, Pluralität und Sinnkrise: Die
   Orientierung des modernen Menschen, Gütersloh 1995.
30 *EKD-Kirchenamt* (Hrsg.), Identität und Verständigung, aaO., 32. Zur
   Illustration dieses Sachverhaltes sei auf die diversen Studien *Wilhelm
   Heitmeyers* zur Gewaltfrage verwiesen.

(2) Prägung durch Familie/Peer groups/Medien. Es besteht in der Diskussion weitgehend Konsens darüber, daß die Schule unter den gegenwärtigen Bedingungen die *ethische Urteilsfähigkeit* der Schülerinnen und Schüler zu fördern und auszubilden vermag. Es ist aber eine offene Frage, in welchem Maße sie auch zum Aufbau von *Motivationen* für ethisch verantwortetes Handeln beizutragen vermag. Empirische Studien scheinen den Schluß nahezulegen, daß die schulischen Möglichkeiten vor allem im Bereich von Informationskompetenz und Kommunikationskompetenz liegen, während die moralische Motivation stärker durch die *Sozialisation in der Herkunfts-Familie und in den Primärgruppen* ausgebildet wird.[31] Bei den schulischen Bemühungen um ethische Erziehung wird man die Erfahrungen, Einstellungen und Prägungen, die vor Schuleintritt in Familie und Kindergarten erworben wurden, nicht außer acht lassen dürfen.

Daß für Jugendliche im Alter von zehn bis vierzehn Jahren die *Gruppe der Gleichaltrigen (peer group)* für die Ausbildung ihrer Einstellungen, Verhaltensweisen und Kompetenzen zunehmend an Bedeutung gewinnt, ist seit längerem durch die Jugendforschung herausgearbeitet worden. Die Bedeutung der Gleichaltrigengruppe nimmt in stärkerem Maße zu, je komplexer, differenzierter und arbeitsteiliger die Gesellschaft wird und je stärker sich bei raschem sozialem Wandel die Wertvorstellungen der Generationen unterscheiden. Die Peer groups haben heute nicht mehr nur eine Vorbereitungsfunktion auf die Erwachsenenwelt und eine Integrationsfunktion zwischen traditionellen und modernen Wertsystemen, sondern haben »überlebenswichtige und sinnstiftende Funktion für die Lebensbewältigung Heranwachsender. Gleichaltrigengruppen bieten den Kids ›Hilfe zur Selbsthilfe‹. Sie geben Orientierung, Sicherheit, Geborgenheit und vor allem Stütze bei der Gestaltung ihrer eigenen Biographie.«[32]

---

31 Vgl. etwa *R. Langeheine/J. Lehmann*, Die Bedeutung der Erziehung für das Umweltbewußtsein. Ergebnisse pädagogisch-empirischer Forschungen zum ökologischen Wissen und Handeln, Kiel 1986.

32 *I. Kromer u. a.,* Abschied von der Kindheit? Die Lebenswelten der 11- bis 14jährigen Kids, Wien: Österreichisches Institut für Jugendforschung 1995, 42–57 (Freundschaften mit Gleichaltrigen), hier: 43. Vgl. auch *W. Ferchhoff*, Jugendkulturen im 20. Jahrhundert, Frankfurt a.M. 1990 sowie *D. Baacke*, Die 13- bis 18jährigen. Einführung in die Probleme des Jugendalters, 5. überarb. Aufl. Weinheim 1991.

Schließlich ist auf die *Einwirkung der Medien* hinzuweisen, die auch für den Bereich der Werte und Normen zu einer zentralen Sozialisationsagentur geworden sind. Hierbei ist sowohl an den Bereich der Printmedien wie die gesamte Palette der elektronischen Medien zu denken, die in nachdrücklicher Weise eine Pluralität von Denkweisen, Lebensstilen, ethischen Positionen und moralischen Verhaltensweisen zur Darstellung bringen.

Allerdings ist auch diese Frage in ihrer gesamten Differenziertheit zu sehen. *Peter L. Berger* und *Thomas Luckmann* verweisen auf die großen Unterschiede zwischen den moralischen Angeboten, die über die Massenmedien an den einzelnen gelangen, und den jeweiligen eigenen Werthaltungen. Auf der Ebene der alltäglichen Kommunikation, z.B. in Familien, würden diese ›Angebote‹ keineswegs schlicht ›konsumiert‹. Sie würden vielmehr kommunikativ verarbeitet, ausgewählt, verworfen, den eigenen Umständen angepaßt.[33] Diese Diskrepanz zwischen den moralischen Empfehlungen der Medien und der Alltagswirklichkeit ist als eine kritisch zu bearbeitende Aufgabe in die schulischen Bemühungen um ethische Erziehung einzubeziehen.

2.2 Schulstrukturelle Begrenzungen. Ethische Erziehung stößt auch an Grenzen aufgrund der Art und Weise, wie das Schulwesen bei uns organisiert und strukturiert ist. Das betrifft zum einen den Sachverhalt, daß unsere Schulen ihr Zentrum im Fachunterricht haben. Dies führt tendenziell dazu, daß ethische Erziehung nur an den Rändern (z.B. Schulleben, besondere Projekte) angesiedelt wird. Zum andern stößt ethische Erziehung auf Grenzen, weil dem einzelnen Fach im Rahmen des vorhandenen Zeitbudgets nur eine begrenzte Zahl von Wochenstunden zur Verfügung gestellt werden kann. Zum dritten stecken das Gespräch der Fächer untereinander über Fragen ethischer Erziehung und die Praxis thematischer Vernetzung gegenwärtig noch weitgehend in den Anfängen. Dabei darf man freilich auch nicht die Schwierigkeiten übersehen, die durch die Komplexität des Gegenstandsbereiches gegeben sind.

---

33 *P.L. Berger/Th. Luckmann,* Modernität, Pluralismus und Sinnkrise, aaO., 76.

2.3 Grenzen der Ethik. Angesichts der gegenwärtigen Tendenz, alles zu ethisieren, ist schließlich daran zu erinnern, daß Ethik nicht der umfassende Inbegriff wahrhaft menschlichen Lebens ist. Ethik hat es mit dem Handeln und seinen Konsequenzen zu tun. Handeln ist zweifellos ein wichtiger Aspekt menschlichen Lebens, aber das Menschsein erschöpft sich nicht im Handeln. Dieses steht vielmehr selbst in einem umgreifenden Horizont von Grundfragen des Menschseins. Religiöse Fragen (etwa die Frage nach Gott und dem Glauben als grundlegendem Vertrauen) sind nicht vornehmlich ethische Fragen. Ähnlich geht auch die Ästhetik weit über das Ethische hinaus. Kultur, insbesondere die Kunst, hat zwar ethische Aspekte, ist aber der Ethik nicht als dem umfassenden Horizont unterworfen, sondern sie gehört in den »Spielraum der Freiheit« *(Dietrich Bonhoeffer).*

Im Sinne dieser Überlegungen hat *Martin Honecker* in seiner »Einführung in die Theologische Ethik«[34] den »Grenzen der Ethik« ein eigenes Kapitel gewidmet. Zu den Fragen, die keine ethischen Fragen im eigentlichen Sinne sind, sondern die Grenzen der Ethik erkennbar werden lassen, gehören für ihn folgende fünf Phänomene und Themen: das Handeln und Erleiden, das Ende des Lebens, der Sinn des Lebens, das Leiden und die Theodizeefrage sowie Schuld und Vergebung.

3. Möglichkeiten ethischer Erziehung in der Schule

Die Reflexion auf die Grenzen zielte nicht darauf ab, ethische Erziehung als Aufgabe ad absurdum zu führen. Im Gegenteil: Bei allen Schwierigkeiten darf nicht übersehen werden, daß Schule ein Ort ist, an dem die Kinder und Jugendlichen einen zunehmend größeren Teil ihrer Lebenszeit verbringen. Von daher ist es nicht verantwortbar, diesen Raum ethisch »neutral« halten zu wollen.

Nun wird manchmal die Meinung vertreten, daß ethische Erziehung im Sinne von Persönlichkeitsprägung im Grundschulbereich durchaus ihren berechtigten Platz habe und dort auch zu praktizieren sei, daß ihr darüber hinaus in der Schule aber keine Existenzberechtigung zukomme. Gewiß,

---

34 Berlin/New York 1990, 357 ff.

dies wäre ein Weg, manche Probleme durch Ausklammerung »aus der Schule zu schaffen«. Diese Position übersieht freilich, daß die Fragen des Lebens, Überlebens und Zusammenlebens von uns Menschen sowohl im Blick auf die globalen Herausforderungen als auch im Blick auf die konkreten Lebensverhältnisse vor Ort deutlich etwas anderes fordern: sich den Fragen ethischer Erziehung zu stellen – um des gegenwärtigen und zukünftigen Lebens der Schülerinnen und Schüler willen.

Die Frage der ethischen Erziehung ist zu konkretisieren erstens im Blick auf den evangelischen und katholischen Religionsunterricht sowie den Ethikunterricht, zweitens hinsichtlich der Unterrichtsfächer insgesamt und drittens im Blick auf die Schule als ganze.

3.1 Religionsunterricht und Ethikunterricht. Die Frage der ethischen Erziehung stellt für die Fächer Religion und Ethik eine besondere Herausforderung dar. Im geschichtlichen Rückblick kann an die besondere Wahrnehmung dieser Aufgabe im Zeitalter der Aufklärung und im 19. Jahrhundert erinnert werden.[35]

In der Phase der Neuorientierung nach 1968 haben der evangelische und katholische Religionsunterricht sich in dezidierter Weise den ethischen Themen zugewandt. Die ethischen Lernprozesse sind dabei zunächst vor allem argumentativ, diskursiv und reflexiv angelegt worden. Es wurde aber bald gefragt, ob handlungsrelevante Orientierungen, Einstellungen, Haltungen und Motivation allein oder auch nur überwiegend durch kognitive Denkprozesse entstehen und/oder verändert werden. So kam es zur Kritik an einem moralpädagogischen Intellektualismus und zur Entwicklung eines »ganzheitlichen Konzeptes ethischen Lernens«.[36]

Die Wahrnehmung der ethischen Aufgabe durch den Religionsunterricht vollzieht sich einerseits als Mitwirkung an der allge-

---

35 Zum Ethikunterricht s. *C. Reents*, Zu den Wurzeln des selbständigen Ethikunterrichts in der deutschen Schulgeschichte, in: ChL 47/1994, 106–115.

36 Näheres bei *W. Langer*, Ethisches Lernen im Horizont religionspädagogischer Reflexion, in: *H.-G. Ziebertz/W. Simon* (Hrsg.), Bilanz der Religionspädagogik, Düsseldorf 1995, 310–323, bes. 317 ff. – Zum ganzheitlichen Ansatz vgl. auch *G. Stachel/D. Mieth*, Ethisch handeln lernen. Zu Konzeption und Inhalt ethischer Erziehung, Zürich 1968, 61–85.

meinen ethischen Erziehung. Damit konkretisieren die Kirchen ihre öffentliche Bildungsmitverantwortung und erproben unter schulischen Bedingungen die Sprach-, Toleranz- und Dialogfähigkeit des christlichen Glaubens. Darüber hinaus kann sich der Horizont einer das »allgemeingültige« Ethos überschreitenden Perspektive »hin zu einer ›alternativen‹ Lebensgestaltung in der Nachfolge Jesu«[37] eröffnen. Grundlage dafür ist dann die Forderung der Nächstenliebe, wie sie in der Botschaft Jesu vorliegt. Es handelt sich dabei um ein *Glaubensethos*, das in einer pluralistischen Gesellschaft motivierend wirken, aber nicht die für alle verbindliche Orientierung darstellen kann.

In der EKD-Denkschrift »Identität und Verständigung«[38] wird es vom Erziehungs- und Bildungsauftrag der Schule her als unerläßlich angesehen, »daß im Blick auf die unsichere ethische Urteilsbildung in der Gesellschaft bei gleichzeitig gewachsener Herausforderung alle Schülerinnen und Schüler in ethische Fragen eingeführt werden.«[39] Es wird daher *aus bildungstheoretischen Gründen* ein ordentliches Lehrfach »Ethik« gefordert. Die Fächer Ethik und Religion leisten zum pädagogischen Ethos, zur Schulkultur und zur Einführung in ethische Fragen ihren Beitrag. Sie sind damit »für die allgemeine Bildung im Sinne der anthropologischen Vertiefung menschlicher Bildung und der Förderung des alle gemeinsam Angehenden wichtig.«[40] In dieser Weise sind sie im Gesamtrahmen der Schule als ganzer und ihrer übergreifenden Erziehungsaufgaben zu sehen.[41]

Für Ethik und Religion ergeben sich mannigfache inhaltliche Überschneidungen. Die unverwechselbare Eigenständigkeit jedes Faches bleibt gleich-

---

37 *W. Langer,* aaO., 321.
38 *EKD-Kirchenamt* (Hrsg.), Identität und Verständigung, aaO., 88f.
39 Ebd., 89.
40 *K.E. Nipkow,* Ethik und Religion in der Schule in den Krisen der Moderne. Zum Verhältnis von Religionsunterricht und Ethikunterricht, in: *A.K. Treml* (Hrsg.), Ethik macht Schule! Moralische Kommunikation in Schule und Unterricht (edition ethik kontrovers 2), Frankfurt a.M. 1995, 8–16, hier: 9.
41 Zu weiteren Aspekten (bes. zu den Stichworten »religiöse Identität« und »ethische Identität«) sei auf den Beitrag von *H. Schmidt* im vorl. Band verwiesen.

wohl gewahrt: »Der Ethikunterricht orientiert sich an den Möglichkeiten und Grenzen der philosophischen Vernunft, während der Religionsunterricht seine unveräußerlichen Grundlagen in den geschichtlichen Überlieferungen und gegenwärtigen Ausdrucksformen des christlichen Glaubens hat. Hierin liegt eine bleibende produktive Differenz.«[42]

3.2 Ethische Erziehung und die schulischen Fächer insgesamt. Neben Ethik und Religion sind auch die übrigen schulischen Fächer gefordert. Wenn ethische Erziehung nicht nur an den Rändern des Fachunterrichts sein Dasein fristen soll, muß sie in den Kern der Schule, der nun einmal der Fachunterricht ist, »einwandern«. Im Blick auf die sog. Gesinnungsfächer war schon immer ein Wissen um diese Einbeziehung vorhanden. Angesichts der wissenschaftlich-technologischen und wirtschaftlichen Entwicklungen, angesichts der Fragen nach den Zukunftsperspektiven, der Ökologie, dem Thema des menschlichens Überlebens auf unserem Planeten, kurz: angesichts der globalen Herausforderungen für menschliches Leben überhaupt, kann heute kein Fach mehr von der ethischen Frage dispensiert werden.[43]

Daß dies keine leere Forderung bleiben muß, zeigen inzwischen einige einschlägige Veröffentlichungen. Es seien stellvertretend genannt: »Schulfach und Ethik«[44], »Moralische Erziehung im Fachunterricht«[45]. Es zeigt sich, daß gerade auch in Fächern, die früher in ethischer Hinsicht eher »uninteressiert« waren, ein neues Fragen nach der Wahrnehmung von Verantwortung aufbricht. Es sei nur an den Biologieunterricht erinnert. Noch vor wenigen Jahren schien dieses naturwissenschaftliche Fach von ethischen Fragen weit »entfernt« zu sein. Jetzt liegen ernsthafte Bemühungen um bioethische Fragen vor.[46]

Von besonderer Bedeutung ist langfristig die Frage der Vernetzung der Fächer. In welcher Weise eine solche Vernetzung geschehen kann, berichtet

---

42 *EKD-Kirchenkanzlei* (Hrsg.), Identität und Verständigung, aaO., 90.
43 Weitere Konkretionen bietet *H. Schmidt*, s. u. Beitrag XVIII.
44 *J. Rekus* (Hrsg.), Schulfach und Ethik. Fachdidaktische Beiträge zur moralischen Erziehung im Unterricht, Hildesheim u. a. 1991.
45 *A. Regenbrecht/K.A. Pöppel* (Hrsg.), Moralische Erziehung im Fachunterricht (Münsterische Gespräche zu Themen der Pädagogik 1 und 2), Münster 1990.
46 Vgl. die aufschlußreiche Veröffentlichung v. *B. Dulitz/U. Kattmann*, Bioethik. Fallstudien für den Unterricht, Stuttgart 1990.

Gerhard Pfeiffer[47] am Beispiel der »Studiengruppe Lehrpläne« der Evangelischen Schulstiftung in Bayern. Hier wurden unter Beteiligung mehrerer Fächer Themen von ethisch-religiöser Relevanz im Blick auf die Mittelstufe des Gymnasiums ausgewählt mittels der beiden Kriterien, ob sie religionspädagogisch und entwicklungspsychologisch angemessen (»pünktlich«) und relevant seien. Für die 8. Jahrgangsstufe ergab sich dabei folgendes Ergebnis: »Verantwortlicher Umgang mit der Zeit (gegenüber sich selbst und anderen) – Schöpfung als Raum zum Leben für alle und ihre Gefährdung durch unser Verhalten – Selbstfindung und Selbstbehauptung (Abgrenzung gegenüber Autoritäten, Annahme der eigenen Geschlechtsrolle und Aufbau eines eigenen Wertsystems).« Von da aus werden sodann Vorschläge zur unterrichtlichen Umsetzung erarbeitet.

Die letzte Konkretion lenkt bereits den Blick auf den umfassenderen Horizont: die Schule in ihrer Gesamtheit.

3.3 Der Beitrag der Schule als ganzer kann weder darin bestehen, daß die ethischen Fragen einfach an spezielle Schulfächer (z. B. Religion und Ethik) delegiert werden, noch daß der Weg einer additiven Moralerziehung eingeschlagen wird. Letztere geht so vor, daß man neben dem fachlichen Wissen die Schülerinnen und Schüler auch mit Tugenden auszustatten sucht (Pünktlichkeit, Zuverlässigkeit usw.), die mit Hilfe von Sanktionen »eintrainiert« werden. Hier bestünde die Gefahr, daß man mit den Schülerinnen und Schülern manipulativ umgeht und so ihr Subjektsein nicht ernstnimmt.

Es ist demgegenüber zu realisieren, daß bereits die Unterrichtsinhalte und die Umgangsweise der Schule mit diesen bestimmte ethische Urteile transportieren. Es gibt zunächst, vor allem im Grundschulalter, eine gewisse affirmative Übernahme von Inhalten, die aber im Laufe der Zeit dahingehend verändert wird, daß der einzelne Schüler die Geltung von Werten und Normen selbst beurteilen lernt und sich in eigenverantwortlichem Handeln aneignet. Die Suche nach realistischen Möglichkeiten ethischer Erziehung in einer Schule, die ihr Zentrum im Fachunterricht hat, kann sich von folgenden Fragestellungen leiten lassen:

---

47 Freiräume für ethisch-religiöse Bildung und Erziehung im Fachunterricht, in: KESH 36/1995, H. 3, 79–82.

(1) Wie verhalten sich fachwissenschaftliche Aussagen und ethische Urteile sowie moralische Handlungsweisen zueinander?

(2) Wie kann der Zusammenhang von Fachunterricht und ethischer Urteilsfähigkeit hergestellt und bearbeitet werden?

(3) Welchen Beitrag zur ethischen Erziehung vermögen die verschiedenen Fächer im einzelnen zu leisten?

(4) Wie müssen Schule und Unterricht (um)gestaltet und strukturiert werden, um gute Bedingungen für ethische Erziehung zu bieten?[48]

Als globale *Zielvorstellungen* wurden in der Diskussion unter anderem die moralische Mündigkeit und das demokratische Ethos genannt.[49] Wie aber kann moralische Mündigkeit, resp. ethische Urteilsfähigkeit in der Schule vorangebracht werden? Wir versuchen, einige Ansätze zu formulieren:[50]

(1) Die Wahrnehmungsfähigkeit fördern, indem die Aufmerksamkeit auf bestimmte Fragen gelenkt und die ethische Dimension von Problemen herausgearbeitet wird.

(2) Das ethische Reflektieren und Argumentieren verbessern.

(3) Die Einsicht fördern, daß unterschiedliche Wertorientierungen nicht bedeuten müssen, daß alles relativ sei und daß es keinerlei Verbindlichkeit gibt.

(4) Normen und Werte verstehbar machen und zeigen, in welcher Weise sie vernünftig begründbar sind und wie Handlungsmöglichkeiten auf ihre Begründung und deren Tragfähigkeit überprüfbar sind. Hier geht es also um die Vermittlung von ethischem Wissen (Kenntnis von Grundeinstellungen, Tugenden, Entscheidungsmöglichkeiten).

(5) Die Beschäftigung mit ethischen Fragen läuft schwerpunktmäßig auf der kognitiven Ebene ab. Gleichwohl trägt sie dazu bei, daß Vertrauen der Schülerinnen und Schüler in die Möglichkeit fairen Streitens und rücksichtsvollen Umgangs miteinander entstehen und wachsen kann.

48 Zu den Fragen 1 bis 3 waren zuvor einige Hinweise und Verweise gegeben worden. Zur letzten Frage siehe im folgenden die Ausführungen unter (6).

49 So E. *Weber*, Aktuelle und prinzipielle Überlegungen zum Erziehungsauftrag der Schule, in: *L. Mauermann/E. Weber* (Hrsg.), Der Erziehungsauftrag der Schule, Donauwörth 1978, 33 ff., bes. 54 ff. Auf S. 64 wird ein Katalog von Prinzipien zum demokratischen Ethos geboten. Zur moralischen Mündigkeit siehe auch *H. Roth*, Moralische Mündigkeit als Ziel der Erziehung, in: *L. Mauermann/E. Weber*, aaO., 13–32.

50 Das folgende teilweise im Anschluß an *K. Hilpert*, Ethisches Lernen, in: rhs 35/1992, 71–82, hier: 81 f.

(6) Es ist wichtig, daß Handlung und Reflexion, Erfahren und Verarbeitung der Erfahrung im Verstehen miteinander korrelieren. Von daher ergibt sich eine Tendenz zur Änderung und Ausgestaltung der Institution Schule zu einem sozialen und ethischen Erfahrungsraum.

Der letztgenannte Punkt macht deutlich, daß neben den im strengen Sinne unterrichtlichen auch außerunterrichtliche Möglichkeiten für die ethische Erziehung von erheblicher Bedeutung sind:
- die Schülermitverantwortung (SMV). Sie verdient es, noch einmal neu reflektiert und in ihren Möglichkeiten ernsthaft wahrgenommen zu werden.
- das Schulleben[51]
- das Schulethos[52]
- die Schule als gerechte Gemeinschaft[53]
- das Lernen am Modell.[54]

All diese Aktivitäten können beitragen zu dem Ziel, um das es zentral bei der ethischen Erziehung in der Schule geht: der Entwicklung der ethischen Urteilsbildung, dem Erarbeiten eines selbstverantworteten Ethos durch die Schülerinnen und Schüler.

Literaturhinweise

J. Oelkers, Pädagogische Ethik. Eine Einführung in Probleme, Paradoxien und Perspektiven, Weinheim/München 1992.

F. Oser/W. Althof, Moralische Selbstbestimmung. Modelle der Entwicklung und Erziehung im Wertebereich. Ein Lehrbuch, Stuttgart ²1994.

G. Schreiner (Hrsg.), Moralische Entwicklung und Erziehung, Braunschweig 1983 = Nachdruck Aachen–Hahn 1993.

---

51 Dazu: *E. Weber*, Das Schulleben und seine erzieherische Bedeutung, Donauwörth 1979. S. ferner unten 75 f. (*F. Schweitzer*).
52 S. u. die Beiträge von *F. Schweitzer*, 77, und *G. Adam*, 125 f. (Lit!).
53 S. u. die Beiträge von *F. Schweitzer*, 77 f. und *G. Adam*, 126 f. und die jeweils angegebene Literatur.
54 S. u. Beitrag *F. Schweitzer*, 69–71 (Lit!) sowie *G. Adam*, Art. Religionslehrer, in: *G. Adam/R. Lachmann* (Hrsg.), Religionspädagogisches Kompendium, Göttingen ⁴1993, 120 f.

II.
Ziele ethischer Erziehung heute

KARL ERNST NIPKOW

Einleitung: Zur Vielschichtigkeit der Aufgabe

Die Frage nach möglichen Zielperspektiven läßt sich nicht durch
eine beliebige Auflistung beantworten. Über die Wege, wie man
Ziele finden, unter ihnen auswählen und ihre Bedeutung begründen kann, muß differenziert Auskunft gegeben werden, im Lichte
materialer (1.) und formaler Ethik (2.). Aus dem ersten Blickwin-
kel werden sich mögliche bestimmte, positionelle Ziele ergeben –
eine erste Ebene –, aus dem zweiten Ziele zu der Form, wie jene
positionellen Ziele begründet und geltend gemacht werden können – eine zweite Ebene. Auch sie sind zum Teil noch umstritten,
zum größeren Teil aber auf Grund der historischen Entwicklung
zwingend notwendig geworden; zu ihnen gehört die Erziehung
zur freien Selbstverantwortung der Person.

Man muß damit rechnen, daß in ethischen Fragen vieles kontrovers bleibt. Folglich sind für die Aufgaben der Konsensbildung
und für den Umgang mit Dissens zusätzliche ethische Erziehungsziele zu ermitteln – eine dritte Ebene. Sie richten sich auf die
ethische Qualität der Mittel und Wege, wie man sich angesichts
empirischer ethischer Unterschiedlichkeit und a priori anzu-
nehmender ethischer Unentscheidbarkeit verhalten sollte. Dazu
gehören besonders die moralisch angemessenen Formen des Kon-
fliktaustrags, die in die Sphäre des Rechts und der Rechtserziehung verweisen, sowie die allgemeinen Ziele der Erziehung zu
Toleranz und Verständigungsfähigkeit (3.).

In säkularen Gesellschaften mit einem säkularisierten Recht,
wie es sich seit dem 16. und 17. Jahrhundert unter anderem um
der Zähmung der konfessionellen Auseinandersetzungen willen
in Europa ausgebildet hat (*Samuel von Pufendorf, Christian Thoma-
sius*)[1], ist der Staat der Garant für einen friedlichen und geordne-

ten Interessenausgleich geworden. Interessen verkörpern jedoch noch nicht von sich aus auf jeden Fall Moralität. Auch in Rechten, selbst in »Grundrechten«, erschöpft sich nicht das Gute, so unersetzbar und wertvoll dieser Rechtsrahmen ist. In den Grundrechten unserer Verfassung sind Grundwerte impliziert; sie bilden »ein Wert- und Anspruchssystem«.[2] »Das Grundgesetz versteht sich werterfüllt« und hat sogar Werte »absolut gesetzt« wie in Art 1 GG, der die »Würde des Menschen« für »unantastbar« erklärt.[3] Dieser Artikel nebst Art 20 GG, der die Staatsform betrifft, steht auch hinsichtlich sonst möglicher Grundgesetzänderungen nicht zur Disposition (Art 79,3 GG). Die Grundrechte und -werte sind als Staatsfundamentalnormen jedoch allgemein formuliert und daher interpretationsbedürftig und -fähig. Besonders das Spannungsverhältnis von Freiheit und Gleichheit verlangt ständig neue Versuche für einen »Ausgleich«.[4] Vor allem aber: Der Staat kann zwar die äußere Einhaltung von Rechtsnormen durchsetzen (Legalität), aber nicht die innere Motivation zum Guten (Moralität).

Er ist daher um der substantiellen Ausfüllung des rechtlichen Rahmens und der Konkretisierung der Grundwerte willen auf die lebendigen ethischen Kräfte der Gesellschaft und auf jene geschichtlichen Traditionen angewiesen, in denen sich auf Grund verdichteter Erfahrungen ethische Überzeugungen versammelt haben. Mit den grundgesetzlichen Bestimmungen über den Religionsunterricht (Art 7,3 GG) gibt er zu verstehen, daß auch die Religionsgemeinschaften in der öffentlichen ethischen Erziehung eine Rolle spielen, die am Beispiel des Christentums eigens zu erörtern ist. Hierbei soll exemplarisch auf die fruchtbare Spannung, nicht Alternative, zwischen kommunitaristischer und universalistischer Ethik eingegangen werden. Christliche Ethik entbindet ethische Erziehungsziele aus dem Geist der Liebe zu allen Menschen auf Grund der freien Gnade Gottes, der ein freier und dankbarer Dienst an Gottes Geschöpfen entspricht (4.).

Es mag so aussehen, als ob die Ziele immer schon von Staat und Gesellschaft vorab festgelegt sind. Können ethisch qualifizierte

1 *J. Rohls*, Geschichte der Ethik, Tübingen 1991, 247f.
2 *G. Dürig*, Einführung. Grundgesetz, München [32]1994, X.
3 AaO., XVI.
4 AaO., XIII.

Ziele auch von der Pädagogik auf Grund ihrer relativen Eigenständigkeit (*Erich Weniger*) geltend gemacht werden? Die Antwort hängt von den Pädagogen selbst mit ab. Wenn sie bereit sind, begründet ein pädagogisches Ethos zu vertreten, können die staatlich, gesellschaftlich und auch religiös-weltanschaulich an die Kinder und Jugendlichen herangetragenen moralischen Ansprüche im Namen der Ethik der Pädagogik geprüft, bejaht oder zurückgewiesen werden. Ob dies durchsetzbar ist, ist eine andere Frage. Wenn wie auch in anderen Lebensbereichen ein Begriff wertfreier Analyse dominiert und ethische Kategorien ausgeklammert oder durch soziologische, psychologische und ästhetische ersetzt werden, ist eine eigene ethische und das heißt normative Stellungnahme der Pädagogik nicht möglich. Ziele ethischer Erziehung, die sich dem pädagogischen Ethos verdanken, kreisen um das Wohl und Glück des Kindes (5.).

1. Ziele aus Bereichen der Moral – erste Ebene

Es sei bei der materialen Ethik (neuerdings auch »normative Ethik«) eingesetzt; hierdurch treten relativ konkrete Ziele vor Augen. Begrifflich werden vorwiegend zwei Termini verwendet, »*Moral*« und »*Ethik*«, der erste als Bezeichnung erwünschter und praktizierter »Einstellungen«, »Haltungen« und »Verhaltensweisen« (sowie traditionell »Tugenden«), bei denen »Wertvorstellungen« (»Werte«) eine Rolle spielen, der zweite als Bezeichnung für die Reflexion moralischer Praxis mit dem Interesse an ihrer theoretischen Durchdringung, Systematisierung und Rechtfertigung.

Der Versuch, schulisch relevante Ziele zu *finden*, die als mögliche in Frage kommen, aus ihnen *auszuwählen* und ihre Geltung zu *begründen*, sind drei verschiedene Schritte.

1.1 Zielfindungsbereiche. Im Blick auf den ersten Schritt lassen sich mindestens vier klassische und zwei neuere Bereiche der Moral unterscheiden.

(1) Partnerschafts-, Sexual-, Ehe- und Familienmoral. In diesem Feld galten oder gelten als moralisch wertvoll: Liebe, Treue, Wahrhaftigkeit, Geduld, wechselseitige Achtung der Person, Verantwortung für die Familie und ihren Zusammenhalt, Fürsorge für die Kinder, persönliche Selbstentfaltung u. a.

(2) Moral der zwischenmenschlichen Beziehungen. Im angrenzenden Lebensumfeld von Verwandtschaft, Nachbarschaft und öffentlichem Zusammenleben hat sich eine allgemeine Moral der sozialen Beziehungen zu bewähren, im weitesten Sinne die Fähigkeit, sich sozial zu verhalten, nämlich höflich, rücksichtsvoll, verläßlich, hilfsbereit, einfühlsam, kompromißbereit, versöhnungsfähig. In diesem Umkreis ist in der jüdisch-christlichen Tradition die inzwischen allgemein geltende Moral ›diakonischen‹ Handelns angesiedelt, die Bereitschaft, Schwachen zu helfen, Kranke zu pflegen, Arme zu unterstützen, Benachteiligungen abzubauen u. a.

(3) Arbeits- und Berufsmoral. In diesem Bereich gelten als moralisch wertvoll Eigenschaften wie Leistungsbereitschaft, Zuverlässigkeit, Unbestechlichkeit und Kooperationsfähigkeit. Wie schon zuvor ist jedoch die Wechselseitigkeit von Moralität zu beachten. Moral ist wesensmäßig ein Beziehungsphänomen. Moralisch sollen sich daher auch Arbeitgeber und Vorgesetzte verhalten, und zwar nicht nur im individuellen Umgang, sondern auch um des Gemeinwesens im ganzen willen (s. die Diskussionen zur Wirtschafts- und Steuermoral).

(4) Öffentlich-politische Moral. Ziele in diesem Feld sind durch das Wohl des Gemeinwesens definiert; sie betreffen die res publica und beginnen mit elementaren Verpflichtungen wie dem Verhalten im öffentlichen Straßenverkehr (Verkehrserziehung). In wechselvoller Geschichte sind unter anderem folgende Eigenschaften als moralisch qualifiziert worden: politischer Gehorsam, Patriotismus, Opferbereitschaft, Bürger- oder Gemeinsinn, staatsbürgerliche Mitverantwortung, Bereitschaft zum politischen Widerstand. Staatliches Handeln hat eine Innen- und Außenseite. In beiden Hinsichten gehören darum auch Ziele zur Konfliktregelung in dies Feld, innergesellschaftlich (Ethik des Strafrechts) und zwischenstaatlich (Krieg und Frieden, Ethik des Völkerrechts) (vgl. eigens hierzu noch unten 3.2 und 4.5).

(5) Umweltmoral. Fragen der Umweltethik und Umwelterziehung sind gegenüber den bisher genannten ziemlich neu und haben in rasanter Entwicklung über die innergesellschaftlichen und zwischenstaatlichen Dimensionen hinaus globale erreicht. Die Möglichkeit der Selbstzerstörung unserer natürlichen Lebensgrundlagen ist ironischerweise besonders den Errungenschaften der zivilisatorisch fortgeschrittensten Gesellschaften zu verdanken. Nach Ansicht des Nobelpreisträgers *Paul Crutzen* dürfen die

Entwicklungsländer diesen Fortschritt nicht nachahmen, weil sonst der bereits dünn gewordene schützende Ozonschleier endgültig und irreversibel zerfällt. Ökologisch begründete moralische Forderungen werden laut, die in völlig neuartiger Weise mit anderen Werten wie denen der sozialen Gerechtigkeit und Gleichberechtigung zusammenprallen.

(6) Ethik der Wissenschaften. Eine Krise des herkömmlichen Wissenschaftsbegriffs wird in dem neuen Ruf nach einer Ethik der Wissenschaften bzw. in den Wissenschaften sichtbar, für die ein sprachliches Analogon zu den anderen ›Moralen‹ noch fehlt. Auch hier steht viel auf dem Spiel (vgl. exemplarisch die Diskussion zur Gentechnologie). Das Ideal wertfreier Forschung kann nicht mehr unbesehen gelten. Was dem Menschen experimentell möglich ist, ist ihm keineswegs immer zuträglich.

1.2 Ausweitung des Verantwortungshorizonts – zwischen Nahbereichsethik und globaler Ethik. An den vier zuletzt genannten Bereichen (Wirtschaftsethik, politische Ethik, Umweltethik, Ethik der Wissenschaften) kann man besonders eindrücklich erkennen, wie sich der Horizont der Wahrnehmung ethischer Verantwortung heute ausgeweitet hat. Dies drückt sich schon sprachlich beispielsweise darin aus, daß aus der Umweltethik eine »Überlebensethik« hervorgegangen ist.[5] Die grenzüberschreitende Tendenz über Nahbereichsethiken und national orientierte ethische Leitwerte hinaus dokumentieren auch die »Erklärung zum Weltethos« von 1993[6], ferner der »Konziliare Prozeß für Gerechtigkeit, Frieden und Bewahrung der Schöpfung«.[7]

Die Weltethos-Erklärung fußt in der Grundforderung: »Jeder Mensch muß menschlich behandelt werden«. Sie deklariert sodann »vier unverrückbare Weisungen«:

5 *A.K. Treml,* Überlebensethik. Stichworte zur praktischen Vernunft im Schatten der ökologischen Krise, Tübingen/Hamburg 1992.
6 *H. Küng/K.-J. Kuschel* (Hrsg.), Die Erklärung zum Weltethos. Die Deklaration des Parlamentes der Weltreligionen, München/Zürich 1993; *H. Küng,* Projekt Weltethos, München 1990, inzwischen *H. Küng* (Hrsg.), Ja zum Weltethos. Perspektiven für die Suche nach Orientierung, München 1995.
7 Vgl. *C.F. von Weizsäcker,* Die Zeit drängt. Das Ende der Geduld. Aufruf und Diskussion, München 1989.

- »1. Verpflichtung auf eine Kultur der Gewaltlosigkeit und der Ehrfurcht vor allem Leben«
- »2. Verpflichtung auf eine Kultur der Solidarität und eine gerechte Wirtschaftsordnung«
- »3. Verpflichtung auf eine Kultur der Toleranz und ein Leben in Wahrhaftigkeit«
- »4. Verpflichtung auf eine Kultur der Gleichberechtigung und die Partnerschaft von Mann und Frau.«

Es ist nicht zufällig, daß die gegenwärtige internationale ethische Debatte als Reflex auf die Globalisierung der Probleme durch eine Tendenz zur Universalität bzw. Universalisierung gekennzeichnet ist.[8] In der kognitiv-strukturellen Entwicklungspsychologie spiegelt sich dies in der Konzeptualisierung der Stufe 6 bei *L. Kohlberg* mit ihrer »Orientierung an allgemeingültigen ethischen Prinzipien« wie denen der »Gerechtigkeit, der Gegenseitigkeit und Gleichheit der Menschenrechte und des Respekts vor der Würde des Menschen als individueller Person«.[9] Neben die zunächst flächig vorgenommene Entdeckung bzw. Auffindung von Zielen tritt damit eine auch die Schule auffordernde *Gewichtung*.

1.3 Die Schule vor überfälligen Konsequenzen. Schulen müssen *auswählen*; aber machen sie sich genügend bewußt, daß sie bestimmte Zielbereiche bevorzugen und andere vernachlässigen? Historisch fällt auf, daß viele Jahrhunderte hindurch Arbeitsmoral und poli-

8 *J. Rohls*, aaO., 483f.
9 *L. Kohlberg*, Moralische Entwicklung und demokratische Erziehung, in: *G. Lind/J. Raschert* (Hrsg.), Moralische Urteilsfähigkeit. Eine Auseinandersetzung mit Lawrence Kohlberg, Weinheim/Basel 1987, 25–43, hier 27. Die kognitiv-strukturelle Stufentheorie Kohlbergs ist außerdem bereits als *Quelle zur Zielfindung* aufschlußreich: Der Moralpädagoge und Moralphilosoph Kohlberg leitet aus der Entwicklungs*möglichkeit* des Gerechtigkeitsverständnisses ab, daß die sichtbar gewordene Sequenz durchschritten und die höheren Stufen möglichst erreicht werden *sollten*. Die faktische Problematik dieser Erwartung ist bekannt. Analog stellt sich das Problem, ob aus Befunden zur Entwicklung einer »*weiblichen Moral*« entsprechende Zielperspektiven abgeleitet werden können. Hierzu vgl. *C. Gilligan*, Die andere Stimme. Lebenskonflikte und Moral der Frau, München 1984; *G. Buse*, Weibliche Moral – feministische Ethik? Zur Bedeutung von Carol Gilligans Thesen über die Moral von Frauen für die aktuelle Debatte um eine feministische Ethik, in: EvErz 47/1995, 262–270.

tische Moral die Schwerpunkte der staatlich-gesellschaftlichen Interessen in der Schule bestimmten.[10] Der Religionsunterricht half hierbei, indem er die Untugenden des Müßigganges und der Unbotmäßigkeit religiös sanktionierte. Seit der Nachkriegsepoche ist schrittweise die Sexualerziehung als schulische Aufgabe erkannt worden. Zu Ehe und Familie einschließlich ihrer Erziehungsaufgaben wird wenig oder gar nichts beigetragen, es sei denn durch den »heimlichen Lehrplan« der Schule, den prägenden Einfluß ihrer Verkehrsformen. Eine mehrdimensionale Friedenserziehung sowie die Schärfung des Bewußtseins für soziale Gerechtigkeit und ökologische Verantwortung nehmen noch nicht ihren gebührenden Platz ein. Manches wird nur dem Religions- und Ethikunterricht abverlangt. Heute sind es umgekehrt kirchliche Stimmen, die für eine »neue Allgemeinbildung« eine gehörige Berücksichtigung der »ethischen Grundlagenproblematik« fordern.[11] Dazu zählt auch die systematische Behandlung von Fragen der Ethik der Wissenschaften im fachwissenschaftlichen Unterricht (Physik, Chemie, Biologie u. a.) mit entsprechenden Ausbildungskonsequenzen.

2. Ziele aus der metaethischen Reflexion auf die Begründung von Moralität – zweite Ebene

Die formale Ethik (neuerdings verbreitet »Metaethik« oder »theoretische Ethik«) behandelt die Fragen, wie »Moralität« bzw. das »Gute« gestalthaften Ausdruck gewinnen, gleichsam ›gefaßt‹ wird, sprachlich und logisch (analytische Ethik), und wie Ethisches erkannt und begründet werden kann (»Erkenntnistheorie der Ethik«).[12]

10 Viele Belege in *A. Leschinsky/P.M. Roeder*, Schule im historischen Prozeß. Zum Wechselverhältnis von institutioneller Erziehung und gesellschaftlicher Entwicklung, Stuttgart 1976.
11 *EKD-Kirchenamt* (Hrsg.), Identität und Verständigung. Standort und Perspektiven des Religionsunterrichts in der Pluralität. Eine Denkschrift, Gütersloh 1995, 32.
12 Zur Einführung in Begrifflichkeit und Diskussion und zugleich zum Verhältnis zur christlichen Ethik *W. Schwartz*, Analytische Ethik und christliche Theologie. Zur metaethischen Klärung der Grundlagen christlicher Ethik, Göttingen 1984, hier 16ff.

2.1 Zwischen positioneller Vermittlung und reflexivem Diskurs. Auf der Ebene, die bisher abgeschritten worden ist (1.), war Moralität als »Moral« gefaßt; die Aussagen umschrieben bestimmte Einstellungen, Dispositionen, Werte und Tugenden. »Ethik« ist auf einer anderen Ebene angesiedelt. Wer von Ethik spricht und, davon abgeleitet, auf »ethische Erziehung« aus ist, muß sein Augenmerk auch auf solche Ziele richten, die die Schülerinnen und Schüler in genau das mitverwickeln, was wir zur Zeit tun: Rechenschaftsabgabe über Herkunft, Gewichtung und Begründung. Manche Konzepte des Ethikunterrichts bleiben zur Zeit dahinter zurück, so der Ansatz einer »*praktischen Lebenshilfe*« als Teil einer »allgemeinen *Lebensbewältigungspraxis*« und der Ansatz einer »*Moralerziehung*« als »*Werterziehung*« und Einübung in gelebte Sittlichkeit.[13] Die folgenden Unterscheidungen verdeutlichen, was hinzutreten müßte, damit ethische Erziehung *reflexiven* und *diskursiven* Charakter erhält, so daß sie nach dem hier getroffenen Sprachgebrauch einer Unterscheidung von Moral und Ethik Bedingungen einer »ethischen Bildung« erfüllen und zur (selbst)kritischen ethischen Urteilsbildung beitragen kann.

2.2 Rationale Begründungspflichtigkeit und die freie, selbstverantwortliche Person. Was sich als moralisch ausgibt, ist begründungspflichtig. Dies gilt nicht erst seit *Immanuel Kant,* aber spätestens seit dem Ansatz seiner »Kritik der praktischen Vernunft«, und zwar auf Grund eines historisch gewordenen neuen Verständnisses von Moralität. Eine Autorität, die sich nur auf die Autorität von Institutionen (Staat, Kirche) oder Instanzen (Wille Gottes) beruft, kann nur gruppenspezifische, aber keine allgemeine Geltung mehr beanspruchen, weil sie grundsätzlich folgende Bedingungen übersieht oder nicht grundsätzlich berücksichtigt: Was als gut gelten soll, muß erstens von jedem einzelnen in *Freiheit* geprüft und übernommen werden, daraus folgt zweitens, daß Moralität persönliche *Einsicht*

---

13 So mit Bezug auf das Unterrichtsfach »Lebensgestaltung – Ethik – Religionskunde« in Brandenburg im ersten und auf Bayern im zweiten Falle in seiner Zwischenbilanz und Typologie *A.K. Treml,* Ethik als Unterrichtsfach in den verschiedenen Bundesländern, in: *ders.* (Hrsg.), Ethik macht Schule! Moralische Kommunikation in Schule und Unterricht (edition ethik kontrovers 2), Frankfurt/M. 1994, 18–29, hier: 23ff. Daneben identifiziert Treml die Ansätze »Praktische Philosophie« und »ethische Reflexion«.

voraussetzt. Es läßt sich zeigen, »daß die Autorität sich nur setzen und in der Hierarchie der Instanzen ablösen, aber nicht eigentlich begründen kann. Die Frage nach dem Grund der ethischen Forderung sprengt ihr Denkschema, denn Autorität kann nicht selbst wieder zum Grund der Autorität gemacht werden, ohne daß ein schlechter Zirkel bloßer Machtbehauptung daraus entstünde«.[14]

Der Grund für den hier aufscheinenden Paradigmenwechsel liegt im neuzeitlichen Personverständnis (nicht zu verwechseln mit individualistischem Personenkult), in der neuen moralischen Wertschätzung der *selbstverantwortlichen Person,* die zugleich frei handeln soll, anders als nur unter dem Recht oder in Befolgung gesellschaftlicher Konvention.

Zu den Zielen ethischer Erziehung gehört darum beides, die Einführung *in* Moral und die ethische Reflexion *über* Moral. Von außen kommende moralische Ansprüche mögen durchaus das Prädikat moralisch verdienen, aber eben nicht unbesehen. Umgekehrt können einzelne Menschen in ihrem ethischen Urteil irren, was aber nicht die Wiederaufrichtung eines bloß auf Autorität gestützten, äußerlich bleibenden Moralsystems durch die Hintertür rechtfertigen kann. Das lapidar formulierbare, übergreifende ethische Erziehungsziel lautet daher: Erziehe Kinder und Jugendliche zur *Mündigkeit!*[15] Teilziele sind logischerweise: Erziehe zu *Offenheit,* damit Alternativen mitbedacht werden, und zu *kritischer Reflexivität,* damit die eigene Entscheidung begründet erfolgen kann![16] Ferner: Ermögliche genaue

14 F. *Kümmel,* Die Einsicht in das Gute als Aufgabe einer sittlichen Erziehung, Essen 1968, 29.
15 H. *Roth,* Moralische Mündigkeit als Ziel der Erziehung, in: L. *Mauermann/E.Weber* (Hrsg.), Der Erziehungsauftrag der Schule. Beiträge zur Theorie und Praxis moralischer Erziehung unter besonderer Berücksichtigung der Wertorientierung im Unterricht, Donauwörth 1978, 13–32; *N. Bull,* Moral Education, London 1969.
16 In neuerer Zeit ist besonders in Großbritannien von Vertretern einer rationalistischen philosophischen Tradition der rationale Charakter des moralischen Urteils betont worden: »What, then, is the basis on which moral principles are distinguished from all others? The answer lies, I think, in their uncompromising rational character ... That a principle is backed by tradition, intuition, power or revelation does not make it a moral principle.« P. *Hirst,* The Foundations of Moral Judgement, in: Spectrum I,2, 1969, zit.n. *E. Lord/Ch. Bailey* (Eds.), A Reader in Religious and Moral Education, London: SCM Press 1973, 140. Vgl. auch *J. Wilson/N. Williams/B. Sugarman,* Introduction to Moral Education, Harmondsworth: Penguin 1967 (s. Kap. über: Morality and Reason).

Kenntnisse und *Wissen,* damit realitätsgerecht geurteilt wird, aus einer klaren »moralischen Umsicht« heraus![17] Schließlich folgt, daß eine ethische Urteilsbildung auch Gründe für notwendigen *ethischen Widerstand* zum Thema haben muß. In der Fassung, das Böse zu meiden, hat dies Ziel Tradition, in aktiver, noch dazu öffentlicher Zuspitzung, nämlich als Erziehung zu Zivilcourage, ist es in der deutschen Erziehungsgeschichte kaum anzutreffen.

Wird bei diesem Ansatz, der aufklärerischem Denkerbe verpflichtet ist, *Autorität* ganz ausgeblendet? Keineswegs, aber sie wird neu verstanden. Autorität lebt nicht nur vom »Autoritätsanspruch« der Erwachsenen; sie bedarf, um »wirksame Autorität« zu werden, der »verliehenen Autorität« von seiten der Heranwachsenden. Die Jugendlichen aber entziehen uns das in der verliehenen Autorität beschlossene »Vertrauen«, wenn wir sie keine überzeugenden »Erfahrungen« machen lassen. Autorität braucht daher den »Zirkel von Erfahrung, Vertrauen und freier Einsicht«.[18]

2.3 Ziele aus der Gegenüberstellung von Sollen und Sein (deontologische Ethik: Pflichtenethik, Prinzipienethik) oder aus der Wahrnehmung des Guten im Sein (Güterethik). Praktisch folgenschwer ist ein Erfahrungsunterschied, bei dem einmal das Sollen als forderndes Gesetz *dem Sein gegenübergestellt* wird (deontologische Fassung der Ethik, z. B. als Prinzipienethik im Sinne des kategorischen Imperativs *Kants* und daraus folgender Pflichtenethik), ein anderes Mal *im Sein wahrgenommen* wird, weil die Wirklichkeit das Gute in sich birgt, so daß es als ein Gut (und einzelne Güter) erfahren, beschrieben und gezeigt werden kann.[19]

---

17 Hier hat das Konzept des »erziehenden Unterrichts« mit der Ausbildung des »Gedankenkreises« bei *J.F. Herbart* eine seiner Hauptwurzeln (Allgemeine Pädagogik, 1806, in: *W. Asmus* [Hrsg.], Johann Friedrich Herbart. Pädagogische Schriften, 2. Bd., Düsseldorf/München 1965, 109).

18 *G.R. Schmidt,* Autorität in der Erziehung, Freiburg 1975, 49; *K.E. Nipkow,* Moralerziehung. Pädagogische und theologische Antworten, Gütersloh 1981, 24f.

19 Vgl. in der Neuzeit die Linie von *G.W. Leibniz* mit seiner Sicht der von Gott geschaffenen Welt als der besten aller möglichen über Shaftesburys Begeisterung angesichts der mit Wahrheit und Güte identischen harmonischen Ordnung und Schönheit des Universums bis zu Schleiermachers Güterethik auf Grund der Annahme der naturgewordenen Vernunft in der Geschichte, *J. Rohls,* aaO., 250f., 258, 321f.

Die Ziele ethischer Erziehung richten sich im ersten Fall auf die *Motivation des Willens* (s. in der Pädagogik die Konzepte von *Weigel, August Hermann Francke, Immanuel Kant, Johann Friedrich Herbart* u. a.), im Gegensatz zu den Trieben und Neigungen. Das Böse und Schlechte unserer sinnlichen Natur soll bekämpft und unterdrückt werden. Die Formen der Erziehung sind vornehmlich solche der *Vermittlung* von Moral in *präskriptiver* Gestalt, als Appelle, Gebote und Verbote. Im zweiten Fall wird auf Formen der *Erschließung* des Guten abgehoben, geht es doch primär um die Wahrnehmung des Guten, das *deskriptiv* zugänglich ist. Zu pädagogischen Wegen werden die biographische Erinnerung und Erzählung, das Teilnehmen- und Erfahrenlassen des Guten in der Gemeinschaft und die unabsichtliche Wirkung von Vorbildern. Es erfolgt eine Umwendung von der »vom Menschen mitgebrachten Potentialität« zu dem »Gefüge« gegebener und erfahrbarer Liebe und erfahrbaren Vertrauens in einer menschlichen »Beziehung«, wie an Pestalozzis Begründung der sittlichen Bildung im »Gefüge zwischen Mutter und Kind« abgelesen werden kann. Jetzt sind nicht primär Willensbildung und Gesetzesforderung die Richtpunkte, sondern »wo Liebe waltet, hat man kaum noch etwas zu wollen«.[20]

Als pädagogische Konsequenz werden neben Zielen einer *intentionalen* Erziehung besonders auch Ziele im Felde der *funktionalen* oder *strukturellen* Erziehung wichtig: Die Lebenswelt der Kinder und Jugendlichen wird so zu gestalten versucht, daß sich das erlebbare Gute möglichst wie von selbst geltend macht. Als übergreifendes Erziehungsziel gilt das Aufmerksamwerden (strukturell) und das Aufmerksammachen (intentional) auf das sich zeigende bzw. zu zeigende Gute.

2.4 Ziele zur Bildung des sittlichen Willens (Gesinnungsethik) und zu situationsbewußtem Handeln mit Folgenabschätzung (Situations- und Verantwortungsethik). Die neuere Ethik in diesem Jahrhundert versteht sich weithin als Situations- und Verantwortungsethik, nicht (nur) als Gesinnungsethik.[21] Gesinnungsethisch formulierte Ziele heben auf die gute *Absicht* ab, vernachlässigen aber die *Folgen* konkreter *Handlungen,* insbesondere die fatalen Nebenfolgen. Ein situations- und konsequenzenbezogener Ansatz, der die situativen, meist komplexen Handlungsbedingungen ernst nimmt und die Folgen mitbedenkt, braucht hierbei nicht auf Prinzipien zu verzichten, und natürlich spielt auch jetzt die Bildung der Gesinnung

20 *K. Schaller*, Studien zur systematischen Pädagogik, Heidelberg 1966, 73.
21 Vgl. *J. Fletcher*, Situation Ethics, London 1966; *H. Jonas*, Das Prinzip Verantwortung. Versuch einer Ethik für die technologische Zivilisation, Frankfurt/M. 1979.

eine Rolle. Unmittelbar zielrelevante *Maximen einer Überlebensethik* sind etwa:

- »Schaffe bei Deinen ethischen Überlegungen die Unterscheidung von ›Mensch‹ und ›Natur‹ ab«
- »Versuche nichts zu tun oder zu fördern, was Folgen haben kann, die in einer Generation nicht wieder abgearbeitet werden können«
- »Denke komplex (die Folgen und Folgen von Folgen berücksichtigend), handle einfach (mit wenigen oder überschaubaren Folgen)«.
  Der Maximenkatalog schließt mit der traurig-bitteren und zugleich wohltuenden, weil ethisch wichtigen Entlastung:
- »Überfordere Dich und andere (moralisch und pädagogisch) nicht. Es liegt nicht an Dir (allein), wenn alles schon zu spät ist«.[22]

3. Ziele zur Gewinnung von Konsens und zum Umgang mit Dissens – dritte Ebene

3.1 Wertewandel und Wertepluralismus und die Frage nach der ethischen Qualität des Umgangs mit ethischer Uneindeutigkeit. Weder a priori noch empirisch kann in der Gegenwart von einem zeitlos gültigen Wertgefüge ausgegangen werden. Unsere Lage ist durch Wertewandel[23] und Wertepluralismus[24] bestimmt. »Um der Alternative zwischen Indoktrination und Relativismus zu entgehen, muß man zwischen der im Prinzip *einen* Ethik elementarer Verbindlichkeiten und der Pluralität von Ethiken eines optimalen Lebens strikt unterscheiden«.[25] Von ethischen Zielen mit dem Charakter elementarer allgemeiner Verbindlichkeit ist bereits gehandelt worden (Einleitung und vor allem 2.). Daß Staat und staatliche Schule gut daran tun, zugleich einer Pluralität von Ethiken Raum zu geben, etwa durch Religionsunterricht verschiedener Religionsge-

---

22 *A.K. Treml*, aaO., 23. Vgl. auch *K.M. Meyer-Abich*, Wege zum Frieden mit der Natur, 1984.

23 Vgl. *H. Klages/H.-J. Hippler/W. Herbert* (Hrsg.), Werte und Wandel, Ergebnisse und Methoden einer Forschungstradition, Frankfurt/M./ New York 1992; dazu in pädagogischer Sicht *U. Baumann*, Ethische Erziehung und Wertwandel, Weinheim 1987.

24 *O. Höffe*, Ethikunterricht in einer pluralistischen Demokratie, in: *A.K. Treml* (Hrsg.), Ethik macht Schule! Frankfurt/M. 1994, 30–35.

25 *O. Höffe*, aaO., 34.

meinschaften und Schulen in freier Trägerschaft, wird Thema des nächsten Abschnitts sein (4.). Als Zwischenüberlegung steht an, ethische Erziehungsziele zu entwickeln, die aus der Notwendigkeit geboren sind, angemessene Formen des *ethisch qualifizierten* Umgangs mit ethischer Uneindeutigkeit zu finden.

Der eigene kategoriale Charakter dieser Ziele ist schnell zu erkennen. Sie sind nicht direkt positionell (vgl. oben 1.), sondern gleichsam zwischenpositionell angesiedelt. Sie sind auch nicht direkt auf die Erkenntnisgründe und Geltungsprüfung positioneller Ziele bezogen (2.). Diese Prüfung gilt allerdings auch für sie, sofern sie Allgemeinheit beanspruchen. Aber über diese allgemeine Geltung hinaus ist für sie der Bezug auf *Verfahren, Wege* und *Prozesse* eigen: Wie soll Konsens zustande kommen? Wie ist mit Dissens umzugehen? In welchem Verhältnis stehen hierbei insbesondere Zwang und Freiheit? Zur Ethik und zur ethischen Erziehung gehören diese Fragen, weil nach der ethischen Verantwortbarkeit der Verfahren und Wege zu suchen ist.

3.2 Recht und Rechtsbewußtsein. In freiheitlichen demokratischen Rechtsstaaten liefern Grundrechte und daran gebundene weitere Rechtssätze die Maßstäbe, um Interessenausgleich und Konfliktaustrag ethisch verantwortlich zu sichern. Folglich gehört zu den Zielen ethischer Erziehung elementar die *Stärkung des Rechtsbewußtseins.*

In der Grundschule lernen die Kinder die Anfänge kennen; sie sehen die segensvolle Wirkung von *Regeln* ein, die Chaos vermeiden, ein notwendiges Maß wohltuender Ordnung stiften und nicht zuletzt ganz konkret Aggression eindämmen und den Konfliktaustrag in humane Bahnen zu lenken helfen. Lehrer und Lehrerinnen stellen im sozialen Verhalten von Schulkindern »zunehmend eine überdurchschnittliche Ich-Bezogenheit, ›Sozialblindheit‹, ›Erörterungstaubheit‹ und ›Verhaltenszwang‹« fest.[26] Was ein in der Schule angebahntes Regelbewußtsein für den Alltag austrägt, zeigt folgende Äußerung einer Grundschülerin: »Wenn ich mit meiner Schwester streit, dann mache ich mit ihr erst noch davor aus, daß wir nicht stauchen oder nicht an den Haaren (ziehen) oder (daß man) nicht kratzen darf«.[27]

26 *K. Gebauer u. a.,* Was ist bloß mit den Kindern los? Veränderungen im Verhalten von Schülerinnen und Schülern einer Grundschule, in: Die Grundschulzeitschrift 49/1991, 47–50, hier 47.

27 *G. Faust-Siehl,* Kinder und ihre Lehrer/innen, 1994 (Ms.), 3.

Nur andeutungsweise kann der generelle Aufbau von Einsicht in ethische Prinzipien der Konfliktregulierung skizziert werden: der Weg von der ganz unverhältnismäßigen Vergeltung, dem *Prinzip der vielfachen Vergeltung* (s. das Lamechlied, 1.Mose 4,23f.), über das *Prinzip der gleich proportionierten Vergeltung* (s. das ius talionis, 2.Mose 21,23f.), das moralisch einerseits ein Fortschritt ist, andererseits am Täter noch einmal das geschehen sein läßt, was dem Opfer widerfuhr (s. die noch heute vielerorts bestehende staatliche Todesstrafe), über die Vorstellungen vom »*gerechten Krieg*« mit dem Prinzip, »ein Maximum an Recht durch ein Minimum an Gewalt« zu erreichen, bis zu dem Ringen um *gewaltfreie* oder zumindest *gewaltarme* Wege.[28]

Je mehr man sich der Gegenwart nähert, desto deutlicher geraten die aufzusuchenden übergreifenden ethischen Prinzipien und entsprechenden Erziehungsziele aus dem Bereich der Eindeutigkeit ebenfalls gerade in jenen Bereich der Vieldeutigkeit, auf den sie selbst eine Antwort geben sollen. Nicht nur die Gewaltanwendung selbst ist umstritten, sondern im Falle der prinzipiellen Verurteilung von Gewalt sind es auch die konkreten Wege zu ihrer Verhinderung, solange sie nicht gleichsam einen »Weltethos« – Charakter haben, der allgemein anerkannt ist. Während jedoch das innerstaatliche Recht in den Grundrechten und Grundwerten Instrumente geschaffen hat, fehlen diese im Bereich des internationalen Rechts, oder sie sind viel zu schwach ausgebildet (Haager Gerichtshof).

3.3 Die Grenzen legalen und die Notwendigkeit moralischen Handelns. Rechtserziehung ist eine notwendige, aber keine hinreichende Bedingung für die in diesem Abschnitt zur Rede stehenden Aufgaben, denn Legalität ist noch nicht Moralität (*Immanuel Kant*), erzwungenes Stillehalten noch keine Versöhnungsbereitschaft aus innerer Überzeugung, ein politischer Kompromiß noch nicht von sich aus Ausdruck eines freien, ernsten Entschlusses zu neuer Verständigung und menschlicher Gemein-

---

28 *E. Lorenz,* Friede und Gerechtigkeit. Zur politischen Psychologie theologischer Ethik. Ein interdisziplinärer Versuch mit didaktischer Skizze, in: *V. Buddrus/G.W. Schnaitmann* (Hrsg.), Friedenspädagogik im Paradigmenwechsel. Allgemeinbildung im Atomzeitalter: Empirie und Praxis, Weinheim 1991, 309–361, hier 312ff.

schaft – hier behält die *gesinnungsethische* Beschreibung von Moralität ihre Berechtigung.

3.4 Erziehung zu Toleranz als ethische Aufgabe. Nur unter dieser allererst ethisch zu nennenden Voraussetzung ist eine Erziehung zu Toleranz eines der vornehmsten Ziele ethischer Erziehung heute. Ein ethisch gefaßter Toleranzbegriff unterscheidet sich vom Begriff zweckmäßigen, opportunen Tolerierens. Ethische Teilziele sind: Erziehung zur Bereitschaft, auf die Gegenseite zu hören, den moralischen Gehalt anderer Positionen (die auf eigene authentische menschliche Erfahrungen beruhen können) wertschätzen zu wollen und darin andere Menschen entsprechend der Staatsfundamentalnorm der Menschenwürde zu achten. »Über die Haltung der Toleranz verfügt, wer den Andersdenkenden bejaht in seiner Selbstbestimmung, seinem Lebensrecht, dem Entfaltungswillen und der Freiheit«.[29]

In der Auslegung dieses Grundsatzes werden von *Otfried Höffe* zwei Gesichtspunkte vorgetragen. Der erste betrifft eine *Grundvoraussetzung des Dialogs*: »Nun kann man von einem ›anderen‹ erst dann sprechen, wenn jemand eigene Überzeugungen hat ...« Zwischen zwei standpunktlosen Leuten oder nur einem mit einem Standpunkt und einem Relativisten ist ein ethischer oder religiöser Dialog, der diese Bezeichnung verdient, nicht gut vorstellbar. Die zweite Pointe wendet sich gegen die *Korrumpierung des Toleranzverständnisses* durch einen »*diffusen Postmodernismus*« der »Beliebigkeit« (im Unterschied zu einem »präzisen«[30]), wenn Höffe fortfährt: »und von einer Anerkennung (kann man) nur dort (sprechen), wo man sich nicht in der Gleichgültigkeit gefällt, die schlechthin alles, selbst krasses Unrecht, gelten läßt. Die Toleranz ist kein Feigenblatt, hinter dem sich moralische Indifferenz und intellektuelle Schwäche verbergen. Sie ist eine kritische Selbständigkeit, die im Zusammenleben, vor allem in Konkurrenzsituationen, gewisse Konflikte erst gar nicht aufkommen läßt und die die trotzdem notwendigen Auseinandersetzungen nicht mit der unerbittlichen Schärfe eines Glaubenskrieges führt« (ebd.).

29 *O. Höffe*, aaO. (Anm.24), 34.
30 *W. Welsch*, Unsere postmoderne Moderne, Weinheim ²1988, 41: »Der diffuse Postmodernismus macht alles gleich«. Sein Gegenstück ist die Korrumpierung des Freiheitsbegriffs zu einer bloßen Wahl- und Dispositionsfreiheit ohne ethischen Gehalt«.

4. Ziele christlicher ethischer Erziehung im Dialog

Die Überschrift gibt die Richtung an: Die *Kulturfähigkeit* der Religionen wird sich mehr als je zuvor in ihrer *Dialogfähigkeit*[31] bewähren müssen und damit in ihrer Friedensfähigkeit. Religionen enthalten beides, ein Gewalt- und ein Friedenspotential.[32] Neuere kirchliche Vorschläge wie in der Denkschrift der EKD zu einer Fächergruppe im kooperativen Verbund im Bereich Philosophie, Ethik und Religion sind sich dessen bewußt.[33] Aber sind Religionen dazu auch imstande?

4.1 Partikulare und gemeinschaftsförmige christliche Erziehung – kommunitaristischer Aspekt. Die Kirchen haben besonders in Nordamerika an der neueren kommunitaristischen Ethik Gefallen gefunden. Diese betont Gemeinschaftswerte und sieht sie in den »Lebensformen« und »Sprachspielen« (*Ludwig Wittgenstein*) überschaubarer Gemeinschaften verkörpert.[34] Glaubensgemeinschaften passen gut zu diesem Ansatz. Ihre Moralauffassungen werden insofern als

---

31 *Vgl. K.E. Nipkow*, Der pädagogische Umgang mit dem weltanschaulich-religiösen Pluralismus auf dem Prüfstein. Religionsunterricht in Europa – ein pädagogisches und bildungspolitisches Problem erster Ordnung, in: ZP 42/1996, 57–70.

32 *H. Küng/K.-J. Kuschel* (Hrsg.), Weltfrieden durch Religionsfrieden. Antworten aus den Weltreligionen, München 1993.

33 AaO. (Anm.11), 80.

34 Unter Rückgriff auf Aristoteles vgl. *A. MacIntyre*, After Virtue. A Study in Moral Theory, Notre Dame, Ind.: University of Notre Dame Press 1981, ²1984, s. ferner *St. Hauerwas*, A Community of Character: Toward a Constructive Christian Social Ethic, Notre Dame, Ind.: University of Notre Dame Press 1981, und *G.A. Lindbeck*, The Nature of Doctrine: Religion and Theology in a Postliberal Age, Philadelphia: Westminster Press 1984. Die Grundtendenz des Kommunitarismus wird in folgenden Ausführungen deutlich: »The church's social task is first of all its willingness to be a community formed by a language the world does not share ... The church's social ethic is not first of all to be found in the statements by which it tries to influence the ethos of those in power, but rather ... in its ability to sustain a people who are not at home in the liberal presumptions of our civilization and society« (*St. Hauerwas*, Against the Nations, Minneapolis: Winston Press 1985, 11f.).

kular bezeichnet werden dürfen, als sie von einer *bestimmten perspektivischen Sicht* des Lebens und der Welt geprägt sind.[35] Sie kann sich (auch in Großkirchen) sektenförmig verengen. Wenn dies mit einer Absage an die oben entwickelten ethischen Kriterien der Begründungspflichtigkeit moralischer Ansprüche, der Respektierung der Freiheit der Person und der Bedeutung selbständiger Einsicht (Rationalität) einhergeht, widerspricht ein solches religiöses Selbstverständnis den verfassungsethischen Grundnormen des öffentlichen Bildungssystems.

4.2 Universal-offene und selbstkritische christliche Erziehung – universalistischer Aspekt. Ein solches Selbstverständnis wäre jedoch im Christentum ein verhängnisvolles Selbstmißverständnis. Die alttestamentlichen (mit dem Judentum gemeinsamen) und die neutestamentlichen Grundlagen der christlichen Ethik sind zwar historisch partikular entstanden, aber ihrem Gehalt nach universal ausgerichtet. Sie dürfen nicht zu einer zirkulären fideistischen Selbstablösung führen, zu ethischen Aussagen, die aus Glauben stammen und nur für Gläubige zugänglich sind, unfähig zu kommunikabler, rationaler Rechenschaftsabgabe. Daß dies nicht so sein muß, ist geschichtlich zu belegen.

Kraft ihrer Universalität haben besonders drei *biblische Grundbestimmungen* zur Entstehung der neuzeitlichen säkularen universalistischen Ethik beigetragen, die im dritten Abschnitt erörtert worden ist. Erstens hat die Auffassung vom Menschen als »Ebenbild Gottes« (1.Mose 1,27) zur Ausbildung des Grundwerts der Menschenwürde geführt, neben stoischen und renaissancephilosophischen Einflüssen. Zweitens hat sich die Glaubensüberzeugung, daß vor Gott »kein Ansehen der Person« gilt (Röm 2,11; Eph 6,9), auf

---

Zur ersten Einführung in die Diskussion hierzulande vgl. *Ch. Zahlmann* (Hrsg.), Kommunitarismus in der Diskussion. Eine streitbare Einführung, o.O. 1992; ferner in breiterer, wissenschaftlicher Vertiefung *A. Honneth* (Hrsg.), Kommunitarismus. Eine Debatte über die moralischen Grundlagen unserer Gesellschaften, Frankfurt/New York 1992.

35 *H.O. Jones*, Die Logik theologischer Perspektiven. Eine sprachanalytische Untersuchung, Göttingen 1985, mit Bezug auf das Konzept der »Story als Träger der Glaubensperspektive« (*Paul van Buren*); s.a. *D. Ritschl*, Zur Logik der Theologie. Kurze Darstellung theologischer Zusammenhänge, München 1984.

den modernen Gleichheitsgrundsatz ausgewirkt. Drittens hat die Zusage, »zur Freiheit berufen« zu sein (Gal 5,13), das Verständnis des Menschen als einer freien Person, eines »Freigelassenen der Schöpfung« (*Johann G. Herder*), beeinflußt.

Die drei Grundbestimmungen betreffen zunächst den Menschen in seiner Situation vor *Gott*. Sozialgeschichtlich eingebunden in die Strukturen hierarchisch strukturierter, stratifikatorischer Gesellschaftsformen, lag es auch den reformatorischen Kirchen noch fern, für Gleichheit und Freiheit in der *Welt* ethisch einzutreten. Selbst die Menschenwürde wurde in spiritualisierender Interpretation aufgespalten, um im Extremfall die Seele zu retten, während der Leib brannte. Dies wurde erst anders, als politisch freiheitlich denkende Christen den Großkirchen abverlangten, aus der religiösen Freiheit des Glaubens die säkulare Freiheit für den Glauben zu folgern, und zwar für jeden Glauben (Religionsfreiheit).

Für den Religionsunterricht heißt dies, daß er in ständiger theologischer Selbstunterscheidung *theologisch selbstkritisch* wahrzunehmen ist. Dies wiederum kann er nur, wenn er alternative religiöse und ethische Auffassungen im Dialog ernst nimmt, um so zu einer Erziehung zur Toleranz im beschriebenen Sinne beizutragen (s.o. 3.4).

Der theologischen Maßgabe korrespondiert eine pädagogische, wie sie sich im Begriff *kritischer Bildung* ausdrückt. Die folgende »pädagogische Norm, die mit dem Bildungsbegriff in die Didaktik eingesetzt« worden ist, sollte daher als ›Vorzeichen vor der Klammer‹, als formalethisch gültiges Kriterium auch für die spezifischen materialethischen christlichen Erziehungsziele verstanden werden: »Die Inhalte dürfen mit ihren Ansprüchen den Educandus nicht determinieren, sondern als bildende Lehre müssen sie so verwandt werden, daß sie zugleich kritische Vernunft entbinden, die sich, potentiell jedenfalls, auch gegen die Inhalte selbst muß richten können.«[36]

4.3 Ethik der Liebe und die Umkehr ethischer Erziehung zum Primat des Gebens vor dem Gesetz des Forderns. Materialethisch gesehen, besteht heute große Übereinstimmung darin, daß christliche Ethik Ethik der Liebe ist.[37] Sie ist dies in der Nachfolge der Liebe Gottes zu

---

36 *H. Blankertz,* Theorien und Modelle der Didaktik, München 1969, 41.
37 Differenziert hierzu *W. Schrage,* Ethik des Neuen Testaments (Grundrisse zum NT, Ergänzungsreihe 4), Göttingen 1989.

allen Menschen, die sich in der liebenden Erschlossenheit Gottes zu seinen Geschöpfen und in der Identifizierung Gottes mit dem liebenden, leidenden, vergebenden und hingerichteten Jesus am Kreuz ausdrückt. Diese Definition macht deutlich: Die Gabe geht der Aufgabe voraus, das »Gegebensein des Lebens« als »Grundsituation der Ethik« dem »Geben des Lebens« und der »Reflexivität des Lebens«[38], der »Indikativ« dem »Imperativ« (Paulus), der »Zuspruch« dem »Anspruch« (Barmer Theologische Erklärung), das »Evangelium« dem »Gesetz«. Darum hat die christliche Ethik eine größere innere Affinität zu einer Güterethik, und eine hiervon bestimmte ethische Erziehung wird mit Schleiermacher der »Unterstützung« des Guten den Vorrang geben vor der »Behütung« vor und »der Gegenwirkung« gegen das Böse.

Wiederum ist jedoch in theologischer Selbstunterscheidung anzumerken, daß in der Geschichte der christlichen Erziehung faktisch das »Gesetz« dominierte und zu ganz anderen pädagogischen Konvergenzen führte, nämlich zu Erziehungszielen, die im Verein mit obrigkeitlichen Interessen einseitig der Unterordnung und Zucht dienten.[39]

4.4 Ziele im Widerstreit von Werterfahrung und Schulderfahrung. Bildungspolitiker wollen vom Religionsunterricht nach wie vor seine moralischen Funktionen abrufen und einen christlichen Beitrag zur »Werteerziehung« abschöpfen. Dies ist verständlich und berechtigt, aber auch bedenklich, weil es dazu verleitet, Kinder und Jugendliche nur unter Forderungen zu stellen. Sie werden erstens um die entlastende Erkenntnis und das befreiende Verständnis einer Auffassung vom Menschen betrogen, wie sie dem Evangelium entspricht. Zweitens unterschlägt umgekehrt die einseitige Rede von Werten die Tatsachen des Scheiterns, des Versagens und der Schuld. Aus christlicher Sicht hätte jede ethische Erziehung zwei Seiten gerecht zu werden. Sie hat als lebensbegleitende Bildung das Gute aufzuzeigen, zu erzählen, zu erinnern, dankbar wahrnehmend zu lehren, als vorgängige Hilfe mit dem Ziel der »Werterfahrung« (vgl. o. 2.3), und sie hat als begleitende und nach-

38 *T. Rendtorff*, Ethik, Bd.1, Stuttgart u. a. 1980, 32ff., 45ff., 62ff.
39 *K.E. Nipkow*, Erziehung, Moral und Religion im historischen Prozeß, in: *ders.*, Moralerziehung, Gütersloh 1981, 75–118, bes. 92ff.

gängige Hilfe Schulderfahrung zu klären und auszusöhnen.[40] Theologisch gesprochen, wird in Versagen, Scheitern und Schuld das »Gesetz« erfahren. Es scheidet auf Grund des Vorrangs des Evangeliums nicht etwa aus; beide erhellen vielmehr einander – eine Dialektik, die der säkularen ethischen Erziehung ziemlich fremd ist. Das Thema Schuld darf aber weder individuell unbearbeitet bleiben noch gesellschaftlich verdrängt werden (vgl. exemplarisch hierzu im Für und Wider der kritischen Diskussion das Stuttgarter Schuldbekenntnis von 1945).

4.5 Täter-Opfer-Dialektik – Gewalt und Liebe. Zur abschließenden Veranschaulichung sei auf das Gewaltproblem zurückgekommen. Moralität ist ein Beziehungsphänomen; es betrifft zerstörte Beziehungen und ist auf ihre Wiederherstellung gerichtet. Was ist zu tun, wenn Schulkinder oder Kinder und Jugendliche außerhalb der Schule sich schlagen?[41]

Es käme darauf an, daß sich Täter und Opfer sofort danach einander in die Augen schauen. Der Täter müßte bereit werden, seine Tat in den Augen des Opfers gespiegelt zu sehen, um darin sich selbst anzuschauen. Aber das fällt ihm schwer. Umgekehrt fällt es dem Opfer schwer, anders als mit Gedanken der Wut, Vergeltung oder gar Rache zu reagieren. Jeder verdeckt in sich selbst die je andere Seite, der Täter die Erfahrung, wie es ist, Opfer zu sein, das Opfer die Erfahrung eigenen potentiellen Täterseins. Dann aber geht die Kette der Gewalt weiter. »Das Gewaltopfer wird seine Verwundung so nicht los, am wenigsten wenn und indem es zum Moralisten wird; der Gewalttäter kann Wunden nicht heilen, indem er alte Wunden wieder öffnet und neue Wunden schlägt, solange er den Sinn dieses Schlagens und Wiedereröffnens von Wunden nicht begriffen hat und eine Kunst des Heilens daraus machen kann«.[42]

Anders, wenn das Opfer in der Lage ist, »trotz Angst und Schrecken die Kommunikation mit dem Täter nicht abreißen zu lassen, indem es z. B. den Blickkontakt aufrechterhält oder nicht aufhört, mit ihm zu reden, und so gleichsam versucht, die Zeit zu dehnen« – Zeit, die zur Versöhnung notwen-

40 *K.E. Nipkow*, Gott und Gewissen in der Erziehung (1977), in: *ders.*, Moralerziehung, aaO., 119–151, hier: 127f.
41 Zum folgenden *F. Kümmel*, Gewalt, Normen und Gegengewalt. Überlegungen zur Lösung des Gewaltproblems, in: Lehrergilde/Rundbrief 41/1993, 70–107, bes. 100ff.
42 AaO., 100.

dig ist. Die Initiative muß vom Opfer ausgehen. In der Regel sind aber in Familie, Schule und Gesellschaft bis hin zur internationalen Politik »Dritte« nötig, die »das Aus-dem-Felde-Gehen verhindern« und das »Beisammenbleibenmüssen« erzwingen.[43] »Gewalt erkennt und erlöst sich in der Liebe.«[44]

Christliche ethische Erziehungsziele sind, *zusammengefaßt*, kompatibel mit säkularen, sofern sie die Kriterien der rationalen Rechenschaftsabgabe in Freiheit nicht nur teilen können, sondern aus eigenen theologischen Gründen auch befolgen müssen. Darum werden wichtige ethische Erziehungsmaximen der Aufklärung und die sich ihnen verdankenden Grundrechte und Grundwerte christlich mitbegründbar und zusätzlich motiviert (Überschneidung von Pädagogik und Theologie). Dies gilt auch für konkrete materiale Ziele wie die Erziehung zu Gerechtigkeit (vorrangige Option für die Armen), Frieden (mit einer Radikalisierung der Nächstenliebe zur Feindesliebe) und Bewahrung der Schöpfung (s. die neuere theologische Auslegung der Schöpfungslehre). Das Zentrum christlicher Ethik und Erziehung kann als eine die säkulare Moralerziehung herausfordernde Umkehr der gängigen Erziehungsmuster beschrieben werden. Sie beruht auf einer befreienden Wechselseitigkeit, die die Kraft der Liebe und Vergebung ins Spiel bringt (relative Eigenständigkeit der Theologie gegenüber der Pädagogik).[45]

Da die Liebe Gottes nicht nur auf den individuellen einzelnen Menschen bezogen, sondern universal zu denken ist, bezeichnet die Formel vom Schalom Gottes den theologisch gebotenen umfassenden Horizont christlicher ethischer Erziehung. Hierdurch wird nochmals die angedeutete Umkehr sichtbar: Im Religionsunterricht ist anstatt moralistisch von Forderungen (das tut alle Welt) von Verheißungen zu reden, von den großen Hoffnungsbildern des Alten und Neuen Testaments, von der Bedeutung des

---

43 AaO., 106.

44 AaO., 101.

45 Die »Erklärung zum Weltethos« hat herausgestellt, daß jene Wechselseitigkeit in Gestalt der sog. Goldenen Regel nicht nur im Christentum (vgl. Mt 7,12), sondern in vielen religiösen und ethischen Traditionen der Menschheit zu finden ist und daher »die unverrückbare, unbedingte Norm für alle Lebensbereiche« sein kann und sollte, aaO. (Anm.6), 28.

Symbols des »Paradieses«, vom »gelobten Land«, vom großen »Festmahl«, zu dem alle eingeladen sind, von den »Seligpreisungen« und von der leuchtenden »Gottesstadt«.

5. Ziele ethischer Erziehung auf der Grundlage des pädagogischen Ethos

Haben ähnlich wie die Christen auch die Pädagogen als Pädagogen bei unserem Thema eine eigene Stimme? Die Antwort hängt davon ab, wie sie sich verstehen.

5.1 Ausklammerung oder Ersetzung ethischer Kategorien. Man kann beobachten, daß dort, wo ein bestimmter Begriff von Wissenschaft diese auf empirisch-analytische, wertfreie Forschung beschränkt, Wert- und Wahrheitsfragen ausgeklammert werden. In der Erziehungswissenschaft führt das zu Aufspaltungen wie der zwischen »Erziehungswissenschaft«, »Philosophie der Erziehung« und »Praktischer Pädagogik«, weil die Wert- und Normenprobleme sich nicht von selbst erledigen, also abgeschoben werden müssen.[46] Fatal ist es, wenn sie nur den Politikern überlassen werden. Hiergegen hat die von der »Kritischen Theorie« beeinflußte »emanzipatorische Pädagogik« mit Recht Einspruch erhoben.

Weniger augenfällig ist es, wenn ethische Kategorien in der Pädagogik durch andere ersetzt werden, etwa durch psychologisch-therapeutische und ästhetische. In der Sexual-, Ehe- und Familienethik gelten dann als wünschenswerte Ideale und entsprechend auch als pädagogische Zielvorstellungen im Zeichen einer »therapeutic attitude« das »sharing of feelings«, die wechselseitige »self-validation« und »self-realization«, insgesamt die harmonische »communication«.[47]

---

46 *W. Brezinka,* Von der Pädagogik zur Erziehungswissenschaft, Weinheim 1971, Neubearbeitung: Metatheorie der Erziehung, München 1978.
47 Vgl. *R.N. Bellah et al.,* Habits of the Heart. Individualism and Commitment in American Life, New York 1985, 94, 98, 100, 99, 101. Für die Bundesrepublik vgl. die Untersuchungen von *E. Beck-Gernsheim, H. Schenk u. a.*

5.2 Das Wohl und Glück des Kindes – Ziele aus dem pädagogischen Ethos. Die deutsche Pädagogik hat demgegenüber in ihrer geschichtlichen Entwicklung zwar einerseits an allen allgemeinen Veränderungen Anteil gehabt und ist generell von gesellschaftlichen und politischen Erwartungen in der ethischen Erziehung abhängig, sie hat andererseits zugleich ein eigenes pädagogisches Ethos ausgebildet. In Anknüpfung an *Jean-Jacques Rousseau, Johann H. Pestalozzi, Johann Friedrich Herbart* und die reformpädagogische Bewegung haben *Herman Nohl* und seine Schule dies Ethos als Anwaltschaft für das »Wohl des Kindes« umschrieben. Seine Schülerin *Elisabeth Blochmann* pflegte mit Verweis auf England pointiert vom »Glück des Kindes« zu sprechen. Während der Mensch von allen Seiten für »objektive Zwecke« in Anspruch genommen wird, »von Staat, Kirchen und Parteien, Beruf und Wissenschaft«, die alle das Subjekt »eingliedern« wollen und »seine Leistung und Hingabe« verlangen, vollzieht die Pädagogik eine kopernikanische Wende. »Die Erziehung dreht den Spieß um und fragt, ob sie dem Subjekt helfen, zu wachsen und zu gedeihen ... Sie fragt, was wird dabei aus dem Menschen?«[48]

5.3 Ethische Erziehung als Förderung von Entwicklung. Einen unverlierbaren Anhaltspunkt hat ein pädagogisches Ethos und hat damit eine eigenständige Ethik der Pädagogik in der Tatsache, daß der Mensch als *Kind* beginnt und sich *entwickelt*. Hierauf ist *ethisch* Rücksicht zu nehmen. Die pädagogische Wendung zum Kind ist zugleich eine spezifisch ethische. Von außen herangetragene ethische Zielerwartungen werden jetzt kritisch geprüft und ›gebrochen‹. Erziehung und Bildung haben immer auch auf Lebensfreude und Glück, Wohlbefinden und Entfaltungsmöglichkeiten abzuheben. Nach zwei Seiten hin wird der ›Entwicklungsstand‹ wichtig: Einerseits ist jeweils der gegenwärtige Entwicklungsstand des Kindes ernst zu nehmen, andererseits sind die Entwicklungsmöglichkeiten Anlaß, ihre Verwirklichung zu fördern.[49]

48 H. *Nohl,* Vom Wesen der Erziehung (1948), in: *ders.,* Pädagogik aus dreißig Jahren, Frankfurt/M. 1949, 281, s.a. 283.
49 Zur Theorie und Praxis dieser Perspektive zuletzt F. *Schweitzer et al.,* Religionsunterricht und Entwicklungspsychologie. Elementarisierung in der Praxis, Gütersloh 1995.

Historisch betrachtet sind die im pädagogischen Ethos und im Entwicklungsgedanken begründeten Ziele Teilaspekte der eingangs behandelten neuen, personbezogenen Ethik, die sich vor zweihundert Jahren in der westlichen Welt durchsetzte. Die Prinzipien dieser Ethik behalten für eine zukünftige ethische Erziehung ihr unverlierbares Recht, aber nur im Bewußtsein einer kritischen Selbstbegrenzung der Moderne. Wie der Charakter der »Neuen Ethik« unserer Zeit als einer globalen Verantwortungsethik zeigt, würde eine nur auf das Individuum bezogene Ethik vor den Herausforderungen der Zukunft in unserer pluralen, gemeinsamen Welt versagen.

Literaturhinweise

A.K. Treml (Hrsg.), Ethik macht Schule! Moralische Kommunikation in Schule und Unterricht (edition ethik kontrovers 2), Frankfurt/M. 1994.

Ethik und Bildung. Thementeil von H.1/1996 der Zeitschrift für Pädagogik.

K.E. Nipkow, Moralerziehung. Pädagogische und theologische Antworten, Gütersloh 1981.

III.

Grundformen ethischen Lehrens und Lernens in der Schule

FRIEDRICH SCHWEITZER

In Pädagogik und Religionspädagogik haben sich Modelle herauskristallisiert, die den Umkreis praktisch bewährter und theoretisch begründeter Möglichkeiten ethischen Lehrens und Lernens in der Schule beschreiben. Diese Modelle können als Grundformen ethischen Lehrens und Lernens bezeichnet werden. Diese Bezeichnung ist auch darin begründet, daß andere Formen häufig als Variation oder Kombination solcher Grundformen verstanden werden können. Von grundlegender Bedeutung sind diese Formen des Lehrens und Lernens aber auch deshalb, weil sie auf Grundfragen der ethischen Erziehung in der Schule antworten. – Lehren und Lernen sind zugleich Thema der Lern- und Entwicklungspsychologie. Ein angemessenes Verständnis der Lehr-Lern-Prozesse schließt eine Klärung der psychologischen Voraussetzungen ein. Bei der Darstellung von Grundformen des Lehrens und Lernens soll deshalb jeweils gefragt werden, welche psychologischen Hintergründe zu beachten sind und was dies für die pädagogische und didaktische Gestaltung bedeutet.

Im folgenden sollen zunächst einige Grundfragen ethischen Lehrens und Lernens erörtert werden. Vor deren Hintergrund können dann die Modelle des Lehrens und Lernens vorgestellt und diskutiert werden. Den Abschluß bildet eine zusammenfassende Betrachtung, die zugleich Perspektiven für die Weiterentwicklung von Schule und Unterricht aufzeigen soll.

1. Grundfragen ethischen Lehrens und Lernens in der Schule

In diesem Abschnitt sollen drei Grundfragen ethischer Erziehung in der Schule aufgenommen werden. Die erste bezieht sich auf die Frage der *Lehrbarkeit*, die zweite auf das Verhältnis von *Form und Inhalt*, die dritte auf die *Schule* als Ort ethischer Erziehung.

1.1 Ist Ethik lehrbar? Schon mit dem Verhältnis zwischen Lehren und Lernen ist die erste Grundfrage angesprochen: In welchem Sinne ist Ethik überhaupt lehrbar? Beschränkt sich das Lehren hier auf die intellektuelle Information über Verhaltensregeln, auf die zu vermittelnde Kenntnis von Normen und Werten, oder kann es sich auch auf das Verhalten, auf Gefühl und Charakter erstrecken? Und besteht dabei eine direkte Beziehung zwischen Lehren und Lernen, so daß das Lernen unmittelbar dem Gelehrten entspricht?

Bereits die Alltagserfahrung läßt vermuten, was die Psychologie im einzelnen wissenschaftlich bestätigt: Ethisch gelehrt und gelernt werden kann nicht nur im Sinne der Informationsaufnahme.[1] Auch Gefühle, Verhalten, Charakter, Wertorientierungen usw. werden in zum Teil allerdings sehr lang dauernden Lernprozessen aufgebaut. Zu warnen ist jedoch vor allzu einfachen Annahmen hinsichtlich dieses Lernens. Immer mehr setzt sich die Erkenntnis durch, daß ethisches Lernen in hohem Maße von den Lernenden selbst gesteuert wird.[2] Dies darf zwar keineswegs mit Selbstbestimmung im Sinne reflektiert vollzogener Freiheit verwechselt werden, da die psychologische Selbststeuerung von Inhalt und Ergebnis her durchaus unfrei sein kann; aber es bedeutet doch, daß ethisches Lernen an den Lernvoraussetzungen und Deutungsmustern der Kinder und Jugendlichen vorbei nicht möglich ist. Ethisches Lernen ist nicht als ein Determinationsvorgang zu verstehen, der von außen zielsicher zu lenken wäre. Es geht vielmehr um einen Vorgang, für den die Eigenaktivität der Lernenden von entscheidender Bedeutung ist. Insofern

---

1 Vgl. als Überblick *F. Oser/W. Althof,* Moralische Selbstbestimmung. Modelle der Entwicklung und Erziehung im Wertebereich, Stuttgart 1992; zum folgenden s. auch *K.E. Nipkow,* Moralerziehung. Pädagogische und theologische Antworten, Gütersloh 1981; *G. Schreiner* (Hrsg.), Moralische Entwicklung und Erziehung, Braunschweig 1983; *Th. Lickona,* Educating for Character. How our Schools can Teach Respect and Responsibility, New York u.a. 1992; *V. Eid/A. Elsässer/G.W. Hunold* (Hrsg.), Moralische Kompetenz. Chancen der Moralpädagogik in einer pluralen Lebenswelt, Mainz 1995.
2 Wesentliche Impulse zu diesem Verständnis gingen bereits von J. Piaget aus, vgl. *J. Piaget,* Das moralische Urteil beim Kinde (1932), Frankfurt/M. 1973.

ist ethische Erziehung möglich, aber ihre Möglichkeiten sind von vornherein durch die Natur der Lernprozesse begrenzt.

Diese Einschätzung hängt allerdings bereits von einem bestimmten *inhaltlichen Verständnis ethischen Lernens* ab. Demnach geht es bei diesem Lernen nicht nur um ein bestimmtes Verhalten, das ohne Zweifel eingelernt oder, psychologisch gesprochen: durch Lohn und Strafe konditioniert werden kann, und es geht auch nicht um ein bloßes Wissen, das ebenfalls direkt gelehrt werden kann, der Persönlichkeit in Fühlen und Handeln aber äußerlich bleibt. Von ethischem Lernen kann erst gesprochen werden, wenn der gesamte Umkreis von Urteil, Gefühl und Handeln im Blick ist, was freilich nicht bedeutet, daß alle drei Aspekte immer gleichgewichtig angesprochen würden.

1.2 Zusammenhang von Inhalt und Form. In pädagogischer Sicht muß der Zusammenhang zwischen Inhalt und Form beim Lehren und Lernen im ethischen Bereich besonders beachtet werden. Schon dadurch werden bestimmte Formen etwa einer bloßen Abrichtung zu normgerechtem Verhalten ausgeschlossen. Hier widerspricht die Form (Verhaltenstraining) dem Inhalt oder Ziel (ethisches Handeln als Selbstbestimmung). In der Pädagogik wird dies so ausgedrückt, daß nur solche Formen des Lehrens oder Erziehens als legitim anzusehen sind, die das Subjektsein der zu Erziehenden zu erreichen suchen, indem sie es immer schon voraussetzen.[3] – Die Frage angemessener Lehr- und Lernformen ist damit freilich keineswegs gelöst, sondern in vieler Hinsicht allererst gestellt. Denn als diejenige Form, die das Subjektsein des anderen am meisten anerkennt, gilt weithin das gesprächsweise Aushandeln von Normen. Was aber bedeutet ein solches Gespräch mit Kindern und Jugendlichen, die noch nicht über die erforderlichen diskursiven Fähigkeiten verfügen? Das Verhältnis zwischen dem erst noch zu erreichenden und doch bereits vorauszusetzenden Subjektsein der Kinder und Jugendlichen stellt eine »Grundparadoxie« dar, vor der die Pädagogik unausweichlich steht.[4] Diese Paradoxie kann weder einfach außer Kraft gesetzt noch durch

---

3 *D. Benner*, Allgemeine Pädagogik. Eine systematisch-problemgeschichtliche Einführung in die Grundstruktur pädagogischen Denkens und Handelns, Weinheim/München 1987, 67.
4 Ebd.

eine bestimmte Erziehungsmethode aufgelöst, sondern muß in allem pädagogischen Handeln bewußtgehalten werden.

Als weitere Form, die dem Inhalt widerspricht, kann die *Strafe* angesehen werden. Besonders *Friedrich Schleiermacher* hat in klassisch zu nennenden Analysen den begrenzten Sinn von Strafen aufgezeigt.[5] Strafen appellieren an Motive, die dem ethischen Ziel des Lernens abträglich sind: Sie führen dazu, daß gelernt wird, unangenehme Folgen zu vermeiden und möglichst belastungsfreie Situationen anzustreben. Dem Aufbau wahrhaft ethischer Motive – dem Festhalten an Normen und Werten auch unter schwierigen Bedingungen – wird so kein Dienst geleistet. Strafe bezeichnet daher kein Mittel, sondern die Grenze ethischer Erziehung. Sie ist nur dort legitim, wo die Möglichkeiten ethischer Erziehung erschöpft sind.

1.3 Schule als Ort ethischen Lernens. In der Schule, wie sie sich gewöhnlich darstellt, steht die ethische Erziehung noch vor weiteren Spannungen – zum einen der Spannung zwischen Unterricht und Schulleben, zum anderen der zwischen ethischem Anspruch der Schule und ihrer faktischen Begrenzung auf die Vermittlung fachlicher Kenntnisse. Schule ist so organisiert, daß Unterricht ihr Zentrum bildet und daß dieser Unterricht weithin an den wissenschaftlichen Disziplinen ausgerichtet ist. Das Schulleben wird zwar häufig als wichtiger Ort ethischen Lernens bezeichnet,[6] beschränkt sich in der Regel aber auf einen schmalen außerunterrichtlichen Bereich. Im Blick auf den Unterricht wird ethisches Lernen auf Fächer wie Religion und Ethik begrenzt, vielleicht noch unter Einschluß von Deutsch oder Geschichte. Solche Eingrenzungen ethischen Lernens – auf bestimmte Bereiche von Schule und auf einzelne Fächer – sind nicht nur psychologisch wenig plausibel, sondern widersprechen erneut dem inhaltlichen Anspruch ethischer Erziehung: Ethische Fragen lassen sich nicht auf einzelne Lebensbereiche begrenzen – bestenfalls wäre das eine bereichsspezifische Ethik wie etwa die des ärztlichen Handelns, schlimmstenfalls wäre es eine Ethik nur für Freizeit und Feier-

5 *F. Schleiermacher*, Erziehungslehre. Aus Schleiermacher's handschriftlichem Nachlasse und nachgeschriebenen Vorlesungen hrsg. v. *C. Platz* (SW 3. Abt. Bd. 9), Berlin 1849, 124ff.
6 Vgl. *E. Weber*, Das Schulleben und seine erzieherische Bedeutung, Donauwörth 1979; *R. Lassahn* (Hrsg.), Das Schulleben, Bad Heilbrunn 1969.

abend; ganze Wissensbereiche und Wissenschaftszweige können nicht ohne ethische Reflexion bleiben – das wäre die Rückkehr zu einer mißverstandenen Freiheit von Wissenschaft, die weder die Voraussetzungen noch Folgen etwa für Ökologie oder Demokratie bedenken will.

2. Fünf Grundformen ethischen Lehrens und Lernens

Die Auswahl der im folgenden beschriebenen Grundformen ethischen Lehrens und Lernens in der Schule orientiert sich einerseits an deren praktischer Bewährung, andererseits an den theoretischen Überlegungen im vorausgehenden Abschnitt. Daraus erklärt sich, daß die manchmal sogar als wichtigste Form angesehene *Disziplin* im Sinne von Ordnung und Verhalten hier nicht als eine dieser Grundformen aufgeführt wird. Zwang, Lohn und Strafe oder, wie *Johann Friedrich Herbart*[7] es nennt: die »Regierung« der Kinder können zwar durchaus als *Voraussetzung* ethischer Erziehung gelten.[8] Ein weiterreichender Beitrag zur Ausbildung ethischen Urteilens, Fühlens oder Handelns ist davon aber von vornherein nicht zu erwarten, da die bloß äußere Disziplin weder die kognitiven Perspektiven noch die affektiven Haltungen berücksichtigt.

Psychologisch gesehen[9] betrifft diese Form der Disziplinierung nur das *Verhalten*, das durch Lohn und Strafe *konditioniert* wird (»Lernen durch Verstärkung«, *Burrhus F. Skinner*). Ergebnis ist nicht die verantwortliche Persönlichkeit, sondern allein Konformität im Verhalten. Auch wenn die Ebene des Verhaltens im Umgang mit Kindern und Jugendlichen keineswegs vernachlässigt werden darf, bleibt es deshalb dabei, daß wir es hier lediglich mit einer Voraussetzung, nicht aber mit einer Grundform ethischen Erziehens zu tun haben.

7 *J.F. Herbart*, Pädagogische Schriften. Bd. 2: Pädagogische Grundschriften, hrsg. v. *W. Asmus* (= Allgemeine Pädagogik aus dem Zweck der Erziehung abgeleitet, 1806), Stuttgart ²1982, 30ff.
8 So zu Recht *G. Stachel/D. Mieth*, Ethisch handeln lernen. Zu Konzeption und Inhalt ethischer Erziehung, Zürich 1978, bes. 44ff.
9 Zu den verschiedenen psychologischen Lerntheorien vgl. *G.H. Bower/E.R. Hilgard*, Theorien des Lernens, 2 Bde., Stuttgart 1981/1983.

Als Grundform ethischen Lehrens und Lernens sollen im folgenden die sittliche Elementarbildung, das Lernen von Vorbildern, der erziehende Unterricht, das Schulleben sowie die Gestaltung der Schule als Institution dargestellt werden.

2.1 Sittliche Elementarbildung. Die erste hier zu nennende Form kann als sittliche Elementarbildung bezeichnet werden. Ihren klassischen Ausdruck hat sie bei *Johann Heinrich Pestalozzi* gefunden, der sie mit den Kindern seiner pädagogischen Anstalt in Stans entwickelt und praktiziert hat.[10] Der entscheidende Ausgangspunkt ist hier, daß das »Gute«, zu dem die Kinder geführt werden sollen, nicht einfach als Anspruch des Erziehers begegnen darf. Das Gute müsse eine für das Kind selbst einleuchtende und erfahrbare Sache sein. Deshalb dürfen am Anfang nicht »Worte« stehen oder gar das »Einpredigen von Regeln und Vorschriften«; die liebevolle Zuwendung zum Kind (»allseitige Besorgung«) müsse der verbalen Form stets vorausgehen. Die »rechtliche und sittliche Gemütsstimmung« müsse geweckt sein, ehe die Kinder überhaupt für moralische Belehrung empfänglich sind. Erfahrung gehe der Belehrung notwendig voraus – alle Belehrung finde ihr Fundament in der pädagogischen Gestaltung des Lebens.

Pestalozzi faßt sein Verständnis ethischen Lehrens und Lernens in zwei berühmten Passagen so zusammen:

»Suche deine Kinder zuerst weitherzig zu machen und Liebe und Wohltätigkeit ihnen durch die Befriedigung ihrer täglichen Bedürfnisse ... nahezulegen, sie dadurch in ihrem Innern zu gründen und zu sichern, dann ihnen viele Fertigkeiten anzugewöhnen, um dieses Wohlwollen in ihrem Kreise sicher und ausgebreitet ausüben zu können«.[11] Dann, und nur dann sei die Voraussetzung für theoretische Belehrungen geschaffen.

»Der Umfang der sittlichen Elementarbildung beruht überhaupt auf den drei Gesichtspunkten: der Erzielung einer sittlichen Gemütsstimmung durch reine Gefühle, sittlicher Übungen durch Selbstüberwindung und Anstrengung in dem, was recht und gut ist, und endlich der Bewirkung einer sittlichen Ansicht durch das Nachdenken und Vergleichen der

---

10 *J.H. Pestalozzi*, Pestalozzis Brief an einen Freund über seinen Aufenthalt in Stans (1799), in: *ders.*, Ausgewählte Schriften, hrsg. v. *W. Flitner*, Düsseldorf/München ³1961, 93–222, Zitate im folgenden 227, 231.

11 Ebd., 232.

Rechts- und Sittlichkeitsverhältnisse, in denen das Kind schon durch sein Dasein und seine Umgebungen steht«.[12]

Ethisches Lehren und Lernen durch Erfahrung, Anschauung und eigenes Tun, so läßt sich der bis heute wichtige Anspruch einer grundlegenden sittlichen Bildung im Sinne *Pestalozzis* zusammenfassen. Das Gegenteil solcher Elementarbildung, das ebenfalls bis heute immer wieder begegnet, ist die erfahrungs- und handlungsferne Belehrung im Unterricht, in dem über richtiges Handeln gesprochen wird. Dieser Belehrung mißtrauen zu Recht alle, denen die weitreichende Wirkungslosigkeit solchen Unterrichts am Verhalten von Kindern, Jugendlichen oder auch Erwachsenen einmal vor Augen getreten ist. Vom Guten bloß zu reden hilft nichts, wenn dieses Gute nicht auch angesichts des eigenen Erfahrens und Handelns einleuchten kann.

Eines der eindrücklichsten Beispiele bietet der Unterricht über Menschenrechte.[13] Lange Zeit war hier die Auffassung bestimmend, diese Rechte, wie sie in der Menschenrechtserklärung niedergelegt sind, seien so einsichtig, daß die Aufgabe der Schule sich auf Information über Menschenrechte beschränken könne. Auch hier zeigte die Erfahrung, daß mit der bloßen Kenntnis von Menschenrechten noch sehr wenig erreicht ist. Die Menschenrechte bezeichnen eine genuine Erziehungsaufgabe, kein Informationsproblem. Ähnliches gilt etwa auch für die Zehn Gebote oder für die Ethik der Bergpredigt.[14]

Praktisches Lernen besonders in Form von Projekten, bei denen die Schülerinnen und Schüler innerhalb und außerhalb der Schule tätig werden, gehört deshalb heute zu den wichtigsten Möglichkeiten ethischen Lernens.[15] Beispielsweise können ökologische Vor-

---

12 Ebd., 236.
13 S. den Beitrag von *W. Simon* im vorl. Band sowie *Bundeszentrale für politische Bildung* (Hrsg.), Die Menschenrechte – eine Herausforderung der Erziehung, Bonn 1981.
14 Vgl. die Beiträge von *R. Lachmann* und *W. Langer* im vorl. Band.
15 Eindrückliche Beispiele bei *W. Beutel/P. Fauser*, Die Schule: politikfern – und dennoch politisch? Ein Werkstattbericht aus dem Förderprogramm Demokratisch Handeln, in: *dies.* (Hrsg.), Politisch bewegt? Schule, Jugend und Gewalt in der Demokratie, Seelze 1995 (= Neue Sammlung 2/1995), 9–35.

haben vom Gewässerschutz bis hin zur Öffentlichkeitsarbeit den Sinn einer ökologischen Ethik weit nachhaltiger erfahrbar machen, als dies bei der Arbeit allein im Klassenzimmer möglich wäre. Allerdings wird gerade bei ökologischen Fragen deutlich, daß es hier auch um wenig anschauliche Zusammenhänge etwa ökonomischer Art und von weltweiten Dimensionen geht. Deshalb gilt: Ethisches Lernen besitzt in Erfahrung und Anschauung sein Fundament, ist darauf aber nicht zu begrenzen.

Weiterhin verweist der Anspruch sittlicher Elementarbildung auf das Zusamenleben in der Schule. Die Gestaltung des Schullebens – mit Festen und Feiern, Klassen- und Schulfahrten usw., aber auch in seinem demokratischen Gehalt – leistet einen elementaren Beitrag zum ethischen Lernen (zur weiteren Erörterung s.u. zum vierten und fünften Modell).

Psychologisch gesehen umfaßt eine solche sittliche Elementarbildung zahlreiche Bezüge zur sozialen und emotionalen Entwicklung, einschließlich der Verhaltenskomponente im o.g. Sinn von Disziplin, Verstärkung usw. Besonders genannt sei die Ausbildung von Empathie als Voraussetzung prosozialer Einstellungen. Die Erfahrung von Liebe und Solidarität bildet eine wichtige Grundlage für den Aufbau ethischer Handlungsfähigkeit.[16]

2.2 Lernen von Vorbildern. Eine zweite Form ethischen Lehrens und Lernens ist ebenso bekannt wie umstritten: das Lernen von Vorbildern. Nach verbreiteter Auffassung üben Vorbilder überhaupt *den* bestimmenden Einfluß auf Kinder und Jugendliche aus, zum Guten wie zum Schlechten. Heute sind dabei vor allem die Medien im Blick, aber auch die Lehrer und Lehrerinnen, denen oft vorgehalten wird, sie blieben hinter ihren Aufgaben als Vorbilder zurück.

Die wissenschaftliche Pädagogik hat sich aufs ganze gesehen – mit der vielleicht wichtigsten Ausnahme der pietistischen Pädagogik *August Hermann Franckes*[17] – der angeblich so selbstverständ-

---

16 *M.L. Hoffman,* Vom empathischen Mitleiden zur Solidarität, in: *G. Schreiner,* aaO., 235–265.

17 *A.H. Francke,* Kurtzer und einfältiger Unterricht wie die Kinder zur wahren Gottseligkeit und christlichen Klugheit anzuführen sind (1702), in: *ders.,* Pädagogische Schriften, hrsg. v. *H. Lorenzen,* Paderborn ²1964, 13–66, bes. 15f., s. auch *K.E. Nipkow/F. Schweitzer* (Hrsg.), Religionspädagogik. Texte zur evangelischen Erziehungs- und Bildungsverantwortung seit der Reformation, Bd.1 (ThB 84), München 1991, 143ff.

lichen Wirkung von Vorbildern gegenüber eher skeptisch gezeigt. Dies läßt sich anhand der Position *Hartmut von Hentigs* verdeutlichen:

»Das wichtigste Curriculum des Lehrers ist seine Person«.[18] *Von Hentig* will diesen Satz nämlich gerade nicht im Sinne einer Vorbildpädagogik verstanden sehen. Vielmehr soll der Lehrer als »Darsteller« begriffen werden, und »Darstellen« heiße »nicht Vorbild sein«.[19] Warum ist ihm dies so wichtig? Der Grund liegt in der Einsicht in die Grenzen der eigenen Vorbildlichkeit: »wenn ich als Lehrer oder Erzieher in dieser Weise einsetze, was ich *bin*, dann werden auch die Eigenschaften wirken, die nicht vorbildlich sind«. Diese selbstkritische Einschätzung ist ethisch wie theologisch zu bejahen, da sie einer Verabsolutierung oder einem Vollkommenheitsglauben der Unterrichtenden entgegenwirkt. Weiterführend ist sodann die Überlegung, wie ein Vorbildverständnis zu entwickeln wäre, das als *reflektiertes Vorbildsein* bezeichnet werden könnte. Dabei wird der bewußte Umgang mit der fehlenden Vorbildlichkeit der Erwachsenen wichtig: »wie ich mit der Kluft zwischen meinen Vorsätzen und meinen Taten umgehe, ist für die, denen ich dies zeige, doch wieder hilfreich: Sie können dies ›ehrlich‹ oder ›eitel‹ oder ›zweideutig‹ finden, und werden danach entscheiden, wie sie selber sein wollen«.[20]

Wie die psychologischen Untersuchungen von *Albert Bandura* u. a.[21] zum Lernen von Modellen oder auch die psychoanalytischen Beobachtungen zur Identifikation[22] zeigen, ist es gar nicht möglich, als Lehrerin oder Lehrer der eigenen Wirksamkeit als Vorbild zu entkommen. Gewollt oder ungewollt werden die Unterrichtenden zu »Modellen«, an denen sich die Kinder und Jugendlichen ausrichten. Entscheidend ist deshalb ein reflektierter

18 *H. von Hentig*, Vom Verkäufer zum Darsteller. Absagen an die Lehrerbildung, in: *H. Becker/H. von Hentig* (Hrsg.), Der Lehrer und seine Bildung. Beiträge zur Überwindung einer Resignation, Frankfurt u. a. 1984, 99–146, Zitat 112.

19 Ebd., 113.

20 Ebd., 114.

21 *A. Bandura*, Lernen am Modell. Ansätze zu einer sozial-kognitiven Lerntheorie, Stuttgart 1976.

22 *E.H. Erikson*, Identität und Lebenszyklus. Drei Aufsätze, Frankfurt 1974; *U. Rauchfleisch*, Die Entwicklung des Über-Ichs bei normalen und bei dissozialen Persönlichkeiten, in: *G. Schreiner* (Hrsg.), Moralische Entwicklung, aaO., 210–230.

Umgang mit dieser Wirkung. Die psychologischen Untersuchungsergebnisse verweisen dabei zugleich auf zahlreiche Ansatzpunkte für Lehren und Lernen. Denn die Wirkung von Vorbildern vollzieht sich keineswegs mechanisch. Sie ist vielmehr an die Lernvoraussetzungen der Kinder und Jugendlichen gebunden – nicht zuletzt an die Ideale, anhand derer Kinder und Jugendliche über ihre Vorbilder und Identifikationsfiguren entscheiden. Damit verweist das Vorbildlernen einerseits zurück auf die Schule als Erfahrungsraum, in dem personale Beziehungen den Aufbau von Identifikationen ermöglichen, und sie weist andererseits voraus auf den Unterricht, in dem Normen und Ideale auch kritisch reflektiert werden können. Eine isolierte Betrachtung des Vorbildlernens ist dadurch ausgeschlossen.

Die psychologischen Untersuchungen zum Modellernen verweisen allerdings auch auf den erheblichen Einfluß von Modellen, die nicht in der Schule, sondern in den Medien präsentiert werden. Ein immer wieder diskutiertes Beispiel stellt die Verstärkung aggressiven Verhaltens durch entsprechende Fernsehsendungen dar.[23] Eine eindeutige (monokausale) Erklärung aggressiven Verhaltens mit der Wirkung medialer Vorbilder hat sich jedoch als unmöglich erwiesen.

2.3 Erziehender Unterricht. In den letzten Jahren hat die Vorstellung vom erziehenden Unterricht wieder an Einfluß gewonnen – zunächst, mit eher konservativer Ausrichtung, in der bildungspolitischen Debatte, und dann, mit anderen Akzenten, auch in der wissenschaftlichen Pädagogik.[24] Mit dieser Formel ist die vor allem im 19. Jahrhundert beherrschende Auffassung ethischen Lehrens und Lernens benannt. Sie geht zurück auf *Johann Friedrich Herbart* und fand durch dessen Anhänger (sog. Herbartianer)

---

23 S. dazu u. a. *A. Bandura*, Aggression. Eine sozial-lerntheoretische Analyse, Stuttgart 1979.
24 Mit Informationen über die entsprechende Diskussion sowie eigenen Analysen *J. Ramseger*, Was heißt »durch Unterricht erziehen«? Erziehender Unterricht und Schulreform, Weinheim/Basel 1991; vgl. auch *S. Hellekamps*, Erziehender Unterricht und Didaktik. Neuere Didaktiktheorien im Horizont klassischer Begriffsbestimmungen, Weinheim 1991.

sowohl in der Schulpädagogik als auch in der Religionspädagogik weite Verbreitung.[25]

Herbart[26] unterscheidet zwischen einer bloß äußerlichen *Regierung* der Kinder, die lediglich der Aufrechterhaltung äußerer Ordnung dient (s.o., zur äußeren Disziplin), *Zucht* als der unmittelbaren Wirkung auf die Willensbildung sowie *Unterricht* als der mittelbaren Form von Willensbildung. Die Rede vom *erziehenden Unterricht* hebt hervor, daß auch der Unterricht der Erziehung von Wille und Charakter dienen soll.

Die Kombination von Erziehung und Unterricht in der Bezeichnung »erziehender Unterricht« ist schillernd. Sie kann nach zwei Seiten hin gelesen werden: Einerseits kann sie für die – gewiß verfehlte – Auffassung stehen, daß Unterricht überhaupt der wirksamste Weg der Moralerziehung sei. In diesem intellektuellen, das ethische Lernen verschulenden Sinne ist sie leider oft verstanden und praktiziert worden. Andererseits kann aber auch, wie in der neueren pädagogischen Diskussion zu Recht hervorgehoben wird, gemeint sein, daß Erziehung nicht als direkte Beeinflussung an der Subjektivität des Kindes vorbei geschehen soll, sondern durch einen auf Einsicht und begründetes Einverständnis zielenden Unterricht. So gesehen steht der Anspruch erziehenden Unterrichts für das aufklärerische Ideal einer Erziehung zur Mündigkeit, die sich eben nicht durch Strafe oder Dressur, sondern allein durch selbständiges Erkennen und Urteilen bilden kann.

Im Sinne einer Erziehung zu ethischer Urteilsfähigkeit ist erziehender Unterricht tatsächlich unverzichtbar. Dennoch bleibt die Gefahr einer einseitig intellektuellen ethischen Erziehung bestehen, wie schon bei *Herbart*[27] selbst zu erkennen ist. Denn ihm war wohlbewußt, daß Wille und Charakter sich primär im Handeln bilden – im Tun, das die Ausübung des Willens einschließt, ganz im Sinne von *Pestalozzis* sittlicher Elementarbildung. Nur konnte sich *Herbart* nicht vorstellen, wie ein solches Tun in der Schule

25 Eine hilfreiche Einführung bietet *D. Benner*, Die Pädagogik Herbarts. Eine problemgeschichtliche Einführung in die Systematik neuzeitlicher Pädagogik, Weinheim/München 1986.

26 S. Anm. 7.

27 *J.F. Herbart*, Pädagogische Schriften, aaO., 117f.

möglich sein sollte. Angesichts dieser Schwierigkeit erschien ihm das Handeln in der Phantasie als Königsweg: War nicht auch dies ein Handeln, und zudem so, daß es im Unterricht leicht – etwa in der Begegnung mit den großen Gestalten der Weltliteratur – möglich wird?

Der Gedanke einer ethischen Erziehungswirkung von *Erzählungen* findet sich freilich schon früher. Besonders in der Aufklärungspädagogik des 18. Jahrhunderts[28] spielen moralische und moralisierende Geschichten von »guten Kindern« eine prominente Rolle, die sich in Lesebüchern und Kinderliteratur bis in unsere Gegenwart hinein fortsetzt. Zum Teil wird heute auch von einer »narrativen Ethik« gesprochen.[29] Dabei geht es dann nicht mehr um eine direkte Vorbildwirkung literarischer Gestalten und auch nicht um ein Handeln in der Phantasie – es geht vielmehr um eine Alternative zur moralischen Belehrung: Das Erzählen von Geschichten soll den Schülern und Schülerinnen die Möglichkeit geben, selbst Antworten auf moralische Fragen zu geben und eigene Lösungen zu finden.

Im heutigen Verständnis nimmt erziehender Unterricht häufig zwei ebenfalls nicht unproblematische, bei richtigem Einsatz aber doch wichtige Formen an:

– Die erste kann allgemein als (kritische) *Reflexion von Normen und Werten* bezeichnet werden. *Wertklärung* heißt beispielsweise ein amerikanisches Lehr-Lern-Programm[30], mit dessen Hilfe die Schülerinnen und Schüler sich ihrer eigenen Normen und Werte bewußter werden sollen. Durch die Arbeit mit Fragebogen usw. sollen das ethische Bewußtsein und auch eine entsprechende Sprachfähigkeit gestärkt werden. – Von Vertretern dieses Modells wird immer wieder behauptet, daß hier den Kindern nichts aufgedrängt werde. Ihnen solle nur zu größerer Echtheit und Bewußtheit verholfen werden. Alle Überzeugungen sollen gleicherma-

28 *Ch.G. Salzmann*, Über die wirksamsten Mittel, Kindern Religion beizubringen (1780), in: *K.E. Nipkow/F. Schweitzer* (Hrsg.), Religionspädagogik, aaO., 192ff., bes. 206ff.
29 Vgl. *G. Stachel/D. Mieth*, Ethisch handeln lernen, aaO., 106ff.
30 Als knappe Einführung *L. Mauermann*, Methoden der Wertklärung nach dem Ansatz von Raths, Harmin & Simon – Darstellung und Kritik, in: *ders./E. Weber* (Hrsg.), Der Erziehungsauftrag der Schule. Beiträge zur Theorie und Praxis moralischer Erziehung unter besonderer Berücksichtigung der Wertorientierung im Unterricht, Donauwörth ²1981, 210–223; vgl. auch den Beitrag von *G. Adam* im vorl. Band.

ßen ernstgenommen und geachtet werden.[31] Genau an diesem Punkt aber liegt die entscheidende Widersprüchlichkeit einer solchen Argumentation: Sie beruft sich auf das ethische Prinzip der Achtung vor anderen, behauptet aber zugleich, daß keine Prinzipien vermittelt werden sollen. Soweit dieser Widerspruch vermieden und also die Wertklärung im Rahmen einer als solcher ausgewiesenen ethischen Erziehung betrieben wird, können insbesondere die Methoden und Materialien der Wertklärung eine wichtige Hilfe zur Unterrichtsgestaltung bieten. Auch außerhalb solcher Programme gibt der Unterricht in allen Fächern immer wieder Gelegenheit, ethische Aspekte in den Vordergrund zu rücken, sei es bei geschichtlichen Zusammenhängen oder im Bereich der Naturwissenschaften.

– *Stimulierung des moralischen Urteils/Dilemmamethode:* Diese Form geht zurück auf den Pädagogen und Moralpsychologen *Lawrence Kohlberg*, der nach Möglichkeiten suchte, die von ihm untersuchte Moralentwicklung mit pädagogischen Mitteln voranzutreiben.[32] Der Gedanke der Anregung oder Stimulierung von Entwicklung geht davon aus, daß nur dann wirksam gelehrt und gelernt werden könne, wenn der Unterricht eine gezielte – nämlich nicht zu geringe, aber auch nicht zu weitreichende – Überforderung der Kinder und Jugendlichen mit ihrem jeweiligen Entwicklungsstand erreiche. Im Hintergrund stehen dabei die *Stufen des moralischen Urteils,* wie sie von *Kohlberg* dargestellt werden. Demnach verläuft die moralische Entwicklung von der Stufe der Orientierung an Strafe und Gehorsam (Stufe 1) und der des instrumentellen Austauschs (Stufe 2), die zusammen das präkonventionelle Niveau ausmachen, über die Stufe einer interpersonalen, am Gruppendenken orientierten Moral (Stufe 3) und der gesellschaftlichen Moral (Stufe 4), die das konventionelle Niveau ausmachen, hin zu der Orientierung an einer der Gesellschaft vorgeordneten Perspektive sowie an moralischen Prinzipien (Stufen 5 und 6) auf dem postkonventionellen Niveau.

Ein Spezialfall der Stimulierung des moralischen Urteils ist die sog. *Dilemmamethode.* Hier wird eine Diskussion über ethische Fragen durch eine Geschichte angestoßen, die einen nicht widerspruchsfrei aufzulösenden Konflikt zwischen unterschiedlichen Normen oder Werten enthält. Solche Dilemmageschichten können im Anschluß an fast alle Unterrichtsthemen formuliert werden. Am bekanntesten ist das von *Kohlberg* zu

---

31 Zum Hintergrund in der humanistischen Psychologie vgl. *C. Rogers*, Weg von den moralischen Konditionierungen – zurück zur Weisheit des Organismus!, in: *G. Schreiner* (Hrsg.), Moralische Entwicklung, aaO., 68–84.

32 Überblick bei *F. Oser/W. Althof*, Moralische Selbstbestimmung, aaO.; vgl. auch den Beitrag von *F. Oser* im vorl. Band.

Forschungszwecken häufig eingesetzte Heinz-*Dilemma*: »In Europa droh-
te eine Frau an einer besonderen Form der Krebserkrankung zu sterben.
Es gab nur ein Medikament, von dem die Ärzte noch Hilfe erwarteten. Es
war eine Radium-Verbindung, für die der Apotheker zehnmal mehr
verlangte als ihn die Herstellung kostete. Heinz, der Ehemann der kranken Frau, versuchte, sich bei allen Bekannten Geld zu leihen, aber er
bekam nur die Hälfte der Kosten zusammen. Er sagte dem Apotheker,
daß seine Frau zu sterben drohe und bat darum, das Medikament billiger
zu verkaufen oder Kredit zu gewähren. Der Apotheker sagte: ›Nein. Ich
habe das Medikament entwickelt, und ich will damit Geld verdienen.‹ In
seiner Verzweiflung drang Heinz in die Apotheke ein und stahl das
Medikament. Sollte der Ehemann dies tun? Warum?«[33]
Unsere eigenen Untersuchungen zur Frage der *Elementarisierung*[34] haben
gezeigt, daß der Bezug auf Entwicklungsstufen allein ein fruchtbares
Unterrichtsgespräch noch nicht gewährleisten kann. Die Einstellung auf
den Entwicklungsstand von Schülern und Schülerinnen ist zwar als
bleibende Aufgabe allen Unterrichts anzusehen, aber sie muß ergänzt
und erweitert werden. Dazu ist die Berücksichtigung von Lebens- und
Alltagsbezügen erforderlich, vor allem aber eine solche Planung und
Gestaltung von Unterricht, die den Kindern und Jugendlichen Raum
gibt für das eigene Suchen, Urteilen und womöglich auch Handeln.

2.4 Gesinnungsbildung/Schulleben. Die vierte Form ethischen Lehrens und Lernens hat mit dem oben beschriebenen Problem der
Delegation ethischer Erziehung an einzelne Fächer wie Religion
und Ethik zu tun. Wirksame ethische Erziehung ist nicht möglich,
wenn ethische Fragen in der Schule nur gelegentlich vorkommen,
weil die meisten Fächer sich bloß als Vertreter von Wissenschaften verstehen. In der pädagogischen Tradition antwortet darauf
der Begriff der Gesinnungsbildung, die wiederum besonders mit
dem Schulleben verbunden ist.

Friedrich Schleiermacher[35] beschreibt die Bildungs- und Erziehungsaufgaben der Schule zusammenfassend mit den beiden Begriffen »Gesinnung« und »Fertigkeit«. Zu den Fertigkeiten zählen

33 *L. Kohlberg*, Kognitive Entwicklung und moralische Erziehung, in:
   L. Mauermann/E. Weber (Hrsg.), Der Erziehungsauftrag, aaO., 107–117,
   111.
34 *F. Schweitzer/K.E. Nipkow/G. Faust-Siehl/B. Krupka*, Religionsunterricht
   und Entwicklungspsychologie. Elementarisierung in der Praxis, Gütersloh 1995.
35 *F. Schleiermacher*, Erziehungslehre, aaO., 165ff., 362ff.

alle Fähigkeiten und Kenntnisse, soweit sie zur Erfüllung von Aufgaben des individuellen und gesellschaftlichen Lebens erforderlich sind. In der Vermittlung solcher Fertigkeiten liege eine Grundaufgabe der Schule. Fähigkeiten und Kenntnisse müssen jedoch in eine sie umgreifende Gesinnung eingebunden sein, die als ethische Grundlage den rechten Gebrauch der Fertigkeiten im Sinne des Gemeinwohls sicherstellt. Und diese Gesinnung besitze ihr »Maß« – ihr kritisches Leitprinzip – in der Religion, weil diese den Gemeinsinn am stärksten verkörpere.[36]

Für *Schleiermacher* ist sodann das *gemeinsame Leben* der Kinder und Jugendlichen das wichtigste Medium, in dem sich Gesinnung als Gemeingeist bilden kann. Wäre ein solches gemeinsames Leben pädagogisch nicht zwingend erforderlich, könnten die Fertigkeiten ebensogut im Privatunterricht vermittelt werden – eine damals verbreitete Vorstellung, die *Schleiermacher* zu Recht ablehnt.[37] Später wird hier vom *Schulleben*[38] gesprochen, das den Unterricht ergänzen soll, indem es eine handlungsbezogene ethische Bildung ermöglicht.

Die Ausgestaltung des Schullebens gehört seitdem zu den unverzichtbaren Aufgaben von Schule, die gleichwohl immer wieder vernachlässigt werden. Besonders die sog. Reformpädagogik des frühen 20. Jahrhunderts – und mit ihr auch die Religionspädagogik jener Zeit – hat hier bahnbrechende Arbeit geleistet und bis heute vorbildliche Beispiele für eine Schule als Lebens- und Erfahrungsraum sowie für gestaltete Schulkultur hervorgebracht (Feste und Feiern, Exkursionen, Projekte und Arbeitsgemeinschaften usw.).[39]

Eine weitere Möglichkeit der Gesinnungsbildung wurde, in wiederum stärker unterrichtlicher Form, in der herbartianischen Pädagogik verfolgt.[40] Im Zentrum stehen hier *fächerübergreifende ethische Themen*, denen der Unterricht in allen Fächern zugeordnet sein sollte. Sog. Konzentrationsstoffe, die nach ihrem gesinnungsbil-

---

36 Ebd., 243.
37 Ebd., 221ff.
38 S. Anm.6.
39 Vgl. *K.E. Nipkow/F. Schweitzer* (Hrsg.), Religionspädagogik. Texte zur evangelischen Erziehungs- und Bildungsverantwortung seit der Reformation. Bd.2/2, Gütersloh 1994, bes. 66ff.
40 Ebd., Bd.2/1, 107ff.

denden Gehalt ausgewählt wurden (angefangen bei den Märchen bis hin zu geschichtlichen und biblischen Stoffen) sollten den fächerübergreifenden Zusammenhang tragen. Hier liegen die Anfänge eines schulbezogenen, aber nicht auf die einzelnen Fächer begrenzten Bildungsverständnisses, wie es heute etwa von *Wolfgang Klafki*[41] mit der Vorstellung von Schlüsselproblemen vertreten wird. Auch der Epochenunterricht, bei dem ganze Abschnitte des Schuljahrs in allen Fächern unter ein gemeinsames Thema gestellt werden, besitzt hier eine Wurzel.

2.5 Schule als gerechte Gemeinschaft. So wichtig und vielgestaltig das Schulleben aber auch sein mag – im Schulalltag bleibt es doch oft am Rande und kann eine nachhaltige Wirkung im Sinne der ethischen Erziehung kaum ausüben. Dazu kommt, daß die üblichen Formen – vom Schulfest bis zur Arbeitsgemeinschaft für sprachlich besonders Motivierte – hinter den heutigen Herausforderungen ethischer Erziehung und Bildung deutlich zurückbleiben. Deshalb ist es wichtig, hier noch eine weitere Form in den Blick zu nehmen, die mit Begriffen wie *Schulethos* oder *Schule als gerechte Gemeinschaft* beschrieben werden kann.

Vom *Schulethos* oder *pädagogischen Ethos* einer Schule wird in neuerer Zeit besonders im Anschluß an den englischen Jugendpsychiater und Schulforscher *Michael Rutter*[42] gesprochen. Bei seiner Untersuchung zu den unterschiedlichen Wirkungen einzelner Schulen identifizierte Rutter das in einem Lehrerkollegium herrschende »Ethos« als einen wichtigen Faktor. Demnach ist dort, wo ein Kollegium von gemeinsamen, von allen oder doch möglichst vielen geteilten pädagogischen Auffassungen geprägt wird, mit positiveren Erziehungswirkungen zu rechnen als in Schulen, in denen ein solches gemeinsames Ethos fehlt. Andere sprechen hier von einem guten »Schulklima«[43] oder von der »pädagogischen Kultur« der Schule.[44]

41 *W. Klafki*, Neue Studien zur Bildungstheorie und Didaktik. Beiträge zur kritisch-konstruktiven Didaktik, Weinheim/Basel 1985, bes. 12ff.

42 *M. Rutter u.a.*, Fifteen Thousand Hours. Secondary schools and their effects on children, London 1979.

43 *H. Fend*, Schulklima. Soziale Einflußprozesse in der Schule (Soziologie der Schule III/1), Weinheim/Basel 1977.

44 *K.E. Nipkow*, Der Beitrag der Kirchen zum Erziehungsauftrag in der gegenwärtigen politischen Situation, in: ThPr 21/1986, 98–119; *P. Fauser*, Nachdenken über pädagogische Kultur, in: Die Deutsche Schule 81/1989, 5–25.

»*Schule als gerechte Gemeinschaft*« (Just Community) ist die Bezeichnung eines Schulversuchs, der zunächst von *Lawrence Kohlberg* in den USA und später in Deutschland, besonders in Nordrhein-Westfalen, unter Beteiligung von *Fritz Oser* durchgeführt wurde.[45] Auch hier geht es um das in der Schule gelebte Ethos, nun aber nicht mehr allein der Erwachsenen, sondern ebenso der Kinder und Jugendlichen, die zu eigenem verantwortlichen Handeln herausgefordert werden. Bei (Voll-)Versammlungen, die von einem Schüler-Lehrer-Ausschuß vorbereitet werden und bei denen jede Person, gleich ob Lehrerin oder Schüler, über *eine* Stimme verfügt, sollen ethisch bedeutsame Fragen erörtert und gemeinsam gelöst werden. Das Spektrum der Beispiele aus der Praxis solcher Schulen reicht von Disziplinproblemen bis hin zur Beschädigung von Fahrrädern im Pausenhof, von der Durchführung von Klassenarbeiten bis hin zum – problematischen – Schulausschluß. In zahlreichen Untersuchungen konnte nachgewiesen werden, daß die pädagogische Wirkung einer solchen Schule deutlich über die der üblichen Schulorganisation hinausgeht. Im Sinne einer Demokratisierung von Schule stellt dieses Modell eine wichtige, bis heute nicht wirklich ausgeschöpfte Möglichkeit dar.

2.6 Weitere Modelle? Sind die Grundformen des ethischen Lehrens und Lernens damit erschöpfend beschrieben? In der Pädagogik gibt es eine Reihe weiterer Modelle, die etwa als *Gewissensbildung, Umgang mit Schuld, Tugend- und Charakterbildung, soziales Lernen, Werterziehung* oder *Verantwortungsübernahme* bezeichnet werden. Diese Begriffe verweisen jedoch nicht auf Formen des Lehrens und Lernens, die grundsätzlich von den oben beschriebenen zu unterscheiden wären. Sie heben vielmehr bestimmte Aspekte hervor, die bei der ethischen Erziehung in der Schule besonders zu beachten sind.

Ähnliches gilt auch für die sog. *unstetigen Formen der Erziehung* (Erweckung, Ermahnung, Beratung, Begegnung, Wagnis und Scheitern).[46] Sie treten nicht *neben* die beschriebenen Formen ethischen Lehrens und Lernens, sondern bilden einen unverzichtbaren *Bestandteil* des Gesamtprozesses ethischer Erziehung.

Eine weitere Möglichkeit der typologischen Betrachtung ethischen Lehrens und Lernens ergibt sich, wenn nicht nach den *Formen*, sondern nach den *Inhalten* des Unterrichts gefragt wird. Themen wie *Ökologie, Gerechtigkeit, Menschenrechte, Erziehung nach Auschwitz* usw. erscheinen dann als Schwer-

45 Zusammenfassend *F. Oser/W. Althof*, Moralische Selbstbestimmung aaO., 345ff.
46 So nach *O.F. Bollnow*, Existenzphilosophie und Pädagogik. Versuch über unstetige Formen der Erziehung, Stuttgart u. a. [6]1984.

punkte ethischer Erziehung. Auch solche Themen müssen aber im Sinne der beschriebenen Grundformen aufgenommen werden, wenn sie für die ethische Erziehung in der Schule bedeutsam werden sollen.

3. Perspektiven

Die beschriebenen Grundformen ethischen Lehrens und Lernens in der Schule schließen einander keineswegs aus. Zum Teil überlappen sie sich, zum Teil ergänzen sie sich wechselseitig. So können und sollen etwa die sittliche Elementarbildung und das Vorbildlernen auch im Unterricht stattfinden und setzen Schulleben und Schulethos die im Unterricht erarbeiteten Einsichten voraus oder stellen sie praktisch auf die Probe.

Die gemeinsame Berücksichtigung der beschriebenen Formen kann davor bewahren, ein einseitiges Lern- oder Erziehungsverständnis zu verabsolutieren. So wichtig etwa Anschauung und Handlungsbezug für eine sittliche Elementarbildung auch sein mögen, so wenig reichen sie hin, globale Zusammenhänge von häufig unanschaulicher Natur aufzunehmen. Und wie entscheidend es heute für die ethische Erziehung auch auf die Bearbeitung globaler Zusammenhänge ankommen mag, so wenig kann dies in pädagogisch wirksamer Weise geschehen, wenn nicht immer wieder eine Rückbindung an den eigenen Handlungs- und Erfahrungsraum erfolgt. Da sich die Schule insgesamt mit einer lebens- und erfahrungsbezogenen Erschließung schwertut, ist abschließend die weitere Elementarisierung ethischer Inhalte als Zukunftsaufgabe noch einmal besonders hervorzuheben. Zugleich ist nicht zu verkennen, daß die Schule weithin noch immer zu einseitig als Unterrichtsanstalt verstanden wird. Daher liegt eine zweite Herausforderung darin, die über den Unterricht hinausreichenden Formen ethischen Lernens (Schulleben, Schulethos, Schule als gerechte Gemeinschaft) zu unterstützen.

Gleichwohl wäre es am Ende falsch, wenn Lehrerinnen und Lehrer nur darauf warten wollten, bis der Anstoß zu einer umfassenden Schulreform kommt. Die verschiedenen Grundformen ethischen Lehrens und Lernens bezeichnen auch unterschiedliche Ansatzpunkte, die schon jetzt und von einzelnen Personen oder im Rahmen eines bestimmten Schulfaches genutzt werden können.

Literaturhinweise

K.E. Nipkow, Moralerziehung. Pädagogische und theologische Antworten, Gütersloh 1981.

F. Oser/W. Althof, Moralische Selbstbestimmung. Modelle der Entwicklung und Erziehung im Wertebereich, Stuttgart 1992.

F. Schweitzer, Moralerziehung in der Pluralität. Schule, Staat und Gesellschaft zwischen Toleranzgebot und verbindlichem Ethos, in: *W. Beutel/ P. Fauser* (Hrsg.), Politisch bewegt? Schule, Jugend und Gewalt in der Demokratie (= Neue Sammlung 2/1995), Seelze 1995, 111–127.

IV.
Moralpsychologische Perspektiven

FRITZ OSER

1. Situationsanalyse: Unsystematisches Angebot –
Vertrauen in den Zufall

1.1 Unsystematisches Angebot. Mit einer fast verantwortungslosen Selbstverständlichkeit wird Moralerziehung in Schulen, in der Berufsausbildung junger Menschen bzw. in der gesamten sekundären Sozialisation dem Zufall überlassen. Nichts weist auf irgendeine verpflichtende Lernwelt hin, nirgends gibt es Standards, die zu erreichen wären, kein moralisches Anspruchsniveau wird je gesetzt. Aus Angst vor dem Phänomen einer Zeigefinger-Pädagogik mit den Seiteneffekten einer verheerenden Werte-Indoktrination wird gleich ganz auf Überprüfbares verzichtet und die moralische Erziehung den vermuteten längerfristigen Wirkungen einzelner Rollenmodelle von Erziehungspersonen und/oder Peers überlassen. Hie und da, wenn Konflikte vorkommen oder kommunikative Probleme eine Schule belasten, erfolgt der Ruf nach moralischer Sicherheit, nach Wertevermittlung, nach Verantwortungserziehung. Aber man stellt sich dies als freie moralische Ästhetik, im freien unterrichtlichen Markt, eingedrängt in fächerbezogenes »Daraufhinweisen«, vor.

Volker Eid[1] moniert Unbedarftheit des praktischen Wissens über Moralerziehung und Vernachlässigung der Schaffung struktureller Bedingungen für sozial-moralische Prozesse zugunsten von Rezepten appellativer Moral oder einer Art Werte- bzw. Moraltechnologie. Andere Autoren sprechen von Wertunsicherheit derjenigen, die selber täglich Werte mehr oder weniger unbe-

---

1 Moralerziehung in pluraler Lebenswelt – und »christliche Moral«? Demokratische Moral als moralpädagogisches Ziel, in: *ders./A. Elsässer/ G.W. Hunold* (Hrsg.), Moralische Kompetenz. Chancen der Moralpädagogik in einer pluralen Lebenswelt, Mainz 1995, 143–174, hier: 144.

wußt vermitteln.[2] Wieder andere beklagen die Überbetonung der Individualisierung, die dazu führe, nur eigene Bedürfnisse zu befriedigen und »geteilte« Normen zu unterlaufen (z. B. besser, die Arbeitslosenkasse zu belasten, als Arbeit zu teilen). Einige sprechen auch von Standpunktlosigkeit, wie sie *Heiner Barz*[3] in seiner empirischen, methodologisch allerdings fragwürdigen Wertuntersuchung am Beispiel der jungen Generation in den alten Bundesländern konstatiert.

Alle diese Rufe können nicht darüber hinwegtäuschen, daß noch keine strukturell sinnvoll eingebettete und auf hohe entwicklungspsychologisch fundierte Effizienz ausgerichtete Moralerziehung in Sicht ist. Zu sehr ist das ganze Anliegen der einzelnen Lehrperson überlassen, zu kurz greifen die relevanten Weiterbildungsangebote, zu unpersönlich sind jene Teile, die implizit eine moralische Haltung vermitteln sollen, zu sporadisch wird das Curriculum zur Hand genommen, und zu klein sind die in der Stundentafel verankerten expliziten Räume für diese Erziehung.

1. 2 Vertrauen in den Zufall. Soziologen wie *Anthony Giddens*[4] und *Niklas Luhmann*[5] haben gezeigt, wie der zukunftsorientierte Charakter der Moderne weitgehend durch Vertrauen in abstrakte Systeme einerseits und in Face-to-face-Interaktion andererseits strukturiert ist. Das gelebte Vertrauen setzt auf die moralische Kompetenz von Personen. Sie ist eine Basisvoraussetzung für das Funktionieren von gesellschaftlichen und rechtlichen Regelungen. Die Übertretung jeder einzelnen Regel, die in einem Staat gilt, jede Nichteinhaltung einer wenn auch nur impliziten Abmachung (z. B. daß man in einem Restaurant nach dem Essen bezahlt), jede Mißachtung des Schutzes von Intimität und Identität u. a. gefährden dieses Basisvertrauen, unter dessen Schutz die Interaktionen überhaupt erst stimmig und wirkungsvoll sind. Was immer man

---

2 Vgl. *P.W. Jackson/R.E. Boostrom/D.T. Hansen,* The Moral Life of Schools, San Francisco u. a. 1993.

3 Jugend und Religion. Bd. 1: Religion ohne Institution. Eine Bilanz der sozialwissenschaftlichen Jugendforschung. Bd. 2: Postmoderne Religion. Die junge Generation in den alten Bundesländern, Opladen 1992.

4 Konsequenzen der Moderne, Frankfurt/M. 1995.

5 Vertrauen. Ein Mechanismus der Reduktion sozialer Komplexität, Stuttgart ²1973.

unternimmt, man unterstellt zugleich dem Partner oder Gegner oder gar Feind, daß er die geschriebenen und auch die ungeschriebenen sozialen Regeln einhält. Moralische Kompetenz hat mit diesem Basisvertrauen insofern zu tun, als diese Einhaltung vor den jeweiligen Abmachungen Geltung hat bzw. nicht mehr überprüft werden muß. Die sozialen Artikulationen in Handel, Kultur, Wissenschaft, Produktion und staatlicher Bürokratie setzen moralische Sensibilität und moralisches Urteil immer schon voraus, wenn sie erfolgreich sein wollen; sie nehmen zugleich auch hinter jeder pragmatischen moralischen Performanz eine weitergehende Kompetenz an.

Aber während nun im epistemischen Bereich des schulischen Lernens und der Entwicklung Vertrauen leistungsmäßig garantiert wird, haben Verantwortliche im moralischen Bereich keine Sicherheiten aufzuweisen, keine Kontrolle findet statt, Kristallisierungen werden nicht systematisch aufgebrochen. Der Lernweg ist, wie wir angedeutet haben, dem Zufall überlassen. Und das Vertrauen von Lehrpersonen und Eltern basiert eben auf diesem Zufall; es könnte ja sein, daß irgendwo moralisch durch das Vorbild der Lehrperson gelernt würde, irgendwo durch literarische, geschichtliche, religiöse Texte, durch zufälliges soziales Abarbeiten von Konflikten, durch Peers u. ä. Warum ist dies so? Es liegt an den gesellschaftlichen Strukturen, die Moralität in einem dauernden Mechanismus der Entkräftigung »deregulieren«.

Diese sind derart, daß, wenn z.B. junge Eltern ihr Kind geistig verhungern lassen, statt ihm herausfordernde Möglichkeiten der intellektuellen Entfaltung zu geben (da kann einen niemand bestrafen), keine Folgen auftreten. Folgenlos bleibt auch, wenn Politiker auf Stufe 3 nach *Lawrence Kohlberg* stehen geblieben sind, also eine Weltsicht bekunden, in der die Parteizugehörigkeit höher bewertet wird als das übergeordnete verantwortliche Denken (das kann niemand schlecht finden oder negativ bewerten), oder wenn junge Menschen vollständig apathisch gegenüber behinderten oder gebrechlichen Menschen sind (anderes kann niemand von uns fordern), oder wenn Personen einen inneren Rassismus pflegen und haßerfüllte Blicke gegen Fremde richten (das sieht niemand, also ist es nicht schlecht), oder wenn man jenen, die mehr haben, etwas wegnehmen darf (Bedürfnisse sind wichtiger als Gesetze), oder wenn Selbstverwirklichung wichtiger ist als der Dienst an Armen, Kranken oder Schwachen (dies bringt den Menschen weiter), oder wenn man die Alten zugrunde gehen läßt (sie haben ja Jugend gehabt und sollen nun ein Ende suchen), oder wenn man beim Verhandeln den anderen übers Ohr haut, denn Gewinnen ist alles (er müßte ja nicht mit uns verhandeln) etc.

All diese Möglichkeiten entsprechen Grauzonen-Verhalten. Sie unterstreichen das Zufällige und übertragen es auf den Unterricht. Dort fehlen Dimensionen moralischen Wissens ebenso wie Elemente der Erfahrung. Es fehlen systematisches moralisches Problemlösen und der Aufbau konkreter moralischer Beziehungen u. ä. Die Vielfalt des unterrichtlichen Lernens, die etwa ihren Niederschlag in einer Vielfalt unterschiedlicher Basismodelle von Lernarten findet[6], ist nicht gewährleistet. Und man könnte diese Besorgnis leider auch auf die inhaltliche Komponente übertragen.

Dies alles führt dazu, daß der Mensch nach seiner Schulzeit weder moralisch gebildet noch sensibel ist; auch ist sein kognitives Potential zur Stufentransformation nicht ausgenützt. So zeigen z. B. längsschnittliche Untersuchungen,[7] daß vom ersten bis zum dritten oder vierten Lehrjahr kein Fortschritt hinsichtlich der Entwicklung der moralischen Stufe stattfindet. Schon *Jack Braeden Arbuthnot* und *David Faust*[8] haben gezeigt, daß die Verteilung der Stufenwerte mit zunehmendem Alter umso breiter wird. So zeigen Interventionsstudien etwa von *James R. Rest* und *Darcia Narváez*[9], daß es leicht wäre, die prinzipienorientierten Elemente des Urteils (P-Score) von Collegestudenten oder Berufstätigen zu erhöhen, wenn man es nur systematisch wollte. Es scheint, daß die Schule sich nicht bewußt ist, daß Kirche, Staat, Zünfte oder Zugehörigkeit zu anderen Institutionen nichts mehr zur moralischen Integri-

---

6 Vgl. *F. Oser/J.-L. Patry,* Sichtstruktur und Basismodelle des Unterrichts. Über den Zusammenhang von Lehrern und Lernen unter dem Gesichtspunkt psychologischer Lernverläufe, in: *R. Olechowski/B. Rollett* (Hrsg.), Theorie und Praxis. Aspekte empirisch-pädagogischer Forschung – quantitative und qualitative Methoden, Frankfurt/M. 1994, 138–146.

7 *C. Ott,* Ändern Lehrlinge ihre Sichtweise der Ausbildung, der Arbeitssituation und ihre Persönlichkeit während der Lehrzeit? Eine Längsschnittstudie. Lizentiatsarbeit. Univ. Freiburg/CH. Pädagogisches Institut 1986.

8 Teaching Moral Reasoning. Theory and Practice, New York 1981.

9 *J.R. Rest/D. Narváez* (Eds.), Moral Development in the Professions, Hillsdale, NJ ²1994.

tät und zur Kontrolle dieser Integrität beitragen können. Die
Schule nützt ihre eigene tägliche Konfliktlage nicht aus, um systematische, befreiende moralische Erziehung zu betreiben.

2. Wertfragen und »minimal morality«

Es gibt Situationen, die für moralische Erziehung deshalb Pate
stehen, weil sie vollständig sind und prototypischen Charakter
haben. In einer unserer Untersuchungen zur negativen Moralität
haben wir Personen verschiedenen Alters zu moralischen Schlüs-
selerfahrungen befragt.

Ein 60jähriger erzählte uns, daß er in der ersten Klasse folgende Erfahrung
gemacht habe: Immer wenn die Lehrerin das Zimmer verließ, mußte ein
Schüler die Klasse überwachen und bei Übertretungen von Regeln oder bei
schlechtem Verhalten einen Strich an die Tafel machen. So kam die Reihe
an ihn, und er machte besonders viele Striche. Da kam ein Schüler zu ihm
und sagte: »Wenn du die Striche wegmachst, gebe ich Dir 20 cents«. Er
mußte ihm für jeden Strich 20 cents geben, und viele Schüler taten das
gleiche. Nur etwa drei Kinder konnten nichts bezahlen, ihre Striche blieben,
und sie wurden von der Lehrerin bestraft. Stolz ging nun der Knabe mit
dem verdienten Geld nach Hause und zeigte es der Mutter. Diese aber war
entrüstet, führte mit ihm ein langes Gespräch über Betrug und Übervortei-
lung und zwang ihn, das Geld zurückzubringen, wobei sie mit ihm ging, um
ihm bei dieser Wiedergutmachung den Rücken zu stärken.

Diese Szene beinhaltet alles, was Lernen fruchtbar macht, nämlich
ein moralisches Skript mit Handeln, Nachdenken, Gespräch, Urteil, Sensibilisierung als emotionale Moralisierung, Rollenübernahme, oder mehr formal ausgedrückt: negative Erfahrung, Diskurs, Umkehr, Entschuldigung, Wiedergutmachung und
Verallgemeinerung des erworbenen Prozeßwissens. Es sind also
Ganzheitlichkeit, Echtheit und Betroffenheit, die der moralischen
Erziehung zugrunde gelegt werden könnten. Ansonsten sind
Normdiskussionen hohl, moralische Gefühle scheinheilig, und
die moralische Handlung bleibt eine nur vorgestellte. Was *Theodor
W. Adorno* als »minima moralia«[10] bezeichnet, könnte die richtige

10 Minima Moralia. Reflexionen aus dem beschädigten Leben, Frankfurt/
M. [2]1976.

Zielvorgabe für die Moralerziehung sein. Sie erhält Gewicht durch die Frage nach dem »guten Leben« und ist nicht einfach Gerede über fremde und zur Entfremdung führende Probleme.

Nun mag diese dargestellte Urform moralischen Lernens auf den ersten Blick nicht in die Schullandschaft passen. Angesichts der Zufälligkeit moralischer Erziehung, wir wir sie oben dargestellt haben, und angesichts des zu »großen« Vertrauens der Gesellschaft in diese Zufälligkeit, darf aber nicht nur ein Fach institutionalisiert werden, das gebündeltes und strukturiertes Wissen über moralische Lernprozesse vermittelt; vielmehr ist eine Zeit-Raum-Konstellation notwendig, in der an konkreten runden Tischen moralische Probleme systematisch erörtert und gelöst werden und dadurch moralisch gelernt wird. Ein möglicher Ansatz dazu ist der Just Community Approach, wo Schüler, Schülerinnen und Lehrpersonen in regelmäßigen Abständen in Großversammlungen von kleineren Gruppen vorbereitete Probleme diskutieren, gemeinsame Entschlüsse fassen und diese in die Tat umsetzen.

Dies alles hat nur Platz auf dem Hintergrund der »minimal morality«-Konzeption und des durch sie garantierten Lebensbezugs.

3. Zehn Gebote der Moralerziehung

Aus den bisher dargestellten Wünschbarkeiten lassen sich eine Reihe von psychologischen Forderungen formulieren, Forderungen, die nicht ableitbar, aber aus den komplexen Vorbedingungen zuleitbar sind. Sie sind eine Art reflektierter Gefahrenliste, die die üblichen Abstürze in die Bedeutungslosigkeit der moralischen Zufälligkeit mindestens ein wenig beheben sollen. Obschon diese Gebote mitunter normativ formuliert sind, sprechen Segmente von Vorbedingungen eine klare empirisch-psychologische Sprache. Das Wissen um Risiken des Verfalls dessen, was man nicht zugrundegehen lassen möchte, bewirkt noch keine Veränderung, ist immer nur Vorbedingung dazu. Aber es könnte den Blick öffnen.

1. Gebot: Keine moralische Stimulierung zu höherer Stufe ohne Stimulierung moralischer Handlung

Hunderte von Interventionsstudien geben uns Informationen darüber, a) unter welchen Bedingungen Stufentransformationen möglich sind, b) wie kognitive Desäquilibrierung möglich gemacht wird, und c) wie der Mechanismus der Transformation verstanden werden kann.

Zu a): Wir wissen z. b., daß Kinder am meisten beeinflußbar sind, wenn sie nicht nur mit künstlichen Situationen konfrontiert werden, sondern mit echten Dilemmata aus ihrem Leben; dies führt zu einer hohen Beteiligung.[11] Wir wissen, daß Stimulation in einer respektvollen sozialen Atmosphäre effektiver ist als in einem neutralen Klima;[12] sie ist für Kinder in einer transformativen Phase effektiver als für diejenigen, welche eben erst eine neue Stufe des Denkens erreicht haben;[13] Interventionsprogramme arbeiten am besten, wenn Leute immer wieder während mindestens drei Monaten mit Dilemmas konfrontiert werden.[14]

Zu b): Wir wissen, daß bei der Diskussion eines moralischen Dilemmas benachbarte Stufen für eine Stimulation eines Desäquilibriums am besten sind,[15] und daß verschiedene Formen kontro-

---

11 *L. J. Walker/B. de Vries/S. D. Trevethan,* Moral Stages and Moral Orientations in Real-Life and Hypothetical Dilemmas, in: Child Development 58/1987, 842–858.

12 Siehe *G. Lind,* Moral und Bildung. Zur Kritik von Kohlbergs Theorie der moralisch-kognitiven Entwicklung, Heidelberg 1993.

13 *L. Kohlberg,* Essays on Moral Development. Vol. 1. The Philosophy of Moral Development: Moral Stages and the Idea of Justice, New York/San Francisco 1981; *J. R. Rest,* Morality, in: *J. Flavell/E. Markman* (Eds.), Handbook of Child Psychology. Vol. 3. Cognitive Development, New York 1983, 556–629.

14 *A. Schläfli/J. R. Rest/S. Thoma,* Does Moral Education Improve Moral Judgment? A Meta-Analysis of Intervention Studies, in: Review of Educational Research 55/1985, 319–352.

15 *J. R. Rest/E. Turiel/L. Kohlberg,* Level of Moral Development as a Determinant of Preference and Comprehension of Moral Judgments Made by Others, in: Journal of Personality 37/1969, 225–252; *M. W. Berkowitz/J. C. Gibbs/J. M. Broughton,* The Relation of Moral Judgment Stage Disparity to Developmental Effects of Peer Dialogues, in: Merrill-Palmer Quarterly 26/1980, 341–357.

verser Diskussionen (z. B. alle Vorteile auf einer Seite, alle Nachteile auf der anderen Seite des Schulzimmers, Gruppenarbeit, Partnerdiskussion, Podiumsgespräch etc.) zu einer reicheren Auseinandersetzung führen.

Zu c): Den Hauptmechanismus einer Stufentransformation kann man in der schrittweisen Zerstörung der bisherigen Stufenstruktur (kognitive Krise), in der Einbeziehung von neuen Elementen in die alte Struktur und in der Reinterpretation des Ganzen durch diese neuen Elemente sehen (siehe Figur 1).

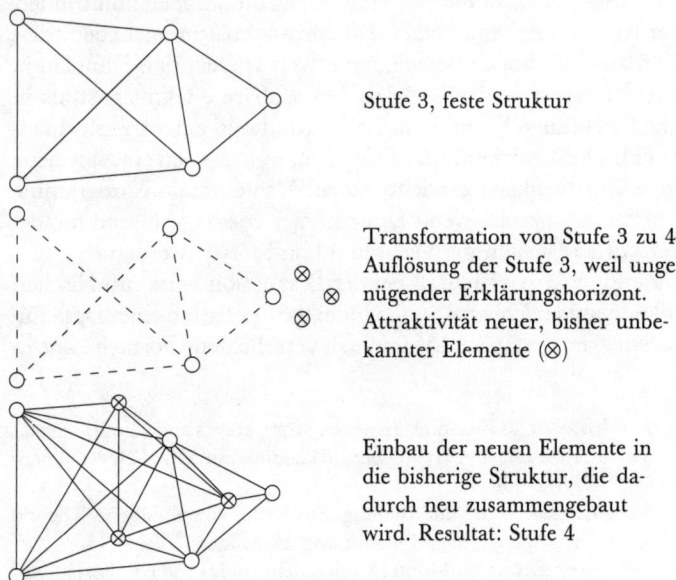

Stufe 3, feste Struktur

Transformation von Stufe 3 zu 4; Auflösung der Stufe 3, weil ungenügender Erklärungshorizont. Attraktivität neuer, bisher unbekannter Elemente (⊗)

Einbau der neuen Elemente in die bisherige Struktur, die dadurch neu zusammengebaut wird. Resultat: Stufe 4

Figur 1: Transformationsmodell als Basis für eine entwicklungsorientierte Beratung (Beispiel: Stufe 3 zu Stufe 4 – vgl. *Fritz Oser,* Abschied von der Heldenmoral[16])

All dieses Wissen, so fruchtbar es auch sein mag, hilft uns nur, eine höhere Reversibilität in der moralischen Urteilskompetenz zu fördern. Handlungsprioritäten und -fähigkeiten sind durch

---

16 Abschied von der Heldenmoral oder Ethos. Die Vermenschlichung des Erfolgs, in Vorb.

reine Diskussionsprogramme aber nur wenig betroffen. Dadurch widerspreche ich der Position von Entwicklungstheoretikern nicht, denn moralische Urteilsschemata stellen immer eine Form der Weltinterpretation dar; sie sind an sich wichtig. Doch spielen diese Strukturen nur bezüglich der Interpretation und der Rechtfertigung eine Rolle, und das reicht für das Handeln nicht aus. Aus der Geschichte wissen wir, daß die moralische Handlung das einzige ist, was im Leben zählt. Was aber zu einer moralischen Handlung führt, beinhaltet eine Reflexion über Alternativen, eine Entscheidung, die Verwirklichung einer Handlung, eine moralische Evaluation des unmittelbaren Resultats und eine Analyse der Konsequenzen.[17] Unter einem psychologischen Standpunkt nehmen wir an, daß eine sogenannte »eintönige Beziehung« (monotonic relationship) zwischen moralischem Urteil und moralischer Handlung bestünde. Der Begriff einer linearen oder eintönigen Beziehung legt nahe, daß, je höher die Stufe, desto stärker und gleichmäßiger die Beziehung zwischen Urteil und Handeln ist. Aber eine nähere Analyse führt zum Resultat, daß die Theorie ungenügend oder sogar falsch ist. Empirisch werden wir mit der Tatsache konfrontiert, daß in den meisten Experimenten, welche Urteil und Handlung betreffen, die höheren Stufen mit zu wenig Personen vertreten sind. Es gibt auch keinen logischen Grund, weshalb Personen, die auf einer höheren Stufe sind und somit die Komplexität von Problemen besser verstehen, weniger Mühe haben sollten, nach ihrem Urteil zu handeln, als Personen auf einer tieferen Stufe.[18] »Höherstufige« Personen in Nazideutschland hatten dieselben Probleme, nach ihrem Urteil zu handeln, wie »tieferstufige« Personen.

Vom erzieherischen Standpunkt aus gesehen bedeutet dies, daß keine Dilemmadiskussion und keine Stimulation zu einer höheren Handlungsstufe ohne Beziehung zur Handlung ablaufen sollte. Diese Referenz zur Handlung kann verschiedene Formen annehmen.

17 Siehe *J.R. Rest,* Ein interdisziplinärer Ansatz zur Moralerziehung und ein Vierkomponenten-Modell der Entstehung moralischer Handlungen, in: *F. Oser/W. Althof/D. Garz* (Hrsg.), Moralische Zugänge zum Menschen – Zugänge zum moralischen Menschen, München 1986, 20–41.

18 Siehe *F. Oser,* Abschied von der Heldenmoral, aaO.

- Die *abstrakteste Form a)* besteht aus einer Reflektion über die Frage »Wie würde ich in dieser Situation wirklich handeln?«. Ich könnte sagen, daß beim bekannten Heinz-Dilemma (in dem Heinz sich fragt, ob er, um das Leben seiner Frau zu retten, ein Medikament stehlen soll) Heinz zwar auf der Seite seiner Frau stehen sollte, weil ihr Leben mehr Wert hat als Besitztum. Andererseits würde ich selber es nie wagen, so etwas zu tun. Solche Widersprüchlichkeit sagt uns etwas über den moralischen Mut, und obwohl es in der Meßsituation nicht gewünscht ist, wird es in der erzieherischen Situation gefordert.
- Die *konkretere Form b)* existiert bei echten Dilemmata in der Tatsache, daß z. B. vom Lehrer helfendes Verhalten verlangt und erzwungen wird.
- Bei der *konkretesten Form c)* ist die Entscheidung einer ganzen Gemeinschaft ausschlaggebend. Handeln wird durch diese Gemeinschaft beschlossen und durchgeführt. Der erwähnte Ansatz der Gerechten Gemeinschaft für eine demokratische Erziehung stellt eine Form zur Verfügung, in der alle Beteiligte die Handlung konstruieren: Schüler und Lehrpersonen entscheiden, wie Konflikte konkret gelöst werden sollen, und sie evaluieren die Resultate dieser Entscheidungen gemeinsam.

Mein erstes »Gebot« richtet sich also auf die Verhinderung einer engen kognitiv-entwicklungsmäßigen Stimulierung des Urteils *ohne* Integration ins Leben. Höherstufiges Denken, ohne die jeweiligen Handlungen zu erleben, führt zu einer Lücke zwischen dem, was wir beurteilen können, und dem, was wir tun können. Diese moralische Schizophrenie führt zu unterentwickelten oder zynischen Gefühlen und gelernter moralischer Hilflosigkeit.

In unserem prototypischen Beispiel argumentiert die Mutter mit ihrem Sohn, aber mehr noch, sie will, daß er etwas Bestimmtes tut. Sie will, daß er das Geld zurückbringt. Folglich kombiniert sie moralische Rechtfertigung mit moralischem Handeln, und sie zeigt ihrem Sohn, wie schwierig der Schritt von der moralischen Überzeugung zur moralischen Handlung ist.

Beispiele von Personen, die uns diesen Schritt beibringen können, werden auf schöne Art in dem Buch »Some do Care«[19] vorgestellt. Moralische Vorbilder wurden gebeten, Lebenssituationen zu beschreiben, in denen sie gegen Mehrheiten handelten, aber dafür in Übereinstimmung mit ihrer Überzeugung blieben. Das Wachstum der Fähigkeit, gegen Widerstand von innen und außen, das zu tun, was man tun sollte und was man tun kann, wird nur durch das Handeln gefördert.

19 *A. Colby/W. Damon,* Some do Care. Contemporary Lives of Moral Commitment, New York 1992.

2. Gebot: Kein Werturteil ohne Wertkonflikt

Wenn wir Schülerinnen und Schüler bitten, ihre persönlichen Werte zu erläutern und sie in eine hierarchische Reihenfolge zu bringen, erhalten wir z.B. folgendes Ergebnis: 1. Wert Freundschaft, 2. Wert Gerechtigkeit, 3. Wert Frieden, 4. Wert Freiheit usw. Meistens stimmen alle Schülerinnen und Schüler auch mit den sogenannten notwendigen Pflichten, wie »nicht stehlen«, »nicht lügen«, »niemanden verletzen«, »nicht betrügen« etc. überein. Aber sobald man ihnen ein Dilemma oder sogar einen Konflikt aus ihrer eigenen Lebenswelt vorlegt, ändert sich die Werthierarchie vollkommen. Plötzlich stellen sie Besitz über das Leben, Selbstinteresse über das Halten von Versprechungen, Vergnügen über Freundschaft. Der wirkliche Kontext und die Konfliktstrukturen sind bessere Propheten, um das moralische Leben von Schülern herauszufinden. Deshalb unterscheiden sich soziologische Studien[20] stark von erzieherischen Resultaten.[21] Anders gesagt, die erzieherische Arbeit bezüglich Wertstrukturen läuft nur über Erfahrungen in einem konkreten Kontext. In einen Kontext einbezogen sein, bedeutet, Dinge anders als nur auf eine abstrakte Weise zu sehen. Dies ist der Grund, warum Geständnisse oft zerbrechlich werden, wenn sie im Zusammenhang mit Konfliktsituationen ausgesprochen werden.

Konkret gesagt: Die meisten Schülerinnen und Schüler unterstützen auf einer Skala zu prosozialem Handeln die Hilfe für ältere Personen, sie befürworten es, ihre Bedürfnisse zu respektieren. Man stelle sich nun aber vor, daß dieselben Schüler ein Dilemma diskutieren, das sie mit einem Großvater konfrontiert, der die Familie finanziell unterstützte, ihnen zu einer größeren Wohnung verhalf und jetzt alt und krank auf Hilfe angewiesen ist. Die Familie muß nun entscheiden, ob sie den Großvater bei sich aufnehmen oder ihn in ein Altersheim stecken soll. Gemäß meinen Erfah-

---

20 Zum Beispiel: *G. Schulze,* Die Erlebnisgesellschaft. Kultursoziologie der Gegenwart, Frankfurt/M. 1992.
21 Zum Beispiel: *M. Keller/W. Edelstein,* Beziehungsverständnis und moralische Reflexion. Eine entwicklungspsychologische Untersuchung, in: *W. Edelstein/G. Nunner-Winkler* (Hrsg.), Zur Bestimmung der Moral. Philosophische und sozialwissenschaftliche Beiträge zur Moralforschung, Frankfurt/M. 1986, 321–346.

rungen entscheiden viele Kinder, daß es das beste ist, den alten Mann zu hospitalisieren, weil er sonst das Familienleben »vernichten« würde. Kontextorientierung ändert moralische Erziehung.

Kontextorientierte Wertdiskussion basiert auf den Ansprüchen und Bedürfnissen, welche in einer bestimmten Situation relevant sind. Eine unserer Untersuchungen zeigt, daß Schweizer Lehrlinge glauben, daß ihr Werturteil anders ist als dasjenige ihrer Lehrmeister. Sie meinen, daß die Lehrmeister glauben, sie (die Lehrlinge) würden gute Leistungen, Ordentlichkeit und Pünktlichkeit nicht mögen; umgekehrt unterstellen die Lehrlinge den Meistern, daß diese Werte wie Fragen stellen, Selbständigkeit, eigene Vorstellungen entwickeln für nicht wichtig halten. – Es ist interessant, daß nur kontextspezifische Dilemmata und die praktische Beteiligung von Lehrmeistern und Jugendlichen diese Unterschiede deutlich werden lassen.

3. Gebot: Kein Urteil über die Fehler anderer Personen ohne Änderung und Formung in der eigenen Welt

Zunächst wiederum ein Beispiel, um das Problem zu verdeutlichen:

In einem Schulzimmer der 8. Klasse diskutierte der Lehrer Probleme der Apartheid, die Diskriminierung von Schwarzen in den USA usw. Die emotionale Reaktion der Jugendlichen war eindeutig: Alle waren gegen Apartheid und Diskriminierung. In der nächsten Unterrichtsstunde mußten die Schüler beliebte Arbeiten im Klassenzimmer vergeben. Die Mehrheit diskriminierte dabei systematisch die türkischen Klassenkameraden, indem sie ihnen keinen gerechten Anteil gaben und sie nicht am Klassenleben teilnehmen ließen. Abstrakte moralische Erziehung kann zu Scheinheiligkeit führen. Über andere zu urteilen, kann zu simplen Klischees führen, wie »Amerikaner sind ungerecht«, »Die Serben sind Kriminelle« usw.

Das *Ziel der moralischen Erziehung* ist nicht, andere zu ändern (dies kann ein politisches Ziel sein), sondern sich selber zu ändern. Dies gilt auch für den moralischen Modellansatz: Ein moralisches Vorbild ist eine mutige, moralische Person, die in einer kritischen oder sogar gefährlichen Situation gemäß einem höheren moralischen Standard handelt. Aber der einfache Bericht über solche »Moralischen Helden« kann zu einer Übervereinfachung der betreffenden Situation und zu einer Mystifizierung dieser Person führen.

Deshalb habe ich das hilfreiche Buch »Some do Care«[22] erwähnt. Hier trumpfen die moralischen Vorbilder nicht auf; sie sprechen vielmehr über ihre Ängste, ihre Schwächen, ihre Erfahrungen mit Kapitulationen, über die unbefriedigenden Momente in ihren Leben. Dies gibt ihnen ein menschliches, moralisches Angesicht und nicht ein mythisches. Der Ansatz von *Bill Puka*[23] geht in anderer Weise mit moralischen Vorbildern um. Statt nur mit ihnen zu sprechen, lädt Puka diese Vorbilder in Schulen und Universitäten ein, und sie stellen für Schüler anspruchsvolle, moralische Gegebenheiten dar. Mit einem »moralischen Helden« konfrontiert zu sein, schärft einerseits die Wahrnehmung der eigenen Schwächen und der inneren Kämpfe. Aber es gibt auch das Vertrauen und den Weitblick. Das Zusammenarbeiten mit den Vorbildern hilft, daß die Schüler Abstand von falschen Vorstellungen nehmen. Ob wir es mögen oder nicht, lernen, moralisch zu sein, ist ein schmerzhaftes Unterfangen, und ohne Erfahrung eines Desäquilibriums ist es nicht möglich.

Zu verhindern, daß Schülerinnen und Schüler die Welt in gut (sie selber) und schlecht (die anderen) einteilen, ist ein Beitrag der moralischen Erziehung in Richtung Wahrhaftigkeit oder Zuverlässigkeit. Moralisches Verhalten und moralische Argumentation müssen von Selbstreflexion und Selbstkritik begleitet sein. Dies ist wiederum eine der Stärken des Just Community-Ansatzes. Schüler werden dort kontinuierlich mit der Bedeutung und mit den Konsequenzen von eigenem falschem und gutem Benehmen konfrontiert. In einer Just Community kontrollieren wir *unsere* Probleme, *unsere* Fehler, *unsere* Spannungen und *unser* schwaches Verhalten. In Unterrichtssituationen hören wir zusätzlich über falsches Tun (Diskriminierung, Apartheid, Kriminalität usw.) von anderen. In der Spannung zwischen beiden können wir die Echtheit unseres eigenen Benehmens und Denkens überprüfen.

22 *A. Colby/W. Damon,* Some do Care. Contemporary Lives of Moral Commitment, New York 1992.
23 Be your own hero. Careers in Commitment. Project Proposal, Troy, NY: Rensselaer Polytecnic Institute 1990.

4. Gebot: Kein Lernen dessen, was getan werden muss, ohne zu lernen, was nicht getan werden soll (negatives moralisches Wissen)

Ein Kind überquert die Straße, wenn die Verkehrsampeln auf grün stehen, genau wissend, daß es warten muß, bis das grüne Licht kommt, um dann schnell auf die andere Straßenseite zu gehen. Das ist einfaches positives Wissen. Wie sieht das entsprechende negative Wissen aus? Das Kind hat gelernt (erfahren), daß es gefährlich ist, die Straße bei rot zu überqueren. Leute werden verletzt. Die Straße ist ein gefährlicher Ort, kleine Kinder sollte man davon abhalten, einfach über die Straße zu rennen; Straßen in der Stadt sind besonders gefährlich. Im Verkehrsunterricht hat das Kind gelernt, wie man es richtig macht, und daß es für Fehler verheerende Folgen gibt. Vielleicht hat der Polizist im Verkehrsunterricht einen Film gezeigt oder eine Geschichte über jemanden erzählt, der die Straße bei rot überquerte, von einem Auto erfaßt und schwer verletzt wurde. Auf diese Art erhalten Kinder ein Stück »negatives Wissen« über das, was passieren kann, wenn man auf der Straße Fehler macht. Dieses negative Wissen ist ihr Schutzschild. Es ist eine Art Schutz für sie gegen falsches Verhalten. Aber der Schutz ist nur eine Seite dieser Theorie.

Eine andere Seite betrifft den Aufbau eines »Nicht-erlaubt-zu-tun«-Schemas. Dieses kann wiederum vermittelt oder direkt erlernt werden, genauer durch das Lernen aus eigenen oder von fremden Fehlern. Mit anderen Worten, durch Fehler muß also nicht nur das eigene Verhalten korrigiert werden, sondern es muß auch das Bewußtsein aufgebaut werden, dieses falsche Verhalten nicht mehr zu wiederholen. Im allgemeinen – so ist festzustellen – versuchen Lehrer, Fehler zu verhindern (z. B. warnen sie die Schüler schon im voraus). Aber damit ist der Lernprozeß unvollständig. Dies fördert nämlich nur die positive Seite des Verhaltens, ohne sich um die Gefahren der negativen zu sorgen. Das Bewußtsein über die Falschheit einer Handlung bedeutet auch, die negativen Konsequenzen zu kennen. Deshalb benutze ich den Ausdruck »negatives Wissen«, welcher vielleicht unklar klingen mag oder sogar falsch ist. Aber dieser Ausdruck deutet darauf hin, daß die Kenntnis des Falschen und das Bewußtsein über falsche Wege mit den entsprechenden Konsequenzen genauso so wichtig sind, um das Richtige zu tun, wie das »richtige Wissen« an sich.

Die Simulationssysteme für Piloten sind typische Lernhilfen, um diese Art von negativem Wissen aufzubauen. Wir können annehmen, daß die Hälfte der beruflichen Kompetenz auf negativem Wissen beruht, bzw. dem Wissen, was nicht getan werden darf. Vor allem in gefährlichen Situationen muß der Pilot fähig sein, ohne den kleinsten Fehler zu handeln. Schützendes Wissen ist Wissen darüber, was nicht getan werden darf, damit die wirkliche und richtige Handlung nicht gefährdet wird. Die Person, welche vollständiges Wissen in Anspruch nimmt, muß die Hürden und Gefahren, welche einen Schritt gefährden, kennen, und sie muß zugleich wissen, wie man die Handlung nicht ausführt. Deshalb ist es dieses schützende negative Wissen, das die Menschen physisch und psychisch berührt und – zur selben Zeit – zur Prävention dient. Wer dieses negative Wissen in seinem Lernen nicht entwickkelt, hat keinen Schutz vor seinen eigenen falschen Handlungen in speziellen Gefahren, und dies gilt um so mehr, je professioneller eine Handlungskategorie ist.

Es ist aber die Frage zu stellen, ob dies alles auch für moralische Probleme zutrifft. – Der bekannte Arzt und Erzieher *Janusz Korczak* behauptete, daß das Kind das »Recht zu seinem eigenen Tod« habe. Viele Leute sind von dieser provokativen Aussage geschockt. Aber diese Behauptung zeigt, daß Kinder die Möglichkeit haben sollten, »negative« Erfahrungen zu machen, daß sie ferner nicht überbehütet sein sollten, sondern daß sie »Wunden« sammeln können. Durch Situationen, in denen sie fallen, versagen, übertreiben, sehen sie die andere Seite des Lebens. Beim Beschreiben seines bekannten Waisenhauses erklärt Korczak sogar, daß jedes Kind, das nicht wenigstens einmal in seinem Leben gestohlen, gelogen, verletzt, betrogen, verraten usw. habe, keine moralische Person werden könne. Und wie steht es mit dem Töten? Und was, wenn das Kind *nicht* durch Fehler lernt? Was, wenn das negative Tun als eine gute Erfahrung angesehen wird? Wie steht es mit der universalen Moral und der Forderung, nicht zu betrügen, andere nicht zu verletzen, nicht zu stehlen, nicht zu lügen usw.? Die Antwort zu all diesen Fragen ist Teil eines neuen Forschungsprogramms, auf das wir nun nicht eingehen können.

Um für die Realität moralisch vorbereitet zu sein, müssen reiche Erfahrungen von moralisch schlechten Handlungen, von Fehlern zusammen mit ihrer kontextuellen Gegenseite, den entsprechenden guten Handlungen, gemacht werden können. Reflektionen müssen es ermöglichen, beides zu vergleichen, das Schlechte und sein »Spiegelbild«. Mit »Spiegelbild« meine ich den Begriff der komplementären positiven oder moralisch guten Handlung. Das »Spiegelbild« ist die Sicht der positiven Seite einer Geschichte.

Und in der Tat, Geschichten – Erzählungen – sagen uns etwas über beide Seiten. Sie stehen für eigene Erfahrungen. Sie sind advokatorisch dahingehend, daß wir nicht über das Böse sprechen, weil wir es mögen, sondern um uns davon abzuhalten, das Schlechte zu wiederholen. 8.000 Jahre Krieg, Kriminalität, Leiden von Unschuldigen sind in solchen Geschichten, in Gemälden, in Novellen und religiösen Texten dokumentiert. Hier wird das negative Wissen Ersatz für persönliche Erfahrungen. Nachdenklich stimmende fremde Erfahrungen berühren uns mit dem, was wir emotional erfassen. Und wir hoffen, daß unter bestimmten Umständen Literatur oder geschichtliche Berichte erzieherisch denselben Einfluß haben können wie persönlich erfahrene Erlebnisse. Oft werden solche negativen Beispiele dazu verwendet, um Personen davon abzuhalten, spezifische Fehler zu machen, so z. B. bei Fahrstunden, in Filmen von Fehlern bei Operationen, bei der Drogenprävention. Ein weiterer wichtiger Teil der Theorie der »negativen« Moral handelt von den sozialen oder erzieherischen Reaktionen bei Überschreitungen von Regeln oder bei Wiederholung von negativem moralischen Verhalten. Typische »moralische Geschichten« enden so, daß das positive Verhalten irgendwie verstärkt wird, wogegen die negative Handlung zu verschiedenen Formen von negativen Konsequenzen führt.

Im wirklichen Leben allerdings (z. B. in Schulen) gibt es viele zerbrochene Beziehungen und viele Beispiele, wo *nicht* aus negativem moralischem Verhalten gelernt wurde. Deshalb sollten Schulen eine »Kultur des Fehlermachens« entwickeln, in welcher Vergehen auch dazu benutzt werden, um Denkstrukturen und Verhaltenstendenzen von Schülern oder Schülerinnen zu ändern. Wir wissen noch wenig darüber, wieso manche Personen unter bestimmten Konditionen ihr Verhalten ändern und wirklich aus Fehlern lernen und andere nicht. Aber es ist klar, daß hilfreiche Bedingungen gegeben sein müssen und daß Kinder ermutigt werden sollen, mit moralisch negativem Verhalten zu arbeiten.

5. Gebot: Kein unterstützendes moralisches Klima ohne eine Art von »Gerechter und Fürsorglicher Gemeinschaft«

Viele Forscher stellen sich das moralische Klima in Schulen ähnlich wie das soziale Klima in anderen Institutionen vor. In der Tat ist es möglich, das moralische Klima zu messen und zu beschreiben, indem man die moralisch relevanten Aktivitäten im Klassenraum und in der Schule analysiert. Aber die entscheidende Frage ist, wie dieses moralische Klima erzieherisch verändert werden kann. Ohne fundamentale strukturale Änderungen geht dies nicht. Eine Möglichkeit eines solchen Wechsels stellt wieder die erwähnte Einführung des Ansatzes der Gerechten Gemeinschaft dar.

Wie ist der allgemeine Rahmen eines solchen Schulreformprojektes? Die Gerechte Gemeinschaft stellt eine globale Methode dar, den Schülern und Lehrern die Möglichkeit zu eröffnen, das innere Leben einer Schule selber zu regeln, und zwar durch wiederholte demokratische Entscheidungsfindungsprozesse, um auf diese Weise moralisch und sozial zu lernen. Die Verfahren, die beim Aufbau einer Just Community praktiziert werden, schaffen Bedingungen für eine umfassende moralische Schulkultur, die auf den gelebten Werten eines jeden Mitglieds der Gemeinschaft basiert[24]. Der Ansatz der Gerechten Gemeinschaft bringt einige grundsätzliche Ziele in den Vordergrund, die ganzheitlich miteinander verbunden sind. Diese Ziele sind:

– Schaffung und Anwendung von gerechtfertigten geteilten Regeln durch alle Teilnehmer (Solidarität)
– Stimulation von moralischer Urteilskompetenz
– Aufrechterhaltung der Übereinstimmung zwischen moralischem Urteil und moralischem Handeln
– Training von moralischer Empathie und Förderung von prosozialem Engagement

---

24 Siehe *C. Power/A. Higgins/L. Kohlberg,* Lawrence Kohlberg's Approach to Moral Education, New York 1989, 33 ff.; *F. Oser/W. Althof,* Moralische Stelbstbestimmung. Modelle der Entwicklung und Erziehung im Wertebereich. Ein Lehrbuch, Stuttgart 1992, 337 ff.

– Entwicklung eines soliden Wertsystems, welches auf Toleranz und Offenheit basiert.[25]

Um diese Ziele zu erreichen, ist eine Transformation der Grundauffassung, wie Schule funktioniert, durch alle Teilnehmer nötig. Indem die Nöte, Normen, Wertansprüche aller Teilnehmer in kritischen Situationen koordiniert werden, entsteht ein neues Bewußtsein. Wir können auch von einer »verfahrensmäßigen Moral« sprechen, wo die grundlegenden moralischen Regeln (wie »Du sollst nicht töten«) nicht in Frage gestellt werden, aber eine Reihe ungelöster moralischer und sozialer Konflikte – die notwendigerweise entstehen, wenn eine große Anzahl Personen zusammen leben und arbeiten – gemäß den je auftauchenden moralischen Regeln diskutiert werden und darüber entschieden wird. Zum Beispiel muß man bei der Schaffung einer soziomoralischen Regel wie »laßt uns für Schüler, die es nicht vermögen, an einem Schulausflug teilzunehmen, einen Geldfonds einrichten«, berücksichtigen, daß nicht nur die elterliche Einkommensstufe zählt, sondern daß jedes andere Verdienst eine Rolle spielen kann.

Während einiger Jahre arbeitete ich an einem Schulreformprojekt in Nordrhein-Westfalen mit, an welchem drei Schulen mit unterschiedlichem Erfolg teilnahmen. Die Realisierung einer Gerechten Gemeinschaft in diesen Schulen erforderte zwei spezifische Merkmale.

Erstens mußte ein ganzes System von methodischen Elementen eingeführt werden, welches sich teilweise von amerikanischen Konzepten wesentlich unterschied. Während in den amerikanischen Schulen die moralischen Diskussionsgruppen meistens mit speziell ausgewählten Fächern verbunden wurden, wurde im deutschen Modell die moralische Diskussion ganz in den normalen Schulplan der Fächer (Geschichte, Literatur, Sport, Biologie etc.) integriert. Jede Klasse hielt pro Woche in einem dieser Fächer eine oder zwei Dilemmadiskussionen ab. So wurde die Dilemmadiskussion ein wichtiger Teil des Just Community-Programms.

25 *C. Power/A. Higgins/A. Reimer/L. Kohlberg,* Moral Education through Democratic Schooling. Unveröffentlichtes Manuskript (1988); *W. Lempert,* Soziobiographische Bedingungen der Entwicklung moralischer Urteilsfähigkeit, in: Kölner Zeitschrift für Soziologie und Sozialpsychologie 40/1988, S. 60–92; *F. Oser/W. Althof,* Moralische Selbstbestimmung, aaO., 1992.

Zweitens wurde bei der Einführung zu diesem Modell den Lehrpersonen spezielle Aufmerksamkeit entgegengebracht. Lehrpersonen benötigen ein vernünftiges Maß an Wissen über Theorien der Moral und der sozialen Entwicklung, der Schulatmosphäre sowie das prosoziale Verhalten von Kindern und das Fällen von Entscheidungen auf demokratischem Wege. Lehrer und Schulleiter müssen auf eine Änderung ihrer Auffassung von Autorität vorbereitet sein. Diese Kurse wurden immer nach einem Treffen der Gerechten Gemeinschaft abgehalten; dies war ein Teil der expressiven Fürsorglichkeit des Modells. Die Inhalte sind dabei nicht vorgegeben, sondern werden aus dem schulischen Sozial-Abfall gewonnen, durch Wiederverwertung aufbereitet und auf diese Weise zu zweierlei geführt: zur Gestaltung oder zur Konstruktion einer warmen, menschlichen Lebensgemeinschaft mit geteilten (shared) Normen und zu moralischen Spuren, die sich über Beteiligung und Aktivität einprägen.

Es gibt verschiedene Schulen, die diesen Weg gehen, weil die Verantwortlichen wissen, daß Verantwortung nur dort gelernt wird, wo auf Verwundbarkeit, Verletzungen der unterschiedlichsten Art, Hilfsbedürftigkeit, Bedrohung der Unversehrtheit der Intimität geantwortet wird, und daß alle an einer Schule hier mitverantworten sollen, was Einzelne tragen und zu tragen oft nicht allein imstande sind. Dieser Ansatz, sofern er systematisch realisiert wird, durchdringt das gesamte Schulleben, erfordert aber auch Regelmäßigkeit. Er soll ergänzt werden durch Dilemmadiskussionen und systematische moralische Auseinandersetzungen in den Fächern und in einem für die Wissenspartikel im Bereich der Moral geschaffenen Fach »Lebenskunde« oder »Ethik« oder »Lebensgestaltung, Ethik und Religion« o.ä.

Wieso nun dieses fünfte »Gebot«? Das moralische Klima ist kein Zustand. Eher ist es im Sinn einer Just Community ein Prozeß, ein aktiver und dynamisch moralischer Austausch. Er muß konstruiert werden. Und deshalb ist es auch unmöglich, die Schule strukturell zu ändern, ohne einen solchen Prozeß einzuführen. Strukturell gesehen gibt es keine »institutionalisierte Gerechte Gemeinschafts-Schule«, denn solche Schulen sind nur lebendig, solange Demokratie praktiziert wird. Wenn ein Schüler/eine Schülerin an diesem Prozeß teilnimmt, lernt er/sie. Deshalb muß von Zeit zu Zeit die Just Community neu beginnen, und die alten Strukturen müssen durch eine neue Bemühung, Visionen und Regeln zu konstruieren, ersetzt werden.

6. Gebot: Keine Moralerziehung als Indoktrination oder als Relativismus-Konzept

Eigentlich müßte über dieses Problem Schweigen eintreten. Wir wissen, daß Indoktrination *nicht* zu einer Veränderung der moralischen Handlung[26] und auch nicht zur Veränderung des moralischen Urteils führt.[27] Wir wissen aber auch, daß postmoderne Haltungen mit dem dauernden Standpunktwechsel und den Relativierungen großer Erzählungen[28] zwar für religiöse, sozial-ästhetische und geschmackliche, ja vielleicht sogar wissenschaftsmethodische Bereiche zutreffen können, nicht aber für moralische. *Larry P. Nucci*[29] konnte zeigen, daß vierjährige Kinder einen Unterschied machen zwischen sozialen Kategorien (in einem fernen Land gehen alle Menschen im Badeanzug zur Kirche; würdest Du dort auch so gehen?) und zwischen moralischen Kategorien (in einem fernen Land reißen die Leute den Katzen die Schnauzhaare aus, was den Tieren fürchterlich weh tut; würdest Du das auch tun?) und daß sie soziale, nie aber moralische Unterschiedlichkeiten akzeptieren.

An dieser Stelle wäre eine größere Auseinandersetzung zum Problem der Indoktrination und des Relativismus vonnöten,[30] es kann hier aus konstruktivistischer und entwicklungspsychologischer Sicht nur soviel gesagt werden: *Indoktrination* kann verhindert werden, indem Ernst gemacht wird mit der Annahme, daß das Kind im aktiven Umgang mit bestehenden Regelsituationen, in Interaktion mit Anderen (Gleichaltrigen und Erwachsenen) seine moralischen Werte und sich selbst moralisch entstehen läßt.

---

26 *H. Hartshorne/M. A. May,* Studies in the Nature of Chraracter. Columbia University Teachers College. Vol. 1: Studies in Deceit. Vol. 2: Studies in Service and Self-Control. Vol 3: Studies in Organization of Character, New York 1928–1930.

27 *L. Kohlberg,* Essays on moral development. Vol. 1. The philosophy of moral development, aaO., 1981.

28 *J.-F. Lyotard,* Das postmoderne Wissen, Wien 1986; *N. Postman,* Keine Götter mehr. Das Ende der Erziehung, Berlin 1995.

29 Conceptions of personal issues. Distinct from Moral or Societal Concepts, in: Child Development 52/1981, 114–121.

30 Vgl. dazu *F. Oser/W. Althof,* Moralische Selbstbestimmung, aaO., 1992.

Friedrich Schweitzer u. a.[31] sprechen vom entwicklungspsychologischen Sehen im Unterricht, das dadurch garantiert wird, daß das Verstehen der Kinder und Jugendlichen lebensweltlich und lebensgeschichtlich bedingt sei. Sich selbst moralisch konstituieren, bedeutet erzieherisch, daß das Kind hineingenommen wird in Situationen, in denen diese Dynamik geschieht. Umgekehrt kann *Relativismus* dadurch verhindert werden, daß Kinder lernen, die Verallgemeinerungsregel wenigstens für ihren kommunitären Bereich zu bedenken und auszusprechen. Verallgemeinerungen gibt es auf jeder Stufe der Entwicklung; sie sind nur je eingeschränkt auf den Horizont, der der jeweiligen Stufe entspricht. Für die Schulklasse ist es die Frage, wenn jeder in der Klasse das täte, und sie wird hier eingeschränkt auf dieses in der Klasse Erarbeitbare.

7. Gebot: Keine moralische Erziehung ohne soziales Lernen

Wir greifen unser paradigmatisches Beispiel vom Anfang auf. Es gibt nicht nur eine moralische Diskussion, sondern auch eine Entschuldigung, eine Wiedergutmachung und mögliche Hilfen, um über die Schuld hinwegzukommen. Sicher, Kinder müssen lernen zu argumentieren, zu urteilen und moralisch zu handeln. Aber sie müssen noch viel intensiver lernen, andere von verheerenden Risiken abzuhalten, zu helfen, andere zu beschützen, sich zu entschuldigen und Wiedergutmachung bei moralischem Fehlverhalten zu leisten. Dies sind prosoziale Werte, welche mit dem moralischen Urteil und mit moralischer Handlung verbunden werden müssen. Im traditionellen Dilemma-Ansatz zur moralischen Erziehung fehlen diese Aspekte. Ein erzieherisches Modell, das diese Anforderungen viel besser erfüllt, stellt das kalifornische »Child Development Project« von *Victor Battistich et al.*[32] dar.

---

31 Religionsunterricht und Entwicklungspsychologie. Elementarisierung in der Praxis, Gütersloh 1995.
32 The Child Development Project. A comprehensive program for the development of prosocial character, in: *W.M. Kurtines/J. L. Gewirtz* (Eds.), Handbook of Moral Development and Behavior, Hillsdale, N. J. 1991.

In diesen Primarschulen stimulieren Lehrpersonen kooperatives Lernen und helfendes Verhalten, sie ermöglichen die Verantwortungsübernahme (ein Schüler ist für den anderen verantwortlich), Fürsorge und gegenseitiges Verständnis (Developmental Studies Center 1994). Die empirische Evaluation zeigt, daß die Programmschulen eigentlich in all diesen Dimensionen erfolgreich sind; Schüler begreifen ihre Schule und ihr Schulzimmer nun viel mehr als Gemeinschaft, als Schüler der Vergleichsschulen dies tun, sie mögen ihre Schule viel mehr, zeigen mehr Respekt füreinander und mehr intrinsische Lernmotivation.[33]

8. Gebot: Kein ethisches Wissen ohne Anwendung von konkretem moralischem Problemlösen

In diesem Gebot wird ein Wunsch deutlich, der vor allem die Sekundarklassen I und II in deutschsprachigen Ländern betrifft. Hier wird moralische Erziehung oft als Einführung in die philosophische Ethik verstanden. Dies bedeutet, daß Schüler Kurse besuchen, in welchen sie moralische Modelle von *Platon* bis zu *Habermas*, von *Aristoteles* bis *Ortega y Gasset* lernen. Das Problem besteht in der schwachen Konfrontation dieser Denksysteme mit gewissen wirklichen Problemen der respektiven Zeit einerseits, und der Verwendung dieser Modelle für den wirklichen Gebrauch in unserer Zeit andererseits. Es wäre zusätzlich wichtig, dieses Wissen mit den Biographien dieser Autoren und mit wichtigen emotionalen Lebensdimensionen in Beziehung zu bringen (z. B. *Sokrates'* Tod, *Pascals* Glauben, *Wittgensteins* Schweigen über die Moral). Nun ist die Beziehung von ethischem Wissen und den Begriffen der moralischen Entwicklung, der Wertklärung oder -reflektion nicht eindeutig.

Wenn wir philosophische Ideen als Teil einer ethischen Instruktion vorstellen, ist es deshalb wichtig zu sehen, daß a) diese Modelle eine Legitimation für Tugenden zur Verfügung stellen und nicht bloß an sich selbst dargestellt werden, und daß b) ein Portfolio mit solchen Theorien erstellt werden muß, ein Portfolio mit praktischen Vorschlägen für die moralische Arbeit (z. B. die Anwendung von Theorien in Filmen, in der Geschichte, in der Politik,

---

33 *V. Battistich et al.,* Schools as Communities, Poverty Level of Student Populations, and Students' Attitudes, Motives, and Performance: A Multilevel Analysis, in: American Educational Research Journal 32/ 1995, 627–658.

in religiösen Texten, in Situationen von politischer und sozialer Aktualität – eine Einbeziehung von Wissen und Verstehen, Analyse und Synthese eines gegebenen Denkmodells anstrebend).[34]

Auf der anderen Seite müssen wir moralisch relevantes Sachwissen an sich verlangen.

Ein Beispiel: *Lutz H. Eckensberger u. a.*[35] führen eine Feldstudie eines Streites um ein Kohlekraftwerk in einer dicht bevölkerten Gegend des Saarlandes durch. Sie benutzen die Resultate dieser Untersuchung, um ein Simulationsspiel mit echten Parteien (Direktoren, Arbeitern, Landwirten, Politikern, Ärzten usw.) zu konstruieren. In dieser Simulation werden Informationen Stück für Stück an verschiedene Gruppen abgegeben. Eine solche Information kann z. B. sein, daß, wenn das Werk geschlossen wird, über 2000 Arbeitsplätze verlorengehen. Eine gegensätzliche Information kann sein, daß 25 % aller Kinder Probleme mit der Lunge haben. Schüler müssen lernen, daß ein solcher Informationsteil die ganze Einstellung gegenüber einem Problem ändern kann. Ganz heiße Informationen betreffen langfristige Risiken einer bevorstehenden Handlung.

Die Informationen beeinflussen beides, moralisches Urteil und moralisches Verhalten. Zwischen nichtkonsequentialistischen Moralbegriffen (Deontik), in welchen diese Arten von Information nicht sehr wichtig sind, und dem konsequentialistischen Ansatz (Utilitarismus), wo Wissen über Risiken und mögliche Schäden die Berechnung des moralischen Wertes einer Handlung beeinflussen, müßte ein gutes Gleichgewicht hergestellt werden. Günstige Wirkungen rechtfertigen nicht alle Absichten. Allerdings gibt es sogar in der Kantschen Tradition der deontologischen Ethik die Übereinkunft, die Theorien nicht ohne Kontext und Konsequenzen zu deuten.

Mit Wissen umgehen bedeutet mehr, als sich moralisches Wissen anzueignen. Das Gewicht einer an Ethik orientierten Moralerziehung müßte auf der Frage der Analyse und Anwendung dieses Wissens an Schlüsselproblemen unserer Zeit liegen.

34 Ein gutes Beispiel ist *Jostein Gaarder*, Sofies Welt, München/Wien 1993.
35 Psychologische Analyse eines Ökonomie-Ökologie-Konflikts in einer saarländischen Region: Kohlekraftwerk Bexbach, in: *K. Pawlik/K. Stapf* (Hrsg.), Methoden und Ergebnisse umweltpsychologischer Forschung, Bern 1991.

9. Gebot: Keine moralische Diskussion ohne Erläuterung von Werten und Tugenden. Dies sind die Inhalte der moralischen Erziehung

In einer Just Community lernen Schüler bewußt eine Menge zweitrangiger Dispositionen: Rollenübernahme, Übernahme der Perspektive des Redners, zuhören, offen sprechen, die formalen Diskussions- und Abstimmungsregeln befolgen etc. Aber zusätzlich werden in jedem ernsten Dilemma auch ein oder zwei wichtige Werte thematisiert. Diese Werte sind der Inhalt der moralischen Erziehung. Welche Methode wir auch immer benutzen, der Wert muß ein bewußtes Thema der Klasse oder der Schule werden. Schauen wir bspw. das Thema *Vorurteil* an.

In einem kürzlich durchgeführten Experiment konfrontierten wir Kinder, Jugendliche und Erwachsene mit neun Fotos verschiedener Männer. Das Aussehen dieser Männer unterscheidet sich sehr. Sie tragen verschiedene Kleider, haben verschiedene Haarstile, ihre Gesichter unterscheiden sich in Form und Ausdruck. Einer von ihnen schaut z. B. sehr bedrohlich drein, er hat langes Haar und eine Zigarette im Mundwinkel; ein anderer hat einen Schnurrbart und ist sehr dünn; einer ist ein lachender Schwarzer, einer ein Polizist, einer ein Priester; einer der Männer trägt eine Brille und ist am Sprechen, einer erinnert an *Fidel Castro*. Wir sagten unseren Versuchspersonen, daß eine dieser Personen ein Krimineller sei, und wir baten sie, zu raten, welcher es sein könnte.

Hinsichtlich der jüngeren Kinder im Alter von sechs und sieben Jahren sind die Resultate eindeutig: Diese Kinder trafen ihre Entscheidung – ohne weiter zu fragen und ohne zu zögern. Sie seien sich sicher, wie ein Krimineller ausschaut. Hier ist ein Ausschnitt aus einem der Interviews:

F: Welcher, denkst Du, ist der Kriminelle?

A: Dieser da (zeigt auf das Bild Nr. 9).

F: Wieso denkst Du, daß es dieser Mann ist?

A: Weil dieser wie viele von diesen aussieht ... oder dieser da auch (zeigt auf ein anderes Bild).

F: Wieso denkst Du, daß es die Nummer 4 sein könnte?

A: Von meinen Büchern. In Kinderbüchern und sonstwo sind sie meistens so.

F: Ja?

A: Aber dieser könnte es auch sein (zeigt auf Nummer 6).

F: Und wieso denkst Du, dieser könnte ein Krimineller sein?

A: Weil, weil eh, eh, er hat so lange Haare.

F: Versuche mir ganz genau zu sagen, was Du meinst.

A: Weil er so speziell aussieht, wie ein Dieb.

F: Du hast sein langes Haar erwähnt, kannst Du das bitte nochmals sagen?

A: Eh, mit dem Gesicht … es sieht so aus, er sieht gefährlich aus.

F: … Und was glaubst Du, haben diese drei Männer getan, welche Art von Verbrechen?

A: Vielleicht haben sie Geld gestohlen, oder eh … (lacht).

Dieses Experiment wurde teilweise nach einem Versuchsdesign von *Peter R. Hofstätter*[36] durchgeführt. Es zeigt, daß Kinder in diesem Alter voller Vorurteile sein können. Normalerweise ist dies nicht wegen der negativen Sozialisation so, sondern weil ihnen die Reversibilität von Wert-Kategorien fehlt. Ihr »Vorurteil« entsteht aus der Tatsache, daß sie nur an den äußeren, physischen oder ausdrucksvollen Aspekt des Phänomens glauben. Sie können Bedeutung nicht mit Ausdruck kombinieren und können innere Eigenschaften (z. B. Charakterzüge) nicht von der äußeren Erscheinung einer Person trennen.[37] Dies ist ein Beispiel, wo Werte die Dilemmadiskussion deutlich bestimmen.

10. Gebot: Keine moralische Erziehung ohne intensives Training der Lehrer und Lehrerinnen hinsichtlich prozeduraler Professionsmoral

Grundsätzliche Bedenken hinsichtlich einer strukturierteren und effizienteren schulischen Moralerziehung werden immer wieder genährt durch Lehrpersonen ohne diskursive Kompetenz. Mit ihrer Hilfe würden sie nämlich viel einfacheren und zwangloseren Zugang zu den moralischen Korrekturen des Verhaltens in allen möglichen Situationen erhalten. Aber was ist eine professionelle moralische Diskurshaltung? Unsere Untersuchungen zeigen, daß damit eine bestimmte Form des Reagierens auf wirklich verletzende Konfigurationen des schulischen Lebens gemeint ist. Die fünf wichtigsten Schritte bei der Feststellung solch verletzender Konfrontationen sind:

36 Eliten und Minoritäten, in: Kölner Zeitschrift für Soziologie und Sozialpsychologie 14/1962.

37 Aus *F. Oser,* Prejudice and Moral Education, in: *J. Lynch/C. Modgil/ S. Modgil* (Eds.), Cultural Diversity and the Schools. Vol. 2. Prejudice, Polemic or Progress?, London/Washington, DC 1992, 307–329.

1. Unterbrechung des Verlaufs des normalen Unterrichts oder der normalen Produktion oder des Verfahrens irgendwelcher Auseinandersetzung mit Lebenswelt.

2. Schaffung des runden Tisches mit dem sanften Zwang der notwendigen Beteiligung der Betroffenen.

3. Herstellen einer koordinierten Balance der Ethikdimensionen Wahrhaftigkeit, Gerechtigkeit und Fürsorglichkeit, die aber nicht generell, sondern nur für den vorliegenden Fall gelten.

4. Praktizierung des Glaubens, daß alle am runden Tisch diese Balancierung wollen und auch herstellen können, und zwar sowohl für sich als auch in Abarbeitung der gegenseitigen Differenzen.

5. Praktizierung des Glaubens, daß die gefundene Lösung im Augenblick die beste ist und eine Fortsetzung der operativen Synthese (Lernen, Arbeiten, Herstellen etc.) ermöglicht.

Mit Hilfe dieser fünf Schritte kann relativ leicht und überzeugend dargestellt werden, daß Lehrpersonen (oder Juristen, Ärzte, Handwerker und andere Berufspersonen) oft die selbst erworbene Bereitschaft ihrer Realisierung nicht erfüllen. Wir unterscheiden deshalb Entscheidungsformen wie Vermeidung, Absicherung, Willkür, unvollständiger und vollständiger Diskurs, wobei nur die letztere Form alle fünf Punkte der fruchtbaren Auseinandersetzung mit moralisch brüchiger Wirklichkeit enthält. Empirisch läßt sich zeigen, daß nur die Form des vollständigen Diskurses mit der praktizierten Präsupposition, daß jedes Kind Verantwortung übernehmen kann, letztlich in den Augen dieser Kinder die erfolgreichste ist. Professionsmoralität liegt deshalb im Bezugspunkt zwischen dem beruflichen Erfolg (z. B. das Curriculum effektiv zu erfüllen) und der gleichzeitigen Erfüllung von Diskursbedingungen bei sozialen Brüchen (z. B. dem Verletzen der Intimität eines Schülers durch Auslachen seiner Kameraden).

Aber diese Berufsmoralität ist noch nicht moralische Erziehung im Klassen- oder Schulraum, sie ist nur eine Vorbedingung dazu. Unter Modernitätsbedingungen werden Einstellungen des Vertrauens in die Moralität des Menschen in allen möglichen Situationen des beruflichen, politischen und privaten Alltags erst aufgebaut, wenn sie einer systematischen Reflektion preisgegeben sind. Und erst diese beschriebene Diskurshaltung ist hierfür ein starker Garant.

4. Konturen des Ungewissen

Das Vertrauen, das wir bei jeder Interaktion voraussetzen, ist durch die Tatsache erschüttert, daß die moralischen Standards, die Vorschriften zur Berufsmoral, die reversiblen ethischen All-täglichkeiten nicht mehr mit Sicherheit gelernt, sondern buchstäb-lich dem Zufall überlassen werden. Wenn die Beziehungen des Vertrauens nicht mehr garantiert werden können, dann wird die raum-zeitliche Vergrößerung der Systeme, in denen wir uns bewe-gen, absurd. Denn nur auf der Basis des moralischen Vertrauens sind wir nicht dauernd falschen Annahmen über die Gegenseite ausgesetzt und unverwundbar.

Die Lernprozesse, die dieses Vertrauen herstellen, sind nicht in erster Linie Wissensaufbau-Vorgänge. Sie sind wesentlich kom-plizierter, weil sie a) Stufentransformationen, b) Aufbau des mora-lischen Selbst, c) ganzheitliche Situativität, d) Rollenübernahme-möglichkeiten, e) Sensibilität für den moralischen Standpunkt, f) Globalisierung individueller moralischer Konflikte, g) moralische Motivation und h) moralische Performanzen im Handeln betref-fen. All diese Fähigkeiten und Dispositionen können auf Verände-rung hin gemessen werden. Für all das gibt es auch interventive Möglichkeiten. Mitunter sind sogar Modelle wie der mehrmals erwähnte Just Community-Ansatz vorhanden, die es in der Tat ermöglichen, alle diese Fähigkeiten zu erwerben und Entwicklung systematisch zu optimieren. Im allgemeinen aber hat die Schule für solche Prozesse noch kein Gefäß geschaffen. Das Vertrauen in die moralische Sicherheit bei Verhandlungen, bei Käufen, bei politischen Diskursen, bei Gesetzesveränderungen etc. wird in der nächsten Generation erschüttert sein, weil der Geist der Diszi-plin[38] systematisch aus den Erschließungen jener Systeme, die der letzte Garant für den Aufbau solcher Kompetenzen sind, nämlich die Schule, verbannt wird.

Die Achtung vor der Komplexität der Sache darf aber nicht dazu führen, Fehlentwicklungen (Indoktrination, Relativismus, alleinige Wissensvermittlung, Unverbindlichkeit im Unterricht etc.) zu akzeptieren. Anstatt Zufälligkeit zu zelebrieren, sollte die Möglichkeit zunehmen, komplexe neuere Lernverfahren in

---

38 *E. Durkheim,* Erziehung, Moral und Gesellschaft, Neuwied 1973.

vernetzten schulischen Situationen zu erproben. Ein Beispiel wäre schon der systematische Einbau der Dilemmadiskussion in Geschichts-, Literatur-, Religions- oder Sportunterricht. Wir stehen am Anfang solcher Planungen. Und was bis jetzt modellhaft funktioniert hat, wird, will man es gesamthaft für Schule fruchtbar machen, auf sicherlich neue Schwierigkeiten stoßen. Eine davon ist die Absenz einer notwendigen lerntheoretischen Professionalität bei Lehrern und Lehrerinnen. Sie zerbrechen oft an der Alltagslast und sehen zuwenig Möglichkeiten, jene Kompetenz zu erwerben, die die oben erwähnte Komplexität erfordert.

Die Schlußfolgerungen aus dem oben referierten Untersuchungsbeispiel führen zu Thesen, die eine Basis für ein Erziehungsprogramm zur Verfügung stellen könnten, welches eine Verminderung von Vorurteilen im sozialen Urteilen anstrebt:

a) Es scheint mir, daß jede Erziehung, die Vorurteile vermindern will, mit einer Entwicklungstheorie verbunden sein sollte. Tiefere sozial-kognitive Stufen sind zugänglicher für Vorurteile als höhere Stufen. Die strukturalen Theorien von kognitiver, sozialkognitiver und moralischer Entwicklung können als Verbindung für eine solche Beziehung dienen.

b) Die Begünstigung von vorurteilsfreien Handlungen (z. B. zu teilen ohne Überlegung von rassistischen, ethnischen oder sozialen Faktoren usw.) in der Erziehung kann sowohl auf direkter Stimulation der Handlungstendenzen als auch auf Entwicklungswachstum basieren. Vom Entwicklungsstandpunkt aus muß eine gute Handlung nicht unbedingt auf das Erscheinen von kognitiven Vorbedingungen warten. Deshalb kann ein Kind lernen, frei von Vorurteil zu handeln, ohne genau zu verstehen, wieso Vorurteile unethisch sind, z. B. ohne die Stufe der vollen ethischen Reversibilität erreicht zu haben.

c) Erfolg in der Erziehung zu Toleranz und Verstehen können nur Erziehungseinrichtungen haben, in denen hohe moralische Standards gelten und die ein soziales Klima ohne Vorurteile garantieren. Solch hohe moralische Standards können nur belebt werden, wo eine rationale, diskursorientierte Haltung unter den Mitgliedern herrscht, ein gutes Beispiel einer solchen Bemühung ist einmal mehr das demokratische Schulkonzept »Just Community«. Moral und vorurteilsfreie Wege der sozialen Interaktion können nie ein für allemal durch Gesetze und autoritäre Entscheidungsfällung gesichert werden, sie können nicht in erster Linie mit Hilfe sozialer Kontrollen durchgesetzt werden. Eher muß ein lebendiger situationaler Kontext kreiert werden, in welchem Prozesse von Moralsuche stimuliert werden können und diskursive Interaktionsstrategien und Problemlösen möglich gemacht wird.

d) Die sozialpsychologische Forschung schlägt nachdrücklich vor, welche Faktoren helfen können, Vorurteile in der Gesellschaft zu reduzieren:[39] intensiver sozialer Kontakt zwischen fremden Gruppen, Erleben einer Bewußtseinserweiterung und wertbezogenen Wissenstransformation, Entwicklung von sozialer Identität, ohne das Bedürfnis, sich selber oder die In-Gruppe im Sinne eines Sündenbocks oder der Feindlichkeit gegenüber einer anderen Gruppe zu definieren (was ja Versuche sind, die geschwächte Selbstachtung oder das Gefühl von Minderwertigkeit auszugleichen).

Literaturhinweise

L. *Kohlberg,* Die Psychologie der Moralentwicklung (stw 1232), Frankfurt/ M. 1995.

F. *Oser,* Moral Perspectives on Teaching, in: *L. Darling-Hammond* (Ed.) Review of Research in Education 20/1994, 57–127.

F. *Oser/W. Althof,* Moralische Selbstbestimmung. Modelle der Entwicklung und Erziehung im Wertebereich. Ein Lehrbuch, Stuttgart ²1994.

F. *Oser/R. Fatke/O. Höffe* (Hrsg.), Transformation und Entwicklung. Grund lagen der Moralerziehung, Frankfurt a.M. 1986.

39 Vgl. für eine Übersicht: *K.J. Gergen/M.M. Gergen,* Social Psychology. New York u.a. ²1986, 149–156.

V.
Methoden ethischer Erziehung

GOTTFRIED ADAM

1. Zur Einführung

Wenn wir von *Methodik* sprechen, so geht es um die Möglichkeiten unterrichtlicher Gestaltung und verfahrensmäßiger Wege zur Erreichung von Zielen in der Schule. Entsprechend jener Faustregel, nach der die Didaktik (im engeren Sinne) die Was-Frage zu klären hat, geht es bei der Methodik um die Klärung der Wie-Frage. Methodik[1] ist also ein Teilgebiet der Didaktik, der es um die Reflexion des Was, Warum, Wozu und Wie unterrichtlicher Vermittlung von Erkenntnissen und Inhalten an bestimmte Schülerinnen und Schüler im Erschließungshorizont pädagogischer Zielsetzungen geht. In der *methodischen Reflexion* wird danach gefragt, *wie, auf welchen Wegen und mittels welcher Verfahren* bestimmte Themen, d.h. zielorientierte Inhalte, im Unterricht zum Zuge kommen können. Solche Überlegungen sind ein notwendiger Bestandteil jeder Unterrichtsvorbereitung. Die Methoden haben dabei teil an der Interdependenz aller Unterrichtsfaktoren. Grundsätzlich gilt, daß alle Methoden für Unterricht und Erziehung auch für die Frage ethischer Erziehung in Frage kommen und verwendet werden können.[2]

---

[1] Zur begrifflichen Bestimmung beziehe ich mich auf *R. Lachmann,* Methodische Grundfragen, in: *G. Adam/R. Lachmann* (Hrsg.), Methodisches Kompendium für den Religionsunterricht, Göttingen ²1996, 15–40, hier: 17f.

[2] Für einen Gesamtüberblick zur Methodik sei auf die gängigen Handbücher verwiesen: *G. Adam/R. Lachmann* (Hrsg.), Methodisches Kompendium für den Religionsunterricht, Göttingen ²1996; *M. Bönsch,* Variable Lernwege, Paderborn u.a. 1991; *H. Meyer,* UnterrichtsMethoden, Bd. 1, Frankfurt a.M. ⁶1994, Bd. 2, Frankfurt a.M. ⁷1995; *E. Terhart,*

Für den Bereich der ethischen Erziehung gibt es gleichwohl Methoden, Verfahren und Wege, die sich als besonders geeignet erwiesen haben, z. T. auch erst in den letzten Jahren entwickelt worden sind. Vor allem die (Moral-)Psychologie hat in den letzten beiden Jahrzehnten beachtliche Erkenntnisse, vor allem im Blick auf das moralische Urteil, erarbeitet. Die Entwicklung des moralischen Urteils kann besonders dadurch gefördert werden, daß die Schülerinnen und Schüler im Unterricht zu eigenen Problemlösungen aktiviert werden, indem ihnen nicht einfach fertige Lösungen in Form von vornherein feststehenden Normen, Werten oder Tugendkatalogen angeboten werden, sondern indem sie durch die Bearbeitung von Konflikten zu eigener Urteilsbildung angeregt werden, indem mit ihnen Wertklärungsprozesse durchgeführt werden, indem Fallstudien durchgeführt werden etc. Der vorliegende Beitrag kann aber selbst in diesem eingegrenzten Sinne nicht vollständig sein, sondern muß auswählen.[3]

Menschsein heißt, auch mit ethischen Fragen konfrontiert zu sein und in moralische Konventionen hineinzuwachsen. Darum hat es immer schon Methoden ethischer Erziehung und moralischer Sozialisation gegeben. In der Vergangenheit waren das zweifellos stärker Modelle der Instruktion und Konditionierung, die auf eine Übernahme von vorgegebenen Normen abhoben. Die traditionellen Wege der Gewöhnung, der Ermahnung und des Lernens nach Vorbildern machen Sinn in gesellschaftlichen Situationen, wo es kaum Legitimationsprobleme gibt. Von einer Selbstverständlichkeit der Wertsysteme und Moralvorstellungen kann heute jedoch nicht mehr ausgegangen werden (s. o. I.2.1). In der Gegenwart gewinnt daher zunehmend ein anderes Modell an Bedeutung: das Modell freiwilliger Selbstbindung aus Einsicht.[4] Freilich: kein Modell reicht aus, um die moralische Sozialisation und die ethische Erziehung allein hinreichend zu beschreiben.

Lehr-Lern-Methoden, Weinheim/München 1989 sowie *G. Otto/W. Schulz* (Hrsg.), Methoden und Medien der Erziehung und des Unterrichts (Enzyklopädie Erziehungswissenschaft 4), Stuttgart ²1993.

3 Für weitergehende Fragen sei auf folgende Werke verwiesen: *H. Schmidt,* Didaktik des Ethikunterrichts, Bd. I. Grundlagen, Stuttgart u. a. 1983 sowie *F. Oser/W. Althof,* Moralische Selbstbestimmung. Modelle der Entwicklung und Erziehung im Wertebereich. Ein Lehrbuch, Stuttgart ²1994.

4 Vgl. dazu *G. Nunner-Winkler,* Zur moralischen Sozialisation, in: *H. Huber* (Hrsg.), Sittliche Bildung. Ethik in Erziehung und Unterricht, Asendorf 1993, 105–127, bes. 109.

Friedrich Schweitzer behandelt in seinem Beitrag »Grundformen ethischen Lehrens und Lernens in der Schule« (s.o. III) eine Reihe von Modellen, auf die hier unter dem Gesichtspunkt der methodischen Umsetzbarkeit einzugehen ist: Empathie, Wertklärung, Dilemmamethode, Schulleben, fächerübergreifende ethische Themen, Schulethos, Schule als gerechte Gemeinschaft. Das Lernen von Vorbildern/Modellen ist bei F. Schweitzer selbst hinreichend behandelt, so daß hier auf weitere Ausführungen verzichtet werden kann.[5] Hinsichtlich der *sozial-interaktiven Dimension* sind vor allem die Entwicklung von Empathie und die Methode der sozialen Perspektivenübernahme wichtig.

2. Methoden zur Förderung der moralischen Urteilsbildung

2.1 Moralische Diskussion in der Klasse. Lawrence Kohlberg hat im Zuge seiner Forschungen zu den Stufen der moralischen Urteilsbildung[6] die Dilemma-Methode eingeführt und als erfolgreich erwiesen. Die ursprünglich zu Forschungszwecken ausgearbeitete Methode, die von hypothetischen Dilemmata ausging, ist später dahingehend weiterentwickelt worden, daß selbsterlebte moralische Konflikte aus der Alltagswelt der Kinder und Jugendlichen und aus der Gesellschaft im Unterricht verwendet wurden. Es kam auch die Anleitung zur Rollenübernahme (durch Rollenspiele) und die Entwicklung empathischen Mitleidens hinzu, so daß Urteilen und Handeln stärker aufeinander bezogen sind.

Eine klassische Darstellung zur Frage, wie man eine Moraldiskussion im Klassenzimmer durchführt, stammt von *Barry K. Beyer*[7]. Die meisten der späteren Darstellungen beziehen sich auf ihn. Als Flußdiagramm ergibt sich folgendes Gesamtbild.

5 Ergänzend im Blick auf die narrative Ethik sei noch verwiesen auf die Ausführungen von *I. Mieth/D. Mieth*, Vorbild oder Modell? Geschichten und Überlegungen zur narrativen Ethik, in: *G. Stachel/D. Mieth*, Ethisch handeln lernen, aaO., 106–116. – Vgl. auch unten 376f.

6 Referat bei *F. Schweitzer*, s.o. 74.1

7 Conducting Moral Discussions in the Classroom, in: Social Education 40/1976, 194–202, hier: 199 (Übersetzung: G.A.). Ein Auszug dieses Artikels ist zugänglich unter dem Titel »Moralische Diskussion im Unterricht: Wie macht man das?«, in: *L. Mauermann/E. Weber* (Hrsg.), Der Erziehungsauftrag der Schule, Donauwörth 1978, 183ff.

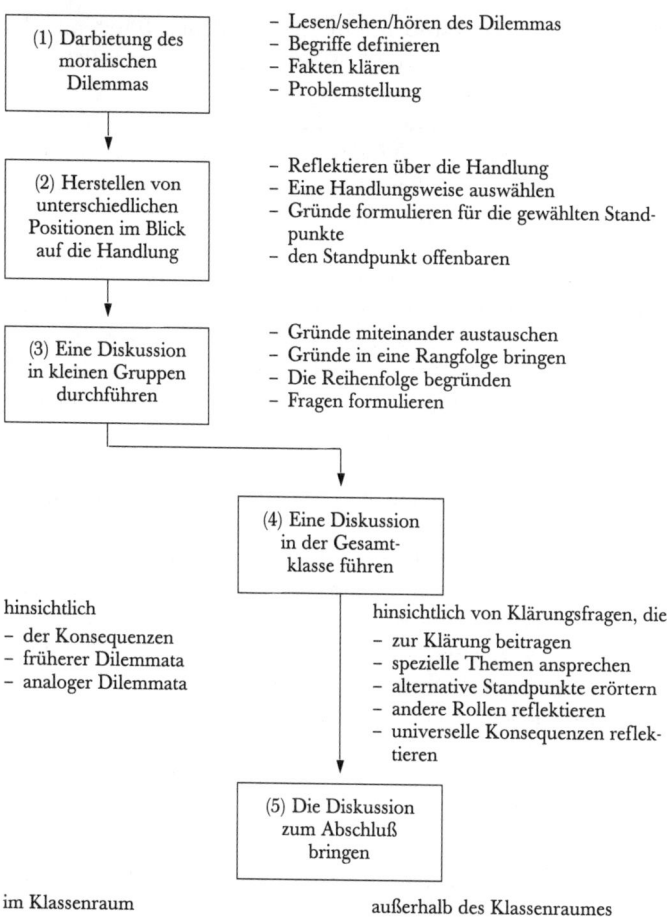

| (1) Darbietung des moralischen Dilemmas | – Lesen/sehen/hören des Dilemmas
– Begriffe definieren
– Fakten klären
– Problemstellung |

| (2) Herstellen von unterschiedlichen Positionen im Blick auf die Handlung | – Reflektieren über die Handlung
– Eine Handlungsweise auswählen
– Gründe formulieren für die gewählten Standpunkte
– den Standpunkt offenbaren |

| (3) Eine Diskussion in kleinen Gruppen durchführen | – Gründe miteinander austauschen
– Gründe in eine Rangfolge bringen
– Die Reihenfolge begründen
– Fragen formulieren |

(4) Eine Diskussion in der Gesamt-klasse führen

hinsichtlich
– der Konsequenzen
– früherer Dilemmata
– analoger Dilemmata

hinsichtlich von Klärungsfragen, die
– zur Klärung beitragen
– spezielle Themen ansprechen
– alternative Standpunkte erörtern
– andere Rollen reflektieren
– universelle Konsequenzen reflektieren

(5) Die Diskussion zum Abschluß bringen

im Klassenraum
– Zusammenfassung der Begründungen
– Über Handlungsweisen reflektieren
– Eine Handlungsweise auswählen
– Die Wahl begründen

außerhalb des Klassenraumes
– Interviews durchführen
– Eine Dilemmageschichte verfassen
– Ein Beispiel finden
– Eine Lösung formulieren.

Solche moralischen Diskussionen sind gemäß dem Kohlbergschen Ansatz unter Berücksichtigung des jeweiligen Entwicklungsstandes der Schülerinnen und Schüler zu führen. Die Förderung der moralischen Urteilsfähigkeit geschieht dadurch, daß die Argumente jeweils eine Stufe höher angesetzt werden als der derzeitige Stand der Kinder und Jugendlichen ist (Konvention +1). Auf diese Weise wird durch Herausforderung Entwicklung

ermöglicht und angestoßen.[8] Im Blick auf den Streit um das
Verhältnis von Urteilen und Handeln wird man feststellen müssen, daß einerseits sicher gilt, daß richtiges Urteilen nicht per se
das entsprechende Handeln zur Folge hat. Andererseits beeinflußt das Urteilen durchaus das Handeln. So ist sachangemes-
senes moralisches Urteilen zwar keine hinreichende, wohl aber
eine notwendige Bedingung für rechtes Handeln.[9]

2.2 Das Verfahren der Wertklärung (Value Clarification). Diese Methode ist sehr einfach und klar strukturiert. Ziel der Wertklärung
ist es, Kindern und Jugendlichen in der pluralistischen Situation
zu helfen, sich darüber klar zu werden, nach welchen Wertvorstellungen sie leben und handeln wollen. Das Konzept ist mit den
Namen von *Louis E. Raths, Merril Harmin* und *Sidney B. Simon*
verbunden.[10]

Die Unterrichtenden haben in der Frage der Wertklärung den
Entscheidungsprozeß zu ermöglichen, ohne das Ergebnis vorweg
zu determinieren. Sie haben mit den Schülerinnen und Schülern
ein Entscheiden zu üben, das sich an Werten orientiert. Ihre
Aufgabe ist es, zu informieren, zum Argumentieren und zum
Nachdenken anzuleiten, zum Bedenken der Folgen hinzuführen
und Verhaltensformen anzuregen, die eine sinnvolle Entscheidung ermöglichen. Insofern ist die Aufgabe der Lehrkräfte nicht
produkt-, sondern prozeßorientiert. Die Schüler und Schülerin-

8 Beispiele für Dilemmageschichten finden sich bei *F. Oser/W. Althof,*
   Moralische Selbstbestimmung, aaO., 21–23, bei *L. Kohlberg,* Die Psychologie der Moralentwicklung (stw 1232), Frankfurt a.M. 1995, 495–508
   sowie bei *B. Osuch,* Die Bearbeitung moralischer Dilemmata als didaktischer Kerngedanke, in: EuU 6/1995, H. 1, 13–15.
9 *B. Osuch,* Die Bearbeitung moralischer Dilemmata, aaO., 12 f. hat unter
   Bezug auf niederländische Erfahrungen ein vierstufiges Konzept zur
   Bearbeitung von Dilemmageschichten vorgelegt. Die vier Stufen sind:
   Erkennen, Untersuchen, Entscheiden und Auswerten.
10 Werte und Ziele. Methoden zur Sinnfindung im Unterricht, München
   1976. Vgl. *S.B. Simon,* Wertklärung im Unterricht, in: *L. Mauermann/*
   E. Weber (Hrsg.), Der Erziehungsauftrag der Schule, aaO., 202–209; fer-
   ner *L. Mauermann,* Methoden der Wertklärung nach dem Ansatz von
   Raths, Harmin, Simon. Darstellung und Kritik, in: ebd. 210–224 (mit
   berechtigten kritischen Anfragen); sowie das Unterrichtsbeispiel von
   L. Mauermann, aaO., 193–201.

nen sollen nicht heteronom vorgedachte Lösungen auswendig lernen, sondern selbständig in autonomer Weise entscheiden lernen.

Das Konzept der Wertklärung gibt methodische Anregungen an die Hand, die helfen können, daß sich die Schülerinnen und Schüler ihrer oft nur unbewußten Wertorientierungen bewußt werden können, zwischen verschiedenen Werten wählen lernen und durch Reflexion Werte auswählen und im Handeln konkretisieren können. Es richtet sich deutlich gegen Nachahmungslernen, Wege der Überredung, appellative Beeinflussung des Gewissens und Indoktrination. Es soll durch verschiedene Arten der Klärung die jeweils zugrundeliegende Wert-Dimension des eigenen Handelns bewußtgemacht, reflektiert und zu einer bewußten Stellungnahme hingeführt werden. – Beim Bewertungsprozeß geht es um die drei Vorgänge des Wählens, Schätzens und dementsprechenden Handelns. Dafür werden folgende sieben Kriterien formuliert:

»*Wählen:*	1. frei
	2. zwischen verschiedenen Möglichkeiten
	3. nach sorgfältiger Überlegung der Konsequenzen jeder Alternative
Hochschätzen:	4. daran festhalten, glücklich sein mit der Wahl
	5. gewillt sein, das Gewählte öffentlich zu bestätigen
Danach handeln:	6. etwas mit dem Gewählten tun
	7. wiederholt, in einer Art von Lebensschema.

Diese Vorgänge definieren gemeinsam das Bewerten. Ergebnisse des Bewertungsvorganges nennt man Werte.«[11]

Von daher werden folgende Zielvorstellungen entwickelt, was Erwachsene tun können:

»(1) Kinder zu ermutigen, eine Auswahl zu treffen, und zwar freiwillig.

(2) Ihnen zu helfen, andere Möglichkeiten zu entdecken und zu prüfen, wenn sich eine Auswahl bietet.

(3) Kindern zu helfen, die Alternativen sorgfältig abzuwägen und dabei über die Konsequenzen einer jeden nachzudenken.

(4) Kinder zu ermutigen, darüber nachzudenken, was es ist, das sie so schätzen und woran sie so hängen.

(5) Ihnen Gelegenheit zu geben, das von ihnen Gewählte öffentlich bestätigen zu können.

---

11 L.E. *Raths/M. Harmin/S.B. Simon*, Werte und Ziele, aaO., 46.

(6) Sie darin zu bestärken, in Übereinstimmung mit dem Gewählten zu handeln und danach zu leben.

(7) Ihnen zu helfen, wiederholte Verhaltensweisen oder Verhaltensstrukturen in ihrem Leben zu untersuchen.«[12]

Für das Verfahren der Wertklärung wird eine Vielfalt von Methoden angeboten: Der autobiographische Fragebogen, das öffentliche Interview, der Wochenrückblick, der Wertbogen u. a. Die Wertbögen spielen eine große Rolle. Sie können unterschiedlich umfangreich und komplex angelegt sein. Sie stellen eine Form des Arbeitsblattes dar, das anregt zum systematischen Nachdenken über die eigenen Stärken, Zielsetzungen, Neigungen usw. Denkanstöße zur Wertklärung werden etwa in folgender Weise formuliert: »(1) Ist das etwas, was du sehr schätzt? (2) Bist du froh darüber? (3) Wie empfandest du, als das geschah? (4) Hast du andere Möglichkeiten in Betracht gezogen? (5) Bist du schon lange dieser Ansicht?«

Das Konzept der Wertklärung ist in den USA äußerst verbreitet (s. u. XXII.4). Es hat freilich eine Tendenz zur Trivialisierung der ethischen Fragestellungen, vor allem wird der Eindruck erweckt, als sei alles wert-würdig, sofern man es nur dazu erklärt. Die entscheidende Frage, warum man einen bestimmten Wert vorziehen soll, wird in diesem Konzept nicht gestellt, geschweige denn beantwortet. Hier liegt eine Grenze. Andererseits ist es eine leicht zu handhabende Methode, die für die Schülerinnen und Schüler aufschlußreich ist. Es handelt sich also nicht um ein Gesamtkonzept ethischer Erziehung. Aber es ist sicher eine Methode, die im Zusammenhang mit anderen Methoden sinnvoll anzuwenden ist.

2.3 Fallstudie als Weg der Bearbeitung. Die Bearbeitung und Diskussion moralischer Fragen kann auch mit Hilfe der Fallstudienmethode durchgeführt werden. Es wird zunächst die klassische Form der Fallstudie dargestellt. Es schließt sich eine Konkretion an, wie sie im Fach Biologie speziell für die Behandlung ethischer Fragestellungen erarbeitet wurde. Ich denke, es wäre gut, in den oberen Klassen im Schuljahr zumindest eine Fallstudie durchzuführen.

12 Ebd., 55f.

Diese Methode ist eine Hilfe dahingehend, daß reale Situationen zum Gegenstand des Unterrichts werden.

2.3.1 Methode der Fallstudie.[13] In der Fallstudie beantworten die Schülerinnen und Schüler eine offene Frage. Zur Beantwortung erhalten sie alle nötigen Unterlagen. Der Fall basiert auf realen Verhältnissen. Diese sind komplexer Natur. Es gibt keine bekannte Problemlösung. Ihren Siegeszug begann die Fallstudie mit der Gründung der Harvard Business School im Jahre 1908. Sie wurde dort eingesetzt, damit die Wirtschaftsfachleute bessere Problemlöser würden.

An der Fallstudienmethode ist die vorgegebene Fragestellung das Entscheidende. Sie ist offen, real und kann nicht einfach mit einem Ja oder Nein beantwortet werden. Es geht nicht um die Behandlung eines Themas nach allen Seiten, wie das für den Gesamtunterricht kennzeichnend ist, bei dem eine spezielle, ungelöste Frage nicht enthalten ist. In der Fallstudienmappe werden die nötigen Informationen, die von unterschiedlicher Qualität und oft widersprüchlich sind, bereitgestellt. Ethische Themen wie AIDS, Fragen der Genforschung und -technologie, der Verantwortung für die Umwelt, Fragen nach dem Sinn von Entwicklungshilfe, nach dem Verständnis von Gesundheit und Überleben auf dem Globus eignen sich etwa für die Bearbeitung mittels der Fallstudien-Methode.

Die Autoren entfalten ein »Anleitungsschema ›Herstellen einer Fallstudie‹«, das mir hilfreich erscheint und daher in gekürzter Form hier wiedergegeben wird.[14]

(1) Thema auswählen. Geeignet sind Themen mit mehreren Lösungsmöglichkeiten, offene Probleme, Fälle aus der Geschichte, Kontroversen, ungelöste Fragen.

(2) Zusammenstellen der Dokumente. Einschlägig sind hier Untersuchungsergebnisse, Studien, Beiträge in Fachzeitschriften und in den Massenmedien (z. B. Wissenschaftsseiten von Tages- und Wochenzeitungen, Manuskripte von Rundfunksendungen). Die Quellen sind von unterschiedlicher Quali-

---

13 Im folgenden beziehe ich mich auf *K. Frey/M. Frey-Eiling,* Allgemeine Didaktik, Zürich: Verlag der Fachvereine [6]1993, Teil 18 (Fallstudien), 1–17. Vgl. auch *F.-J. Kaiser,* Art. Fallstudie, in: *G. Otto/W. Schulz,* aaO. (Anm. 2), 440–444.

14 Ebd., 10ff.

tät und Art und sollen so verständlich sein, daß eine Gruppe damit allein arbeiten kann.

(3) Fragestellung konzipieren. Bei abgeschlossenen Themen funktioniert die Fallstudie nicht. Die offene, komplexe Frage ist das Wesentliche der Fallstudie. Anders als beim Projektunterricht, bei dem die Schülerinnen und Schüler die Fragestellung und Vorgehensweise selbst erarbeiten und das Material selbst sammeln, ist bei der Fallstudie die Fragestellung vorgegeben.

(4) Bearbeitung der Fallstudie. Es geht um die selbständige Bearbeitung eines realistischen Falles, wie er in Wissenschaft und Alltag auftritt. Die Autoren beschreiben folgenden »typischen Ablauf«:[15]

»Gymnasium 3. Jahr vor der Matura. 28 Schüler in der Klasse. Die Lehrerin hat vier Stunden vorgesehen ... Sie hat 28 Hefte mit den Fallstudien besorgt. Sie verteilt die Hefte. Die einzige Erläuterung, die sie gibt, lautet: ›Für die Fallstudie habe ich vier Stunden vorgesehen. Die Fallstudie enthält viel Material.

Es sind 30 Seiten. Nicht jeder von Euch kann in den vier Stunden alles lesen. Deshalb schlage ich vor, daß Ihr in Dreier- und Vierergruppen arbeitet. Dann verteilt Ihr die Texte zum Lesen. Ihr bearbeitet also die Fallstudie in Gruppen. Das ist bei Fallstudien so üblich. Am Schluss würde ich gerne die Ergebnisse austauschen lassen. Deshalb berichtet jede Gruppe über ihr Ergebnis. Wir fangen damit am Donnerstag um 10.30 Uhr an.

Die Bibliothek ist frei. Drei Gruppen können dort arbeiten. Während der vier Stunden braucht Ihr mich nicht. Es steht alles in der Fallstudie. Falls Ihr dennoch Fragen habt, denkt bitte zuerst etwas nach. Ich bin nur im Notfall da‹.«

(5) Darstellen des Falles. Für die Mappe werden folgende Bestandteile vorgeschlagen:

- Deckblatt (Angaben zu Titel, Fach, Schule, Bearbeitungszeit, Autor, Datum der Fertigstellung)
- Inhaltsverzeichnis
- Einführung (Anwärmen, Erläuterung des Themas, der Fall in der Übersicht: ca. 10 bis 30 Zeilen)
- Fragestellung/Aufgabe (a) Fragestellung in Kurzform: ein Satz, b) falls nötig Erläuterungen, aber nicht bis zu Detailproblemen)
- Angaben über die Form der Beantwortung oder Lösung
  Beisp. 1: »Erläutern Sie bitte Ihre a) Entscheidung, b) Präferenz, c) Lösung, d) bevorzugte Variante, e) Interpretation, f) usw.
  Schreiben Sie die Begründung auf einer Seite auf.«
  Als Autor/in wählen Sie das Passende von a) bis f) aus.

15 Ebd., 11f.

Alternative:
»Begründen Sie Ihr Ergebnis in einem 5minütigen Vortrag.«
Beisp. 2: »Erläutern Sie bitte Ihre Entscheidung/Präferenz/Lösung/bevorzugte Variante/Interpretation usw. Geben Sie zwei Argumente für Ihre Lösung.
Diskutieren Sie dann das wichtigste Argument, das eigentlich gegen ihre Lösung spricht.«
Beisp. 3: »Was haben Sie aus dieser Fallstudie mitgenommen?
Welche Konsequenzen ziehen Sie aus der Fallstudie?«
– Hinweise zur Bearbeitung (nur bei Bedarf)
– Das Fallmaterial
– Lexikon (evtl. Erläuterung unbekannter Fachausdrücke).

2.3.2 Beispiel: Bioethik. Die Autoren *Barbara Dulitz* und *Ulrich Kattmann* haben beispielhaft mit ihrer Veröffentlichung »Bioethik«[16] gezeigt, wie das Konzept der Fallstudien für ethische Fragen konkret werden kann. Zusätzlich zu den Materialien haben sie in einem Verlaufsschema Schritte, in denen die ethischen Reflexionen im Unterricht organisiert werden können, formuliert, die die Schülerinnen und Schüler an den Fallstudien spielerisch erproben können:[17]

»Entscheidungssituation
(Zunächst wird ein Fall dargestellt – Es schließen sich folgende Schritte an.)
Schritt 1: Wahrnehmung der Entscheidungssituation
Erörtern Sie die Entscheidungssituation. *(Aufgliederung in sieben Fragestellungen.)*
Schritt 2: Auflisten der Handlungsmöglichkeiten
Listen Sie möglichst viele verschiedene Handlungsmöglichkeiten auf. Bedenken Sie dabei kurzfristiges und längerfristiges Handeln.
Schritt 3: Auflisten der Werte
Welche Werte müssen gegeneinander abgewogen werden? Listen Sie die Werturteile auf, die mit dem jeweils vorgeschlagenen Handeln verbunden sind.
Schritt 4: Auflisten der Ziele und Motive
Überlegen Sie, welche Ziele und Motive mit dem jeweiligen Handeln verbunden sind.
4.1 Wie unterscheiden sich die Ziele und Motive der unterschiedlichen Handlungsweisen?
4.2 Entsprechen sich die Ziele und die möglichen Ergebnisse?

16 Stuttgart 1990.
17 Ebd., 20–23 i.A.

Schritt 5: Analyse der Ziele, Wertentscheidungen und Handlungsmöglichkeiten
Analysieren Sie die Wertentscheidungen, Ziele und Handlungs-
möglichkeiten.
(Ausdifferenzierung in zwölf Fragestellungen.)
Schritt 6: Aufstellen einer Rangordnung der Werte
Stellen Sie eine Rangordnung der erörterten Werte auf.
Schritt 7: Auswahl der Handlungsmöglichkeit
Entscheiden Sie sich für eine der erörterten Handlungsmöglich-
keiten.

Aufgrund der Ergebnisse werden nun unter den Möglichkeiten diejenigen ausgewählt, die den ethischen Bewertungen am besten entsprechen.
Es wird auch danach mehr als nur eine Möglichkeit geben, aber ethisch
nicht vertretbare Vorschläge werden verworfen. Wichtiger als dieser
letzte Unterrichtsschritt ist, daß die Schüler sich ihrer eigenen Maßstäbe
bewußt geworden sind und gelernt haben, ethisch begründet zu argumentieren.«

Ich bin sicher, daß die Fallstudie noch nicht jenen Platz in der
schulischen Realität einnimmt, der ihr zukommen sollte. Das
hängt gewiß auch mit dem hohen Aufwand an Vorbereitung
zusammen. Gleichwohl ist die Methode der Fallstudie in her-
vorragendem Maße für das Ziel geeignet, daß die Schülerrinnen
und Schüler sich selbständig ein begründetes Urteil bilden lernen.

2.4 Sittliche Urteilsfindung/Streitgespräch/Debatte. Ein weiteres Konzept stellt die »Sittliche Urteilsfindung« dar. Hierbei handelt es
sich um die Fixierung einer Abfolge von Schritten, die ursprünglich von *Eduard Tödt* als ein theologisches Konzept zur Entschei-
dungsfindung in ethischen Fragen entwickelt wurde. Es eignet
sich offensichtlich auch gut für unterrichtliche Zwecke.[18] *Eckhart
Marggraf* hat es in seinem Beitrag »Sittliche Entscheidungsfin-
dung – am Beispiel der Organspende« ausführlich dargestellt und
an einem unterrichtlichen Beispiel durchgeführt. So kann darauf
verwiesen werden (s.u. XVI).

18 Vgl. z.B. das Schaubild eines Unterrichtsverlaufes von *H.-P. Mahnke,*
Urteilen nach Maßstäben und entscheiden in Situationen, in: EuU 6/
1995, H.1, 28–32, hier: 31.

Das Unterrichtsgespräch[19] ist auch für ethische Erziehung eine wesentliche Gestaltungsform. Für unsere Thematik sind aber Streitgespräch und Debatte von besonderem Interesse.[20] Streitgespräch und Debatte unterscheiden sich vom »normalen« Unterrichtsgespräch dadurch, daß es genaue Regeln des Gesprächsablaufs und genaue Rollenzuweisungen gibt. Im *Streitgespräch* erhalten die Diskutanten den Auftrag, durch geschicktes Argumentieren in einer simulierten Situation die jeweils zu vertretenden Rollen, Positionen oder Thesen argumentativ geschickt zu vertreten.

Es gibt mindestens vier Positionen im Steitgespräch:
- Der *Gesprächsleiter* oder Moderator leitet des Gespräch und achtet auf die Einhaltung der Regeln.
- Der *Befürworter* verteidigt seine Position.
- Der *Gegenpart* versucht, das Gegenteil zu erweisen.
- Die *Beobachter*, das Publikum können Schiedsrichter- oder Auswerter-Funktion wahrnehmen.

Die Rollen (außer dem Gesprächsleiter) können auch mehrfach besetzt werden. Das Thema muß sich zu einer Pro- und Contra-Diskussion eignen. Die Beteiligten benötigen genügend Zeit, um sich in ihre Rollen hineinzufinden. Die Lehrkraft kann im Gespräch einige Charakteristika der jeweiligen Rollen herausstellen oder vorbereitete Rollenkarten verteilen. Es muß den Schülern und Schülerinnen klar sein, daß sie nur eine Rolle spielen, also auch Argumente einführen können, hinter denen sie gar nicht stehen. Man kann vereinbaren, daß bei Argumentationsnot jemand als »Ghost-Speaker« zu Hilfe kommen darf. Der Gesprächsleiter achtet darauf, daß die beiden Seiten jeweils gleich viel Redezeit erhalten. Die Beobachter erhalten einen klar definierten Beobachtungsauftrag. Nach dem Streitgespräch sollte eine Auswertung erfolgen.

Sinn des Streitgespräches ist, daß die Schülerinnen und Schüler lernen, zu einem begründeten Abwägen von Vor- und Nachteilen einer Position zu kommen.[21]

---

19 Siehe dazu insgesamt *R. Lachmann,* Gesprächsmethoden im Religionsunterricht, in: *G. Adam/R. Lachmann* (Hrsg.), Methodisches Kompendium für den Religionsunterricht, Göttingen ²1996, 113–136.

20 Im folgenden beziehe ich mich auf *H. Meyer,* UnterrichtsMethoden, Bd. II, Frankfurt a.M. ⁵1993, 293–296.

21 Ein Beispiel für die Anlage eines Streitgespräches zum Thema »Sorge um den Lebensraum« findet sich bei *W. Bender/H. Offermanns,* sehenwerten-handeln. Ethik. 7.–10. Jahrgangsstufe, München ⁴1994, 209.

Die *Debatte* stellt eine Variante des Streitgespräches dar. Sie zeichnet sich durch einen höheren Grad der Formalisierung im Ablauf aus.

- Es muß eine klare *Entscheidungsalternative* geben, die z.B. in Form eines Antrages zur Abstimmmung gestellt wird: »Wir stellen den Antrag, daß gentechnologische Versuche mit Schafen erlaubt werden.« Es ist wichtig, daß die Debatte eine wirklich offene Frage betrifft.
- *Ziel* der Debatte ist die Ablehnung, Modifikation oder Annahme des Antrages.
- Notwendige *Rollen* sind der Vorsitzende/die Präsidentin etc., erster, evtl. weitere Antragssteller, einer oder mehrere Opponenten, Protokollführer, Öffentlichkeit.

Der Ablauf gestaltet sich folgendermaßen:
- Der Vorsitzende eröffnet die Sitzung, begrüßt die Vertreter der Parteien, Verbände etc., formuliert das Thema der Debatte.
- Der Vorsitzende fordert den Antragssteller auf, den bzw. die Anträge einzubringen. Für die Begründung wird eine begrenzte Zeit gewährt.
- Es erfolgt die Gegenrede.
- Der Vorsitzende eröffnet die allgemeine Debatte über den Antrag.
- Der Vorsitzende läßt über den oder die Anträge abstimmen.

In der Debatte können die Schülerinnen und Schüler u.a. lernen, zuzuhören, Gegenthesen zu bilden, stützende Argumente zu finden, Absprachen zu treffen, sich einer Teilgruppe unterzuordnen, die eigene Meinung oder die der Gruppe deutlich zu formulieren, Konsens zu finden oder Dissens festzustellen und nach Möglichkeiten der Überwindung zu suchen.

3. Soziale Interaktionsansätze – Wahrnehmen und Sensibilisieren

Auch in Kohlbergs Konzept spielt Empathie eine Rolle. Dabei geht es Kohlberg vor allem um die Wahrnehmung des Standpunktes und der Interessen von Personen bei einem Konflikt, also um die Fähigkeit, sich in eine andere Person hineinzuversetzen (role taking).

3.1 Soziale Perspektivenübernahme – Mit den Augen des anderen sehen.
Robert L. Selman, der zum engeren Kohlberg-Kreis gehört, ist der Frage nachgegangen, wie sich die Fähigkeit der sozialen Perspektivenübernahme entwickelt. Er fand heraus, daß so wie für die moralische Entwicklung die Entwicklung der kognitiven Urteilsfähig-

keit eine notwendige, aber keineswegs hinreichende Bedingung darstellt, auch zwischen den Stufen der Perspektivenübernahme und den Stufen der Moralentwicklung ein entsprechender Zusammenhang besteht. Aufgrund seiner Forschungen kam Selman zu folgenden *Stufen der sozialen Perspektivenübernahme*:[22]

Stufe 0: Egozentrische Perspektive (Alter 3–6 Jahre)
Das Kind nimmt zwar den Unterschied zwischen sich und anderen wahr, unterscheidet aber noch nicht zwischen seiner sozialen Perspektive (Gedanken, Gefühle) und der der anderen. Es kann von anderen offen gezeigte Gefühle benennen, aber sieht noch nicht den kausalen Zusammenhang zwischen Handlungsgründen und Handlungen.

Stufe 1: Sozial-informationsbezogene Perspektivenübernahme (6–8 Jahre)
Das Kind nimmt wahr, daß der andere eine eigene, in seinem Denken begründete Perspektive hat und daß diese seiner eigenen Perspektive ähnlich oder auch nicht ähnlich sein kann. Jedoch kann sich das Kind nur auf jeweils eine Perspektive konzentrieren und nicht verschiedene Gesichtspunkte koordinieren.

Stufe 2: Selbstreflexive Perspektivenübernahme (8–10 Jahre)
Dem Kind ist bewußt, daß jedes Individuum der Perspektive des anderen gewärtig ist und daß dies jeweils die Sicht seiner selbst wie die vom anderen beeinflußt. Eine Möglichkeit, die Intentionen, Absichten und Handlungen eines anderen zu beurteilen, besteht darin, sich an seine Stelle zu versetzen. Das Kind kann eine koordinierte Kette von Perspektiven bilden, aber noch nicht von diesem Prozeß auf die Ebene simultaner Gegenseitigkeit abstrahieren.

Stufe 3: Wechselseitige Perspektivenübernahme (10–12 Jahre)
Das Kind nimmt wahr, daß sowohl es selbst wie auch der andere den jeweils anderen Teil wechselseitig und gleichzeitig als Subjekt sehen kann. Es kann aus der Zwei-Personen-Interaktion heraustreten und diese aus der Perspektive einer dritten Person betrachten.

Stufe 4: Perspektivenübernahme mit dem sozialen und konventionellen System (12–15 Jahre und älter)
Die Person sieht, daß wechselseitige Perspektivenübernahme nicht immer zu völligem Verstehen führt. Soziale Konventionen werden als notwendig angesehen, weil sie von allen Mitgliedern der Gruppe (dem generalisierten Anderen) unabhängig von ihrer Position, Rolle oder Erfahrung verstanden werden.

---

22 Wiedergabe nach *R.L. Selman*, Sozial-kognitives Verständnis, in: *D. Geulen* (Hrsg.), Perspektivenübernahme und soziales Handeln, Frankfurt 1982, 223–256, hier: 240f. S. auch die Visualisierung mithilfe von vier Zeichnungen bei *K.E. Nipkow*, Grundfragen der Religionspädagogik. Bd. III, Gütersloh ³1992, 175f.

Für die ethische Erziehung ist mit diesen Einsichten etwas sehr Wesentliches gewonnen. Man kann sehr viel genauer orten, ab wann man etwa die jeweiligen Perspektivenübernahme erwarten darf. Und man kann sie durch spielerisches Erproben fördern.

3.2 Von der Empathie zur Solidarität. Im Unterschied zu Kohlberg wird bei *M.L. Hoffmann* Empathie stärker von der emotionalen Seite her in den Blick genommen.[23] Hoffmann sieht schon das Kleinstkind als empathiefähig und damit als mit einem primären altruistischen Motiv begabt an. Es läßt sich zeigen, daß die Empathie mit zunehmend differenzierter werdender Wahrnehmung sich auch in unterscheidbare Formen fortentwickelt. Der Weg führt über eine »egozentrische« Empathie im ersten Lebensjahr hin zur Wahrnehmung der unglücklichen Lage einer Gruppe, zum mitfühlenden Verstehen ganzer Gruppen am Ende der Grundschulzeit. Hoffman meint, daß die Sensitivität für Bedürfnisse anderer durch normale Kummererlebnisse gefördert wird. Durch Gelegenheiten, sich in andere hineinzuversetzen, anderen zu helfen und für andere selbstverantwortlich zu sorgen, werde der sympathische Kummer und die Wahrnehmung der Perspektive von anderen gefördert.

Was bedeutet das in methodischer Hinsicht? *Günter Schreiner* hält es für möglich, die Entwicklung der Empathie und die auf ihr aufbauenden prosozialen und solidarischen Einstellungen auch im Schulunterricht zu fördern. Er schlägt die Erörterung von (auto-)biographischen Romanen oder Filmen über benachteiligte Personen oder Gruppen, die direkte Kontaktaufnahme zu und Erkundung von Lebenssituationen von Menschen und die Simulation ihrer Probleme in Rollenspielen im Unterricht oder in unterrichtsbezogenen Projekten vor, um gezielt die Entwicklung der Empathie zu fördern.[24]

---

23 *M.L. Hoffman,* Vom empathischen Mitleiden zur Solidarität, in: *G. Schreiner* (Hrsg.), Moralische Entwicklung und Erziehung, Braunschweig 1983, 235–265; *ders.,* Eine Theorie der Moralentwicklung im Jugendalter, in: *L. Montada* (Hrsg.), Brennpunkte der Entwicklungspsychologie, Stuttgart u. a. 1979, 252–266.

24 *G. Schreiner,* Zum Verhältnis von moralischer Erziehung und politischer Erziehung, in: *D. Pohlmann/J. Wolf* (Hrsg.), Moralerziehung in der Schule?, Göttingen 1982, 175–211, hier: 198.

Soziale Perspektivenübernahme und Empathie stehen für den Bereich sozialer Interaktion im Rahmen ethischer Erziehung. Hier geht es u. a. darum, den Schülern und Schülerinnen Möglichkeiten anzubieten für die Entwicklung sozialer Wahrnehmungsfähigkeit (Empathie), sozialverträglicher, gewaltfreier Konfliktlösungsstrategien (Streitkultur), prosozialer Verhaltensweisen[25] (Engagement, Kooperation, Verantwortungsübernahme).

4. Gemeinschaftsbezogene Ansätze – Schule als ethischer Erfahrungsraum

Die intensive Zuwendung zu Fragen moralischer Urteilsbildung und ethischer Erziehung ließ deutlich werden, was ja eigentlich nicht verwunderlich ist, daß die Frage der »Umgebung« ethischen Lernens von erheblicher Bedeutung ist.

4.1 Entwicklung von Schulklima und Schulethos. Offensichtlich brauchen nicht nur Menschen ein Ethos, sondern auch Schulen als Institutionen. Die Forschungen zur Frage der Schulqualität haben deutlich gezeigt, daß Schulen sehr unterschiedlich sind. Sie haben jeweils eine besondere Gestalt, ein besonderes Profil. Das, was eine gute Schule ausmacht, ist ihre Schulkultur. Früher sprach man gerne vom Schulleben. Dieser Begriff war aber schwer faßbar. So hat man ihn auf den Begriff der Schulatmosphäre erweitert oder auch von Schulklima gesprochen. Bei der Suche danach, was eine gute Schule ist, war man auf diese Zusammenhänge gestoßen.

»Nicht der einzelne Lehrer und sein Verhalten in der Klasse steht im Zentrum, sondern das Zusammenwirken von Schulleitung, Lehrern, Schülern und zum Teil auch Eltern im Gesamtrahmen der Schule; nicht Einzelmerkmale, sondern ihre Interaktion, also die an den Schulen herrschenden charakteristischen ›Verhältnisse‹ (Schulkultur, Ethos,

---

25 Erste Informationen bieten *R.K. Silbereisen/P. Schuhler,* Prosoziales Verhalten: Bedingungen und Verläufe der Entwicklung, in: *M. Markefka/ B. Nauck* (Hrsg.), Handbuch der Kindheitsforschung, Neuwied u.a 1993, 275–287. Vgl. auch *H.E. Lück,* Prosoziales Verhalten, Köln 1975.

Klima) sind für die Wirkung von Schulen bedeutsam. Insbesondere die vielzitierte Untersuchung von Rutter et al. (1979) zeigt deutlich, daß es nicht einzelne Merkmale von Schulen oder bestimmter Verhaltensweisen oder Techniken einzelner Lehrer sind, von denen die Wirksamkeit der Schule abhängt, sondern eher die gesamte Art und Weise, wie eine Schule ihren Schülern entgegentritt. Dieser Aspekt kann in der Tradition von Fend (1977) als das Klima einer Schule bezeichnet werden; er versteht darunter die Art und Weise, wie Sozialisationsprozesse in veranstalteter Form durchgeführt werden, die › Verlebendigung‹ institutioneller Verhältnisse durch die Individualität der Lehrer und Schüler und die dabei entstehende Lebensform' (1977, 64). Der Begriff umfaßt somit, daß insgesamt innerschulische Bedingungen und Prozesse für den Einfluß einer Schule auf ihre Schüler ausschlaggebend sind.«[26]

Das pädagogische Ethos gibt Ausschlag, ob sich Schülerinnen und Schüler in einer Schule wohlfühlen, sie als ihre Schule empfinden, ob sie gute Leistungen vollbringen und ob wenig Disziplinprobleme auftreten. In dieser Weise fragen wir nach dem Klima, der Kultur einer Schule, wenn wir nach dem Ethos derselben fragen. Das Ethos einer Schule ist also relevant bis in die Leistungen hinein. Das gute Ethos einer Schule wirkt prägend.

4.2 Schule als gerechte Gemeinschaft (just community school). Aus den Untersuchungen von *Lawrence Kohlberg* über die Entwicklung des moralischen Urteils bei Kindern und Jugendlichen ergab sich, daß die Entwicklung zu eher autonomen Positionen im Blick auf das moralische Urteil gewiß durch Dilemmageschichten vorangebracht wird, aber die (Um-)Organisation von Schule im Sinne einer »just community school« (gerechte Gemeinschaft) sehr viel mehr dazu beiträgt, die moralische Entwicklung der Schüler und Schülerinnen auf das nachhaltigste zu fördern.[27] Kohlberg hat

26 *F. Eder*, Klimamerkmale wirksamer Schulen, in: *H. Janig/E. Rathmayer* (Hrsg.), Wartezeit. Studien zu den Lebensverhältnissen Jugendlicher in Österreich, Wien 1994, 195 ff., hier: 162. – Vgl. *F. Oswald u. a.*, Schulklima. Die Wirkungen der persönlichen Beziehungen in der Schule, Wien 1989, *M. Rutter u. a.*, Fünfzehntausend Stunden. Schulen und ihre Wirkung auf Kinder, Weinheim/Basel 1980 sowie *H. Fend*, Schulklima, Weinheim/Basel 1977.
27 Einschlägig die Darstellung bei: *F. Oser/W. Althof*, Moralische Selbstbestimmung, Stuttgart 1992, 337 ff.

bei seinem Konzept der gerechten Schulgemeinschaften auf Formen direkter Demokratie zurückgegriffen, wie die gemeinsame Schulversammlung oder das Fairnesskomitee. In diesen Zusammenkünften sind Schülerinnen und Schüler, Lehrer und Lehrerinnen gleichberechtigt. Jede Person hat eine Stimme. Der Schulleiter hat zwar ein Vetorecht, ist aber bei Selbstverpflichtung in der Regel an die Beschlüsse von Schulversammlung bzw. des Fairnesskomitees gebunden.

Die Einrichtung von Schulen als »gerechte Gemeinschaften« bewirkt durch das Ethos – oder in der Terminologie Kohlbergs: die moralische Atmosphäre – eine wirksame Unterstützung der moralischen Entwicklung der Schülerinnen und Schüler. Empirische Untersuchungen haben eindeutig ergeben, daß in Schulen, die im Sinne einer gerechten Gemeinschaft entwickelt wurden, die moralische Entwicklung stärker vorankommt, als dies in herkömmliche Schulen der Fall ist.[28]

5. Vielfalt und notwendiges Zusammenspiel der Methoden

Die Ausführungen haben hoffentlich etwas deutlich werden lassen von der möglichen Vielfalt der Methoden im Blick auf ethische Erziehung. Keine einzelne Methode ist für die ethische Erziehung allein ausreichend. Es ist vielmehr das Zusammenspiel der unterschiedlichen Methoden notwendig. Es zeigt sich ja, daß z.B die Methoden der Urteilsbildung und der Wahrnehmungs-Schulung und Sensibilisierung einander nicht widersprechen, sondern sinnvollerweise in den Unterrichtsvollzügen aufeinander bezogen sind. Die Methode moralischer Urteilsbildung, der Wertklärungsansatz, die Empathieentwicklung und die soziale Perspektivenübernahme tragen zweifellos zur moralischen Entwicklung

28 Zur Konkretion der gerechten Schule siehe: *Landesinstitut für Schule und Weiterbildung,* Demokratisch urteilen und handeln lernen. Vorschläge für den Unterricht, Soest 1991 sowie *Hessisches Institut für Bildungsplanung und Schulentwicklung (= HIBS),* Erziehung und Demokratie in der Schule. Konzepte und Erfahrungen zum Ansatz von Kohlberg und Oser (Qualität von Schule 7), Wiesbaden/Konstanz 1993. – Zuvor: *G. Lind,* Die »Gerechte Gemeinschaft-Schule« – Erziehung in Demokratie, in: *HIBS,* Schulleben und Schulorganisation (Qualität von Schule 4), Wiesbaden/Konstanz 1988, 73–95.

bei. Erfreulicherweise sind sie mittels des Konzeptes der Entwicklungsstufen aufeinander beziehbar und miteinander koordinierbar.

So kann etwa *Günter Schreiner* urteilen, daß die Ansätze der Wertklärung, der moralisch-kognitiven Entwicklung und der Empathie-Entwicklung für sich genommen nicht ausreichen, eine kritische moralische Erziehung zu begründen, aber zusammengenommen bilden sie eine ausgezeichnete Basis für einen moralischen Unterricht. Der Ansatz der Wertklärung hilft den Schülern, ein konsistentes System von Wertvorstellungen zu bilden, der Ansatz moralisch-kognitiver Entwicklung fördert das Nachdenken über gerechte Lösungen mit immer differenzierteren Denkstrukturen, und der Ansatz der Empathie-Entwicklung sensibilisiert die Schüler für Notlagen und motiviert sie zu solidarischem Handeln.[29]

Die Möglichkeiten der Schule zu ethischer Erziehung wachsen nicht zuletzt in dem Maße, wie das Lernen als ein aktives Lernen, als Möglichkeit zu aktiver Auseinandersetzung zwischen dem einzelnen Schüler, der einzelnen Schülerin und ihren individuellen Strukturen sowie den inhaltlichen, sozialen und institutionellen Vorgaben ermöglicht wird. Auf diese Weise kann auch eine Veränderung der moralischen Urteilsstrukturen ermöglicht werden, weg von einem Verhalten, das durch Druck erreicht wird. Denn gerade die höheren Stufen der moralischen Entwicklung lassen sich nicht durch Druck und Anpassungstraining erreichen.

Literaturhinweise

F. Oser/W. Althof, Moralische Selbstbestimmung. Modelle der Entwicklung und Erziehung im Wertebereich. Ein Lehrbuch, Stuttgart ²1994.

H. Schmidt, Didaktik des Ethikunterrichts. Bd. 1. Grundlagen, Stuttgart u. a. 1983.

G. Stachel/G. Mieth, Ethisch handeln lernen. Zu Konzeption und Inhalt ethischer Erziehung, Zürich 1978.

29 *G. Schreiner,* Zum Verhältnis von moralischer Erziehung, aaO., 204.

ZWEITER TEIL

Unterrichtliche Entfaltungen

VI.
Menschen mit Behinderungen

Anna-Katharina Szagun

Unser Verhalten wird durch ein komplexes Zusammenspiel von Wahrnehmungen, Empfindungen, Denkvorstellungen, Werturteilen und Handlungsgewohnheiten gesteuert. Wer Heranwachsende zu einem christlich verantworteten Umgang mit behinderten Mitmenschen befähigen will, muß sich daher mit den einzelnen Faktoren des o.g. komplexen Zusammenspiels bezüglich des Phänomens Behinderung auseinandersetzen, sowohl auf der Denk- wie auch auf der Gefühlsebene. Die nachfolgende Einführung in die Problematik gibt vor allem Anstöße im kognitiven Bereich. Dies sollte nicht darüber hinwegtäuschen, daß die *wichtigste Voraussetzung* einer ethischen Erziehung von Kindern hinsichtlich dieser Problematik *die eigene existentielle Auseinandersetzung der Lehrkraft* ist: Nur wenn sich die Lehrkraft ihrer eigenen Unsicherheit und ihrer widersprüchlichen Gefühle in Hinblick auf Menschen mit Behinderungen bewußt ist und sich diesen Gefühlen offen stellt, kann sie die Einstellungen und Verhaltensweisen von Kindern in dieser Frage behutsam aufnehmen, klären und möglicherweise in Richtung auf einen Abbau von Barrieren verändern.

1. Sachinformationen zur Frage der Behinderungen

Es gibt eine große Zahl von unterschiedlichen Behinderungen[1]. Eine grobe Einteilung gliedert in Körperbehinderungen, Sinnesschädigungen, Intelligenzschädigungen, psychische Störungen.

---

1 Zum folgenden vgl. auch *A.-K. Szagun,* Behinderung. Ein gesellschaftliches, theologisches und pädagogisches Problem, Göttingen 1983.

Das Datenmaterial zu den unterschiedlichen Behinderungsarten ist spärlich, veraltet und höchst widersprüchlich. Das hängt nicht nur mit dem Fehlen neuerer Untersuchungen zusammen (z. B. Volkszählung, Mikrozensus), sondern vor allem mit dem Problem der begrifflichen Abgrenzung. Obwohl es wissenschaftlich nach wie vor umstritten ist, was eine Behinderung ist und wo die Grenze zur Nichtbehinderung liegt, haben die meisten Normalbürger einen subjektiv eindeutigen Begriff vom behinderten Menschen. Er ist auf die Kurzform zu bringen: Behindert ist, wer abweichend aussieht oder sich so benimmt und wer im Arbeitsleben (vorher in der Schule) nicht mithalten kann.

1.1 Die grundsätzliche Ambivalenz der Gesellschaft gegenüber Behinderten

Unsere Gesellschaft vertritt von ihren christlich-humanistischen Grundwerten her den Gedanken einer grundsätzlichen Gleichwertigkeit und Gleichberechtigung aller Bürger. Entsprechend gelten Rehabilitation und Integration auch als gesellschaftspolitische Leitziele. Quer zu den Grundwerten steht allerdings das nach Kosten-Nutzen-Gesichtspunkten arbeitende Wirtschaftssystem. Es bewertet den Menschen vornehmlich nach seiner wirtschaftlichen Produktivität und prägt dadurch das Bewußtsein behinderter und nichtbehinderter Bürger sowie die gesellschaftlichen Institutionen. Die Spannung zwischen den im Grundgesetz verankerten Grundwerten und den faktisch bestimmenden Normen der Leistungsgesellschaft spiegelt sich in der Ambivalenz der rechtlichen und sozialen Situation behinderter Menschen. Von dieser Spannung ist auch das Bildungssystem geprägt: Einerseits soll es im Sinne der christlich-humanitären Leitziele erziehen, andererseits übt es faktisch täglich die Normen der Leistungsgesellschaft ein.

Das heißt: Einerseits produziert die Gesellschaft Menschen mit Behinderungen durch ihre Bewertungsmaßstäbe und Lebensumstände: Sie schränkt sie ein, bevormundet und verwahrt sie und sondert sie ab. Andererseits unterstützt, fördert und rehabilitiert sie Menschen mit Behinderungen und erhebt die Integration zum gesellschaftspolitischen Leitziel. – Einerseits machen Heranwachsende im zwischenmenschlichen Bereich zwar punktuell und partiell bereichernde Erfahrungen der Annahme unabhängig von meßbarer Leistung. Andererseits erleben sie sich aber von klein auf nach Leistungskriterien bewertet, gesteuert und angetrieben.

Geist und Praxis der Leistungsgesellschaft sind in der Regel so verinnerlicht, daß nichtsystemkonforme Grundwerte nur erschwert wahrgenommen oder aber im Sinne des Systems uminterpretiert werden.

1.2 Zum Selbst- und Fremdbild von nichtbehinderten und behinderten Menschen

Die durch gesellschaftliche Abgrenzungsmechanismen entstandene Setzung zweier als verschieden qualifizierter Menschengruppen ist mit Zuschreibungen verbunden, die notwendig das Bewußtsein beider Gruppen prägen.

(1) Zum Fremdbild und Selbstbild Noch-Nichtbehinderter. Auch wenn symptomatikspezifisch graduelle Unterschiede nachweisbar sind, so zeigt sich bei allen Einstellungsuntersuchungen ein erhebliches Maß von sozialer Distanz von nichtbehinderten gegenüber behinderten Menschen: Die Ablehnungs- und Isolierungstendenzen steigen mit dem Grad der offensichtlichen körperlichen bzw. geistigen Abweichung, wobei Veränderungen der Mimik besonders bedeutsam sind: 60 % der Bevölkerung meinen, Menschen mit entstellenden körperlichen und/oder geistigen Behinderungen gehören ins Heim, 50 % äußern sich gar im Sinne von Euthanasie.[2] Die weitverbreiteten negativen Gefühlsregungen von Abscheu, Ekel, Fluchtwünschen, Angst und Unsicherheit werden – weil sie aufgrund der ebenfalls verinnerlichten christlich-humanitären Grundwerte gesellschaftlich nicht akzeptabel erscheinen – in der Regel nur in überformten Reaktionen sichtbar. Läßt man dies einmal außer acht, so lassen sich folgende widersprüchliche Gefühlskomplexe herauskristallisieren:

Einerseits Gefühle der Fremdartigkeit, des Abscheus und der Angst. Daraus ergeben sich als Resultat: Abwehr- und Vermeidungstendenzen. Andererseits entwickeln sich Schuldgefühle wegen unverdienter Gesundheit (auch in Form von Dankbarkeit, daß es einen nicht getroffen hat) und Gefühle der Verpflichtung zur Hilfeleistung. Als Resultat ergibt sich eine Unterstützungstendenz bei gefühlsmäßiger Ambivalenz. Aus den widersprüchlichen

---

2 Vgl. *G.W. Jansen*, Die Einstellung der Gesellschaft zu Körperbehinderten, Neuburgweier 1972.

Tendenzen resultieren Unsicherheit und Hilflosigkeit. Vermutungsweise läßt sich aus den hier skizzierten Gefühlen und Reaktionstendenzen auf folgendes Selbstverständnis schließen.

Die »Nichtbehinderten« fühlen sich den »Behinderten« gegenüber in einer bevorzugten Position. Sie sehen sich als überlegen an hinsichtlich Gesundheit, Schönheit, Leistungsfähigkeit und Ansehen. Sie beziehen ihr Selbstwertgefühl überwiegend durch die Anerkennung ihrer gesellschaftlich verwertbaren Leistungen in Form von materiellen und sozialen Gratifikationen.

Äußerlich vertreten sie den behinderten Personen gegenüber eine überlegene Position und bekennen sich häufig auch dazu. Das kann in negativer Weise in Form von abwertenden Bemerkungen über die Schmarotzer der Gesellschaft geschehen oder sich in positiver Weise darin zeigen, daß man – als gesellschaftlich akzeptable Form, die Überlegenheit produktiv zu leben – Verantwortung und Fürsorge übernimmt. Dabei können spezifische Persönlichkeitsverkrümmungen entstehen[3].

Aber die nach außen gezeigte Überlegenheit vermittelt offenbar keine wirkliche innere Sicherheit. Denn die Nichtbehinderten fühlen sich offensichtlich durch die Konfrontation mit den Behinderten gefährdet. Die starken emotionalen Reaktionen auf die Begegnung mit Behinderten und die massiven Abwehr- und Vermeidungsreaktionen sind ein deutliches Indiz dafür, daß die Nichtbehinderten sich unbewußt nicht so stark fühlen, wie es zunächst scheint. Möglicherweise addieren sich hier folgende Faktoren:

– Daß sie dem Idealtypus des leistungsstarken, schönen, dynamischen Menschen selbst nicht entsprechen, wissen die Nichtbehinderten insgeheim und zunehmend mit steigendem Alter. Die Sorge, selbst vielleicht nicht fit genug zu sein für die sich ständig verändernden Ansprüche der

---

3 Im Helfersyndrom wird soziale Hilfe auf Kosten der eigenen Entwicklung zu einer starren Lebensform gemacht: Die Grundproblematik des Menschen mit dem Helfersyndrom ist die an einem hohen, starren Ich-Ideal orientierte soziale Fassade, deren Funktionieren von einem kritischen, bösartigen Über-Ich überwacht wird. Eigene Schwäche und Hilfsbedürftigkeit werden verleugnet; Gegenseitigkeit und Intimität in Beziehungen vermieden. *W. Schmidbauer*, Die hilflosen Helfer, Reinbek 1977, 22f.

Leistungsgesellschaft, hält sie in latenter Angst. Abgrenzungstendenzen und Überlegenheitsgebaren dienen der Beschwichtigung der eigenen Ängste.

- Dazu steht ein von gesellschaftlich verwertbaren Leistungen abhängiges Selbstwertgefühl angesichts von Wirtschaftskrisen auf tönernden Füßen. Durch die Konfrontation mit Menschen mit Behinderungen, die den Sinn ihres Lebens nicht aus gesellschaftlich produktiver Leistung beziehen können, wird unterschwellig das gesamte Normen- und Wertesystem der Leistungsgesellschaft in Frage gestellt, und damit auch der ohnehin wacklige Grund des eigenen Selbstwertgefühls: Nichtbehinderte Menschen weichen dieser Gefährdung in der Regel durch Abwehr aus.
- Die gesellschaftlich vermittelte Illusion eines leidfreien Lebens – mindestens unbewußt bereits als brüchig erkannt – steht in Gefahr, bei der Konfrontation mit behinderten Menschen ganz zerstört zu werden; durch Wahrnehmungssperren, Bagatellisierungen und Vermeidungsverhalten soll dies verhindert werden.

1.3 Zum Selbstbild und Fremdbild behinderter Menschen

Die soziologische Regel, daß die Minoritätskultur die Werte der Majoritätskultur übernimmt, gilt auch für diesen Bereich. Behinderte Menschen und ihre Familien stehen unter großem Druck, sich auch selbst als abweichend zu definieren je nach Zuschreibung der Umgebung. Dabei ist zu beachten, daß die Gesellschaft subkulturell strukturiert ist: Was in der einen Subkultur (z. B. Arbeiterschaft) als zugehörig gilt (etwa Hauptschulabschluß), kann in der anderen (Akademikerschaft) als abweichend empfunden werden – mit den entsprechenden Rückwirkungen auf die Selbstdefinition. Wie schwer es ist, gegen den Sog der Majoritätskultur eigene Orientierungen im Selbstverständnis aufzubauen, zeigt nachfolgendes Selbstzeugnis von *Fredi Saal*[4]:

»Ich bin seit meiner Geburt durch eine schwere spastische Lähmung behindert ... Aber ich erlebe mich nicht als behindert. Schon gar nicht als jemand, der sich durch seine leibliche Beschaffenheit disqualifiziert fühlen muß. Wie sollte ich auch? Ich müßte ja ein anderer sein wollen. Das empfinde ich als ziemlich absurde Idee ... Es gab manchen bitteren Augenblick in meinem Leben ... Es lag an der Art und Weise, wie die Umwelt auf die Einschränkung meiner körperlichen Beweglichkeit und auf die Hemmung

---

4 Warum sollte ich jemand anderes sein wollen? Erfahrungen eines Behinderten – biografischer Essay, Gütersloh 1992.

meines Sprachvermögens reagierte: mitleidig, bedauernd und zugleich an meiner menschlichen Vollwertigkeit zweifelnd. Damit pflanzte mir die Umwelt ein unausrottbares Minderwertigkeitsgefühl ein. (Dieses sei keine unmittelbare Folge der Behinderung.) Denn die Lähmung wird in der Regel kaum als eine außergewöhnliche Beeinträchtigung empfunden. Daß ich nicht wie andere laufen, greifen, sprechen kann, das ist für mich völlig normal ... Er hat auch keinen besonderen Mut zur Selbstannahme nötig, wenn man ihn nicht ständig in seinem Lebensgefühl verunsichert. Denn mit der Behinderung ist er doch er selbst. Seine Lähmung wird von ihm nicht als etwas Fremdes erlebt. Sie gehört zu ihm, wie seine Hautfarbe zu ihm gehört. Eine andere Frage ist allerdings, daß er im Laufe seines Lebens einigen Mut aufbringen muß, bei seiner ursprünglichen Selbstbejahung zu bleiben, wenn die übrige Umwelt darauf besteht, im Grunde sei er doch ein armes Würstchen, das wirklich keinen Anlaß zu Selbstbewußtsein habe ... Gott schuf den Menschen ihm zum Bilde? – Ich jedenfalls fühle mich auch als Spastiker als eine vollwertige Schöpfung Gottes ...«

2. Überlegungen zur theologischen Dimension von Behinderung

Die für unsere Gegenwartsgesellschaft kennzeichnende Ambivalenz gegenüber behinderten Menschen findet sich ebenso in der biblisch-christlichen Tradition: Solidaritätsbemühungen stehen neben diskriminierenden Elementen, die über die Wirkungsgeschichte der Bibel bis heute Wahrnehmung, Empfinden, Denken und Handeln mitprägen.

2.1 Behinderung im Alten Testament
In den Schriften des Alten Testamentes finden sich zwar viele Stellen zu Stichworten wie taub, blind, lahm u. a., doch geht es an diesen Stellen kaum um die spezifische Situation von behinderten Menschen in der Gesellschaft, eher um ihre Stellung im Kultus, häufiger jedoch um eschatologische Aussagen und um den Gebrauch der Begriffe in – auf ganz Israel bezogener – übertragener Bedeutung. Alttestamentliche Aspekte zum Begriff Behinderung sind deshalb auf das Problemfeld »Krankheit« zu erweitern, insbesondere auch, weil infolge des Fehlens von Heilkunst in Israel eine Abgrenzung von Krankheit und Behinderung ohnehin entfiel.

Krankheit und Leiden erfahren eine theologische Deutung. Die Erwählungstradition des Volkes Israel und ein konsequenter Schöpfungsglaube implizieren eine Gottesbeziehung, die alle Bereiche des menschlichen Seins, Denkens und Handelns umfaßt. Wie Jahwe die Geschichte seines auserwählten Volkes lenkt, so bleibt auch der einzelne Israelit entsprechend seinem Denken und Handeln nicht vom Segen oder strafenden Eingreifen seines Herrn verschont. Vor allem die exilischen Schriften deuten nach diesem Schema – von der alttestamentlichen Forschung »Tun-Ergehen-Zusammenhang« genannt – das Geschick des Volkes Israel. Das Exil wurde als gerechte und konsequente Strafe Israels für den Abfall von Jahwe verstanden.

Für den individuellen Bereich finden wir den Tun-Ergehen-Zusammenhang vor allem in der älteren Weisheit. Krankheit und Leiden erscheinen als gerechte Strafe für den Gottlosen. Krankheit ist so sichtbares Zeichen einer gestörten Beziehung zu Jahwe und damit Vorzone der absoluten Gottesferne, des Todes. Dies mußte kultische Konsequenzen haben, denn der Kult regelte Israels Beziehung zu Jahwe. Die Stigmatisierung des Kranken als Gottferner zog so das kultische Stigma des »Unreinen« nach sich. Als kultisch Unreiner war er mehr oder weniger vom Kultgeschehen ausgeschlossen. Insbesondere im Judentum z.Zt. Jesu erfuhren diese Diskriminierungen eine Ausweitung und Verschärfung, was zur zunehmenden Abwertung von behinderten Menschen führte.

2.2 Krankheit und Behinderung im Neuen Testament

Im Judentum z.Zt. Jesu wird das solus deus (»allein von Gott her«) der Entstehung und Heilung von Krankheiten sowie der Tun-Ergehen-Zusammenhang durch die Auffassung, daß Dämonen Krankheiten und Gebrechen verursachen, abgewandelt. Jahwe überläßt dem Satan und seinen Dämonen die Menschen, die sich schuldig gemacht haben.

So wird auch in den Evangelien die Heilung von Besessenen durch Jesus als Dämonenaustreibung beschrieben (Mk 5, 1–20 par). An anderen Stellen scheint die Heilung durch Jesus in Form einer Kraftübertragung durch Handberührung zu geschehen (Mt 9, 27–31). In den verschiedenen Heilungsformen wird eines deutlich: Die nachösterlichen Erzähler entwerfen ein Bild des historischen Jesus, der die Vorstellung eines mechanistischen göttlichen Vergeltungsprinzips (Sünde/Strafe = Krankheit/Leiden) in Frage stellt, ohne dabei jedoch als Wundertäter verfügbar zu werden. An neutestamentlichen Stellen wie Joh 9, 1ff. und Lk 13, 1–5 wird deutlich, daß in Jesu Denken die Relation zwischen Sünde und Leid aufgehoben wird, denn gemessen an den Forderungen der Bergpredigt sind alle Menschen Sünder. Die Evangelien geben keine Sinndeutung für menschliches Leid, denn dies wird in dem mit Jesus hereinbrechenden Reich Gottes überwunden.

Wenn überhaupt von einem »Sinn« der Krankheit, der Behinderung und des Leidens gesprochen werden kann, dann nur so, daß in deren Überwindung das sich in Jesus Christus konkretisierende Handeln Gottes deutlich wird (Joh 9, 1ff, bes. 3). In der bedingungslosen Annahme des Kranken bzw. Behinderten und in der Aufhebung von Krankheit, Behinderung und Leiden zeigt sich die »Spitze des Reiches Gottes«, eines Reiches, das ein »leibliches und geistliches Heilwerden« bringt (Lk 11,20 par). Jesu Heilungen werden in Aufnahme von alttestamentlichen Verheißungen als Zeichen der hereinbrechenden Heilszeit interpretiert – sowohl von Jesus selbst als auch von den nachösterlichen synoptischen Erzählern mit entsprechenden Konsequenzen für die Nachfolge: Wundererzählungen wurden als Ermutigungsgeschichten und als Protest gegen die heillose Welt weitergegeben, als symbolische Handlungen, in denen sich ein neues Daseinsverständnis erschloß. Rechte Nachfolge konkretisierte sich somit in der bedingungslosen Annahme des Nächsten in einem vorbehaltlosen Eintreten für Kranke, Behinderte und Leidende.

Paulus thematisiert »Behinderung/Krankheit/Leid« nicht als allgemeines Problem mit grundsätzlicher theologischer Sinndeutung. Die Theodizeefrage wird bei ihm weder gestellt noch beantwortet (nur in 1 Kor 11, 30ff.). Christlicher Glaube entfaltet seine Kraft nicht trotz des Leidens, sondern gerade in ihm. Das wird besonders deutlich an der Stelle, an der Paulus sein eigenes Leiden zur Sprache bringt (2 Kor 12, 7–10). Es qualifiziert in besonderer Weise dazu, Träger und Bote der Gnade Christi zu sein, denn es dient der Verkündigung des gekreuzigten Christus, der in seinem Leiden auch schwach war: In seiner Schwäche ist der Leidende Christus ähnlich, er bezieht seine Hoffnung aus der Vollendung seines geglaubten Herrn (vgl. auch 2 Kor 4,10).

2.3 Behinderung als Problem von Kirche/Theologie
Jesu besondere Zuwendung zu behinderten Menschen als gleichwertigen Geschöpfen vor Gott wie unter Menschen ist im Christentum nicht durchgehalten worden. Die unbedingte Verpflich-

tung zum solidarischen Engagement wurde bald herabgemildert zu einem praktikabler erscheinenden Liebespatriarchalismus, das Sinndeutungsvakuum bezüglich des Leids in Jesu Ansatz durch theologische Deutungen aufgefüllt. Entsprechend zieht sich die bereits in der biblischen Überlieferung vorfindliche Ambivalenz gegenüber Behinderten durch die gesamte Christentumsgeschichte, auch im Bereich von Kirche und Diakonie. Erst heute, da aus der Perspektive von Behinderten Theologie getrieben wird (vgl. z.B. *Ulrich Bach*[5], *Friedel Kriechbaum*[6], jüdischerseits *Harold Kushner*[7]), werden Menschen mit Behinderungen in besonderem Maße betreffende theologische Grundsatzfragen (Kreuz/Leid, Theodizee, Gottebenbildlichkeit usw.) neu thematisiert.

3. Anthropologische Grundkonstanten und Zielvorstellungen für den Umgang mit behinderten Mitmenschen

Pädagogisches Handeln ruht immer auf anthropologischen Grundaussagen, die implizit oder explizit Erziehungsziele und -entscheidungen bestimmen. Gerade im Umgang mit behinderten Menschen spielt das zugrundeliegende Menschenbild eine zentrale Rolle. Nach *Helmuth Pleßner, Arnold Gehlen u. a.* läßt sich die menschliche Ausgangssituation als unfertige, nicht instinkthaft festgestellte Ausgangslage kennzeichnen, welche drei gemeinsame Grundkonstanten des Menschwerdens und Menschseins von Behinderten und Noch-Nichtbehinderten setzt: a) eine grundsätzliche Weltoffenheit, b) eine mit der Erziehungsbedürftigkeit gegebene grundsätzliche Bezogenheit auf Mitmenschen und c) ein Angewiesensein auf ein (anlagebedingtes, raumzeitliches, soziokulturelles usw.) Grundlagenangebot, das der Mensch nicht selbst konzipiert und schafft, sondern als Gabe empfängt oder auch zugemutet bekommt.

5 Dem Traum entsagen, mehr als ein Mensch zu sein, Neukirchen-Vluyn 1986; Getrenntes wird versöhnt, Neukirchen-Vluyn 1991.
6 Behinderte Theologie?, in: *G. Adam/R. Kollmann/A. Pithan* (Hrsg.), Blickwechsel. Alltag von Menschen mit Behinderungen als Ausgangspunkt für Theologie und Pädagogik. Dokumentationsband des Fünften Würzburger Religionspädagogischen Symposiums, Münster 1996.
7 Wenn guten Menschen Böses widerfährt (GTB 965), Gütersloh [4]1994.

Das heißt, daß der Mensch – eingebunden in Vorfindliches wie in sein physisches Vergehen in der Zeit – seine Möglichkeiten und Grenzen gerade nicht selbst bestimmt, wie es die von der Willenskultur her argumentierende Leistungsgesellschaft suggeriert. Das Postulat, daß der Mensch Schöpfer seines Lebens sei, widerspricht biblischem Denken, welches die Möglichkeiten des Lebens als anvertraute Lehen begreift, mit denen wir zum Nutzen aller wuchern sollen (vgl. 1 Kor 4, 7). – Die Aussage, daß der Mensch seine Möglichkeiten und Fähigkeiten verdankt, stellt alle Menschen als gleichwertige Geschöpfe auf eine Stufe. Ihr Menschsein bemißt sich nicht nach bestimmten Merkmalen, Fähigkeiten oder Rollen. Ein Behinderter mag so ein verhinderter Rollenträger in der Leistungsgesellschaft sein, aber er ist kein verhinderter Mensch.

Die Einsicht, daß man sein Menschsein nicht schaffen/verdienen kann oder muß, befreit auch nichtbehinderte Menschen dazu, eigene Grenzen und Schwächen wahrzunehmen und zu akzeptieren, statt sie zu vertuschen oder zu verdrängen und abzuspalten. Das ermöglicht, behinderte Menschen ohne Angst, Unsicherheit und Abwehr wahrzunehmen. Die behinderte Person wiederum wird befreit vom Zwang, sich durch Kompensation ihren Status als Mensch verdienen zu müssen.

Die o.g. anthropologischen Grundkonstanten lassen so aus biblisch-christlicher Sicht eine einander ergänzende partnerschaftlich-solidarische Koexistenz von Behinderten und Noch-Nichtbehinderten als die wesensmäßig aufgegebene und zugleich befreiende Form einer gemeinsamen Lebensbewältigung in den Blick treten. In ihr kann die soziale Dimension von Behinderung für alle Beteiligten fruchtbar werden. In einer partnerschaftlich-solidarischen Ergänzungsgemeinschaft von Behinderten und Noch-Nichtbehinderten könnte die von Erfolgszwängen und Versagensängsten entlastete Mitmenschlichkeit gelebt werden, die bei allen zur Entfaltung ihrer spezifischen Potentiale ermutigt und herausfordert.

4. Didaktische Überlegungen

Wie kann bei Kindern und Heranwachsenden die Bereitschaft und Befähigung zu einer partnerschaftlich-solidarischen Koexistenz mit Behinderten angebahnt werden? Die Ergebnisse um-

fangreicher Unterrichtsforschungen zu dieser Frage[8] lassen sich
bündeln in der Empfehlung:

*Schule und Unterricht sollten sehr früh, spielerisch-offen Koexistenz ein-
übend, durchgängig und auf vielen Ebenen, den Kontext von Schule relati-
vierend, unter Berücksichtigung von Alter und Lebenssituation der Schülerinnen und Schüler mit Menschen unterschiedlichster Möglichkeiten und
Grenzen, in wiederholten indirekten und direkten Thematisierungen erfah-
rungs- und handlungsorientierte Lernchancen (einschließlich Selbsterfahrung
und Begegnungen) anbieten.*

Ein komplexes Zusammenspiel von Faktoren ist also zu bedenken. Drei Ebenen des Lernens sind dabei zu unterscheiden: Das
Klassen- und Schulklima, die Begegnung mit behinderten Partnern ohne Thematisierung von Behinderung und schließlich die
direkte unterrichtliche Thematisierung.

4.1 Klassen- und Schulklima: Selbst- und Fremdwahrnehmung
im schulischen Kontext

Grundlage jeder unterrichtlichen Thematisierung von Behinderung sind die Erfahrungen, die Kinder im Kontext von Schule
hinsichtlich des Umgangs mit den eigenen Möglichkeiten und
Grenzen machen: Kinder müssen in aktuellen Situationen konkret erfahren, daß Mißerfolge, Defizite, Anderssein ihnen die
Zuwendung und Anerkennung ihrer Bezugspersonen nicht
grundsätzlich entziehen, ihr Menschsein also nicht bedrohen. Sie
müssen erfahren, daß es nicht nur konkurrenzorientiertes Neben-
und Gegeneinander (Klassenarbeiten, Leistungswettkämpfe u. a.
im Sport) gibt, sondern auch ein Miteinander des Teilens von
Kräften, Fähigkeiten und Lasten. Im selektierenden Schulsystem
ist solch pädagogisches Klima nur gebrochen realisierbar, zumal
mitgebrachte Wertungen, Ängste und Leistungsverkrampfungen
auch bei intensivster Elternarbeit nur in Ansätzen aufzubrechen
sind. Ohne ein solches pädagogisches Klima bleibt aber jede
Thematisierung von Behinderung eine fast nutzlose Verbal-
übung. Nur wenn ich meine eigenen Defizite und Grenzen wahrnehmen und als zu mir gehörig in mein Selbstbild integrieren
kann (statt sie abzuspalten und zu verdrängen, um als perfektes

---

8 Vgl. *A.-K. Szagun*, Partnerschaftliches Verhalten von Behinderten und
Nichtbehinderten, Münster: Comenius-Institut 1991.

Wesen die gewünschte Zuwendung zu erlangen), kann ich andere Menschen mit ihren je spezifischen Möglichkeiten und Grenzen akzeptierend wahrnehmen. Nur so werde ich dialog- und begegnungsfähig. Nur wenn ich den Gabe- und Aufgabecharakter der eigenen Möglichkeiten und Grenzen wenigstens punktuell (z. B. in Gestaltungen von Spielen, Festen, Ausflügen u. ä, wo jede(r) ihre/seine spezifischen Möglichkeiten zensurenfrei und gleich hoch geschätzt einbringt) im schulischen Alltag als konstruktive Möglichkeit eines Miteinanders kennenlerne und einübe, werde ich im Teilen von Fähigkeiten und Defiziten mit behinderten Partnern die Chance eines humaneren Lebensentwurfes für alle entdecken können.

4.2 Ebene der Begegnung mit behinderten Kindern oder Erwachsenen
Optimal könnte die Befähigung zur partnerschaftlich-solidarischen Koexistenz durch eine entsprechend pädagogisch begleitete gemeinsame schulische Erziehung behinderter und nichtbehinderter Kinder geschehen.

Erfahrungen integrierter Kindergärten und Modellschulen zeigen, daß Kinder je früher desto problemloser im täglichen Zusammenleben mit behinderten Kindern Solidarität, Hilfsbereitschaft und gegenseitige Anerkennung praktizierend einüben. Je jünger die Kinder sind, um so weniger der gesellschaftlich verbreiteten Stereotypen (z. B. zu Körperformen, -bewegungen, Verhalten, geistigen und körperlichen Leistungsstandards) und Abwehrmechanismen bezüglich behinderter Menschen haben sie gespeichert, desto offener sind sie für einen partnerschaftlich-solidarischen Kontakt. Deshalb sollte – gerade weil schulische Integration nur selten besteht – so früh und so oft als möglich mit behinderten Partnern etwas erlebt oder getan werden (Ausflüge, feiern, tanzen usw.), ohne dies verbal zu thematisieren und ohne die behinderten Partner als Gattungswesen der Spezies Behinderte in den Blick zu rücken, vor allem aber ohne diese Kontakte etwa als besondere soziale Taten zu kennzeichnen.

Angelpunkt der Öffnung für eine partnerschaftlich-solidarische Koexistenz mit behinderten Menschen ist die Wahrnehmung und Annahme behinderter Mitmenschen als mir grundsätzlich gleich. Wenn behinderte Personen von ihren Beeinträchtigungen her ins Blickfeld gebracht und damit von ihren Defiziten her definiert werden, erschwert oder blockiert dies ihre Wahrnehmung als gleichwertige und normale Partner mit je anderen individuellspezifischen Gegebenheiten. Durch die Art, wie wir behinderte Mitmenschen Kindern präsentieren, beeinflussen wir also ihre (allerdings auch durch Familie und Medien geprägten) Wahrnehmungsraster, die wiederum wesentlich bestimmen, wie Kontaktsituationen wahrgenommen und definiert werden. Durch bewußte Gestaltung des Rahmens von Kontakten können jedoch zusätzlich positive Bedingungen für eine Wahrnehmung als gleichwertige Partner geschaffen werden. Bei der Anbahnung von Kontakten zwischen Kindern der Klassen 4–6 zu Lerngruppen von geistigbehinderten Schülern bewährten sich folgende Gesichtspunkte (die weitgehend übertragbar sind auf Kontakte zu blinden oder körperbehinderten Kindern):

- Die Erstbegegnung sollte in möglichst festlichem Rahmen stattfinden: Eine positive Atmosphäre ist gerade für die erste Personwahrnehmung als Basis wichtig.
- Den Rahmen der Geistigbehinderten möglichst positiv gestalten (Körperpflege, Outfit, Umgangsformen, Eßmanieren usw.)
- Bewußt offen lassen, ob und was sich aus der Erstbegegnung ergibt; Hemmungen und Abwehr weder abwerten noch aufzubrechen versuchen, vielmehr spielerisch-offene Kommunikationssituationen anbieten, die Mittun wie Zusehen ermöglichen.
- Barrieren im Körperkontakt abbauen durch Bewegungsspiele und Tanz.
- Schnittmengen gemeinsamer Bedürfnisse, Interessen und Aktionsmöglichkeiten erkunden und mittels dieser Kenntnisse Begegnungen gestalten (z. B. gemeinsam kochen, rodeln).
- Körperbetonte, musische und manuelle Aktivitäten in den Mittelpunkt stellen.
- Beide Partnergruppen jeweils gleichgewichtige (nicht gleichartige) Gestaltungselemente einbringen lassen. Alle Kinder mit ernsthaften Arbeiten an den Vorbereitungen beteiligen.
- Gemeinsamkeiten bewußtmachen (Essen, Haustiere, Fernsehen usw.), die Schnittmenge der Gemeinsamkeiten gezielt vergrößern durch entsprechende Auswahl von Lerninhalten, Medien und Methoden in beiden Partnerklassen; dabei für die geistigbehinderten Kinder Einführungs- bzw. Übungsphasen der gemeinsamen Aktivitäten einplanen, um ihnen ein weitgehend gleichgewichtiges Mittun zu ermöglichen.

Begegnungen mit behinderten Erwachsenen werden in der Regel im Zusammenhang mit einer unterrichtlichen Thematisierung von Behinderung erfolgen: Die Kinder lernen eine Person kennen, die ihre andersartige Lebenssituation reflektiert und bewältigt und als Expertin bzw. Experte darüber Auskunft gibt, also als Subjekt in Erscheinung tritt, nicht als Objekt des Bedauerns.

Grundgebot der Gestaltung von Direktkontakten (wie auch der medialen Konfrontation) ist die Vermeidung von Überforderungssituationen, die zu emotionalen Blockaden gegenüber Behinderten führen. Da Lehrkräfte (weil sie erwachsen sind) meist sehr viel befangener gegenüber Behinderten empfinden und reagieren, fällt es ihnen schwer, einzuschätzen, wer und was die Schulkinder überfordern könnte. Kinder der Klassen 4–6 sind einerseits in der Regel noch sehr offen, sich auf neue Erfahrungen wie z. B. Selbstversuche und Direktkontakte einzulassen, sie sind andererseits bereits ausreichend stabil und reflexionsfähig, um ungewohnte Formen des Ausdrucks und der Kommunikation verarbeiten zu können, so daß Überforderungssituationen kaum auftreten, sofern o.g. Punkte beachtet und die Bezugspartner gerade für Einstiegssituationen sorgfältig ausgewählt werden. Dabei ist neben den individuellspezifischen Persönlichkeitsmerkmalen auch die Leitsymptomatik mitzubedenken, da auch Kinder von 9–12 Jahren bereits die unterschiedliche soziale Distanz der Bevölkerung zu den verschiedenen Behindertengruppen in Ansätzen internalisiert haben. So ist es u.U. notwendig, unterrichtliche Umwege der Begegnung mit Gruppen geringerer sozialer Distanz einzuplanen (z. B. zuerst Begegnung mit blinden oder gehbehinderten, dann erst mit spastisch gelähmten oder geistigbehinderten Personen).

4.3 Ebene der unterrichtlichen Thematisierung von Behinderung unter der Formulierung: Jede(r) hat ihre/seine eigenen Möglichkeiten und Grenzen

Der Begriff Behinderte sollte unterrichtlich (falls gebraucht, dann kritisch!) möglichst vermieden werden, um dem auch sachlich unangemessenen Schubladendenken entgegenzuwirken.

Es empfiehlt sich, bei den Erfahrungen der Kinder mit ihren eigenen Möglichkeiten und Grenzen anzusetzen und dabei Medien und Methoden anzuwenden, die es Kindern erlauben, ihre existentiellen Erfahrungen auch verschlüsselt (z. B. durch Projektion auf ein Medium, durch symbolische Gestaltung o.ä.) auszudrücken, um sich zu schützen. Danach sollte der Umgang mit andersgearteten Möglichkeiten und Grenzen intensiv erprobt werden. Dies kann etwa in folgender Weise geschehen:

Als *Blinde* (mit Begleitperson zum Schutz; später Rollenwechsel): Mit verbundenen Augen Erkundungs- oder Botenaufträge auf dem Schulgelände ausführen, im nächstgelegenen Geschäft einkaufen, ein Telefonhäuschen suchen und zu Hause anrufen, frühstücken, ohne zu wissen, was auf dem Tisch steht usw. – Als *Rollstuhlfahrer* (auch mit Begleitperson) wären ähnliche Aufgaben zu bewältigen wie bei Blinden, zusätzlich Aufträge, die die baulichen Barrieren der Umwelt besonders sichtbar machen: Öffentliche Toilette besuchen, in Geschäften mit Treppen oder Drehtüren einkaufen, Bahnsteige/Telefonhäuschen aufsuchen usw. – Die Situation von *geistigbehinderten Menschen* ist dadurch ansatzweise zu simulieren, daß man Kindern (unvorbereitet!) die Bearbeitung eines völlig überfordernden Tests zumutet.

Erfahrungsgemäß lösen intensive Selbstversuche bei Kindern eine starke Identifikation mit den Betroffenen aus wie ein großes Interesse, über die reale Lebensbewältigung von Menschen, die immer mit solchen Grenzen und Möglichkeiten leben, mehr zu erfahren. Direktkontakte mit Betroffenen sind so nach vorhergehenden Selbstversuchen besonders fruchtbar. Die Kinder fragen engagiert und detailliert nach Lebensbewältigungsstrategien wie -barrieren und nehmen die behinderte Bezugsperson als kompetente Expertin ihrer Situation wahr.

Die Thematisierung der Ambivalenz der Gesellschaft gegenüber Menschen mit Behinderungen schließt eine Aufarbeitung der widersprüchlichen Einstellungen und Empfindungen der Kinder ein, ist doch diese Ambivalenz in jedem von uns präsent. Wichtig ist hier, genügend Raum zu geben für die Äußerung auch von (sozial nichtakzeptablen) Negativgefühlen bzw. -wertungen; möglicherweise können sie nur per Projektion auf andere Personen geäußert werden wegen der Scheu, sich zu Gefühlen von Ekel, Abscheu usw. zu bekennen. Nur indem Negativgefühle aber zugelassen und damit bewußt werden dürfen, werden sie auch bearbeitbar: Die Lehrkraft sollte – sich aller Wertungen enthaltend – die Äußerungen deshalb behutsam aufnehmen und mit den Kindern herausarbeiten, welche Unsicherheit und Ängste sich hinter den Negativgefühlen verbergen.

Insofern auch die christlich-biblische Tradition bezüglich Behinderung ambivalent ist, geht es beim Einbringen der theologischen Dimension um ein doppeltes Anliegen: Zum einen sollten die behinderte Menschen diskriminierenden Elemente aufgearbeitet, zum anderen die zu partnerschaftlich-solidarischer Koexistenz befreienden Impulse aufgenommen werden. Der Verstehenshorizont von zehn- bis zwölfjährigen Kindern erfordert jedoch eine sorgfältige Beschränkung hinsichtlich beider Aspekte.

Vermieden werden sollte – wie es in einigen Religionsbüchern geschieht –, den Zugang über Außenseiter zu wählen (Jesus wendet sich Außenseitern zu), verstellt doch der Zugang über den Begriff ›Außenseiter‹ die Wahrnehmung des behinderten Gegenübers als gleichwertigen Partners. Aus dem gleichen Grund verbietet sich in dieser Altersstufe die Behandlung des großen Weltgerichts von Mt 25 wie des großen Abendmahls nach Lk 14: Die Wahrnehmung der Kinder bezüglich behinderter Mitmenschen würde bei der Behandlung von Mt 25 leicht auf die ›geringsten Brüder‹ fixiert, bei der Behandlung von Lk 14 auf die ›Ersatzspieler‹.

Zur Aufarbeitung der behinderte Menschen belastenden theologischen Sinndeutungen von Krankheit/Behinderung eignet sich ein gekürzter Text der Blindenheilung Joh 9, 1–3 in Verbindung mit alttestamentlichen Textstellen (Ex 15, 26; Spr 13, 21; Lev 21, 17a ff.; Lev 13, 45f.). Einleitend könnte das Chanson ›Depperts Kind‹ von *Georg Danzer* den Blick darauf lenken, daß biblische Sinndeutungen bis in die Gegenwart hinein wirken.

Der Gedanke der Rechtfertigung, d.h. der bedingungslosen Annahme des Menschen als Ermöglichungsgrund von Solidarität kann an Mk 10, 13–16 behandelt werden. Über die Aussätzigen-Heilung nach Mk 1, 40–42 45a können neben Jesu Zuwendung Berührungsängste und ihre Überwindung angesprochen werden. An der Heilungsgeschichte des blinden Bartimäus nach Mk 10, 46–52 wird deutlich, daß Blinde gleichzeitig die wirklich Sehenden sein können, d.h. anderen etwas zu geben haben. Diese Thematik spricht auch das Lied ›Blinde Katharina‹ von *Klaus Hoffmann* an, das man damit verknüpfen könnte.

Theologisch weiterführend ist auch die Thematisierung der Gottesebenbildlichkeit des Menschen in Gen 1,28; da die theologischen Reflexionen zur Ebenbildlichkeit sehr abstrakt sind, sollte man in dieser Altersstufe darauf verzichten.

Der eschatologische Aspekt – nicht im Sinne eines Ausgleichs hiesiger Mängel in einem Jenseits, sondern als Verheißung eines ganzheitlichen Menschseins i.S. von gelungener geschwisterlicher Anerkennung könnte anhand der Rabbi-Geschichte eingebracht werden, die für mich auch die Hoffnung bündelt, die ich mit einer ethischen Erziehung in der Schule bezüglich der Frage von Behinderung verbinde:

Ein alter Rabbi fragte einst seine Schüler, wie man die Stunde bestimmt, in der die Nacht endet und der Tag beginnt. Ist es, wenn man von weitem einen Hund von einem Schaf unterscheiden kann? fragte einer der Schüler. Nein, sagte der Rabbi. Ist es, wenn man von weitem einen Dattel- von einem Feigenbaum unterscheiden kann? fragte ein anderer. Nein, sagte der Rabbi. Aber, wann ist es dann? fragten die Schüler. Es ist dann, wenn du in das Gesicht irgendeines Menschen blicken kannst und deine Schwester oder deinen Bruder siehst. Bis dahin ist die Nacht noch bei uns.

Literaturhinweise

G. Adam/A. Pithan (Hrsg.), Integration als Aufgabe religionspädagogischen und pastoraltheologischen Handelns. Dokumentationsband des Dritten Würzburger Religionspädagogischen Symposiums, Münster: Comenius-Institut 1993.

G. Adam/R. Kollmann/A. Pithan (Hrsg.), »Normal ist, verschieden zu sein«. Das Menschenbild in seiner Bedeutung für religionspädagogisches und sonderpädagogisches Handeln. Dokumentationsband des Vierten Würzburger Religionspädagogischen Symposiums, Münster 1994.

U. Bach, Boden unter den Füßen hat keiner. Plädoyer für eine solidarische Diakonie, Göttingen ²1986.

A.-K. Szagun, Partnerschaftliches Verhalten von Behinderten und Nichtbehinderten. Möglichkeiten und Grenzen religionspädagogischer Bemühungen in Schule und Kirche zu seiner Anbahnung, Erprobung und Einübung, Münster: Comenius-Institut 1991.

VII.
Der Dekalog

Rainer Lachmann

Die Zehn Gebote gehören zu den klassischen Inhalten christlich-ethischer Erziehung und Unterweisung, die sich nach wie vor in so gut wie allen Lehrplänen christlichen Religionsunterrichts finden lassen und meist auch in denen des Ethikunterrichts vorkommen. Schenkt man den Ergebnissen der Meinungsforschung Glauben, so entspricht das – wenigstens was die Gebote der zweiten Tafel (= 4.–10. Gebot) betrifft – dem gesamtgesellschaftlichen Befund, wonach die Gebote in Deutschland immer noch auf große Zustimmung stoßen.[1] Die bunte Fülle der einschlägigen Literatur bis hin zur gemeinsamen Erklärung des Rates der EKD und der Deutschen Bischofskonferenz »Grundwerte und Gottes Gebot« (Gütersloh 1978) bestätigt das ebenso wie die vielfältige Medienproduktion, die sich durch Filme, Fernsehsendungen, Videos und andere audiovisuelle Medien dieser offenbar lukrativen ›Bildungskost‹ bemächtigt. Das sollte zumindest dort, wo didaktisch gearbeitet wird, Anlaß genug sein, sich jeweils bewußt zu machen, wo und wie und über welches Medium sich die Erstbegegnung mit den zehn Geboten vollzogen hat. Solche Selbsterkundung ist eine wichtige Voraussetzung, um die wohl berühmtesten »zehn Worte« der Welt in ihrer biblischen Überlieferungsgestalt, ihrer systematisch-theologischen ›Bedenklichkeit‹ und ihrem didaktischen Begründungs- und Verwendungszusammenhang angemessen zu erarbeiten.

---

[1] Vgl. die Emnid-Umfrage (Der Spiegel 51/1994), wonach nur 8 % der Bundesbürger keines der ZG kennen, mehr als 75 % immerhin vier bis sechs der Gebote benennen können und es sogar 26 % noch auf alle zehn Gebote bringen. – Vgl. aber auch *E. Noelle-Neumann/R. Köcher*, Die verletzte Nation, Stuttgart 1987, 186ff., wo nach kirchennahen und -fernen Personen differenziert wird und der moralische Konsens mit sinkender Kirchenbindung und Religiosität deutlich abnimmt.

Um Irritationen zu vermeiden, vorweg eine kurze Information zur *Zählung der Gebote:* Die alttestamentliche Überlieferungsgestalt der Gebote führte zur Diskussion darüber, ob nicht ein ursprünglich über die Zehnzahl hinausgehender Gebotskatalog angenommen werden müßte – eine Frage, die sich kaum mehr eindeutig entscheiden läßt. Aus Gründen der Lerntechnik – die Zehnzahl ist in Entsprechung zu den zehn Fingern ein immer brauchbares Mittel zum Gebotelernen, besonders für Analphabeten – dürfte aber doch wohl eine relativ frühe dekalogische Form anzunehmen sein. Ex 34, 28, wo von den »zehn Worten« die Rede ist, bestätigt das. Die katechetische Tradition der Kirche entsprach dem von allem Anfang an, womit ihr dann vom biblischen Text her das Problem der Zählung, Zuordnung und Abgrenzung der Einzelgebote aufgegeben war. Hier führte die kirchlich-katechetische Entwicklung zu zwei unterschiedlichen Zählarten, die heute noch nebeneinander bestehen: Die reformierte und orthodoxe Kirche zählen das »Bilderverbot« als eigenständiges zweites Gebot und fassen dafür die beiden Begehrensverbote am Schluß der Sammlung zum zehnten Gebot zusammen. Die römisch-katholische und evangelisch-lutherische Kirche dagegen führen das Bilderverbot nicht als eigenständiges Gebot – sie verhandeln es mit unter dem ersten Gebot! – und teilen statt dessen das Begehrensverbot in zwei selbständige Gebote auf. Dieser Artikel folgt der lutherischen und katholischen Zählung.

1. Die alttestamentliche Überlieferung

Der Dekalog wird im Alten Testament zweimal überliefert: in Ex 20, 1–17 und Dtn 5, 6–21. Beide Überlieferungsstücke sind angesiedelt im Kontext des Exodusgeschehens. Nach dem Auszug der Israeliten aus Ägypten und ihrer wunderbaren Errettung am Schilfmeer folgt in Ex 20 im Zusammenhang mit der Gottesoffenbarung auf dem Berg Sinai die Proklamation der Zehn Gebote Gottes. Im Dtn werden sie dann nochmals überliefert, und zwar gleichsam als »Wiederholung des Gesetzes« (= Deuteronomium) durch Mose am Ende der Wüstenwanderung auf der Schwelle zum verheißenen Land. Für beide Fassungen gilt, daß sie dem jetzigen Kontext erst in einem späteren Überlieferungsstadium zugewachsen sind. Ursprünglich dürften beide je eine in sich geschlossene selbständige Einheit gebildet haben, die den übrigen Rechtssätzen in deutlich herausgehobener Stellung nachträglich vorgeordnet wurde.

Vergleicht man die beiden Dekalogüberlieferungen miteinander, so lassen sich über 20 Differenzpunkte feststellen, die nicht harmonisiert wurden. Das läßt darauf schließen, daß der Dekalog in alttestamentlicher Zeit noch kein normativ kanonisierter Text war und noch Spielraum für unterschiedliche Interpretationen gewährte. Inhaltlich relevante Differenzpunkte sind einmal die unterschiedliche Begründung des Sabbatgebotes, die in der Exodusfassung mit dem Hinweis auf Gottes Ruhen am siebten Tag der Schöpfung erfolgt, im Deuteronomium mit der Erinnerung an das Sklavenlos in Ägypten und das Befreiungsgeschehen. Zum anderen ist beim neunten und zehnten Gebot die Wortstellung von Ex »Haus deines Nächsten – Frau deines Nächsten« (so auch Luthers Katechismus!) im Dtn so geändert, daß zuerst die Frau und dann das Haus kommt. Besonders letzteres könnte es nahelegen, im Deuteronomiumtext die jüngere Fassung zu sehen, was durch andere Indizien wie etwa die unterschiedliche Terminierung »Lügenzeuge« (Ex 20, 16) und »richtiger Zeuge« (Dtn 5, 20) gestützt wird.[2]

Dem Einwand, daß die soziale Motivierung des Sabbatgebotes in Dtn 5, 14 f. doch zweifellos älter sei als die priesterschriftliche Begründung in Ex 20, 11, wird relativ plausibel entgegengehalten, daß beide Begründungen in ihrer Variabilität »dem Gebot erst nachträglich beigegeben wurden, also in beiden Fällen sekundär sind«.[3] Dementsprechend sind die alttestamentlichen Wissenschaftler entgegen der Auffassung von der Entstehung des Dekalogs im Zuge deuteronomistischer Redaktionstätigkeit[4] nach wie vor mit *Johann Jakob Stamm* mehrheitlich davon überzeugt, daß »in Ex 20 eine etwas altertümlichere Version des Dekalogs bewahrt ist als in Dtn 5«.[5] Freilich gilt das nur für die beiderseitige Überlieferung, nicht aber für deren endgültige schriftliche Fixierung, die für beide Fassungen wohl frühestens im sechsten vorchristlichen Jahrhundert oder auch erst »in der

---

2 *W.H. Schmidt,* Die Zehn Gebote im Rahmen alttestamentlicher Ethik, Darmstadt 1993, 30.

3 *W.H. Schmidt,* aaO., 29.

4 Vgl. *F.-L. Hossfeld,* Der Dekalog. Seine späten Fassungen, die originale Komposition und seine Vorstufen, Freiburg i.Br. 1982.

5 *J.J. Stamm,* Der Dekalog im Lichte der neueren Forschung, Bern 1958, 7 – vgl. in einleuchtender Differenzierung *E. Otto,* Theologische Ethik des Alten Testaments, Stuttgart/Berlin/Köln 1994, 212.

Exilszeit« erfolgt sein dürfte[6], womit die Frage nach der Entstehung des Dekalogs gestellt ist.

Einigkeit besteht heute darüber, daß der Dekalog das Produkt einer komplizierten Entwicklung ist und nicht etwa als »Urdekalog« am Anfang, sondern als spätes Gebilde am Ende einer langen Rechtsgeschichte steht.

Seine »Ursprünge« wollte *Albrecht Alt* im sog. »apodiktischen Recht« festmachen, das wie die beiden Dekalogreihen aus kurzen gebietenden oder verbietenden Sätzen besteht. Davon setzte er die im Rechtsleben des Alten Orients allgemein verbreiteten kasuistischen Rechtssätze mit ihrem ›Wenn-So-Stil‹ ab und qualifizierte ihnen gegenüber das apodiktische Recht – weil angeblich ohne echte Parallelen in den altorientalischen Rechtsdenkmälern – als genuin israelitisch und vom Geist des Jahweglaubens durchdrungen. Sein Sitz im Leben wurde demzufolge hauptsächlich im gottesdienstlichen Festkult Israels gesehen.[7] Neuere Forschungen haben demgegenüber nachgewiesen, daß das apodiktische Recht keineswegs exklusiv israelitisch und kultisch gebunden sein muß und siedelten die Gebote deshalb eher als Lebensregeln im Sippenrecht an.[8] *Georg Fohrer* erinnerte in diesem Zusammenhang daran, daß der »apodiktische Stil – ›tu dies!‹ oder ›tu jenes nicht!‹ –... so alt wie das erste vom Menschen formulierte Gebot oder Verbot« ist und gewissermaßen zu den »Urformen menschlicher Redeweise« gehört, die nachweislich gerade auch »bei den noch nicht seßhaft gewordenen Nomaden oder Halbnomaden« des Alten Orients gebräuchlich war.[9] Entsprechend wären die Gebote ursprünglich einzelne Verhaltensregeln der israelitischen Sippen und Stämme gewesen, die teils als Einzelgebote, teils als Gebotsreihen das Leben regeln sollten. In einem jahrhundertelangen Überlieferungsprozeß ging wahrscheinlich »der Dekalog aus der Verbindung ursprünglich selbständiger Kurzreihen hervor, die ein bis drei Glieder umfaßten und bereits vor ihrer Vereinigung eine längere Überlieferungsgeschichte durchlaufen haben«.[10]

Dabei brauchte es seine Zeit, bis Israel »das weite Feld des Ethischen« in den Jahweglauben integriert hatte und die von den

6 *E. Otto,* aaO., 212.
7 *A. Alt,* Die Ursprünge des israelitischen Rechts, in: *ders.,* Kleine Schriften zur Geschichte des Volkes Israel, München 1959, 278–332.
8 Vgl. *E. Gerstenberger,* Wesen und Herkunft des »apodiktischen Rechts«, Neukirchen-Vluyn 1965, 130 ff.
9 *G. Fohrer,* Das sogenannte apodiktisch formulierte Recht und der Dekalog, in: KuD 30/1985, 49–74, bes. 51.
10 *W.H. Schmidt,* aaO., 27.

biblischen Geboten »bezeugte feste Verbindung von Glauben und Ethos« hergestellt war.[11] Folgt man der neueren sozialgeschichtlich perspektivierten Forschung[12], so hat sich der Dekalog im Laufe des siebten vorchristlichen Jahrhunderts als Ethos des freien, grundbesitzenden Israeliten herausgebildet, das im von Gott eröffneten Raum Lebensanweisungen und Verhaltensregeln bietet. Das schloß nicht aus, daß der Dekalog in späterer Zeit einen festen Platz auch im Gottesdienst erhielt und ob seiner strafbestimmungslosen Tendenz zur Allgemeingültigkeit auch in späteren Jahrhunderten bzw. Jahrtausenden bis in die Gegenwart hinein für sich Bedeutung und Geltung beanspruchen kann.

Die *Einzelgebote* dürften ursprünglich wohl als Verbote formuliert gewesen sein. Das Sabbatgebot (Ex 20, 8–11) hätte danach etwa gelautet »Du sollst keine Arbeit am Sabbat tun!«, das Elterngebot (Ex 20, 12) vielleicht »Du sollst deinem Vater und deiner Mutter nicht fluchen« oder – noch leibhaftiger – »Du sollst deine bejahrten Eltern nicht rauh behandeln«.[13] Diese zehn ›Verbote‹, die sich durchgängig an rechtsfähige Erwachsene wenden, gründen in der von Gott gewährten Befreiung und Gemeinschaft und umschreiben dieses Gottesverhältnis, indem sie als Warnungen den Raum markieren, dessen Übertretung ›das Ende der Gottesgemeinschaft‹ bedeutet.[14] Hier kommt der ›Vor-stellung‹ Gottes durch Verweis auf das heilsgeschichtliche Exodusgeschehen in Ex 20, 2 grundlegende Bedeutung zu: Vor allen Forderungen bezeugt der Dekalog die ›Vorgabe‹ und Zusage des befreienden Gottes durch den legitimierenden Geschichtsverweis.

Damit ist die leitende Auslegungsperspektive für die Gebote im wahrsten Sinne des Wortes vorgegeben. In der Verbindung zwischen Gott und Befreiung sind Ursprung, Fundament und bestimmende Funktion des Dekalogs markiert. »Der Dekalog war das Freiheitsdokument, das Jahwe seinem aus Ägypten geretteten Volk geschenkt hatte« – nicht als Last, sondern als Gabe, die als Vorrecht und Anlaß zum Dank empfunden wurde![15] Das läßt sich

11 Ebd., 10 f.
12 Vgl. vor allem *F. Crüsemann,* Bewahrung der Freiheit. Das Thema des Dekalogs in sozialgeschichtlicher Perspektive, München 1983.
13 *G. Fohrer,* aaO., 62; vgl. auch *J.J. Stamm,* aaO., 43.
14 *W.H. Schmidt,* aaO., 22.
15 *J.J. Stamm,* Der Dekalog im Lichte der neueren Forschung, 55.

nicht nur am dritten Gebot nachvollziehen, wenn man »die Wahrnehmung des wöchentlichen Ruhetags zu einer exemplarischen Inanspruchnahme der geschenkten Freiheit« werden läßt[16] oder am vierten Gebot, wenn man es als fürsorgliche Gewährung von Lebensraum für die alternden Eltern deutet, sondern vor allem auch an den letzten fünf Sätzen des Dekalogs, die je ein Grundrecht des freien Israeliten sichern: sein Leben, seine Ehe, seine Freiheit[17], seine Ehre und seinen Besitz.[18]

2. Neutestamentliche und systematisch-theologische Aspekte

Wie Röm 13, 8–10 deutlich macht, sind die Zehn Gebote für Christen nicht bedeutungslos geworden, sondern sie wollen als Konkretionen des Liebesgebotes verstanden und ausgelegt werden. Das belegt auch die Perikope vom »reichen Jüngling« (Mk 10, 17 ff. par.). In ihr zitiert Jesus alle Gebote der zweiten Tafel und läßt sie zusammenfassend mit dem Gebot der Nächstenliebe enden. Die Fortsetzung der Geschichte zeigt, daß der Jüngling die Gebote noch nicht im Sinne Jesu verstanden hat, und verweist nachdrücklich auf Jesu Gebotsauslegung in der Bergpredigt (Mt 5–7) und da vor allem auf die sog. sechs Antithesen (Mt 5, 21–48) mit ihrem Bezug auf das fünfte, sechste und achte Gebot. Sie gipfeln im Gebot der Feindesliebe (Mt 5, 43–48) und unterstreichen noch einmal, daß in und mit der Erfüllung des Liebesgebotes auch die Ansprüche der Zehn Gebote erfüllt sind.

Jesus hebt die Gebote nicht auf, sondern »er stößt vielmehr durch auf den hinter« ihnen »stehenden Gotteswillen, der seit Mose verengt worden ist: Aus dem Verbot des vorsätzlich-gewaltsamen Tötens« wird dann eben »das Gebot zum umfassenden Schutz menschlichen Lebens«, wie es im Liebesgebot seinen konzentrier-

---

16 *F. Johannsen/C. Reents,* Alttestamentliches Arbeitsbuch für Religionspädagogen, Stuttgart u. a. 1987, 183.

17 Hier ist vorausgesetzt, daß das 7. Gebot nach Ex 20, 15 ursprünglich lautete »Du sollst nicht einen freien israelitischen Mann stehlen!«. Das entspräche Ex 21, 16 (gleichsam als Kommentar zu Ex 20, 15) und würde einer Überschneidung mit dem 10. Gebot aus dem Wege gehen.

18 Vgl. *J.M. Lochman,* Wegweisung der Freiheit, Gütersloh 1979 bzw. Stuttgart 1995, 115.

ten Ausdruck gefunden hat.[19] Wo Gott seine Hand seligmachend (vgl. Mt 5, 3–12!) im Spiel hat, wo jemand zum Glauben an seine Liebe befreit ist, da ereignet sich solche radikale Erfüllung des Gotteswillens. Die Gebote werden dadurch auf ihren ursprünglichen Sinn und ihre Voraussetzung im Befreiungshandeln Jahwes zurückgeführt. Sie können so in der Konvergenz mit dem von Jesus Christus eröffneten Befreiungs- und Liebeshandeln Gottes zu agapekritisch verstandenen Konkretionen des Willens Gottes werden, der das Leben unbedingt schützt und fördert.

Das herausgearbeitete neuere Dekalogverständnis hat theologisch und religionsdidaktisch breite Akzeptanz gefunden. Das zeigt sich etwa in *Ernst Langes* »Die zehn großen Freiheiten« (Gelnhausen/Berlin 1965), *Jan Milic Lochmans* »Wegweisung der Freiheit« (Gütersloh 1979 = Stuttgart 1995), *Adolf Exelers* »In Gottes Freiheit leben« (Freiburg i. Br. 1981) und der sozialgeschichtlich perspektivierten Auslegung des Alttestamentlers *Frank Crüsemann* »Bewahrung der Freiheit« (München 1983).[20]

An diese neuere Deutungstradition anknüpfend und sie gleichzeitig agapekritisch ausrichtend, d. h. am Kriterium des Liebesgebotes messend, seien als zusammenfassende Weiterführung fünf Thesen für den didaktischen Umgang mit den Zehn Geboten formuliert:

(1) Für das alttestamentliche Verständnis des Dekalogs ist das Exodusgeschehen, die Befreiungsgeschichte Jahwes mit seinem Volk, konstitutiv. Der Dekalog ist das Bundesdokument der Befreiung; seine Gebote sind die »zehn großen Freiheiten«, die dem Volk als Gabe und »Wegweisung der Freiheit« zum Leben geschenkt wurden.

(2) Die alttestamentliche Befreiungsperspektive konvergiert mit dem christlichen Freiheitsverständnis, mit der »Freiheit, zu der Christus die Glaubenden befreit und berufen hat« (Gal 5, 1 u. 13), und erfährt von hier her ihre neutestamentliche Erinnerung, Auslegung und Deutungsrichtung.

---

19 *J. Roloff,* Neues Testament, Neukirchen [2]1979, 119 f.

20 Vgl. mit derselben Tendenz auch die materialreiche zwölfbändige Reihe von *H. Albertz* (Hrsg.), Die Zehn Gebote, Stuttgart 1989 ff. sowie *P. Stutz,* Urvertrauen und Widerstand, Luzern/Stuttgart 1991; didaktisch: *F. Johannsen,* Lebensregeln der Befreiten-Gesetze und Gebote, in: *ders./ C. Reents,* Alttestamentliches Arbeitsbuch für Religionspädagogen, 171–189.

(3) In den Antithesen der Bergpredigt (Mt 5, 21–48) radikalisiert und entschränkt Jesus die Gebote der zweiten Tafel und orientiert sie am Liebesgebot als ihrer positiven Zusammenfassung und Kritik (vgl. Gal 5, 13f. und Röm 13, 8–10). Jesus hebt die Dekaloggebote nicht auf, sondern stößt durch auf den hinter ihnen stehenden uneingeschränkt geltenden, Leben schützenden und fördernden Gotteswillen.

(4) Die kritische Orientierung der Zehn Gebote am Liebesgebot verhindert ihr legalistisches Mißverständnis (=situationsvergessene Gesetzlichkeit), gibt der freiheitlichen Deutungsrichtung Raum und nimmt die Dekaloggebote so – besonders in der Auslegung der Bergpredigt – hinein in die »befreiende, dynamische Bewegung der Liebe«.

(5) Die agapekritisch verstandenen Gebote der Bergpredigt besitzen – wiewohl in ihrem radikalen Anspruch menschlich unerfüllbar – für (christliches) Urteilen, Verhalten und Handeln Grenzen markierende, Tiefe erschließende und Richtung weisende Kraft. Gegenüber dem Unrecht und der Unmenschlichkeit in der Welt und in uns selbst sensibilisieren sie unser ethisches Wissen und Gewissen in radikalster Weise.

3. Religionsdidaktische Entfaltungen

Die Beichtpraxis der katholischen Kirche ›sicherte‹ den Zehn Geboten katholischerseits bis in die jüngste Zeit hinein eine kontinuierliche Wirkungsgeschichte. *Martin Luther* hat im Anschluß an die spätmittelalterliche Beichtpraxis die Zehn Gebote in seinen Katechismen (1528/29) als eigenständiges Lehrstück aufgenommen. Die erheblichen Differenzen zur alttestamentlichen Textgestalt hat er souverän verantwortet mit der Maßgabe, daß nur noch gilt, was am Dekalog natürliches – von Gott in der Menschen Herzen geschriebenes – Gesetz ist.[21] Was darüber hinausging, wurde »zusammen mit anderen Gesetzen gleichsam als ›*Mose der Juden Sachsenspiegel*‹, als jüdisches Volksrecht, beurteilt«. Vielleicht hing es damit zusammen, daß Luther bei seiner verkürzten Fassung ausgerechnet den (heils-)geschichtlichen Prolog »einschließlich der Zusage ›dein Gott‹« fortließ[22] und statt dessen eine schöpfungstheologische Begründung des Dekalogs favorisierte.[23]

21 *G. Wenz*, Die Zehn Gebote als Grundlage christlicher Ethik, in: ZThK 89/1991, 405 – 439, bes. 408.
22 *W.H. Schmidt*, aaO., 20.
23 *G. Wenz*, aaO., 408 f.

Die Wirkungsgeschichte, vor allem des Kleinen Katechismus, war enorm. Er wurde zum ›Erzbuch‹ orthodoxer Katechetik des 16. und 17. Jahrhunderts, überstand auch die kritischen Infragestellungen aufklärerischer und liberaler Religionspädagogik und führte als offizielles Schulbuch in vielerlei ›Spielarten‹ ein relativ unangefochtenes Dasein bis in die fünfziger Jahre unseres Jahrhunderts. In der Konzeption der Evangelischen Unterweisung hatte der Kleine Katechismus einen festen Platz. In gewisser Übereinstimmung mit Luther und der von ihm gewählten Reihenfolge der Hauptstücke Dekalog-Credo-Vaterunser[24] bevorzugte sie den sog. usus elenchticus, der »den menschen seyn Krankheit erkennen« lehret und ihn darüber gleich einem Zuchtmeister hin zum Glauben an Christum ›treibet‹.[25] Erst an zweiter Stelle gewann auch der usus politicus, der lebenspraktische Gebrauch der Gebote, Bedeutung. Die Zehn Gebote wurden so den Schülern vermittelt als welterhaltende und lebensermöglichende Ordnungen des Gottes, der mit seiner Schöpfung die Gebote gesetzt hat. Unter den einprägsamen Bezeichnungen »Riegel« (politischer Gebrauch), »Spiegel« (theologischer Gebrauch) und »Regel« (dem dritten Gebrauch der Gebote für die Gläubigen) begegnen diese beachtenswerten Gebrauchsweisen der Zehn Gebote bis hinein in Unterrichtsentwürfe der jüngsten Zeit.[26]

Ethisches Desinteresse wie die Konzentration auf die verstehende Auslegung der biblischen Tradition brachten es mit sich, daß in der hermeneutischen Religionspädagogik der Dekalog so gut wie keine Rolle spielte. Ende der sechziger Jahre gewannen mit der religionspädagogischen Wende zu Ansätzen problemorientierten Religionsunterrichts die ethischen Fragestellungen neue Bedeutung. Das führte zunächst nicht zu einer religionsunterrichtlichen Restituierung der Zehn Gebote. Dies wurde verhindert (1) durch die unterrichtliche Abkehr von der Traditionsorientierung auch im normativen Bereich, (2) durch die dominierende Ausrichtung an Emanzipation als neuem Normkriterium und (3) durch die Berücksichtigung des säkular-pluralistischen Kontextes von Schule und Gesellschaft, die nach einem Minimum gemeinsamer, von allen anerkannten Normen suchen ließ, das man nicht mehr im Dekalog, sondern in einem durch die Grund- und Menschenrechte verkörperten »demokratischen Ethos« zu besitzen meinte. Erst als man sich auf den emanzipatorischen Gehalt der Zehn Gebote besann und ihren bestimmenden Exodus-Kontext entdeckte, erfolgte gleichsam eine Rehabilitation und neue Zuwendung zu den Geboten.

24 G. Wenz, aaO., 427 ff.
25 Vgl. als exemplarisch für die Position der Evangelischen Unterweisung H. Bauer/H. Dietzfelbinger, Die Heiligen Zehn Gebote. Das Heilige Vaterunser, München 1954.
26 Vgl. E. Conrad/K. Deßecker/H. Kaiser (Hrsg.), Erzählbuch zum Glauben, Bd. 2, Die Zehn Gebote, Zürich u. a. 1983, 8 f.

Es dauerte relativ lange, bis die von *Ernst Lange* beinahe visionär initiierte Deutung der Zehn Gebote als die »zehn großen Freiheiten« auch religionspädagogisch fruchtbar wurde. Inzwischen hat sie sich – nicht zuletzt dank der überzeugenden systematisch-theologischen Erarbeitung *Jan Milic Lochmans* – religionsdidaktisch weitgehend durchgesetzt. Diese ›freiheitliche‹ Dekalogauslegung bietet nicht nur eine zureichende theologische Begründung und Bestimmung, sondern zugleich auch den entscheidenden didaktischen »Dreh«, um die Gebote dem Interesse und den Bedürfnissen heutiger Schülerinnen und Schüler zu erschließen und sie den gesellschaftlichen Erfordernissen zu öffnen.

Hier scheint der Inhaltsbereich des Dekalogs als didaktischer Konvergenzraum auf, in dem theologische, gesellschaftliche und pädagogische Argumentationen zusammenlaufen, um die Zehn Gebote als notwendigen Inhalt des Unterrichts an der Schule begründen zu können. Dabei gilt es zu beachten, daß der Dekalog eine kultur- und geistesgeschichtliche Größe darstellt, die aus unserer abendländischen Tradition nicht wegzudenken ist und die auch im normativen Bewußtsein unserer Gesellschaft offen oder verdeckt noch lebendig ist. Dem haben Schule, Ethikunterricht und schulischer Religionsunterricht Rechnung zu tragen.

Dabei kommt dem Religionsunterricht die elementare Aufgabe zu, in didaktischer Vermittlung sowohl der theologischen Eigenart als auch der aktuellen Lebensrelevanz der Zehn Gebote gerecht zu werden. Dazu gehört in den *höheren Klassen* – bei durchaus denkbaren und wünschenswerten Phasen der Kooperation mit dem Ethikunterricht – neben den themen- oder situationsbedingten ethischen ›Fallstudien‹ genauso unausweichlich die Auseinandersetzung mit den Grund- und Menschenrechten. Dabei sollte deren Konsens- und Konvergenzgehalt mit den Geboten der zweiten Tafel wie mit dem liebesbestimmten christlichen Ethos überhaupt augenfällig werden.[27]

Mit dieser Zielsetzung darf sich der Religionsunterricht allerdings nicht begnügen. Er hat vielmehr – je nach Lage der Dinge fragend oder provozierend, informierend oder interpretierend –

27 Vgl. *R. Lachmann*, Menschenrechte – Grundwerte – Alltagsmoral, in: *W. Böcker u. a.* (Hrsg.), Handbuch religiöser Erziehung, Bd. II, Düsseldorf 1987, 517–529; *M. Beintker,* Für seltene Vögel und andere, in: LM 1995, H. 6, 13–19.

Gott in den ethisch-religionsunterrichtlichen Diskurs einzubringen und sich dabei durchaus der utilitaristischen Frage auszusetzen, was denn der Gottesbezug und Gottesglauben des Dekalogs und des Liebesgebotes eigentlich Lebensförderliches bringe. Dabei ist sicher auch grundsätzlich bewußt zu machen, daß ethische Auffassungen im letzten stets in einem so oder so gearteten Vorverständnis, Glauben oder Wertfundierungssystem gründen und daß es deshalb keineswegs einerlei ist, was man ›glaubt‹. Am Beispiel des kontextuell interpretierten Dekalogs kann das konkret gemacht werden. Vielleicht gelingt es ja, zumindest das scheinbar unausrottbare Vorurteil und Mißverständnis abzubauen, daß es sich beim Christentum um eine restriktive Verbotsmoral handele. Das freiheitlich vertrauensvolle Verständnis der Gebote läßt sich dann an einschlägigen ethischen Themenkreisen ›durchspielen‹, um in mündigem Umgang mit ausgewählten Geboten agapekritische, d. h. am Liebesgebot orientierte Urteilsfähigkeit anzubahnen und dazu zu ermuntern, es mit ihnen im normalen Alltagsleben vertrauensvoll und frei-mütig zu versuchen.

4. Konkretion für Klasse 5/6

Der Religionsunterricht der 5./6. Klasse hat gemäß diesem Gesamthorizont propädeutische Arbeit zu leisten, ohne daß darüber die unmittelbar angehende Gegenwartsbedeutung der Zehn Gebote zu kurz kommen darf. Er hat es mit 11- bis 12-jährigen Schülern und Schülerinnen zu tun, die sich in ihrer moralischen Entwicklung im Übergangsbereich zwischen heteronomer und autonomer Moral befinden. *Lawrence Kohlberg* spricht genauer von einer »Morality of Conventional Role-Conformity«, einer konventionellen Moral, und charakterisiert sie in ihren verschiedenen Phasen als autoritätsgestützte Moral, die sich zunächst am Beifall und den Erwartungen geschätzter Erwachsener und dann zunehmend mehr an den peer groups und ihren Autoritäten und schließlich an den gesellschaftlichen Konventionen orientiert.[28]

---

28 Vgl. *R. Lachmann,* Ethische Kriterien im Religionsunterricht, Gütersloh 1980, 108 ff. u. *F. Schweitzer,* Lebensgeschichte und Religion, München 1987, 112 ff.

Darüber hinaus zeichnen sich bei den 11- bis 12-jährigen in unterschiedlichem Maße bereits Anfänge einer Verinnerlichung und Autonomisierung von Normen ab, die ersten normkritischen Umgang erlauben und dabei nicht selten von (vor-)pubertär bedingten spontan-gefühlsmäßigen Stellungnahmen und stark ichbezogenen Stimmungen und Urteilen begleitet sind.

In dieser *Phase moralischer Entwicklung* können die Zehn Gebote zu einem gut geeigneten Instrument werden, um die Schüler und Schülerinnen mit einem ersten kleinen System ethischer Regeln bekannt und vertraut zu machen, so daß diese ihnen aus dem ›Grund‹ befreiender Vorgabe heraus zu Lebensregeln, zu »Bojen« für eigenes Handeln und Urteilen werden können. Diese Lernintention gründet sich auf drei Pfeiler: theologische Begründung, agapekritischen Umgang und aktuelle Lebensrelevanz. Sie müssen aufgebaut werden, soll der Dekalog im Zielhorizont christlich bestimmter ethischer Urteils-, Orientierungs- und Handlungsfähigkeit die ihm angemessene Rolle finden und spielen.

Die Durchsicht der einschlägigen Lehrpläne zeigt, daß im propädeutischen Rahmen der 5. und 6. Klasse die Beschäftigung mit den Geboten mehrheitlich über den traditionellen Weg der Behandlung des »Aufbruchs in die Freiheit (Exodus)« anhand der alttestamentlichen Überlieferung erfolgt.[29] Das bedeutet für die Schüler und Schülerinnen Kennenlernen ihres Ursprungsorts und ihrer Verwurzelung im Exodusgeschehen. Dadurch ist die Möglichkeit eröffnet, über der Begründungsfrage der Zehn Gebote als »Folgerungen auf dem Weg in die Freiheit« gewahr zu werden. Damit das nicht in historischer Distanzierung erfolgt und dabei verbleibt, ist es wichtig, daß das didaktische Bemühen durchgängig auf aktuelle Transparenz bedacht ist. Dazu sind die Gebote als »Chancen« zu begreifen, »die dem Leben zugut in jede Zeit neu hereinbuchstabiert werden wollen«. Gegen alle falsch verstandene Gesetzlichkeit läßt sich das am agapekritischen Umgang mit den Geboten, wie ihn Jesus und Paulus praktizierten, oder an *Martin Luthers* Katechismusauslegung und an Beispielen neuerer Dekalogauslegungen und -formulierungen wie etwa *Ernst Langes* »Zehn großen Freiheiten« unterrichtlich umsetzen.

29 Vgl. *K. Wegenast,* Religionsdidaktik Sekundarstufe I, Stuttgart/Berlin/ Köln 1993, 197 ff.

Dabei liegen die *didaktischen und methodischen Schlüsselstellen* gegenwartsrelevanter Dekalogdeutung im Vor-Satz der Selbstbekundung Gottes, der befreiungs-analoge Neuformulierungen heutiger Glaubenserfahrungen und -hoffnungen nicht nur zuläßt, sondern geradezu einfordert, und – daraus folgend – zu Neubuchstabierungen einzelner oder aller Dekaloggebote ermutigt.

Hier tut sich für Lehrkräfte wie Schülerinnen und Schüler ein kreativer Spielraum auf, der neue Dekaloge erfinden und erfahren läßt: mittels neuer und alter Texte, Bilder, Photos und Karikaturen, künstlerischer Gestaltungen, spielerischer Umsetzungen und musikalischer Verklanglichungen. Hervorragende Anregungen und Anstöße vermittelt *Wolfgang Dietrich* mit seinen acht Heften »Die Zehn Gebote. Bilder, Auslegungen und Gesprächsimpulse zum Dekalog für Unterricht und Gemeindearbeit«[30] – eine religionsdidaktisch ›gefüllte‹ Fundgrube lebensförderlicher Beschäftigung mit dem Dekalog.

W. Dietrich hat in der folgenden Übertragung seine Beschäftigung mit den Zehn Geboten und seine Bemühungen um eine neue, heute ansprechende Sprachgestalt in folgende Form gebracht:

> »Gott ehren – Der Freiheit folgen.
> Bilder durchschauen – Idole verhindern.
> Am Namen wachsen – Im Namen handeln.
> Sabbat halten – Arbeit loslassen.
> Eltern achten – Das Alter erleichtern.
> Leben schützen – Töten verweigern.
> Zusammengehen – Sich verbünden.
> Leben teilen – Einander aufhelfen.«

Literaturhinweise

J.M. Lochman, Wegweisung der Freiheit, Gütersloh 1979 = Stuttgart 1995.
E. Conrad/K. Deßecker/H. Kaiser (Hrsg.), Erzählbuch zum Glauben, Bd. 2. Die Zehn Gebote, Zürich u. a. 1983.
Themaheft Thora/Dekalog: EvErz 42/1990, H. 2, 125–180.
W.H. Schmidt, Die Zehn Gebote im Rahmen alttestamentlicher Ethik, Darmstadt 1993.

30 Verlag am Eschbach, Eschbach/Markgräflerland 1988–1994.

VIII.
Wahrnehmung des Fremden/des Anderen

KARL FRIEDRICH HAAG

Fremde, Menschen mit anderem Aussehen, anderen Lebensformen, anderer Religion und anderer Kultur sind längst nicht mehr ferne Fremde, sie sind zu nahen Fremden geworden, mit denen wir (oft konflikthaft) den gleichen Lebensraum teilen und mit denen wir deshalb nach verträglichen Möglichkeiten und Formen des Zusammen-Lebens fragen und suchen müssen. Die Fragen und Probleme, die sich daraus ergeben, sind *auch* als (gesamtgesellschaftliche) *Lern*probleme zu begreifen.

Man kann freilich fragen, ob hier primär pädagogischer und nicht vielmehr gesellschaftspolitischer, vor allem arbeitsmarktpolitischer Handlungsbedarf besteht. Denn die in der Gesellschaft virulenten Widersprüche und Konflikte mit »Ausländern« hängen sehr eng mit sozialen und materiellen Problemen zusammen; Strukturprobleme der Gesellschaft kann man aber nicht einfach durch ihre Pädagogisierung, durch Lern- und Anpassungsleistungen, durch Erziehung zu Toleranz lösen.

Gleichwohl stellen sich *auch pädagogische Aufgaben*. Die entsprechenden Erziehungs- und Lernziele bedürfen allerdings erst einer Präzisierung, einer ethischen (und das heißt in diesem Fall: auch einer politischen) Reflexion und Legitimation.

Für diesen Beitrag wurden Überlegungen im Blick auf die Orientierungsstufe erbeten. Der Unterricht in der Orientierungsstufe wird vor allem konkrete Einzelaspekte auszuwählen haben. Die nachfolgend skizzierte Problemanalyse will ethische Zielvorstellungen sachlogisch geordnet so entwickeln, daß man in Anlehnung an die vorgelegten Schritte *auch* Schülerinnen und Schüler höherer Jahrgangsstufen in diesen Nachdenkprozeß mithineinnehmen kann, indem man sie selbst »ethische Zielvorstellungen« entwickeln läßt.

1. Problemfeststellung – Situations- und Sachverhaltsanalyse – Verhaltensalternativen[1]

Einer sorgfältigen *Sachanalyse* kommt entscheidende Bedeutung zu, weil unterschiedliche ethische Urteile häufig auf unterschiedliche Sachverhaltsanalysen zurückgehen. Man kann sog. Sachverhalte ja sehr unterschiedlich wahrnehmen und darstellen. Deshalb gehört zu ethischer Bildung die Einsicht in die Notwendigkeit differenzierter Wahrnehmung, wobei »Wahrnehmung« als ein sprachlich vorstrukturierter Erschließungsvorgang[2] begriffen werden kann: Wie nehme ich den Fremden wahr? Als den ganz Fremden, als den Andersartigen, als den Feind, als den Interessanten, als Gefährdung oder als Bereicherung?

Die »Fremden«, denen wir begegnen, sind Menschen mit höchst unterschiedlichen Biographien:[3]

- nichtdeutsche Bürger, die als umworbene »ausländische Arbeitnehmer« nach Deutschland kamen und seit etwa drei Jahrzehnten, z. T. schon in der dritten Generation hier leben;
- Asylbewerberinnen und Asylbewerber, Flüchtlinge aus (europäischen und nichteuropäischen) Kriegs- und Bürgerkriegsgebieten;
- Aus- und Umsiedler aus ehemals deutschen Gebieten;[4]
- Studierende, Geschäftsleute, Touristen, die nur vorübergehend bei uns leben.
- »Fremde« kommen schließlich auch via Medien, insbesondere via Fernsehen zu uns ins Wohnzimmer: Die mediale Informationsüberflutung läßt das Wissen und das Bewußtsein um die Vielfalt und Verschiedenartigkeit menschlicher Lebensformen wachsen und stellt dadurch direkt

---

1 Im Hintergrund dieser Begrifflichkeit und dieser Überlegungen steht ein für das Verständnis von Ethik und ethischer Diskussion grundlegender Beitrag von *H.E. Tödt,* Theorie ethischer Urteilsbildung, in: *ders.,* Perspektiven theologischer Ethik, München 1988, 21–48.

2 Ethisches Lernen vollzieht sich weitgehend als Erlernen der Sprache ethischen Wahrnehmens und Nachdenkens bzw. Diskutierens.

3 Vgl. zum folgenden *W. Huber,* Viele Kulturen – eine Gesellschaft. Multikulturalität in europäischer Perspektive; in: ZEE 36/1992, 111–124.

4 Gegenüber den Arbeitsimmigranten hat in den letzten Jahren der prozentuale Anteil der Flüchtlinge und Asylbewerber zugenommen.

oder indirekt unsere Lebensform bzw. unsere Identitätsbefindlichkeiten in Frage.[5]

– Als »Fremde« begegnen sich immer auch noch »die Europäer«. Manche betrachten es als »eine Schlüsselfrage für die Zukunft Europas, wie Mehrheiten und Minderheiten in kulturell und religiös pluralen Situationen miteinander leben können.«[6]

– Als »Fremde« werden häufig auch jene erlebt, die sich nicht in ethnischer Hinsicht von den anderen unterscheiden, sondern etwa durch ihre sexuelle Orientierung (Homosexuelle/Lesben) oder durch ein Verhalten, das den gesellschaftlichen bzw. wirtschaftlichen Standards nicht entspricht (etwa »Leistungsverweigerung« von »Unseßhaften«). Multikulturalität ist nicht identisch mit Multiethnizität und Mehrsprachigkeit.

Unsere Wahrnehmungsmuster sind bei gesellschaftlichen Phänomenen und Prozessen ganz entscheidend von *politischen Grundüberzeugungen* geprägt. In unserem Zusammenhang spielt es z. B. eine wichtige Rolle, ob man für die politische Einheit »Staat« eine sprachliche und kulturelle, gar eine ethnische Einheit als konstitutiv betrachtet. Wer den Staat als »Nationalstaat« versteht, wird Fremden gegenüber eine andere Einstellung haben als der, der den Staat als »Verfassungsstaat« versteht und das Bürgersein darin begründet sieht, daß man sich an die vereinbarten Regeln (etwa des Grundgesetzes) hält. Der »Umgang mit Fremden« ist also auch von politischem Problembewußtsein und politischen Grundentscheidungen abhängig.

Was bedeutet es für 11- bis 12jährige, was für 15- bis 16jährige Schülerinnen und Schüler, was für junge Erwachsene, wenn sie sagen: »Ich bin Deutscher«? Nach einer vom *Deutschen Jugendinstitut* publizierten Befragung

5 »Fremde/Andere«, das sind z. B. auch *geistig Behinderte*, mit denen wir nicht im üblichen Sinn (auf der Basis von Vernunft und Sprache) »kommunizieren« können: *Begegnung mit dem Fremden* erreicht hier wohl die radikalste Infragestellung des Ich durch den Anderen. – Für diese »Zuspitzung« der Problemstellung vgl. den Beitrag von *A.-K. Szagun* im vorl. Band.

6 *P. Schreiner,* Interkulturelles und interreligiöses Lernen in Europa, in: EvErz 46/1994, 316. Auch für Europa gilt, daß »der Alltag von ethnischer, sprachlicher, religiöser sowie sozialer Heterogenität bestimmt ist und zunehmend bestimmt sein wird«. *M. Krüger-Potratz,* Interkulturelle Pädagogik. Studienbrief der Fernuniversität Hagen, Hagen 1994, 3.

haben 1990 den Satz »Ich bin stolz, Deutscher zu sein« in der damals noch existierenden DDR 63,9% der Befragten und in der BRD 47,9% bejaht; der Aussage »Mich stören die vielen Ausländer bei uns« bejahten in der DDR 41,6% und in der BRD 30,1% der befragten 15- bis 16jährigen Großstadt-jugendlichen.[7]

Welches aber sind die politisch und ethisch zu verantwortenden Konzeptionen einer *pluralistischen Gesellschaft?* Und welches sind dann die entsprechenden Umgangsweisen, zu denen hin bewußt »erzogen« werden soll? Soll man eintreten für

– ein (alternatives) *Nebeneinander* verschiedenster Kulturen, Weltan-schauungen, Lebensauffassungen und Lebensweisen?
– eine zunehmende *Nivellierung der Unterschiede,* für eine allmähliche (syn-kretistische) »Verschmelzung«, für »Integration«[8] oder doch wenigstens für zunehmend mehr »Kompromisse«?
– ein die Differenzen *akzeptierendes* »Nebeneinander-Miteinander« *(Dietrich Zilleßen),* bei dem es nicht um die »Integration des Anderen in meine Welt, sondern um meine Integration in die Vielfalt der Welt« geht?[9]

Spricht man von »Multikulturalität«, so darf man nicht einfach von Kulturen als statischen Größen ausgehen. Kulturelle Werte und Lebensformen sind vielmehr mannigfachen Wechselbezie-hungen und so auch einem Wandel unterworfen, bei dem es zu Identitätskrisen, Verunsicherungen und (ängstlichen) Abgren-zungen kommen kann. Die Vorstellung von Multikulturalität (und folglich auch ein Lernziel wie »Befähigung zu Multikulturali-tät«) wird sich also nicht an einem statischen Verständnis von

---

7 *Deutsches Jugendinstitut,* Schüler an der Schwelle zur deutschen Einheit. Politische und persönliche Orientierungen in Ost und West, Opladen 1992, 117.
8 Integration wurde zunächst als Gegenbegriff zu Ausgrenzung verstanden und war solchermaßen »positiv« besetzt. Fragt man genauer nach, was denn unter »Integration« tatsächlich zu verstehen ist, gerät der Begriff ins Zwielicht.
9 *D. Zilleßen,* Konfessioneller Religionsunterricht in multikultureller Le-benswelt?, in: *J. Lott* (Hrsg.), Religion – warum und wozu in der Schule, Weinheim 1992, 301ff., hier: 302. Im Horizont solcher Programmatik gilt Toleranz dann häufig als etwas zu Oberflächliches, vielleicht als Ausdruck von Indifferenz oder Neutralität, allenfalls als Ausdruck von Respekt.

Kultur orientieren, sondern an einem dynamischen. – Neben einer Pluralisierung und Ausdifferenzierung von Lebensformen ist auch eine *Globalisierung* und zumindest partielle Vereinheitlichung im Bereich der »Kulturalität« zu beobachten (z. B.: »McDonalds all over the world«; internationale Industriekonzerne setzen globale Technikstandards!). – Es bleibt die Frage, welche Zielvision einer pluralistischen Gesellschaft sich konkret leben und politisch gestalten läßt.

2. Christliche Impulse

»Die ethisch-empathische Zuwendung zum Fremden verdankt sich im jüdisch-christlichen Kulturkreis keineswegs erst modernen Reiz-, Schock- oder Konsumbedürfnissen, ... sondern hat tiefere Wurzeln im ethischen Sozialisationsgut einer Kultur, in der ein empathischer Fremdenumgang religiös begründet ist. Die Aufforderung zur Fremdenfreundlichkeit finden wir im Zentrum sowohl des Judentums als auch des Christentums.«[10]

Im Alten Testament bestimmen zwei Grundgedanken den Umgang mit dem Fremden: Im Schöpfungsglauben ist die Gleichheit aller als Geschöpfe Gottes begründet; die faktisch vorhandenen ethnischen Unterschiede sind Ergebnisse späterer, geschichtlicher Ausdifferenzierung. Aber noch wichtiger als der schöpfungstheologische Aspekt ist das in der geschichtlichen Erfahrung des Volkes begründete Gast- und Schutzrecht des Fremden: vgl. Ex 23, 9; Lev 19, 33f.; Dtn 10, 17f.; Dtn 27, 19!

Gott selbst will sich um die Fremdlinge kümmern (Ps 146, 9); sie sollen bei der Landverteilung wie »Einheimische« betrachtet werden (vgl. Hes 47, 22!) und mit gesicherter Existenzgrundlage, also unabhängig von den Almosen des Gastgebers, als Fremde unter den Einheimischen leben. »Die Gastfreundschaft dem Frem-

---

10 *V. Drehsen,* Die Anverwandlung des Fremden (»4. Die ethisch-emphatischen Grundlagen des Fremdverstehens in der jüdisch-christlichen Tradition«); in: *ders.,* Wie religionsfähig ist die Volkskirche? Sozialisationstheoretische Erkundungen neuzeitlicher Christentumspraxis, Gütersloh 1994, 313–345, hier: 326.

den gegenüber bedeutet dessen Aufnahme in den Lebenskreis des Shalom.«[11]

Im Neuen Testament verschiebt sich der Akzent im Verständnis des Fremden: die urchristliche Gemeinde erfährt sich selbst als (verfolgter) Fremdling in dieser Welt. Die Welt ist nicht ihre »Heimat«: »Fremdheit im Sinne der irdischen Pilgrimschaft charakterisiert nicht mehr nur den Anderen, sondern wird zu einer umfassenden Kategorie des Menschenverständnisses im Angesicht Gottes.«[12] Die grundlegende Entfremdung des Menschen hebt Gott auf, indem er ihn in seinen Herrschaftsbereich eingemeindet. Damit sind dann auch die bestehenden Fremdheiten in dieser Welt relativiert und Möglichkeitsbedingungen geschaffen, mit dem Fremden hier (im Vorläufigen) in Differenz leben zu können, ohne daß sich diese Differenz ruinös für den Menschen auswirken muß.

Die Dynamik von Gottes Geist übersteigt Sprachbarrieren, sprengt nationale und religiöse Grenzen (Apg 2, 10; Gal 3, 27): »Das Christentum enthält von Anbeginn ein multikulturelles Experiment.«[13] Und dies blieb nicht nur Theorie und Programm, sondern führte zur Praxis des Festes und der Feier mit den »Außenstehenden«. Im Epheserbrief (3, 3.6) ist dies Thema grundsätzlich bedacht: Die »Heiden«, die Fremden, die Nicht-Familienangehörigen werden zu »Miterben« erklärt. Die Grenzenlosigkeit göttlicher Liebe und das Werk seiner Entgrenzung ist konstitutives Element der Verkündigung Jesu und der Christusverkündigung: »Überall findet sich die Überschreitung, Durchbrechung (und) Außerkraftsetzung überkommener Abgrenzungen geschichtlicher, gesellschaftlicher, ethnischer, rassischer, kultureller Milieus. Universale Erbschaft in Christus hebt die Grenzen traditioneller, natürlicher, gesellschaftlicher und kultureller Privilegien auf zugunsten der gemeinsamen Haushalterschaft in der von

---

11 *C. Westermann,* Forschung am Alten Testament, in: *ders.,* Gesammelte Studien 2, München 1974, 209.

12 *V. Drehsen,* aaO., 328; allerdings ist auch ein großer Teil der alttestamentlichen Texte von der Erfahrung der Fremdlingschaft (nicht nur in Ägypten, sondern vor allem im babylonischen Exil) geprägt!

13 *J.B. Metz,* Das Christentum und die Fremden, in: *C.T. Scheilke/P. Schreiner* (Hrsg.), Interkulturelles Lernen (Im Blickpunkt 12), Münster 1993, 144.

Gott anvertrauten Welt sowie zugunsten des umfassenden Heils, das Gott allen Völkern zugedacht hat.«[14]

Anzumerken ist freilich, daß solche Entgrenzungsvorstellungen so eng mit der christlichen Tradition (mit ihrem »Evangelium«) verbunden sind, daß man nicht ohne weiteres voraussetzen darf, daß sie als allgemein plausibel und *realisierbar* angesehen werden. Andere Konzepte für »Zusammenleben« (etwa von einer anderen religiösen bzw. politischen Grundierung her) können einen »Abbau von Barrieren« durchaus als unerwünscht ansehen.

Anzumerken ist ferner, daß der ethische Urteilsbildungsprozeß mit der Benennung christlich-ethischer Leitlinien keineswegs als abgeschlossen betrachtet werden darf: Die beispielsweise aus dem Epheserbrief gewonnenen ethischen Leitlinien geben nicht schon eine Antwort auf die Frage, ob es aus christlicher Sicht geboten sei, »Integrationsprozesse« zu befördern, oder ob »Integration« als Zielvorstellung gerade problematisiert werden muß. Erst das Zusammenspiel von politischen Analysen und ethischen Überlegungen führt zu konkreten politischen Optionen.

3. Überlegungen zu den Zielperspektiven

Auch wenn durchaus offen ist, »ob die ›multikulturelle Gesellschaft‹ der richtige Bezugshorizont sei, ob die Schule als nationalstaatliche Einrichtung für diese Aufgabe geeignet sei, ob sie mit ihrem universalistischen Auftrag der richtige Ort sei, Minderheitenkulturen zu präsentieren«[15], so ist doch unbestritten, daß Heranwachsende auch in der Schule in einen gesamtgesellschaftlich aufgetragenen Lernprozeß hineingenommen werden müssen. – Allerdings sind ethische Überlegungen bzw. politische Optionen nicht einfach schon *pädagogische* Zielvorstellungen, jedenfalls keine hinreichend konkreten Lernziele.

3.1 Begrenzte Leistungsfähigkeit ethischen Unterrichts. Auch wenn die Schulforschung die »Wirkung von Schule auf die Schüler auf etwa

---

14 *V. Drehsen,* aaO., 329 (gekürzt).
15 *G. Auernheimer,* Einführung in die interkulturelle Erziehung, 2. überarb. Auflage, Darmstadt 1995, 166.

10 Prozent schätzt«[16] und man die Möglichkeiten der Schule nicht überschätzen darf, wird man von ihr einen Beitrag zur Erziehung und zur ethischen Bildung erwarten.

Ethisches Lernen wird sich in der Schule zunächst als Erlernen der (spezifischen) Sprache zur Bearbeitung ethischer Themen vollziehen. Das scheint eine sehr bescheidene Zielsetzung zu sein. Aber ist im schulischen Unterricht mehr erreichbar?

Es ist immer wieder beobachtet worden, daß sich Schülerinnen und Schüler, wenn allgemeine oder konkrete (die eigene Klasse betreffende) Probleme besprochen werden, für ein »fremdenfreundliches« Verhalten aussprechen, daß sie aber in der Praxis (Umgang mit »Fremden« in ihrer Klasse) nichts oder wenig von dem theoretisch geklärten und für wünschenswert erachteten Verhalten an den Tag legen. Wenn sich nicht tatsächlich der emotionale Bewertungshintergrund der Kinder entsprechend ändert, bricht die sprachlich vermeintlich gesicherte Lösung wieder zusammen.[17]

Es ist daher sowohl auf der Ebene der Lernziele als auch des Unterrichtsvollzugs der Zusammenhang von affektiven und kognitiven Lernzielen zu beachten. Dabei sind einschlägige *entwicklungspsychologische* und *psychologische* Einsichten zu berücksichtigen. So ist z. B. mit Elementen von »Fremdenfurcht« und Abgrenzungsbestrebungen zum Schutz der eigenen Identität zu rechnen.

3.2 Den Fremden/das Fremde verstehen wollen? Die Zielperspektive, Fremdes im Sinne einer Hermeneutik, die Verstehen als »Horizontverschmelzung« begreift, verstehen zu wollen, begrenzt das Fremde auf das, was ich aufnehmen und mir aneignen kann, was »in meinen (wenn auch vielleicht erweiterbaren) Horizont« paßt.[18] Angemessener erscheint die Zielperspektive, am Fremden

---

16 *W. Nieke/G. Hansen,* Interkulturelle Bildung, in: *C.T. Scheilke/P. Schreiner* (Hrsg.), Interkulturelles Lernen, aaO., 83.

17 Vgl. *R. Schmitt,* Kinder und Ausländer. Einstellungsänderung durch Rollenspiel. Eine empirische Untersuchung, Braunschweig 1979, 237; zit. nach *Auernheimer,* aaO. 174. – Die kognitive Urteilsbildung ist gegenüber der emotionalen Wertung sekundär.

18 Den Fremden/das Fremde gar nur als Projektionsfläche zu benützen, um mich selbst differenzierter wahrzunehmen und besser zu verstehen, funktionalisiert (verzweckt) den Anderen/das Andere zur Folie der Selbstdarstellung, *evtl. auch zur Projektionsfläche der eigenen Sehnsüchte!*

das eigene Fremdsein, das eigene Nur-ein-Teil-Sein zu erfahren. Damit zerbrechen eigene Ganzheitsansprüche. Mit dem Ja zum eigenen Fragmentiertsein ist auch die Akzeptanz des Fremden in seinem Fremdsein verbunden sowie der Verzicht darauf, Fremdes domestizieren und integrieren zu wollen.

3.3 Unterschiedliche Akzentuierungen pädagogischen Handelns. Es ist sowohl zwischen *Lernen* und *Erziehen* als auch zwischen inter*kulturellem*, inter*religiösem* und *ethischem* Lernen bzw. Erziehen zu unterscheiden. Diese Unterscheidungen und Zuordnungen können hier nicht ausführlich erörtert werden, sollen aber doch als Raster für die Präzisierung pädagogischer Zielvorstellungen ins Bewußtsein gehoben werden: Je nachdem, welche Akzente man setzen will, sind die Lernziele zu spezifizieren und zu konkretisieren.

Kultur, Religion und Ethos sind ineinander verflochten. Deshalb kann auch »Umgang mit Fremden« nicht als nur »ethische« Herausforderung gesehen werden: Das Fremde begegnet auch in der Gestalt von »fremder Religiosität«, und »fremde Religiosität« prägt auch die als »fremd« wahrgenommenen Lebensformen. – Auf eine Erörterung der Probleme des »interreligiösen Lernens« muß hier verzichtet werden, weil die dabei zu behandelnden Sachfragen und die gegenwärtige Diskussionslage umfassendere theologische und religionspädagogische Überlegungen nötig machen würden.[19]

19 Einen guten Einstieg in den Diskussionsstand bietet *K.E. Nipkow,* »›Oikumene‹: Der Welt-Horizont als notwendige Voraussetzung christlicher Bildung und Erziehung im Blick auf die nichtchristlichen Religionen«; in: *J. Lähnemann* (Hrsg.), Das Wiedererwachen der Religionen als pädagogische Herausforderung. Interreligiöse Erziehung im Spannungsfeld von Fundamentalismus und Säkularismus, Hamburg 1992, 166–189. – Vgl. auch *J. Lott,* Die Beschäftigung mit fremder Religiosität als Bestandteil eigener religiöser Sozialisation. Religionsunterricht und »interkulturelles Lernen«; in: *ders.* (Hrsg.), Religion – warum und wozu in der Schule?, Weinheim 1992, 321–340; *H.-G. Heimbrock,* Leben in multikultureller Gesellschaft. Lernaufgaben für die Religionspädagogik; in: JRP 8/1991, 1992, 55–70.

3.4 »Befähigung zu Multikulturalität«? »Interkulturelles Lernen findet statt, wenn eine Person bestrebt ist, im Umgang mit Menschen einer anderen Kultur deren spezifisches Orientierungssystem der Wahrnehmung, des Denkens, Wertens und Handelns zu verstehen, in das eigenkulturelle Orientierungssystem zu integrieren und auf ihr Denken und Handeln im fremdkulturellen Handlungsfeld anzuwenden. Interkulturelles Lernen bedingt neben dem Verstehen fremdkultureller Orientierungssysteme eine Reflexion des eigenkulturellen Orientierungssystems.«[20] – Man wird fragen müssen, ob die hier offensichtlich als gestuft gedachte Akkulturation an die Fremdkultur (Verstehen, Übernahme von Orientierungsmustern, selektive Anwendung) als Abfolge von Lernschritten verstanden werden soll, was nicht unproblematisch wäre.

Häufig wird »interkulturelle Erziehung« bzw. »interkulturelles Lernen« als Spezialfall »sozialen Lernens« verstanden und mit Zielbegriffen wie Solidarität, Einfühlungsvermögen, Empathie mit Angehörigen von Minderheiten, Toleranz, Kooperationsfähigkeit u. ä. verbunden. Man muß allerdings fragen, was mit diesen inflationär gebrauchten Begriffen (z. B. »Toleranz«) wirklich gemeint ist. Müßte interkulturelles Lernen nicht primär (!) die Kompetenz vermitteln, mit kulturellen *Differenzen* »umzugehen«, also (auch) »Unterscheidungen« und »Abgrenzungen« einzuüben?

3.5 Identität durch »Beheimatung« oder durch »Abgrenzung«? Die immer wieder erörterte Frage, ob die Heranwachsenden zunächst eines pädagogischen Schonraums bedürfen, damit Identitätsfindung möglich wird und sie sich dann dem Fremden stellen können, oder ob sich Identitätsbildung gleich von Anfang an im Diskurs, in der Abgrenzung von dem Anderen vollzieht, ist schwer beantwortbar. Es handelt sich wohl um eine unsachgemäße Alternative: Standpunkte bilden sich immer wieder (neu) in konkreten Auseinandersetzungen. Positionalität ist *auch Ergebnis* von Diskursen, nicht nur deren Voraussetzung. Lernziel sollte *jedenfalls sowohl* die Verwurzelung und Beheimatung *als auch* die Befähigung zu Begegnung und Austausch mit Fremdem, *als auch* die Befähigung zur Abgrenzung sein.

20 *A. Thomas* (Hrsg.), Interkulturelles Lernen im Schüleraustausch, Saarbrücken u. Fort Lauderdale 1988, 83 [zit. nach *Auernheimer*, aaO., 169].

3.6 Ausgangspunkt: »Konkrete Situation«. Schon die Lernzielbestimmung wird von einer konkreten Lerngruppe auszugehen haben und von den *konkreten Herausforderungen* her differenzierte Lernziele festlegen. Während man in höheren Jahrgangsstufen eine sich entwickelnde Fähigkeit zur Abstraktion, zur Verallgemeinerung und zur Diskussion von strukturellen Problemen voraussetzen kann, ist in der Orientierungsstufe (und auch in der Sekundarstufe I) direkt von der plural zusammengesetzten Lerngruppe auszugehen und eine gemeinsame Bearbeitung von vorhandenen, thematisierbaren Konflikten zu versuchen. Dadurch wird der Gefahr unverbindlicher Allgemeinheit (»man muß tolerant sein«) gewehrt. Aus der konkreten Situation einer plural zusammengesetzten Lerngruppe kann sich z. B. als Zielfrage ergeben: Wie können Heranwachsende lernen, ohne Angst verschieden zu sein?

Eine Reduktion auf »sachkundliche *Informationen*« (»über« die Fremden/Andern) greift zu kurz; es sollten (wenigstens ansatzweise) *Erfahrungen* ermöglicht werden: Interaktionen und Gespräche *mit* »den Anderen/den Fremden«. Solche Interaktionen und Gespräche werden im Raum Schule anders verlaufen als im Raum gesellschaftlicher Alltäglichkeit, aber sie sollten wenigstens exemplarisch durchgeführt werden. Sie sind so zu gestalten, *daß* sich etwas ereignet, daß Erfahrungen (incl. Fremdheits- und Differenzerfahrungen!) bewußt gemacht und eben auch bewußtgemacht werden, und daß auch Konflikte (z. B. sozialer Art) wahrgenommen werden können.

4. Zugangswege

4.1 Ausgangspunkte. Konflikte bzw. Herausforderungen im Erfahrungsbereich der Schülerinnen und Schüler eignen sich als konkrete Ausgangspunkte. Dabei ist zu denken an
- Schüler/Schülerinnen ethnischer Minderheiten in der Schulklasse.
- Ethnische Minderheiten in der Nachbarschaft (ausländische Arbeitnehmer/Asylbewerber).
- »Fremde Kulturen« (Dritte Welt) in den Medien.
Sorgfältiges Wahrnehmen der Situation und Versuche, sich z. B. durch Rollenspiele »in den Fremden zu versetzen«, sollten sowohl

konfliktorientiert als auch begegnungsorientiert aufeinander bezogen sein. Dabei sind neben den kognitiven Lernzielen auch die affektiven Lernziele hinreichend zu berücksichtigen. Ausgangspunkt kann die jeweilige Lerngruppe, aber auch der Nahraum der Schülerinnen und Schüler sein.

Durch Elemente eines »handlungsorientierten« Unterrichts werden Lernprozesse besonders wirksam gefördert. In diesem Sinne können schulische Unternehmungen z.B. mit Projekten von Kirchengemeinden und anderen Einrichtungen und Initiativen verknüpft werden.

4.2 »Bearbeitungsmöglichkeiten«:

– Man kann die »eigenen« und die »der anderen/fremden« Tagesabläufe miteinander vergleichen.

– Man kann Jahresabläufe mit den sie strukturierenden, weitgehend religiös verankerten Festen miteinander vergleichen und spezifische Feste im Rahmen des Möglichen gemeinsam feiern. Dabei wird sich Lernen nicht zuletzt in den »Vorbereitungen des Festes« vollziehen.

– Man kann gemeinsam nach den »Sehnsüchten und Träumen« von Kindern und Jugendlichen aus verschiedenen Kulturen fragen und dabei den »Reichtum« verschiedener kultureller Traditionen entdecken.[21]

– Bei einem Projekt wie »Die ›weite Welt‹ vor meiner Haustür« können Schülerinnen und Schüler die Vielfalt der sozialen Milieus und der kulturell bedingten Lebensformen erforschen, die sich in ihrem Lebensbereich (z.B. Nachbarschaft oder Stadtteil) vorfinden.

– Die »Kunst« (z.B. darstellende Kunst oder v.a. auch Musik!) »der Anderen«/»der Fremden« vermag andere Lebenswelten und Lebensformen recht einfühlsam und eindrucksvoll zu erschließen.

– PC-Partnerschaften einzelner Schüler oder ganzer Schulklassen mit einzelnen Schülern oder ganzer Schulklassen »in der weiten Welt«, z.B. über INTERNET, können auf besonderes Interesse der Heranwachsenden stoßen und nicht nur einen erheblichen »Informationsgewinn« erbringen.

21 Vgl. *H.-J. Hutter,* Özlem heißt Sehnsucht; in: JRP 8/1991, 1992, 3–12.

4.3 Arbeitsformen. Für die Bearbeitung von Themen sind grundsätzlich alle im schulischen Rahmen üblichen Arbeitsformen denkbar. Es seien insbesondere genannt:

- Textanalysen; gemeinsame Lektüre internationaler Jugendliteratur;
- Rollenspiele (insbesondere zur Konfliktbearbeitung);
- Verfassen von Zeitungsartikeln, Leserbriefen, Presseberichten (etwa über ein interkulturelles Fest);
- Ausstellungen in Schule oder anderen Orten; Wandzeitung (für einen Schaukausten);
- Erstellen eines Videofilms: über die Lebensweise und Probleme von »Fremden« usw.

Literaturhinweise

G. Auernheimer, Einführung in die interkulturelle Erziehung, 2., überarbeitete Aufl., Darmstadt 1995.

J.A. van der Ven/H.-G. Ziebertz (Hrsg.), Religiöser Pluralismus und Interreligiöses Lernen (Theologie & Empirie 22), Kampen/Weinheim 1994.

EvErz 1994, Heft 4: Themaheft »Multikulturalität und interreligiöses Lernen«.

Glaube und Lernen 1966, Heft 1: Themaheft »Interkulturelle Begegnung und religiöse Vergewisserung«.

H. Otten/W. Treuheit (Hrsg.), Interkulturelles Lernen in Theorie und Praxis. Ein Handbuch für Jugendarbeit und Weiterbildung, Opladen 1994.

J. Lähnemann (Hrsg.), Weltreligionen und Friedenserziehung. Wege zur Toleranz. Schwerpunkt: Christentum – Islam. Referate und Ergebnisse des Nürnberger Forums 1988, Hamburg 1989.

J. Lähnemann (Hrsg.), »Das Projekt Weltethos« in der Erziehung. Referate und Ergebnisse des Nürnberger Forums 1994, Hamburg 1995.

IX.
Menschenrechte

WERNER SIMON

1. Menschenrechte – ein Problemaufriß

Die Berufung auf die »Menschenrechte« besitzt eine »skandalöse Aktualität«[1] angesichts der zahlreichen Menschenrechtsverletzungen in vielen Staaten der Erde, deren erschreckendes Ausmaß einer globalen Öffentlichkeit zunehmend bewußt wird. Der Rekurs auf den Schutz der Menschenrechte hat einen hohen politischen Stellenwert. Er findet breite Anerkennung auch über Partei-, Staats- und Kulturgrenzen hinweg. Daß die Menschenrechte zu achten sind, ist evident und plausibel und offensichtlich doch gleichzeitig nicht selbstverständlich. Es besteht eine Diskrepanz zwischen Anspruch und Wirklichkeit, zwischen politischer Rhetorik und politischem Handeln. Menschenrechte beschreiben in diesem Zusammenhang »Fundamentalkriterien und normative Leitprinzipien« einer »sittlich legitimen Politik«.[2]

1.1 Zum Begriff. Der Begriff der »Menschenrechte« bezeichnet jene grundlegenden Rechte der Person, die jedem Menschen zukommen allein aufgrund der Tatsache seines Menschseins. Sie sind angeboren und nicht erworben, unveräußerlich und unverlierbar, allgemein und gleich, immer und überall gültig. Sie sind an die Einzelperson als Rechtssubjekt gebunden und kommen dieser nicht erst abgeleitet aufgrund der Zugehörigkeit zu einem Kollektiv zu. Sie haben vorstaatlichen und überpositiven Charakter,

---

1 *K. Hilpert,* Die Menschenrechte, Düsseldorf 1991, 19.
2 *O. Höffe,* Die Menschenrechte in der Kirche, in: *A. Hertz u.a.* (Hrsg.), Handbuch der christlichen Ethik. Aktualisierte Neuausgabe, Bd. 3, Freiburg 1993, 236–255, hier: 238.

werden vom Staat gewährleistet, aber nicht von ihm gewährt und unterscheiden sich darin von ständischen Freiheitsrechten und Staatsbürgerrechten. Sie schützen als individuelle Freiheits- und Gleichheitsrechte den einzelnen vor staatlicher Willkür und sichern gesellschaftliche Freiräume selbstbestimmten Handelns. Sie garantieren als Partizipationsrechte Möglichkeiten der politischen, wirtschaftlichen und gesellschaftlichen Mitbestimmung. Sie beschreiben als soziale Menschenrechte verbindliche Zielorientierungen des staatlichen und politischen Handelns. Ihr einigendes Band finden die Menschenrechte im Schutz der »Menschenwürde«: der Würde des Menschen als Person, die zu vernünftiger Selbstbestimmung in Freiheit berufen ist. Eine auch positiv rechtsverbindliche Kraft und institutionelle Garantie erlangen die Menschenrechte für den innerstaatlichen Bereich durch ihre verfassungsrechtliche Positivierung als »Grundrechte«: sie gelten als objektives Recht und werden als subjektive Rechte einklagbar.

»Artikel 1: (1) Die Würde des Menschen ist unantastbar. Sie zu achten und zu schützen ist Verpflichtung aller staatlichen Gewalt. (2) Das deutsche Volk bekennt sich darum zu unverletzlichen und unveräußerlichen Menschenrechten als Grundlage jeder menschlichen Gemeinschaft, des Friedens und der Gerechtigkeit in der Welt. (3) Die nachfolgenden Grundrechte binden Gesetzgebung, vollziehende Gewalt und Rechtsprechung als unmittelbar geltendes Recht.« (Art. 1 des Grundgesetzes für die Bundesrepublik Deutschland vom 23. 5. 1949)

Der Geltungsanspruch der Menschenrechte transzendiert und relativiert die Grenzen der einzelstaatlichen Souveränität. Die »Allgemeine Erklärung der Menschenrechte« der Vereinten Nationen (1948) betont, daß »die Anerkennung der allen Mitgliedern der menschlichen Familie innewohnenden Würde und ihrer gleichen und unveräußerlichen Rechte die Grundlage der Freiheit, der Gerechtigkeit und des Friedens in der Welt bildet«.[3] In regionalen und internationalen Konventionen gewinnen die Menschenrechte eine auch völkerrechtliche Verbindlichkeit: »Mit der Inkorporation der Menschenrechte in das Völkerrecht wurde die

---

3 Vgl. *F. Ermacora* (Hrsg.), Internationale Dokumente zum Menschenrechtsschutz, Stuttgart 1971 u.ö.

menschliche Einzelperson als Subjekt des Völkerrechtes anerkannt.«[4]

1.2 Niederschlag geschichtlicher Erfahrung. Die Wurzeln des natur-
rechtlichen Denkens, das das Recht in der allen Menschen gemeinsamen Vernunftnatur begründet, reichen bis in die Antike
zurück (Stoa). Sie bleiben auch in ihrer christlichen Rezeption und
Transformation (Scholastik) bis in die Neuzeit lebendig. Für das
neuzeitliche Menschenrechtsdenken entscheidend wurde jedoch
das rationale Naturrecht der Aufklärung, in dem die christliche
Tradition allenfalls gebrochen zum Tragen kommt. Erinnert die
Unabhängigkeitserklärung der Vereinigten Staaten (1776) daran,
daß alle Menschen von ihrem Schöpfer gleich geschaffen und mit
unveräußerlichen Rechten ausgestattet wurden, so verzichtet die
»Erklärung der Menschen- und der Bügerrechte« der Französi-
schen Nationalversammlung (1789) auf einen vergleichbaren Bezug auf die christliche Glaubenstradition.

Die »Entdeckung« und die Kodifizierung allgemeiner und universal gültiger Menschenrechte läßt sich jedoch nicht primär aus
geistesgeschichtlichen Entwicklungen ableiten. Sie ist Frucht und
Niederschlag leidvoll gewonnener geschichtlicher Erfahrung. So
spiegeln die Freiheits- und Gleichheitsrechte der ersten Generation den Widerstand gegen den absolutistischen Staat und die
willkürliche Ausübung staatlicher Gewalt. Die sozialen Menschenrechte der zweiten Generation antworten auf die Kri-
senerfahrungen des Umbruchs in der Folge der Industriellen
Revolution und thematisieren Forderungen sozialer Gerechtigkeit. Die in der Gegenwart diskutierten Menschenrechte der
dritten Generation entsprechen der Suche nach verbindlichen
Kriterien für eine gerechte internationale Friedens- und Wirtschaftsordnung. Jüngere Beiträge zur Menschenrechtsdiskussion
fordern darüber hinaus eine ökologische Gerechtigkeit: »Keine
ökonomischen Menschenrechte ohne ökologische Pflichten gegenüber den Rechten der Natur«[5].

4 *W. Huber*, Menschenrechte/Menschenwürde, in: TRE 22/1992, 577–
602, hier: 584.
5 *J. Moltmann*, Menschenrechte, Rechte der Menschheit und Rechte der
Natur, in: Concilium 26/1990, 165–174, hier: 167.

Von Anfang an gehörten in der Geschichte der Menschenrechtsbewegung die gesellschaftliche Ermöglichung von Freiheit und Gerechtigkeit und der rechtliche Schutz der erreichten Freiheit und Gerechtigkeit zusammen. Im universalen Protest gegen weltweite Menschenrechtsverletzungen erfuhr das Menschenrechtsethos eine Akzeptanz und Geltung, die es zunehmend von seinen neuzeitlich-westlichen Entstehungsbedingungen löst und universalisiert als – Kern eines in geschichtlicher Erfahrung gewonnenen und zugleich allgemein gültigen Menschheitsethos. Dem entspricht die rechtsverbindliche Kodifizierung der Menschenrechte in den internationalen Menschenrechtskonventionen (»Internationaler Pakt über bürgerliche und politische Rechte« und »Internationaler Pakt über wirtschaftliche, soziale und kulturelle Rechte« der Vereinten Nationen [1966/1976]; »Europäische Konvention zum Schutz der Menschenrechte und Grundfreiheiten« des Europarats [1950]).

1.3 Die Grundfigur der Menschenrechte. Wolfgang Huber beschreibt den inneren Zusammenhang der Menschenrechte in der triadischen Grundfigur von Freiheit, Gleichheit und Teilhabe. Als hermeneutische Grundregel gilt, daß diese drei Sachmomente »stets in ihrer wechselseitigen Bedingtheit und Bezogenheit zu berücksichtigen sind; jedes einzelne Menschenrecht ist, wenn es in besonderer Nähe zu einem der drei Sachmomente steht, im Blick auf alle drei auszulegen«[6]. Sie lassen sich weder aufeinander reduzieren, noch dürfen sie isoliert – etwa in der falschen Alternative von individuellen oder sozialen Rechten – gegeneinander ausgespielt werden. Die in diesen drei Momenten angesprochenen Grundwerte der Freiheit, der Gerechtigkeit und der Solidarität lassen sich nur miteinander verwirklichen: »Gerechtigkeit im gesellschaftlichen Rahmen läßt sich nur finden, wenn das Gemeinwohl als Zielprinzip, die Personwürde aber als Grundprinzip festgehalten wird.«[7]

6 *W. Huber*, Menschenrechte: Ein Begriff und seine Geschichte, in: Concilium 15/1979, 199–204, hier: 202.

7 *F. Furger*, Ethik der Lebensbereiche, Freiburg 1985, 197f.

1.4 Universaler Geltungsanspruch und kulturspezifische Widerstände. Die Tatsache, daß sich die Menschenrechte einem bestimmten kulturspezifischen Traditionszusammenhang verdanken, stellt ihre universale Gültigkeit nicht notwendigerweise und prinzipiell in Frage. Die Anerkennung einer unveräußerlichen Menschenwürde und von unveräußerlichen Menschenrechten, die in ihr gründen, ist auch von unterschiedlichen kulturellen und religiösen Traditionen her zustimmungsfähig.»Seine Eindeutigkeit erhielt dieser Begriff (sc. der Menschenwürde) zunächst aus dem Faktum seiner Negation. Aus den massiven Angriffen staatlicher Gewalt auf Leben, Freiheit und Integrität ungezählter Menschen gewann die Menschenwürde eine unbestreitbare Evidenz.«[8] Ihre systematische Legitimation finden die Menschenrechte darüber hinaus in einer ihren Entdeckungskontext transzendierenden Argumentationslogik. Sie gründen in der Anerkennung einer letzten Unverfügbarkeit der menschlichen Person, die nie nur Mittel zum Zweck werden darf, vielmehr Zweck in sich selbst ist. Menschenrechte beschreiben in diesem Zusammenhang die »Anfangsbedingungen«[9] einer menschenwürdigen gesellschaftlichen Existenz und einen konsensfähigen Rahmen der Beurteilung einer menschenwürdigen Politik. Sie sichern die Freiheit der Person unabhängig von den verschiedenen Ethosformen, in denen diese sich verwirklicht. Sie begründen kein konkretes Ethos, sichern aber dessen Voraussetzungen durch den Bezug auf eine gemeinsame normative Basis, die zugleich partikuläre Interessen und Ansprüche relativiert und begrenzt.[10] Im Kontext der Erfahrungen einer zunehmenden globalen Verwiesenheit, von gemeinsamen Bedrohungen und wechselseitigen Abhängigkeiten bringen allgemeine Menschenrechte die Hoffnung auf eine universale Rechtsgemeinschaft zum Ausdruck. »Gegen eine radikale Pluralisierung und

---

8 *W. Huber,* Menschenrechte/Menschenwürde, aaO., 578.
9 *O. Höffe,* Menschenrechte als europäischer Kulturexport oder universales Ethos?, in: *M. Delgado/M. Lutz-Bachmann* (Hrsg.), Herausforderung Europa. Wege zu einer europäischen Identität, München 1995, 114–131, hier: 121.
10 Vgl. *L. Honnefelder,* Menschenwürde und Menschenrechte. Christlicher Glaube und die sittliche Substanz des Staates, in: *K.W. Hempfer/A. Schwan* (Hrsg.), Grundlagen der politischen Kultur des Westens, Berlin/New York 1987, 239–264.

eine ebenso radikale Historisierung erklären die Menschenrechte gewisse Bedingungen für weder pluralisierbar noch historisierbar.«[11] Schwierigkeiten der Rezeption des mit einem universalen Geltungsanspruch verbundenen Konzeptes der Menschenrechte begegnen vor allem dort, wo dieses auf ein Menschenrechtsdenken trifft, das die Geltung der Menschenrechte kulturspezifisch durch die Zugehörigkeit zu einem Kollektiv oder zu einer religiös definierten Gemeinschaft begründet und begrenzt.[12] Es stellt sich die schwierige hermeneutische Frage, wie solche kulturspezifischen Traditionen entgrenzt und von ihrer eigenen Mitte her für ein universales Menschenrechtsverständnis geöffnet bzw. auf es hin weiterentwickelt werden können.

»Die Kodifizierung universaler Menschenrechte erweist sich als langfristiger und zäher Prozeß; ihre Verwirklichung stößt auf ungezählte Blockaden. Ihre Begründung in einem gemeinsamen Weltethos wie in den besonderen kulturellen Traditionen der verschiedenen Weltteile erweist sich als schwierig; das Verhältnis der Weltreligionen zu den Menschenrechten ist durch erhebliche Spannungen und Widersprüche gekennzeichnet.«[13]

1.5 Rechtsforderung und ethische Verpflichtung. Menschenrechte formulieren nicht nur ethische Appelle. Sie haben vielmehr Rechtscharakter. Sie begründen Rechte und Pflichten des einzelnen, die einklagbar sind. Als soziale Menschenrechte haben sie die Verbindlichkeit verpflichtender allgemeiner Staatszielbestimmungen. Das Ethos der Menschenrechte ist ein Ethos der Gerechtigkeit.

Über diesen Rechtscharakter hinaus beinhalten die Menschenrechte aber auch eine Reihe ethischer, rechtlich nicht einklagbarer Pflichten:

»Dazu gehören eine Lebensführung in verantworteter Freiheit, die wechselseitige Anerkennung der Menschen als Gleiche, das Eintreten für diejenigen, die in ihren elementaren Rechten beeinträchtigt werden, die Überwin-

---

11 *O. Höffe,* Menschenrechte als europäischer Kulturexport, aaO., 120.

12 Vgl. etwa die Kairoer Erklärung der Menschenrechte im Islam vom 5. 8. 1990, abgedruckt in: rhs 36/1993, 122–125. Dazu auch: *M. Arkoun,* Der Ursprung der Menschenrechte aus der Sicht des Islam, in: *H. Küng/ K.-J. Kuschel* (Hrsg.), Weltfrieden durch Religionsfrieden, München 1993, 53–66.

13 *W. Huber,* Menschenrechte/Menschenwürde, aaO., 598.

dung aller Formen von Benachteiligung und Diskriminierung sowie die aktive Wahrnehmung politischer Mitwirkungsmöglichkeiten.«[14]

Sie beschreiben das Ethos eines menschenrechtskonformen politischen Lebens und Handelns.

2. Säkulare Evidenz und Entsprechungen im christlichen Glauben

Die Entdeckung und Durchsetzung der Menschenrechte bildet ein Zentralkapitel neuzeitlicher Freiheitsgeschichte. In diesem Zusammenhang kommt einerseits dem Recht auf Glaubens- und Gewissensfreiheit eine Schlüsselrolle auch für die geschichtliche Entfaltung der individuellen Freiheits- und Gleichheitsrechte zu. Andererseits konnten diese aber vielfach nur gegen den heftigen und lang andauernden Widerstand der staatlichen und kirchlichen Autoritäten gewonnen und gesichert werden. Die Geschichte der Rezeption des neuzeitlichen Menschenrechtsdenkens in den Kirchen und christlichen Theologien spiegelt einen Lernprozeß, der nicht zuletzt aus den leidvollen eigenen Erfahrungen der Unterdrückung und Verfolgung erwuchs, die auch Christen im Kontext totalitärer staatlicher Gewaltausübung gesammelt haben.

Die Menschenrechte besitzen säkulare Evidenz. Sie sind begründungsoffen formuliert. »Das verlangt die Religionsneutralität des Verfassungsstaates ebenso wie die Neutralität des Völkerrechts gegenüber den verschiedenen Traditionen, Religionen und Kulturen der Menschheit.«[15] Insofern kann es der theologischen Reflexion auf die Menschenrechte nicht darum gehen, diese nachträglich theologisch zu »vereinnahmen« oder zu »legitimieren«. Es geht vielmehr um die Frage einer theologischen Bestimmung des Verhältnisses von Glaube und sittlicher Autonomie, um die theonome Begründung der im Menschenrechtsethos ausgesprochenen Autonomie des sittlichen Subjekts.[16] Was bedeutet der christliche Glaube für das Ethos der Menschenrechte? Es gilt, einerseits Entsprechungen von säkularem Menschenrechtsdenken und zen-

---

14 Ebd., 589.
15 Ebd., 581.
16 Vgl. in diesem Zusammenhang *A. Auer*, Autonome Moral und christlicher Glaube, Düsseldorf ²1984.

tralen Inhalten des christlichen Glaubens neu wahrzunehmen, andererseits aber beide nicht einfachhin zu identifizieren und aufeinander abzubilden. So kann der christliche Glaube im Hinblick auf das Menschenrechtsethos eine integrierende, eine motivierende und eine prophetisch-kritische Funktion wahrnehmen. Das Bekenntnis zu Gott als dem Schöpfer erinnert an die Gottebenbildlichkeit aller Menschen, die sie in gleicher Würde und in ursprünglicher Weise zu Geschwistern macht. Der Verheißungshorizont des Reiches Gottes als eines Reiches der Gerechtigkeit und des Friedens stellt in eine universale Verantwortungsgemeinschaft und meldet zugleich einen eschatologischen Vorbehalt an gegenüber jedem Versuch, vorletzte und vorläufige Verwirklichungen dieser Verheißung absolut zu setzen. Die prophetischen Traditionen rufen das Gottesgebot der Gerechtigkeit in Erinnerung, die insbesondere gegenüber den Schwachen und Schutzlosen zur Geltung gebracht werden soll. Der Gottesbezug verleiht dem sittlichen Handeln Weite, Ernst und Dringlichkeit.

»Die durch Gott in Christus geschenkte Freiheit, die in der Annahme aller Menschen durch Gott gegebene Gleichheit und die in der Teilhabe am Geist begründete Befähigung zur aktiven Mitwirkung am gemeinsamen Leben verleihen den drei Grundmomenten von Freiheit, Gleichheit und Teilhabe zugleich eine Zuspitzung, die über das in einer säkularen Rechtsordnung jeweils Realisierte hinausweist.«[17]

Das Menschenrechtsethos beschreibt den »Kern eines globalen Weltethos«. Es verweist damit zugleich auf den notwendigen Dialog zwischen den verschiedenen Religionen, aber auch innerhalb der einzelnen Religionen, sowie zwischen religiösen und säkularen Orientierungen in dem Bemühen um ein gemeinsames Verständnis der Menschenrechte und in dem gemeinsamen Engagement für deren Schutz und Verwirklichung.[18]

17 *W. Huber*, Menschenrechte/Menschenwürde, aaO., 593.
18 Vgl. *H. Küng/K.-J. Kuschel (Hrsg.)*, Weltfrieden, aaO.; *diess.* (Hrsg.), Erklärung zum Weltethos. Die Deklaration des Parlamentes der Weltreligionen, München 1993; *J. Lähnemann* (Hrsg.), »Das Projekt Weltethos« in der Erziehung. Referate und Ergebnisse des Nürnberger Forums 1994, Hamburg 1995. Ferner: *A.Th. Khoury* (Hrsg.), Das Ethos der Weltreligionen, Freiburg 1993; *M. Klöcker/M. Tworuschka/U. Tworuschka*, Wörterbuch Ethik der Religionen, Gütersloh 1995.

3. Menschenrechte als Thema des Unterrichts – Didaktische Perspektiven

3.1 Zur Schülersituation. Der Eintritt in die Pubertät bedeutet für die 13/14- bis 14/15jährigen Schüler des 7./8. Schuljahrs einen Einschnitt. Sie erfahren mit zunehmender Bewußtheit die ihnen neu zuwachsenden Möglichkeiten: Freiheitsräume werden ausgelotet, die eigene Freiheit wird erprobt und stößt an Grenzen – nicht zuletzt an die Grenzen der Freiheit der anderen. Gleichzeitig verschieben und erweitern sich die Grenzen der Lebenswirklichkeit, die von den Jugendlichen wahrgenommen wird. Mehr und mehr rücken neben den persönlichen auch gesellschaftliche und politische Zusammenhänge ins Blickfeld ihrer Aufmerksamkeit. Die Schüler entwickeln einen in der Regel kritischen Gesellschaftsbezug. Sensibel werden Freiheitsverletzungen und Verletzungen der Menschenwürde wahrgenommen und kritisiert. Dabei denken und argumentieren die Jugendlichen weniger abstrakt und hypothetisch als vielmehr in der Regel konkret und situationsbezogen. Ihre räumliche und zeitliche Vorstellungskraft ist noch vielfach begrenzt. Es brechen jedoch Fragen auf, die über den Einzelfall hinaus allgemeine Bedeutung haben: Fragen nach der Reichweite individueller Freiheit und nach den Voraussetzungen, die ihre Verwirklichung ermöglichen, schützen und garantieren, sowie nach den politischen und rechtlichen Rahmenbedingungen eines gerechten und menschenwürdigen Zusammenlebens. Es besteht die Chance, in diesem Zusammenhang die Menschenrechte als Maßstab und Grundlage eines allgemein zustimmungsfähigen Ethos des politischen Handelns einzuführen und darin gleichzeitig gruppenspezifisch gewonnene Gerechtigkeitsvorstellungen der Schüler auf den umfassenden Horizont eines weltweiten humanen Zusammenlebens hin zu öffnen und weiterzuentwickeln.

3.2 Menschenrechtserziehung als Aufgabe fächerverbindenden Lernens. Sowohl die »Empfehlung über die Erziehung zu internationaler Verständigung und Zusammenarbeit und zum Weltfrieden sowie die Erziehung im Hinblick auf die Menschenrechte und Grundfreiheiten« der Unesco (1974) als auch die Empfehlungen der Kultusministerkonferenz der Länder der Bundesrepublik Deutschland »zur Förderung der Menschenrechtserziehung in der Schule«

(1980) beschreiben die Menschenrechtserziehung als eine wichtige Aufgabe fachübergreifenden und fächerverbindenden schulischen Lernens. Das Thema der Menschenrechte berührt rechtliche, politische, wirtschaftliche, soziale, philosophische und religiöse Aspekte in gegenwärtigen und historischen Bezügen. Es fordert die Kooperation der mit diesen Einzelaspekten befaßten Fächer im Hinblick auf die der Schule insgesamt aufgegebene politische Bildung und Erziehung und legt projektförmige und epochale Formen der Zusammenarbeit nahe.

3.3 Kognitives und affektives Lernen. Es geht einerseits darum, gestuft ein kognitives Verständnis der Menschenrechte aufzubauen, darüber hinaus aber auch Motivationen zu wecken, sich im gesellschaftlichen und politischen Handeln einzusetzen für den Schutz und die Verwirklichung der Menschenrechte. Menschenrechtserziehung teilt die allgemeinen Lernziele politischer Bildung. Sie übt ein, Informationen zu beschaffen, sie zu analysieren und zu bewerten. Sie unterstützt die Entwicklung eines historischen Bewußtseins. Sie fördert politisch relevante Einstellungen wie Empathie, Solidarität und Gerechtigkeit.

3.4 Exemplarische Reduktion. Die didaktische Analyse muß klären, wo und wie die Schüler in ihrem Lebenskreis bisher mit dem Thema der Menschenrechte und mit Menschenrechtsverletzungen – sei es aufgrund eigener Beobachtungen, sei es in Formen medialer Vermittlung (Fernsehen, Zeitung) – in Berührung gekommen sind und welche Vormeinungen und Voreinstellungen sie in den Unterricht mitbringen. Nur Beispiele, zu denen die Schüler eine Beziehung entwickeln können, wecken Betroffenheit und motivieren zur Auseinandersetzung. Es bedarf dabei der exemplarischen Reduktion eines komplexen Problemzusammenhangs. Nur dort, wo in exemplarischen Konstellationen Einsicht gewonnen werden kann in das Zusammenwirken politischer, wirtschaftlicher, kultureller und ökologischer Faktoren, kann auch eine differenzierte Sicht der Ursachen und der möglichen Mittel und Wege zur Überwindung von Menschenrechtsverletzungen gewonnen werden. Konkretisierung ermöglicht darüber hinaus ein Modell-Lernen durch Identifikation und Distanzierung. Nur dort, wo Betroffenheit und Einsicht zusammenfinden, kann eine bloße »Gefühlsbetroffenheit« vermieden werden, die ohne eine auch kognitive »Klärung« allzu leicht in Gefühle von Ohnmacht, Wut oder Resignation umschlagen kann.

3.5 Thematische Zugänge. Aktuelle Dringlichkeiten im Kampf gegen Menschenrechtsverletzungen erschließen aktuelle Zugänge (Folter und Terror als Werkzeuge staatlicher Gewaltausübung, Unterdrückung Andersdenkender, soziale Diskriminierung ethnischer und kultureller Minderheiten, Vertreibung und Zwangsumsiedlung, Todesstrafe, Unterentwicklung, Zerstörung der natürlichen Lebensbedingungen künftiger Generationen[19]). Dabei sollten nach Möglichkeit solche Beispiele gewählt werden, die eigene Verflechtungen in internationale Unrechtszusammenhänge wahrnehmen lassen, wenn etwa politische und wirtschaftliche Eigeninteressen Menschenrechtsverletzungen in anderen Ländern »übersehen« oder »in Kauf nehmen« lassen. Es empfiehlt sich, exemplarisch einzelne Grundrechte in den Blick zu nehmen und Probleme ihrer Verwirklichung nach Möglichkeit an Schwerpunkten zu erarbeiten, die dem Erfahrungsbereich Jugendlicher naheliegen: das Recht auf Arbeit (Jugendarbeitslosigkeit und freie Berufswahl), das Recht auf Meinungsfreiheit (Verbreitung von Gewalt- und Horrorvideos), das Asylrecht (Aufnahme von Flüchtlingen und politisch Verfolgten im eigenen Land). Vom konkreten Einzelbeispiel her sollte schrittweise der allgemeine Anspruch der Menschenrechte erarbeitet werden.

3.6 Aus Geschichte(n) lernen. Das Thema der Menschenrechte hat zuerst und zunächst einen aktuellen Gegenwartsbezug. Aktuelle Informationen lassen sich gewinnen aus der Tagespresse und aus Fernsehsendungen, sowie aus den Veröffentlichungen der Menschenrechtsorganisationen, die auch eigens für den Unterricht erarbeitete Materialien bereithalten.[20] Andererseits wurzelt die

19 Vgl. *K. Hilpert*, Die Menschenrechte, aaO., 262–300.
20 Bezugsadressen: amnesty international (ai), Sektion der Bundesrepublik Deutschland e.V., Postfach 170229, 53108 Bonn; Gesellschaft für bedrohte Völker (GfbV), Düstere Straße 20a, Postfach 2024, 37010 Göttingen; Internationale Gesellschaft für Menschenrechte (IGFM), Deutsche Sektion e.V., Kaiserstraße 72, 60329 Frankfurt/M.; Deutsche Gesellschaft für die Vereinten Nationen e.V., Simrockstraße 23, 53113 Bonn.

Durchsetzung der Menschenrechte in geschichtlichen Erfahrungen, die die Nicht-Selbstverständlichkeit ihrer Verwirklichung in Erinnerung halten. Deshalb sollte bei der unterrichtlichen Erarbeitung auch die historische Entwicklung hinreichend Berücksichtigung finden. Vom Entwicklungsstand des geschichtlichen Bewußtseins der Schüler und von ihrem begrenzten historischen Vorwissen her legt sich auch in diesem Zusammenhang ein exemplarisches Vorgehen nahe. Thematische Parallelen von Geschichts-, Ethik- und Religionsunterricht können füreinander fruchtbar gemacht werden. Ausgewählte klassische Menschenrechtsdokumente sollten erschlossen werden vor dem Hintergrund der Erfahrungen, in denen sie gewonnen und auf die hin sie zuerst formuliert wurden, sowie im Kontext der geschichtlichen Herausforderungen, auf die sie Antwort gaben: der Erfahrungen des Absolutismus im 18. Jh. (Virginia Bill of Rights [1776]; Erklärung der Menschen- und Bürgerrechte [1789]); der Erfahrungen der nationalsozialistischen Diktatur und des Zweiten Weltkrieges (Allgemeine Erklärung der Menschenrechte [1948]; Grundgesetz [1949]). Es gelten die Grundsätze des genetischen Lernens und der narrativen Anschaulichkeit.

3.7 Was dürfen wir hoffen? Christlicher Religionsunterricht erinnert im Zusammenhang einer fachübergreifenden Menschenrechtserziehung an die in der biblischen Tradition bezeugten Erfahrungen der Hoffnung auf eine universale, in Gottes Heilswillen begründete Gerechtigkeit. Im 7./8. Schuljahr können insbesondere situativ kontextuierte prophetische Traditionen des Alten Testaments (einzelne Texte aus Am, Hos, Jes, Mi) Zugänge erschließen: die Kritik des Unrechts gegenüber den Schutzlosen unter Berufung auf Gottes Recht und Gottes Gericht, die Hoffnung auf eine universale Gemeinschaft des Rechts am Ende der Tage. Israels Erinnerung an die eigene Fremdlingschaft in Ägypten motiviert seine Achtung des Rechts des Fremden im eigenen Land (Dtn 10, 18 f.; Lev 19, 33 f.). Christlicher Religionsunterricht erinnert auch an kirchliche oder kirchlich geduldete Menschenrechtsverletzungen in der Geschichte sowie an die prophetische Kritik von Christen, die gegen diese Menschenrechtsverletzungen Einspruch erhoben haben: wie Bartolomé de Las Casas im Kontext der Conquista Lateinamerikas im 16. Jahrhundert, Friedrich Spee im Kontext der Hexenverfolgungen des 17. Jahrhunderts, Martin

Luther King im Kontext der Rassendiskriminierungen des 20. Jahrhunderts.[21] Er macht aufmerksam auf das gegenwartsbezogene ökumenische Engagement christlicher Frauen und Männer im Einsatz für »Gerechtigkeit, Frieden und Bewahrung der Schöpfung«.

3.8 Lernwege: Sehen, Urteilen, Handeln. Die Erarbeitung des Themas Menschenrechte sollte sich nicht auf die Arbeitsform des Unterrichtsgesprächs beschränken. Methoden wie Rollenspiel, Planspiel und Konfliktanalyse eröffnen handlungsorientierte Lernformen. Die Auseinandersetzung mit als Dilemmata strukturierten Fallgeschichten motiviert zur urteilenden Stellungnahme. Solche Fallgeschichten sollten auf eine menschenrechtsrelevante Entscheidung hinauslaufen, die eine Person zu treffen hat, mit der sich die Schüler identifizieren können. Sie sollten nicht zu komplex sein und dem Entwicklungsstand der Schüler angemessen Rechnung tragen. Im Unterrichtsgespräch sollte darauf geachtet werden, daß die rechtliche und die ethische Argumentationsebene unterschieden werden und die ihnen je eigene Berücksichtigung finden. Dort wo sich der schulische Unterricht – einladend und erkundend – öffnet und die Begegnung mit Menschen ermöglicht, die sich in Gruppen und Organisationen für den Schutz der Menschenrechte einsetzen, wächst darüber hinaus die Chance, daß positive Perspektiven und realistische Motivationen auch für eigenes politisches und gesellschaftliches Engagement gewonnen werden. Initiativen zum Schutz und zur Verwirklichung der Menschenrechte sollten auch im Leben der Schule ihren Ort finden. In ihnen lernen Schüler ethisch handeln durch die Praxis solchen Handelns.

21 Vgl. in diesem Zusammenhang *D. Steinwede* (Hrsg.), Erzählbuch zur Kirchengeschichte, 2 Bände, Lahr u. a. 1982–1987; *D. Petri/J. Thierfelder* (Hrsg.), Vorlesebuch Drittes Reich, Lahr u. a. 1993; *dies.* (Hrsg.), Vorlesebuch Kirche im Dritten Reich. Anpassung und Widerstand, Lahr u. a. 1995.

Literaturhinweise

J. Heide, »Soll ich meines Bruders Hüter sein?« Zugänge zum Verständnis der Menschenrechte im Religionsunterricht. Eine Untersuchung zur Frage der didaktischen Rezeption des Themas »Menschenrechte« in unterrichtsrelevanten Materialien und Schulbüchern sowie in den Lehrplänen und Rahmenrichtlinien für den evangelischen und katholischen Religionsunterricht, Frankfurt/M. u. a. 1992 (305–314, 319–322: Hinweise auf Schulbücher, Arbeitsmaterialien und Unterrichtsmaterialien).

K. Hilpert, Die Menschenrechte. Geschichte – Theologie – Aktualität, Düsseldorf 1991.

W. Huber, Menschenrechte/Menschenwürde, in: TRE 22 /1992, 577–602.

W. Huber/H.E. Tödt, Menschenrechte. Perspektiven einer menschlichen Welt, Stuttgart/Berlin 1977.

Aus der Reihe der von der Bundeszentrale für politische Bildung veröffentlichten »*Informationen zur politischen Bildung*« die Hefte 210 (»Menschenrechte« 1991) und 239 (»Grundrechte« 1993). [Anforderungen mit Berufsangabe an: Franzis-Verlag GmbH, Postfach 150740, 80045 München].

X.
Schuld und Vergebung

REINHOLD MOKROSCH

1. 13–15jährige erfahren Schuld persönlich und strukturell

Sind 13–15jährige heute noch sensibel für Schuld? Besitzen sie
noch ein Bewußtsein für eigene und/oder fremde Schuld? Oder ist
ihnen zusammen mit der Hemmschwelle für Gewalt auch die
Sensibilität für Schuld abhanden gekommen? Nehmen sie wahr,
wenn sie und/oder andere schuldig werden an sich selbst, an
Freunden, an Fremden, am Eigentum anderer, an Tieren, an der
übrigen Natur, an Institutionen oder Strukturen?

Viele sind überzeugt, daß die Fähigkeit Jugendlicher, Schuld zu
empfinden und einzugestehen, im Zuge der allgemeinen Wert-
krise und der Entpersonalisierung vieler Lebensvollzüge gesun-
ken sei. Sie würden sich bei Verfehlungen zu schnell entlasten mit
Hinweisen auf z. B. die schlechten Schul-, Wohn-, Familien-, Ar-
beits- oder gar politischen Verhältnisse und nähmen ihren eigenen
Schuldanteil nicht wahr. Die meisten von ihnen würden andere
beschuldigen und sich selbst für unschuldig halten.

Andere dagegen stellen ein äußerst sensibles Schuldbewußtsein
bereits bei 13–15jährigen fest, weil manche jede Glasscherbe in
den Container werfen, für eine differenzierte Müllentsorgung
eintreten, Ungerechtigkeiten in Schule, Politik und Elternhaus
anprangern und auch eigene Mitschuld eingestehen würden. Sie
würden sensibel wahrnehmen, daß man durch Energieverbrauch,
Auto-Rasen und Flugzeug-Reisen, durch Genuß von Fleisch aus
Schweine- und Eiern aus Legebatterien und überhaupt durch
Konsum Schuld auf sich laden könne. Und sie hätten ein Gespür
dafür, daß man nicht nur durch Tun, sondern auch durch Unterlassen, nicht nur durch Normenübertretung, sondern auch durch
Gleichgültigkeit und nicht nur durch böse Worte, sondern auch
durch Schweigen schuldig werden könne.

Wer hat recht? Vermutlich beide Seiten. Ich bin nämlich überzeugt, daß in unserer Gesellschaft und damit auch bei 13–15jährigen eine *Verlagerung von personaler zu struktureller Schuld* stattgefunden hat. Und diese Verlagerung macht einige besonders sensibel, andere besonders unsensibel für Schuld. Letztere sind nicht wie erstere in der Lage, ihren Eigenanteil im Rahmen der Schuld einer Institution (wie z. B. Schule, Verkehr, Betrieb, Verein, Familie, Hausgemeinschaft o.a.) oder einer Sozialstruktur (wie z. B. Eß-, Kleidungs-, Kosmetik-, Reise- oder Energieverbrauchs-Gewohnheiten) wahrzunehmen. Bei personaler Schuld ist das einfacher. Ein persönliches Versagen, Vergehen oder Verschulden, bei dem man den Schaden sieht und weiß, welche Normen und Werte man übertreten hat, ist leichter zu erkennen und einzugestehen als ein Mitschuldigwerden in schuldigen Strukturen. Man kann den eigenen Schatten und Destruktionstrieb besser wahrnehmen, wenn man sieht, was man angerichtet hat.

So sind manche 13–15jährige heute tatsächlich relativ unsensibel für Schuld. Das könnte zu Entwicklungsproblemen führen. Denn Schuld ist m.E. ein Existential, das von Kind auf entfaltet und erlebt werden muß, soll ein Mensch ethisch verantwortlich handeln können. Wer analog zur Unfähigkeit zu trauern unfähig ist, Schuld zu verarbeiten, könnte auch unfähig werden, ethisch zu empfinden und zu handeln. Deshalb bleibt die Begleitung und Aufarbeitung von Schuld bei Kindern und Jugendlichen eine unabdingbare Erziehungsaufgabe. Sie ist angesichts der Verschiebung von personaler zu struktureller Schuld allerdings schwieriger geworden.

2. Personale und strukturelle Schuld und Schuldverarbeitung

2.1 Was ist darunter zu verstehen? Personale Schuld liegt vor, wenn ein eindeutiger Schuldner bzw. Schädiger auftritt und wenn es einen Geschädigten bzw. Gläubiger gibt. Es existieren ein persönlicher Absender und ein persönlicher Adressat. Ebenso werden bestimmte Normen, Gebote oder Werte übertreten bzw. nicht eingehalten. In den meisten Fällen hätte die schädigende Tat unterlassen werden können. Außerdem handelt der Täter oft aus niederer Gesinnung. Das StGB unterscheidet juristisch zwischen ›Versagen‹ (wenn jemand einem Anspruch nicht genügt hat), ›Vergehen‹

(wenn jemand sich geweigert hat, etwas allgemein Erwartetes zu erfüllen) und ›Verschulden‹ (wenn jemand mit niedriger Gesinnung Böses getan hat). Ebenso unterscheidet es zwischen sog. ›subjektiver‹ und ›objektiver‹ Schuld. Subjektive Schuld liegt vor, wenn jemand aus niederen Gründen handelt (z. B. einbricht, um sich zu bereichern); objektive, wenn jemand ohne niedere Beweggründe einen anderen schädigt (z. B. aus Freude oder Depression ein Glas zuviel trinkt und jemanden anfährt).

Solche Unterscheidungen treffen angesichts des Phänomens *struktureller Schuld* nicht mehr zu. Hier gibt es keinen eindeutigen Absender und keinen eindeutig Geschädigten. Der Schädiger ist ein strukturelles Gebilde wie z. B. Rüstung, Konsum, Werbung, evtl. auch Kultur oder Erziehung. Der Geschädigte ist zwar meistens eine Person oder eine Personengruppe, aber er bzw. sie läßt sich nicht eindeutig identifizieren. Man kann nicht eindeutig sagen, wer durch Rüstung, Konsum, Werbung, Kultur oder Erziehung geschädigt wird; erst recht nicht, wenn der Schaden erst in der Zukunft oder in der Ferne, z. B. auf der anderen Hälfte des Globus auftritt. Er ist struktureller Art. Ferner läßt sich oft schwer sagen, ob eine Norm, ein Gebot oder ein Wert übertreten worden ist. Oft ist es ja genau umgekehrt, daß Normen, Gebote und positive Werte eingehalten werden und daß gerade dadurch ein Schaden angerichtet wird. Die Pharmaindustrie hat z. B. aus positiven Motiven das Schlafmittel Contergan entwickelt und grausames Leid angerichtet. Rüstung will in der Regel verteidigen, tötet aber auf Grund hoher Kosten Hungernde, auch wenn sie nicht eingesetzt wird. Erziehung will oft das Beste und wirkt trotzdem manchmal destruktiv usw. Oft liegt struktureller Schuld keine niedrige, sondern eine hohe Gesinnung zugrunde. Außerdem läßt sich oft nicht prognostizieren, ob die eingetretene Schädigung hätte unterlassen werden können. – Strukturelle Schuld ist eine Radikalisierung von kollektiver, d. h. Gruppen-Schuld. Kennt letztere keinen einzelnen als Schuldner und Schädiger, sondern nur eine Gruppe, ein Volk oder ein Kollektiv, so sind bei ersterer kaum noch Menschen als Schuldner auszumachen, sondern nur noch Strukturen. – Freilich üben 13–15jährige nirgends solche strukturelle Gewalt aus. Aber sie beteiligen sich an ihr, indem sie deren Produkte konsumieren. Außerdem, so stelle ich fest, entlasten sie sich zunehmend ›strukturell‹, d. h. unter Verweis auf die bösen Strukturen.

Denn entsprechend der Unterscheidung zwischen personaler und struktureller Schuld muß man auch zwischen personaler und struktureller *Schuldverarbeitung* unterscheiden. Bei *personaler* Schuldverarbeitung gibt es verschiedene Formen: Entweder verarbeitet man Schuld durch *Sühne*, indem man eine Strafe übernimmt oder sich selbst bestraft. Auf diese Art möchte man sich mit dem Geschädigten bzw. der Gesellschaft wieder ›versühnen‹. Oder man verarbeitet sie durch *Wiedergutmachung*. Man versucht, den Schaden wieder gutzumachen, um den Schmerz des Geschädigten zu mindern. Oder man bekennt durch *Entschuldigungen* seine Schuld und bittet um Vergebung, um so ent-schuldigt zu werden. Oder man bereut durch *Reue und Buße* die böse Tat und verbindet mit der Buße eine Wiedergutmachungs-Ersatzhandlung. Man nimmt freiwillig einen Schmerz auf sich.

Alle diese personalen Schuldverarbeitungen gelten bei *struktureller* Schuldentlastung nicht mehr. Sehr leicht schiebt man die Schuld hier auf Strukturen und empfindet keine persönliche Schuld oder Mitschuld. Und sollte man sie doch empfinden, so wird Schuld beiläufig eingestanden, ohne Reue, Sühne, Wiedergutmachungswunsch und ohne Buße. Bei wem sollte man sich auch entschuldigen? Bei den Tieren, den Bäumen, bei Mutter Natur, bei notleidenden Afrikanern? Nur wenige sind in der Lage, strukturelle wie personale Schuld zu verarbeiten.

Mit dem Auftreten struktureller Schuld und struktureller Schuldentlastung verändert sich auch das Phänomen ›Vergebung‹. Vergeben kann man, so bin ich überzeugt, nur Personen, nicht aber Strukturen. Wo aber sind die aufgrund von Strukturen schuldiggewordenen Personen, denen man vergeben möchte? Sie sind nur mühsam im Netz der schuldigen Institutionen und Strukturen zu finden. Ein Beispiel lieferte dafür eine Mutter, deren 16jähriges Kind beim Absturz brennender Tornados beim Schaufliegen in Ramstein hochgradig verbrannt war. Die Mutter wollte die italienischen Piloten und Flugkommandeure anklagen und ihnen gleichzeitig vergeben. Aber kein Schuldiger stand zur Verfügung. Erst als sie den Weg über das Verteidigungsministerium wählte, schaffte sie es, Piloten, die am Flug beteiligt waren, zu erreichen. Diese hielten sich aber für unschuldig und konnten mit der Vergebungsbereitschaft der Mutter nichts anfangen. – Vergebung ist in einer Gesellschaft struktureller Verschuldung kaum noch möglich. Sie muß deshalb einen neuen Charakter erhalten, soll sie nicht zu struktureller und damit nichtssagender Vergebung verkommen. Sie muß den Charakter einer ›aktiven Vergebung‹ erhalten, die ich unten noch erläutern werde. In einem Diagramm halte ich fest:

Diagramm personaler und struktureller Schuld und Schuldentlastung

Personale Schuld, – meistens manifeste, intendierte Schuld	*Strukturelle Schuld,* – meistens latente, nicht intendierte, indirekte Schuld
↓	↓
Unterscheidungen zwischen Versagen, Vergehen, Verschulden oder zwischen subjektiver und objektiver Schuld sind möglich.	Die traditionellen Unterscheidungen sind nicht mehr möglich.
↓	↓
Personale Schuldentlastung durch Sühne, Wiedergutmachung, Entschuldigung, Reue, Buße oder/und Vergebung.	Strukturelle Schuldentlastung durch Schuldzuweisung an die Strukturen. Vergebung ist möglich, aber enorm schwierig.

2.2 Beispiele der Schuldverarbeitung bei Jugendlichen. An Einzelbeispielen möchte ich nun zeigen, wie 13–15jährige personale *und* strukturelle Schuld verarbeiten. – Als *erstes* Beispiel gebe ich ein Pausenhofgespräch zwischen 13–17jährigen wieder, das ich 1991 während des grausamen Golfkrieges auf einem Schulhof belauscht habe:

Axel (ca. 13 J.): Am Krieg ist allein Hussein schuld. Der muß umgelegt werden!/ Bernd (ca. 13/14 J.): Quatsch! Einer allein macht keinen Krieg! Da sind die anderen auch alle dran schuld. Die kann man nicht alle umlegen./Birgit (ca. 15/16 J.): Mein Vater sagt: Unser Ölverbrauch ist schuld. Und auch die Rüstung! Ja, die Rüstung! Hätte man die nicht, dann gäb's da auch keinen Krieg./Claudia (ca. 17 J.): Krieg liegt im Menschen drin! Jeder will der Größte und Mächtigste sein. Das führt zu Kriegen.

Axel hat eine personale Schuldvorstellung: Schuld am Krieg können nur Einzelpersonen sein. Bernd hält eine Gruppe, vielleicht ein ganzes Volk für schuldig. Birgit übernimmt die elterliche Meinung, daß unsere Lebensgewohnheiten schuld seien. Und Claudia sieht in dem dämonischen Psychophänomen der Machtgier die Wurzel der Schuld. Bei den Jüngeren herrschen also zwar eindeutig personale Schuldvorstellungen vor. Aber sie erahnen bereits, daß hinter den schuldigen Personen schuldige Machtstrukturen herrschen. Diese Ahnung nimmt mit zunehmendem Alter zu. Viele ältere Jugendliche entwickeln ein ausgeprägtes Sensorium für strukturelle Schuld.

Ein *zweites* Beispiel soll zeigen, daß sich aber bereits 13jährige strukturell entlasten:

Ein 13jähriger *Christian* hatte im Sportunterricht ein Mädchen (versehentlich) brutal auf der Aschenbahn umgeworfen und sie erheblich verletzt. Ihr Bluten und Schluchzen bemerkte er nicht einmal. Als ich ihn ansprach, wehrte er nur ab: »In Jugoslawien krepieren Menschen durch Granaten und die stellt sich so an.« Als er später selbst leicht gerempelt wurde, jammerte er erbärmlich. – Christian sieht sich nur als Opfer, nicht als Täter. Er verdrängt seine Schuld narzißtisch und entlastet sich mit der Grausamkeit des Krieges in Jugoslawien. Er schiebt seine Schuld ab unter Verweis auf viel größeres Leid und größere Leidverursacher. Unbewußt scheint er zu ahnen, daß letztere vermutlich ebenfalls ihre Schuld abweisen würden. Er ist genauso unschuldig wie sie. Aber er leidet genauso wie die Leidenden dort. Er ist nur Opfer. Der Krieg ist für ihn ein willkommenes Entlastungsargument.

Als *drittes* Beispiel führe ich eine mir bekannte 15jährige *Heike* an.

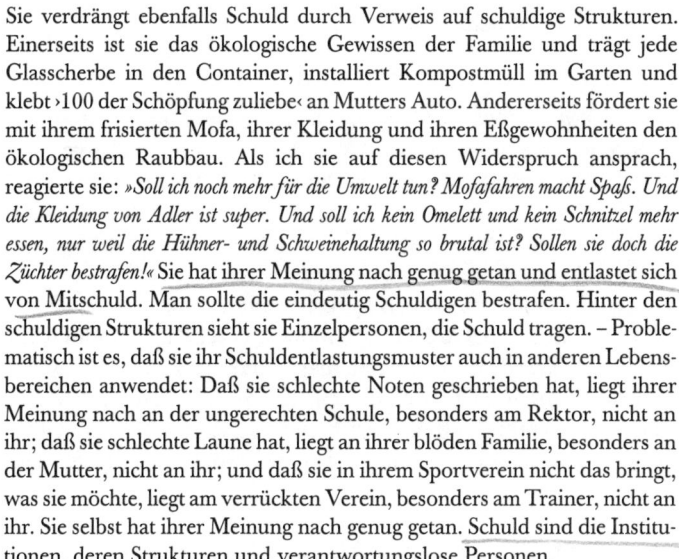

Sie verdrängt ebenfalls Schuld durch Verweis auf schuldige Strukturen. Einerseits ist sie das ökologische Gewissen der Familie und trägt jede Glasscherbe in den Container, installiert Kompostmüll im Garten und klebt ›100 der Schöpfung zuliebe‹ an Mutters Auto. Andererseits fördert sie mit ihrem frisierten Mofa, ihrer Kleidung und ihren Eßgewohnheiten den ökologischen Raubbau. Als ich sie auf diesen Widerspruch ansprach, reagierte sie: »*Soll ich noch mehr für die Umwelt tun? Mofafahren macht Spaß. Und die Kleidung von Adler ist super. Und soll ich kein Omelett und kein Schnitzel mehr essen, nur weil die Hühner- und Schweinehaltung so brutal ist? Sollen sie doch die Züchter bestrafen!*« Sie hat ihrer Meinung nach genug getan und entlastet sich von Mitschuld. Man sollte die eindeutig Schuldigen bestrafen. Hinter den schuldigen Strukturen sieht sie Einzelpersonen, die Schuld tragen. – Problematisch ist es, daß sie ihr Schuldentlastungsmuster auch in anderen Lebensbereichen anwendet: Daß sie schlechte Noten geschrieben hat, liegt ihrer Meinung nach an der ungerechten Schule, besonders am Rektor, nicht an ihr; daß sie schlechte Laune hat, liegt an ihrer blöden Familie, besonders an der Mutter, nicht an ihr; und daß sie in ihrem Sportverein nicht das bringt, was sie möchte, liegt am verrückten Verein, besonders am Trainer, nicht an ihr. Sie selbst hat ihrer Meinung nach genug getan. Schuld sind die Institutionen, deren Strukturen und verantwortungslose Personen.

Die drei Beispiele sollten zeigen, daß viele 13–15jährige Schuld in einer Verquickung zwischen personeller, institutioneller und struktureller Schuld wahrnehmen. Zwar überwiegt bei ihnen noch immer die Vorstellung, daß innerhalb der Institutionen und Strukturen Personen schuldig seien. Aber sie empfinden in zunehmendem Maß auch Strukturen als schuldig. Insofern ist neben das Bewußtsein einer allein personalen Schuld in früheren Zeiten dasjenige einer strukturellen hinzugetreten.

Das hat einerseits zur Folge, daß manche Jugendliche sich von Schuld entlasten durch Verweis auf ungerechte Strukturen und Verhältnisse. Sie müßten durch ethische Erziehung zur Wahrnehmung ihrer Mitschuld sensibilisiert werden. Es führt andererseits bei manchen 13–15jährigen aber auch zu erhöhter Schuldsensibilität, wenn sie bemerken, daß sie in schuldige Strukturen verwikkelt sind und selbst schuldlos schuldig werden. Sie müßten gegebenenfalls von Schuldlast befreit werden.

Der Umgang mit struktureller neben personaler Schuld, Schuldwahrnehmung und Schuldentlastung stellt die ethische Erziehung vor neue und schwierige Aufgaben. Können Humanwissenschaften und Theologie dabei behilflich sein?

3. Wissenschaftliche Hilfestellungen zum Umgang mit Schuld

Die *Tiefenpsychologie Carl G. Jungs* siedelt Schuld im ›Schatten‹ des Menschen an. Unter Schatten versteht Jung »den negativen Teil der Persönlichkeit, nämlich die Summe der versteckten, unvorteilhaften Eigenschaften, der mangelhaft entwickelten Funktionen der Inhalte des persönlichen Unbewußten.«[1] Schuld gehöre zum Menschen substantiell hinzu. Jeder müsse seine Schuld wie seinen eigenen Schatten annehmen und sich mit ihr auseinandersetzen. Nur so könne er persönlich und moralisch reifen. Schuldbewußtsein – so paradox es klingen mag – könne zum moralischen Antrieb werden. »Das Bewußtsein der Schuld kann daher zum gewaltigsten moralischen Antrieb werden ... Ohne Schuld gibt es leider keine seelische Reifung und keine Erweiterung des geistigen

1 Über die Psychologie des Unbewußten, Frankfurt 1983, 68.

Horizontes.«[2] Schuld in diesem Sinn ist mehr als normativ-moralische Verfehlung. Sie ist ein Existential im Unbewußten jedes Menschen.

Ich halte dieses Konzept angesichts des Anwachsens struktureller neben personaler Schuld für äußerst aktuell, weil es die Unausweichlichkeit des Schuldigwerdens bei gleichzeitiger Ich-Verantwortung für dieses betont. Wer seiner Verflechtung in strukturelle Schuld ansichtig wird, muß sich mit seinem Schatten auseinandersetzen. Das gilt auch für 13–15jährige. Sie sollten angesichts ihrer Schuldverflechtungen sich ihres eigenen Schattens bewußt werden und ihn so annehmen, daß ihre Schulderkenntnis zum Ausgangspunkt eines neuen Verhaltens werden könnte. Ethische Erziehung sollte dabei einen Dreischritt versuchen: Im ersten Schritt sollten die Schüler und Schülerinnen ihre Schuld bzw. Mitschuld wahrnehmen und mit ihrem eigenen Schatten in Zusammenhang bringen. Im zweiten Schritt sollten sie erarbeiten, warum sie schuldig bzw. mitschuldig werden. Hängt das mit ihrer Lebensführung und Lebenserwartung zusammen? Und im dritten Schritt sollten Überlegungen zu Umkehr und verändertem Verhalten angestellt werden. Solche Begleitung des Schattens und Schuldigwerdens der Schüler und Schülerinnen könnte m.E. mehr bewirken als eine moralisch-normative Erziehung zu Schuld und Vergebung.

Einige *Soziologen, Sozial- und Moralpsychologen* befassen sich ebenfalls mit der Frage nach der Unausweichlichkeit der Schuld, d.h. mit dem Verhältnis zwischen Schuld und Schicksal. Freilich argumentieren Soziologen nicht mehr mit der alten Milieutheorie, nach welcher allein die Umwelt am Verhalten eines Menschen schuld sei. Sie verweisen vielmehr auf die Selbstverdinglichung des Menschen und seine damit selbst produzierte Unfähigkeit, Schuld zu empfinden. *Jürgen Habermas* z. B. meint, daß der homo faber durch zweckrationales Handeln sich selbst verdinglicht und zum homo fabricatus gemacht habe, der keine persönliche Schuld mehr empfinden könne.[3] Der Mensch habe sich schuldlos schul-

2 *C.G. Jung*, Nach der Katastrophe, in: *ders.*, Gesammelte Werke, Bd. X, Olten 1974, 242f.
3 Vgl. *J. Habermas*, Technik und Wissenschaft als Ideologie, Frankfurt 1968.

dig eine Welt geschaffen, in der er persönliche Schuld nicht mehr wahrnehme.

Ich möchte diesen Gedanken zu der Einsicht weiterführen, daß auch der einzelne seine Welt oft so verdinglicht, daß er gegen Schuld abstumpft. Er wird schuldig, wenn er sich z. B. Arbeitsstrukturen, Beziehungen und eine Konsum-Lebensweise aufbaut, deren er nicht mehr Herr wird und innerhalb derer er seine Verfehlungen nicht mehr bemerkt. Solches Verhalten entdecke ich auch schon bei manchen 13–15jährigen: Sie schaffen sich einen Fernseh-, Konsum-, Spaß- und Abenteuer-Alltag, in dem sie sich selbst verdinglichen und gegen Schuldempfinden abstumpfen. Hilfe zur Schuldwahrnehmung ist hier dringend geboten. Aber sie ist, wie gesagt, schwieriger geworden als früher.

Hinweisen möchte ich noch auf *moralpsychologische* Beobachtungen der Kohlbergschule, daß ein ethisches, d. h. individuell reflektiertes Schuldbewußtsein erst auf der 4./5. Stufe (Fähigkeit zu eigenständigem moralischem Urteil im Sinne von Sozialkompromissen und im Sinne eigener ethischer Prinzipien) vorzufinden sei. Schuldempfindungen auf früheren Stufen seien meist moralischer, dem gesellschaftlichen Moralstandard entsprechender Art. Deshalb halte ich es für sinnvoll, bei der Erziehung zur Schuld- und Vergebensfähigkeit zwischen moralischem und ethischem Schuldempfinden zu unterscheiden. 13–15jährige empfinden Schuld oft nur, weil sie mit der herrschenden Moral aneinandergeraten sind.

Die *Theologie* redet von Erbschuld bzw. Erbsünde. Hat das etwas mit der Verflochtenheit von personaler und struktureller Schuld zu tun? Nach der sog. Sündenfallerzählung (1. Mose 3) besteht die Erbschuld des Menschen in dessen Streben, wie Gott, d. h. wie ein Schöpfer und Erlöser sein zu wollen. Das ist aktuell! Besteht nicht auch unsere strukturelle Schuld in dem Bestreben, zum zweiten Schöpfer und Erlöser werden zu wollen? – Nach dem Kain- und Abelmythos (1. Mose 4) besteht unsere Erbschuld darin, daß wir unfähig sind, »gemeinsam« die Erde zu bebauen und zu bewahren, und uns statt dessen aus Neid, Eifersucht, Geltungsdrang und Machtgier gegenseitig umbringen. Verweist uns dieser Mythos nicht auf die strukturelle Schuld unserer Gewalt- und Rüstungsstrukturen? – Nach dem Turmbaumythos (1. Mose 11) besteht menschliche Erbschuld in dem Bedürfnis, sich mit einem militärischen Turm absichern und nicht auf Gott vertrauen zu wollen. Besteht unsere strukturelle Schuld nicht in der Anbetung des Fetisch Sicherheit und Absicherung?

Es gibt zwar keine Identität, aber eine Analogie zwischen christlichem Schulderleben und unseren persönlichen und Struktur-schuld-Erfahrungen. Sie verweist darauf, daß strukturelle genauso wie personale Schuld zum Menschsein hinzugehört. Deshalb schulden wir es unseren Schülern und Schülerinnen, sie auch auf diese neue Dimension der Schuld hinzuweisen.

Leistet die Theologie auch Hilfe bei der notwendigen Neu-fassung des Verständnisses von *Vergebung*? Vergebung ist im Neuen Testament durchweg *personal* ausgerichtet (Gleichnis vom Schalksknecht Mt 18, vom Verlorenen Sohn Lk 15, 5. Vaterunser-Bitte): Wer Gottes Vergebung erfahren hat, kann grenzenlos weitervergeben. Aber es gibt auch eine Aufforderung zur Verge-bung, die angesichts *struktureller* Schuld greifen könnte: Wenn der Bergprediger auffordert (Mt 5), sich mit dem Gegner zu versöhnen, sich zu entfeinden, sich nicht zu zersorgen, nicht vor-zuverurteilen und Unrecht zu erleiden, dann könnte man das auf Feindschafts-, Feindbild-, Vorsorge- und Vorurteilsstrukturen heute beziehen. Ja, man sollte es! Man darf aus diesen Forderun-gen ein Konzept zur »strukturenverarbeitenden« Vergebung ge-genüber Menschen, die in schuldigen Strukturen schuldig gewor-den sind, gewinnen. Zu solcher *aktiven*, seine eigene strukturelle Mitschuld einsehenden Vergebung sollten Jugendliche angeleitet werden.

4. Didaktische Hinweise

Die folgenden Vorschläge verfolgen ein fünffaches Ziel: Sie möch-ten 13–15jährige (1) zur Wahrnehmung eigener und fremder Schuld motivieren, (2) ihnen einen Einblick in die Verflechtung von personaler und struktureller Schuld geben, (3) ihre alltäg-lichen Schuldentlastungsmechanismen diskutieren, (4) christliche Vorstellungen von Schuldeinsicht und Vergebungsbereitschaft erarbeiten, und (5) eine Bereitschaft wecken, sich mit Schuld und Vergebung intensiv auseinanderzusetzen, weil das zur persön-lichen Entwicklung unabdingbar hinzugehört. Sie sind in sechs Schritte aufgeteilt, deren Reihenfolge jedoch variabel ist:

1. Schritt: Unklare Schuldsituationen erarbeiten: An einer Fallge-schichte, in der die Schuldfrage unklar ist (z. B. Tod nach einem Autounfall, weil die Not-Telefonzelle zerstört war oder weil Schaulustige der Polizei den Zugang versperrten oder weil die Straße defekt war), könnte man folgende Fragen erarbeiten: Wer wurde schuldig? Welche Regeln, Normen und Werte wurden mißachtet? Wer könnte wem vergeben? usw. Die Verflechtung von persönlicher und struktureller Schuld/Mitschuld und Mög-lichkeiten der Vergebung sollten bewußtgemacht werden.

2. Schritt: Formen der Schuld und Vergebung kennenlernen: z. B. durch Tafelanschrieb: »Kann man schuldig werden auch durch Unter-lassen, Geschehenlassen, Gedankenlosigkeit, Gleichgültigkeit, Wegsehen und Weghören?« oder »Ein Politiker, Wissenschaftler, Lehrer, Schüler, Vater/Mutter macht sich schuldig, wenn er/sie …« – Darf man z. B. bei Eigentumsdelikten zwischen »kleiner« und »großer« Schuld unterscheiden? – Es sollten Beispiele für personale und strukturelle Schuld und Vergebung im Sinne des o. g. Diagramms erarbeitet werden.

3. Schritt: Schuldentlastungsmechanismen kennenlernen: Negative: Sündenbocktheorie, sadistische Selbstanklage, kindliche Ent-schuldungsmuster, Verleugnung der Tat, Schuldzuweisung an Verhältnisse und Strukturen. *Positive*: Entschuldigung, Bitte um Vergebung, Sühne, Wiedergutmachungsbemühung, Reue, Buße. Dabei sollte die Tendenz zu vorschneller Schuldentlastung durch Verweis auf ungünstige Verhältnisse und böse Strukturen beson-ders hervorgehoben werden.

4. Schritt: Christliche Vorstellungen von Schuld, insbes. ›Schuld vor Gott, Mensch und Natur‹ und ›Vergebung durch Gott‹ kennenler-nen: Gleichnisse vom Schalksknecht (Mt 18) und Verlorenen Sohn (Lk 15) und die 1., 5. und 6. Antithese der Bergpredigt (Mt 5) als Beispiele christlicher »Vergebung aus Glauben« erarbei-ten. Die Schüler und Schülerinnen sollten erarbeiten, was von diesen christlichen Vorstellungen im Alltag umsetzbar ist und was nicht.

5. Schritt: Regeln, Normen und Werte erarbeiten und aneignen, welche Schuldigwerden reduzieren und Vergebung ermöglichen könnten. Darf man Entschuldigungen einfordern? Kann man Reue, Wiedergutma-chung, und/oder Buße verlangen? Welche Regeln könnten vor strukturellem Schuldigwerden bewahren? usw.

Evtl. 6. Schritt: Schulderkenntnis und Vergebungsbereitschaft gehören zum Menschsein hinzu: An Beispielen destruktiver Aggressivität sollten Schüler und Schülerinnen die Schattenseiten des Menschseins kennenlernen. Gleichzeitig sollten sie an Beispielen erarbeiten, wie man – insbesondere nach christlichen Vorstellungen – mit dem eigenen und dem Schatten anderer umgehen könnte.

Literaturhinweise

K.-P. Hubbertz, Schuld und Verantwortung. Eine Grenzbeschreitung zwischen Tiefenpsychologie, Ethik und Existenzphilosophie (Psychologie Bd. 18), Münster/Hamburg 1992.

R. Mokrosch, Gewissen und Adoleszenz Christliche Gewissensbildung im Jugendalter, Weinheim 1996.

M. Sievernich/K.P. Seif (Hrsg.), Schuld und Umkehr in den Weltreligionen, Mainz 1983.

K. Thomas (Hrsg.), Schuld: Zusammenhänge und Hintergründe. Eine Vorlesungsreihe, Frankfurt 1990.

XI.
Soziale Gerechtigkeit

MARTINA BLASBERG-KUHNKE

1. Soziale Gerechtigkeit – (k)ein Thema für Schüler
und Schülerinnen der 7./8. Klasse?

Wer sich als Lehrerin oder Lehrer auf das Unterfangen einläßt, in
der 7. oder 8. Klasse die Thematik »Soziale Gerechtigkeit« aufzunehmen, geht gleich auf mehreren Ebenen ein Wagnis ein: In
diese Klassen gehen Schülerinnen und Schüler, von denen nicht
einmal einfach zu sagen ist, ob es sich (noch) um Kinder oder
(schon) um Jugendliche handelt. In ein und derselben Klasse ist
mit Schülerinnen und Schülern zu rechnen, die sich noch als
Kinder fühlen, die in den »Status des permanenten psychischen,
sozialen und körperlichen Übergangs«,[1] die Transition, die wir
gewöhnlich »Jugendalter« nennen, noch nicht eingetreten sind.
Andere ringen bereits intensiv um die Entwicklung einer eigenen
Identität, die sie nach ihrem Selbst und wie sie in den Augen
anderer erscheinen, fragen läßt. Zudem muß mit geschlechtsspezifischen Unterschieden gerechnet werden.

Mit diesen jungen Jugendlichen, die dominant auf das eigene
Ich und die Gruppe der Gleichaltrigen (peers) hin orientiert
sind, soll ausgerechnet »soziale Gerechtigkeit« thematisiert werden? Geht es nicht notwendig an einem schülerorientierten
Unterricht vorbei, wenn statt ich-naher Themen, die die vorherrschende Orientierung am eigenen Ich als letztem Sinnho-
rizont und den damit verbundenen Werten der Freundschaft,
Partnerschaft, beruflichen Zufriedenheit und Freiheit aufneh-

---

[1] R. *Oerter*, Jugendalter, in: *ders./L. Montada* (Hrsg.), Entwicklungspsychologie, München/Wien/Baltimore 1982, 242–313, hier: 242.

men,[2] übergreifende soziale Zusammenhänge, gar weltweite Gerechtigkeit, in den Blick genommen werden sollen?

Und tut man nicht umgekehrt auch einer ethisch, sozial und theologisch so anspruchsvollen Herausforderung wie der sozialen Gerechtigkeit Gewalt an, wenn sie auf das ethische, soziale und entwicklungslogisch passende Niveau der Reflexion von Schülerinnen und Schülern der 7. und 8. Klassen reduziert wird? Wäre es nicht sinnvoller, das Thema »soziale Gerechtigkeit«, das eine Orientierung an universalen ethischen Prinzipien, wie den Menschenrechten, dem kategorischen Imperativ oder der schöpfungsmäßigen Gleichheit aller Menschen vor Gott, voraussetzt, aufzuschieben, bis eine Entwicklung der moralischen Urteils- und Handlungskompetenz stattfinden konnte, die es dem Individuum erlaubt, universale Gerechtigkeit denken, wollen und an ihr handelnd mitwirken zu können?

Für eine solche Sicht spricht tatsächlich manches; gleichwohl wird im folgenden zu zeigen versucht, daß und wie die Thematik »Soziale Gerechtigkeit« sinnvoll auch an der Schwelle zum Jugendalter im Unterricht thematisch werden kann, gerade im Blick auf die langfristige Perspektive der Entwicklung moralischer Urteils- und Handlungsfähigkeit, die auf universale Gerechtigkeit zielt.[3]

2. Zur Relevanz der Thematik »Soziale Gerechtigkeit« – Eine sachanalytische Vergewisserung

Theologisch, philosophisch-ethisch oder gesellschaftlich und entsprechend auch religionspädagogisch stellt soziale Gerechtigkeit ein Thema dar, dessen Behandlung schlechthin notwendig und alternativlos ist. »Gerechtigkeit bezeichnet in bezug auf das soziale Handeln jene Verhaltensweise, die ›jedem das Seine‹ – suum

---

2 Vgl. *H. Barz*, Postmoderne Religion. Die junge Generation in den Alten Bundesländern, Opladen 1992, 249ff und *N. Mette*, Option für die Jugend, in: Diakonia 23/1992, 361–365, hier: 363f.

3 Vgl. *M. Blasberg-Kuhnke*, Lebensweltliche Kommunikation aus Glauben. Zur koinonischen Struktur des Religionsunterrichts der Zukunft, in: rhs 36/1993, 261–273, hier: 265ff.

cuique – zukommenläßt.«[4] Diese klassische Definition des *Thomas von Aquin*[5] behält auch unter den Bedingungen der Moderne ihre Gültigkeit, fordert allerdings unter sich wandelnden gesellschaftlichen Bedingungen eine je neue Bestimmung dessen und einen (gesellschaftlichen) Konsens darüber, was Gleichheit und Gerechtigkeit bedeuten, ohne einfach egalitaristisch zu sein.

2.1 Philosophisch-ethische Dimensionen sozialer Gerechtigkeit

Die antiken Gerechtigkeitstheorien Platons und Aristoteles haben die politische Philosophie Europas bis zur Gegenwart geprägt.[6] Dabei faßt *Platon* Gerechtigkeit als individuelle Tugend auf, die jedem das ihm Gebührende gibt und zum Wohl der Polis das eigene Handeln in das Ganze einordnet, während *Aristoteles* Gerechtigkeit als öffentliche Tugend bestimmt und ihren sozialen Charakter betont. Dabei versteht er unter Gerechtigkeit »eine Haltung (habitus) …, aufgrund derer Menschen handeln, und zwar so, daß sie sich dabei an der Achtung vor dem Gesetz, der Gleichheit der Bürger und der Selbstachtung orientieren«.[7] Eine ausgleichende (Gleichwertigkeit geschuldeter Leistung, Verdienst und Ausgleich bei Straftaten) und eine verteilende (Rechte, Güter, Macht) Gerechtigkeit sind zu unterscheiden. *Thomas von Aquin* übernimmt die Differenzierung der Gerechtigkeit als habitus von Aristoteles und bindet die Tugendlehre theologisch ein. Gerechtigkeit als Tugend ist bei ihm, im Unterschied zu Aristoteles, auf das Gemeinwohl hin ausgerichtet. Gerechtigkeit als Tugend wurzelt in der zuvorkommenden Güte Gottes; nur »in der übereinstimmenden Dreiheit von Wille, Handlung und Ordnung verwirklicht sich die Gerechtigkeit als Absicht, jedem das Seine zukommen zu lassen«.[8]

In der Moderne[9] geht die philosophisch-ethische Diskussion über in die Bestimmung der Gerechtigkeit als sich juridisch nie-

4 *M. Schramm*, Gerechtigkeit I. Philosophisch-ethisch, in: LThK Bd. 4, Freiburg/Basel/Rom/Wien 1995, 498–500, hier: 498.
5 STh II-II, 58,1.
6 Vgl. zum folgenden *W. Lienemann*, Gerechtigkeit, Göttingen 1995, 14–16.
7 Ebd., 15.
8 Ebd., 22.
9 Vgl. zum folgenden *Schramm*, Gerechtigkeit, 499. Die folgenden Zitate im Text: ebd.

derschlagende formale Regelung widerstreitender Interessen. Liberalistische Positionen begreifen sie als »für alle nützliche Erfüllung des faktischen Gesellschaftsvertrags« (*Thomas Hobbes*), als »Regelsystem des nutzenfördernden Wettbewerbs« (*Adam Smith*) oder als »Funktion des formalen Ziels einer greatest happiness of the ›greatest number‹« (*Jeremy Bentham; David Hume*). Für Kant hingegen ist die Selbstzwecklichkeit des Menschen eigentliches Ziel der Gerechtigkeit; er definiert sie »als formales Prinzip der Möglichkeit des Rechtes aller Menschen (Metaphysik der Sitten) und so als Voraussetzung tugendhafter Moralität im formalen Sinne des kategorischen Imperativs«.

Gegenwärtig wird die Diskussion um soziale Gerechtigkeit bestimmt durch die Kontroverse um eine »ökologische Gerechtigkeit«. Die Positionen spannen sich aus zwischen der Auffassung, ein solches Konzept sei in sich unsinnig, weil moralische Kategorien nur auf Personen anwendbar sind, und der, es gehe um die Gestaltung von Rahmenregeln, soziale Gerechtigkeit charakterisiere sich »mithin als objektivierte ›Tugend sozialer Institutionen‹«[10] (*John Rawls, Karl Homann, Jürgen Habermas*). Ansätze des Kommunitarismus schließen daran an und betonen die Pluralität von Kulturräumen, die differierende »Sphären der Gerechtigkeit« hervorbringen.

2.2 Theologische Konzepte sozialer Gerechtigkeit

2.2.1 Gottes Gerechtigkeit und gerechtes soziales Handeln – Die biblische Perspektive. Ein theologisches Gerechtigkeitskonzept hat zuerst die biblischen Ansätze aufzunehmen. Tatsächlich zeigen kirchliche Erklärungen zur Gerechtigkeitsthematik oder zu zentralen Aspekten derselben die ökumenisch gemeinsame Tendenz einer grundlegenden Orientierung an der biblischen Tradition. Die Erklärung der protestantischen »United Church of Christ« (=UCC) »Christlicher Glaube: Wirtschaftsleben und Gerechtigkeit« (1989)[11] macht dabei, biblisch argumentierend, exemplarisch auf die Zusammengehörigkeit von Theologie und sozial gerechtem Wirtschaften aufmerksam. Mit dem alttestamentlichen

---

10 Ebd.

11 Vgl. *K. Füssel/F. Segbers*, Die Bibel zu Rate ziehen, in: *dies.* (Hrsg.), »...so lernen die Völker des Erdkreises Gerechtigkeit«. Ein Arbeitsbuch zu Bibel und Ökonomie, Luzern/Salzburg 1995, 9–19, bes. 14ff.

Bild Gottes als »Haushalter«, als »Ökonom, der für das Leben sorgt«[12] wird das biblische Bild zur Option und zum kritischen Maßstab für sozial gerechtes Wirtschaften heute.

Der konziliare Prozeß für Gerechtigkeit, Frieden und Bewahrung der Schöpfung stellt, nach langem Ringen und auf Intervention vor allem der armen Kirchen, Gerechtigkeit an die erste Stelle der Trias[13] und begründet biblisch-theologisch »Gerechtigkeit schafft Frieden«: »Zuerst Gerechtigkeit, damit Friede, und dieser Friede ist auch und gerade Friede mit der Natur.«[14]

Gerade diese bedeutsame ökumenische Einheit in der theologischen Sicht auf soziale Gerechtigkeit läßt nach den Inhalten fragen. Die biblische Perspektive sozialer Gerechtigkeit weist eine Doppelstruktur auf: Die Perspektive der Armen und die Perspektive der ganzen Schöpfung.[15] Dabei spiegelt die biblische Tradition selber einen Lernprozeß mit erfahrener Gerechtigkeit, mehr noch Ungerechtigkeit, die »Israel die wahre Gerechtigkeit zunehmend allein von Gott«[16] erwarten läßt, was keineswegs eine Entpflichtung von praktizierter sozialer Gerechtigkeit bedeutet. Recht und Gerechtigkeit gehören gerade für das Alte Testament zusammen.[17]

Die Orientierung des Verständnisses sozialer Gerechtigkeit an der Gerechtigkeit Gottes gilt dabei gleichermaßen für Altes Testament und Neues Testament. Die Ethik sozialer Gerechtigkeit im Neuen Testament in der Goldenen Regel und im, gerade bei Lukas hervorgehobenen, Eintreten für die Schwachen, die Armen, Unterdrückten und Entrechteten, findet ihre Begründung im gerechten Handeln und Richten Gottes. Auch bei Paulus kann nicht davon die Rede sein, daß die »politisch-soziale Seite der

---

12 Ebd., 14. Vgl. weiterführend *M. Robra*, Ökumenische Sozialethik, Gütersloh 1994, 180–191.

13 Vgl. *M. Blasberg-Kuhnke*, Konziliarer Prozeß, in: Diakonia 20/1989, 289–297, hier: 287f.

14 *H. Schröer*, Konziliarer Prozeß, in: EvErz 40/1988, 318–322, hier: 320.

15 Vgl. *F. Segbers*, »... so lernen die Völker des Erdkreises Gerechtigkeit« (Jes 26)(9). Bibel – Ökonomie – Ethik, in: *Füssel/Segbers*, Gerechtigkeit, 287–330, hier: 294–297.

16 *Lienemann*, Gerechtigkeit, 12.

17 *F.-L. Hossfeld*, Gerechtigkeit II. Altes Testament, in: LThK Bd. 4, 500f., hier: 500.

menschlichen Gerechtigkeit vergleichgültigt würde – von dieser ist vielmehr in der Weise die Rede, daß die guten Werke aus freier Liebe das Handeln derer bestimmen, denen die göttliche Gerechtigkeit zuteil geworden ist«.[18]

2.2.2 Gemeinwohl und Gemeinschaftsdenken – Soziale Gerechtigkeit in Soziallehre, -ethik und Kommunitarismus.

Auf dieser Basis, sowie unter Einbeziehung der philosophisch ethischen Reflexion, sind systematisch-theologische Gerechtigkeitskonzepte entstanden; vor allem aber schlägt sich die Reflexion auf die Verantwortung aus Glauben für soziale Gerechtigkeit in der katholischen Soziallehre nieder, wie auch in der evangelischen Sozialethik. Gerechtigkeit gilt als grundlegendes Prinzip, Aufgabe und Ziel jeder Sozialethik.[19] Das Themenspektrum zur Gerechtigkeit in der kath. Soziallehre umgreift die Würde der lebendigen Arbeit, die weltweite Gerechtigkeit, Einsatz und Durchsetzung der Menschenrechte, die vorrangige Option für die Armen, die Verteilungsgerechtigkeit und die internationale Solidarität in der Schuldenkrise.[20] Das Gemeinwohl der einen Menschheitsfamilie wird zunehmend als Ziel sozialer Gerechtigkeit akzeptiert.

Eine Vergewisserung zum Verständnis sozialer Gerechtigkeit in der Gegenwart darf die seit einigen Jahren auch im deutschsprachigen Raum intensiv geführte Auseinandersetzung mit dem nordamerikanischen Kommunitarismus nicht ausblenden. Die Motive für diese Denkrichtung sind vielfältig und divergierend wie die Konzeptionen; unübersehbar aber ist die »neuerliche Konjunktur des Gemeinschaftsdenkens …, die nostalgische Sehnsucht nach der verklärten Vergangenheit verlorengegangener Lebensgemeinschaften als auch das basisdemokratische Bestreben nach starker lokaler Demokratie, das Verlangen nach Stärkung der Ressourcen gesellschaftlicher Solidarität«[21] in der Kritik des

---

18 *Lienemann*, Gerechtigkeit, 13. Mit derselben Tendenz vgl. *K. Kertelge*, Gerechtigkeit III. Neues Testament, in: LThK Bd. 4, 501–503.

19 Vgl. *P. Langenhorst*, Gerechtigkeit V. Kirchliche Soziallehre, in: LThK Bd. 4, 504.

20 Vgl. *Lienemann*, Gerechtigkeit, 29–54.

21 *E. Arens*, Der Sinn für Zugehörigkeit. Religion und Gesellschaft in kommunitaristischer Sicht, in: Orientierung 59/1995, 154–159, hier: 154.

neuzeitlichen Individualismus und Bindungsverlusts, des Atomismus und der Desolidarisierung, die gerade den differenzierten modernen Gesellschaften zu schaffen machen. Auch angesichts verschiedener problematischer Entwürfe ist die Neuorientierung an Zusammengehörigkeit, Solidarität und sozialer Verantwortung bemerkenswert, in der auch die Relevanz der jüdisch-christlichen Religion (weithin) anerkannt wird, ihre »Ressourcen der Erinnerung und Kritik, der Solidarität sowie der Verheißung von Gerechtigkeit und Gleichheit«.[22]

3. Soziale Gerechtigkeit lernen als religionspädagogische Herausforderung

Die Übersicht über die philosophisch-ethische, biblisch-theologische und sozialwissenschaftliche Reflexion hat soziale Gerechtigkeit als anspruchsvollen Themenkomplex vorgestellt, der universalistisches Denken und Handeln in der Orientierung am Gemeinwohl der Menschheitsfamilie in der Einen Welt verlangt. Erziehung und Bildung im Allgemeinen und religiöse Erziehung und Bildung im Besonderen, denen es um die zunehmende Handlungsfähigkeit heranwachsender Subjekte geht,[23] müssen die »Befähigung zur Bearbeitung uns alle angehender Schlüsselprobleme«,[24] zu denen soziale Gerechtigkeit unzweifelhaft gehört, eröffnen. Damit das möglich wird, ist es notwendig, aber nicht zureichend, die Implikationen der »Sache« soziale Gerechtigkeit zu klären, vielmehr ist gleichgewichtig, womöglich vorrangig, danach zu fragen, wie ein solches religiöses Lernen für die Eine Welt sich als schülerorientiert und schülergerecht ausweisen kann.

3.1 Moralische Entwicklung und die Thematisierung sozialer Gerechtigkeit als moralpädagogische Aufgabe. Zur Klärung der entwicklungspsychologischen Voraussetzungen im Blick auf die Gerechtigkeitsthematik bietet sich die epigenetische Theorie *Lawrence Kohlbergs* zu den Strukturstufen moralischen Urteilens besonders an. Gerade

---

22 Ebd., 159.
23 Vgl. *Blasberg-Kuhnke*, Kommunikation, 266.
24 *H. Luther*, Religion und Allgemeinbildung, in: EvErz 43/1991, 2–6, hier: 4.

die Gerechtigkeitsthematik, die in seiner auch interaktionistischen Stufentheorie sich durchgängig als soziale Problematik darstellt, bildet für ihn den Kern der Moralität. »Kohlberg hat die Konzentration des Untersuchungsgegenstandes auf das Gerechtigkeitsdenken theoretisch wie forschungsmethodisch für fruchtbar gehalten; in (kantischer) moralphilosophischer Perspektive läßt sich die Struktur problemlösenden Denkens an Rechtfertigungen des jeweils als ›gerecht‹ Betrachteten einfacher erschließen als z. B. an Vorstellungen über Nächstenliebe: Gerechtigkeit verlangt nach Verallgemeinerung und Unparteilichkeit des moralischen Standpunkts ...«[25]

Was heißt nun für Schülerinnen und Schüler der 7. und 8. Klassen, die Perspektive der Gerechtigkeit einzunehmen? Bekanntlich haben *Lawrence Kohlbergs* Untersuchungen drei moralische Niveaus, denen jeweils zwei Stufen der moralischen Entwicklung zugeordnet sind, ergeben: Das präkonventionelle, das konventionelle und das postkonventionelle Niveau moralischen Denkens und Urteilens. Da sich gezeigt hat, daß soziale Gerechtigkeit im Grunde prinzipiengeleitetes und sogar universalistisches Denken und die aus solchen Urteilen erwachsende Verpflichtung zu entsprechendem Handeln verlangt, steht die Moralpädagogik vor dem Dilemma, soziale Gerechtigkeit im Unterricht zu behandeln, obwohl postkonventionelles Urteilen »in der Erziehung von Kindern und Jugendlichen nur als weitgesteckter Zielpunkt ein Thema«[26] sein kann. Die empirische Forschung zeigt vielmehr, »daß es eine Entwicklungsformation des Erwachsenenalters ist«,[27] wenn sie überhaupt erreicht wird.

Gleichwohl wäre die Konsequenz, die Behandlung sozialer Gerechtigkeit auf die letzten Schuljahre in der Sekundarstufe II zu verschieben, falsch. Statt die Perspektive einzunehmen, frühere Strukturstufen moralischen Urteilens als defizitär angesichts der Herausforderung der sozialen Gerechtigkeit zu betrachten, ist zum einen auf den Wert und die moralische »Leistungsfähigkeit« auch der früheren Stufen moralischen Urteilens zu insistieren und

25 *F. Oser/W. Althof,* Moralische Selbstbestimmung. Modelle der Erziehung und Entwicklung im Wertebereich – Ein Lehrbuch, Stuttgart 1992.
26 Ebd., 61.
27 Ebd.

zum anderen auf die biographische Bedeutung systematischer und möglichst früh einsetzender Förderung des moralischen Denkens für die Ermöglichung der Entwicklung einer postkonventionellen Moral im Erwachsenenalter.

Jugendliche der 7. und 8. Klassen dürften mehrheitlich den Entwicklungsstand konventionellen moralischen Urteilens erreicht haben. Der Übergang zum Jugendalter ist zentral von der Ausweitung der sozialen Beziehungen, vor allem zu den Gleichaltrigen, bestimmt. Die Zugehörigkeit zu einer bestimmten jugendkulturellen Szene und erste Partnerbeziehungen werden bestimmend für die Ausbildung einer (vorläufigen) Ich-Identität. Mit der »Theorie der sozialen Identität« lassen sich die sozialen Herausforderungen, vor die Jugendliche sich jetzt gestellt sehen, so zusammenfassen: Sie wollen eine positive Selbsteinschätzung herstellen oder erhalten, sie leiten einen Teil ihrer Selbsteinschätzung, ihre soziale Identität, aus ihren Gruppenzugehörigkeiten und den Bewertungen, die diese Gruppen vornehmen, ab, und schließlich ergibt sich die Bewertung einer Gruppe aus dem Vergleich dieser Gruppe mit relevanten anderen Gruppen.[28] Daraus folgt, daß für Jugendliche soziale Anerkennung und eigene Selbsteinschätzung und Wertschätzung sich wechselseitig bedingen, die notwendig positive Bewertung der eigenen Gruppe(n) aber die Gefahr in sich birgt, die aufwertende Selbsteinschätzung über die Abwertung alternativer sozialer Zugehörigkeiten zu verstärken oder gar zu erreichen.

Zugleich bildet die Ausweitung der sozialen Beziehungen im Jugendalter die Basis für konventionelles Denken: »Stufe-3-Denken ist in erster Linie Gruppendenken; der Mensch orientiert sich an den Standpunkten von Bezugsgruppen und den Bedürfnissen ihrer Mitglieder, die Interessen fremder Gruppen kommen nicht als moralische Bezugsgröße in den Blick.«[29] Der Übergang von der Ich-Bezogenheit präkonventioneller kindlicher Moralität zum konventionellen Denken der Stufe 3 nach Kohlberg bedeutet also den wichtigen Schritt hin zu sozialen Bezugsgrößen, zur Gruppe, die Entwicklung der Denkstruktur vom »Ich« zum »Wir«. Zugleich wird moralisches Urteilen auf dieser Stufe begrenzt durch Grup-

---

28 Vgl. *U. Wagner/A. Zick*, Psychologie der Intergruppenbeziehungen: Der »Social identity approach«, in: Gruppendynamik 21/1990, 323.

29 *Oser/Althof*, Moralische Selbstbestimmung, 57.

penborniertheit und Gruppenegoismus. Mit dieser Spannung ist zu rechnen, wenn mit jungen Jugendlichen soziale Gerechtigkeit thematisiert wird: Auf den Sinn der Jugendlichen für die Belange und Bedürfnisse anderer kann Bezug genommen werden; mit der mangelnden Einsicht, daß Recht und soziale Gerechtigkeit für alle Geltung beanspruchen können, muß gerechnet werden.

»Soziale Gerechtigkeit« in der 7. und 8. Klasse zu behandeln, darf auf dem Hintergrund der an Kohlberg orientierten Moralpädagogik als angemessene Lernanforderung betrachtet werden, hat das Team um Kohlberg doch zeigen können, daß die Perspektive der nächst höheren Stufe moralischen Urteilens für Kinder und Jugendliche in den Blick rücken kann und der Entwicklungsschritt auf sie zu durch die unterrichtliche Intervention angeregt, gefördert und begleitet werden kann. Die »Plus-eins-Konvention« darf mithin »im Sinne einer didaktischen Leitlinie«[30] aufgefaßt werden, unter der die stärksten Lerneffekte zu verzeichnen sind. Die nächsthöhere Stufe 4 zeichnet sich nun gerade durch ihre gesellschaftliche Perspektive aus; die Aufrechterhaltung der sozialen Ordnung, Regeln und Gesetze rücken an die Stelle der interpersonellen Gruppenbezogenheit.[31] Diese moralische Orientierung erlaubt, soziale Gerechtigkeit in der sozialethischen Perspektive der Orientierung am Gemeinwohl, die in rechtlichen Regelungen und gesetzlichen Bestimmungen ihren Niederschlag findet und für die Garantie von Rechtsstaatlichkeit und Demokratie bedeutsam ist, ebenso zu thematisieren, wie bestimmte Formen kommunitaristischen Denkens, die soziale Zusammengehörigkeit, Solidarität und soziale Verantwortung betonen, in den Unterrichtsprozeß einzubeziehen.

3.2 Soziale Gerechtigkeit lernen – Pädagogische Grundmodelle, unterrichtliche Handlungsformen und Lernziele. Vor allem aber ist nach angemessenen Grundmodellen und Konzepten pädagogischen Handelns und den ihnen entsprechenden unterrichtlichen Handlungsformen und Lernzielen zu fragen, die es ermöglichen, soziale Gerechtigkeit im Kontext von Schule zu lernen, so daß eine themati-

---

30 Ebd., 104.
31 Vgl. *L. Kohlberg,* Eine Neuinterpretation der Zusammenhänge zwischen der Moralentwicklung in der Kindheit und im Erwachsenenalter, in: *R. Döbert/J. Habermas/G. Nunner-Winkler* (Hrsg.), Entwicklung des Ichs, Köln 1977, 225–252, hier: 233.

sche Behandlung sozialer Gerechtigkeit, etwa auch die Diskussion moralischer Dilemmata, eingebettet ist in einen Lernprozeß, der soziale Gerechtigkeit als generatives Thema, gerade in der Sekundarstufe I, transparent werden läßt.

Für Schülerinnen und Schüler der 7. und 8. Klassen heißt das fast immer, zunächst die Entwicklung ihrer Klassengemeinschaft wahr- und ernstzunehmen, gegen die Tendenz vieler Lehrerinnen und Lehrer den Unterricht in den Klassen 7 bis 9 als besonders unangenehm und ineffektiv zu betrachten. Disziplinprobleme in diesen Klassen haben eben nicht nur »Pubertätsprobleme« zur Ursache; sie sind ebenso unübersehbares Zeichen der moralischen Entwicklung der Schülerinnen und Schüler, die ihre Klasse jetzt als soziale Gruppe intensiv erleben. Dazu gehören die von Lehrerinnen und Lehrern vorwiegend als unliebsame Störung betrachteten Auseinandersetzungen um Positionen in der Klasse, Substrukturbildungen, die bis zu einander bekämpfenden Cliquen gehen können und zu Außenseiterrollen für einzelne, die ihren Platz in der sozialen Gruppe »Schulklasse« nicht finden. Dazu gehört unter Umständen auch, daß die Klasse eine so starke Gruppenkohäsion entwickelt, daß sie ihre positive Wertschätzung auch und gerade aus dem Widerstand gegen die als von außen wahrgenommenen Lehrpersonen wendet.

Diese Situationen gilt es als Chance zu begreifen, insofern sich in ihnen Gemeinschaftsgefühl (wenngleich konfliktträchtig) entfaltet, das den Jugendlichen dazu anregt, »zum Wohle aller beizutragen und seine Tätigkeit und seine Fähigkeiten zu steigern, nicht um seiner selbst willen, sondern als Mitglied der Gruppe«.[32] Gerade in der Reflexion auf gruppendynamische Aspekte schulischen Lernens und in der frühen Gesamtschuldiskussion haben Konzepte sozialen Lernens Beachtung gefunden, die soziale Gerechtigkeit im Sinne sozialer Integration und sozialer Kooperation zu verwirklichen suchten.[33]

32 R. Dreikurs/B. Grunwald/F. Pepper, Lehrer und Schüler lösen Disziplinprobleme, Weinheim/Basel [4]1987, 17.

33 Vgl. Deutscher Bildungsrat, Einrichtung von Schulversuchen mit Gesamtschulen. Empfehlungen der Bildungskommission, Stuttgart 1969 und H. Prior, Soziales Lernen als zentraler Bestandteil der Gesamtschule, in: H. Ludwig (Hrsg.), Gesamtschule in der Diskussion, Regensburg 1981, 81–97.

Geht es in der Gesamtschule vorrangig um soziale Gerechtigkeit in der »Begegnung unterschiedlicher Sozialschichten in einer gemeinsamen Schule, die zum Entdecken und Bewußtmachen der sozialen Unterschiede führt«,[34] so haben sich im Umfeld der Gesamtschuldiskussion auch Konzepte herausgebildet, die von grundlegender Bedeutung für Gerechtigkeitslernen sind. Solchen integrierten Ansätzen sozialen Lernens geht es primär um »soziale Elementarerziehung« mit dem leitenden Ziel der Subjektwerdung der Schülerinnen und Schüler, die über die folgenden Teilziele anvisiert wird:

»– soziale Motivation, Affektbildung, Angstfreiheit …
– soziale Kommunikation, d. h. Wahrnehmung und Sprache für die face to face relations;
– Kontakt- und Kooperationsfähigkeiten;
– Regelverständnis, Kritik- und Konfliktbewußtsein;
– soziale Sensibilität, Selbstkontrolle und soziale Identität«.[35]

Damit sind wesentliche Voraussetzungen und Grundlagen für moralpädagogisches Lernen sozialer Gerechtigkeit geschaffen. Sie korrespondieren mit den Anliegen des »progressiven« Ansatzes der Moralerziehung nach Kohlberg. Kohlberg geht es ja um mehr als die Stimulation moralischen Denkens, vielmehr im Kern um eine Schulkultur, die Schule zur »just community« entwickelt: »Erziehung zur Gerechtigkeit erfordert also, die Schulen gerechter zu machen und die Schüler zu ermutigen, eine aktive Rolle dabei zu spielen.«[36] Der Lehrer oder die Lehrerin übernimmt die Aufgabe eines Anwalts für moralische Inhalte, die sich nicht nur auf universelle Prinzipien und Normen der Gerechtigkeit beziehen, sondern eben auch auf »spezifischere Normen, auf die die Klassengemeinschaft sich geeinigt hat und die für die Klasse oder Schule notwendig sind, um als Gemeinschaft zu bestehen.«[37]

---

34 *A. Regenbrecht*, Analyse und Ziele im Gesamtschulversuch, in: *ders./ L. Lemper* (Hrsg.), Schulversuch Gesamtschule auf dem Weg zur Entscheidung, Stuttgart [7]1978, 126–134, hier: 129.

35 *Prior*, Soziales Lernen, 94.

36 *L. Kohlberg* (1971), hier zit. nach *Oser/Althof*, Moralische Selbstbestimmung, 110.

37 *L. Kohlberg*, Der »Just Community«-Ansatz der Moralerziehung in Theorie und Praxis, in: *F. Oser/R. Fatke/ O. Höffe* (Hrsg.), Transformation und Entwicklung. Grundlagen der Moralerziehung, Frankfurt 1986, 21–55, hier: 27.

Wird (fächerübergreifend) in dieser Weise gelernt,[38] kann korrelativ auch die Auseinandersetzung mit Fragen der sozialen Gerechtigkeit außerhalb der Schule und der Lebenswelt der Schülerinnen und Schüler, besonders die Perspektive der Dritten Welt und die Themen des konziliaren Prozesses, sinnvoll einbezogen werden. Dazu liegen durchaus Beispiele in verschiedenen Religions-Lehrbuchreihen vor. Durchweg zeichnen sie sich aber durch die Tendenz aus, mehr über Fragen der sozialen Gerechtigkeit und das weltweite diakonische Handeln der Kirche zu informieren, als die Lebenswelt und die Voraussetzungen der ethischen Entwicklung der Schülerinnen und Schüler zum Ausgang der Unterrichtseinheiten zu machen.

Zu überzeugen vermögen durchweg hingegen die Materialien der entwicklungspolitischen Organisationen.[39] Letztere zeichnen sich vor allem durch ihre Nähe zur Lebenswelt der Schülerinnen und Schüler aus. Ohne moralisierende Tendenzen werden Vergleiche, beispielsweise zwischen den Bildungschancen hierzulande und in Ländern der Dritten Welt, aufgezeigt.[40] Vor allem wird aber die Wechselwirkung zwischen Lebensbedingungen in den Industrieländern und der Dritten Welt unter der Perspektive sozialer Gerechtigkeit thematisiert: »Das Lernen über die ›Dritte Welt‹ ist eine Auseinandersetzung mit anderen Lebenswelten, mit anderen Kulturen, mit anderen Lebensbedingungen, mit einer anderen Sichtweise … Das Lernen über die ›Dritte Welt‹ ist das Lernen über die Zusammenhänge, über uns, über die Eine Welt.«[41]

---

38 Vgl. *W. Dietz*, Global denken – lokal handeln: Auch in der Schule? Plädoyer für fächerübergreifenden Unterricht zu den Themen des »Konziliaren Prozesses« in der Sekundarstufe I, in: Entwurf 1990, Heft 2/3, 67–75.

39 Vgl. *H.-M. Große-Oetringhaus*, United Kids. Spiel- und Aktionsbuch Dritte Welt. Ein »terre des hommes«-Buch, Berlin 1991 und die von Unicef, terre des hommes, der Welthungerhilfe und vielen anderen Organisationen unterstützte Publikation von *A. Datta* (Hrsg.), Projektwoche Dritte Welt. Unterrichtseinheiten für die Sekundarstufe I, Weinheim/Basel ²1990.

40 Vgl. *B. Veit/H.-O. Wiebus*, Das Dritte Welt Buch, Ravensburg 1988, 128ff.

41 *Datta*, Projektwoche, 10.

Handlungs-, Produkt- und Öffentlichkeitsorientierung als Unterrichtsprinzipien sollen für Schülerinnen und Schüler zum Ausdruck der Ernstsituation des Eingesehenen werden und diese Einsicht zugleich exemplarisch hervorrufen;[42] Projektwochen dürfen daher als besonders geeignet für »local acting, global thinking« am Lernort »Schule« gelten. Es geht um nicht weniger, als mit Schülerinnen und Schülern eine »Eine-Welt-Hermeneutik«[43] (wenigstens anfanghaft) zu entwickeln, die Vision eines gerechten (Über-)Lebens aller Menschen und der geschöpflichen Mitwelt auf der Erde und die Kritik an allen Lebens- und Handlungsweisen, die die »Solidargemeinschaft alles Lebendigen aus den Augen verlieren oder verdrängen«.[44]

Literaturhinweise

A. Datta, (Hrsg.), Projektwoche Dritte Welt. Unterrichtseinheiten für die Sekundarstufe I, Weinheim/Basel ²1990.

K. Füssel/F. Segbers, (Hrsg.), ... so lernen die Völker des Erdkreises Gerechtigkeit. Ein Arbeitsbuch zu Bibel und Ökonomie, Luzern/Salzburg 1995.

H.-M. Groge-Oetringhaus, United Kids. Spiel- und Aktionsbuch Dritte Welt, Berlin 1991.

W. Lienemann, Gerechtigkeit, Göttingen 1995.

42 Ebd., 8.
43 *W. Dietz*, Eine »Eine-Welt-Hermeneutik« entwickeln oder: Die Veränderung der Welt beginnt doch in unseren Köpfen! Didaktischer Kommentar, in: Entwurf 1990, Heft 2/3, 76.
44 Ebd.

XII.
Die Bergpredigt –
Eine »überschießende Gerechtigkeit« (Mt 5,20)?

WOLFGANG LANGER

Die sogenannte »Bergpredigt«, d.h. die in Mt 5, 1–7, 29 vorliegende Textsammlung ist eine der herausforderndsten und
hinsichtlich ihrer Bedeutung und ihres Geltungsrahmens umstrit-
tensten Stücke des Neuen Testaments. Gleichwohl ist eine Auseinandersetzung mit ihr auch im schulischen Religionsunterricht
notwendig, denn es handelt sich dabei um nichts Geringeres als
die (normative?) Beschreibung der (idealen?) christlichen Lebensform.

Darüber hinaus reicht die Wirkungsgeschichte der Bergpredigt
weit in den politischen und weltethischen Bereich hinein. Auch
unter Mitgliedern nichtchristlicher Religionen war und ist immer
wieder ein echtes Interesse an ihren Aussagen und eine Beschäftigung mit ihren Intentionen und Inhalten zu beobachten. Das
bekannteste Beispiel dafür ist *Mahatma Gandhi*, der die Bergpredigt
Jesu geradezu als ein Manifest seiner eigenen Überzeugungen
hoch eingeschätzt hat. Mancherlei Inanspruchnahmen wie auch
Beispiele kritischer Abgrenzungen (z. B. mit der Bergpredigt kann
man nicht Politik machen) machen es erforderlich, sich immer
wieder neu des Verständnisses der Bergpredigt zu vergewissern.

1. Zur Auslegung der Bergpredigt

1.1 Text und Kontext. Außer dem (unmittelbaren) Rahmen (Mt 5,
1f. und 7, 28f.) gehören folgende unterscheidbare Teile dazu: die
Seligpreisungen (Makarismen): 5, 3–12; das Salzwort und das
Lichtwort: 5, 13–16; von der Geltung des Gesetzes und der
größeren Gerechtigkeit 5, 17–20; die sogenannten Antithesen:
5, 21–48; von der verborgenen oder inneren Frömmigkeit: 6,
1–18; von falschem und richtigem Sorgen: 6, 19–34; vom Rich-

ten: 7, 1–5; von der Entweihung des Heiligen: 7,6; vom Vertrauen beim Beten: 7,7–11; die Goldene Regel: 7,12; vom engen und weiten Tor und dem schmalen und breiten Weg: 7, 13f.; von falschen Propheten, guten und schlechten Früchten: 7, 15–23; vom Haus auf dem Felsen oder auf Sand: 7, 24–27.

Die Texte weisen starke Bearbeitungsspuren auf. Manches mag noch weitgehend auf Jesus selbst zurückgehen, vieles entstammt der Logienquelle (Q), einiges ist von Mt neu gefaßt oder neu geschrieben (vgl. mit dem Lukas-Evangelium). Die judenchristliche (schriftgelehrte) Handschrift des Matthäus-Evangeliums ist unverkennbar: Es geht um eine andere, gänzlich neue (Gesetzes-)Gerechtigkeit, um das richtige Leben nach Gottes Willen, wie es Jesus gelehrt und gelebt hat.

In der Komposition des Matthäus-Evangeliums ist die Bergpredigt die erste von fünf »Reden«, die über das ganze Evangelium verteilt sind. Sie steht somit programmatisch am Anfang der Erzählung von Jesu öffentlichem Wirken und stellt so etwas wie die »messianische Tora« dar[1]. Wie im Buch Exodus dem Bundesgesetz vom Sinai die Befreiung des Volkes durch Jahwe vorangegangen ist, so folgt die Bergpredigt dem summarischen Bericht vom heilenden Wirken Jesu in Galiläa, das die Menschen aus allen Gegenden anzieht (Mt 4, 23–25): die »Volksscharen« (ochloi 4, 25 und 5, 1). Nach der Bergpredigt steht wiederum ein Zyklus von zehn (Wunder-)Heilungen (8, 1–9, 34). Die christologische Sinai- und Mosetypologie des Mt ist unübersehbar: Der »neue Mose« vollbringt zehn Wundertaten (vgl. Ex 7, 1–11, 10: die »ägyptischen Plagen«) und verkündet das neue Gesetz auf dem Berg (vgl. Ex 19, 1–20, 26). Die Bergpredigt ist für ihn die endgültige Interpretation des Jahwe-Willens durch Jesus: 7, 21!

1.2 Der Streit um das Verständnis. Die teilweise radikalen Forderungen der Bergpredigt haben immer die Fragen danach aufgeworfen, wem sie gelten, ob und wie sie zu erfüllen seien. Darauf gibt es zwei gegensätzliche extreme Antworten und verschiedene Kompromißvorschläge. Für die einen ist die Bergpredigt ein politisches Programm, das ohne Wenn und Aber in die Praxis umgesetzt

---

1 *G. Lohfink,* Wem gilt die Bergpredigt? Beiträge zu einer christlichen Ethik, Freiburg/Basel/Wien 1988, 28.

werden muß, um die Gesellschaft als ganze zu bekehren und zu heilen.[2] Die Gegenposition ist in klassischer Form von *Max Weber* vertreten worden. Er rechnet die Bergpredigt der reinen »Gesinnungsethik«[3] zu, d. h. sie hat für ihn keinerlei politische Relevanz, sondern gehört ausschließlich in den Privatbereich des einzelnen, der dort danach leben mag, wenn er es sich leisten kann. In der Politik gilt allein die »Verantwortungsethik« mit ihren notwendigen Kompromissen und Folgenabschätzungen.

In der Tradition *Martin Luthers* wird die Bergpredigt – wie auch schon der Dekalog – so verstanden, daß sie den Menschen als Sünder überführt. Die Offenbarung des Willens Gottes zeigt auf, daß der Mensch aus eigener Kraft diesen Gotteswillen nicht erfüllen kann, daß er also ganz und gar auf die rechtfertigende Gnade angewiesen ist. Eher katholisch ist jener Lösungsversuch, nach dem die Bergpredigt nicht allen Christen (»in der Welt«) gilt, sondern vor allem den Ordensleuten, Priestern usw. Auch für sie sind die Weisungen nicht als Gebote aufzufassen, vielmehr stellen sie »Räte« dar, so etwas wie dringende Empfehlungen für den Weg zu einem vollkommeneren Leben.

Eine sehr bedenkenswerte Deutung hat vor einigen Jahren *Gerhard Lohfink* gegeben. Für ihn ist die Bergpredigt weder ein neues Gesetz noch ein bloßes Ideal reiner Gesinnung. Aus dem »Vorbau« (4, 23–5, 2), den Mt aus bei Mk verstreut stehenden Stellen mit charakteristischen Abänderungen sehr bewußt und kunstvoll gefügt habe, erschließt er die eigentliche Zielgruppe. Demnach »konstruiere« Mt als Adressaten der Rede Jesu »ganz Israel«, das für Mt nunmehr – nach der Ablehnung Jesu durch das historische Israel – das neue Volk Gottes, die Kirche ist. Lohfink versteht also die Bergpredigt analog zur Tora, vor allem in deren deuteronomistischer Entfaltung und Interpretation, als die auf das wirkliche Handeln gerichtete, freilich alternative, eschatologischmessianische Gesellschaftsordnung für Christen. Vom »isolierten Einzelnen« könne sie sicher nicht gelebt werden, wohl aber in der Gemeinschaft einer Kirche, die sich konsequent als »Kontrastgesellschaft« verwirkliche und so zum »Salz der Erde« und zum

2 So zuletzt *F. Alt,* Frieden ist möglich. Die Politik der Bergpredigt, München [26]1990.

3 *M. Weber,* Politik als Beruf, in: *ders.,* Gesammelte politische Schriften, hrsg. von *J. Winckelmann,* Tübingen [5]1988, 505–560.

»Licht der Welt« werde. Modelle dafür sind ihm die sogenannten »Integrierten Gemeinden«.

Jeder dieser Deutungsversuche[4] hat etwas Richtiges, aber keiner von ihnen kann einzeln für sich genommen das Dilemma zwischen Anspruch und Wirklichkeit lösen. Das auf Jesus selbst zurückgehende »Urgestein« der Bergpredigt ist wohl aus der Gewißheit der nahegekommenen, anbrechenden Herrschaft Gottes gesprochen. Das erklärt viele, von heutigen Menschen angesichts der Welt, wie sie ist, für unrealistisch gehaltene Forderungen. Wenn der alte Äon schon zerbricht und das »Reich Gottes« unmittelbar vor der Tür steht, dann haben die Ordnungen dieser Welt (Eigentum, Ehe, Freund-Feind-Denken, Rechtsprechung usw.) keine Bedeutung mehr. »Eines nur ist notwendig« (Lk 10, 42): »Euch aber muß es zuerst um das Reich Gottes und *seine Gerechtigkeit* gehen; dann wird euch alles andere dazugegeben werden« (Mt 6, 33). Wozu soll man noch seinen Besitz behalten oder vermehren, heiraten, sein Recht verteidigen und durchsetzen, für die irdische Zukunft sorgen, wenn morgen alles vorbei ist und das kommt, »was kein Auge gesehen und kein Ohr gehört hat und in keines Menschen Herz aufgestiegen ist, was Gott denen bereitet hat, die ihn lieben« (1 Kor 2, 9)?

1.3 Leben aus unbedingtem Vertrauen. Die Naherwartung ist enttäuscht worden. Nach zweitausend Jahren leben die Christen immer noch im alten Äon. Das war freilich auch schon die Situation des Mt (um 80 n. Chr.). Die Forderungen »seiner« Bergpredigt müssen daher für Christen in der Weltzeit gelten. Sie sind als die lebenspraktische Verwirklichung der von Jesus geforderten Umkehr (metanoia) zu jenem Reich Gottes zu verstehen, das jetzt schon »mitten unter euch« ist (vgl. Lk 17, 21). Der umfassende Verzicht auf die »weltlichen« Bedürfnisse und Gesetzmäßigkeiten ist die Bedingung der Möglichkeit eines anderen Lebens in einer ungeahnten Freiheit und in einem Frieden, »nicht wie die Welt ihn

---

4 Weitere Informationen zu den Deutungen in gut verständlicher Sprache sind zu finden bei *R. Schnackenburg,* Alles kann, wer glaubt. Bergpredigt und Vaterunser in der Absicht Jesu, Freiburg i.Br. 1984, 17–38, sowie bei *U. Berner,* Die Bergpredigt. Rezeption und Auslegung im 20. Jahrhundert (GTA 12), Göttingen ²1983 und *F.W. Kantzenbach,* Die Bergpredigt, Stuttgart u. a. 1982, 11–81.

gibt« (Joh 14, 27). Nur wer wie Jesus seinem »Vater im Himmel« unbedingt vertraut, ist dazu imstande. Darum sind die Weisungen der Bergpredigt auch nicht Forderungen eines allgemein gültigen Ethos, das vernünftig zu begründen wäre. Sie sind vielmehr Herausforderungen, Einladungen, ja geradezu Verlockungen zu einem alternativen Lebensstil, der freilich meistens nur stückweise und mit Rückfällen gelingen wird. Es ist ein Weg, auf den man sich einlassen muß, zu dem man Mut braucht, der in dem Maße wachsen wird, in dem Glaube als existentielles Vertrauen auf Gott (mit Leib und Seele, auf Leben und Tod) gelebt wird, als »realisierte« *(P.H. Newman)* Überzeugung vom schon geschenkten Heil. Die befreienden Erfahrungen, die auf diesem Weg gemacht werden, sind Impulse zum Weitergehen.

Unter diesen Voraussetzungen und so verstanden gilt die Bergpredigt jedem gläubigen Christen: als »transmoralische« Weisung zu einem Leben in »überschießender Gerechtigkeit«. Man kann sie als Entfaltung und Auslegung des Liebesgebotes Jesu (Mt 22, 34–40) auffassen. Daß sie eine permanente Überforderung des Menschen darstellt, steht im Text selbst: »Seid also vollkommen, wie euer himmlischer Vater vollkommen ist« (Mt 5, 48). Sie beschreibt gewissermaßen die Lebensart Jesu (der sie nach *Martin Luther* als einziger Mensch erfüllt hat) und kann daher als Anweisung zur Nachfolge Jesu gelesen werden.

In der unaufhebbaren Spannung des Schon und Noch-nicht der »anbrechenden« Gottesherrschaft gerät der Christ unausweichlich in Konflikte. Nach den Ordnungen der Welt muß er tun, was im Gegensatz zur Bergpredigt steht: Rechtsbrecher bestrafen, Feinde abwehren, Eigentum erwerben und nutzen, vorsorgen usw., um das gesellschaftliche Chaos zu vermeiden. Diese Ordnungen der Welt werden von Jesus nicht verteufelt, aber sie werden relativiert: wo sie den Menschen in die ewigen Kreisläufe des Schlagens und Zurückschlagens, des Habens und Mehr-haben-Wollens einschließen und so auf sich selbst zurückwerfen wollen, machen sie ihn »untauglich« für das Reich Gottes: »Eher geht ein Kamel durch ein Nadelöhr, als daß ein Reicher in das Reich Gottes gelangt« (Mt 19, 24). Andererseits wird dem, der nach dem Reich Gottes trachtet, alles andere, d.h. das zum Leben Nötige »dazugegeben« (Mt 6, 33), denn »der Vater weiß, was ihr braucht« (Mt 6, 8). Die Dinge der Welt sind nicht in sich schlecht, sondern Gottes gute Schöpfung; sie werden es, wenn sie zu Hindernissen werden, in der Freiheit der Kinder Gottes zu leben.

1.4 Das christliche Programm. Die »Seligpreisungen« (Makarismen: Mt 5, 3–12) sind zunächst Zusage des Heils – an die, die im Unheil sind: die Armen, Hungernden, Weinenden und (»um des Menschensohnes willen«) Verfolgten. Das ist der in Q überlieferte Kern (vgl. Lk 6, 20–23), der wohl auf Jesus selbst zurückgeht. Aber sie sind in der Interpretation und Erweiterung durch Mt auch eine Umkehrung der »in der Welt« gültigen Wertmaßstäbe und daraus folgend eine Ermahnung zu bestimmten Verhaltensweisen und Haltungen, wie sie dem Glauben an das anbrechende Gottesreich, an das von Gott geschenkte Heil entsprechen.

Glücklich werden nicht jene genannt, die die Welt glücklich preist: die Reichen und Mächtigen, die sich hier alles leisten (können), sondern gerade die Armen »im Geist«, die in dem Bewußtsein leben, daß sie von sich aus nichts sind und nichts haben, sondern alles Gott verdanken. Weil sie sich ganz auf ihn hin ausstrecken, »gehört« ihnen sein Reich, gehören sie in den »göttlichen Bereich« *(Teilhard de Chardin).* Ihr Leben ist zukunftsoffen, es wird sich erfüllen, endgültig gelingen in seiner »königlichen« Herrschaft der Liebe. Damit ist alles gesagt. Die folgenden Verse entfalten es nur (die am Elend der Welt Leidenden und mit den Elenden Mitleidenden haben Gott selbst zum Trost; für die Gottes Treue, die Verwirklichung seines Heilswillens so lebensnotwendig ist wie Speise und Trank, werden es erfahren; die heute um ihres Glaubens willen Verfolgten und Verlachten werden eines Tages jubeln) und beschreiben die Konsequenzen für das (alltägliche) Leben und Zusammenleben. Da geht es in der Tat um ein Kontrastprogramm zu allem sonst Üblichen, Vernünftigen, Bewährten: Gewaltverzicht, ein Herz für andere haben, Vergebung statt Vergeltung, lauter und ohne Falsch sein, sich immer und überall für Frieden und Versöhnung einsetzen. So kommt man zu nichts – und erhält doch alles. Man setzt sich dem Unverständnis der Menschen aus und ihrer Wut, mit der sie die andere, insgeheim als die bessere Lebensart empfundene verfolgen, zu der sie sich selbst nicht imstande fühlen. Aber eben so kommt man Gott nahe, lebt nach der »Art Gottes« (V. 8 und 9) und in »seinem Land« (V. 5).

2. Die Jugendlichen vor der Bergpredigt

Die für Fünfzehn- bis Sechzehnjährige typische Kritik an der abgestumpften Konsumgesellschaft, ihre Suche nach alternativen Lebensformen eröffnet ihnen im allgemeinen einen Zugang zu diesem Programm. Allerdings muß man mit einem stark idealisierenden Verständnis rechnen, d. h. die Zustimmung ist vorwiegend kognitiv und affektiv. Die Auswirkungen auf das tatsächliche Verhalten sind eher schwach. Enttäuschende Erfahrungen mit einzelnen Versuchen lassen schnell resignieren. Das hängt mit der kaum gegebenen conditio sine qua non eines existentiellen Gottvertrauens, einer gelebten Nachfolge Jesu bei den meisten Jugendlichen zusammen. »Schön wär's, aber es ist nicht so«: in diesen Satz läßt sich die ernüchternde Einsicht zusammenfassen.

2.1 Biographische Zugänge. Wie ein unbedingtes Vertrauen auf den »Gott und Vater unseres Herrn Jesus Christus« (2 Kor 1, 3) als Lebenshaltung zu verwirklichen ist, das läßt sich wohl am ehesten an Beispielen, an Zeugen eines solchen Lebens in Vergangenheit und (vor allem) Gegenwart aufzeigen:

– »Sanftmütige«, die keine Gewalt anwenden, sondern sie erdulden, bewirken stille Revolutionen[5].
– Als »Friedensstifter«, die – ebenfalls gewaltlos – gegen Kolonialismus und Rassismus »gekämpft« haben, sind u. a. *Mahatma Gandhi* und *Martin Luther King* zu Symbolfiguren geworden. Sie haben wie manche andere ihren Einsatz mit dem Leben bezahlt, aber ihre Wirkung reicht weit über ihren Tod hinaus. Unzählige haben sich von ihrem Beispiel zu einer kompromißlosen, todesverachtenden Friedensarbeit ermutigen lassen. Die Ächtung des Krieges, der Widerstand gegen die (atomare) Aufrüstung, die Verweigerung des Wehrdienstes: in all dem äußert sich der Protest gegen eine Politik, für die Gewaltdrohung und Gewaltanwendung als legale Mittel gelten. Der Unterricht muß allerdings auch Überreaktionen, wie etwa die Ablehnung jeg-

5 Zum Beispiel: *H. Goss-Mayr,* Der Mensch im Unrecht. Spiritualität und Praxis – Gewaltlose Befreiung, Wien/München/Zürich [4]1981; *Frère Roger,* Taizé. Die Gewalt der Friedfertigen, Freiburg/Basel/Wien [7]1979; der Film »Nikolaikirche« nach dem Roman von *Erich Loest* über die der Wende vorausgehenden Montagsgebete in Leipzig.

licher Diplomatie als prinzipiell unredlich (Gegenbeispiel: *Dag Hammarskjöld),* und die Gefahren eines naiven, blauäugigen Pazifismus, der die komplexe Realität nicht wahrnimmt oder nicht wahrhaben will, aufzeigen.

– »Barmherzige«, d. h. Menschen, die ein Herz für andere haben, sind in Zeiten einer wachsenden »Entsolidarisierung« *(Paul M. Zulehner),* in denen Egoismus (auch von Gruppen) und Hedonismus zunehmend gesellschaftsfähig werden, wie »Lichter in der Welt« (vgl. Phil 2, 15). Durch ihr bloßes Dasein stehen sie für die Humanität als (auch christlich begründetes) Erbe unserer Kultur und protestieren aktiv, oft schweigend gegen das, was Kultursoziologen als Umwertung, Wertvergessenheit oder Wertezerfall diagnostizieren. Hier sind nicht nur Personen mit großer Publizität wie z. B. *Mutter Teresa* und ihr Werk zu nennen, sondern vor allem Unbekannte in der unmittelbaren Umgebung von Schülern und Schülerinnen, die es ausfindig zu machen gilt. Gerade einfache, unspektakuläre Mitmenschlichkeit nebenan wirkt überzeugend, läßt übersehene Werte »erfühlen« und öffnet die Augen für eigene Handlungsmöglichkeiten.

– Menschen »lauteren Herzens«, deren Reden und Tun nach außen mit ihrem Denken und Wollen im Inneren übereinstimmt, die sich bemühen, möglichst in allem ihrem Gewissen zu folgen, sind anziehend, weil sie das verkörpern, was jede(r) als Bild des guten Menschen kennt und – wenn auch vielleicht nur insgeheim – anerkennt. Aber sie sind auch schutzlos gegen das Böse, verletzlich, werden leicht als »tumbe Toren« verlacht und von den Schlauen ausgenützt. Und doch symbolisieren sie Lebenswerte, die jenseits des üblichen kurzatmigen Erfolgsstrebens ein anderes Menschenbild aufleuchten lassen. Solche Menschen können dem Spott von auf Leistung und Karriere getrimmten Schülern und Schülerinnen verfallen, aber sie können auch die Sehnsucht nach einem anderen, »besseren« Leben wachrufen.

Die (wohl seltener) unmittelbare, (häufiger) biographisch/autobiographisch, literarisch oder mit Hilfe audiovisueller Medien vermittelte Begegnung mit solchen Lebensgestalten führt zur Auseinandersetzung zwischen ihnen und den Schülern und Schülerinnen auf dem Hintergrund von deren eigenen Lebenserfahrungen. Außergewöhnliche Lebensbilder von Menschen, die (bewußt oder unbewußt) im Sinn der Seligpreisungen Jesus nachfolgen, enthalten Zusagen, und sie stellen Anfragen an die Lebensauffassungen, an das – oft erst bei dieser Gelegenheit zu entdeckende – persönliche Lebenskonzept der Jugendlichen. Anzuzielen sind ehrliche Reaktionen, die Zustimmung ebensowohl wie Ablehnung umfassen können. Die »Forderungen« der Armut, des Leidens, der Gewaltlosigkeit, der Barmherzigkeit, des Friedenswillens, der Geduld in der Verfolgung sind angesichts der Gebrochenheit menschlicher Existenz nur dialektisch zu verstehen. Sie können nicht einfach normativ nach Art ethischer Imperative verstanden und verwirklicht werden; sie sind vielmehr eher als Aufforderungen zu Experimenten mit dem Leben zu begreifen, deren Erfahrungen ihre Gültigkeit erst bewähren und bewahrheiten.

2.2 Die andere Wange hinhalten? Den größten Anstoß erregen immer wieder die sogenannten »Antithesen« (Mt 5, 21–48), in denen zentrale Gebote der Tora radikalisiert und zu anscheinend übermenschlichen Forderungen zugespitzt werden. Nicht erst der Mord, schon der Zorn auf den Bruder wird zum todeswürdigen Verbrechen erklärt (5, 22f.); der begehrende Blick auf die Ehefrau eines anderen wird dem vollzogenen Ehebruch gleichgesetzt (5, 27f.); jede Sühne für erlittenes Unrecht, ja sogar jeder Widerstand gegen das Böse wird abgelehnt, statt dessen soll der Geschlagene und Beraubte noch freiwillig dazugeben (5, 38–42); den Höhepunkt erreicht das im »Gebot der Feindesliebe und des Gebetes für die Verfolger« (5, 43–48).

Dieses »größere Ethos« kommt dem Denken (wiederum: nicht unbedingt dem Verhalten) von Fünfzehn- bis Sechzehnjährigen entgegen. Im Urteil über andere, zumal über Autoritätspersonen, die selbst ethische Ansprüche stellen, neigen sie im allgemeinen zu einer ähnlichen Radikalität. Ein gewisses Schwarz-Weiß-Denken, das nicht differenziert und die gesellschaftlichen Bedingungen des Handelns nicht berücksichtigt, stellt gut und böse, richtig und falsch in scharfen Gegensatz. Die bei den Erwachsenen beobachteten Kompromisse und Arrangements werden verachtet. Gerade so kann die Bergpredigt freilich mißverstanden und im falschen Sinn gebraucht werden.

Wie aber ist sie gemeint? Hier werden keine neuen, verschärften, unerfüllbaren Gesetze promulgiert. Jesus stellt vielmehr dem gesetzlich denkenden, nur an äußeren Verhaltensregeln orientierten Menschen einen anderen gegenüber, der sich nicht schon schuldlos weiß, weil er kein Mörder und Ehebrecher ist. Er macht sensibel für die inneren Regungen des Herzens, für die Gefühle und Strebungen, aus denen das böse Tun entsteht (vgl. Mt 15, 10f.15–20). Es sind also Mahnungen zur »Psychohygiene«, sich um ein »reines Herz« (5, 8) zu bemühen. Mit der bloßen Vermeidung schlechten Handelns ist es nicht getan. Es wird sich gar nicht vermeiden lassen, wenn man das Übel nicht »bei der Wurzel packt«: das ist die Radikalität (lat. radix = Wurzel) der Bergpredigt.

So abgegriffen es klingen mag, so sehr man es als wirklichkeitsfernen Idealismus abtun möchte, im Unterricht wird es darauf ankommen, »an das Gute im Menschen zu appellieren«. Man wird davon ausgehen können, daß in jedem Menschen eine, wenn auch oft verborgene Sehnsucht nach einem vollen und ganzen, richtigen und guten, gelingenden Menschsein lebt. Sie kann bewußt gemacht, aufgeweckt werden – nicht so sehr durch abstrakte verbale Appelle, als vielmehr mit motivierenden Lebensbildern. Freilich muß man mit einem, auch bei Jugendlichen verbreiteten, fast schon selbstverständlichen Pragmatimus rechnen. Aber was könnte man sonst dem entgegensetzen, wenn nicht »eine Vision dessen ... was eigentlich sein sollte«, die Jesus entwirft?[6]

Die angesichts der Realität des Lebens paradox erscheinenden Forderungen, zu dem, was einem angetan oder unrechtmäßig weggenommen wird, freiwillig noch dazuzugeben (5, 39–42), nicht für Nahrung und Kleidung zu sorgen (6, 25–34), auf jegliches Urteilen (Rechtsprechung?) zu verzichten (7, 1), können nicht zu Normen einer allgemeinen Sozialordnung gemacht werden. Folgen wären das vollständige Chaos und die Begünstigung, ja Ermunterung von Rechtsbrechern. Sie sind die bewußte Umkehrung des alltäglich Üblichen und in der Gesellschaft Gültigen. Darauf werden selbst idealistisch gesinnte junge Menschen mit Unverständnis und Ablehnung reagieren. Es handelt sich dabei und erst recht bei der Aufforderung, Auge oder Hand, die zum Bösen verführen wollen, auszureißen (5, 29f.), aber nicht um konkrete Handlungs*anweisungen*, sondern um konkrete *Hinweise*

---

6 *H.J. Venetz,* Die Bergpredigt. Biblische Anstöße, Düsseldorf/Freiburg
²1989, 69.

auf eine grundsätzlich andere Haltung und Einstellung, die durch Übertreibung drastisch vor Augen gestellt wird. Sie wollen provozieren, um gerade so »einleuchtend« zu machen,[7] wie anders das Leben in der anbrechenden Herrschaft der Liebe Gottes sein kann, sein sollte. Diese »Überforderungen« sind der Stachel im Fleisch der Christen. Sie stellen sie vor die Entscheidung, in ihrer zwischenmenschlichen und gesellschaftlichen Praxis entweder nur nach rein irdischen Plausibilitäten zu handeln, oder mit einer anderen, größeren Wirklichkeit zu rechnen: der Wirklichkeit Gottes, der »seine Sonne aufgehen läßt über Bösen und Guten und regnen läßt über Gerechte und Ungerechte«, um so als »Söhne Gottes« zu leben (5, 45). Darin kann man sich einüben, indem man da und dort einmal mit der Vision Jesu ernst macht und in den Augen der anderen »verrückt« handelt. Selbst wenn sich damit noch lange nicht das ganze Leben verwandelt, die Spannung zwischen dem, was ist, und dem, was sein könnte, wird erfahrbar und vielleicht zum Anstoß, sich nicht immer mit den sogenannten »Sachzwängen« abzufinden. Schließlich vollzieht sich für den gläubigen Menschen auch die Politik, so sehr sie Menschenwerk ist, innerhalb der Heilsgeschichte.

3. Didaktische Leitlinien

Im Vorhergehenden konnte die Bergpredigt nur in einigen charakteristischen Grundzügen und wenigen Einzeltexten angesprochen werden. Noch fragmentarischer sind die Versuche einer ansatzweisen didaktischen Konturierung für den Unterricht im 9./10. Schuljahr ausgefallen. Dazu sollen am Schluß noch einmal einige Hinweise zusammenfassend formuliert werden.

(1) Ohne die Grundentscheidung zum Glauben Jesu an den »Vater in den Himmeln« (6, 1), dessen »Herrschaft« der Liebe im Kommen ist, sind die Weisungen der Bergpredigt nicht zu verstehen. Wenn die Hoffnung auf einen Gott nicht geweckt werden kann, der auf der Seite der Armen und Rechtlosen, aber auch der Barmherzigen, Gewaltlosen und Friedfertigen steht, sind die Ver-

7 Ebd., 89.

suche, auch nur ansatzweise danach zu leben, sinnlos. Dem Appellativ der Bergpredigt geht der »Indikativ« der göttlichen Heilszusage voraus. Diese Perspektive ist daher bei ihrer bibeldidaktischen Erschließung konsequent zu beachten.

(2) Auch unter der Voraussetzung des Glaubens ist die Bergpredigt keine Anweisung für »Einzelkämpfer«. Sie richtet sich an die Gemeinde als eine Gemeinschaft von Glaubenden. Das Leben und Handeln gegen die Gesetze »dieser Welt« braucht die gegenseitige Bestärkung, das Miteinander der glaubend Hoffenden. Dieser – oft übersehene – Gemeindebezug muß auch unterrichtlich stärker berücksichtigt werden. Der verbreitete Vorwurf der Überforderung ist so wenigstens teilweise zu entkräften. Freilich werden sich dann die Gemeinden als solche in ihrem Lebensstil und in der Wahrnehmung ihrer Verantwortung »nach außen« von den jungen Menschen messen lassen müssen.

(3) Selbst für Christen sind die Weisungen der Bergpredigt keine verbindlichen, gesetzlichen, d.h. nach dem Buchstaben zu erfüllenden ethischen Verhaltensnormen. Sie stellen Richtziele dar, die zu einer »überschießenden Gerechtigkeit« einladen, die das »nur« Geforderte und Erforderliche überbietet. Sie sind Anstöße zum Besseren, lassen nicht zur Ruhe kommen, schrecken die mit dem Mittelmaß (oder weniger) Zufriedenen immer wieder auf. Christen bleiben dahinter zurück und werden von anderen doch von den ethisch verstandenen »Geboten« her beurteilt. Darum muß dieser (»metaethische«) Charakter der Bergpredigt im Unterricht deutlich herausgearbeitet werden. Kinder und vor allem Jugendliche reagieren auf Einladungen, Herausforderungen und aufgezeigte Lebensmöglichkeiten ohnehin meist positiver als auf autoritäre Vorschriften.

(4) Ihre autoritäts- und gesellschaftskritische Einstellung und die Suche nach alternativen Lebensformen macht sie im allgemeinen empfänglich für Gegenentwürfe zu den herrschenden, oft als eng und kleinlich erscheinenden Vorstellungen vom politischen Management der menschlichen Grundbedürfnisse und Standards. Die Erfahrung des Scheiterns der Visionen an Pragmatismus und Nützlichkeitsdenken kann sie allerdings auch schnell resignieren lassen. Geduld und Gelassenheit angesichts der menschlichen Schwächen ist ihre Sache nicht.

So ist die Bergpredigt als Gegenstand des Unterrichts mit Fünf-
zehn- bis Sechzehnjährigen zwiespältig zu beurteilen. Einerseits
gibt es in der Mentalität dieser Altersgruppe durchaus Anknüp-
fungspunkte und Zugänge, andererseits fehlt ihnen die Erfahrung
der Älteren, die auch Widersprüche in der Praxis aushalten können, ohne ihre Ideale völlig aufgeben zu müssen. Da aber viele
Jugendliche dieses Alters ihre letzten Jahre in der Schule verbringen, ist eine Konfrontation mit der »Magna Charta der Christen«
(W. Koep) angezeigt.

Literaturhinweise

I. Baldermann, Der Gott des Friedens und die Götter der Macht. Biblische
Alternativen (Wege des Lernens 1), Neukirchen-Vluyn 1983.
S. Berg/H.K. Berg, Biblische Texte verfremdet. Bd. 8. Bergpredigt, Stuttgart/
München 1988.
B. Krautter, Die Bergpredigt im Religionsunterricht. Eine exegetisch-didakti-
sche Erschließung zu Matthäus 5–7 (RPP 15), Stuttgart/München 1973.
R. Mokrosch, Die Bergpredigt im Alltag (GTB 746), Gütersloh 1991.

XIII.
Sexualität

Raimund Hoenen

Aus Schülersicht gehören Sex und Liebe neben Wunder/neue Kulte und Religionen, Sinn des Lebens und Tod zu den bevorzugten Themen des 8–10. Schuljahrs.[1] So ist es sachgemäß, daß das Thema in den Lehrplänen des Religions- und Ethikunterrichts für eben dieses Alter vorgesehen ist. Wenn auch die Älteren zurückhaltender auf angesprochene Probleme ihres Intimbereichs reagieren, so gibt es doch genug interessierende Fragen: Sexualität in Freundschaft und Liebe, Beziehung zu den Eltern, rechtliche Fragen, kirchliche Standpunkte, Verhütungsmöglichkeiten, AIDS, Homosexualität, Prostitution, Pornographie und viele weitere Einzelfragen.

Wichtiger Klärungsbedarf besteht für die »Sprache der Liebe«, obwohl Jugendzeitschriften wie »bravo« und »Girl« wöchentlich Informationen in Bild und Wort über »Liebe, Sex und Zärtlichkeit«, »das erste Mal«, Petting u. a. bieten. Sie werden aber in diesem Alter weniger gelesen. Von den Lehrenden wird erwartet, daß sie sachgemäße Auskünfte geben können, aber sich auch selbst mit den Jugendlichen auf den Weg der Orientierungssuche begeben. Für die Behandlung der Thematik bei Jugendlichen unter 14 Jahren sind seitens der Schule und der Lehrkräfte die Länderregelungen, die die Einbeziehung der Eltern (Information) betreffen, zu beachten.

---

1 Erfragt in Religionsklassen eines Erfurter Gymnasiums im Schuljahr 1994/95.

1. Jugend und Geschlecht aus soziologischer Sicht

Die soziologische Forschung bestätigt das Alter von 13–15 Jahren als unsichere, von Widersprüchen bestimmte Zeit der Übergänge mit dem »Abschied von der Kindheit« (Luise Kaplan) und der Annäherung an eine Neugier weckende Erwachsenenwelt. In der Schule befinden sich Mädchen und Jungen unterschiedlicher biologischer Entwicklungen und verschiedener Interessen im Geschlechterverhalten in altersgleichen Klassen. Die Mädchen haben gegenüber den Jungen einen Entwicklungsvorsprung, der sie erotisch attraktiver macht und ihnen im allgemeinen bessere (Schul-)Leistungen einbringt. Weil die gleichaltrigen Jungen noch »nicht so weit« sind, nehmen die Mädchen sie nicht ernst, halten sie für »unerfahrene Kleinkinder« oder »Säuglinge«.[2] Sie halten sich an die ein bis zwei Jahre Älteren. Die gleichaltrigen Jungen wollen ihnen gegenüber durch aggressives Verhalten auffallen, bleiben aber mit den Problemen ihrer Sexualentwicklung allein:

»Die eigenen Triebbedürfnisse, die gegengeschlechtlichen Kommunikationswünsche finden meist nicht die (in der Phantasie erwünschte) Partnerin. Viele Jungen müssen deshalb in diesem Alter mit der Erfahrung von Nichtbeachtung aufgrund mangelnder körperlicher Attraktivität fertig werden. Eine solche Situation steht in deutlichem Widerspruch zu dem generellen männlichen Überlegenheitsanspruch, die damit hervorgerufenen kognitiven und emotionalen Dissonanzen müssen bearbeitet werden. Viele 13- bis 15jährigen Jungen haben somit einen Balanceakt zu vollbringen, der zwischen Trieb-, Beziehung- und Prestigebedürfnissen auf der einen Seite und den Erfahrungen eigener Unzulänglichkeit auf der anderen Seite steht.«[3]

In der Freizeit spielen für beide Geschlechter die Freundschaften und die Cliquen eine wichtige Rolle, aber mit einer sehr variablen Erfahrungsbreite: Die Jungen bewegen sich öfter in gleichgeschlechtlichen, größeren Cliquen, die Mädchen in kleineren, zunehmend gemischtgeschlechtlichen Gruppen; eine feste Freund-

---

2 *K.-J. Tillmann*, ›Spielbubis‹ und ›eingebildete Weiber‹ – 13–16jährige in Schule und peer-group; in: *ders*. (Hrsg.), Jugend weiblich – Jugend männlich. Sozialisation, Geschlecht, Identität (Studien zur Jugendforschung 10), Opladen 1992, 20f.
3 Ebd., 26f.

schaft, meistens kurzzeitig, besteht innerhalb oder außerhalb. Feste heterosexuelle Freundschaften über längere Zeit sind bei 15jährigen eher die Ausnahme. Koituserfahrungen werden bei 14jährigen mit 5 %, bei 15jährigen mit 20 %, bei 16jährigen mit 35 % angegeben.[4] Das Interesse an der Geschlechterbeziehung wird weiterhin von der Schichtzugehörigkeit und durch das Verhältnis der Jugendlichen zur Familie und zur Clique beeinflußt; entsprechend wird zwischen mehr »familienzentrierten« und mehr »subkulturorientierten« Jugendlichen unterschieden.[5]

Je schlechter das Familienklima ist, umso stärker erfolgt die Subkulturorientierung, die erotische Attraktivität, gegengeschlechtliche Erfahrungen und Aktionen bis zu kriminellen Gefährdungen herausfordert. Zugleich führt das Erwachsenwerden zu Konflikten mit der Elterngeneration, die zwischen Stolz und Ängsten in Spannung gerät. Deshalb werden besonders den Mädchen gegenüber die Grenzen des »Erlaubten« enger gezogen als bei Jungen, wobei das tradierte Rollenverständnis auf die Heranwachsenden übertragen wird. In einer Schulklasse werden also die unterschiedlichsten Bedingungen von Früh- und Spätentwicklung, Familien-, Subkultur- und Interessenorientierungen vorgefunden.[6] Daher und im Blick auf die fortschreitende Akzeleration sollte erwogen werden, das Thema schon in den früheren Schuljahren zu behandeln.

2. Partnerbeziehungen der Liebe –
   aus sozialpsychologischer Sicht

Die sozialpsychologischen Untersuchungen der letzten 25 Jahre ermöglichen es, die Geschlechterbeziehung genauer zu differenzieren.[7] Im Anschluß an *John A. Lee* (The Colors of Love, 1973)

4 Ebd., 18.
5 Ebd., 22.
6 Vgl. dazu die entsprechenden Ergebnisse in: Jugend '92. Jugendwerk der Deutschen Shell, Opladen 1992, besonders in Bd. 2 die Beiträge von *E. Todt* (Interesse männlich – Interesse weiblich, 301ff.) und *H. Oswald* (Beziehung zu Gleichaltrigen, 319ff.).
7 *H.W. Bierhoff*, Sozialpsychologie. Ein Lehrbuch, Stuttgart [3]1993. Vgl. ferner: »Urknall der Hormone«, in: Der Spiegel 16/1995, 176–191.

lassen sich nach den Primärfarben des Farbkreises drei Grundmodelle unterscheiden: Eros als romantische Liebe in Verbindung mit sexueller Lust, Ludus als zweckfreies Spiel und Storge als freundschaftlich-kameradschaftliche Zuneigung. Darüber läßt sich ein zweites Dreieck von Liebesstilen anlegen: Mania, die zwanghafte, eifersüchtige, besitzergreifende Liebe; Pragma, die zweckhafte Bindung zur Befriedigung von Bedürfnissen, und schließlich die Agape, die hilfsbereite selbstlose, altruistische Liebe.[8] Wie im Farbkreis können sich die unterschiedlichen Liebesstile vermischen; eine Wertung ist nicht angestrebt.

Die von *Robert I. Sternberg* entwickelte Dreieckstheorie der Liebe (The Triangle of Love, 1988) ordnet je ein hohes und ein niedriges Maß von Intimität (intimacy), Leidenschaft (passion) und Entscheidung (commitment) einander zu. Dadurch entsteht eine Skala von acht Arten der Liebe (von Nicht-Liebe bis zu erfüllter Liebe von Vertrautheit, leidenschaftlicher Zuneigung und Bindung).[9]

Beide Skalen stimmen nicht überein, aber sie ermöglichen es durch die Bereitstellung von Wahrnehmungsrastern, Partnerschaften differenziert zu sehen und sie nicht an einseitigen Normen zu messen. So gibt es Liebe ohne sexuelle Leidenschaft bei Freundschaft, Kameradschaft, Kollegialität (Storge, Pragma) und hilfsbereitem Einsatz (Agape). Andererseits ist sexuelle Leidenschaft (Eros, Mania und Ludus) ohne Bindungsentscheidungen möglich. Deshalb sind Stufen des Mögens und der Verliebtheit anzunehmen, die nicht von vornherein mit Höchsterwartungen von Intimität, Sexualerleben und Bindungsentscheidung überfrachtet werden dürfen.

Im Unterschied zu den »Farben der Liebe« von Lee zielt die Sternbergsche Dreieckstheorie auf dauerhaft angelegte Beziehungen, wenn in der »erfüllten Liebe« alle drei Momente vereint werden. Jedoch eine Entscheidung über Enge und Weite, Bleiben und Verlassen der Beziehung ist damit nicht getroffen. Diese hängen von weiteren Faktoren ab wie Zufriedenheit, dem Verhältnis von Belohnungen und Kosten, Aufmerksamkeit und Vernachlässigung, Mitsprache und Loyalität.[10] Die mit Liebeserfahrung verbundenen innerpsychischen Prozesse von Freude und Lust, Schmerz und Trauer führen über sozialpsychologische Fragestellungen hinaus, haben aber für die Persönlichkeitsentwicklung und Lebensbewältigung hohe Bedeutung und sind für den Religionsunterricht auch unter theologisch-ethischen Aspekten zu beachten.

8 *H.W. Bierhoff,* aaO., 85f.
9 Ebd., 86ff.
10 Ebd., 99ff.

Die dargestellten sozialpsychologischen Erkenntnisse sollten für die Begriffsbestimmung von Sexualität berücksichtigt werden. Zu weit und damit wenig hilfreich erscheint eine Definition, die Sexualität beschreibt als »die Gesamtheit der Lebensäußerungen, die damit zusammenhängen, daß Menschen Sexualwesen sind« *(Helmut Kentler)* oder als »ein im Menschen angelegtes Verlangen, sich intensiv – sowohl in der Fantasie als auch in der Realität – mit dem anderen Menschen zu beschäftigen, ihm so nah wie möglich zu sein« *(Dorothea Assig u. a.)*.[11] Wiederum sind alle Bestimmungen zu eng, die Sexualität nur auf den »Geschlechtsverkehr« bzw. Koituserfahrungen (Genitalität) eingrenzen.[12] Dazwischen sollten mit Sexualität diejenigen Verhaltens- und Handlungsformen beschrieben werden, die sich auf die Geschlechtlichkeit der menschlichen Existenz beziehen und von der Lust (Libido) und dem Verlangen nach intimer Kommunikation mit anderen (Eros) bestimmt sind. Das Spektrum der Liebe, der Begegnungen ist umfassender. Die zwischenmenschlichen Beziehungen vollziehen sich in unterschiedlichen Graden und benötigen Zeit.[13]

3. Theologische Aspekte von Liebe und Sexualität

Theologische Ethik orientiert herkömmlicherweise Fragen der Liebe und Sexualität an der Ehe als der schöpfungsgemäßen, göttlich gewollten heterosexuellen Partnerbeziehung.[14] Nach einer langen leibfeindlichen und damit verbundenen antisexuel-

---

11 Die beiden Beispiele verdanke ich *H.-G. Wiedemann,* Sexualität ist mehr, in: EvErz 41/1989, 331.

12 Ich exemplifiziere an einem gängigen Nachschlagewerk: Meyers Taschenlexikon in 10 Bänden, 1992. Dort heißt es in Bd. 9, 42: »... das auf die Befriedigung der sexuellen Bedürfnisse und die geschlechtliche Vereinigung gerichtete Verhalten bei Mensch und Tier«.

13 Immer noch beispielhaft dargestellt von *Antoine de Saint – Exupéry* für die Freundschaft zwischen dem »Kleinen Prinzen« und dem Fuchs. Textauszug in: *H. Getzeny,* Freundschaft-Liebe-Partnerschaft, Stuttgart/Dresden ³1991, 9–11 (Freundschaftsregeln).

14 Exemplarisch für die folgenden Ausführungen: *O. Bayer* (Hrsg.), Ehe. Zeit zur Antwort. Neukirchen 1988. Darin: *H.-G. Pöhlmann,* Ehe und Sexualität im Strukturwandel unserer Zeit, 29–59.

len Tradition in Theologie und Kirche kann man heute »einen einhelligen Konsensus in der grundsätzlichen und uneingeschränkten Bejahung der Leiblichkeit und Geschlechtlichkeit des Menschen feststellen«.[15] Damit wird die Ehe aus der Zweckbestimmung zur Erzeugung und Erziehung von Kindern befreit und ihr der Selbstzweck als Liebesgemeinschaft zugesprochen.[16] Aber sie wird weiter als »Schöpfungsordnung, nicht mehr und nicht weniger« verstanden, auf die der auf Ausschließlichkeit angelegte Sexus ziele:»Die Ehe ist die exklusive, dauernde, letztverbindliche und ganzheitliche Lebensgemeinschaft zwischen Mann und Frau, die durch ein öffentliches Treueversprechen sanktioniert wird. Wenn sie ihrem innersten Wesen nach Kardia-Ehe, Gemeinschaft, Liebe in Form der Agape ist, die sich nach dem Vorbild Christi selbstlos dem Partner hingibt (Eph 5, 25), schließen sich Ehen auf Zeit, Probeehen, Probierehen, die den anderen wie eine Sache ›ausprobieren‹, sowie promiskuitive Kollektivehen von selber aus.«[17]

Die hier entwickelte Argumentation muß sowohl hinsichtlich der theologischen Argumentation wie der sozialpsychologischen Forschungslage angefragt werden.

3.1 Theologische Rückfragen und Klärungen. Die Urgeschichten in Gen 1 und 2 erzählen vom Menschen als Gottes Geschöpf in seiner Zweigeschlechtlichkeit, als Mann und Frau. Es steht dort nichts von der Ehe als Schöpfungswerk. Nach Gen 1, 27ff. besteht die Gottebenbildlichkeit des Menschen in dem Gegenüber von »Männlichem und Weiblichem«, damit das Menschengeschlecht durch Zeugung erhalten und der Herrschaftsauftrag über die Schöpfung ausgeführt werden kann. Nach Gen 2, 20ff. wird dem Mann (isch) die Frau als »Männin« (ischa) bzw. »Gehilfin« analog zur Tierwelt an die Seite gestellt. Auf Grund der patriarchalen gesellschaftlichen Verhältnisse wird ihre gemeinsame leib-see-

---

15 *W. Rohrbach,* Humane Sexualität, Neukirchen-Vluyn 1976, 99. Die Wandlungen der theologischen Diskussion in diesem Jahrhundert werden von Rohrbach dargestellt.

16 *H.-G. Pöhlmann,* aaO., 40. Vgl. *H.G. Fritzsche,* Evangelische Ethik, Berlin 1961.

17 *H.-G. Pöhlmann,* aaO., 42.

lische Einheit vom Mann her begründet. Es wird deshalb ihm gesagt, er solle sich von der Elternbindung lösen (2, 24). Erst die geschlechtliche Vereinigung (das »Erkennen«), das Essen vom Baum der Erkenntnis (2, 17 u. 3,1ff.) mit dem Mann macht die Frau zur »Eva«, zur Mutter der Menschen (3, 20), so daß ihr Kinder geboren werden (4, 1ff.).

Adam und Eva repräsentieren als Prototypen die polare Geschlechtlichkeit des Menschen zur Fortpflanzung des Menschen, nicht die monogame Ehe als »Schöpfungsordnung«. Deshalb steht die Polygamie, wie sie sich in den Vätergeschichten und in der Königsüberlieferung Israels spiegelt, nicht im Widerspruch dazu. Aber die Rechtsform der Ehe dient der Volkserhaltung Israels und muß deshalb als öffentlich-rechtliche Institution geschützt werden (Ex 20, 14 u.ö.). Das Gebot »Du sollst nicht ehebrechen« untersagt dem Mann, in eine fremde Ehe einzubrechen und dadurch die Struktur der Großfamilie zu gefährden. Damit wird die verheiratete Frau davor bewahrt, die eigene Ehe zu brechen.[18]

Auch die Jesusüberlieferung in Mt 5, 27ff. und Mt 19, 3ff. par. bezieht sich auf Fragen der Ehe. Um die Ehe zu bewahren, warnt Jesus vor der Scheidung. Er redet nicht über Sexualität, er begründet nicht Monogamie, sondern er begründet das Zusammenbleiben von Mann und Frau in einer Ehe aus Gott (Mt 19, 6). Angesichts der Nähe des Reiches Gottes sollen die Ehen nicht aufgelöst werden, hat Ehelosigkeit ihren eigenen Wert. Die eschatologische Situation bildet auch den Horizont der Argumentation des Paulus in 1 Kor 6 und 7: Es ist besser, ledig zu sein; aber Verheiratete sollen sich deswegen nicht trennen (7, 26f.). Wenn aber der Glaube und das Heil in Gefahr sind, kann der Ehescheidung zugestimmt werden (7, 15f.). Die Ehe bewahrt vor Unzucht und falscher Enthaltsamkeit (7, 1ff.). Unzucht wird abgelehnt, weil sie die dem Menschen von Gott gegebene Würde und damit seine Freiheit verletzt und nicht dem Guten dient (6, 12). Kriterium des Guten aber ist die Agape, die sich in den Dienst des Anderen stellt (10, 23f.). Wenn ein Mann mit einer Hure »ein Fleisch« werden kann (6, 16), dann bringt Paulus damit zum Ausdruck, daß wiederum die Geschlechtlichkeit Schöpfungsordnung Gottes ist und nicht die Ehe.

18 *F. Crüsemann,* Bewahrung der Freiheit. Das Thema des Dekalogs in sozialgeschichtlicher Perspektive, München 1983, 69f.

Der Fehler der bisherigen theologischen Argumentation besteht darin, daß der Sexualität die Totalhingabe zugeschrieben wird, so daß sie mit einem postulierten Ganzheitsanspruch noch über die Agape gestellt wird.[19] Von diesem Ansatz her muß dann folgerichtig die nicht-eheliche Sexualität abgelehnt werden. An der letzten umfassenden Äußerung der *Evangelischen Kirche in Deutschland*, in der Denkschrift zu Fragen der Sexualethik von 1971, zeigt sich dieser Ansatz in Spannung zu neueren Überlegungen.[20] Nur in der Einehe könne eine Partnerschaft mit »ganzheitlichem Lustempfinden« und »voller Liebesfähigkeit« verwirklicht werden.[21] Andererseits versucht sie auch, »sexuelle Entwicklungsprozesse differenziert zu sehen«.

Ausgehend von der schöpfungsbestimmten Sexualität von Mann und Frau, die »ihren Sinn in sich selbst hat« (II, 14), wird aber der Geschlechtsverkehr, vor allem von Unverheirateten, unterschiedlich beurteilt: von der strikten Ablehnung bis zur grundsätzlichen Freigabe über verantwortliche Einzelfallentscheidungen (V, 39). Der Austausch intimer Zärtlichkeiten beim Petting wird als »Vorstufe des Geschlechtsverkehrs« gewürdigt (V, 40). Abgelehnt wird ein bloßer Ersatz für Selbstbefriedigung und ein wiederholtes Ausprobieren mit wechselnden Partnern, weil dabei die Person des jeweils anderen mißachtet wird. Bewußt gemacht wird, daß der Genitalverkehr gerade auch wegen der Relativität der verhütenden Maßnahmen die

19 Vgl. *H.-G. Pöhlmann*: »Als letztverbindlicher, personal ganzheitlicher Akt, als Totalakt umfaßt die Liebe zwischen Mann und Frau den ganzen Menschen mit Leib und Seele, Gefühl und Wille – wäre sie nur ein flüchtiges Gefühl, dann würde sie dem Menschen keinen letzten Halt geben; als ganzheitlicher Akt umfaßt sie aber auch den ganzen Leib, nicht nur bestimmte Körperteile« (aaO., 41). »Die geschlechtliche Vereinigung ist die totalste Form der Hingabe an einen anderen Menschen« (ebd., 43).

20 Die Denkschriften der EKD, Bd. 3/1: Ehe, Familie, Sexualität, Jugend, Gütersloh [2]1988, 143ff.

21 Ebd.: »Jesu Verkündigung des göttlichen Heilswillens versteht das geschlechtliche Leben als allein in der Ehe erfüllt und diese als ausschließliche Einehe (Matth 19, vergl. 1. Mose 2, 23).« (I, 8) ... »Menschen, die die ganzheitliche Beziehung vernachlässigen oder eine solche Beziehung ausschließen wollen und dennoch Geschlechtsverkehr miteinander haben, verfehlen die Partnerschaft.« (III, 25) ... »In der christlichen Ethik herrscht die einhellige Überzeugung, daß volle geschlechtliche Partnerschaft ihren Ort in der Ehe hat« (V, 38).

Verantwortung für eine mögliche Elternschaft in sich schließt. Weil sich keine einheitliche Konzeption in der Denkschrift durchsetzen konnte, wird Unverheirateten nicht das Erleben von Sexualität zugestanden (IV, 32–34) und »vorehelicher Geschlechtsverkehr« als Ergebnis moderner Entwicklungen höchstens toleriert. Homosexualität wird zwar nicht mehr moralisch verurteilt, aber als »sexuelle Fehlform« abgewertet (XII, 68). Demgegenüber befreit das Arbeitspapier der Rheinischen Landessynode von 1992 »Homosexuelle Liebe« die Homosexualität von dem Verdikt einer Fehlentwicklung bzw. Krankheit und stellt sie als Bereicherung des Charismenspektrums der christlichen Gemeinde dar.[22]

Die offiziellen Verlautbarungen der *katholischen Kirche*[23] halten weiter strikt an dem sakramentalen und symbolischen Charakter der Ehe fest. Nur in ihr ist Sexualität zwischen Mann und Frau erlaubt; empfängnisverhütende Mittel und eine bewußt geplante Geburtenregelung werden abgelehnt. Katholische Theologen fragen allerdings die rigorose Haltung ihrer Kirche an, wenn sie der Sexualität als »Sprache der Liebe« Räume in der Sexualpädagogik öffnen wollen.[24]

3.2 Welche Relevanz haben humanwissenschaftliche Einsichten? Wenn die Theologie sozialpsychologische Einsichten aufnimmt, müßte sie die Abwertung von Eros und Sexus gegenüber der Agape aufgeben und differenzierte und gestufte Formen von Liebe hinsichtlich der personalen Ganzheitlichkeit akzeptieren. Theologisch besteht keine Notwendigkeit, Sexualerleben und erfüllte Liebe allein auf die Ehe zu orientieren. Die Agape als Leitmotiv christlichen Handelns bietet Kriterien dafür, ob in zwischenmenschlichen Beziehungen Egoismus und Narzißmus so dominant sind, daß sie

---

22 Vgl. BRU. Magazin für die Arbeit mit Berufsschülern, Nr. 19: Thema: Homosexualität, Villigst 1993. In dem insgesamt hilfreichen und attraktiven Arbeitsmaterial fällt leider die einseitige Darstellung heterosexueller Liebe (S. 10f.) negativ auf.

23 Apostolisches Schreiben Familiaris consortio, Verlautbarungen des Apostolischen Stuhls, 33, Bonn, vom 22. 11. 1981; Ecclesia Catholica. Katechismus der katholischen Kirche, München 1993.

24 *W. Bartholomäus,* Unterwegs zum Lieben, München ²1988; *H. Haag,* Du hast mich verzaubert – Liebe und Sexualität in der Bibel, Stuttgart 1980; *R. Hanswille,* Liebe und Sexualität, München ²1994; *Th. Kruse u. a.* (Hrsg.), AIDS. Anstöße für Unterricht und Gemeindearbeit, München 1988.

den anderen Partner verletzen, täuschen und hintergehen und damit den anderen und das Zusammenleben zerstören.

Die *Ehe* hat sich bisher trotz vielfacher Infragestellungen als soziologisch beste Form der heterosexuellen Partnerbeziehung bewährt. Sie gewährt gegenüber der emotionalen Labilität von Liebesstilen eine institutionelle Hilfe für eine Bindung auf Dauer, fördert die Verantwortung füreinander auch in Krisensituationen und macht die biologische Generationenfolge überschaubar. Auch heute ist für die Mehrzahl der Jungendlichen die Ehe attraktiv und ein Ziel der Partnersuche, weil sie das Zusammenleben gesellschaftlich legitimiert und die Bedingungen für eine Familiengründung optimiert. – Die Entscheidung für eine *nicht-eheliche Lebensgemeinschaft* stellt nicht unbedingt die Verpflichtung füreinander auf Dauer in Frage, will aber nicht alle rechtlichen Konsequenzen der Institution Ehe übernehmen. Deshalb sollten auch für sie künftig rechtliche Regelungen geschaffen werden. – Die gleichgeschlechtliche Liebe stellt, sei sie nun ererbt oder erworben, keine abnorme Krankheit dar. Auch in *homosexuellen Partnerschaften* gibt es die selbstlose Liebe der Agape, die verantwortliche Sorge füreinander und die Probleme der Bindung und Lösung. Für ihr Zusammenleben mit der Verpflichtung auf Dauer fehlen bisher rechtliche Regelungen. Um der sprachlichen Klarheit willen sollte aber der Begriff der »Ehe« der spezifischen heterosexuellen Bindung vorbehalten bleiben.

Mit dem hier entwickelten Sexualverständnis soll nicht »einer Funktionalisierung und Instrumentalisierung des Menschen in unserem technischen Zeitalter«[25] entsprochen werden, sondern der Menschenwürde, die die Freiheit durch das Evangelium erlangt, wenn es nicht zur gesetzlichen Forderung verkehrt wird.

4. Rechtliche und medizinische Aspekte

Partnerschaften zwischen Menschen, das klang zuvor bereits an, berühren und involvieren teilweise auch rechtliche Fragen. Daneben sind auch Fragen der Gesundheit wichtig.

25 Davor warnt *H.-G. Pöhlmann,* aaO., 56.

4.1 Rechtliche Aspekte. Das BGB verhandelt die wesentlichen rechtlichen Fragen im 4. Buch »Familienrecht« unter dem 1. Abschnitt:
Bürgerliche Ehe. Der 1. Titel mit den §§ 1297–1307 enthält
Aussagen zum Verlöbnis-Recht. Die folgenden Titel zur Ehe sind
zu ergänzen durch die Vorschriften des Ehegesetzes vom
20.6.1946. § 1353 BGB beschreibt die Ehe: »Die Ehe wird auf
Lebenszeit geschlossen. Die Ehegatten sind einander zur ehelichen Lebensgemeinschaft verpflichtet.« Es besteht also keine
Verpflichtung zur Zeugung und Erziehung von Kindern. Die Ehe
hat ihren Zweck in sich selbst, in der ehelichen Lebensgemeinschaft. Deren Zerstörung ist Scheidungsgrund nach dem Zerrüt-
tungsprinzip und einer Mindesttrenndauer von einem Jahr bzw.
bei unzumutbarer Härte auch vorher (§§ 1564–1568). Es fällt
auf, daß von einer heterosexuellen Bindung nicht ausdrücklich
gesprochen, sie allerdings als selbstverständlich vorausgesetzt
wird. Die Ehe kann nur vor einem Standesbeamten geschlossen
werden. Die Trauung ist der Teil der Eheschließung, in der das
Eheversprechen der Verlobten vor zwei Zeugen gegeben und die
Ehe als rechtmäßig vom Standesbeamten erklärt wird (§§ 11–15
des Ehegesetzes).[26]

Fragen der Sexualität werden im Strafgesetzbuch (StGB) als
Straftaten gegen Ehe und Familie (§§ 170–173) und gegen die
sexuelle Selbstbestimmung behandelt (§§ 174–184). Dabei geht es
vorrangig um den Schutz Minderjähriger vor sexuellem Mißbrauch, vor Verführung, Verbreitung pornographischer Schriften
und jugendgefährdender Prostitution, und unter diesem Aspekt
benennt § 175 auch homosexuelle Handlungen. Weiterhin werden Frauen vor Vergewaltigung und Widerstandsunfähige vor
sexuellem Mißbrauch geschützt, und bestraft werden sexuelle
Nötigung, Menschenhandel, exhibitionistische Handlungen und
Erregung öffentlichen Ärgernisses. Sexualität wird im StGB nicht
definiert.

4.2 Medizinische Aspekte (insbesondere AIDS). Die Entwicklung der
Antikonzeptiva hat den engen Zusammenhang von Geschlechtsverkehr und Zeugung gelockert und zu einer größeren Freizügig-

---

26 1996 wurden das sog. »Kranzgeld« mit § 1300 im Verlöbnisrecht und
das Aufgebot abgeschafft.

keit im geschlechtlichen Umgang geführt. Die Gefährdung durch Geschlechtskrankheiten ist durch das Auftreten der Immunschwächekrankheit AIDS (Acquired Immuno Deficiency Syndrome) verstärkt worden und ist begleitet von großer Verunsicherung und Angst vor Ansteckung von der bisher nicht heilbaren Krankheit. Die Öffentlichkeit wirbt mit dem Slogan »Gib AIDS keine Chance« für den »sicheren Sex« (Safer Sex) mit Kondomen. Eine hundertprozentige Sicherheit bieten jedoch die Kondome nicht, und ein Appell zu völliger geschlechtlicher Enthaltsamkeit ist heute nicht mehr möglich.

Der Virus-Erreger Human Immuno Deficiency Virus (HIV) wird nach bisherigen Erkenntnissen unmittelbar durch Körperflüssigkeit wie Blut und Samenerguß, jedoch kaum durch Speichel übertragen. Das Virus ist nach Bildung von Antikörpern im HIV-Test nachweisbar; die Krankheit kann jedoch erst nach Jahren oder auch gar nicht ausbrechen, obwohl die Infektionsübertragung besteht. Besonders gefährdet sind Drogenabhängige bei Austausch von Injektionsbestecken, häufig wechselnde Geschlechtspartner und -partnerinnen, die Oral-, Anal- und Vaginal-Verkehr ohne Kondom praktizieren. Die Vermeidung einer Infektion verlangt deshalb den Schutz vor der Übertragung von Körperflüssigkeiten, Kondome im Geschlechtsverkehr, sorgfältige Körperhygiene, AIDS-Handschuhe bei Unfallhilfe, Überprüfung von Bluttransfusionen u. ä. AIDS-Beratung und -Hilfe sowie medizinische Hilfe sollten nicht aus falscher Angst von den Betroffenen gemieden werden. Eine angstfreie Diskussion um AIDS unterstreicht die ethische Intention der Solidarität im Umgang miteinander und ein Partnerverhalten auf der Basis von Offenheit und gegenseitiger Achtung.[27]

5. Didaktische Überlegungen

Da die Thematik auch den Intimbereich der Schüler und Schülerinnen betrifft, gilt für die Lehrenden in besonderem Maße, was eine Religionspädagogen-Gruppe zu AIDS formuliert hat:

27 Umfassend informieren die Materialien des Bundesgesundheitsministeriums und der Bundeszentrale für gesundheitliche Aufklärung, vgl. die Veröffentlichung »AIDS« (s. Anm. 24).

»Wer die Thematik im Sinne des Evangeliums und im Sinne der Ethik Jesu im Unterricht vertritt, der muß wissen, daß seine eigene Person, sein Glaube und sein Verhalten gefragt sind. Verständiges Wertbewußtsein und Unverkrampftheit mit allen damit zusammenhängenden Fragen werden gefordert, Sachkenntnis und Differenzierung als unabdingbare Grundlage jeder Entscheidung.«[28]

Da die Sachkompetenz der Lehrkräfte in dem weiten Feld der angesprochenen Themen oft nicht ausreicht, legen sich eine Behandlung des Themas im Religionsunterricht in ausgewählten Schwerpunkten sowie eine Zusammenarbeit mit Vertretern anderer Fachgebiete in fächerübergreifenden Stunden bzw. Projekten nahe. Für die Unterrichtsplanung mit den Lernenden hilft am Anfang ein Brainstorming, am besten in schriftlicher Form, das zugleich einen Eindruck von der Sprachfähigkeit zum Thema gibt. – Angesichts der breiten Palette der Planungsmöglichkeiten soll für die folgenden Intentionen der spezifische Beitrag des Religionsunterrichts akzentuiert werden.

(1) Sexualität im Umfeld von Medien, Werbung und Vermarktung wahrnehmen

Die Jugendlichen sollen
- aufmerksam werden, in welchem Maß die als »Aufklärung« und »unersetzliche Lebenshilfe« angepriesenen Angebote ihre Interessen vermarkten und in einseitige Richtungen lenken und sie zu Opfern einer Konsumgesellschaft und einer Bewußtseinsindustrie machen,
- die Wirklichkeit des eigenen Lebens und persönlicher Erfahrungen unterscheiden lernen von der Scheinwelt der Stars, Idole und des Musikkultes,
- begreifen, daß personale Begegnung und die Formen der Partnerschaft nicht von Techniken und Praktiken her zu gestalten sind, sondern daß dazu personale Kompetenz erforderlich ist.

28 *W. Engel/R.H. Hartwig/D.W. Wagner,* AIDS – Religionspädagogische und didaktische Überlegungen, in: *Th. Kruse u.a.* (Hrsg.), AIDS, aaO., 150–165, hier: 154.

(2) Im Blick auf intimes Erleben und die damit verbundenen emotionalen Vorgänge sich ausdrücken lernen, um die eigenen Kommunikationsmöglichkeiten zu erweitern

Zum Aufbau und zur Bereicherung der eigenen Sprachfähigkeit gehört es:
- gute Literatur zu lesen, die zugleich die eigene Situation verfremdet, und Spielarten der Liebe, Freundschaft, Intimität und Bindung kennenzulernen. Gerade auch die biblische Literatur bietet Sprach- und Verhaltensmuster dafür an, z.B. das Hohelied, die Freundschaft zwischen David und Jonathan (1 Sam 18–20 i.A.) oder neuere »Ver-Dichtungen« der Jesus-Geschichte (z.B. »Jesus Christ Superstar«, »Mirjam«),
- exemplarische Werke der bildenden Kunst und Musik aufzunehmen und zu interpretieren,
- sich selbst in der Sprache der Liebe ausdrücken zu lernen – in Dialogen, Gedichten, Liebesbriefen, Tagebüchern u.ä.

(3) Sich selbst als Geschlechtswesen in puberaler Umbruchszeit verstehen lernen

Die Jugendlichen sollen
- wissen, daß sich die Geschlechtlichkeit von Mann und Frau in vielen Formen und Stufungen von Partnerbeziehungen ereignet. Dabei erfahren die eigenen Leitvorstellungen und Ideale auch Korrekturen, die schmerzvoll sind und Liebe und Leid miteinander verbinden. Das alles hat Auswirkungen auf das Gesamtbefinden,
- verstehen lernen, daß andere anders sind und jeder eigene physische, psychische und soziale Voraussetzungen mitbringt. Vom Lehrenden sollten die bisherigen Forschungsergebnisse der Sozialwissenschaften (einschließlich Entwicklungs- und Tiefenpsychologie) zur Klärung eingebracht werden,
- Verständnis dafür gewinnen, daß sich Sexualität nicht nur zwischen den unterschiedlichen Geschlechtern, sondern auch – allerdings in geringer Population – gleichgeschlechtlich homosexuell und bisexuell ereignet,
- Scham als Schutzfunktion persönlicher Freiheit bejahen und sexuellen Mißbrauch und Gewalt abwehren lernen,
- Wege der Verständigung mit den Eltern entdecken und dabei deren eigene Probleme mit der Sexualität und ihrem Verständnis von Elternschaft berücksichtigen.

(4) Zugänge zu den Möglichkeiten einer christlichen Orientierung erschließen

Die Jugendlichen sollen
- wissen, daß die ethische Beurteilung der Sexualität durch Kirche und Theologie unterschiedlich ist und dem Wandel unterliegt. Gerade auf

diesem Gebiet sind die konfessionellen und religiösen Unterschiede groß. Sie spielen auch in den Partnerbeziehungen eine Rolle, auch wenn die Jugendlichen das nicht wahrhaben wollen,

– anhand von biblischen und kirchlichen Texten verschiedene Positionen zum Verhältnis von Sexualität und Ehe sowie den christlichen Leitgedanken der Agape als ethisches Kriterium kennenlernen. Dieses ermöglicht Hilfen zu verantwortlich gestalteten Partnerbeziehungen, aber auch zu Neuanfängen bei nicht-gelingender Kommunikation durch Fehler und Verletzungen,

– die auf dem Boden christlicher Tradition gewachsenen rechtlichen Bestimmungen in Deutschland und deren kritische Diskussion kennenlernen.

(5) Als besondere Problemfelder der Sexualität sollen Folgen des koitalen Verkehrs angesprochen werden

– Den Jugendlichen soll bewußt werden, daß mit dem heterosexuellen Geschlechtsverkehr auch trotz verhütender Maßnahmen Möglichkeiten einer Schwangerschaft bestehen. Deshalb sollen verhütende Maßnahmen und ihre Wirkungen umfassend bekannt gemacht werden, um so eine möglichst hohe Sicherheit für eine Schwangerschaftsverhütung zu erreichen, wenn keine Kinder gewollt werden. Doch bleibt mit der Geschlechtsgemeinschaft eine Verantwortung für werdendes Leben verbunden.[29]

– Die Jugendlichen sollen mit Hilfe guter Medien und nach Möglichkeit mit einem Einblick in heutige Sozialarbeit ein Problembewußtsein für ein Leben mit AIDS entwickeln. Die Gefährdungen durch Geschlechtskrankheiten und insbesondere durch AIDS sollen nicht Angst machen und einschüchtern, sondern einen verantwortungsbewußten und offenen partnerschaftlichen Umgang fördern.[30]

29 Eine Durchsicht von Jugendzeitschriften zeigte, daß die Probleme um das Thema »Mutter mit 14« verniedlicht und die Fragen des Schwangerschaftsabbruchs bagatellisiert werden.

30 Beispielhaft sei hingewiesen auf den Video-Film »Unsichtbare Mauern«. Er dauert zwar mit 103 Minuten länger als eine Doppelstunde und sollte auch nicht gekürzt werden. Er bietet aber Möglichkeiten, die Fragen der Sexualität in großer Breite anzusprechen, in der Ehe und Familie, in Betrieb und Kameradschaft, unter Homosexuellen, in bezug auf Kirche und Öffentlichkeit, und findet bei den Jugendlichen hohe Akzeptanz.

Literaturhinweise

H. Grewel, Brennende Fragen christlicher Ethik, Göttingen 1988.

R. Steinhage, Sexueller Mißbrauch an Mädchen. Ein Handbuch für Beratung und Therapie, Hamburg 1989.

H.-G. Wiedemann, Homosexuelle Liebe. Für eine Neuorientierung in der christlichen Ethik, Berlin 1982.

Unterrichtshilfen

H. Getzeny, Freundschaft – Liebe – Partnerschaft (Stundenblätter Klett) Stuttgart/Dresden [3]1991.

W. Schulte, Einführung in die christliche Ethik (Gott kommt, Sekundarstufe II/Teil 4), Neukirchen [2]1986.

R. Gaedt, Freundschaft–Liebe–Sexualität. Arbeitshilfen für den Religions- und Ethikunterricht in der Sekundarstufe I, Göttingen 1995.

XIV.
Gewissen

ALBERT BIESINGER / CHRISTOPH SCHMITT

1. Was ist ein Gewissen?

1.1 Am Anfang: Fragen über Fragen. Was ist ein Gewissen? Kommen wir damit schon auf die Welt? Ist das Gewissen eine »Anlage« – oder wird es erst im Laufe der Erziehung eingeprägt? Menschliche Anlagen werden der Erziehung und Prägung gern entgegengesetzt: Entweder es ist angeboren oder erlernt. Hat ein gewissenloser Mensch kein Gewissen – oder hat er nur kein »schlechtes«; oder hört er einfach nicht auf sein Gewissen? Ebenso bekannt ist, daß Anlagen (»Talente«) entfaltet werden müssen. Gewissen und Erziehung hängen eng zusammen: Ist Gewissen das, was die Erziehung daraus macht, also eine Art Über-Ich, welches elterliche Gewissensbisse im Herzen hinterläßt? Damit wäre eine nächste Frage angetastet: Wo ist das Gewissen überhaupt? Das Wort »Gewissen« legt den Akzent auf ein Wissen, »auf die kognitive Seite des Gewissens, und das ist mindestens eine Verkürzung des eigentlich Gemeinten«[1]. Fest steht: »Solange ein bestimmter Sachverhalt nur in der Denktätigkeit auftritt, hat der Vorgang mit einem echten Gewissensphänomen noch nichts zu tun.«[2]

Die Wortgeschichte des Gewissens führt zu dem griechischen Begriff der »syneidesis«. Die lateinische Sprache übernimmt den Begriff und spricht von der »conscientia«. Gemeint ist ursprünglich ein Wissen um sich selbst, das bedeutet: Durch das Gewissen ist der Mensch ein ständiger »Mitwisser« in seinem Denken und Tun. In dieser Mitwisserschaft ist das Phänomen »Gewissen« verwur-

---

1 L. *Kerstiens*, Das Gewissen wecken. Gewissen und Gewissensbildung im Ausgang des 20. Jahrhunderts, Bad Heilbrunn 1987, 13.
2 A. *Auer*, Das Gewissen als Mitte der personalen Existenz, in: *J. Blühdorn* (Hrsg.), Das Gewissen in der Diskussion, Darmstadt 1976, 74–92, 76.

zelt. Eine seit dem Mittelalter übliche Unterscheidung kennt zwei Formen: zum einen das Urgewissen. Damit ist die Anlage der allgemeinen Moralfähigkeit gemeint. Das Urgewissen liegt allen einzelnen Gewissensakten zugrunde. Diese einzelnen Akte setzen zum anderen moralische Einsichten und Erkenntnisse in konkretes Handeln um. Wir sprechen dann vom »gebildeten Gewissen«[3].

Für den Prozeß der Gewissensbildung ist dann zu fragen: Welche Konsequenzen ergeben sich aus der »angeborenen Moralfähigkeit«? Bedeutet es, daß der Mensch von Geburt an die Anlagen in sich trägt, »gut zu handeln«, d. h. das Gute zu erkennen und einem inneren Drange folgend es auch zu tun? »Dem Menschen ist offenbar, daß er gut handeln, das Gute tun und das Schlechte meiden muß«[4]. Der Mensch ist also offensichtlich »hingeordnet« auf das ethische Gute. Diese prinzipielle und grundsätzliche Hinordnung muß unterschieden werden »von den einzelnen Gewissensakten mit ihren Irrtümern, Verdrängungen und Fehlern«[5]. Soweit der Anspruch. Ob diese Auffassung dem tatsächlichen menschlichen Erleben und Erfahren gerecht wird, ist fraglich. Zwar ist das Gewissen in der Tat eine unhintergehbare Stimme im Menschen, deren moralische Einwände nicht verdrängt oder von der Hand gewiesen werden können. Das Gewissen ist in der Tat unentrinnbar, und »das als gut erkannte Handeln ist für jeden verbindlich«[6] im Spruch des Gewissens. Doch welche Bedeutung hat das Gewissen auf dem Weg zur Erkenntnis des Guten? Was bedeutet im Erleben tagtäglicher Handlungszusammenhänge und Konfliktfälle, das Gute »zu erkennen«? Muß nicht zuerst etwas geschehen sein, eine Handlung vollzogen sein, damit ihre Folgen als gut oder schlecht erkannt werden können? Und womit erkennen wir dieses Gutsein?

1.2 Das Gewissen im Alten und Neuen Testament. Die Stimme des Gewissens wird in verschiedenen Bereichen verankert: im Ver-

---

3 Vgl. *D. Mieth*, Artikel Gewissen/Verantwortung, in: *P. Eicher* (Hrsg.), Neues Handbuch theologischer Grundbegriffe, München 1991, 221–231, hier: 222; vgl. *ders.*, Gewissen, in: Christlicher Glaube in moderner Gesellschaft, Enzyklopädische Bibliothek, Teilband 12, Freiburg 1981, 138–184; vgl. auch *L. Kerstiens*, Das Gewissen wecken, aaO., 19–23.

4 *L. Kerstiens*, a.aO., 20.

5 Ebd.

6 Ebd., 21.

stand, im Gemüt, im Gefühl, im Willen oder in tief liegenden naturhaften Strebungen[7]. Überall taucht das Gewissen auf, es bedient sich quasi dieser »Vermögen«. Das erinnert an die Umschreibungen des Gewissens im Alten Testament.

Die »alttestamentliche Anthropologie kennt den Gewissensbegriff noch nicht. Sein Gegenstand, das Gewissen, verbirgt sich noch hinter anderen Merkmalen, die für den ganzen Menschen stehen.«[8] Die denkenden und beurteilenden Funktionen sah das Alte Testament durch Ruach (Geist) und Leb (Herz) repräsentiert, wobei Ruach für den dynamischen Willen und das Streben des Menschen steht, Leb für Einsicht, Erkenntnis und Entscheidungsfähigkeit – weniger für die emotionalen Reaktionen. Es ist dabei wichtig zu wissen, daß mit einem dieser Worte immer der ganze Mensch gemeint ist, nicht ein anatomischer Teil seiner Lebenswirklichkeit.[9] Das Herz ist für den Hebräer der Sammelbegriff für die geistigen Tätigkeiten des Menschen. Hierher gehören auch Gefühl, Wunsch, Vernunft und Willensentschluß. Diese Fähigkeiten werden eingesetzt, um die Gottebenbildlichkeit des Menschen im Handeln zu verwirklichen. Die Antwort des Menschen auf das »Wort Gottes«, seine Weisungen, die durch Gesetz und Propheten auf den Menschen kommen, »wird in seiner Seele, seinem Herzen, erweckt durch den Geist Jahwes. Dieser und das Wort sind die heilbringende Triebkraft in allen Menschen und Geschehnissen, und darin dem Gewissen vergleichbar«[10].

---

7 Zur philosophischen und theologischen Geschichte des Gewissens vgl. *E. Schockenhoff*, Das umstrittene Gewissen. Eine theologische Grundlegung, Mainz 1990 (theologisch); *J. Blühdorn* (Hrsg.), Das Gewissen in der Diskussion, aaO. (philosophisch). Zur Gewissensbildung vgl. das Grundlagenwerk von *F. Oser*, Das Gewissen lernen. Probleme intentionaler Lernkonzepte im Bereich der moralischen Erziehung, Olten 1976. Zum Zusammenhang von Gott und Gewissen in der Erziehung vgl. *K.E. Nipkow*, Moralerziehung. Pädagogische und theologische Antworten, Gütersloh 1981, bes. 119–151.

8 *W. Heubült*, Gewissen vor Gott. Wertgrund und Werte der Gewissensreligion, München 1983, 86.

9 Vgl. *D. Sattler/Th. Schneider*, Traktat Schöpfungslehre, in: *Th. Schneider* (Hrsg.), Handbuch der Dogmatik, Bd. 1, Düsseldorf 1992, 120–238, hier: 163.

10 *H. Heubült*, aaO., 102.

In den Schriften des Alten Testaments ist der ganze Mensch für sein Tun vor Gott verantwortlich. Auf der Suche nach dem Gewissen weist uns das AT darauf hin, daß immer der ganze Mensch in Betracht zu ziehen ist. In allen seinen Vermögen artikuliert sich das Gewissen. Es ist dem Denken, dem Urteilen, dem Fühlen und dem Wollen jeweils *vorgelagert*, nicht in einem räumlichen Sinne, sondern so: Das Gewissen ist bereits da, wenn wir uns eines Gedankens oder eines Gefühles bewußt werden.

Auch die paulinische Theologie spricht vom »Herz«, wenn nach dem Sitz des Gewissens gefragt wird (vgl. Röm 2,14f.). »Hier wird das Gewissen als diejenige Instanz angeführt, die auch dort, wo das Gesetz vom Sinai nicht gegeben ist, den Sinn des Gesetzes als Willen Gottes erkennen kann, weil er ›ins Herz geschrieben‹ ist. Daraus werden Argumente für die ›natürliche‹ Sittlichkeit abgeleitet, die sich in der Gewissenserfahrung und im Gewissensurteil zur Geltung bringen.«[11]

2. Wie hängen Gewissen und Handeln zusammen?

Wie haben wir uns die genannte Gewissenserfahrung vorzustellen? Zahlreiche Metaphern tauchen auf: Instanz, Gerichtshof, Organ, Habitus, Akt, Stimme Gottes usw. Diese Metaphern treffen aber nicht das Gewissen im Ganzen, sie beleuchten jeweils nur einen Aspekt. »Genaugenommen ›hat‹ nicht der Mensch Gewissen, sondern er ist Gewissen. Er ist sein eigener Zeuge.«[12] Das

---

11 *T. Rendtorff*, Ethik. Grundelemente, Methodologie und Konkretionen einer ethischen Theologie, Bd. 1, Stuttgart ²1990, 145.

12 *G. Ebeling*, Theologische Erwägungen über das Gewissen, in: *J. Blühdorn* (Hrsg.), Das Gewissen in der Diskussion, aaO., 142–161, 154. A. Auer unterscheidet drei Hauptbereiche in der Tradition: Die intellektualistische, die voluntaristische und die emotionalistische Gewissendefinition, in: *A. Auer*, Das Gewissen als Mitte der personalen Existenz, aaO., 75–78. Vgl. auch den »Philosophischen Fragekreis« zum Verhältnis von Vernunft und Gewissen, in: *G. Höver/L. Honnefelder* (Hrsg.), Der Streit um das Gewissen, Paderborn 1993, 97–125. Zum Gewissen als Stimme Gottes (Augustinus) bzw. als natürliche Anlage (Thomas von Aquin) vgl. *E. Schockenhoff*, Das umstrittene Gewissen, aaO., 70–82.

Gewissen ist, wie auch die Sprache, keine Fähigkeit, die der Mensch neben anderen hat. Vielmehr gehört das Gewissen zum Wesen des Menschen, wie die Sprache auch. Ein Mensch, der hier und da sprachlos ist, fällt dadurch nicht aus der Sprache heraus; so bedeutet auch die Wendung »gewissenloser Mensch« nicht, daß ihm das Gewissen »fehlt«. Ein Mensch handelt dann gewissenlos, wenn er seinem Gewissen nicht folgt, nicht weil er kein Gewissen hat.

Hier klingt an, daß das Gewissen eng mit dem Handeln zusammenhängt. Der Zusammenhang von Gewissen und Handeln ist der Grund, warum die Gewissensfrage in der Ethik diskutiert wird:

»In der Ethik, so meine ich, untersuchen wir das Gute und das Schlechte, das Richtige und das Falsche; und das ist größtenteils nur in irgendeinem Zusammenhang mit dem Verhalten bzw. dem Vollzug von Handlungen möglich. Ehe wir uns ansehen, welche Handlungen gut oder schlecht, richtig oder falsch sind, ist es ratsam, sich zuerst anzusehen, was mit dem Ausdruck ›eine Handlung vollziehen‹ bzw. ›etwas tun‹ gemeint ist und was alles unter ihn fällt«[13]. Diese läßlich klingende Feststellung ist für die Frage nach dem Gewissen ständig im Auge zu behalten: Die Frage nach dem Gewissen ist bei der Frage nach dem Handeln anzusetzen. Gegenwärtig wird die Handlungsproblematik zugunsten der Fragen nach Normtheorie und Legitimation vernachlässigt. Es stehen Fragen im Vordergrund, was aus welchem Grund erlaubt, geboten oder verboten sein soll. »Dies ist die Folge einer weit verbreiteten … Annahme, die Sittlichkeit einer Handlung bestehe in dem, was der Handelnde an gutem Willen investiert habe: Auf die richtige Einstellung und den guten Willen kommt es an, die Handlung ist lediglich Ausführungsteil eines innerlich gefaßten Vorsatzes. Die Fixierung auf die Frage nach dem richtigen Gewissensentscheid erscheint als logische Folge solcher Überlegungen.«[14] Das Gewissen hätte dann die Aufgabe, den Menschen

13 *J. Austin*, Ein Plädoyer für Entschuldigungen, in: *G. Meggle* (Hrsg.), Analytische Handlungstheorie. Bd. 1: Handlungsbeschreibungen, Frankfurt a.M. 1977, 11. »Eine Besinnung über das Gewissen gehört in die Mitte der Lehre von den handelnden Personen« (*W. Trillhaas*, zitiert bei *T. Rendtorff*, Ethik, aaO., 145). Zur Analyse der Handlungsstrukturen vgl. das Grundlagenwerk von *A.V. Maurer*, Homo Agens. Handlungstheoretische Untersuchungen zum theologisch-ethischen Verständnis des Sittlichen, Frankfurt a.M. 1994.

dazu zu bewegen, das Gute und das Richtige zu tun. Das Gewissen ist hier eine Art »Ableseorgan« von Werten und Normen, die von vornherein feststehen. Entstammen diese Normen dem »Gesetz Gottes«, dann vernimmt das Gewissen in diesen Normen den Willen Gottes. Das will sagen, »daß das Gewissen gleichsam die Empfangsstation für Normativität überhaupt ist, vor aller Erziehung und kulturellen Vermittlung«[15]. Dagegen ist jedoch festzuhalten: »Im Gewissen geht es um das *eigene* Handeln und Unterlassen, nicht um allgemeine moralische Urteile oder die Lösung fremder Konfliktfälle.«[16] Die persönliche Entscheidungssituation, in die ich ständig gestellt bin, ist durch kein Experiment, durch kein »Wie würden sie entscheiden?«, ersetzbar. Die Frage nach dem Gewissen hat immer die unvertretbare Perspektive des konkret Handelnden einzunehmen, und dabei betrifft sie immer den ganzen Menschen.

Gewissensbildung hat zum Ziel: Handeln lernen in einer wertepluralen Welt. Das Gewissen ist ein Orientierungshelfer für das Handeln. Ein Merkmal der Gegenwart verbirgt sich hinter den Stichworten Unsicherheit und Orientierungslosigkeit. Beide fordern ein Umdenken in den Lernprozessen und in den Zielformulierungen ethischen Lernens: »Die moderne Gesellschaft bietet zwar Chancen für ein selbstbestimmtes und genußreiches Leben. Sie schafft aber auch neue Risiken und Probleme, denn sie nimmt den Menschen die sicheren Maßstäbe dafür, was ›angemessen‹, ›üblich‹ und ›richtig‹ ist«[17]. Schülerinnen und Schüler der Klassenstufen 9/10, auf die wir uns hier besonders beziehen, sehen sich mit einem rasanten Zuwachs an Handlungsmöglichkeiten kon-

---

14 *A.V. Maurer*, Homo agens, aaO., 29. »Ethisch richtig ist eine Tat, wenn das, was getan wird, angemessen ist; auf die Motivation und Absicht kommt es dabei nicht an. Man kann durchaus auch aus egoistischen Motiven etwas Gutes tun. Ethisch gut wird eine Tat dadurch, daß das Handeln auf das, was man als gut erkannt hat, gerichtet ist; ethisch gut bleibt eine solche Tat auch dann, wenn man sich in der Erkenntnis irrt und etwas Schlechtes bewirkt« (*L. Kerstiens*, Das Gewissen wecken, aaO., 19).

15 *T. Rendtorff*, aaO., 146.

16 *L. Kerstiens*, aaO., 16.

17 *T. Gensicke*, Wertewandel und Erziehungsleitbilder. Hinweise aus der Sicht der empirischen Soziologie, in: Pädagogik 46/1994, 7/8, 23–26, hier: 23f.

frontiert. Nicht nur körperliche und geistig-seelische Reifung eröffnen bisher ungeahnte Möglichkeiten. Auch das soziale Umfeld konfrontiert junge Menschen mehr als je zuvor mit einer Fülle an Möglichkeiten, die ein hohes Maß an Entscheidungskompetenz von ihnen fordern. Die Stichworte lauten hier: Erlebnisgesellschaft und Multioptionsgesellschaft.[18] Auf diesem Erfahrungshintergrund lautet ein wichtiges Ziel der Gewissensbildung: Befähigung zu verantwortetem Umgang mit den Möglichkeiten, die mir zuwachsen: zum einen die zunehmend selbständige Gestaltung meiner Freizeit, zum anderen die Gestaltung meiner Beziehungen, die im »Zentrum der Pubertät« absolute Priorität genießen. Schülerinnen und Schüler müssen in dieser Zeit des Übergangs durchgehend erfahren: Mein Gewissen bleibt auch dann unbestechlich, wenn es sich von vielerlei »Über-Ich-Ballast« befreit hat. Das Lernziel lautet: Ich kann entscheiden, weil ich einen zuverlässigen Kompaß in mir trage. Gewissensbildung will eine Stärkung der Urteilsfähigkeit, der Entscheidungsautonomie und des Wertebewußtseins. Nur wer in diesen Fundamenten verwurzelt ist, kann sich im Pluralismus des Lebens zurechtfinden und seinem Leben eine sinnvolle Gestalt geben.

Die wichtige Erfahrung in diesem Zusammenhang lautet: Mein Gewissen ist das »Organ«, mit dessen Hilfe ich mein Handeln durch die ethisch-moralische Brille lesen kann. Das bedeutet auch: Mit Hilfe des Gewissens bin ich in der Lage, einen Begriff von Schuld zu bilden. Es gehört zu den Grunderfahrungen des Menschen, daß er durch sein Handeln schuldig werden kann. Schuld ist aber nicht erst eine Frage des Gewissens, des Wissens also, daß ich schuldig geworden bin. Vielmehr wird Schuld durch das Gewissen erkannt, sie wird mir mit Hilfe meines Gewissens erst bewußt – zu diesem Zeitpunkt bin ich aber bereits schuldig geworden. Junge Menschen zwischen 14 und 16 Jahren erfahren dies am deutlichsten in ihren zwischenmenschlichen Beziehungen. Aber auch das Thema »Lebensräume« ist in den Klassen 9/10 zentrales Thema der Erfahrungswelt. »Verantwortung für die

---

18 Vgl. dazu *G. Schulze*, Erlebnisgesellschaft. Kultursoziologie der Gegenwart. Frankfurt [3]1993 und *P. Gross*, Die Multioptionsgesellschaft, Frankfurt 1994.

Schöpfung« ist ein sehr abstrakter Komplex, der seinen Ausgang in der konkreten Lebenswelt zu nehmen hat: Was gibt es da zu »schützen« und zu »bewahren«?

3. Gewissensbildung

3.1 Der Zusammenhang von Gewissensbildung und Erfahrung. Die Ethiker wissen: Was gut und was böse, was richtig und was falsch ist, das steht in den seltensten Fällen von vornherein fest. Die Erkenntnis, daß es moralische Eindeutigkeit höchst selten gibt, ist damit die erste und wichtigste Erkenntnis eines heranreifenden Gewissens. Gewissensbildung mündet nicht in einer äußerlichen Zustimmung, sondern in einer inneren Einstimmung in Wertvorstellungen wie Solidarität, Verantwortung, Menschenwürde und Nächstenliebe. Für die christliche Ethik ist zum Beispiel »Menschenwürde« ein apriorischer Wert. Gültig für mich ist ein solcher Wert aber erst, wenn ich erfahre, was er meint, denn: Für den einzelnen Menschen ist die Erfahrung das eigentliche »Apriori«. Erst ein Wert, der sich in der Erfahrung als wert-voll erwiesen hat, bekommt dadurch für den einzelnen Menschen Geltung. Wer Menschenwürde (Respekt, Zuwendung) nicht am eigenen Leib erlebt hat, der weiß nicht wirklich, was er sich darunter vorzustellen hat, obwohl er einen sehr differenzierten Begriff von Menschenwürde haben kann. Gewissensbildung bedeutet also auch: Wichtige Werte erfahrbar werden lassen.

Ein letztes wird durch das »Prinzip Erfahrung« deutlich: Handeln ist korrigierbar. Obwohl eine Entscheidung nach bestem Gewissen gefällt wurde, kann die Erfahrung zeigen, daß die Entscheidung falsch war. Gerade weil niemals von vornherein feststeht, was richtig und was falsch ist, ist die Möglichkeit zur Korrektur (Umkehr!) fundamental. Gewissensbildung findet im Kreislauf von Gelingen und Scheitern (Schuld!) statt.

Folgende Kriterien sind für die Gewissensbildung fundamental:

1. Der Mensch ist von Geburt an ein sittlich-moralischer Mensch. Er bringt die Fähigkeit mit, moralische Zusammenhänge zu erkennen. Er hat in diesem Sinne ein »Urgewissen«.

2. Mit Hilfe des Gewissens lernt er zu unterscheiden zwischen den Alternativen Gut und Böse bzw. Richtig und Falsch. Das Gewissen meint die urmenschliche Eigenschaft, ethisch-moralische »Alternativen« wahrnehmen zu können.[19]

3. Was jeweils die richtige Handlungsalternative ist, steht nicht von vornherein fest; es ist das Ergebnis eines mitunter langen Prozesses des Abwägens und Unterscheidens.

4. Es gibt in der christlichen Ethik »apriorische« Normen und Werte, sog. Prinzipien (z. B. die Menschenwürde). Aber solche ethisch-moralische Prinzipien werden für den einzelnen Menschen erst dadurch gültig, daß er sie im Abwägen, Unterscheiden und Entscheiden erfährt. Ethisches Lernen ist nachentdeckendes Lernen; es geschieht immer im Konflikt verschiedener Alternativen (s. die sog. Dilemmata).

Wie also sollen wir das Gewissen definieren? *Nicht* als die apriorische Fähigkeit des Menschen, das Gute zu identifizieren und es dementsprechend zu tun. Diese Annahme setzt nämlich voraus, daß das Gute immer schon feststeht: es ist sicher, was gut ist, das Gewissen erkennt dies und verpflichtet das Handeln nur noch darauf. Angesichts der technischen und wirtschaftlichen Möglichkeiten, die sich mittlerweile über die Menschheit ergießen, und angesichts der brutalen Erfahrungen, die wir besonders in diesem Jahrhundert mit Krieg und Völkermord gemacht haben, muß deutlich gesagt werden: Der unabschließbare Streit darüber, was jeweils gut genannt werden darf, »wäre *endgültig* nur zu schlichten in einem letzten Konsens, in einem jüngsten Gericht, in einer idealen Kommunikationsgemeinschaft«[20]. Das alles gibt es nicht.

---

19 Mit der Umschreibung des Gewissens als »Fähigkeit zur sittlichen Unterscheidung« wird keinem Relativismus das Wort geredet, so daß das Menschenwürdige erst am Menschenunwürdigen erwiesen werden könnte und umgekehrt.

20 A. Wellmer im Gespräch mit Hans Jonas: Ist Theodizee nach Auschwitz noch sinnvoll denkbar?, in: *D. Böhler* (Hrsg.), Ethik für die Zukunft. Im Diskurs mit Hans Jonas, München 1994, 182–184, hier: 184. Diese Idee der »Verendlichung des Guten« hat aber »das Denken einer logischen und dialogischen Unbegrenztheit, nämlich eines idealen Diskursuniversums, zur Voraussetzung ... ebenso wie andererseits das Denken einer geltungslogischen Unendlichkeit dessen Eingebundenheit in eine end-

Um junge Menschen in der Entwicklung ihres Gewissens zu begleiten, muß sich der Theoretiker zuerst einmal von etwas verabschieden können: »Es gibt nichts, das an sich gut wäre, aber alles kann ein wenig besser sein. Die Bewegung der Besserung ist wichtiger, ›schöner‹, ›besser‹, als der Zustand des Gutseins. Die Bibel bringt dies im Gleichnis vom verlorenen Schaf zum Ausdruck, das in seiner Rückfindung hundertmal besser ist als das gute Schaf. Ähnlich auch die Parabel vom verlorenen Sohn.«[21]

»Das Gute« ist zwar kein Ergebnis von Argumentationen. Aber was wir jeweils verwirklichen können, ist in dem Satz »Menschenwürde ist ein hohes Gut und als solches anzustreben« nicht enthalten. »Wir wissen von keiner sicheren Regel, nach der das Tun des Guten und der gute Erfolg ohne jeden Zweifel zusammenfallen … Wir haben nicht einmal im Blick auf uns selbst, im unmittelbaren sinnlichen Erfahrungsbereich, zureichende und abschließende Klarheit darüber, was für uns ›gut‹ ist.«[22] Das Gute sagt nicht aus sich heraus, welche Formen es jeweils annehmen kann und wie es zu verwirklichen ist. Für den ethischen Lernprozeß ist vor allem die Einsicht leitend, daß ein »Gut« für den einzelnen Menschen erst dann greifbar und erfahrbar ist, wenn es verwirklicht ist. Ein Minimum an tatsächlicher Verwirklichung (z. B. in Form von menschenfreundlichen Wohn-, Lern- und Arbeitsbedingungen) ist die Bedingung der Möglichkeit für ein diesbezügliches Engagement junger Menschen! Solche Verwirklichung wird zwar immer als vorläufig erfahren. Aber diese Differenz setzt das »motivierende Potential« für ethisches Engagement erst frei. Somit meint »Verwirklichung des Guten« immer auch: Mit dem Scheitern rechnen; und die Maxime vom jeweils »Besseren« meint: Das Erreichbare erreichen, indem es am Unerreichbaren gemessen

---

liche geschichtliche Verständigungsgemeinschaft bedingt« (*H. Gronke,* Epoché der Utopie. Verteidigung des ›Prinzips Verantwortung‹ gegen seine liberalen Kritiker, in: *D. Böhler* (Hrsg.), Ethik für die Zukunft, aaO., 407–427, 421f. Die Herausforderung besteht darin, die geschichtlichen Verhältnisse an solche idealen Verständigungsverhältnisse anzunähern, »die sich zwar denken lassen, aber in der Geschichte nie vollständig realisierbar sind« (ebd. 422). Zum Thema Diskursethik vgl. ebd.

21 *H. Rombach,* Strukturanthropologie, München ²1993, 373.

22 *T. Rendtorff,* Ethik, aaO., 143.

wird.[23] In einem Satz: Das Gewissen ist die für diesen Prozeß notwendige, apriorische Fähigkeit, im gegebenen Fall, der immer ein Handeln ist, die notwendigen Unterscheidungen zu treffen hinsichtlich dessen, was zu tun und was zu lassen ist.

3.2 Der Grundwert der Gewissensbildung: Die Vision. Ein Argument, das in Diskussionen mit Schülern der Klassen 9/10 nicht selten zu hören ist, lautet: »Es hat eh keinen Sinn, sich für die Verwirklichung von Menschenwürde, Gerechtigkeit, Freiheit, Friede etc. einzusetzen«. Der Grund: Angesichts der Weltlage können einzelne sowieso nichts verändern. Die genannten Werte werden zu Utopien gestempelt und bleiben somit unerreichbar. Dementsprechend mager fällt die Motivation für ethische Lernprozesse aus.

Aus diesem Grund ändern wir den Begriff »Utopie« um in den Begriff »Vision«. Menschenwürde, Gerechtigkeit, Freiheit und Friede können im Prozeß der Gewissensbildung als »Visionen« bezeichnet werden. Mit Visionen ist das gemeint, was der gestrenge ethische Diskurs als »objektiv gültige Normen und Werte« bezeichnet. Sollen diese Werte und Normen handlungsmotivierend sein, dann müssen sie zu lebendigen Visionen werden. »Visionen erarbeiten« bedeutet im Kontext ethischen Lernens: Die diesbezüglichen Hoffnungen, Träume und Ängste jedes einzelnen Schülers zu erheben und zuzulassen, mit der Zielformulierung: »Wie stelle ich mir die Zukunft der Welt vor?«

Der noch ungebildete Begriff der Verantwortung braucht zu seiner Formung z.B. die Vision einer »Gerechtigkeit auf Erden«. Visionen lassen sich nicht im selben Maße begründen und hinterfragen wie objektive Werte; sie sind »geltungslogisch« leicht auszuhebeln. Aber logische Begründungen und Einsichten führen höchstens bis an den Punkt, an dem ich erkenne, daß ich verantwortlich bin. Eine persönliche Übernahme dieser Verantwortung bedarf eines anderen Motives – und dies ist die Vision.

23 Dasjenige verwirklichen, was verwirklicht werden kann (kritische Selbstverantwortung des Denkens), indem es an dem gemessen wird, was idealiter nie verwirklicht werden kann (der sog. »Fallibilitätsvorbehalt« der transzendentalen Pragmatik). Vgl. dazu *D. Böhler*, In dubio contra projectum. Mensch und Natur im Spannungsfeld von Verstehen, Konstruieren, Verantworten, in: *ders.* (Hrsg.), Ethik für die Zukunft, aaO., 244–276. Dort auch eine Diskussion der Themen Gentechnologie und Ökologie.

Die Ehrfurcht vor allem Leben ist eine solche Vision. Diese ist nicht zuerst eine moralische Pflicht, sondern die Affizierung eines Gefühls: »Erst das hinzutretende Gefühl der Verantwortung, welches dieses Subjekt an dieses Objekt bindet, wird uns seinethalben handeln machen. Wir behaupten, daß es dies Gefühl mehr als irgendein anderes ist, welches eine Willigkeit in uns erzeugen kann«[24]. Dieses Gefühl der Verantwortung sagt noch nichts über die konkrete Gestaltung der Verantwortung, aber diese Gestaltung ist dringend auf die empathische Bereitschaft zur Übernahme der Verantwortung angewiesen.

Der Schlüssel zur Motivation für »gewissenhaftes Engagement« liegt in einer gemeinsamen Vision, z. B. in der Vision vom »Reich Gottes«, das Jesus von Nazareth verkündigt hat – und zwar als angebrochen: »Das Reich Gottes kommt nicht so, daß man es beobachten könnte; noch wird man sagen: Siehe hier! Oder: Siehe dort! Denn siehe, das Reich Gottes ist mitten unter euch« (Lk 17,20f.). Offensichtlich ist das Menschengeschlecht unumkehrbar mit diesem Reich infiziert. »Reich Gottes« ist also keine Utopie, sondern eine Vision. Die Frage, was der Anbruch des Gottesreiches für Gewissen und Handeln des Menschen bedeutet, hat in der moraltheologischen und moralpädagogischen Literatur noch keine durchschlagende Beachtung gefunden. Noch immer ist die Vorstellung vom Gewissen als einer Speicherplatte von (mittlerweile ja auch austauschbaren) Über-Ich-Funktionen weit verbreitet.

Sowohl in bezug auf konkrete Anliegen der Menschengemeinschaft (z. B. Friede und Gerechtigkeit) als auch hinsichtlich der dringend nötig gewordenen Handlungsperspektiven (wie kann Handeln gelingen?) lautet das religionspädagogische Gebot der Stunde: Integration der Reich-Gottes-Botschaft in die ethikdidaktischen Entwürfe. Vor allem die sog. »Himmelreich-Gleichnisse« (z. B. Mt 13 parr.) haben paradigmatischen Charakter für den Entwurf zeitgemäßer Visionen. Das Gleichnis vom Sämann (Mt 13,1–23) bietet ein Paradigma für die Frage nach gerechten und menschenwürdigen Lebensbedingungen, für das »Aufwachsen« jeglicher Saat (so auch des Gewissens). Das Gleichnis vom Unkraut im Acker (Mt 13,24–30) ist ein Plädoyer gegen Vorurteile jeglicher Couleur: Wer meint, Unkraut auszureißen, zerstört damit unwillkürlich das Gute. Das Gleichnis von den

24 H. *Jonas*, Das Prinzip Verantwortung, Frankfurt 1984, 170.

Arbeitern im Weinberg (Mt 20, 1–15) zeugt von der Urform christlicher Gerechtigkeit[25].

3.3 Die Relevanz der Gewissensbildung für die Gesellschaft. Von der Bildung des Gewissens hängt nicht nur das Schicksal des einzelnen Menschen ab (Familie, Partnerschaft), sondern auch das der Gesellschaft und der Weltgemeinschaft (im Blick auf die Menschenrechtssituation, die Verelendung und die sich öffnende Schere ungerechter Verteilung der Güter).

Für Jugendliche stellt sich die Gewissensfrage bereits von Anfang an. 14–16jährige sind längst keine moralisch unbeschriebenen Blätter mehr. Sie haben bereits einen »inneren Kompaß«. Das Gewissen wird erkannt als etwas, das »stärker ist als ein schneller Wagen«, sie sprechen von einer »inneren Stimme«, die nicht schweigt, sie wollen »auf das Herz hören«, »den richtigen Weg finden«, »die richtige Stimme hören.« Sie suchen Modelle, an denen sie sich in ihren Gewissensentscheidungen orientieren können, die sie anregen, in ihrer jeweiligen Situation unvertretbar zu entscheiden und zu handeln.

Als Lernwege eignen sich dafür z.B. moralische Dilemmata, Identifikationsmethoden, Fallbeispiele von unterschiedlicher Komplexität. Die Herausforderung zur eigenständigen Situationsanalyse, die eine kompetente Gewissensentscheidung erst ermöglicht, muß in der Gewissensbildung aufgegriffen und mit der eigenen »inneren Stimme« in Verbindung gebracht werden. Diese »innere Stimme« fällt aber nicht vom Himmel, sie ist geprägt von Sozialisation und Persönlichkeitsbildung.

Für die ethische Erziehung ergibt sich daraus ein didaktisches Prinzip: Gewissensbildung beginnt stets im mikrosozialen Bereich, denn hier erfah-

---

25 Die letztlich unaufhebbare Differenz zwischen einem gewalt- und herrschaftsfreien Dienst am Reich Gottes und dem gewalt- und herrschaftsdurchzogenen Verhalten im menschlichen Alltag ist auch das Thema der protestantischen Zwei-Reiche-Lehre. Ihre strenge Alternative Gott ↔ Mammon hat in ihrem visionären Charakter eine bedeutende Relevanz für den Prozeß der Gewissensbildung. Vgl. *D. Schellong*, Art. Ethik, in: Neues Handbuch theologischer Grundbegriffe, aaO., 408–417, 410ff; *W. Marquardt*, Gott oder Mammon, aber: Theologie und Ökonomie bei Luther, in: Einwürfe 1/1983.

ren Schüler, daß sie in ihrem alltäglichen Handeln unaufhörlich ihr Gewissen einsetzen. Das Hervorrufen von »persönlicher Betroffenheit« ist kein methodischer Trick, um Schülerinnen und Schüler für den Lerngegenstand zu öffnen. Das Gewissen ist eine Sache von Mensch zu Mensch, deshalb braucht hier keine Betroffenheit ausgelöst werden – sie muß höchstens lokalisiert und thematisiert werden. Die Elemente des Gewissens können sukzessive aus den Beziehungen der Jugendlichen erarbeitet werden: Familie, Freundeskreis, Schule, politische und religiöse Gemeinde, Menschheitsfamilie.

Die Auseinandersetzung mit der »nächsten sozialen Umwelt« ist der ethische Lern-»Ort« schlechthin, oder anders gesagt: die Lebenswelt ist das Forum, in dem sich ethische Fragestellungen erheben und lösen lassen. Die Auseinandersetzungen, die hier stattfinden, sind geradezu der Beweis für eine intensive Form der Gewissensbildung. Sie halten nicht vom Lernen ab, sie sind Lernen. Das Jugendalter ist keine Übergangsphase mehr, »die ihren Sinn darin hat, sich auf ein Morgen vorzubereiten, sondern eine Lebensphase mit einem ausgeprägten Gegenwartsbezug«[26].

4. Konkrete Vorschläge aus der Unterrichtspraxis

In einer inzwischen weit verbreiteten und durchprobten Unterrichtseinheit in dem Hauptschulband »Das Leben gestalten. Glaubensbuch 7«[27] wurden folgende wichtigen Schritte für eine Thematisierung von »Gewissen« im Religionsunterricht für 13–14jährige erprobt und weiterentwickelt.

Gewissen in der Verantwortung

»Du bist heute so still!« meint mein Vater am Mittagstisch. Karin murmelt etwas Unverständliches. Nach dem Essen verzieht sie sich rasch in ihr Zimmer. Sie will allein sein.

Deutlich stehen ihr ihre Erlebnisse vor Augen. Vor 14 Tagen war sie in die neue Schule gekommen. Mit drei Freundinnen hat sie sich gleich gut verstanden. Ausgerechnet diese drei, Susi, Eva und Helga, hatten ihr eine tolle Sache erzählt: »Stell dir vor, in der Kosmetikabteilung des Kaufhauses

---

26 *M. Scharer*, Begegnungen Raum geben. Kommunikatives Lernen als Dienst in Gemeinde, Schule und Erwachsenenbildung, Mainz 1995, 118f.

27 *F. Feiner/A. Schrettle*, unter Mitarbeit von *A. Biesinger/M. Scharer/K. Zisler*, hrsg. v. Interdiözesanen Katechetischen Fonds, Wien ²1990. Die folgenden Überlegungen sind diesem Band entnommen.

hat sich jeder von uns neulich ein Parfümfläschchen unter den Nagel gerissen! Es war ganz leicht: Wir haben die Verkäuferin durch Fragen nacheinander abgelenkt – dann ein Griff ... Heute versuchen wir es wieder. Du kannst mitkommen. Du bist ja wohl kein Feigling, sondern unsere Freundin!« Aber Karin war der Entscheidung ausgewichen: »Heute kann ich nicht, vielleicht das nächste Mal.« Karin weiß genau: Bald fragen sie ihre Freundinnen wieder. – Sie überlegt sich, was sie tun könnte. Vieles geht ihr durch den Kopf:

* Wenn ich einmal anfange damit, dann ...
* Wenn alle so handeln, wie ich?
* Ich möchte mich auch morgen im Spiegel anschauen können.
* Mir ist auch schon einmal etwas geklaut worden.
* Ein Parfümfläschchen weniger fällt doch gar nicht auf.
* Meine Freundinnen sind mir wichtig.
* Gut duften, und die Jungs drehen sich nach mir um – das ist einfach toll.

Ich stehe vor einer schwierigen Entscheidung

* Ich tue, was die Mehrheit der anderen tut.
* Ich tue das, wozu ich gerade Lust habe.
* Ich bete zu Gott.
* Ich horche in mich hinein, was mir mein Herz sagt.
* Ich denke nach über die Folgen für mich und die anderen.

Wie finde ich den richtigen Weg?

Ich habe eine innere Stimme, die zu mir spricht, wie ich mich orientieren soll.

Ich habe ein inneres Auge, das mich sehen läßt, wo der gute und richtige Weg geht.

Ich habe eine innere Hand, die mich führt, wenn meine Schritte unsicher sind.

Ich habe eine innere Kraft, die mich stärkt, wenn ich vor Entscheidungen Angst habe.

ICH HABE EIN GEWISSEN[28]

Stufen der Gewissens-Entwicklung:

ICH KANN VERTRAUEN

Das Kind ist vor der Geburt neun Monate lang eingebettet in das Fruchtwasser der Mutter. Diese Erfahrung der Geborgenheit im bergenden Mutterschoß ist für die Entwicklung des Gewissens ganz wichtig. Nach der

---

28 Vgl. Das Leben gestalten, aaO., 56.

Geburt spürt das Baby: Jemand ist für mich da, jemand ist gut zu mir. Daher kann das Kind später auch gut zu anderen sein. Es wird ihm klar werden, daß das Gute und nicht das Böse der Grund des Lebens ist. Dies wird an der Zuwendung und der Güte der Mutter erfahren.

Manche Kinder haben es schwer: wenn sie nicht gewünscht sind; wenn sich die Mutter nicht kümmert ... Diese Kinder lernen mühsamer, gut zu handeln. Sie brauchen andere Menschen, die ihnen täglich zeigen, daß sie gewollt, geliebt sind.

ICH HÖRE IN MIR DIE STIMME DER ELTERN

Wenn ich etwas Schlechtes anstellen will, dann höre ich die innere Stimme ... Die Stimme sagte: »Nimm dich in acht!« (Aus einem Schüleraufsatz)

In diesem Aufsatz wird deutlich: Das Kind weiß durch die Eltern, was es tun und was es meiden soll. Kinder hören die Stimme der Eltern vor, während oder nach einer Handlung. Die übernommenen Gebote und Verbote nennt Sigmund Freud das Über-Ich (die Eltern stehen über dem Ich des Kindes). Wir verstehen diese Stufe der Gewissensentwicklung nur als eine Vorform des Gewissens.

Vieles tun wir, weil wir Menschen gern haben. Diese Menschen sind für uns wichtig; sie sind Leitbilder, Leitsterne, die uns die Richtung weisen. Sie geben uns Orientierung, Halt und Ordnung. Das Über-Ich wird so zum Ich-Ideal. Wir bekommen von solchen Menschen ein inneres Rückgrat und Standfestigkeit für unser Leben und Handeln.

Als wäre die Mutter bei mir, rief es in mir: »Daniela, paß auf!«, und ich wußte, was ich zu tun hatte.

ICH ÜBERDENKE DIE FOLGEN EINER HANDLUNG

Im heutigen Religionsunterricht werden oft Probleme diskutiert. Von dem Punkt aus, wo eine Entscheidung fällig wird, spielen und überdenken wir Lösungen und Folgen: Welche Handlung ist sachlich richtiger (sog. Epikie)? Warum ist diese Entscheidung sinnvoller? usw. Wir müssen erfinderisch und schöpferisch sein, um das sachlich Richtige zu finden. Es gilt nicht mehr das Motto: »Das muß man tun, weil es befohlen worden ist«, sondern: »Das ist sachlich richtig, darum verpflichtend«. – Vom Befehl zur Sachlichkeit! Die Stimme unserer Eltern ist zwar noch immer wichtig, sie sind in vielerlei Hinsicht noch immer Leitsterne für unser Handeln, aber nicht mehr die einzigen.

WIE KÖNNEN WIR UNSER GEWISSEN WEITERBILDEN?

Vor dem Einschlafen lassen wir den Tag wie einen Film an unserem inneren Auge vorüberziehen: Wie war mein Leben heute? Was habe ich besonders stark erlebt? Wo habe ich mich über mich gefreut? Was ist mir an diesem Tag unangenehm? Welche »Szene« – wenn ich sie noch einmal

»spielen« könnte, würde ich anders spielen? Wie wird der morgige Tag aussehen? Was nehme ich mir vor?

Wenn ich allein bin: Ich nehme mir ab und zu für mich selbst die Zeit und schreibe die Gedanken, die mir wichtig sind, nieder. Vielleicht wird sogar ein Gedicht daraus. Ich male meine Stimmung, meinen seelischen Zustand in einer Weise, die nur ich selbst entziffern kann.

In der Klasse: Ich schaue meine Mitschüler/innen bewußt an und überlege mir: Was mag er/sie für ein Problem haben, von dem niemand etwas weiß? Was mag sein/ihr Lebensplan sein? Womit könnte ich ihm/ihr eine Freude machen?

DAS GEWISSEN IST DIE VERBORGENSTE MITTE UND DAS HEILIGTUM IM MENSCHEN, WO ER ALLEIN IST MIT GOTT, DESSEN STIMME IN SEINEM INNERSTEN ZU HÖREN IST ...

DURCH DIE TREUE ZUM GEWISSEN SIND DIE CHRISTEN MIT DEN ÜBRIGEN MENSCHEN VERBUNDEN IM SUCHEN NACH DER WAHRHEIT UND ZUR WAHRHEITSGEMÄSSEN LÖSUNG ALL DER VIELEN MORALISCHEN PROBLEME, DIE IM LEBEN DES EINZELNEN WIE IM GESELLSCHAFTLICHEN ZUSAMMENLEBEN ENTSTEHEN.[29]

Literaturhinweise

C. *Kunz,* Fertig ausgearbeitete Unterrichtsbausteine für das Fach Ethik – Werte und Normen – Philosophie. Eine Ideenbörse für alle Pflicht- und Wahlthemen in der Schule, Zürich 1995 (Ergänzungs-Werk).

M. *Scharer,* Begegnungen Raum geben. Kommunikatives Lernen als Dienst in Gemeinde, Schule und Erwachsenenbildung, Mainz 1995.

29 Vgl. Das Leben gestalten, aaO., 58–62.

XV.
Pluralität und Wahrheit

Rudolf Englert

1. Die Wahrheitsfrage in einer pluralistischen Gesellschaft

1.1 Die gesellschaftliche Dimension des Problems. In einem langen historischen Kampf gegen staatliche und kirchliche Machtansprüche gewinnen die verschiedenen gesellschaftlichen Teilsysteme (z. B. Wirtschaft, Rechtsprechung, Politik, Religion, Familie) eine wachsende Autonomie. In diesem Prozeß verlieren weltanschauliche Überzeugungen für ökonomisch, juristisch oder politisch sachgerechtes Verhalten mehr und mehr an Relevanz. So kommt es zu einer merklichen Schrumpfung des öffentlichen Interesses an der Formierung gemeinsamer, weltanschaulicher, moralischer und religiöser Einstellungen; Abweichungen von ehemals als normativ geltenden moralischen und religiösen Denk- und Handlungsmustern werden kaum oder gar nicht mehr negativ sanktioniert. Dies zeigt sich heute, am vorläufigen Endpunkt dieses Prozesses: in einer »pluralistischen« Gesellschaft, zum Beispiel darin, daß diese Teilsysteme die in ihnen geltenden Orientierungsregeln relativ eigenständig verändern oder die in ihnen zu besetzenden Rollen relativ unabhängig vergeben können (so spielen z. B. die Kriterien Herkunft oder Konfession bei der Besetzung wirtschaftlicher Führungspositionen so gut wie keine Rolle mehr). Pluralismus in diesem soziologischen Sinne kann sich also nur dort entwickeln, wo einheitliche Weltbilder ihre normative Verbindlichkeit für alle Bereiche des Lebens verloren haben.

In der Folge bildet sich ein immer weiteres Spektrum von weltanschaulichen Positionen, religiösen Vorstellungen und praktischen Lebensstilen aus. Dabei wird das Bewußtsein der Vielfalt von Orientierungsmöglichkeiten durch extensive Telekommunika-

tion, ausgeweiteten Ferntourismus und weitgreifende Migrations-
bewegungen noch verschärft. Gleichzeitig sorgen dieselben Entwicklungen aber auch für die Expansion dominierender kultureller Muster und mithin für eine zum Phänomen des Pluralismus
gegenläufige Uniformierungstendenz. Außerdem kommt es zu
Formen konfessionellen Anti-Pluralismus, bei denen man sich im
Rekurs auf vermeintlich unumstößliche Gewißheiten und klare
Maximen in einer Art geistigen Gewaltstreichs aus der Unübersichtlichkeit der Verhältnisse herauszukatapultieren versucht
(vgl. die verschiedenen Strömungen eines politischen oder religiösen Fundamentalismus).

Die Frage im hier anzusprechenden Zusammenhang ist: Wie
wirkt sich die beschriebene Entwicklung auf die Wahrheitsfrage
aus, genauer: auf die Frage nach der Möglichkeit, sich für
bestimmte existentielle und insbesondere für bestimmte ethische und religiöse Optionen begründet zu entscheiden? Inwiefern hat der gesellschaftliche Pluralismus, also die offenkundige
und als legitim geltende Verschiedenheit der von den Mitgliedern einer Gesellschaft faktisch getroffenen (weltanschaulichen,
politischen, ethischen, religiösen, ästhetischen, lebenspraktischen) Optionen Einfluß auf diese Möglichkeit begründeter
Entscheidung? Inwiefern läßt sich der für existentielle Optionen
erhobene Wahrheitsanspruch unter diesen Bedingungen noch
aufrechterhalten?

1.2 Die individuelle Dimension des Problems. Was gesellschaftlicher
Pluralismus wirklich bedeutet, läßt sich freilich nur ermessen,
wenn man ihn auch »von unten«, aus der Sicht der Betroffenen, in
unserem Falle vor allem: aus der Sicht der Schülerinnen und
Schüler, betrachtet. Was bedeutet die Pluralität fast aller Möglichkeiten für Jugendliche, die unter diesen Bedingungen fähig werden sollen, sich selbst zu bestimmen und ihr Leben in eigener
Verantwortung zu gestalten? Was bietet ihnen diese Pluralität,
was verlangt sie ihnen ab?

Besonders aufschlußreich für unseren Zusammenhang ist unter
den empirischen Befunden zu dieser Frage die offensichtlich
gewachsene Tendenz zur Funktionalisierung religiöser Vorstellungen.

Eine Schülerin der 11. Klasse schreibt: »Mir persönlich kann Gott nichts ›geben‹. Ich bin kein religiöser Mensch, ich habe andere Wertmaßstäbe als die Religion.«[1] Das heißt: Soll sinnvoll von Gott geredet werden können, muß mir dieser Gott etwas *geben*, etwas *bringen*, er muß zu irgendetwas *nütze* sein. Meine Anerkennung oder Nicht-Anerkennung Gottes ist weniger eine theoretische als eine praktische Frage, weniger eine Frage abstrakter Wahrheit als konkreter Wirksamkeit. Hier wird im Grunde schon vorausgesetzt, daß es sich bei diesem Gott bestenfalls um eine hilfreiche Konstruktion, um eine Art Beschwörungsformel handelt, die Menschen in Schwierigkeiten helfen kann, besser mit sich klarzukommen. Der Schülerin *persönlich* kann Gott nichts ›geben‹. Zu ergänzen ist: *anderen* vielleicht schon. Und denen will sie ihren Gott auch gar nicht nehmen. Hier wird für Aussagen über Gott kein allgemeiner Wahrheitsgehalt mehr beansprucht; Gott ist die Privatsache eines jeden einzelnen.

Die Funktionalisierung religiöser Vorstellungen geht Hand in Hand mit ihrer Subjektivierung. Wenn über den Wert religiöser Vorstellungen allein von deren lebenspraktischer Funktion her entschieden wird (tut diese Vorstellung gut, baut sie auf, gibt sie Kraft, Trost, ein »gutes Gefühl« usw. oder gibt sie nichts her, bedrückt sie vielleicht sogar, *schwächt* sie das Selbstbewußtsein …?), können entsprechende Wertaussagen letztlich nur noch vom Einzelfall her getroffen werden. Das heißt, die Frage: »Tut eine bestimmte Religion gut, baut sie auf, gibt sie Kraft?« usw. läuft letztlich immer auf die Überlegung hinaus: »Tut sie *mir* gut? Baut sie *mich* auf? Gibt sie *mir* Kraft?«

Die Subjektivierung religiöser Überzeugungen hat weitreichende Auswirkungen auf den schulischen Religionsunterricht. Denn diesem ist unter anderem die Aufgabe gestellt, zu einem rationalen Diskurs über die Vielfalt weltanschaulicher und existentieller Positionierungsmöglichkeiten einzuladen. Der rationale Charakter dieses Diskurses steht und fällt aber mit der Unterstellung, es sei möglich, religiöse Optionen eben nicht einfach nur willkürlich, sondern *begründet* zu treffen, nicht im Stile eines blinden Dezisionismus, sondern im Stile einer verständigen Wahl. Diese Voraussetzung wird von vielen Schüler offenbar nicht mehr geteilt.

[1] Vgl. *H. Lenhard,* Mit Schülerinnen und Schülern von Gott reden, in: RpB 32/1993, 22.

Schon vor Jahren berichteten Gymnasiallehrer: »Es besteht keine Bereit-schaft, Gottesvorstellungen auf ihre ›Rationalität‹ hin zu prüfen, ihre Wir-kungen im heutigen pluralistischen Denken aufzuspüren, das heißt also, eigene Voreinstellungen zu hinterfragen, sie in einem größeren Rahmen zu reflektieren, eben die persönliche Einstellung auf eine allgemeine Ebene zu heben, damit sie überhaupt kommunikabel wird. ... So werden religiöse Fragen ... grundsätzlich als Privatprobleme angesehen, über die nicht weiter nachgedacht werden muß ... Es herrscht eine völlige Beliebigkeit in den Ansichten.«[2] Hier wird ganz deutlich: Die »Wahrheitsfrage« ist nicht nur eines unter vielen Themen des Religionsunterrichts, sondern sie betrifft eine seiner wesentlichen Sinnvoraussetzungen.

Auch wenn nicht behauptet werden soll, daß es grundsätzlich unmöglich sei, auch über die *Funktion* religiöser Überzeugungen mehr als nur subjektiv gültige Aussagen zu treffen (verschiedent-lich wurde sogar auf eine »funktionale Verifikation« des Glaubens abgezielt[3]), ist es faktisch doch so: Wo allein die funktionale Seite der Religion betont wird, wird dieser in der Regel auch kein allgemeiner Wahrheitsanspruch mehr zugebilligt. Zeichnet sich hier also eine Form von Religiosität ab, bei der man aus der Religion Nutzen zieht, ohne an sie zu glauben (im Sinne von: ohne ihr einen *allgemeinen* Wahrheitswert zuzumessen)? Stehen die Ju-gendlichen von heute möglicherweise für den Beginn einer glau-bensgeschichtlichen Epoche, in der man religiös ist, ohne an etwas Bestimmtes zu glauben bzw. in der man etwas zu glauben vermag, ohne es (in einem intersubjektiven Sinne) für wahr zu halten?

Bisher ist man in der Religionspädagogik davon ausgegangen: Eine solch pragmatische Einstellung kollidiert nicht nur mit dem Offenbarungsanspruch der jüdisch-christlichen Tradition, sondern auch mit der Psychologie des gläubigen Subjekts: Man *kann* nicht die Barmherzigkeit Gottes im Gebet anrufen, ohne die Annahme für wahr zu halten: Es *gibt* einen Gott (und dieser Gott kann sich als barmherzig erweisen). Wird man hier umdenken müssen?

2 *W. Bergau,* Die neuen Schüler. Beobachtungen und Reflexionen, in: EvErz 39/1987, 638; vgl. auch *J. Papst,* Die neuen Schüler – Jugend ohne Gott?, in: *U. Becker u. a.,* Glaubensüberlieferung und Generationenbezie-hung, Münster 1990, 95–102.
3 Zum Verhältnis von Wahrheit und Wirkung bzw. Funktion des Glau-bens vgl. *J. Werbick,* Glaube im Kontext, Zürich 1983, insbes. 19–54.

1.3 Die religionspädagogische Dimension des Problems. Der Mensch soll
im verstehenden Ergreifen und in der lebenspraktischen Aneignung der christlichen Glaubensbotschaft zu wahrem Leben gelangen; ja, immer wieder wird der Anspruch erhoben, daß er *nur* im
Vertrauen auf den in dieser Botschaft angebotenen Sinn zur
Wahrheit und zum Gelingen seines Lebens vorzustoßen vermag.
Am deutlichsten und am exklusivsten findet sich dieser Anspruch
im Johannesevangelium, wo Jesus sagt: »Ich bin der Weg, die
Wahrheit und das Leben. Niemand kommt zum Vater außer
durch mich« (Joh 14, 6).[4]

Die Auseinandersetzung mit diesem zunehmend peinlicher
werdenden christlichen Wahrheitsanspruch hat in der religionspädagogischen Diskussion der letzten 25 Jahre – sehr grob gesehen – zwei unterschiedliche Reaktionen hervorgebracht: Die erste
Reaktion war der Versuch, das Wahrheits-Problem analytisch
aufzuarbeiten (z. B. durch die breite Aufnahme sprachanalyti-
scher und sprachphilosophischer Studien zu Beginn der 70er
Jahre).[5] Dabei ging es um Fragen wie: Inwiefern sind religiöse
Aussagen überhaupt wahrheitsfähig? Und in welchem Verhältnis
steht die Wahrheit religiöser Aussagen etwa zur Wahrheit wissenschaftlicher Aussagen? Die zweite Reaktion, die die erste in gewisser Weise voraussetzt, läuft darauf hinaus, das Wahrheits-Problem zu entschärfen. (In diesem Zusammenhang ist etwa die
religionspädagogische Rezeption der Narrativen Theologie oder
auch verschiedener Symboltheorien zu sehen.) Wichtig für die
Vermittlung des Glaubens ist demnach weniger die Begründung
von Wahrheitsansprüchen als vielmehr das Erzählen bedeutungs-
voller Geschichten oder die Sensibilisierung für religiöse Sym-
bole. Unter dem Eindruck des zweiten Reaktionsmusters wird die
Frage nach dem Wahrheitsanspruch des Glaubens von der Frage
nach der praktischen Relevanz des Glaubens weitgehend verdrängt. Interesse und Aufmerksamkeit verlagern sich in diesem

---

4 Vgl. die johanneische »Hirtenrede« Joh 10, 1–42. Siehe dazu auch die 1.
  Barmer These.
5 Zwei Beispiele: *H. Zirker,* Sprachprobleme im Religionsunterricht, Düsseldorf 1972; *F. Weidmann,* Religionsunterricht als Sprachgeschehen, Zürich 1973.

Zusammenhang von der religiösen Aussage, der man sich anschließen, der man aber auch widersprechen kann, zum religiösen Symbol, das einem »etwas gibt« oder eben nicht.

2. Die Wahrheitsfrage in der philosophisch-theologischen Diskussion

Die Wahrheitsfrage wird gewöhnlich erst dann virulent, wenn Zweifel aufkommen; Zweifel treten in sehr verschiedener Gestalt auf und fordern ganz unterschiedliche apologetische Strategien heraus. Diese Versuche, die (zweifelhaft gewordene) Wahrheit zu verteidigen, beruhen jeweils auf einem bestimmten Verständnis dessen, was Wahrheit ihrem Wesen nach ist und wie sie sich methodisch erweisen läßt. Im folgenden werden drei verschiedene solcher Wahrheitskonzepte näher beschrieben. Es soll dabei deutlich werden, daß diese Konzepte jeweils in engem Zusammenhang mit den gesellschaftlichen Bedingungen stehen, in denen sie Geltung besitzen.

2.1 Das normative (prämoderne) Konzept und sein problematischer Provinzialismus. Das erste Wahrheitskonzept könnte man »normativ« nennen; es ist charakteristisch für sog. »traditionale« oder prämoderne Gesellschaften. Die Grundlagen gesellschaftlichen Zusammenlebens werden hier auf eine »heilige« Ordnung zurückgeführt (z. B. Theokratie). Es gibt berufene Interpreten dieser Ordnung, die als letzte Instanz für die Entscheidung von Wahrheitsfragen fungieren (z. B. Priester, Mullahs, Brahmanen). Wobei diese Interpreten nicht einfach eigenen Rechts entscheiden können, sondern ihre Entscheidungen auf der Grundlage der verbindlichen Tradition treffen müssen. Deren Maßgeblichkeit wiederum wird mit ihrer göttlichen Herkunft, ihrem Offenbarungscharakter, begründet. Eine Aussage gilt hier mithin dann als wahr, wenn sie in Übereinstimmung mit der Tradition steht. Die in einer bestimmten Gesellschaft als »geoffenbart« ausgezeichnete Tradition begrenzt also den sonst infiniten Regreß des Zweifels gegenüber Wahrheitsansprüchen.

Ein solches Wahrheitskonzept bedarf allerdings einer gewissen Provinzialität als seines Lebenselements. Denn es »funktioniert« nur, solange die absolute Autorität der maßgeblichen Tradition nicht selbst in Zweifel gezogen wird. Und gegen solche grundlegenden Zweifel schützt mehr noch als apologetische Strategien die soziale Voraussetzung lebensweltlicher Homogenität. Dies gilt auch und besonders für die in traditionalen Gesellschaften als wahr geltenden *religiösen* Vorstellungen.

»In früheren Zeiten geringerer Mobilität, noch nicht entwickelter raumumgreifender Kommunikationsmedien, sondern geschlossener Lebensräume war die eigene Religion weithin ein unbestrittener tragender, prägender und stabilisierender gesellschaftlicher Faktor; sie war folglich auch die ›richtige‹ Religion. So war denn auch im abendländischen Raum bis in die Neuzeit das Bemühen spürbar, die Geschlossenheit des Milieus zu schützen oder wiederherzustellen.«[6]

Von daher erklärt sich die Selbstgewißheit derer, die sich als Wahrer und Wächter der verbindlichen Tradition betrachteten (Inquisition!).[7] Konkurrierende Weltbilder, von denen her die Vorzüglichkeit der maßgeblichen Tradition hätte grundlegend in Frage gestellt werden können, waren für die Menschen, von wenigen Ausnahmen abgesehen, außerhalb ihres Blickfeldes. Am Beispiel des Christentums läßt sich zeigen, wie sich diese Selbstgewißheit in verschiedenen Modellen dokumentierte, mit denen man die Vorzüglichkeit der eigenen Tradition zur Geltung zu bringen versuchte, ja, mehr noch, mit denen man die *Exklusivität* des eigenen Wahrheitsanspruchs herausstellte.

1. Das Modell »Vera religio« (»wahre Religion«)

In den Anfängen des Christentums wird der Begriff der »religio« in apologetischem Interesse gebraucht. »Mittels dieses Begriffs wurde die Kirche bewußt in den Kontext damaliger Religionen gebracht, zugleich aber von ihnen abgehoben. Unter den vorfindlichen Religionen war das Christentum die *vera religio*. ... Es standen sich somit im Verständnis der frühen Kirche die *vera religio* und die *falsae religiones* gegenüber ...«[8]

---

6 *H. Waldenfels,* Das Christentum im Streit der Religionen um die Wahrheit, in: Handbuch der Fundamentaltheologie, Bd. 2: Traktat Offenbarung, Freiburg 1985, 241.

7 Vgl. zu diesem Aspekt das Themaheft von »Concilium«: Die Wahrheit und ihre Opfer (1988, H. 6).

8 *H. Döring,* Der universale Anspruch der Kirche und die nichtchristlichen Religionen, in: MThZ 41/1990, 75.

2. Das Modell »Absolutheit des Christentums«

Diese in der theologischen Tradition bis zur Aufklärungzeit gar nicht anzutreffende Formel geht im wesentlichen auf Hegel zurück und meint »ganz allgemein die Einzigartigkeit, Unüberholbarkeit und Unableitbarkeit des Christentums«[9].

3. Das Modell »extra ecclesiam nulla salus« (»außerhalb der Kirche kein Heil«)

In diesem Modell hat der Exklusivitätsanspruch der christlich-kirchlichen Tradition wohl seine rigoroseste Ausprägung gefunden. Die Formel findet sich sinngemäß und auch wörtlich bereits sehr früh. Besonders wichtige Gewährsleute sind Cyprian und Augustinus.

Gleichzeitig mit diesem normativen Wahrheitsbegriff und zunächst weitgehend ohne Kollisionen mit den Ansprüchen der normativen Tradition konnte im Mittelalter aber auch ein philosophischer Wahrheitsbegriff vertreten werden, nach dem Wahrheit, im Rückgriff auf Aristoteles, als eine »adaequatio intellectus et rei« zu verstehen ist. Aussagen können demnach dann als wahr gelten, wenn sie behaupten, was tatsächlich der Fall ist: wenn es eine überprüfbare Korrespondenz zwischen Aussage und Sachlage gibt.[10] Auch die Wahrheit der *Religion* und näherhin christlicher Glaubensinhalte wurde im Sinne dieser Korrespondenztheorie interpretiert und also in der korrekten Wiedergabe einer bestimmten Sachlage gesehen.

Demnach bedeutet z. B. die Rede von der Auferstehung Jesu in erster Linie die Behauptung, daß das Grab leer gewesen sei. Oder die Rede vom Ursprung der Kirche in Jesus Christus macht in erster Linie eine Aussage über den faktischen Willen des historischen Jesus, die Kirche zu stiften.[11]

9 Ebd., 77.

10 Die so sehr plausibel anmutende Korrespondenztheorie wirft bei genauerer Betrachtung eine ganze Reihe von Problemen auf; vgl. dazu *L.B. Puntel*, Wahrheitstheorien in der neueren Philosophie, Darmstadt 1978, 26–40.

11 Vgl. dazu *F. Schüssler Fiorenza*, Fundamentale Theologie. Zur Kritik theologischer Begründungsverfahren, Mainz 1992, 253.

2.2 Das universalistische (moderne) Konzept und sein problematischer Formalismus. Die normative Lösung des Wahrheitsproblems stieß schließlich an zwei Seiten auf ihre Grenzen:

– Auf der einen Seite stieß die mit der Adaequatio-Theorie operierende Wissenschaft auf Widersprüche zwischen den sich bei der Erforschung der Natur ergebenden empirischen Aufschlüssen und den Auskünften der religiösen Tradition. Der berühmteste Fall ist der Fall »Galilei«: Wie ist es möglich, daß die genauso wie die religiöse Tradition als Offenbarung Gottes interpretierte Natur (wonach *Gott* der Natur ihre Gesetze gegeben hat) anderes als wahr entbirgt als eben diese Tradition? Diese Widersprüche konnten auf Dauer nicht der Wissenschaft zur Last gelegt werden, sondern mußten zu einer Reinterpretation der religiösen Tradition führen. Die Wahrheit der Wissenschaft hat ihr Maß nun nicht mehr in den Vorgaben der religiösen Tradition, sondern mehr und mehr gilt umgekehrt: Die der religiösen Tradition noch zugebilligten Wahrheitsmöglichkeiten werden begrenzt durch die Plausibilitäten wissenschaftlichen Denkens.

Schon bei *Baruch Spinoza* (1632–1677) findet sich die Auffassung, »daß die ganze Wahrheit des menschlichen Lebens unabhängig von der Auslegung traditioneller Religion durch freies Denken erreicht werden kann. Damit spricht Spinoza die Grunderfahrung neuzeitlichen Selbstbewußtseins aus: Offenbarend ist nicht mehr die Religion, sondern die durch Wissenschaft geoffenbarte Lebenswirklichkeit.«[12]

– Auf der anderen Seite wurde einer immer größer werdenden Schicht von Menschen das Vorhandensein alternativer religiöser Traditionen bewußt; dieses Bewußtsein ließ den status confessionis des einzelnen nicht mehr nur als eine Frage der Gnade und des persönlichen Glaubens, sondern vor allem auch als eine Frage kontingenter Umstände erscheinen. Dies mußte den Absolutheitsanspruch des Christentums und vor allem seine soteriologischen Konsequenzen (»extra ecclesiam nulla *salus*«) in Frage stellen.

12 Vgl. *P. Eicher,* Der bürgerliche Christus. Zur Entscheidungsfrage für eine an Jesus Christus orientierte Religionspädagogik, in: *J. Thiele/R. Becker* (Hrsg.), Chancen und Grenzen religiöser Erziehung, Düsseldorf 1980, 72f.

Jean-Jacques Rousseau (1712–1778) schreibt im »Glaubensbekenntnis des savoyischen Vikars«, einem Kapitel seines berühmten Erziehungsromans »Emile«: »Der Glaube der Kinder und der vieler Erwachsener ist eine Sache der Geographie. Sollen sie dafür belohnt werden, weil sie in Rom und nicht in Mekka geboren sind? Dem einen sagt man: Mohammed ist der Prophet Gottes, und er wiederholt: Mohammed ist der Prophet Gottes. Dem anderen sagt man: Mohammed ist ein Betrüger, und der wiederholt: Mohammed ist ein Betrüger. Jeder hätte das Gegenteil behauptet, wenn er an dessen Platz gewesen wäre. Kann man von zwei einander so ähnlichen Situationen ausgehen, um den einen ins Paradies und den anderen in die Hölle zu schicken? Wenn ein Kind an Gott glaubt, so glaubt es nicht an Gott, sondern an Peter und Jakob, die ihm sagen, es gäbe etwas, das man Gott nennt.«[13]

Das Auftreten alternativer religiöser Optionen führte zunächst zu einer Verschärfung der Wahrheitsfrage, schließlich aber zu ihrer Entdramatisierung im religiösen Toleranzgebot der Aufklärung.

Als ein hervorragender Zeuge dafür kann wieder Rousseau angeführt werden, der seinen savoyischen Vikar sagen läßt: »Ich betrachte die einzelnen Religionen als Heilseinrichtungen, die in jedem Land einen einheitlichen Gottesdienst vorschreiben und die alle im Klima, in der Regierung, im Volkscharakter oder in sonst einer örtlichen Ursache ihre Berechtigung haben können, die der einen vor der anderen je nach Zeit und Ort den Vorrang gibt. Ich halte alle für gut, wenn man Gott darin nur in angemessener Weise dient. Der wahre Gottesdienst kommt aus dem Herzen. Gott weist diese Huldigung nicht zurück, wenn sie ehrlich ist, unter welcher Form sie ihm auch dargebracht wird.«[14]

Die Frage ist: Was soll in Anbetracht der zunehmend schärfer hervortretenden Kontingenz weltanschaulicher und religiöser Optionen und in Anbetracht der zunehmend deutlicher erkannten Kontextgebundenheit und Relativität bislang als normativ angesehener Traditionen noch als wahr gelten können? Wo ist noch fester Boden, wo sind noch klare, die Bedingtheit partikularer Traditionen überschreitende Kriterien wahrer Erkenntnis? Die Antwort der Aufklärung ist: Solche Kriterien können nicht

---

13 *J.-J. Rousseau*, Emil oder über die Erziehung, Paderborn ²1974, 267f.
14 Ebd., 328.

wiederum in irgendwelchen Traditionen, sondern nur in der Vernunft selbst gefunden werden.

Dies gilt besonders auch für moralische und religiöse Wahrheiten: Die verschiedenen kontingenten religiösen Traditionen müssen im Lichte der einzigen von der Vernunft als notwendig erkannten »natürlichen« Religion interpretiert werden. Nur diese Vernunftreligion kann einen universalen Wahrheitsanspruch erheben.

In *Kants* religionsphilosophischem Werk mit dem bezeichnenden Titel: »Die Religion innerhalb der Grenzen der bloßen Vernunft« heißt es dazu: »Nun hat der historische Glaube (der auf Offenbarung als Erfahrung gegründet ist) nur partikuläre Gültigkeit, für die nämlich, an welche die Geschichte gelangt ist, worauf er beruht ... Also kann er zwar zum Kirchenglauben (deren es mehrere geben kann) zulangen, aber nur der reine Religionsglaube, der sich gänzlich auf Vernunft gründet, kann als notwendig, mithin für den einzigen erkannt werden ...«[15]

Im Lichte dieser Vernunft zeigt sich die Moral als der eigentliche Kern der Religion: »Die moralische Besserung des Menschen« mache »den eigentlichen Zweck aller Vernunftreligion« aus, meint Kant.[16] Die Religion hilft dem Menschen zu tun, was ihm die praktische Vernunft gebietet; und dies sind Gebote von universeller Gültigkeit, die, wie zum Beispiel der »Kategorische Imperativ« Kants, der Begründung moralischer Normen ein zweifelsfreies und unhintergehbares Fundament verschaffen sollen.

Der Versuch, durch partikuläre, weltbildabhängige Orientierungsmuster auf ein letztes und jedermann einsichtiges Fundament des ethisch-religiösen Diskurses hin durchzustoßen, ist gerade heute, in Anbetracht der Dringlichkeit interkultureller und interreligiöser Verständigung, von großem Interesse (vgl. dazu z. B. *Hans Küngs* »Projekt Weltethos«[17]). Als ein Ausweg aus dem bloßen Gegen- und gleichgültigen Nebeneinander der verschiedenen Standpunkte kommt die sog. Konsenstheorie der Wahrheit

---

15 *I. Kant*, Die Religion innerhalb der Grenzen der bloßen Vernunft, Hamburg [8]1978, 126.

16 Vgl. ebd., 122.

17 *H. Küng*, Projekt Weltethos, München 1990 (Serie Piper 1659, München 1992).

in Frage. Gegen die immer wieder vorgebrachte Auffassung, Aussagen über Optionen praktischen Handelns seien lediglich Ausdruck interessengeleiteter oder gefühlsbedingter Vorzugsurteile wird hier daran festgehalten, daß solche Aussagen sehr wohl rational begründbar sind. Als wahr gilt der in einem argumentativen Diskurs unter idealen Kommunikationsbedingungen erzielte Konsens. (Als ideal gelten Kommunikationsbedingungen dann, wenn »alle möglichen Ansprüche aller Mitglieder der Kommunikationsgemeinschaft, die durch vernünftige Argumente gerechtfertigt werden können«[18], Anerkennung finden.) Kurz: Als Wahrheit gilt das Ergebnis des gemeinsamen, vernunftbestimmten Ringens um sie.

Auch in der Theologie hat man das Niveau universalisierender Begründungen zu erreichen und zu zeigen versucht, daß die vermeintlich partikuläre jüdisch-christliche Tradition grundlegende Erfahrungen eines jeden Menschen artikuliert. Die Wahrheit dieser Tradition wird hier also nicht mehr (wie beim normativen Begründungsmodell) einfach durch den Verweis auf die hinter dieser Tradition stehende Autorität Gottes begründet, sondern durch den Aufweis einer inneren Korrelation zwischen menschlichen Grunderfahrungen und christlichen Glaubensinhalten. Der Akt des Glaubens wird nicht als willkürliches Einstimmen in ein partikuläres Bekenntnis gesehen, sondern als Anerkennung, daß in der Sinn-Sicht des Glaubens die menschliche Grundsituation gültig interpretiert ist. (Beispielhaft für diesen Ansatz sind die Korrelationstheologie *Paul Tillichs* und die Transzendentaltheologie *Karl Rahners*.)

Es handelt sich hier um Ansätze, die das Verhältnis zwischen der eigenen religiösen Tradition und anderen Religionen nun nicht mehr – wie die normativen Wahrheitskonzepte – exklusivistisch, sondern vorzugsweise inklusivistisch verstehen.

»Im Gegensatz zum exklusivistischen Verständnis befinden sich die Gläubigen anderer Religionen hier nicht schlechthin außerhalb von Gnade, Heil und Wahrheit, auch wenn die Wahrheiten des christlichen Bekenntnisses

---

18 Vgl. *K.O. Apel*, Zum Problem einer Begründung der Ethik im Zeitalter der Wissenschaft, in: *ders.*, Transformation der Philosophie, Bd. II (stw 165), Frankfurt/M. 1976, 424f.

von ihnen entweder noch überhaupt nicht gewußt oder aber abgelehnt werden. Vielmehr manifestiert sich in den satzhaft artikulierten Offenbarungswahrheiten der christlichen Tradition ›die gegenständlich-begriffliche Aussage dessen, was dieser Mensch in der Tiefe seines geistigen Daseins schon vollzogen hat oder vollziehen konnte.‹«[19]

2.3 Das arbiträre (postmoderne) Konzept und sein problematischer Indifferentismus. Doch auch das universalistische Wahrheitskonzept hat seine Grenzen. Insbesondere auf zwei Punkte wurde immer wieder kritisch hingewiesen:

– Das universalistische Wahrheitskonzept greift auf allgemeine Prinzipien zurück, die den Ausgangspunkt des moralisch-religiösen Diskurses bilden sollen. Diese Prinzipien sollen zwingend sein – unabhängig von der jeweiligen Tradition, in der jemand steht. Dies jedoch ist nur möglich, wenn sie von äußerster Formalität sind (z. B. *Kants* »Kategorischer Imperativ«). Die Frage ist, ob die Wahrheitsfähigkeit normativer Aussagen (und das heißt vor allem ihr Anspruch, mehr zu sein als ein bloßer Ausdruck subjektiver Empfindungen) hier nicht um den Preis einer fast vollständigen inhaltlichen Entleerung dieser Aussagen erkauft wird. Anders gefragt: Sind solche formalen Prinzipien noch in der Lage, menschliches Handeln in konfliktträchtigen Situationen wirksam zu orientieren?

– Trotz ihrer hohen Formalität erweisen sich die im moralisch-religiösen Diskurs als die Grundlage von Wahrheitserweisen angesehenen letzten und vermeintlich allgemeinen Prinzipien bei genauerer Analyse als nicht ganz so voraussetzungslos, wie die Vertreter des universalistischen Wahrheitskonzeptes behaupten. Vielmehr, so scheint es, handelt es sich dabei um »ein Abstraktionsprodukt, das in vielfacher Weise auf historische Zusammenhänge verweist, die alteuropäisch oder neuzeitspezifisch sind, die auf keinen Fall jedoch dem Selbstverständnis der Menschen und der Sache nach für alle Menschen unabhängig von Raum, Zeit und sozialer Schicht gültig sind.«[20]

Dies gilt auch für transzendental*theologische* Konzepte. Auch hier wird unterschlagen, daß die als allgemeine menschliche Erfahrung ausgegebene »Sehnsucht nach dem Unbedingten, nach personaler Dauer, nach

19 *A. Kreiner,* Die Relevanz der Wahrheitsfrage für die Theologie der Religionen, in: MThZ 41/1990, 28 (mit Zitat von *K. Rahner,* aus: Das Christentum und die nichtchristlichen Religionen: Schriften V, 155).

20 *W. Oelmüller,* Zur Rekonstruktion unserer historisch vorgegebenen Handlungsbedingungen, in: *ders.* (Hrsg.), Transzendentalphilosophische Normenbegründungen, Paderborn 1978, 61.

der Vereinigung mit dem Göttlichen und dem Absoluten ... in gewissem Maß aus den kulturellen Einflüssen und der historischen Determination (resultiert), die der christliche Glaube innerhalb der westlichen Zivilisation auf das Verständnis ihrer selbst hatte«[21].

Es scheint, als könne man bei der Suche nach Wahrheit keinen kontextenthobenen Standpunkt beziehen. Selbst *Jürgen Habermas,* ohne Zweifel sehr stark dem universalistischen Wahrheitskonzept verpflichtet, gesteht ein, man könne nicht den »extramundanen Standpunkt eines entweltlichten Subjekts einnehmen ..., um infallible und erschöpfende, also definite Aussagen zu machen«[22]. Bleibt dann nur die Rückkehr zu vielfältig bedingten moralisch-religiösen Traditionen, für die man sich, weil ihr partikularer Charakter mittlerweile durchschaut ist, jetzt nicht mehr anders als in einem letztlich dezisionistischen Willensakt entscheiden kann?

Das Empfinden unentscheidbarer und also prinzipiell gleichberechtigter Wahrheitsansprüche ist Teil dessen, was man vielleicht das epochale Grundgefühl der sog. »Postmoderne« nennen könnte.

»Die Grunderfahrung der Postmoderne ist die des unüberschreitbaren Rechts hochgradig differenter Wissensformen, Lebensentwürfe, Handlungsmuster. Diese konkreten Formen von Vernunft weisen sich eigentätig als sinnvoll aus ... Zu ihrer Anerkennung kommt es auf Grund einer relativ einfachen Schlüsselerfahrung: daß ein und derselbe Sachverhalt in einer anderen Sichtweise sich völlig anders darstellen kann und daß diese andere Sichtweise doch ihrerseits keineswegs weniger ›Licht‹ besitzt als die erstere – nur ein anderes ... Fortan stehen Wahrheit, Gerechtigkeit, Menschlichkeit im Plural.«[23]

Auch Religion wird pluralistisch erfahren. Dem entspricht auf theologischer Ebene eine pluralistische Religionstheorie, nach der sich in der Vielfalt religiöser Traditionen ein- und dieselbe göttliche Wirklichkeit offenbart, auf eine kontextuell bedingt verschiedene, aber gerade deshalb jeweils »passende« Art und Weise:

---

21 *F. Schüssler Fiorenza,* aaO., 264.
22 *J. Habermas,* Die Einheit der Vernunft in der Vielheit ihrer Stimmen, in: Merkur 42/1988, 12.
23 *W. Welsch,* Unsere postmoderne Moderne, Weinheim 1987, 5.

»Es ist dieselbe göttliche Wirklichkeit, die sich der Menschheit durch die Zeiten hindurch geoffenbart hat, und ... die Unterschiede der menschlichen Antwort darauf hängen mit unterschiedlichen Lebensbedingungen zusammen. Diese Lebensbedingungen – ethnische, geographische, klimatische, ökonomische, soziologische, historische – haben die bestehenden Unterschiede der menschlichen Kultur hervorgebracht, und innerhalb eines jeden der großen Kulturräume hat die Antwort auf das Göttliche ihre eigenen charakteristischen Formen angenommen.«[24]

Die aufgezeigten Entwicklungen stellen den geistesgeschichtlichen Hintergrund dar für ein bei heutigen Schüler/innen vielfach feststellbares Desinteresse an der Wahrheitsfrage: Wo sich die Wahrheit nicht mehr erweisen läßt, kann jeder recht haben; wo es keine übergreifende Wahrheit mehr gibt, werden, so scheint es, moralische und religiöse Optionen zu einer ganz persönlichen und praktischen Frage, muß jeder *seine* Wahrheit finden. Was hat es dann noch für einen Sinn, sich um die Wahrheit zu streiten? Was hat es noch für einen Sinn, im Blick auf moralische und religiöse Fragen überhaupt von Wahrheit zu sprechen?

Der Zerfall großer, einheitsstiftender Weltbilder und Theorien in eine Vielfalt je für sich einnehmender, aber nicht mehr in einen umfassenden Zusammenhang integrierbarer Sichtweisen wird freilich gerade von den Heranwachsenden weniger als erkenntnistheoretische Sackgasse erlebt, denn als eine ausgesprochen reizvolle Situation. Warum sollte man nicht versuchen, aus der Vielfalt letztlich inkommensurabler Perspektiven, Sprachspiele und Zugänge das Beste zu machen? Gewinnt nicht, wo transzendentale Prinzipien ihre Macht verlieren, das Kategoriale: das Bedingte, das Regionale, das Geschichtliche usw. neuen Glanz? Können jetzt nicht sogar die verschiedensten »partikularen« Traditionen in ihrer jeweiligen Eigentümlichkeit wieder wichtig werden, nun, da sie ihrer normativen Geltung enthoben sind und nicht mehr den Erweis absoluter Wahrheit erbringen müssen?

Die Frage ist: Was verhindert, daß aus der Freude über perspektivische Vielfalt schließlich ein frustrierter Indifferentismus

---

24 *J. Hick,* God and the Universe of Faiths, London/Basingstoke 1973, 138 (Übers. R.E.).

wird? Daß in der radikalisierten Pluralität der Postmoderne nur noch ein arbiträrer Umgang mit konkurrierenden Wahrheitsansprüchen gepflegt wird?

3. Die Wahrheitsfrage im schulischen Religionsunterricht

Im folgenden soll kein ausgearbeiteter Unterrichtsentwurf präsentiert werden. Es geht vielmehr darum, einige wichtige Aspekte des Themas anzusprechen, zu ordnen und ein wenig zu entfalten, um Perspektiven für die unterrichtliche Behandlung der Frage »Wahrheit und Pluralität« in den Klassen 11–13 aufzuzeigen. Dabei wird – gerade wegen der sehr hohen kognitiven Ansprüche des Themas – in der unterrichtlichen Praxis darauf zu achten sein, daß nicht lediglich in wissenschaftspropädeutischer Manier Positionen verhandelt werden, sondern daß auch deutlich wird, wo und wie sich die Wahrheitsfrage im Leben der Schülerinnen und Schüler stellt.

3.1 Die Funktionalisierung von Wahrheiten und das Problem der Objektivität. In einem ersten Zugang soll die Frage gestellt werden, wie in Anbetracht der heute festzustellenden Tendenz zur Funktionalisierung von Religion noch von einem (mehr als nur subjektiven) Wahrheitsgehalt religiöser Vorstellungen gesprochen werden kann.

(1) Der *Ausgangspunkt* könnte die Frage sein: Wo ist der lebensweltliche Ort, an dem *wir* – Schülerinnen/Schüler und Lehrerin/Lehrer – mit der Wahrheitsfrage konfrontiert werden?

In welchen Zusammenhängen sprechen wir von *Wahrheit?* In welch unterschiedlicher *Bedeutung* wird hier von »Wahrheit« gesprochen? (Wo liegt zum Beispiel der Unterschied zwischen der Rede von einem wahren Freund und einer wahren Begebenheit?) In welchen Fällen empfinden wir Wahrheitsbehauptungen als unproblematisch, in welchen Fällen als problematisch? Welche Schwierigkeiten sind es genau, die uns Wahrheitsbehauptungen problematisch erscheinen lassen?

(2) In einem *zweiten Schritt* ließe sich zeigen, daß die Problematik von Wahrheitsbehauptungen auch ein Thema von Philosophie

und Theologie ist. Eine Vorstellung verschiedener Wahrheitstheorien[25] legt sich nahe.

Sie kann deutlich machen: Die Wahrheit einer Aussage läßt sich nicht einfach durch eine objektive Tatsachenfeststellung »messen«. Dies gilt selbst für beschreibende Aussagen.

Denkbar ist in diesem Zusammenhang etwa eine kritische Auseinandersetzung mit der Abbildtheorie in *Ludwig Wittgensteins* »Tractatus-logico-philosophicus«[26]. Dort heißt es: »Die Wirklichkeit wird mit dem Satz verglichen. Nur dadurch kann der Satz wahr oder falsch sein, indem er ein Bild der Wirklichkeit ist.«[27]

(3) In einem *nächsten Schritt* könnte die Frage nach dem Wahrheitsgehalt von im weitesten Sinne *normativen* Aussagen, insbesondere von moralischen und religiösen Aussagen, gestellt werden. Inwiefern ist die Wahrheit solcher Aussagen überprüfbar im Sinne korrespondenztheoretischer Forderungen?

Hier ist der Einsatz des »Gärtner-Gleichnisses« von *John Wisdom* denkbar, das zeigen soll, daß zum Beispiel die Behauptung der Existenz Gottes leer ist, wenn man keinen möglichen Sachverhalt als deren Falsifikation gelten läßt.[28] Worin bestehen die Grenzen der Anwendbarkeit korrespondenztheoretischer Forderungen auf religiöse Aussagen? Inwiefern kann von einer Wahrheit religiöser Aussagen gesprochen werden, wenn *nicht* im Sinne korrespondenztheoretischer Entsprechungen?

An diesem Punkt könnte sich eine Auseinandersetzung mit der religiösen Sprachtheorie von *Hubertus Halbfas* als sinnvoll erweisen, zum Beispiel mit der Gegenüberstellung der Sprachformen von Mythos und Logos. Inwiefern ist in diesem Zusammenhang die These nachvollziehbar: »Die Wahrheit der Religionen ist die Wahrheit des Mythos«[29]?

25 Vgl. dazu zum Beispiel *B.L. Puntel,* Wahrheitstheorien.
26 Vgl. *L. Wittgenstein,* Tractatus-logico-philosophicus. Logisch-philosophische Abhandlung (es 12), Frankfurt/Main ⁹1973; einführend dazu: *A. Kenny,* Wittgenstein (stw 69), Frankfurt 1974.
27 *L. Wittgenstein,* Tractatus-logico-philosophicus, 4.05.
28 Vgl. dazu zum Beispiel *R. Englert,* Glaubensgeschichte und Bildungsprozeß, München 1985, 565f.
29 *H. Halbfas,* Fundamentalkatechetik, 235; siehe zu Halbfas' Sprachtheorie neben der Fundamentalkatechetik auch: *ders.,* Das dritte Auge, Düsseldorf 1982, sowie die einschlägigen Erläuterungen in den Lehrerhandbüchern zu seiner Religionsbuchreihe.

(4) Dieser erste Zugang zum Problemkomplex »Wahrheit« könnte *mit der Frage abgeschlossen* werden, wie die Schüler nun über die Wahrheit religiöser Vorstellungen und Überzeugungen denken:

Läßt sich über deren Wahrheitsgehalt urteilen? Anhand welcher Kriterien? Inwiefern würde z. B. eine lebenspraktische Bewährung religiöser Überzeugungen als Bestätigung des Wahrheitsgehalts dieser Überzeugungen gelten können? Ist es sinnvoll, in diesem Zusammenhang von einer »funktionalen Verifikation« zu sprechen? Bleibt, wenn sich die Wahrheit religiöser Aussagen weder im strengen (korrespondenztheoretischen) noch im funktionalen (lebenspraktischen) Sinne verifizieren läßt, in Glaubensfragen nur die Willkürlichkeit einer subjektiven Entscheidung?

3.2 Die Kontextualisierung von Wahrheiten und das Problem der Universalität. In einem zweiten Zugang soll darüber nachgedacht werden, wie in Anbetracht des eminent angewachsenen Relativierungswissens, über das Menschen heute durchschnittlicherweise verfügen, und des in Verbindung damit hochgradig verschärften Bewußtseins von der kontextuellen Bedingtheit weltanschaulicher Positionen noch von einer universalen Relevanz moralischer bzw. religiöser Traditionen, insbesondere des christlichen Glaubens, gesprochen werden kann.

(1) Unter diesem Aspekt kommt das Problem der Pluralität ins Spiel. *Ausgangspunkt* müßte wohl auch hier die Frage sein: Wie erfahren wir selbst – Schüler/Schülerinnen und Lehrer/Lehrerin – Pluralität? Wo erfahren wir Pluralität als bereichernd, wo erfahren wir sie eher als problematisch? Welche Strategien haben wir, um mit problematischer Pluralität zurechtzukommen? Wie *erklären* wir uns die Pluralität moralischer und religiöser Vorstellungen?

(2) In einem *zweiten Schritt* könnte es darum gehen, Modelle zu diskutieren, die die Erfahrung problematischer Pluralität theoretisch zu bewältigen versuchen. Empfehlenswert ist die Auseinandersetzung mit den Konzepten der Aufklärung.

Hier ist zu denken an die oben bereits angesprochenen Positionen von *J.-J. Rousseau* und/oder *I. Kant*; geeignet wäre sicherlich auch *G.E. Lessings* kleine Schrift: »Die Erziehung des Menschengeschlechts«[30].

---

30 Vgl. *G.E. Lessing,* Die Erziehung des Menschengeschlechts und andere Schriften (RUB 8968), Stuttgart 1972.

Wie wird hier aus der historischen Erfahrung der entzweienden Gewalt konfessioneller Traditionen heraus eine Basis für religiöse Toleranz gesucht und begründet? Welche Bedeutung wird »partikularen« Traditionen von der Plattform allgemeiner Vernunftprinzipien aus noch zugebilligt? Was ist von dieser Einschätzung des Verhältnisses zwischen »partikularen« Traditionen und »universeller« Vernunftreligion zu halten?

(3) In einem *weiteren Schritt* kann erkundet werden, wie das Problem konkurrierender Wahrheitsansprüche von Seiten der *Religionen*, insbesondere von Seiten der christlichen Theologie, aufgegriffen wird. Dabei sind die idealtypisch unterscheidbaren Positionen des Exklusivismus, des Inklusivismus und des Pluralismus anzusprechen.[31]

Sie sind auf ihre jeweiligen Stärken und Schwächen zu befragen. In diesen Zusammenhang gehört auch die Auseinandersetzung mit den verschiedenen Formen des religiösen Fundamentalismus (als einer besonderen Gestalt rigoros zugespitzten Exklusivismus). Hier gewinnt die Fragestellung zweifellos eine besondere Aktualität; von daher bietet es sich an, den Unterricht an dieser Stelle – vielleicht sogar projektartig – zu vertiefen. (Es sind z.B. eigene Recherchen der Schüler/Schülerinnen zu fundamentalistischen Gruppen im regionalen Umfeld denkbar – wobei es auch ein Ziel sein müßte, aus dem Studium konkreter Einzelfälle heraus die Anziehungskraft fundamentalistischer Positionen zu begreifen).

(4) *Schließlich* kann man auf die Frage zurückkommen, wie in Anbetracht unseres Wissens um die Kontextualität und Partikularität jedweder religiösen Tradition dennoch Maßstäbe existentieller Verbindlichkeit ausgebildet werden können. Bleibt nur der Indifferentismus oder ist nicht doch – vielleicht im Modus einer Art »zweiter Naivität« (*P. Ricoeur*) – eine Beheimatung in religiösen Traditionen möglich, die das Problem konkurrierender Wahrheitsansprüche *nicht* abblendet?[32]

31 Vgl. zum Beispiel *H.-G. Ziebertz,* Interreligiöses Lernen. Herausforderung der religiösen Erziehung durch Theologien des interreligiösen Dialogs, in: KatBl 116/1991, 316–327; siehe auch *S. Leimgruber,* Interreligiöses Lernen, München 1995, insbes. 30–34.
32 Zur Zielperspektive einer »Naivität zweiten Grades« vgl. *R. Englert,* Glaubensgeschichte 600–692.

3.3 Meine Wahrheit, deine Wahrheit: Das Problem von Identität und Verständigung. Abschließend kann, in einer persönlichen Weise, (noch einmal) die lebenspraktische Dimension der Wahrheitsfrage ins Zentrum gestellt werden. Ausgehend davon, daß die (ontologische) Frage nach der Wahrheit des Lebens grundlegender noch ist als die (logische) Frage nach der Wahrheit von Urteilen, wäre darüber nachzudenken: Inwiefern bedarf, wer seinem Leben Konsistenz und Gestalt geben will, einer Vision wahren Lebens, einer »Offenbarung«, was es mit dem Leben in Wahrheit auf sich hat? Was war/was ist in diesem Sinne für *uns* »Offenbarung«? Was sind die für *unser* Leben maßgeblichen Wahrheiten? Wie haben sie sich allmählich und unter Umständen auch über Brüche hinweg ausgebildet? (Hierbei ist an eine methodisch abwechslungsreiche Form der Arbeit mit biographischen Materialien zu denken …) Inwiefern ist der Anspruch, »Offenbarung« zu sein, für die jüdisch-christlichen Glaubenszeugnisse nachvollziehbar? Wie ist zu verstehen, daß eine *Person*, Jesus von Nazareth, als *die* Offenbarung, als *da*s entscheidende Wort Gottes, als *die* Wahrheit schlechthin bezeichnet wird? Inwieweit ist der christliche Offenbarungsanspruch mit dem Bedürfnis nach autonomer Sinngebung und Selbststeuerung (»*meine* Wahrheit«) vereinbar?

Erscheint nicht das Festhalten an einer Vision wahren Lebens unter unseren gegenwärtigen gesellschaftlichen Lebensbedingungen, in der vielfältige Sachzwänge vom einzelnen eine gehörige Portion Pragmatismus erfordern, eher hinderlich und unzeitgemäß? Wer oder was kann dem einzelnen behilflich sein, die Wahrheit seines Lebens zu entdecken, in ein authentisches Selbstverständnis einzubringen und in einen Lebensstil umzusetzen, in dem diese Wahrheit Gestalt gewinnen kann?

Zusammenfassend kann überlegt werden: Wie ist eine Verständigung zwischen Menschen mit unterschiedlichen Wahrheiten möglich? Bilden sich nicht z. B. für verschiedene Generationen, in den für sie jeweils formativen Erfahrungen (Krieg, Massenarbeitslosigkeit, Migration, kollektive Zukunftsangst usw.) Wahrheiten heraus, die für sie als die Angehörigen bestimmter Geburtsjahrgänge prägend sind? Wie kann man in Anbetracht dieser Relationalität von Wahrheit noch für seine je eigene Wahrheit besondere Geltung beanspruchen?

Literaturhinweise

J. Hendricks, Die Wahrheitsfrage im Religionsunterricht (Beiträge zur Diskussion 12), Wuppertal 1992.

L. Honnefelder, Die Krise der sittlichen Lebensform als Problem der philosophischen Ethik – eine Einführung, in: *ders.* (Hrsg.), Sittliche Lebensform und praktische Vernunft, Paderborn 1992, 9–25.

L.B. Puntel, Art. Wahrheit, in: Handbuch philosophischer Grundbegriffe. Hrsg. v. *H. Krings/H.M. Baumgartner/Ch. Wild,* Bd. 6, München 1974, 1649–1668.

H. Waldenfels, Das Christentum im Streit der Religionen um die Wahrheit, in: Handbuch der Fundamentaltheologie, Bd. 2: Traktat Offenbarung, Freiburg 1985, 241–265.

XVI.
Sittliche Urteilsfindung
– konkretisiert an der Frage der Organspende

Eckhart Marggraf

1. Gibt es eine moralische Pflicht zur Organspende?

»Der Schüler Thomas S. trug keinen Sturzhelm, als er mit dem Moped für seine bettlägerige Großmutter zum Einkaufen fuhr. In der Innenstadt prallte der Sechzehnjährige gegen ein Auto und blieb bewußtlos liegen. In der Universitätsklinik stellten die Ärzte schwere Gehirnquetschungen fest. Drei Wochen lag Thomas in der Klinik, bevor er starb. Die Eltern beantragten eine Obduktion. Der Befund ergab, daß ohne ihre Einwilligung die Nieren entfernt worden waren. Die Eltern stellten Strafantrag. Die Ärzte konnten zur Rechtfertigung ihres Handelns auf die unausgeglichene Organ-Bilanz in Deutschland hinweisen und darauf, daß es bei Transplantationen häufig um einen Wettlauf mit der Zeit gehe. Auch besäßen nur 6 % der Deutschen einen Spender-Ausweis.«[1]

Dieses Fallbeispiel wird in einem Unterrichtsmodell für den Evangelischen Religionsunterricht der gymnasialen Oberstufe mit der Aufgabenstellung verbunden: »Würden Sie sich als möglichen Organspender registrieren lassen?« Die Problemstellung ist in unmittelbarer Lebensnähe von Schülerinnen und Schüler dieser Altersstufe gewählt. Sie haben vielfältige Erfahrungen als Verkehrsteilnehmer, und viele haben gerade ihren Führerschein erworben und damit ein zusätzliches Maß an Bewegungsfreiheit und Handlungsspielraum. In diesem Zusammenhang stellt sich sehr häufig auch die Frage nach einem Organspender-Ausweis. Die unmittelbare Betroffenheit durch das Fallbeispiel löst zunächst spontane und stark emotional eingefärbte Urteile aus. In einer Klasse oder einem Grundkurs wird man dabei sehr schnell

---

1 *R. Mack/D. Volpert,* Auf der Suche nach einer menschenfreundlichen Moral (Oberstufe Religion – Materialheft), Stuttgart [7]1994, 49.

auf sehr konträre Urteile und Entscheidungs- bzw. Argumenta-
tionslinien stoßen, die zu harten Kontroversen innerhalb der
Lerngruppe führen können. Die Beobachtung unterschiedlicher
Urteile und die Frage nach den Gründen hierfür läßt sich religionspädagogisch fruchtbar machen für die Frage nach den hinter
den Unterschieden liegenden Gründen.

Für das ethische Lernen ergeben sich in dieser Problemsituation Verknüpfungen mehrerer Gesichtspunkte, die unterrichtlich
relevant und fruchtbar gemacht werden können:

- Ein gesellschaftlich diskutiertes Problem, das gegenwärtig in
  der Frage eines Gesetzes zur Organtransplantation seine Zuspitzung erfährt, wird hier auf der Ebene personaler Entscheidung ins Spiel gebracht.
- Am Problemfeld der Organtransplantation werden grundlegende Positionen der Anthropologie kontrovers diskutiert: Das
  Leib-Seele-Problem, das Verständnis der Person, das Verständnis von Leben und Tod, die Fragestellungen der Grenze
  menschlichen Lebens und die Todesdefinitionen.
- Die Tragweite unterschiedlicher ethischer Ansätze, z. B. einer
  utilitaristischen Präferenz-Ethik oder einer Verantwortungsethik oder einer deontologischen Ethik im Sinne des kategorischen Imperativs von Kant können hier in Ansätzen und in
  ihrer Tragweite erfahren werden.
- Der Zusammenhang von ethischem Urteil und praktischem
  Handeln weckt das Verständnis für Reflexion ethischer Zusammenhänge und erschließt somit einen Zugang zur Ethik
  insgesamt.
- Das Aufeinanderprallen unterschiedlicher ethischer Urteile
  rückt das Problem der Verständigung im Zusammenleben und
  die Notwendigkeit des ethischen Diskurses ins Blickfeld unmittelbarer Handlungsanforderung.
- Jugendliche machen heute zwei gegenläufige Erfahrungen, die
  auch an dem hier vorgestellten Problemfall erörtert werden
  können: Auf der einen Seite scheint völlige Beliebigkeit im
  Blick auf das menschliche Handeln zu bestehen und gleichzeitig erfahren sie sich als eingeschränkt durch rechtliche, gesellschaftliche und familiäre Normen, denen man sich durch
  Anpassung am besten unterwirft, um erfolgreich sein Leben
  meistern zu können. Auf der Stufe einer konventionellen Mo-

ral sind sie oft tief verunsichert im Blick auf ihren eigenen Standort.

- Will der Religionsunterricht nicht in der Vermittlung eines heteronomen Moralsystems aufgehen, muß er Jugendliche in den Prozeß sittlicher Urteilsfindung einbeziehen, dessen Ziel nicht die Übernahme eines moralischen Systems, sondern die Begleitung auf dem Weg zur eigenen begründeten Urteilsfindung ist.

Da m.E. die Theorie sittlicher Urteilsfindung, die sich an den Namen von H.E. Tödt knüpft, für einen solchen Unterricht besonders hilfreich sein dürfte, ist sie zunächst ausführlicher darzustellen.

2. Heinz Eduard Tödts Theorie sittlicher Urteilsfindung[2]

Heinz Eduard Tödt geht bei seiner Theorie sittlicher Urteilsfindung von folgenden drei Prämissen aus:

- Ein deduktives Verfahren der Ethik wird der komplexen Situation ethischer Entscheidungsfragen nicht gerecht. Eine Gegenüberstellung von Situations- und Prinzipienethik ist nicht hilfreich.

2 Versuch einer ethischen Theorie sittlicher Urteilsfindung, in: *H.E. Tödt*, Perspektiven theologischer Ethik, München 1988, 21–48. Ebenfalls abgedruckt in: *H.G. Ulrich* (Hrsg.), Evangelische Ethik. Diskussionsbeiträge zu ihrer Grundlegung und ihren Aufgaben, München 1990, 295–322. Der Aufsatz wurde zuerst 1977 als Vortrag gehalten und als Konzept konkret am Fallbeispiel angewandt in der Auseinandersetzung um das Kernkraftwerk Wyhl am Oberrhein 1978 (vgl. *H.E. Tödt,* Der Spielraum des Menschen, Gütersloh 1979, 31–80.)
Zur Diskussion des Ansatzes vgl. vor allem verschiedene Beiträge in der Festschrift für Heinz Eduard Tödt unter dem Titel »Schöpferische Nachfolge«, hrsg. von *C. Frey und W. Huber* (Texte und Materialien der Forschungsstätte der Evangelischen Studiengemeinschaft A 5), Heidelberg 1978. Ferner: *O. Höffe,* Bemerkungen zu einer Theorie sittlicher Urteilsfindung, in: *ders.,* Ethik und Politik (stw 266), Frankfurt 1979, 394–403; *C. Frey,* Theologische Ethik, Neukirchen-Vluyn 1990, 229–239. Vgl. zuletzt die Rezeption von *D. Lange,* Ethik in Evangelischer Perspektive, Göttingen 1992, 508–521.

– Die plurale Gesellschaft macht es notwendig, daß Menschen gemeinsam zu einem ethischen Urteil finden, die von unterschiedlichen ethischen Prämissen bestimmt sind.
– Ethische Urteile sind nicht zeitlos unverrückbar, sondern geprägt von der geschichtlichen Konstellation, in der sie gefällt werden, und der Fähigkeit zur Reflexion der in sie eingehenden Urteilskriterien.

Aus diesen Prämissen schlägt Tödt eine Beschreibung eines Urteilsprozesses vor, der zwar analytisch in einzelne Schritte zerlegt wird, deren einzelne Elemente aber in unterschiedlicher Reihenfolge und unterschiedlicher Gewichtung in den Urteilsfindungsprozeß als ganzen eingehen. Sein theoretisches Konzept dient nicht der Ausbildung ethischer Theorien, sondern will eine Hilfe zur praktischen Urteilsfindung sein, die nicht unreflektiert, sondern bewußt vollzogen werden soll. Daher unterscheidet er die Wissenschaftsebene, auf der ethische Theorien verhandelt werden, von der Vollzugsebene, auf der sittliche Urteile zu fällen sind.

In seinem Verfahrensvorschlag unterscheidet Tödt sechs Sachmomente, die nicht linear oder gar deduktiv auseinander folgen, sondern die häufig in einem wiederholten Verfahren ineinander fließen, aber aus analytischen Gründen auseinandergehalten werden:

(1) Die Wahrnehmung, Annahme und Bestimmung eines Problems als eines sittlichen

Gegenüber einer reinen Fallbeschreibung werden hier die sittlichen Problemstellungen des konkreten Falles deutlich herausgestellt. Gegenüber einer rein an der Machbarkeit orientierten Fragestellung ist die sittliche Wahrnehmung eine Form ganzheitlicher Wahrnehmung, die sich in der Frage zuspitzt: »Darf der Mensch alles tun, was er tun kann?«

(2) Situationsanalyse

Hier wird vor allem das Bedingungsgefüge zu klären versucht, in dem sich eine ganz bestimmte sittliche Frage- bzw. Problemstellung ergibt. Zur Situationsanalyse gehört auch die Unterscheidung der Ebenen, auf denen Lösungen des Problems angeboten werden.

(3) Beurteilung von Verhaltensoptionen

Hier geht es darum, unterschiedliche Verhaltensalternativen, die als Lösung in Frage kommen, auf ihre Voraussetzungen und Konsequenzen hin zu überprüfen.

(4) Prüfung von Normen, Gütern und Perspektiven

Hier kommen die unterschiedlichen Normsysteme und die Verknüpfung konkurrierender oder sich ergänzender Normen ins Spiel, wobei Tödt darauf aufmerksam macht, »daß die soziale Wirklichkeit auch immer Entwurfs-Charakter hat und der Mensch nicht festgelegt, sondern ein offenes Lebewesen ist.« Daraus leitet er ab, daß im Urteil gegebenenfalls neue Normen zu finden sind.

(5) Prüfung der sittlich-kommunikativen Verbindlichkeit von Verhaltensoptionen

Dieser Schritt gilt vor allem der Reflexion der vorangegangenen vier Schritte bei unterschiedlicher Berücksichtigung der eigenen Entscheidungsebene von der gesellschaftlicher Gruppen, die von dem Urteilsentscheid betroffen sind.

(6) Der Urteilsentscheid

Wenn es gelingt, die fünf Sachmomente in einen stringenten Zusammenhang zu bringen, wird ein Urteil möglich, das von Tödt als »konstruktiver Verhaltensentwurf« bezeichnet wird, bei dem die verschiedenen Sachmomente in eine kreative Synthese zusammengeführt werden.[3]

Tödt sieht seine Theorie als eine Ergänzung der Grundlegungsfragen heutiger Ethik und der Reflexion über die Grundformen ethischen Argumentierens. Im Mittelpunkt seines Konzepts steht vor allem eine Handlungstheorie. Von diesem Begriff grenzt er

---

3 *C. Frey,* Theologische Ethik, Neukirchen-Vluyn 1990, 229–239, macht ausdrücklich darauf aufmerksam, daß bei Tödt der erste Schritt nicht trivial zu verstehen sei. »Bereits der erste Schritt beweist, daß der Glaube einen wesentlichen Beitrag zur sittlichen Urteilsfindung leisten kann.« Er wirkt sowohl im Blick auf die Motive, aber vor allem durch die Perspektive, in der er die Wirklichkeit der Problemsituation erst zu erschließen vermag. Eine für Unterrichtszwecke vereinfachte Darstellung ist in dem o.g. Heft von *R. Mack* und *D. Volpert* auf S. 46 eingeführt. Eine Variante des Tödtschen Schemas findet sich bei *D. Lange,* Ethik in Evangelischer Perspektive, aaO., 520f. Lange unterscheidet zwischen a) Analyse der Situation, b) Prüfung der subjektiven Bedingungen, c) genauer Bestimmung des Konflikts, d) Abwägen der Verhaltensalternativen, e) Reflexion der Maßstäbe, f) Güterabwägung, g) Entscheidung, h) Überprüfung. Eine ausführliche didaktische Reflexion bietet *W. Bender,* Ethische Urteilsbildung, Stuttgart 1988.

sich allerdings ab, weil er meint, daß »er sittliches Verhalten zu sehr auf überwiegende Aktivität festlegt und Empfänglichkeit nicht mit thematisiert.«[4] Er wählt statt dessen den Begriff des »sich verhalten zu« als Leitbegriff seines Theorie-Konzepts. Er orientiert sich in erster Linie an einer Verantwortungsethik, die den Menschen versteht »als das Wesen, das auf Gottes Anruf antwortet und das so vor Gott verantwortlich ist«, der »in eine verbindliche Solidarität mit seinen Mitmenschen und aller Mitkreatur verwiesen« ist. Daraus leitet er ab, daß der Mensch »vor Gott, vor der Mitwelt und vor sich selbst – das heißt, in dem sein Sein konstituierenden Beziehungsgefüge – sich veranlaßt sieht, über sein Verhalten Rechenschaft abzulegen, sich verantwortlich zu wissen und dementsprechend sich zu verhalten«[5]. In Ergänzung einer Güter- und Tugendethik rekurriert Tödt auf die Notwendigkeit einer Pflichtethik, wobei an die Stelle des Begriffes der Pflicht für ihn der Begriff der Verantwortung tritt, um den unbedingten sittlichen Anspruch, also die Verantwortlichkeit des Menschen, zum Ausdruck zu bringen.

Tödt verweist auf die Aufgabe des Menschen zu prüfen, was Gottes Wille ist (Röm 12, 2). »Durch das Kommen des Glaubens haben die Christen also die Vollmacht, mitten in einer von Sünde gezeichneten Welt zu prüfen, zu urteilen und entsprechend zu handeln«[6], und er spitzt diese Aussage zu, wenn er feststellt: »Im Rahmen der Theologie wird eine Theorie sittlicher Urteilsfindung der Klärung dienen, wie Gottes heilsamer Anspruch auf unser Leben den Menschen bis in die Konkretionen seines Sich-Verhaltens zu Mitmensch, Mitwelt und Selbst begleitet und bewegt. Es war die Schwäche evangelischer Theologie und Ethik im 20. Jahrhundert, daß sie entweder Konkretionen scheute oder doch nicht aufzuweisen vermochte, welche Schritte getan, welche Sachmomente bedacht werden müssen, wenn konkrete Urteile und Entscheidungen zugleich zu Antworten auf Gottes Zuspruch und Anspruch werden sollen. Diesem Defizit evangelischer Ethik entgegenzuwirken, dient auch eine Theorie sittlicher Urteilsfindung.«[7]

---

4 *H.E. Tödt*, Versuch einer ethischen Theorie sittlicher Urteilsfindung, aaO., 43.
5 Ebd., 46.
6 Ebd., 47.
7 Ebd.

Das hochkomplexe Tödtsche Verfahren entspricht einem schlichteren Weg der Urteilsfindung, der vor allem im ökumenischen Kontext des Weltrates der Kirchen Verbreitung und Anwendung gefunden hat und auch in den Dokumenten des Konziliaren Prozesses immer wieder begegnet. Hier wird zwischen den Schritten Sehen – Urteilen – Handeln unterschieden. Dieser Dreischritt entspricht sicher eher einer notwendigen didaktischen Reduktion, wird aber durch das Tödtsche Urteilsschema auf eine angemessenere Reflexionsebene gehoben. Für den Unterricht empfiehlt sich eine Vermittlung der beiden Schemata. Dem Sehen wären vor allem Problemfeststellung und Situationsanalyse zuzuordnen, wobei es darauf ankäme, deutlich zu machen, daß die Wahrnehmung auch schon immer von bestimmten Interessen und Vorurteilsvoraussetzungen bestimmt ist. Das Urteilen entspricht im wesentlichen den Schritten Verhaltensalternativen, Normüberprüfung und prüfender Rückblick. Handeln tritt an die Stelle des Urteilsentscheids im Sinne einer Empfehlung zum Handeln.

3. Sehen – Urteilen – Handeln als Elemente einer didaktischen Analyse

3.1 Das ethische Problem der Organspende (Sehen)

Das an den Anfang gestellte Fallbeispiel stellt Schülerinnen und Schüler vor die Entscheidungsfrage, ob sie für sich selbst einen Organspende-Ausweis bejahen und für sich ausstellen lassen wollen. In der individuellen Perspektive stellt sich die Frage nach einer moralischen Verpflichtung zur Bereitschaft, die eigenen Organe im Todesfalle zur Weitergabe an andere zur Verfügung zu stellen. In der öffentlichen Diskussion wird diese Fragestellung verstärkt durch den zunehmenden Bedarf an Transplantaten und der dazu im Mißverhältnis stehenden zurückgehenden Bereitschaft zur Organspende.[8]

---

8 Vgl. *R. Mack/D. Volpert,* Auf der Suche nach einer menschenfreundlichen Moral, aaO., 49, wo in einer Graphik das Mißverhältnis von transplantierten Organen und Organ-Bedarf im Blick auf das Jahr 1992 in Deutschland dargestellt wird. Ebenfalls wird dort die Aussage eines 28jährigen Organempfängers dokumentiert.

Das Fallbeispiel, von dem wir ausgehen, macht darüber hinaus deutlich, daß die individuelle Perspektive im Blick auf die Entscheidung eines Organspende-Ausweises eine Reihe von weiteren Fragestellungen aus sich entläßt, die über eine individuelle Regelung hinausgehen: Es sind vor allem drei Komplexe.

(1) Der *juristische Aspekt,* der sich auf folgende Fragen konzentrieren läßt: Wer hat das Verfügungsrecht über die Organe? Bin ich selbst »Eigentümer« meiner Organe? Können andere im Falle meiner Handlungsunfähigkeit (z. B. im Zustand der Bewußtlosigkeit) über meine Organe verfügen? Wem gehören die Organe eines Verstorbenen?

(2) *Medizinische Fragestellungen:* Zu welchem Zeitpunkt können und dürfen Organe entnommen werden? Wieweit dürfen physiologisch-medizinische Argumente Einfluß auf die Definition des Todes haben? Wann wird ein Mensch als tot bezeichnet? Welche Voraussetzungen und welche Interessen stehen hinter den unterschiedlichen Todesdefinitionen?

(3) *Philosophisch-ethisch-theologische Fragestellungen:* Was ist der Mensch? Seele ohne Leib? Was macht die Person des Menschen aus? Hat der Mensch eine unbegrenzte Verfügungsgewalt über sich selbst und seine Organe? Gehören seine Organe ihm und ich mir?

Wichtig ist es vor allem, nicht nur auf die rechtliche und medizinische Perspektive einzugehen, sondern auch die anthropologisch-philosophisch-theologische Fragestellung sorgfältig zu entfalten, gerade angesichts der Tendenz, Probleme, die intersubjektiv nicht einer Entscheidung zugeführt werden können, auszuklammern.[9] Es ist eine der wichtigsten gegenwärtigen Aufgaben des Religionsunterrichts, auf dem Offenhalten der Notwendigkeit der Letztbegründung zu bestehen und so eine Dimension transsubjektiver Begründung kommunikativ auszutauschen. Der gegenwärtige Trend geht eher dahin, diese Dimension als nicht lösbar zu erklären und damit auch den Diskurs an dieser Stelle abzubrechen. Der Religionsunterricht will nicht deduktiv ein System von Letztbegründung zwingend vermitteln. Vielmehr wird es darum gehen, die Notwendigkeit der Letztbegründung einsichtig zu machen, ein Nebeneinander verschiedener Letztbegründungen dialogfähig zu gestalten und möglicherweise an den Extremen Abgrenzungen vorzunehmen und einen Konsens etwa im Rahmen

---

9 Vgl. zu dieser Problemstellung zuletzt *J. Fischer,* Theologische Ethik und Christologie, in: ZThK 92/1995, 481–516.

eines Bereichs von Unverfügbarem und Unabstimmbarem zu suchen.

Gegenwärtig ist in der Bundesrepublik ein Gesetzgebungsverfahren im Fluß, das die Frage der Organspende regeln soll. Dabei werden sechs verschiedene Regelungen diskutiert:

(1) Widerspruchsregelung (auch: Enge Informationsregelung)
Die Organentnahme ist grundsätzlich zulässig; es sei denn, der Verstorbene hat zu Lebzeiten schriftlich widersprochen.

(2) Informationsregelung (auch: Erweiterte Widerspruchsregelung/erweiterte Zustimmungsregelung)
Die Organentnahme ist grundsätzlich zulässig, es sei denn, die Angehörigen, die vor der geplanten Organentnahme informiert werden müssen, haben innerhalb einer »angemessenen Frist« widersprochen.

(3) Enge Zustimmungsregelung
Die Organentnahme ist grundsätzlich nicht zulässig, es sei denn, der Verstorbene hat zu Lebzeiten der Organentnahme zugestimmt.

(4) Erweiterte Zustimmungsregelung (auch: Informationsregelung)
Die Organentnahme ist grundsätzlich nicht zulässig, es sei denn, der Verstorbene hat zu Lebzeiten der Organentnahme schriftlich zugestimmt. Fehlt die schriftliche Zustimmung, können nach seinem Tod die Angehörigen stellvertretend im Sinne des Verstorbenen ihre Zustimmung erteilen.

(5) Erweiterte Zustimmungsregelung mit eigenständigem Entscheidungsrecht der Angehörigen (auch: Informationsregelung)
Die Organentnahme ist grundsätzlich nicht zulässig, es sei denn, der Verstorbene hat zu Lebzeiten der Organentnahme schriftlich zugestimmt. Fehlt die schriftliche Zustimmung, können nach seinem Tod die Angehörigen selbst entscheiden, ob sie einer Organentnahme zustimmen.

Zu diesen unterschiedlichen juristischen Regelungen tritt noch hinzu die Entwicklung der Diskussion in der Frage der Bestimmung des Todes des Menschen. Im Blick auf die Todesfeststellung wurde vor allem durch die Reanimationstechnik, künstliche Aufrechterhaltung des Kreislaufs und künstliche Ernährung die bis dahin dominante Herztod-Definition erweiterungsbedürftig. Seit 1982 hat die Bundesärztekammer eine Hirntod-Definition beschlossen, die 1986 und 1991 durch den wissenschaftlichen Beirat der Bundesärztekammer in den »Kriterien des Hirntods« fortgeschrieben wurde: »Der ›Hirntod‹ wird definiert als Zustand des irreversiblen Erloschenseins der Gesamtfunktion des Großhirns, des Kleinhirns und des Hirnstamms, bei einer durch kontrollierte Beatmung noch aufrechterhaltenen Herz-Kreislauf-Funktion. Der Hirntod ist der Tod des Menschen.«[10]

3.2 Urteilen: »Ethik der Interessen« oder »Ethik der Würde«?

(1) Didaktische Problemreduktion. Für die unterrichtliche Bearbeitung kommt es wesentlich auf den nun folgenden Schritt der eigentlichen Urteilsfindung an, der die in der Problemanalyse genannten Aspekte auf Handlungsalternativen und die zu ihnen führenden Entscheidungsgründe hin durchleuchten muß. Da es sich hier um ein außerordentlich komplexes Vorgehen handelt, bedarf es zur didaktischen Strukturierung der Reduktion von Komplexität, ohne daß eine Simplifizierung und Polarisierung entstehen. Ziel muß es sein, daß es Schülerinnen und Schülern gelingt, die hinter ihren eigenen oft spontan gefällten Aussagen liegenden Argumentationsmuster selbst zu entdecken, sie auf ihre Herkunft zu untersuchen und in ihrer Tragweite zu überprüfen. Je offener die Gesprächssituation durch den Unterrichtenden gehalten wird und je stärker er durch Rückfragen auf einer möglichst klaren Analyse insistiert, um so eher wird es auch möglich sein, in einem

10 *Wissenschaftlicher Beirat der Bundesärztekammer,* Kriterien des Hirntodes, Entscheidungshilfen zur Feststellung des Hirntodes, in: Deutsches Ärzteblatt 83/1986, H. 43, C 2940–2946. – *Wissenschaftlicher Beirat der Bundesärztekammer,* Der endgültige Ausfall der gesamten Hirnfunktion (»Hirntod«) als sicheres Todeszeichen, in: Deutsches Ärzteblatt 90/1993, H. 44, B 2177–2179.
In den hier vorgetragenen Überlegungen wurden die Probleme der Kommerzialisierung der Organtransplantation sowohl im Blick auf die Reputation von Medizinern, aber auch im Blick auf den Organhandel, der nach 1989 schwunghaft zugenommen hat, aus Platzgründen außer acht gelassen. Vgl. dazu für die unterrichtliche Praxis: Mythos Mensch, Pro und Contra Organspende. Ein Unterrichtsentwurf für die Sekundarstufe I und II und Berufsbildenden Schulen (Reliprax 4), Bremen 1992, 55–58. Ferner: Was darf der Mensch? (ZEIT-Punkte 2, 1995) 1995, 34.

solchen Prozeß der Urteilsfindung zu einer bewußten Urteilsänderung zu kommen.

Weiter wird es wichtig sein, an den Stellen, an denen Schülerinnen und Schüler Letztentscheidungen als Gründe benennen, diesem Phänomen besondere Aufmerksamkeit zuzuwenden. In vielen Fällen werden pragmatische Lösungen solchen letztbegründeten Urteilen vorgezogen. Sie sind intersubjektiv leicht zu vermitteln, sie entsprechen der herrschenden Tendenz, das zu tun, was technisch machbar scheint, und werden unterstützt durch Anschauungen, die von der Leidvermeidung und von Fragestellungen nach Sinn freigehalten werden. Schülerinnen und Schüler, die solche Letztbegründungen – wie rudimentär auch immer – vortragen, haben in der Regel unter ihren Mitschülerinnen und Mitschülern einen schwierigeren Stand. Deshalb kommt es darauf an, ihnen bei der Formulierung ihrer Begründungen besonders behilflich zu sein, bei den Mitschülerinnen und Mitschülern nach Verständnis zu suchen und dadurch der Notwendigkeit des Rekurses auf Letztbegründungen und damit auch religiöse Begründungen als Position Raum zu gewähren.

(2) Ethische Grundorientierungen. Wir folgen bei der didaktischen Problemreduktion einem Vorschlag von *Wolfgang Huber,* der gegenwärtig zwei ethische Grundorientierungen miteinander im Streit liegen sieht, die er als »Ethik der Würde« und als »Ethik der Interessen« bezeichnet.[11]

Die »Ethik der Interessen« charaktierisiert Huber in der folgenden Weise:

»Eine Ethik der Interessen bestreitet, daß es übergeordnete Prinzipien gibt, mit deren Hilfe ein Konsens in ethischen Konfliktfragen von öffentlichem Gewicht herbeigeführt werden kann. Solche Prinzipien sind angesichts des gesellschaftlichen Pluralismus immer im Streit; soweit sie in ihrer Begründung auf religiöse Wurzeln verweisen, gelten sie dieser Betrachtungsweise zufolge als ohnehin öffentlich nicht kommunikabel (in der deutschen Dis-

---

11 Vgl. *W. Huber,* Die tägliche Gewalt. Gegen den Ausverkauf der Menschenwürde, Freiburg i.Brg., 1993, z.B. 44f. und *ders.,* Grenzen des medizinischen Fortschritts aus ethischer Sicht, in: ZEE 38/1994, 41–53, hier vor allem 43ff.

kussion verficht diese Auffassung am extremsten N. Hoerster). Ethische Urteile haben sich deshalb ausschließlich an den Interessen der beteiligten Personen zu orientieren; sie haben demjenigen Weg den Vorzug zu geben, der möglichst viele Präferenzen möglichst vieler Beteiligter berücksichtigt. Die entscheidende Implikation dieses Ansatzes heißt: Nur diejenigen Personen müssen innerhalb der ethischen Abwägung berücksichtigt werden, die ihrerseits überhaupt zur Entwicklung von Präferenzen in der Lage sind. Die Fähigkeit, Interessen zu haben und zu artikulieren, ist dieser Auffassung zufolge das entscheidende Definitionsmerkmal der Person. Nur Personen in diesem Sinn haben in ethischen Abwägungen einen eigenständigen Ort.«[12]

Die Gegenposition der »Ethik der Würde« beschreibt Huber folgendermaßen:

»Ihre neuzeitliche Entwicklung wurzelt in einer grundlegenden Wiederentdeckung der Reformation. Sie sagt, daß der Mensch sich nicht durch seine eigenen Leistungen hervorbringt und nicht durch seine eigenen Werke letztgültige Anerkennung erwirken kann. Nicht die menschliche Vollkommmenheit, sondern göttliche Gnade konstituiert die menschliche Person. Eben deshalb ist sie jeder Verfügung durch andere Menschen, durch gesellschaftliche Kräfte oder durch politische Mächte entzogen. In seiner Endlichkeit ist der Mensch mit einer unendlichen Würde begabt, die gerade nicht sein eigenes Hervorbringnis, sondern reines unverdientes Geschenk ist.« Die säkulare Gestalt dieser Ethik der Würde findet Huber bei Kant: »Kant gibt dem kategorischen Imperativ unter anderem eine Fassung, die dazu verpflichtet, die Menschheit in der Person des anderen wie in mir selbst niemals bloß als Mittel zu betrachten, sondern stets zugleich als Zweck an sich selbst anzuerkennen. In dieser Selbstzweck-Formel kehrt der Gedanke wieder, daß kein Mensch einem anderen gegenüber einen vollständigen Verfügungsanspruch erheben darf.«[13]

Der Sinn des Begriffs der menschlichen Würde liege darin, »daß sie auf dasjenige verweist, was allem menschlichen Herrschafts- und Bemächtigungsanspruch entzogen bleibt«[14].

12 *W. Huber*, Grenzen des medizinischen Fortschritts aus ethischer Sicht, aaO., 43.
13 Ebd., 44.
14 Ebd. Aus diesem Grunde müsse der Begriff der menschlichen Würde unbestimmt bleiben und dürfe nicht abschließend definiert werden, da Definitionen in sich eine Form menschlicher Herrschaft seien.

Gegenüber einer Ethik der Interessen wirft Huber ein, daß sie alle Präferenzen beteiligter Personen unterschiedslos für legitim anerkenne. Aus diesem Grunde kann sie auch im Konfliktfall nicht verhindern, daß die mächtigeren Interessen sich durchsetzen. Sie bestätigt damit die jeweils gegebenen Machtverhältnisse und verliert somit ihre kritische Funktion.

Eine Ethik der Würde leugnet nicht die Existenz und Wirksamkeit von Interessen. Aber diese Interessen müssen sich vor den Kriterien der Würde der Natur und der Würde des Menschen stellen und nehmen damit Abschied von dem Streben nach unbegrenztem Verfügen. Damit ist die Ethik der Würde gleichzeitig nur durch Akte bewußter Selbstbegrenzung und nicht der Durchsetzung von Interessen verpflichtet.

(3) Konkretion: Zur Problematik der Todes-Definition. Die seit 1986 vertretene Definition des Hirn-Tods anstelle einer Todeserklärung nach Stillstand von Atem und Kreislauf hat eine medizintechnische Voraussetzung, die darin liegt, daß künstlich Atem-, Kreislauf- und Stoffwechselfunktionen aufrechterhalten werden können, auch wenn gleichzeitig die steuernden Funktionen des Hirns ausgefallen sind. Im Interesse einer möglichst rechtzeitigen Entnahme der Organe zu Zwecken der Organtransplantation besteht nun das medizinische Interesse darin, »daß der Tod des Menschen festgestellt werden kann, obwohl wichtige Organe des menschlichen Körpers noch lebendig sind«[15]. Evangelische und katholische Kirche haben in gemeinsamen Äußerungen 1989 und 1990 diese Definition übernommen. Dabei wurde der Gesichtspunkt in den Vordergrund gestellt, daß Menschen durch Freigabe ihrer Organe zur Transplantation im Falle ihres Todes anderen Menschen zum Leben helfen und darin Nächstenliebe üben. Andere Gesichtspunkte wie z. B. die Unantastbarkeit und Pietät gegenüber dem Leichnam oder gegenüber dem Verstorbenen wurden hintangestellt.

Huber macht nun darauf aufmerksam, daß zwei Gesichtspunkte unzulässigerweise in der Hirntod-Diskussion vermischt würden. Für den Zeitpunkt der zulässigen Organ-Entnahme stehe keine andere Definition zur Verfügung als der Hirn-Tod. Diese

---

15 Ebd., 46.

naturwissenschaftliche Feststellung dürfe allerdings nicht mit einer allgemeinen ethischen Bewertung verknüpft werden, die sage: Dieser Hirn-Tod ist der Tod des Menschen. Damit komme es zu einem notwendigen Konflikt zwischen der geplanten Organentnahme und der Integrität des Sterbeprozesses.

»Eine Ethik der Würde bejaht Organ-Transplantationen, deren Dringlichkeit in der Aufgabe der Lebenserhaltung begründet ist; sie tut dies aber im Rahmen einer Abwägung, welche die Würde des Sterbenden ebenso ernst nimmt wie die Würde dessen, dem durch die Transplantation weiteres Leben ermöglicht werden soll. Sie bindet die Organtransplantation deshalb an strenge Kriterien der Dringlichkeit und lehnt eine Ausweitung von Organtransplantationen in den Bereich der »Schönheitsoperationen« ab. Ein Akt der Liebe bleibe sie nur, »solange in diese Organentnahme freiwillig eingewilligt wurde. Zwar ist sie sittlich nicht nur erlaubt, sondern zu empfehlen, doch jede Form des Zwangs würde ihr den Charakter als Tat der Liebe gerade nehmen«[16]. – Kriterien im Sinne der von Huber vertretenen ethischen Grundorientierung einer »Ethik der Wüde« sind nun folgende:

– Die Zahl der zur Transplantation verfügbaren Organe darf nicht mit Mitteln des Zwangs erhöht werden.
– Der Umfang der Organtransplantationen darf nicht immer weiter ausgedehnt werden.
– Der Umgang mit dem menschlichen Körper und seinen Organen darf nicht kommerzialisiert werden.
– Organtransplantationen müssen auf lebens- und überlebenswichtige Fälle beschränkt bleiben.
– Organentnahme muß an eine klare und bewußte Zustimmung des Sterbenden oder seiner Angehörigen gebunden sein. Eine Widerspruchs- oder auch eine Informationsregelung genügt nicht.
– Die Widerspruchsregelung mache aus der freiwilligen Organspende im Dienst am Mitmenschen eine Organ-Abgabepflicht, von der durch Widerspruch Ausnahmen erwirkt werden können. Hier werde der Staat angesichts des Mangels an Organspenden im Sinne einer Kommandogesellschaft in Anspruch genommen, »statt dessen sich darum zu bemühen,

16 Ebd., 47. Vgl. auch: Ist denn Organspende Christenpflicht? mit Beiträgen von *U. Schlaudraff* und *H. Grewel,* in: LM 1994, Nr. 4, 9–14.

der Bereitschaft zum Gemeinsinn und der Kultur des Helfens neue Chancen und Entfaltungsräume zu eröffnen«[17].

Im Blick auf die Ethik des Interesses faßt Huber die Argumente in folgender Weise zusammen. Sie habe die Neigung, um des Menschen willen über den Menschen verfügen zu wollen. Diese Verfügungsansprüche drückten sich darin aus, daß dem Ende wie dem Beginn des menschlichen Lebens sein Geheimnis genommen werden solle. Die Symmetrie zwischen beiden Vorgängen zeige sich besonders anschaulich in dem Versuch, entsprechend der Bestimmung des menschlichen Todes als Hirntod auch den Beginn des menschlichen Lebens als Hirnleben zu definieren. Wenn das Leben der menschlichen Person erst mit dem Beginn der ersten Hirnfunktionen einsetze, dann sei ein Embryo, dem solche Hirnfunktionen noch nicht zugeschrieben würden, dem verfügenden Zugriff des Menschen freigegeben.

3.3 Handeln

Die Handlungssituation ist im Blick auf Schule und Unterricht generell ein Problem. Weitgehend bleibt schulisches Agieren in einer Laborsituation, die von der realen Lebenswirklichkeit oft allzusehr entfernt ist. Darüber hinaus wird schulisches Lernen nach wie vor dominierend mit reproduzierbarem Wissen in Verbindung gebracht, das der Bewertung nach richtig oder falsch unterworfen wird. Die Bewertungsmaßstäbe und das Notensystem tun hierzu ein übriges.

Demgegenüber muß ethisches Lernen größten Wert auf die Entwicklung eigenständiger begründeter Urteile und deren Konsequenzen für eigenes und gesellschaftliches Handeln in den Blick nehmen. Um dies im Raum der Schule zu ermöglichen, sind Formen des Unterrichts zu suchen, die eine unmittelbare Auseinandersetzung mit in der Gesellschaft agierenden Personen in direkter Kommunikation eröffnen. So wäre es wünschenswert, im Zusammenhang mit dem Thema Organtransplantation Personen in den Unterricht einzuladen, die in besonderer Weise mit der Problemstellung befaßt sind (Ärzte, Krankenhausseelsorger,

17 Ebd., 48.

möglicherweise Personen, die mit einem Transplantat leben, im Ausnahmefall vielleicht auch betroffene Angehörige von Verstorbenen, denen Organe entnommen wurden, Vertreter von Initiativen).[18] Ebenso könnte das Gespräch gesucht werden mit Vertretern von Parteien, Verbänden (Ärztekammer) und Parlamentariern, die im Zusammenhang des Gesetzgebungsverfahrens ihre eigene Entscheidung dem kontroversen Gespräch mit Schülerinnen und Schülern aussetzen könnten.

Auch die Form eines Gutachtens käme einer Handlungssituation nahe, wie sie auf der Ebene von Unterricht erfolgen könnte. Das Gutachten mündet in eine Handlungsempfehlung, deren Begründung im Gutachten selbst angelegt ist. Ein solches Gutachten kann sowohl individuell als auch in Gruppenarbeit erstellt werden und im Blick auf die Angemessenheitsprüfung im Austausch unter den Mitschülerinnen und Mitschülern bzw. zwischen verschiedenen Arbeitsgruppen bearbeitet werden.

Literaturhinweise

Themaheft »Ethische Urteilsbildung im Unterricht«: Ethik und Unterricht 6/1995, H. 1.
Was darf der Mensch? (Zeit-Punkte Nr. 2/1995), Hamburg 1995.
   (Der Abschnitt »Zwischen Leben und Tod«, S. 23 bis 38, befaßt sich im Zusammenhang mit dem sog. »Erlanger Baby« mit unterschiedlichen Aspekten der Frage nach der Todesgrenze, der Transplantationsproblematik und der Sterbehilfe.)
Mythos Mensch (Reliprax 4), Bremen 1992.
   (Materialheft für den Religionsunterricht in Sekundarstufe I, Sekundarstufe II, Berufsbildende Schule, Jugend- und Bildungsarbeit von *H. Schmidt–Rhaesa*.)
Themaheft »Lebensgrenzen«: Junge Kirche 55/1994, H. 4.
   (Beiträge zur Ethik angesichts der Grenzerfahrungen des Lebens. Darin: Dokumentation der Berliner Initiative für eine Zustimmungslösung.)

18 Zum Beispiel die Berliner Initiative für eine Zustimmungslösung (Kontaktadresse: K.-P. Jörns, Konrad-Straße 5, 14109 Berlin-Wannsee), vgl. den auszugsweisen Abdruck der »Thesen zur Ethik der Organtransplantation und zu einem Transplantationsgesetz«, in: JK 55/1994, H. 4, 218–221.

Organspende – aber: Wann ist ein Mensch tot? (Herrenalber Protokolle 102), Karlsruhe: Evangelische Akademie Baden 1994.
(Beiträge einer Tagung vom 05. bis 07. November 1993 in Bad Herrenalb.)

H. Grewel, Recht auf Leben. Drängende Fragen christlicher Ethik, Göttingen 1990.
(Bes. S. 178 bis 194: Sind die anderen schuld, wenn ich sterben muß? Organverpflanzung zwischen Lebensrettung und Ersatzteil-Chirurgie.)

DRITTER TEIL

Weiterführende Fragestellungen

XVII.

Rechtsfragen ethischer und religiöser Erziehung in der Schule

PHILIP KUNIG

1. Grundlagen

Ethische Erziehung in der Schule berührt das Recht in vielfältiger Weise. Das *Schulwesen* ist nicht nur Gegenstand von (Landes-)Gesetzgebung, sondern bereits der Verfassungen in Bund und Ländern. Sie beinhalten unmittelbar auf die Schule bezogene organisationsrechtliche und inhaltliche Regelungen, ferner für das Schulwesen relevante materielle Aussagen im Bereich der Grundrechte der Bürger. Das Verfassungsrecht bildet die höchste Stufe der Hierarchie der Rechtsnormen. Es zieht allem sonstigen Recht einen Rahmen, leitet seine Anwendung an, nimmt alle seine Anwender unmittelbar in die Pflicht, bedarf aber auch der Ausformung durch Recht, das unterhalb der Verfassung steht. In Art. 7 Abs. 1 GG[1] ist für den Bund (mit Vorrang vor dem Landesrecht) bestimmt: »Das gesamte Schulwesen steht unter der Aufsicht des Staates.« Weitere Bestimmungen betreffen den Religionsunterricht und die privaten Schulen (vgl. Art. 7 Abs. 2 bis 6 GG).

Die Verfassung handelt darüber hinaus von den *(Grund-)Rechten der Eltern* (Art. 6 GG), speziell ihrem Recht – und ihrer Pflicht – zu »Pflege und Erziehung« der Kinder (Abs. 2 S. 1), worüber »die staatliche Gemeinschaft« wacht (S. 2). Die Verfassung gewährleistet Glaubensfreiheit und »ungestörte Religionsausübung« (Art. 4 Abs. 1, Abs. 2 GG), damit auch die Kehrseiten, wie die Freiheit, sich einem Glauben fernzuhalten, sich nicht religiös zu betäti-

---

1 GG steht für das Grundgesetz der Bundesrepublik Deutschland vom 23. Mai 1949 in heutiger Fassung. – Die nachfolgenden Überlegungen befassen sich allein mit der Rechtslage in Deutschland.

gen[2]. Sie gibt Meinungsfreiheit (Art. 5 Abs. 1 S. 1 GG) und das Recht »auf die freie Entfaltung der Persönlichkeit« und spricht in diesem Zusammenhang vom »Sittengesetz« als dessen Schranke (Art. 2 Abs. 1 GG). Sie orientiert die gesamte staatliche Ordnung auf den Schutz der Würde des Menschen (Art. 1 Abs. 1 GG) hin, möchte diese Vorgabe sogar – ein rechtlich untauglicher Versuch von aber hohem Symbolwert – jeglicher Ablösung durch künftige Verfassungsgeber entziehen (Art. 79 Abs. 3 GG). Grundrechtsträger sind alle: auch Minderjährige, auch beamtete Lehrer bei ihrer Amtsführung (was nicht selbstverständlich, heute aber unzweifelhaft ist), im Bereich der Religionsfreiheit auch Religionsgesellschaften sowie ungeachtet eines öffentlich-rechtlichen Korporationsstatus auch Kirchen. Alle vorgenannten Grundrechte gelten im Unterschied zu einzelnen anderen Grundrechten unabhängig von der Staatsangehörigkeit.

Die *Verfassung* erklärt sich also organisatorisch wie inhaltlich zum Schulwesen. Ihr Ziel, Staat und Gesellschaft in bestimmter Weise zu ordnen, und ihre Ambition, fortdauernd einen freiheitlichen Rechtsstaat aufrechtzuerhalten, ist ihrerseits auf Schule angewiesen. Das betrifft nicht allein die Vermittlung von Wissen, sondern auch die Eröffnung der Chance für jeden einzelnen, Normen innerhalb und außerhalb der Sphäre des staatlich gesetzten Rechts in der Reifungsphase nachvollziehen zu können. Das gilt auch für solche Normen, welche andere und Ältere als für das Zusammenleben von Menschen unter von ihnen vorgefundenen natürlichen Bedingungen (den »natürlichen Lebensgrundlagen«, wie Art. 20 a GG seit 1994 im Rahmen einer Staatszielbestimmung formuliert) als unabdingbar oder jedenfalls als angemessen angesehen haben – und unabhängig davon, ob dies einen Niederschlag in staatlich gesetztem Recht gefunden hat. Der ersatzlose Fortfall solcher Normen bzw. der Verlust ihrer Orientierungs-

---

2 Die sog. »negative« Glaubensfreiheit – ein vielleicht unglücklicher Begriff, der allerdings nicht erst seit der sog. Kruzifix-Entscheidung des Bundesverfassungsgerichts aus dem Jahr 1995, abgedr. in Juristenzeitung 1995, 942 ff., bekannt ist; s. dazu zuvor und näher *I. von Münch*, in: *ders./ Ph. Kunig*, Grundgesetzkommentar, Bd. 1, München ⁴1992, Art. 4, Rdn. 23 m.w.Nachw. Für eine Würdigung der genannten Entscheidung s. z.B. *J. Neumann*, Rechts- oder Glaubensstaat?, in: Zeitschrift für Rechtspolitik 1995, 381 ff.; *C. Link*, Stat Crux?, in: NJW 1995, 3353 ff.

kraft für die nachwachsende Generation würde zum gegebenen Zeitpunkt sogar der Verfassung selbst den Boden entziehen. Ein rechtsstaatliches System kann nicht alle Voraussetzungen seines Funktionierens selbst garantieren. Ein freiheitlicher, in europäisch-atlantischer Tradition stehender Grundrechtsstaat darf nur äußeres Verhalten erzwingen, nicht aber die Moralität seiner Rechtssubjekte.

Was besagt der *Begriff »Recht«*? Ein Überblick über Definitionen und Theorien kann hier nicht gegeben werden, doch ist eine pragmatische Verständigung nötig und möglich. Das Recht stellt Normen auf, betrifft aber nur einen Teil der Normen, die im Zusammenleben von Menschen relevant sind. Rechtsnormen unterscheiden sich von anderen Normen nicht allein nach ihrem Erzeuger (auch wenn die Masse des Rechts staatlich erzeugtes Recht ist), sondern vor allem nach den Konsequenzen ihrer Befolgung oder Nichtbefolgung, nach den »Rechtsfolgen«. Im innerstaatlichen Recht stehen für die Durchsetzung oder Einforderung der Rechtsfolgen spezifische Organe, ein »Rechtsstab«, zur Verfügung. Im Völkerrecht – einer Normordnung ohne zentrale Durchsetzungsinstanzen und mit nur ansatzweise organisiertem Rechtsvollzug – knüpfen die Rechtssubjekte ebenfalls spezifische, »rechtlich« zu nennende Reaktionsmuster an festgestellte oder unterstellte Rechtsverstöße; diese erlauben eine prinzipiell deutliche Identifizierung derjenigen Verhaltensnormen, welche als Recht anzusprechen sind. Wenn eine Rechtsnorm, wie der erwähnte Art. 2 Abs. 1 GG (er kann vor Gerichten eingefordert werden, eine auf ihn gegründete gerichtliche Entscheidung kann gegebenenfalls vollstreckt werden), zu ihrer eigenen Einschränkung auf das »Sittengesetz« verweist, werden die in Bezug genommenen Normen der Sitte damit nicht ihrerseits zu Rechtsnormen, vielmehr werden sie – eigentlich systemfremd und verfassungspolitisch auch kritisierbar – ausnahmsweise in eine Funktion erhoben, die im übrigen nur Rechtsnormen zukommt.[3]

Wir halten fest: Das Recht verlangt Schulen, begründet dafür eine staatliche Verantwortung, stattet alle Beteiligten, insbesondere die

---

3 Das ist im übrigen auch in polizeirechtlichen Ermächtigungsnormen der Fall, die ein Einschreiten bei »Gefahren für die öffentliche Ordnung« vorsehen; auch dieser Begriff meint einen außerrechtlichen Normenbestand.

Schüler, Lehrer und Eltern mit potentiell gegenläufigen Grundrechten aus – und lebt selbst davon, daß in Schulen eine normative Orientierung erfolgt. Welcher rechtliche Rahmen ergibt sich daraus für eine »ethische Erziehung«?

2. Der Erziehungsauftrag des Staates und seine grundrechtlichen Grenzen

Bereits Art. 144 der Weimarer Reichsverfassung hatte – wie heute Art. 7 Abs. 1 GG – vorgesehen, daß »das gesamte Schulwesen« unter der Aufsicht des Staates steht. »Schulaufsicht« ist ein Sammelbegriff. Er bezieht sich nicht nur auf Aufsichtsrechte im engeren Wortsinn, sondern meint die Befugnis des Staates zur Ordnung des Schulwesens im weiteren Sinne. Er meint die Organisation, Planung und Beaufsichtigung, darin eingeschlossen die Festlegung der Ausbildungsgänge und der Unterrichtsziele bis hin zur Auswahl und Verwendung von Materialien.[4]

Die vorgenannte staatliche Gestaltungsbefugnis stößt auf vielfältige Grenzen. Das hat sich in der Geschichte des Schulwesens in der Bundesrepublik z. B. an der Diskussion um den »Sexualkundeunterricht« erwiesen. Solche Grenzen ziehen etwa das Persönlichkeitsrecht der Schüler und das elterliche Erziehungsrecht. Die Rechtsprechung fordert, daß Schulaufsicht und begrenzende Grundrechtspositionen im Einzelfall unter Beachtung der Gebote von Neutralität und Toleranz miteinander in Einklang gebracht werden. Heute meint man, daß jedenfalls für »wesentliche« und »grundlegende« Entscheidungen nicht mehr nur bloße Verwaltungsvorschriften (als von der Verwaltung selbst geschaffene Innenrechtsnormen ohne verpflichtende Kraft nach außen hin) ausreichen, sondern daß aus Gründen der Rechtsstaatlichkeit und des Demokratieprinzips entsprechende Entscheidungen von den Parlamenten zu treffen sind. Es sind dies die Parlamente der Länder, denn die Gesetzgebung im Schulwesen ist gemäß Art. 70 GG Ländersache. Zu derart »wesentlichen« Entscheidungen zäh-

---

4 S. näher m. Nachw. *U. Hemmrich,* in: *v. Münch/Kunig,* aaO., Art. 7, Rdn. 8; zum Verhältnis von Schulaufsicht und pädagogischer Freiheit s. *F. Ossenbühl,* Die pädagogische Freiheit und die Schulaufsicht, in: Deutsches Verwaltungsblatt 1982, 1157 ff.

len z.B. die gesetzlichen Festlegungen der Bildungs- und Erziehungsziele. Die meisten Länder der Bundesrepublik haben solche Ziele sogar in ihre Landesverfassungen aufgenommen, müssen aber auch dabei in den Spielräumen verbleiben, die ihnen das (höherrangige) Bundesrecht zieht[5].

Mit der rechtlichen Vorgabe von Zielen ist allerdings noch nicht bestimmt, wie diese im einzelnen erreicht werden sollen. Das ist nicht ungewöhnlich: Das Recht kennt auch sonst die Programmierung staatlichen Handelns durch »Finalnormen«, etwa im Bereich der Planung. Gerade im vorliegenden Bereich hängt die Steuerungskraft der Rechtsnormen in besonderem Maße vom »Mittler«, dem Erzieher, ab; die externe Kontrolle ist von vornherein begrenzt. Die rechtliche Überprüfung der Beachtung von Erziehungszielen wird weniger dort, als etwa bei der Konkretisierung solcher Ziele z.B. in Lehrplänen greifen können. Diese werden freilich nicht allein von gesetzlich präfixierten Erziehungszielen, sondern maßgeblich auch von anderen Gestaltungsentscheidungen bestimmt.

Besonders bedeutsam ist das Spannungsverhältnis zwischen der Schulaufsicht und dem Erziehungsrecht der Eltern. Dieses Recht wird von Art. 6 Abs. 2 GG als »natürliches Recht« bezeichnet und als die »zuvörderst ihnen obliegende Pflicht«. Mehrfach hat das Bundesverfassungsgericht ausgesprochen, daß elterliches und schulisches Erziehungsrecht »gleichrangig« nebeneinander stünden, ungeachtet der womöglich auf einen Elternvorrang deutenden Wortwahl des GG.[6] Soweit die Festlegung von Ausbildungszielen auch ethische Fragen betrifft, tritt für die im Einzelfall zur Bewältigung des Spannungsverhältnisses notwendige Abwägung die in Art. 4 Abs. 1, Abs. 2 GG verbürgte Religionsfreiheit bzw. die Freiheit des »weltanschaulichen Bekenntnisses« (Art. 4 Abs. 1 GG) von Eltern und Kindern maßgeblich hinzu. Dennoch bleibt es den Landesgesetzgebern überlassen, den religiös-weltanschaulichen Charakter öffentlicher Schulen festzulegen, solange die Wahl der Schulform insoweit keine zwanghaften Einwirkun-

---

5 Bestritten wird z.B. die Bundesrechtskonformität des Erziehungsziels »Ehrfurcht vor Gott«, das in der Mehrzahl der Verfassungen der »alten« Länder genannt ist; s. *L. Renck*, Religionsfreiheit und das Bildungsziel der Ehrfurcht vor Gott, in: NJW 1989, 2424 ff.

6 S. dazu etwa BVerfGE 59, 360, 376 ff.

gen auslöst, etwa Eltern und Kinder in unzumutbare Gewissens-
konflikte führt. Für diese Sichtweise spielt eine wichtige Rolle,
daß die Möglichkeit, private Bekenntnisschulen zu errichten (vgl.
Art. 7 Abs. 4 GG), Ausweichmöglichkeiten eröffnet.

Auch wenn die den Kirchen zustehende kollektive Religionsfreiheit nach der Rechtsprechung des Bundesverfassungsgerichts
die religiöse Erziehung umfaßt[7], gewährt das GG den Kirchen
keine dem elterlichen Erziehungsrecht vergleichbare, umfassende
»Gegenposition« zur staatlichen Schulaufsicht.[8]

Probleme ergeben sich vor allem dann, wenn es nicht um die
grundsätzlich hinzunehmende Verpflichtung zum Besuch einer
Schule, sondern speziell um die Teilnahme an einzelnen Veran-
staltungen mit spezifisch religiöser Prägung geht: das Schulgebet,
die Befreiung vom Schulbesuch an religiösen Feiertagen oder die
Teilnahme an Unterrichtsteilen, welche mit religiösen Auffassungen unvereinbar sind (Sportunterricht für muslimische Schülerinnen entgegen Bekleidungsgeboten). In solchen Fällen hat die
Rechtsprechung teilweise unmittelbar grundrechtsbegründete Be-
freiungsansprüche anerkannt.[9]

Unterricht, der Information über ethische Konzepte vermittelt
und dabei wertend Position bezieht, ist solange verfassungsrechtlich unbedenklich, als nicht indoktrinierend eine einzelne Sinndeutung des menschlichen Lebens den Schülern auferlegt wird
(Prinzip der Nichtidentifikation, Verbot des »Oktroi«). Es liegt auf
der Hand, daß für die diesbezügliche Abgrenzung vom Recht nur
eine begrenzte Steuerungskraft erwartet werden kann. Dies wird
im übrigen nachdrücklich auch durch die sog. Kruzifix-Entscheidung[10] belegt. Sie stellt sich als Fortführung früherer Rechtsprechung des Bundesverfassungsgerichts in Aufnahme längst be-
kannter Formeln dar. Aber ihr Ergebnis folgt nicht zwingend aus
diesen Formeln. Es zeigt sich hier einmal mehr: Das Bundesver-

---

7 BVerfGE 24, 236, 246.
8 Eine umfassendere Stellung der Kirchen als Erziehungsträger will das
  Verfassungsrecht Bayerns, Baden-Württembergs und Nordrhein-West-
  falens; die bundesrechtlich verbürgten Grundrechte von Eltern und
  Schülern wirken darauf begrenzend ein, dies ungeachtet der Länder-
  kompetenz für das Schulwesen.
9 S. die Nachw. bei *Hemmrich,* aaO., Rdn. 18.
10 S.o. Fn. 2.

fassungsgericht ist »Gericht« und zugleich »Verfassungsorgan«[11], und es verfügt über Entscheidungsspielräume.

Das Recht leistet – ungeachtet der in manchen Bereichen (wie z. B. bei der Programmierung von Unterricht) feststellbaren Steuerungsschwäche – allerdings auch dadurch einen Beitrag zur Problembewältigung, daß es rechtlich geordnete Verfahren rationaler Entscheidung vorgibt. Sie betreffen vorwiegend die Konfliktfelder zwischen Staat und Erziehungsberechtigten bzw. Schülern, Staat und Glaubensgemeinschaften, zwischen Gesetzgebern und Verwaltung sowie zwischen der Verwaltung und ihren Bediensteten. Gerade in solchen Bereichen, die sich aus Gründen der Sachgesetzlichkeit der rechtlichen Durchformung weitgehend entziehen und die auf die innere Funktionsfähigkeit eines Subsystems angewiesen sind, kommt der konfliktvorbeugenden organisatorischen Gestaltung große Bedeutung zu.

3. Religionsunterricht

Das zuvor angesprochene Elternrecht findet eine spezielle Ausformung in Art. 7 Abs. 2 GG, der den Erziehungsberechtigten das Recht verleiht, über die Teilnahme des Kindes am Religionsunterricht zu bestimmen. Im Gegensatz zur Rechtslage der Weimarer Zeit ist dies ein subjektives Elternrecht für diejenigen, denen das Recht der Personensorge zukommt. Religionsunterricht meint als Rechtsbegriff nicht jeden Unterricht, in dem es um Religionen geht, sondern einen solchen, bei dem die Vermittlung von Glaubensinhalten welcher Religionsgemeinschaft auch immer im Mittelpunkt steht. »Vergleichende Religionslehre« ist demzufolge nicht Religionsunterricht im verfassungsrechtlichen Sinne, ebenso nicht – wertneutraler – Ethik-, Philosophie- oder Geschichtsunterricht, in welchem (auch) über Religionen informiert wird. Religionsunterricht unterscheidet sich von anderem Unterricht dadurch, daß in ihm dem Beweise unzugängliche Glaubenssätze akzeptanzheischend vermittelt werden. Er umgreift dabei

---

11 Besonderheiten der Stellung des Bundesverfassungsgerichts im Vergleich mit anderen Gerichten diskutiert z. B. *K. Schlaich*, Das Bundesverfassungsgericht, München [3]1994.

auch die religiösen Normen für das Handeln der Menschen, mithin religiöse Ethik.

Religionsunterricht ist gemäß Art. 7 Abs. 3 GG in öffentlichen Schulen, die keine bekenntnisfreien Schulen sind (dies sind die »weltlichen«, also laizistischen bzw. Weltanschauungsschulen, s. auch Art. 7 Abs. 5 GG), ein »ordentliches Lehrfach«[12]. Er ist dort in Übereinstimmung mit den Grundsätzen der jeweiligen Religionsgemeinschaft zu erteilen, wobei kein Lehrer gegen seinen Willen verpflichtet werden darf, Religionsunterricht zu erteilen. Der verfassungskräftigen Erklärung des Religionsunterrichts zum ordentlichen Lehrfach werden mittelbare Auswirkungen auf die staatliche Befugnis entnommen, Regelschulen vorzugeben, denn die Länder gelten damit als gehindert, sich der Garantie des Religionsunterrichts durch Einführung bekenntnisfreier Schulen als Regelschulen zu entschlagen. Ein Verbot der landesrechtlichen Entscheidung für bekenntnisfreie Schulen als Regelschulen kann darin aber jedenfalls dann nicht liegen, wenn zugleich ein Recht auf Religionsunterricht eingeräumt wird. Im einzelnen streitig ist, inwieweit Religionsunterricht mit anderen Unterrichtsfächern gleichgestellt werden muß, etwa in der Berücksichtigung bei Versetzungsentscheidungen. Richtiger Ansicht nach wird man schon aus dem Recht der Erziehungsberechtigten, über die Teilnahme des Kindes zu bestimmen, folgern können, daß die Nichtberücksichtigung oder eine geringere Berücksichtigung im Religionsunterricht erbrachter Leistungen zulässig ist.

Wenn Religionsunterricht von Verfassungs wegen in Übereinstimmung mit den Grundsätzen der Religionsgemeinschaften zu erteilen ist, so bedeutet das eine Beschränkung der staatlichen Schulaufsicht, nicht aber eine ihr gleichkommende »geistliche Schulaufsicht«. Es geht um das Recht der Religionsgemeinschaft, über den Lehrstoff und die Methode seiner Behandlung zu bestimmen sowie die Einhaltung ihrer Vorgaben zu prüfen. Im Konfliktfall kann nicht etwa ein Weisungsrecht gegenüber dem

12 Streitig ist, ob die bei der Schaffung des GG für Bremen gedachte Ausnahmeklausel auch auf die sog. neuen Länder Anwendung findet, s. dazu *J. Winter*, Zur Anwendung des Art. 7 III GG in den neuen Ländern der Bundesrepublik Deutschland, in: Neue Zeitschrift für Verwaltungsrecht 1991, 754; *B. Schlink,* Religionsunterricht in den neuen Ländern, in: NJW 1992, 1008.

Schulträger oder gar dem einzelnen Lehrer in Anspruch genommen werden, vielmehr besteht nur die Möglichkeit der Aktivierung der (staatlichen) Schulbehörde. Einzelheiten über die Lehrberechtigung für den Religionsunterricht, die Konfliktlösung betreffend Lehrkräfte oder Bestandteile des Unterrichts haben die Rechtsprechung mehrfach beschäftigt, sind teilweise auch unterhalb der verfassungsrechtlichen Ebene durch Landesgesetz oder auch Vertragsschluß (Konkordate) geregelt.

Das Weigerungsrecht der Lehrer, solchen Unterricht zu erteilen, bedeutet auch, daß ihnen Nachteile dienstlicher oder persönlicher Art aus einer Weigerung nicht erwachsen dürfen.

4. Ethikunterricht

Wenn christlicher Prägungsanspruch nachläßt und konfessionelle Bindung schwindet und Religionsunterricht zwar »ordentliches Lehrfach«, aber ein ausschlagbares Angebot ist – stellt sich die Frage besonders dringlich, ob Sinnorientierung hinreichenden Ausmaßes anderweitig in der Schule vermittelt werden kann. Diese Frage wird nachhaltig diskutiert betreffend das Fach Ethikunterricht.[13] Als Unterricht »über« Ethik, als Informationsunterricht ist er zulässig; mag er auch »wertfrei« nicht sein können, so doch »wertneutral«. Das schon angesprochene Indoktrinationsverbot gilt auch hier. Es ist ebenso wie in anderen von Normen (mit-)handelnden Fächern (wie der Philosophie, der Politologie) auch erfüllbar, auch wenn (anders als dort) beim Ethikunterricht die Beschäftigung mit Normen ganz im Mittelpunkt steht. Allerdings: Im Unterschied zum Religionsunterricht ist solchem Unterricht die Bekenntnisgebundenheit versagt, weil die für den Religionsunterricht Schülern, Lehrern und Erziehern verfassungsrechtlich vorgegebenen Ausweichmöglichkeiten hier keine Parallele finden. Bleibt es dem Staat unbenommen, derartigen (»neutralen«) Ethikunterricht einzuführen, sei es als allgemeines Pflichtfach, sei es zur (Ersatz-)Pflicht für diejenigen, die sich zulässigerweise vom Religionsunterricht fernhalten, so dürfte der

---

13 S. dazu *H. de Wall*, Ethikunterricht und ethische Erziehung in der Schule – rechtliche Grundlagen und Probleme, in: EvErz 47/1995, 230 ff.

Staat umgekehrt nicht verpflichtet zur Einführung oder auch nur zum Angebot von Ethikunterricht sein. Das könnte sich allenfalls ändern, wenn sich zeigte, daß der noch immer vom Religionsunterricht vermittelte Zugang zur Ethik und die Erziehungsleistung in Elternhäusern künftig derart schwinden sollten, daß öffentliche Schulen dann einer weiter zunehmenden ethischen Desorientierung anders nicht entgegentreten könnten. Denn der staatliche Erziehungsauftrag des Art. 7 Abs. 1 GG soll dazu beitragen, daß die der Konzeption des GG zugrundeliegenden Wertvorstellungen und diejenigen, die das gesellschaftliche Leben tatsächlich prägen, nicht in unzuträgliche Distanz zueinander geraten. Auf »Wertentscheidungen« des GG sei daher abschließend eingegangen. Sie sollten für Ethik- *und* Religionsunterricht gleichermaßen zur Kenntnis genommen werden.

5. Grundgesetzliche Wertentscheidungen als Gegenstand
   und Vorgabe von Schulunterricht

Hat sich im vorigen erwiesen, daß das Recht zwar Erziehungsziele vorgibt, aber nachhaltig bemüht ist, einem Werteoktroi zu wehren, so fragt sich, ob es selbst Anhaltspunkte für die Inhalte ethischer Erziehung zu bieten vermag. Ist das Grundgesetz selbst ein taugliches Erziehungsprogramm? Unzweifelhaft ist es in Teilen ein geeigneter Gegenstand für den Schulunterricht, vor allem in seinen organisatorischen Passagen und bezüglich seiner rechtsstaatlich-grundrechtlichen Prägung. Ebenso deutlich ist, daß es solchen Unterricht nicht selbst gebietet: »Nur« der Religionsunterricht – kein sonstiger normenbezogener Unterricht – ist vom GG als »ordentliches Lehrfach« vorgegeben. Und zu beachten ist auch, daß von Nichtjuristen vermittelte Unterweisung im Recht auf spezifische Schwierigkeiten stößt. Die Teilidentität von Rechtssprache und Alltagssprache, die prägende Kraft der Judikatur, welche gerade im Verfassungsrecht aus höchst abstrakten, begrifflich voraussetzungsvollen Normtexten differenzierte Rechtsgebilde gewonnen hat, deren Verständnis aus dem Normtext allein nicht möglich ist, bilden dafür die Ursachen – übrigens auch Ursachen dafür, daß Gerichtsentscheidungen in öffentlicher Diskussion mißverstanden werden und der Gedanke der Unverbrüchlichkeit des Rechts der Vorstellung von seiner Beliebigkeit weicht.

Von Information über die Verfassung ist – so wie der verfassungsrechtlich gewollte Religionsunterricht keinen Unterricht allein »über« Religion darstellt – ein auf Vermittlung und Akzeptanz vom GG getroffener Wertentscheidungen zielender Unterricht zu unterscheiden. Auch einen solchen gebietet das GG nicht, zieht den Lehrern als Amtsträgern umgekehrt die wiederholt angesprochenen Grenzen bei der Wertevermittlung (und billigt, daß ihnen verwehrt ist, sich im Amt nachhaltig gegen die – in der Sprache des Beamtenrechts – »freiheitlich-demokratische Grundordnung« zu verwenden). Hier geht es darum, was innerhalb solcher Grenzen das GG positiv an Wertorientierung erkennen läßt. Es bietet dazu reichhaltiges Material. Auch wenn man nicht der These huldigt, das an Art. 1 Abs. 1 ablesbare Würdekonzept des GG beinhalte gleichsam eine Verweisung auf Kant, so ist nicht zu verkennen, daß es im Grundrechtsteil (auch) diesem viel zu danken hat. Auch wenn das GG Grundrechte, nicht »Grundpflichten« in den Mittelpunkt stellt und nur ausnahmsweise unmittelbar das Verhältnis zwischen einzelnen Privaten regelt, gibt es Anhalte für die Bestimmung der Rolle von Pflichten gegenüber anderen Personen und dem Gemeinwesen. Die Grundrechtsjudikatur vor allem des Bundesverfassungsgerichts verdeutlicht in einer Vielzahl von Beispielen, wie Toleranz, Respekt und Rücksichtnahme gegenüber Individualität vom Staat gefordert ist – und erweist damit zugleich ihre grundlegende Bedeutung für das Miteinander von Privatpersonen. Die grundgesetzliche Ächtung etwa rassischer Diskriminierung, das Bekenntnis zur Friedenswahrung nach außen und zu internationalen Menschenrechten liefern weitere Bausteine mit richtungweisender Kraft. Insbesondere neuere Landesverfassungen sind in ihren materialen Vorgaben noch konkreter und beredter als das GG. Sie zeugen damit von auch dem Grundgesetz konzeptionell zugrunde liegenden Einsichten bzw. der in seinem Rahmen möglichen Vielfalt.

Bei alledem darf nicht der Eindruck entstehen, dem Verfassungsrecht sei – womöglich ein für allemal – »eine« Ethik entnehmbar. Daß das GG beispielsweise den Schutz der Ehe hervorhebt, bedeutet nach heute vorherrschendem Verständnis keine moralische Absage gegenüber anderen Formen des Zusammenlebens. Dennoch ist es aufschlußreich (und ein geeignetes Unterrichtsthema), wie es dazu kam, daß unter den verschiedenen Formen des Zusammenlebens gerade und nur die Ehe verfassungsrechtlich angesprochen ist. Zu beachten ist, daß auch Verfassungsrecht sich wandeln kann, dies unter Umständen bei Fortbestand eines seit langem fixierten Textes. Auch dort, wo sich das GG nicht definitiv entscheidet, und außerhalb der Reichweite seiner Anwendungsbefehle – außerhalb dessen also, was einleitend als »Rechtsfolgen« beschrieben wurde – hält das Verfassungsrecht Angebote für ethische Erziehung bereit, die in ihrem Reichtum offensichtlich bisher nicht hinreichend gewürdigt sind. Angesichts vielfach diagnostizierter Enttraditionalisierung und kultureller Nivellierung, schon eingetretener bzw. absehbarer Umbrüche in Medienstruktur und Kommunikationstechnologien sowie fortschreitender Migration bedeutet das verfassungsrechtliche Angebot zur ethischen Orientierung ein Potential, dessen Nutzung im Schulunterricht sich geradezu aufdrängt – nicht im Bemühen um das Festhalten eines Ist-Zustands, sondern zur Bewältigung der Zukunft durch fortwährende Vergewisserung über die Grundlagen von Staat und Gesellschaft.

Literaturhinweise

M. Bothe/A. Dittmann/W. Mantl/Y. Hangartner, Erziehungsauftrag und Erziehungsmaßstab der Schule im freiheitlichen Verfassungsstaat, in: Veröffentlichungen der Vereinigung der Deutschen Staatsrechtslehrer, Heft 54, Berlin/New York 1995.

H.-U. Evers, Die Befugnis des Staates zur Festlegung von Erziehungszielen in der pluralistischen Gesellschaft, Berlin 1979.

H.D. Jarass, Zum Grundrecht auf Bildung und Ausbildung, in: Die öffentliche Verwaltung 1995, 674 ff.

B. Pieroth, Erziehungsauftrag und Erziehungsmaßstab der Schule im freiheitlichen Verfassungsstaat, in: Deutsches Verwaltungblatt 1994, 949 ff.

XVIII.
Ethische Erziehung als fächerübergreifende und fächerverbindende Aufgabe

HEINZ SCHMIDT

1. Vor dem Ende schulischer Erziehung?

Unterricht soll nicht nur Kenntnisse vermitteln, sondern auch Regeln und Verhaltensweisen. Er soll Einstellungen und Tugenden bilden sowie Lebenssinn erschließen, kurz: er soll erziehen. Seit der Aufklärung wird dabei nicht mehr eine fraglose Übernahme von Vorgegebenem angestrebt, sondern dessen *reflektierte und selbstbestimmte* Aneignung, wie es dem Autonomieanspruch menschlicher Vernunft entspricht. Der Erziehung wuchs so die Dimension Bildung zu, verstanden als vernunftbestimmte Aneignung von Sachen und Werten, mit deren Hilfe die einzelnen gleichzeitig zu freien Subjekten und zu Sachwaltern des Allgemeingültigen (=Allgemeinbildung) zu werden hofften. Soweit die zu vermittelnden Sachverhalte die Moral oder das Ethos betrafen, wurde die ethische Reflexion bzw. die ethische Urteilsbildung zum Ziel und Inhalt der angestrebten Bildung.[1] Diese Verknüpfung von autonomer Reflexion, Bildung und allgemeiner Vernunft galt als Garant für ein gedeihliches Zusammenleben von Menschen mit unterschiedlichen Religionen oder Weltanschauungen. Denn die Unterschiedlichkeit religiöser und moralischer Überzeugungen schien den Rahmen vernünftiger und allgemein verbindlicher Grundlagen (Menschenrechte, Grundwerte,

---

[1] Vgl. den hohen Stellenwert ethischer Urteilsbildung in den meisten Lehrplänen und didaktischen Ansätzen zum Ethikunterricht, der bis zum Ausschluß anderer Konzepte gesteigert werden kann. So bei *O. Höffe,* Ethikunterricht in pluralistischer Gesellschaft, in: *ders.,* Ethik und Politik, Frankfurt 1979, 453–481 und in den Hessischen Rahmenrichtlinien (*R. Baumann u. a.,* Ethikunterricht. Einführung eines neuen Fachs, Wiesbaden: HIBS 1986, 1–58).

Naturrecht) nicht gefährden zu können, zumal zu diesen Grundlagen auch Verfahrensgrundsätze gehörten, die eine politische, rechtliche und wirtschaftliche Verständigung zu garantieren versprachen. Außerdem stellte die wissenschaftliche Forschung eine vernünftige Erkennbarkeit und Beherrschbarkeit aller Lebensverhältnisse in Aussicht. Wissenschafts- und (Grund-)Wertorientierung sind seitdem die fundamentalen Prinzipien schulischer Erziehung, wie Schulgesetze, Bildungs- und Lehrpläne zeigen.

Obwohl das einheitliche Vernunftkonzept der Aufklärung zerbrochen und eine Vielfalt von Rationalitäten (z. B. wirtschaftliche, rechtliche, politische, religiöse usw.) an seine Stelle getreten ist, und auch der Bund von Wissenschaft und Moral nicht mehr besteht, ist das öffentliche Erziehungswesen weiterhin so organisiert, als sei die Vorstellung einer vernunftgebundenen Pluralität noch tragend. Die Erziehungsziele der Schulgesetze und Lehrpläne nennen Grundwerte und Menschenrechte als verbindliche Erziehungsgrundlagen. Schulfächer spiegeln mit wenigen Ausnahmen die herkömmlichen Gliederungen der Wissenschaften, die Unterrichtsinhalte deren elementare Wissensbestände. Auch der christliche Religionsunterricht, der den vernünftigen Wertkonsens gelegentlich im Namen einer anderen Vernunft sprengen könnte, ist an die gesetzlichen Grundlagen gebunden und hat zu den entsprechenden Erziehungs- und Bildungszielen beizutragen. Die Einführung des Ethik- oder Philosophieunterrichts als Ersatz- oder als Wahlpflichtfach bestätigt noch einmal dieses Bildungskonzept. Wenn der Religionsunterricht die reflektierende Aneignung der grundlegenden Normen nicht mehr für alle gewährleistet, muß für die religiös nicht Gebundenen ein Fach geschaffen werden, dessen Bildungsauftrag in nichts anderem besteht, als eben die »Wertvorstellungen und ethischen Grundsätze« im Zusammenhang der sie tragenden Traditionen verständlich zu machen, die diesem Bildungswesen zugrunde liegen.[2]

---

2 Diese These ist zu unterscheiden von *A.K. Treml* Erklärung der Einführung des Ethikunterrichts (Ethik als Unterrichtsfach in verschiedenen Bundesländern, in: *ders.* [Hrsg.] Ethik macht Schule! Moralische Kommunikation in Schule und Unterricht, Frankfurt 1994, 19). Dabei hätte das kirchliche Interesse an einer Stabilisierung des Religionsunterrichts zusammengewirkt mit einem staatlichen Eigeninteresse an der »Förderung gemeinsamer homogener Werte«, wodurch einer der funktionalen

Der gesellschaftliche Pluralismus der Gegenwart ist jedoch differenzierter und spannungsreicher, als die Vorstellung einer vernunftgebundenen Vielfalt von Überzeugungen und Werten zum Ausdruck zu bringen vermag. Darauf weist schon der Umstand hin, daß eine große Zahl von Zeitgenossen – auch unter den Heranwachsenden – an religiösen, weltanschaulichen oder moralischen Überzeugungen wenig Interesse hat. Massenmedien und Freizeitindustrie fördern *egoistische* und *konformistische* Tendenzen, indem sie den einzelnen ungetrübten Genuß ohne verbindendes oder verbindliches Engagement versprechen. Die dominierenden gesellschaftlichen Systeme (Wirtschaft, Recht, Gesundheit, Politik usw.) fordern und fördern systemkonforme Leistungen und Einstellungen und garantieren bei entsprechendem Verhalten Lebenserfolg. So ist es kein Wunder, daß die Schule mit ihren erzieherischen Ambitionen zu scheitern droht. Berichte über einen lustlosen und resignierten Lehrerstand, realitätsfremde Schulbürokratien, zunehmende Verhaltensprobleme unter Schülerinnen und Schülern bis hin zu Gewalt und mangelnder Leistungsbereitschaft häufen sich.

Es gibt zwei gängige Antworten auf diese Situation: Die eine sieht den Grund der Misere im mangelnden Engagement der Lehrenden und fordert diese auf, ihrer Rolle als Erzieher bzw. Vorbilder – im Religionsunterricht als Glaubensvorbilder – besser gerecht zu werden. Die andere sieht den Hauptgrund in der Schwerfälligkeit der Schulbürokratie, die nicht in der Lage sei, ihre Inhalte und Organisationsstrukturen den sich schnell wandelnden Voraussetzungen und Einstellungen der Jugendlichen anzupassen. Von einer radikalen Beschneidung der staatlichen Regelungskompetenz zugunsten größerer Autonomie der einzelnen Schule bzw. der Unterrichtenden erhofft man sich mehr Flexibilität.

Beide Antworten greifen zu kurz, weil sie den gesellschaftlich-kulturellen Wandel »hinter« den schulischen Problemen nicht in Rechnung stellen. Die erste Antwort (Verstärkung des erzieherischen Engagements) übersieht, daß auch die Erziehenden im Blick auf die Ziele und Inhalte ihres Tuns

Differenzierung innewohnenenden Tendenz zur Zerstreuung der heterogenen Kräfte entgegengewirkt werden soll. Weder in kirchlichen noch in staatlichen Dokumenten lassen sich diese Interessen nachweisen. Zumindest hätte – wenn es um eine homogene Wertorientierung gegangen wäre – nicht die ethische Urteilsbildung staatlicherseits so in den Vordergrund gestellt werden dürfen.

sowie die zu vertretenden Werte und Normen unsicher oder sogar unmotiviert sind.[3] Ein erzieherisches Engagement ist somit eher unwahrscheinlich; hingegen liegt eine Konzentration auf Fachwissen und auf gesellschaftlich erwünschte Qualifikationen überall dort nahe, wo Sinn- und Wertfragen nicht unmittelbar Gegenstände der zu unterrichtenden Fächer sind. Die zweite, antibürokratische Antwort geht von der unstrittigen Beobachtung aus, daß Schülerinnen und Schüler viel lernen müssen, was sie prima facie nicht interessiert, und sich Ordnungsmechanismen unterwerfen müssen, die ihren aktuellen Bedürfnissen nicht entsprechen. Besteht aber nicht die Gefahr, daß sich in innerschulischen Verständigungsprozessen über Lerninhalte und Ordnungsstrukturen die Interessen der Beteiligten bzw. gerade einflußreicher Gruppen ohne Rücksicht auf übergreifende kulturelle, politische und moralische Aspekte durchsetzen würden, ganz zu schweigen von den Anliegen kultureller und religiöser Minderheiten?

2. Jugendliche und Schule zwischen Pluralismus und Systemabhängigkeit

Mangelndes Interesse und Leistungsverweigerung, Verhaltensschwierigkeiten und Gewaltbereitschaft sind nicht in erster Linie Folgen einer pädagogischen Lethargie oder einer unbeweglichen Schulverwaltung. Denn sie werden von außerschulischen Phänomenen begleitet wie dem Erstarken fundamentalistischer Orientierungen, der Attraktivität esoterischer Gruppen und Leitfiguren sowie der Weigerung vieler Jugendlicher, ihre Kindheit hinter sich zu lassen und den bergenden Schoß der Familie zu verlassen. Angesichts der gesellschaftlichen »Verfassung radikaler Pluralität« ist zu vermuten, daß Jugendliche auf den Verlust relativ homogener Umgebungen entweder defensiv reagieren, d. h. in

---

3 Für die Lehrerschaft insgesamt gibt es hierzu keine empirische Untersuchung. Für die Religionslehrerinnen und Religionslehrer der Großstadt Hamburg kam *K. Langer* (Warum noch Religionsunterricht? Religiosität und Perspektiven von Religionspädagogen heute, Gütersloh 1989) zu folgenden Beobachtungen: Nur gut die Hälfte der Religionslehrerinnen und Religionslehrer (Tab. 30: 55%) findet in der christlichen Glaubensüberlieferung Grund und Ausrichtung ihres Lebens. Ein Fünftel der Religionslehrer (ebd. 21%) gibt demgegenüber zu erkennen, daß die christliche Tradition für ihre Lebensorientierung kaum oder gar keine Rolle spielt.

überschaubaren Lebenszusammenhängen mit einfach strukturierten Weltbildern Sicherheit suchen oder sich von den Angeboten einer Konsum- und Erlebnisindustrie in Beschlag nehmen lassen.

Was heißt »radikale Pluralität« für Jugendliche? Lebensläufe sind – nicht nur für Jugendliche – »entstrukturiert«, sei es durch Arbeitslosigkeit, frühe und periodisch wechselnde eheähnliche Beziehungen, Ausbildungs- und Karriereveränderungen und Aufschub von Familiengründung. Die individuelle Lebensgestaltung wird auch sozial eingefordert. Unterschiedliche Lebensstile und Jugendformen schaffen einen Zwang zum Experimentieren und zur Selbstfestlegung – auf Zeit. Die dennoch meist fortdauernde wirtschaftliche und häusliche Abhängigkeit von den Herkunftsfamilien muß durch erhöhte Toleranz ausgeglichen werden. Konfliktträchtige Gespräche über Politik, Religion, Moral und Sexualität werden vermieden. Die Familie soll in erster Linie das Individuum stabilisieren und dessen Wohlbefinden fördern.[4] Die normativen Erwartungen reduzieren sich hier oft auf das Einhalten von Äußerlichkeiten (Zeit des Nach-Hause-Kommens u. ä.), während die emotionalen Erwartungen an Beziehungspartner nahezu unbegrenzt erscheinen. *Helmut Fend* stellt fest, daß Jugendliche immer früher aktiv an Sport, Technik, Medien, Konsum, Genuß und Sexualität Anteil haben. Ihnen sind damit einerseits größere Möglichkeiten der Selbstgestaltung zugewachsen, andererseits aber sind der Druck zur Selbstbehauptung und das Maß der Selbstgefährdung (Abhängigkeit von Alkohol, Drogen, Werbung u. a.) größer geworden.[5]

Begriffe wie Selbstgestaltung, Selbstbehauptung und Selbstgefährdung sind freilich geeignet, eine zunehmende soziokulturelle und ökonomische Außensteuerung und Standardisierung zu kaschieren, die von der Meinungs- und Geschmacksmanipulation durch die Werbung über Arbeits- und Freizeitverläufe bis hin zu Therapie und Fortbildung reicht. Vorwiegend Jugendliche und

---

4 *H. Bertram u. a.* (Hrsg.), Blickpunkt Jugend und Familie. Internationale Beiträge zum Wandel der Generationen, Weinheim/München 1989, 17–19.

5 *H. Fend,* Sozialgeschichte des Aufwachsens, Frankfurt 1988, 298. – Ein eindrückliches Beispiel bietet *Th. Ziehe,* Optionen der Ohnmacht, in: Loccumer Pelikan 1992, Nr. 2, 10.

junge Erwachsene werden von der »Konsum- und Dienstleistungs-ökonomie umworben und in Abhängigkeit gehalten«.[6] »Kreativität«, »Freisetzung« und »Selbstbestimmung« sind zumindest ideologieträchtige Bezeichnungen für den im Gang befindlichen normativen und soziokulturellen Wandel. Weitgehend freigesetzt sind die einzelnen von weltanschaulichen, moralischen und ästhetischen Normierungen. An ihre Stelle sind ökonomische, technische und soziale Steuerungsmechanismen getreten, die teilweise die individuellen Selbstentfaltungsbedürfnisse stimulieren, zum Teil aber auch konterkarieren. Das gilt sowohl für Erwartungen und Erfahrungen mit beruflicher Arbeit als auch mit der Schule.

Wir beschränken uns hier auf die Schule. *Werner Helsper* hat empirisch belegt, was Eltern und Lehrerinnen und Lehrer seit einiger Zeit schon wissen: Zwischen 1953 und 1984 hat sich die Kritik von Schülerinnen und Schülern am Leistungsdruck etwa versiebenfacht (6%–41%), am Verhältnis zum Lehrpersonal mehr als vervierfacht (11%–47 %) und am Unterricht ebenfalls vervierfacht: (5%–20%)[7], obwohl sich die Bildungsangebote in derselben Zeit erheblich vermehrt haben und die didaktisch-methodische Qualität des Unterrichts in jeder Hinsicht verbessert wurde. Dieser eklatante Widerspruch zwischen pädagogischen Bemühungen und jugendlicher »Bewußtseinsbildung«[8] erklärt sich aus einer Diskrepanz zwischen Erwartungen und Erfahrungen. In Interviews machten Schülerinnen und Schüler ihre Erwartungen deutlich. Schule soll in erster Linie ein »Jugendtreffpunkt« sein, d. h. »intensives Erleben im Hier und Jetzt, Autonomie, Vertrauen und Kooperation ermöglichen«.[9] Im Schulalltag dominieren aber Leistungsdruck und ein langweilig-monotoner Umgang mit lebensfernen Gegenständen oder Altbekanntem, zu dem man sich um der Zensuren willen instrumental-strategisch verhält. Denn der Zugang zur Oberstufe und das Abitur werden von fast allen angestrebt, weil die verlängerte Schulzeit im Vergleich zur Berufsarbeit das kleinere Übel darstellt und relativ bessere Chancen der Selbstverwirklichung eröffnet[10], auch wenn die beruflichen Perspektiven nach höheren Abschlüssen unsicher geworden sind.

6 *J. Zinnecker,* Jugendkulturen 1940–1985, Opladen 1987, 21.
7 *W. Helsper,* Jugend und Schule, in: *H.-H. Krüger* (Hrsg.), Handbuch der Jugendforschung, Opladen 1988, 262f.
8 *H. Fend,* Pädagogische Programme und ihre Wirksamkeit, in: *W. Breyvogel* (Hrsg.), Pädagogische Jugendforschung, Opladen 1989, 208.
9 *W. Helsper,* aaO., 164.
10 Ebd., 166–182.

Die Auflösung fester Lebensformen und sozialer Milieus hat zudem die Bedeutung von Schule erheblich relativiert. Sie ist für die meisten nicht mehr sinnerfüllende Mitte, sondern nur noch ein Alltag neben einer Vielzahl von Alltagen (Familie, Clique, Beziehung, Hobby oder Verein, andere Institutionen, Medienwelt). In allen diesen ist eine besondere Handlungskompetenz erforderlich, erschließen sich eigene Welten mit ihren Konflikten und Verheißungen. Das Leben beginnt mithin nicht erst nach der Schule. Es ist immer präsent und erfordert unaufschiebbare Problemlösungen. Das Dringlichste wird zuerst erledigt, und das ist nur selten Schulisches. Schließlich entspricht der Differenzierung der Lebensbereiche eine Diversifizierung der Wissensbestände.

Die durch Fächer, Kurse und Unterrichtssequenzen differenzierte Schule bestätigt einerseits die Diversifizierung der Wissens- und Handlungsbereiche, andererseits selektiert sie vorab das zu Lernende, was für dessen Attraktivität eher abträglich ist.

3. Fächerübergreifende Erziehungsaufgaben

Angesichts der skizzierten Sozialisationsbedingungen scheint die Schule mit der ihr angesonnenen kulturellen und ethischen Orientierungsaufgabe überfordert, es sei denn, es gelänge, sie zu einem entsprechend qualifizierten und von den Jugendlichen akzeptierten Lebensraum werden zu lassen. Die EKD hat in ihrer Denkschrift zur Schule und zum Religionsunterricht genau diese Forderung erhoben. Die Schule soll gleichzeitig Ort der Bildung und Lebensraum der Heranwachsenden sein[11] und soll die folgenden Aufgaben erfüllen[12]:

»Die Schule hat zum einen mit prägenden Kräften und Traditionen der eigenen Kultur und Geschichte vertraut zu machen« ... Sie hat »zum anderen, das Zusammenleben mit Menschen anderer Kulturen und Religionen zu fördern«, indem sie Begegnungen zwischen Kindern unterschiedlicher Herkunft vermittelt und zu einer Auseinandersetzung mit Fremdem in der eigenen Lebenswelt anleitet. Sie hat drittens angesichts der Gefähr-

11 *EKD-Kirchenamt* (Hrsg.), Identität und Verständigung. Standort und Perspektiven des Religionsunterrichts in der Pluralität. Eine Denkschrift der Evangelischen Kirche in Deutschland, Gütersloh 1994, 22.

12 Ebd., 35.

dungen einer »Risikogesellschaft« die junge Generation zur Mitverantwortung für Friede und Gerechtigkeit zu befähigen, und zwar durch eine realistische Analyse von Sachverhalten, ethisch begründete Urteils- und vernünftige Konsensbildung und die Bereitschaft, »wenn notwendig Lebensgewohnheiten zu ändern.«

Die Schule versucht, diesen Aufgaben in erster Linie durch den Fachunterricht gerecht zu werden. So ist die Neigung verständlich, die eingangs erwähnten Schwierigkeiten insbesondere dem in Fächer gegliederten Unterricht anzulasten. Als Gegenmaßnahmen werden empfohlen[13]: Projekt- und handlungsorientiertes Lernen, möglichst weitgehende Aufhebung der Fachgrenzen zu Gunsten eines ganzheitlichen, an »epochaltypischen Schlüsselproblemen« orientierten, übergreifenden Lernens, möglichst weitgehende Selbstbestimmung der Lernenden bei der Wahl der Lerngegenstände und der Lehrenden und schließlich die Aufhebung der starren Klassenverbände zu Gunsten einer flexibleren Lernorganisation in neigungs- und leistungsdifferenzierte Gruppen.

Alle diese Reformvorschläge sind nicht neu. Daß sie sich bisher aufs Ganze gesehen nicht durchsetzen konnten, wird gemeinhin auf unflexible bürokratische Strukturen, bornierte Bildungspolitik und finanzielle Engpässe zurückgeführt. Verschwiegen werden die negativen Erfahrungen und Schwierigkeiten mit derartigen Reformen in den Modell- und Gesamtschulprojekten in der Bundesrepublik Deutschland seit 1970. Sie seien in Kürze zusammengefaßt:

(1) Projekt- und handlungsorientiertes Lernen erfordert einen hohen Vorbereitungsaufwand der Lehrenden, der im Schulalltag nur gelegentlich und unter hohen Freizeitopfern möglich ist. Von seiten der Lernenden ist ebenfalls ein höherer Zeitaufwand erforderlich. Außerdem sind insgesamt komplexere Leistungen (z.B. Recherche, Interview, Dokumentation) gefordert, die viele, meist die schwächeren Schülerinnen und Schüler, ohne kleinschrittige fachspezifische Anleitung nicht erbringen können, was den begleitenden Aufwand von Lehrerseite noch weiter erhöht.

(2) Fächerübergreifendes, an Schlüsselproblemen orientiertes Lernen verlangt eine Mobilisierung von vielerlei Einzelwissen und Fähigkeiten, die viel zu komplex sind, um in nur kursartigen Einschüben in fächerübergrei-

---

13 Ebd., 50ff.

fenden Unternehmungen erarbeitet werden zu können. Wieder sind es die schwächeren Schülerinnen und Schüler, die entweder frühzeitig aussteigen oder mit untergeordneten Teilleistungen beschäftigt werden.

(3) Die sogenannten Schlüsselprobleme sind selbst von so komplexer Natur, daß jede Elementarisierung bzw. didaktische Reduktion zu sachlichen, politischen und weltanschaulichen Verkürzungen bzw. Kontroversen führt, die mit den vorhandenen Mitteln und in der verfügbaren Zeit kaum bearbeitet werden können.

(4) Die geforderte Selbstbestimmung der Lernenden im Blick auf Lerngegenstände und Lehrende überfordert viele, jedenfalls die schwächeren und weniger leistungsbereiten Schülerinnen und Schüler, weil sie ihnen ständig Entscheidungen zwischen vermeintlichem Spaß und ernsthaftem Lernen oder zwischen leichteren und schwereren Arbeiten abnötigt.

(5) Die Aufhebung der Klassenverbände ist mit erheblichen Verhaltens- und Orientierungsunsicherheiten verbunden, da soziale Positionen, Verhaltenserwartungen und Anforderungsniveaus ständig neu geklärt werden müssen.

Die Schwierigkeiten lassen sich mit dem Schlagwort »Überforderung durch Überkomplexität« kennzeichnen. Die Erwartungen an Selbstbestimmung, Wahlfreiheit und Kooperationsbereitschaft der Jugendlichen wurden hoch geschraubt, ohne zuvor die dazu erforderlichen kognitiven und kommunikativen Fähigkeiten zu sichern. Konsequenz der Fehlschläge sollte freilich nicht eine Preisgabe der Intentionen sein, sondern neue Versuche, bei denen Überkomplexität vermieden wird. Einige Hinweise mögen das Gemeinte verdeutlichen:

(1) Projekte müssen in Zeit und Umfang zunächst geringgehalten und in jedem Fall den Fähigkeiten der Lernenden und Lehrenden angepaßt werden.

(2) Bei fächerübergreifenden Unterrichtsversuchen ist es zunächst sinnvoll, zwei oder höchstens drei verwandte Fächer zusammenzufassen und die didaktischen Elemente vorher genau festzulegen. Fächerübergreifendes Lernen sollte auf fächerverbindendes Lernen aufbauen.

(3) Der Bezug auf Schlüsselprobleme sollte zunächst von den Fächern bzw. Fachdidaktiken her aufgewiesen werden, damit gleichzeitig die Sachgemäßheit von Problemlösungen wie die Relevanz fachbezogenen Lernens deutlich wird.

(4) Selbstbestimmung sollte in kleinen Schritten gelernt und begleitend reflektiert werden, zunächst begrenzt auf die Wahl von Arbeitsmethoden, dann auf die Wahl zwischen zwei alternativen Inhalten; erst in den Oberstufen ist die Wahl ganzer Unterrichtseinheiten oder Kurse vertretbar.

(5) Der Klassenverband sollte in der Grundschule und in der Sekundarstufe I nur für eine begrenzte Zeit und für besondere didaktische Zielsetzungen aufgegeben werden (Projekt, Differenzierungsgruppe zur Förderung von Schwächeren, Religionsunterricht/Ethikunterricht), so daß der Bestand der normalen Bezugsgruppe nie zweifelhaft werden kann.

Über organisatorische und methodische Maßnahmen hinaus hat die Pädagogik die ethische Problematik der Moderne auf ihre schulpädagogischen Konsequenzen hin zu bedenken, da sie selbst als Kind dieser Moderne in sie verstrickt ist. Die EKD-Denkschrift beschreibt diese Problematik zurückhaltend als »Dilemma zwischen den unveräußerlichen westlichen Freiheitsrechten und ihren ruinösen Folgen«.[14] Mit der sich entgrenzenden Wahl- und Dispositionsfreiheit seien die Fähigkeiten zur ethischen Beurteilung nicht im gleichen Maße mitgewachsen.

Die Denkschrift unterläßt es allerdings, die Gründe hierfür namhaft zu machen. Es ist ja keineswegs so, daß aktualisierbare ethische Traditionen und Denkmodelle nicht zur Wahl stünden. Auch die Pluralität dieser Modelle ist nicht eigentlich das Beschwerliche. Es ist die Entgrenzung der Subjekte selbst, die Verabsolutierung der Subjektivität, die jede Selbstbegrenzung, jede Rezeptivität für die Bedürfnisse anderer, jede Anerkennung kollektiver Verbindlichkeiten und jeden Respekt vor Fremden obsolet macht, so einleuchtend solches zu begründen wäre. Selbstbegrenzung aus Rücksicht auf andere – die Grundlage jeder Ethik – wird zur Zumutung. Welche Erwartungen an den Lebensalltag und an die Schule dadurch entstehen und notwendigerweise enttäuscht werden müssen, dafür wurden eingangs Beispiele genannt. Die Pädagogik antwortet – wie wir sahen – auf diese Situation mit einer Erweiterung der Selbstbestimmungs- und Wahlmöglichkeiten, muß dann aber Überforderung konstatieren.

Wie aber kann Selbstbegrenzung ohne zwanghafte Verordnung oder ideologische Verbrämung eines wie immer geforderten Freiheitsverzichts möglich werden? Pädagogik und Moralpädagogik müssen ihre transpädagogischen und transmoralischen Voraussetzungen reflektieren und praktisch wirksam werden lassen. Mit der Vorsilbe »trans« wird auf Grundlagen pädagogischen Handelns hingewiesen, die diesem nicht verfügbar sind. Es geht schlicht um die Erfahrung, daß der Mensch nicht »Ergebnis seines

14 Identität und Verständigung, aaO., 32.

Wirkens sein kann« und daß die Entstehung des Selbstbewußtseins, das seine Grenzen nicht mehr zu bestimmen weiß, nicht als Leistung dieses Bewußtseins erkennbar werden kann. Dem korrespondiert »unmittelbar die Alltagserfahrung, daß Selbstzustände überhaupt nicht intentional zu erreichen sind. So wenig ich mit Erfolg beschließen kann, verliebt zu sein oder einzuschlafen, so wenig kann ich absichtsvoll Sinn finden«.[15] Selbstbewußtsein darf nicht mit Selbstreflexion gleichgesetzt werden. Letztere kann reflektierend nur entfalten, was entweder von außen vermittelt wird oder vorreflexiv schon bekannt ist. *Pädagogisch* ergibt sich daraus die Frage, wie »Sein aus unverfügbarem Grunde« *(Friedrich Hölderlin)* angesichts der gegenwärtigen Lebensverhältnisse in der Lebensführung Gestalt gewinnen kann. *Theologisch* schließt hier die Vorstellung von der Geschöpflichkeit und Erlösungsbedürftigkeit der Menschen an. Eine interkulturelle Pädagogik wird sich auch mit den Traditionen und Ethiken auseinanderzusetzen haben, die außerhalb des Christentums die Unverfügbarkeit des menschlichen und geschöpflichen Miteinanders zur Sprache bringen.

Damit ist als Bedingung einer neuen »ethischen« Erziehungsaufgabe der Schule die Aufarbeitung der transmoralischen Dimensionen des Lebens erwiesen. Systematisch und kontinuierlich leistet dies der Unterricht in den Fächern Religion und Ethik. Wenn damit aber eine grundlegende und nicht nur marginale oder zusätzliche Dimension der Erziehung angesprochen ist, müssen alle Fächer auf ihre Weise ihnen unverfügbare Voraussetzungen thematisieren und deutlich machen, wie sich solche Selbstbegrenzung auf die zu vermittelnden Wissensbestände und Einsichten auswirkt. Aber auch die *Schule als Ganze* sollte Gelegenheiten bieten, Lernen und Zusammenleben als Geschenke bzw. Vergünstigungen wahrzunehmen und die sich daraus ergebenden Verbindlichkeiten zu übernehmen, z. B. gegenüber weniger Begünstigten, gegenüber Menschen, denen Lernchancen vorenthalten werden, und sogar gegenüber den Steuerzahlern, die diese Schulen finanzieren.

15 *B. Dressler,* Überlieferung und Geistesgegenwart, in: *J. Ohlemacher* (Hrsg.), Religionsunterricht. Auftrag und Funktion, Loccum: RPI 1995, 118.

Soziale und diakonische Praktika (im Sinne von fächerübergreifenden Projekten) sollten zum festen Bestandteil des Curriculums bestimmter Klassenstufen gehören. Die Schule kann Patenschaften für einzelne Kinder oder für Projekte in der Dritten Welt pflegen, die dann für eine begrenzte Zeit von einzelnen Lerngruppen ausgestaltet werden. Daß Behinderte in das Schulleben integriert sind, sollte in Zukunft der Normalfall sein. Weitere Schritte auf dem Weg zu einer sozial und ökologisch verantwortlichen Schule[16] wären eine innerschulische Reflexion der eigenen sozialen und ökologischen Funktionen (z. B. soziale Selektion und Stigmatisierung, Energie- und Ressourcenverbrauch, Einübung von Konsumenterrollen) sowie deren Veränderung mit dem Ziel einer mitmenschlichen und mitkreatürlichen Solidarität. Schließlich könnte in *Feiern* einzelner Lerngruppen oder der ganzen Schule mit Nachbarn und Hilfsbedürftigen die Vielgestaltigkeit des Lebens vergegenwärtigt werden, die mit dessen Unverfügbarkeit gegeben ist.

4. Ethische Perspektiven einzelner Unterrichtsfächer

4.1 Deutsch. Im Fach Deutsch geht es um die Fähigkeit, schöpferisch und normgerecht mit der Muttersprache umzugehen und sach- und personangemessen zu kommunizieren. Erworben werden diese Fähigkeiten in Auseinandersetzung mit der Alltagssprache und mit literarischen Werken verschiedener Zeiten und unterschiedlicher Herkunft. Dabei begegnen die Lernenden den Wertvorstellungen, Welt- und Lebensdeutungen verschiedener Epochen und lernen die moralischen Konflikte und Auffassungen unterschiedlicher Menschen kennen. Epochentypische Formen menschlicher Erfahrung und Lebensführung mit ihrer je eigenen Moral legen es nahe, zwischen geschichtlich relativen und überdauernden Deutungen und Handlungsprinzipien zu unterscheiden. Wenn es auch nicht die Aufgabe des Deutschunterrichts sein kann, alle jeweils virulenten religiösen und ethischen Aspekte hinsichtlich ihrer Genese und Geltung zu analysieren, müßte doch auf eine angemessene sprachliche Darstellung, kriterienbewußte Reflexion und konsistente Argumentation geachtet werden, um kommunikative Kompetenz zu erreichen. Der Deutschunterricht

16 »Polis« im Sinne von *H. von Hentig,* Die Schule neu denken, München ³1994.

muß darüber hinaus die Sinn- und Wertschemata sowie die moralischen (Vor-)Urteile zu Bewußtsein bringen, die in traditioneller wie in gegenwärtiger Sprache impliziert sind. Dies betrifft insbesondere die Geschlechterrollen, das Verhältnis zu Fremden/Ausländern und ihren Kulturen, die Beziehung zwischen den Generationen, das Verhältnis zur Um- und Mitwelt, soziale Konflikte und das Problem der Gewalt sowie innen- und außenpolitische Auseinandersetzungen. Hier sind ethische Kriterien zu explizieren, an denen der jeweilige Sprachgebrauch gemessen werden kann.

4.2 Geschichte. Geschichtsunterricht möchte Geschichte als Prozeß begreiflich machen, der durch eine Vielfalt von Kräften und Mächten vorangetrieben wird.[17] Außerdem soll er die Geschichtlichkeit menschlicher Existenz zu Bewußtsein bringen. Die Geschichte des eigenen Volkes soll als Teil der eigenen Identität verstanden und auf diesem Hintergrund ein Verantwortungsbewußtsein für die freiheitlichen und demokratischen Verhältnisse geweckt werden. Einige Lehrpläne wollen auch das Heimatgefühl durch Lokal- und Regionalgeschichte stärken.

Zu den geschichtlich wirksamen Kräften gehören Utopien mit hohem moralischen Anspruch, Vorstellungen von einem guten und sinnvollen Leben, religiöse Welt- und Geschichtsdeutungen, Protestbewegungen sowie das Leiden unter Unrecht und Gewalt. Auch der Geschichtsunterricht kann nicht alle diese Inhaltskomplexe differenziert erarbeiten, aber er muß zumindest den jeweiligen Vorstellungszusammenhang dann sachgemäß darstellen, wenn politisch-gesellschaftliche Wirkungen von ihm ausgegangen sind. So kommen unabdingbar religiös-weltanschauliche Wahrheitsansprüche samt ihren Wirkungen zur Sprache und werden aneinander gemessen. Die dabei angewandten Beurteilungskriterien sind wiederum ethisch zu reflektieren, soll die menschliche Verantwortung für die konkreten Lebensverhältnisse festgehalten werden.

---

17 Analoges gilt für Gemeinschaftskunde, die sich mit den gesellschaftlichen Verhältnissen, Systemen und Institutionen befaßt.

4.3 »Moderne Fremdsprachen«[18]. Der Fremdsprachenunterricht soll einen selbständigen, richtigen und situativ angemessenen schriftlichen und mündlichen Gebrauch der Fremdsprache ermöglichen. Landeskundliche und kulturelle Kenntnisse sollen Gesprächsbereitschaft, Verantwortungsbewußtsein und Toleranz fördern. Verstehen von Menschen anderer Kulturen, ihrer Lebensbedingungen, Lebensgewohnheiten und der für sie bedeutsamen Traditionen, einschließlich der religiösen und moralischen, sowie ihrer Beiträge zu Literatur und Philosophie sind explizite Ziele des mehrjährigen Fremdsprachenunterrichts.

Gewiß wird der Unterricht die meiste Zeit auf die Vermittlung von Sprachkompetenz verwenden müssen. Eine Auseinandersetzung mit anspruchsvollen ethischen oder weltanschaulichen Texten kann bestenfalls in den letzten Jahren gewagt werden. Dennoch werden gerade im modernen Sprachunterricht häufig alltagsnahe Orientierungsprobleme zum Thema, die moralische Konflikte (Dilemmata) enthalten. Auch religiös begründete Sitten und Verhaltensweisen kommen zur Sprache. Um die Lernenden zum Sprechen zu bringen, werden sie ständig aufgefordert, Sachverhalte zu beschreiben und Stellungnahmen abzugeben. Es liegt hier wesentlich an den Lehrenden, ob sie die ethischen und weltanschaulichen Aspekte stark machen, übergehen oder oberflächlich behandeln.

4.4 Mathematisch-naturwissenschaftlicher Unterricht. Der Unterricht in den Fächern Physik, Chemie, Biologie und Mathematik hat grundlegende naturwissenschaftliche Kenntnisse, Methoden und Theorien in elementarisierter Form zu erarbeiten und auf diesem Weg die wesentlichen Aspekte des naturwissenschaftlichen Weltbilds bewußt zu machen. Darüber hinaus sollen die Bedeutung dieser Kenntnisse für das menschliche Leben, aber auch deren Grenzen herausgestellt werden. Als moralische Ziele werden Freude, Ehrfurcht und Bescheidenheit durch wachsende Einsicht in die Ordnung der Natur genannt. Außerdem sollen ein sachliches und verantwortungsbewußtes Verhältnis zu den alltagsbe-

---

18 Die alten Sprachen können hier außer Betracht bleiben, weil die fast durchgängig weltanschaulich-ethische Prägung der einschlägigen Literatur bekannt sein dürfte.

stimmenden Anwendungen von Naturwissenschaft und Technik entwickelt, die dabei auftretenden Gefahren richtig eingeschätzt und ein persönlicher Beitrag zum Schutz der Umwelt erbracht werden.

Die weltanschaulich-ethische Perspektive faßt der Bildungsplan für das Gymnasium in Baden-Württemberg wie folgt zusammen: »Aus der Reflexion über die Grenzen naturwissenschaftlicher Erkenntnis und technischer Realisierbarkeit können sich Anstöße zu weiterer philosophischer und religiöser Besinnung ergeben. Anhand aktueller Fragen sollen die Schülerinnen und Schüler sowohl für den wirtschaftlichen Nutzen technischer Entwicklungen als auch für die sich daraus ergebenden Gefahren und ökologischen Fragen sensibilisiert werden. Damit leistet der Physikunterricht u. a. einen wesentlichen Beitrag zur Bildung derjenigen Schülerinnen und Schüler, die später einen Beruf ergreifen, der nicht unmittelbar naturwissenschaftlich-technisch ausgerüstet ist.«[19]

Zur Aufgabe des naturwissenschaftlichen Unterrichts gehört es auch, zwischen Beobachtungen, Theorien und Erkenntnissen zu unterscheiden und die Einsicht zu vermitteln, daß weder aus Theorien noch aus sogenannten Naturgesetzen ethische Normen abgeleitet werden können.

5. Religionsunterricht und Ethikunterricht

Im Unterschied zu allen anderen Fächern, die weltanschauliche und ethische Aspekte nur unter anderen fachdidaktischen Prämissen thematisieren, geht es im Religionsunterricht und im Ethikunterricht um Möglichkeiten sinnvollen Lebens in zwischenmenschlicher und mitkreatürlicher Verantwortung überhaupt. Auch der Ethikunterricht behandelt nicht nur moralische Fragen und bemüht sich nicht allein um ethische Urteilsbildung angesichts bestimmter Herausforderungen, sondern – den schulischen Erziehungszielen entsprechend – um ein umfassendes Verständnis von Mensch und Leben.

19 Bildungsplan für das Gymnasium, Baden-Württemberg, Lehrplan IV/1994, Villingen-Schwenningen 1994, 31.

Auch die gesetzlichen Grundlagen des Ethikunterrichts in den verschiedenen Bundesländern weisen darauf hin, daß der Fachname Ethik nicht im engeren Sinn einer (philosophischen) Ethik verstanden werden darf, sondern die Beschäftigung mit anthropologischen Grundfragen, religiösen und weltanschaulichen Traditionen, mithin die transmoralische Dimension des Menschseins einschließt. Leider ist diese in einigen fachdidaktischen Konzepten und entsprechenden Lehrplänen nicht hinreichend berücksichtigt.

Moralische Erziehung und ethische Reflexion sind zentrale Elemente des Bildungsauftrags beider Fächer. Diese sind aber der transmoralischen Dimension der Lebens- und Existenzdeutung zu- oder gar untergeordnet.

In der Diskussion um die zukünftige Form religiöser und ethischer Bildungsbemühungen in der Schule wird von Verfechtern des Konzepts eines »allgemeinen Religionsunterrichts« oder für alle verbindlichen Ethikunterrichts (in ausschließlicher schulischer bzw. staatlicher Verantwortung)[20] immer wieder das Theorem der pluralistischen bzw. multikulturellen Gesellschaft gegen die angebliche Enge eines konfessionsgebundenen, längst anachronistisch gewordenen Religionsunterrichts ins Feld geführt. Dieser solle durch einen offenen dialogischen Unterricht abgelöst werden, in dem die unterschiedlichen Überzeugungen und kulturellen Lebensformen miteinander ins Gespräch gebracht werden. Nun lebt aber die Mehrheit der Jugendlichen und Erwachsenen in disparaten und funktionalisierten normativen Umwelten, die eine Aneignung religiöser und moralischer Überzeugungen nicht nahelegen. »Es ist kaum erkennbar«, argumentiert Wolfgang Huber (im Blick auf das Brandenburger Modell), »worin eigentlich die geprägten Überzeugungen und Lebensformen bestehen«. Und weiter: »Nicht das Zusammenleben von Menschen unterschiedlicher Überzeugungen bildet das erste Problem, das sich in einer solchen Lage stellt; sondern die Frage, wie Überzeugungen entstehen und übernommen werden, rückt in den Vordergrund. Nicht die Verständigung zwischen den Anhängern verschiedener Glaubensweisen muß als erstes eingeübt werden, sondern der Weg zur Bildung einer eigenen, auch einer eigenen religiösen Identität muß gebahnt werden.«[21] Ein Ethikunterricht oder ein allgemeiner Religionsunterricht, der sich auf eine kognitiv objektivierende Erklärung religiöser Phänomene und weltanschaulicher Denkmodelle beschränken

20 Vgl. das sog. Brandenburger Modell »Lebensgestaltung, Ethik, Religion«.
21 *W. Huber,* Christliche Freiheit heute, in: HerderKorrespondenz 1995, H. 4, 193.

müßte und ansonsten Handlungsgrundsätze aus Grundrechtskatalogen abzuleiten oder zu aktualisieren hätte, tut sich zweifellos schwer mit religiöser oder weltanschaulicher Identitätsbildung.

5.1 Profil des Religionsunterrichts. Der konfessionsgebundene Religionsunterricht ist für die Aufgabe transmoralischer Identitätsbildung gut gerüstet. Indem er die Geschichte, die Überlieferungen, Wirklichkeitsinterpretation sowie Lebensformen einer christlichen Gemeinschaft erschließt und zeigt, wie diese Probleme der Lebensführung und des Zusammenlebens behandelt, veranschaulicht er, wie transmoralische (religiöse) Identität und ethische Verantwortung konkret aufeinander bezogen werden können. Außerdem kann er auf ein hohes Maß innerchristlicher Pluralität und ökumenisch-interreligiöser Dialogfähigkeit verweisen, zu der auch eine intensive Auseinandersetzung mit anderen Religionen und Weltanschauungen gehört. Der konstitutive Bezug des Religionsunterrichts auf die biblische Überlieferung und auf gelebte, kulturell produktive christliche Religiosität erleichtert auch – jedenfalls prinzipiell – eine elementarisierende Anpassung der Ziele und Inhalte an die entwicklungspsychologischen Voraussetzungen. Nicht abstrakte Denkmodelle und Argumentationszusammenhänge, sondern ursprünglich erfahrungsnahe[22] Erzählungen, Bilder, Lieder, Gebete und Weisungen (Gebote) bilden den Grundbestand christlicher Überlieferung. Diese Formen können meist auch dann noch verstanden werden, wenn sie in der Umgebung der Jugendlichen sonst nicht vorkommen. Denn sie sprechen Grundprobleme oder Grundkonflikte menschlichen Lebens an, die sich – wenn darauf geachtet wird – den je besonderen psychosozialen Voraussetzungen des Kindes- und Jugendalters entsprechend didaktisch aufbereiten lassen. Der wichtigste Gesichtspunkt in dieser Hinsicht aber ist, daß den Kindern und Jugendlichen auf diese Weise ein Orientierungszusammenhang mit einem verbindlichen Wahrheitsanspruch begegnet, der nicht sogleich durch konkurrierende Ansprüche relativiert wird und damit zunächst einmal vor die Frage stellt, ob sich die Anstrengung ernsthafter Auseinandersetzung überhaupt lohnt.

22 Die jeweilige geschichtliche und kulturelle Situierung der Überlieferungen läßt diese allerdings oft als fremd erscheinen. Erfahrungsnähe kann dann nur hermeneutisch wiedergewonnen werden.

Während der Ethikunterricht Religion und Moral innerhalb der »Möglichkeiten und Grenzen der philosophischen Vernunft«[23] zu bedenken anleitet, will der Religionsunterricht eine reflektierte Aneignung in Auseinandersetzung mit anderen Orientierungen ermöglichen, ohne diese zu erzwingen. Hier liegt, so die EKD-Denkschrift, »die bleibende produktive Differenz des Religionsunterrichts zu den Fächern Ethik und Philosophie. In anderen Worten ist diese Differenz mit der Gotteserfahrung gegeben, nicht schon mit der Frage nach Gott, die auch Philosophen stellen«[24].

5.2 Profil des Ethikunterrichts. Wie kann der Ethikunterricht eine transmoralische Orientierung leisten, ohne die stabile kommunikationsfähige Identitäten nicht erreichbar sind, auf die auch ethische Reflexion verwiesen bleibt? Auf religiöse Identitätsbildung muß er verzichten und sich darauf beschränken, aus einer (ethisch reflektierten) Außenperspektive über die religiösen Sinnangebote und Wahrheitsansprüche möglichst sachgemäß zu informieren. Neben der daran gebundenen Intention, die religiösen Grundlagen der Gegenwartskultur sowie die weltweiten Probleme und Konflikte verständlich zu machen, stellt er den Lernenden, die mit religiösen Deutungen eigene Erfahrungen machen wollen, Material zur Verfügung, ohne für deren Tragfähigkeit einzustehen. Auch dies ein Beitrag zu religiös weltanschaulicher Identitätsfindung. Der Ethikunterricht intendiert freilich solche nicht, sondern möchte *moralische Identitäten* aufbauen helfen. Ein Engagement für Gerechtigkeit, Menschen- und Grundrechte kann unter bewußtem Verzicht auf religiöse Grundlagen als die Aktualisierung einer menschlichen Möglichkeit und außerdem als die moralische Verpflichtung verstanden werden, die sich angesichts der Leidens- und Konfliktgeschichte der Menschheit aus ihrem humanitären Erbe ergibt und die für mehrere religiöse und weltanschauliche Traditionen anschlußfähig ist. Zu einer solchen moralischen Identität gehört auch die Überzeugung, daß die Entwicklung der Menschenrechte nicht abgeschlossen ist, sondern in der Begegnung der Kulturen und Systeme verpflichtende Aufgabe bleibt.

23 *EKD-Kirchenamt* (Hrsg.), Identität und Verständigung, aaO., 79.
24 Ebd.

Auf diese Weise kann die transmoralische Dimension selbst moralisch gefüllt werden – unter Inkaufnahme des Risikos, daß die vorausgesetzte moralische Definition von Humanität sich als zu schwach erweist. Freilich ist in Rechnung zu stellen, daß auch ethikbegründende religiöse Hoffnungen (wie z. B. Reich Gottes) an den Realitäten der Geschichte zerbrechen können.

Religionsunterricht und Ethikunterricht teilen sich die Aufgabe einer systematischen und kontinuierlichen Arbeit an transmoralischer Identitätsbildung, moralischer Orientierung und ethischer Reflexion. Sie unterscheiden sich in ihrem Verständnis der erreichbaren und vertretbaren transmoralischen Identität und werden dementsprechend für Kinder und Jugendliche herkunfts- und altersbedingt unterschiedlich attraktiv sein.

Literaturhinweise

C. Günzler u. a., Ethik und Erziehung, Stuttgart 1988.

EKD-Kirchenamt (Hrsg.), Identität und Verständigung. Standort und Perspektiven des Religionsunterrichts in der Pluralität, Gütersloh 1994.

R. Lachmann, Ethische Kriterien im Religionsunterricht. Dargestellt am Beispiel des Agapekriteriums, Gütersloh 1990.

H. Schmidt, Religionsunterricht und Ethikunterricht: nebeneinander – gegeneinander – miteinander, in: EvErz 47/1995, H. 3, 240–252.

XIX.

Werte und Normen in philosophischer, soziologischer und theologischer Sicht

Jean-Pierre Wils

1. Allgemeine Vorüberlegungen

1.1 Zugangsweisen. Entgegen landläufiger Annahmen verfügen die beiden – im Kontext heutigen Nachdenkens über moralische Sachverhalte – zentralen Kategorien »Wert« und »Norm« über eine eher schmale Traditionsspur.

Begriffe wie »Tugend«, »Gesetz« oder »Natur« dagegen sind uns aus der Antike bereits bekannt, wobei jene wiederum seit mindestens zwei Jahrhunderten kontinuierlich an Bedeutung verloren haben. Im Rahmen der folgenden Überlegungen können wir nicht im einzelnen die Gründe thematisieren, die hier zu nennen wären. Aber das wichtigste Motiv für diesen Wandel in der Begrifflichkeit liegt zweifelsohne darin, daß die *moralische Gewißheit,* die menschliche Natur in ihren normativen Grundstrukturen zu kennen und diesem Wissen handlungspraktisch in konkreten Handlungsanweisungen Ausdruck verleihen zu können, abhanden gekommen ist. Bei aller Differenzierung im Detail kann man folgendes festhalten: Moralische Zuversicht bzw. moralisches Wissen scheint lediglich als subjektive Größe akzeptabel – dafür steht faktisch die Konjunktur des Wertebegriffs – oder, wo man an dem kognitiven Horizont der Moral festhalten will, muß auf ein Set moralischer Prinzipien, die unser Urteilsvermögen stärken, zurückgegriffen werden können. In diesem Horizont steht der Normbegriff.

Das Terrain ethischer Reflexion ist gegenwärtig nicht nur in der Theologie und Philosophie beheimatet. Ein wichtiges Erklärungspotential befindet sich nämlich in der Soziologie. Dabei gilt von einigen Ausnahmen abgesehen –, daß soziologische Ansätze in der Regel die *Funktion* von Werten und Normen erfassen wollen. Sehr viel zurückhaltender dagegen äußern sie sich, was den *moralischen Status* selber, also die *Sollensqualität* von Werten und Normen betrifft. Nicht selten will die Erklärung sogar das *Sollen* zugunsten eines *Wissens um die Funktion* aufheben. Aber abgesehen davon kommt heute keine philosophische oder theologische Theorie ohne das häufig feinsinnige Wissen des Soziologen aus. Aus diesem Grund nimmt die Soziologie im folgenden Artikel einen relativ großen Bereich der Darstellung und Reflexion ein. Sowohl die genuin normative, »moralische« Qualität der Phänomene als auch das erforderliche historische Wissen müssen jedoch im klassischen Feld der Philosophie und Theologie gesucht werden. Und weil »Werte« und »Normen« nun einmal im Kontext der Philosophie am intensivsten reflektiert wurden, beansprucht auch diese einen verhältnismäßig großen Raum. Was die Theologie betrifft, so haben wir uns – nicht zuletzt aus Platzgründen – auf die jüngere Entwicklung konzentriert.

1.2 Normen und Werte – eine erste Klärung. Was »Normen« sind, läßt sich am einfachsten mit einer kurzen Definition von *Georg Henrik von Wright* umschreiben: »Normen schreiben etwas vor und beschreiben nichts. Aber von den Inhalten der Normen, d. h. von dem, was Normen für obligatorisch, erlaubt oder verboten erklären, kann man sagen, daß sie eine ideale Welt beschreiben.« Normen sind m.a.W. *präskriptive Handlungsregeln*, welche die Prädikate »erlaubt«, »geboten« oder »verboten« enthalten. Dadurch, daß diese ein »Sollen« zum Ausdruck bringen, sind solche Regeln *kontra-faktisch* (»ideale Welt«) oder *normativ* im moralischen Sinne. Von *diesem* Sollen unterscheidet von Wright deshalb das »technische Sollen«[1], den Bereich dessen, was getan bzw. unterlassen werden muß, *damit* das moralisch qualifizierte Ziel, das die Norm handlungspraktisch zum Ausdruck bringt, erreicht wird. Das Vokabular *moralischer* Normen enthält demnach Prädikationen obligatorischer Herkunft, die – um mit Kant zu sprechen – den Charakter einer *kategorischen* Verpflichtung besitzen. Dagegen weist die Semantik ästhetischer oder auch handlungs-pragmatischer Normen die Struktur eines bloß *hypothetischen* Imperativs, also eines »Wenn-dann«-Satzes auf. Davon sind aber »Werte«

---

1 *G.H. von Wright*, Normen, Werte und Handlungen, Frankfurt a.M. 1994, 40.

deutlich zu unterscheiden: Werte sind abstrakt.[2] Sie drücken Vorlieben bzw. Präferenzen aus. Vor allem in Vorzugsurteilen tauchen sie auf (»besser als«). Wenn wir etwa sagen, Treue ist besser als Untreue, drücken wir eine solche Präferenz, die *positive Wertung eines Zwecks* aus. Damit *erschließen* wir allerdings erst einen Horizont des *Verstehens* von Motiven und Bewertungen und *eröffnen* wir einen Prozeß der Normen-Findung oder des Normen-Entwerfens. Zwar ist in der Wertung bzw. in der *Ordnung des Vorziehens*[3] so etwas wie eine elementare moralische Klugheit (phronesis) am Werke, aber allererst in den daran anschließenden (häufig kontroversen) Handlungsanweisungen oder Normen wird die Wertung konkretisiert und operationalisiert.

1.3 Wertewandel. In kulturkritischen Positionen ist häufig von einem *Werteverlust* oder einem *Wertewandel* die Rede. Eine solche Diagnose muß freilich mit Vorsicht (und Skepsis) betrachtet werden: Der Behauptung von *Ronald Inglehart*, in der westlichen Welt sei ein Wandel von materiellen zu immateriellen oder ideellen Werten zu beobachten[4], ist vehement widersprochen worden. Und sogar dann, wenn ein solcher Wandel wirklich stattgefunden hätte, könnte das faktische Handeln in eklatantem Widerspruch zu den *abstrakt* vorgezogenen und präferierten Werten stehen. Andererseits muß der Wegfall einer tradierten *Proklamation* bestimmter Werte *nicht unbedingt* und *nicht sofort* zu einem Verschwinden jener Normen und Handlungsregeln führen, welche diese Werte verkörpern. Auch die These eines weitgehenden Verlustes an Verpflichtungen überhaupt (»Entobligationierung«[5]) darf sich nicht bloß am Sprachgebrauch von Wertungen oder Evaluierungen und an der Konformität mit tradierten Normen orientieren. Zweifelsohne setzt die überall (vorschnell) diagnostizierte »Individualisierung«, also der subjektive Wunsch nach einem *eigenen* Leben und die *strukturelle, gesellschaftlich geprägte Notwendigkeit*, ein solches Leben zu führen, der tradierten Moral mit ihren festen Rollenkonventionen und Erwartungshaltungen schwer zu. Aber

2 Vgl. *Th. Nagel*, Der Blick von nirgendwo, Frankfurt a.M. 1992, 239ff.
3 Vgl. *M. Riedel*, Norm und Werturteil, Stuttgart 1979, 94.
4 *R. Inglehart*, The Silent Revolution: Changing Values and Political Styles Among Western Publics, Princeton, N.J. 1977.
5 *P. Gross*, Die Multioptionsgesellschaft, Frankfurt a.M. 1994, 71ff.

ebenso verbreitet dürfte die Bemühung um eine konkrete Alltagsmoral mit (zugegebenermaßen) widersprüchlichem Gesicht sein.
Die »Sozialmoral des eigenen Lebens«[6], also die *Sozialität individuellen* Lebens, könnte als neue Gestalt konkreter Moralität aufgefaßt werden. *Individualisierung* bedeutet m.a.W. nicht unbedingt
Entmoralisierung.

2. Philosophische Interpretationsansätze

Im Sprachgebrauch der Ethik sind die beiden Kategorien »Wert«
und »Norm« verhältnismäßig jungen Datums. Was die »Norm«
betrifft, wurde ihre traditionelle Prägung durch die Architekten-
sprache seit *Vitruv* erst im Humanismus langsam verlassen.

2.1 Zum Normbegriff. Bei *M. van Wesembeke* kann eine »Norm« die
teleologische Vollkommenheit heißen, zu der ein Wesen gelangen
kann, aber – und dies ist entscheidend – daneben wird auch das
angemessene Handeln mit diesem Begriff bezeichnet. Erst im Laufe
des 17. Jahrhunderts geht die »Norm« in die Rechtssprache ein,
wobei die teleologischen Annahmen immer mehr verschwinden.
In *Wilhelm Traugott Krugs* Wörterbuch heißt es am Anfang des
letzten Jahrhunderts plakativ: »Norm ist alles, was einem andern
zur Regel oder Richtschnur dient. Daher bedeutet es auch ein
Muster.«[7]
    Aber nicht einmal bei *Immanuel Kant* spielt der Norm-Begriff
eine für die Ethik zentrale Rolle. Erst *Johann Gottlieb Fichte* hat eine
direkte *Ethisierung* des Begriffs vorgenommen: Das »Sittengesetz in
uns« hat den Charakter einer *transzendentalen, kriteriologischen*
Norm. Dadurch rückt *diese* Norm auf eine Prinzipienebene: »Die
Handlung soll ja an der Norm, nicht die Norm an der Handlung
geprüft werden.«[8] Damit sind alle natural-teleologischen Annahmen in der Ethik, wie sie bereits Kant in der Auseinandersetzung
mit *Christian Wolff* verworfen hatte, aus dem semantischen Umfeld

6 *U. Beck/W. Vossenkuhl/U.E. Ziegler*, Eigenes Leben. Ausflüge in die unbekannte Gesellschaft, München 1995, 168ff.
7 Allgemeines Handwörterbuch der philosophischen Wissenschaften,
   Bd. III, ²1833, 72.
8 Ges. Ausg. hrsg. *R. Lauth/H. Jocob*, Bd. I/1, 1964, 216.

des Norm-Begriffs verschwunden. In der Folge werden die alteuropäischen Kategorien wie »ordo«, »lex« oder »Gesetz«, »Tugend«, »Maxime« und »Pflicht« oder »Imperativ« dem neuen erfolgreichen Begriff Tribut zollen müssen.

Erstmals hat *Wilhelm Wundt* die Ethik explizit als »Normwissenschaft« definiert[9], wobei diese in erster Instanz die Normen »im sittlichen Leben« vorfindet. Sie verfährt deshalb zunächst *explikativ*: »Ethik hat nicht Normen zu geben, sondern die tatsächlich geltenden Normen des sittlichen Lebens auf ihren Inhalt und ihren Ursprung zu prüfen.«[10] Die Norm-Explikation, wie Wundt sie versteht, muß aber genetisch auf das Studium der »Zwecke und Motive« zurückgehen, so wie dieses wiederum »die allgemeinen Gesetze des psychischen Lebens, insbesondere der Willensvorgänge« kennen muß. Dort sogar, wo die Ethik wirklich normativ wird und zu der »ausgesprochenen Form klar formulierter Gesetze« findet, welche die »Tatsachen des sittlichen Lebens« nun »in ihrer abstrakten und allgemeingültigen Form auszudrücken hat«, insistiert Wundt darauf, daß sie die »Entwicklung« des sittlichen Bewußtseins respektiert. Normen haben einen Zukunftsbezug: »In diesem Sinne werden die Normen *praktische Ideale*, aus denen die ethischen Aufgaben vornehmlich in der Anwendung der Normen auf die einzelnen Lebensgebiete hervorgehen.«[11] Wundts Norm-Auffassung schwankt also zwischen einem quasi-transzendentalen und einem quasi-empirischen Konzept. Obwohl eine Norm eine »reine Willensregel ist, die dem Sein ein Sollen gegenüberstellt«[12], integriert sie als Primärkategorie – genetisch betrachtet – sowohl die *Handlungsmotive* (»Tugenden«) als auch die *Handlungszwecke* (»Pflichten«) – beides Sekundärkategorien in Wundts Ethik. Dabei müssen vor allem die psychologisch-kulturgeschichtlichen Entwicklungen berücksichtigt werden.

In *Friedrich Eduard Benekes* »Grundlinien des natürlichen Systems der praktischen Philosophie« steht ganz und gar die psychologisch-naturale Dimension im Vordergrund, während *Christian Sigwart* ausdrücklich eine kriteriologische Erweiterung verlangt: Aber auch die »Idee eines schlechthin einheitlichen, allumfassenden wollenden Selbstbewußtseins«[13] vermag

9 Ethik. Eine Untersuchung der Tatsachen und Gesetze des sittlichen Lebens, Bd. I, Die Tatsachen des sittlichen Lebens, Stuttgart (1886) [4]1912, 1.
10 Ebd., Bd. III. Die Prinzipien der Sittlichkeit und die sittlichen Lebensgebiete, 132.
11 Ebd., 132f.
12 Ebd., Bd. II, 167.
13 *C. Sigwart,* Logik, Bd.II, 1878, 585.

kaum ein *principium diiudicationis*, also ein Urteilsprinzip, für die Vielfalt und Relativität faktisch vorkommender Handlungsweisen zu liefern.

Immer wieder wird um den Status der Norm zwischen Empirie und Kriteriologie gerungen. Bei *Wilhelm Windelband* ist es die »normative Gesetzgebung des ethischen Bewußtseins«, welche im Seelenleben jene Motive und Gefühle sittlichen Handelns auszeichnet, die den »Wert der Normalität« besitzen. Die »Allgemeingiltigkeit« von Normen, ihr »Wert, von allen anerkannt werden zu sollen«, kann als Kriterium betrachtet werden«, wobei dieses Normbewußtsein eben doch wieder als »Normalbewußtsein« aufgefaßt wird.[14]

Ähnlichkeit, allerdings mit dem Neukantianismus, weisen auch die Korrekturen auf, welche in der katholischen Moraltheologie dem angeblichen Formalismus Kants abverlangt werden. So hat *Albert Stöckl* den immer wieder vorgetragenen Vorwurf des Rationalismus und Formalismus seinerseits wiederholt und dabei den doppelten Charakter der Norm betont – als »norma imperata« oder verpflichtenden Imperativ einerseits *und* als »norma directiva« oder konkrete, inhaltlich determinierte Richtschnur des Handelns andererseits. Wie nicht anders zu erwarten, wird die uns nächste Norm, die norma proxima, in der »natürlichen sittlichen Ordnung« vermutet, und die letzte und höchste Norm »in dem göttlichen Verstande« angesiedelt.[15] Stöckl und *Matthias Ehrenfried*, der dessen Lehrbuch später gründlich überarbeitet hat, verbinden die scharfe Ablehnung jeglicher »autonomen Moral«, der entgegengehalten wird, den Charakter der Verpflichtung von Normen nicht »erschöpfend aufzuklären«[16]. Stattdessen wird eine »theonome Moral« entworfen, worin die »von Gott gewollte Ordnung« als oberste Norm gilt. In diesem Zusammenhang wird der Wertethik *Christian von Ehrenfels'* (»System der Werttheorie«) der Vorwurf gemacht, auf einen subtilen Eudämonismus hinauszulaufen, der nur durch die Norm der »vernünftigen Menschennatur« berichtigt werden könne, die ihrerseits in der »von Gott gewollten Ordnung« ruhe.

2.2 Zum Wertbegriff. Erst in der Mitte des 19. Jahrhunderts gerät der Wert-Begriff aus dem Bereich der Nationalökonomie in die

---

14 Normen und Naturgesetze, in: *ders.,* Präludien II (1883, Neudruck 1924), 59ff.

15 Lehrbuch der Philosophie, Bd. II, ²1868, 347ff.

16 Grundzüge der Philosophie, neubearbeitet von *M. Ehrenfried*, Mainz 1910, Zitate: 642ff.

Moralphilosphie. Durch *Rudolf Hermann Lotze* (1817–1881) wird er zu einem Grundbegriff der Moralphilosophie, dessen Brisanz bis zum Werturteilsstreit in der deutschen Soziologie reicht. Gleichzeitig verdankt der Begriff seine Popularität zweifelsohne dem berühmten Diktum *Friedrich Nietzsches* von der »Umwertung aller Werte«. Freilich setzt diese Formulierung die Gültigkeit des Wert-Begriffs für die Moralphilosophie bereits voraus.

Im Hintergrund der Wert-Philosophie muß eine bestimmte Gegebenheit bezüglich des Norm-Begriffs beachtet werden. In der Jahrhundertmitte nämlich beginnt sich die kantsche Formalisierung, insofern diese den Prinzipiencharakter oder den judikativen Charakter von einigen wenigen elementaren Sollens-Sätzen hervorhebt, durchzusetzen. Alle metaphysischen Annahmen über das Gute und die natural-teleologischen Auffassungen über den Gegenstand moralischer Sätze verlieren rapide an Plausibilität. Das Gute *ist* nicht mehr, sondern *gilt* nur noch. Und für diesen Sachverhalt wird der Wertbegriff gewählt: *Werte gelten, sie sind nicht.* Die verbleibende Frage nach der Objektivität von Werten kann mithin nicht länger Gegenstand einer Ontologie, sondern muß Gegenstand einer Axiologie werden. Die Geltung betrifft im übrigen nicht nur *moralische* Werte, sondern ebenso theoretische und ästhetische. Deshalb bleibt der Begriff des Sollens nur eine untergeordnete Kategorie in der Wertphilosophie.

Darüber hinaus können Werte als *Perspektiven* betrachtet werden, die bestimmte Sachverhalte beurteilbar und »sinnhaft verständlich« machen.[17] Deshalb existieren zwischen der Wertphilosophie und der Hermeneutik enge Beziehungen.[18] Damit hängt nun wiederum engstens zusammen, daß der weltanschauliche *Nihilismus*, also der Verdacht auf Sinnlosigkeit des Daseins, mit der Maxime einer *Entwertung der obersten Werte*[19] einhergeht: Wenn die Welt ihre onto-metaphysische Stabilität verloren hat, keimt der Verdacht auf, alle Konvertibilität von »ens«, »verum«, »bonum« und »pulchrum« – die klassischen Transzendentalien als *das* Credo jener Metaphysik – sei eine bloße Annahme gewesen, deren

17 Vgl. *H. Schnädelbach*, Philosophie in Deutschland 1831–1933, Frankfurt a.M. 1983, 201. Schnädelbachs Kapitel 6 (Werte) wird im folgenden weitgehend in seinen Intentionen wiedergegeben.

18 Vgl. *H. Rickert*, System der Philosophie, Bd. I, Tübingen 1921, 142.

19 *Fr. Nietzsche*, Nachlaß Werke, Bd. III, 557.

objektive *Geltung* nun endgültig verloren sei. Alle Werthaftigkeit beruht somit auf einer »Schätzung«, auf dem Interesse, wie Nietzsche sagt, »Erhaltungs- und Wachstums-Bedingungen«[20] des Seins zu formulieren. »Werte« stellen somit höchst prekäre und anfällige Gebilde dar, – sie verschwinden mit der Schätzung, die ihnen entgegengebracht wurde.

Wie schon gesagt, wird die Geburtstunde der Wertphilosophie in dem Moment eingeläutet, wo Sinn-Probleme auftauchen. Auch für Lotze hinterläßt die (notwendige) Anerkennung kausal-mechanischer Erklärungsmuster in den Wissenschaften ein nicht leicht auffüllbares Sinn-Vakuum. Es ist nun die Wert-Philosophie, die hierauf reagiert und sich für das nicht ausschließlich kognitive Bedürfnis nach Sinn zuständig erklärt. Zwischen dem Werthaften und dem Gleichgültigen gibt es einen absoluten Gegensatz, der in der Wert-Philosophie artikuliert werden muß. Diese Aufgabe wird anfangs noch mit einem anspruchsvollen metaphysischen Programm verbunden, in dessen Mittelpunkt der Begriff des »Seinsollens« steht.[21] Im wesentlichen bedeutet dies, daß die Wertphilosophie eine *ideelle Perspektive* einnimmt, in deren Hintergrund das Bedürfnis steht, »daß nicht das Gleichgültige sei«[22].

Die Werte sind jedoch nicht unabhängig von einem wertenden Subjekt, von einem wertenden Bewußtsein. Und hier ist es nicht nur der Intellekt, sondern das *Gemüt*, dessen psychologische Qualität der *Lust* betont werden muß, das bestimmend ist. In der Wert-Philosophie ist somit ein gravierender Gegensatz enthalten – der Gegensatz zwischen einer transzendentalen (ideellen) Geltung der Werte und einer psychologisch-subjektivistischen Wertungsbedingung dieser Geltung. Deshalb galt es sowohl in der »südwestdeutschen« Variante des Neukantianismus (*Wilhelm Windelband, Heinrich Rickert*) als auch in der phänomenologischen Wertphilosophie (*Max Scheler, Nicolai Hartmann*), dem Psychologismus zu widerstehen.

Für Windelband sind Werte in einer *Axiologie* eingelassen, eine objektive Ordnung, die allerdings ihrerseits vom wertenden Bewußtsein abhängig bleibt. Wenn Menschen »Beurteilungen« vornehmen, sind in ihnen – im

---

20 Ebd., 556.
21 *R.H. Lotze*, Metaphysik, 1841, 329.
22 Ebd., 175.

Gegensatz zu den rein theoretischen »Urteilen« – auch wertende, d.h. emotionale und voluntative Aspekte am Werke. Ein Wert, sagt Windelband, »bedeutet etwas, das ein Bedürfnis befriedigt oder ein Lustgefühl hervorruft.« Um nicht in die Nähe eines Werte-Relativismus zu geraten, postuliert Windelband ein »Normalbewußtsein«, eine Variante des kantschen »Bewußtseins überhaupt«, das nun für die strenge Objektivität des Wertens einsteht und »absolute Werte« ermöglicht. Dem Normalbewußtsein korrelieren dann »Werte-an-sich«[23]. Bei Windelbands Schüler Rickert wird eine kulturphilosophische Perspektive hinzugefügt: Kulturen existieren aufgrund von Wertbezügen. Aber auch Rickert hält an der streng antisubjektivistischen Wendung fest: Werte *gelten* in einer zwar irrealen, aber doch objektiven-apriorischen Welt, und es ist ein ideales Subjektkorrelat, das in seiner Tätigkeit des Wertens diese Welt zum Erscheinen bringt.

Eine weitere Variante der Wert-Philosophie findet sich in deren phänomenologischer Ausrichtung bei Max Scheler und Nicolai Hartmann. Scheler reserviert dabei das Wert-Problem für die Ethik: Es geht um nichts weniger als um die Begründung eines ethischen Objektivismus oder Absolutismus. Dieser ist seinerseits in einer *existierenden und nicht bloß geltenden* Werte-Welt aufgehoben, die als solche *erscheint*, also *Phänomen* ist. *Edmund Husserls* Methode der phänomenologischen und eidetischen Reduktion – die Isolierung der bloßen Phänomene im Bewußtseinsstrom und die anschließende Erfassung des reinen Wesensgehalts – ist dabei federführend. Im Laufe der zweifachen Reduktion sind »Wertqualitäten« aufzuweisen, die ihrerseits in einer strengen apriorischen Ordnung stehen. Deren Erfassung ist allerdings keine rein kognitive Angelegenheit, sondern geht von einem »Wertfühlen« aus, einer »Phänomenologie des emotionalen Lebens«[24]. Am Ende einer komplexen Erweiterung des husserlschen Programms steht eine Rangordnung der Werte, an deren Spitze die Personwerte angesiedelt sind. Diese *inhaltlich* bzw. *material* geprägte sittliche Erkenntnis soll den kantschen Formalismus überwinden.

Eine Reontologisierung der Wertphänomenologie findet man schließlich bei Nicolai Hartmann: Werte *existieren* und können in einer Wesensschau erfaßt werden, ohne allerdings vom Subjekt her konstituiert zu sein. Werte sind ein »ideales Ansichsein«[25].

2.3 Kritik des Werte-Gedankens. Angesichts der Überhöhung des Werte-Gedankens formiert sich eine radikale Kritik. *Martin Hei-*

---

23 *W. Windelband,* Einleitung in die Philosophie, Tübingen 1914, Zitate: 253ff.
24 *M. Scheler,* Der Formalismus in der Ethik und die materiale Wertethik, Bern [4]1954, 83.
25 *N. Hartmann,* Ethik, Berlin [3]1949, 135.

degger etwa konfrontiert die Werte-Ethik mit dem Vorwurf, daß »durch die Einschätzung von etwas als Wert das Gewertete nur als Gegenstand für die Schätzung des Menschen zugelassen«[26] werde. Im Begriff des Wertes kulminiert geradezu die seinsvergessene Weltbemächtigung jener Metaphysik, die als »Verhängnis«[27] bezeichnet wird. »Der Wert ist die Vergegenständlichung der Bedürfnisziele des vorstellenden Sicheinrichtens in der Welt als Bild.«[28] Im Ergebnis entsteht auf dem Wege dieser Kritik eine erstaunliche Nähe zur Verdinglichungsrhetorik der Frankfurter Schule.

Im Kontext der Analytischen Philosophie und der Metaethik sind die verschlungenen Voraussetzungen einer solchen impliziten Metaphysik einer heftigen Kritik unterzogen worden. So hat *Wolfgang Stegmüller* zu Recht auf die äußerst problematischen Annahmen hingewiesen, die *dieser* Phänomenologie zugrundeliegen. Scheler hat ihm zufolge verkannt, daß Werte emotionale »Einstellungen (Haltungen)« repräsentieren, die nur aufgrund einer sprachtheoretischen Naivität (Sprache als Sprechen *über* etwas) mit einer apriorisch-existierenden Wertordnung identifiziert werden können. Damit ist der Wert-Psychologismus zum Teil ins Recht gesetzt. Schwerer wiegt jedoch der Vorwurf, daß nur Sollensanforderungen im Sinne allgemeiner ethischer Imperative das Fundament einer Ethik bilden können, während reine Wertungen überhaupt keinen Imperativ zu begründen vermögen. »Es ist unmöglich, eine imperativische Conclusio aus einer Klasse von Prämissen [Werten] abzuleiten, die nicht selbst mindestens einen Imperativ enthält.«[29]

Allerdings haben Werte auch keine Begründungsfunktion. Sie in ein *alternatives* Verhältnis zur Normethik bringen zu wollen, würde auf einer gründlichen Verkennung ihrer Funktion beruhen. Wenn Werte aus der *Wertung* moralischer Sachverhalte entstehen, basieren sie immer schon auf einer bestehenden Einstel-

---

26 *M. Heidegger,* Über den Humanismus, Frankfurt a.M. 1949, 38.

27 *M. Heidegger,* Überwindung der Metaphysik, in: *ders.,* Vorträge und Aufsätze, Pfullingen 1959, 71–101, Zitat: 77.

28 *M. Heidegger,* Die Zeit des Weltbildes, in: *ders.,* Holzwege, Frankfurt a.M. 1972, 69–109, Zitat: 94.

29 Hauptströmungen der Gegenwartsphilosophie, Bd. I, Stuttgart [6]1978, 134.

lung, einer Wert-Haltung. Sie bilden demnach einen Teil der Tugendethik. Aus einer spezifischen Wert-Haltung wird eine konkrete Situation *erstens* als moralisch einschlägig betrachtet bzw. *gewertet* und wird *zweitens* eine normativ *angemessene* Interpretation einer solchen Situation in die Wege geleitet. Die »Wertinterpretation« orientiert sich »am Verfahren der Urteilskraft und damit an der Logik der Reflexion, nämlich der Beziehung einer praktisch besonderen Situation auf ein Praktisch-Allgemeines, das als solches immer erst zu suchen, aber niemals in der *Allgemeingültigkeit einer Norm oder eines Wertes* ›gegeben‹ ist.«[30] Damit sind wir wiederum auf die Notwendigkeit einer normativen Grundlegung der Ethik zurückgekommen.

3. Soziologische Wert- und Normtheorien

3.1 Funktion und Leistung von Werten und Normen. Von *Emile Durkheim* stammt folgende klassische Normdefinition: Eine Norm sei »jede mehr oder minder festgelegte Art des Handelns, die die Fähigkeit besitzt, auf den Einzelnen einen äußeren Zwang auszuüben«[31]. Allerdings bleibt offen, ob hier nur die *Faktizität* des Zwangscharakters von Normen oder die *Idealität* ihrer Geltung, der Soll-Charakter selbst, von Interesse ist. *Georg Simmel* hat später auf diese zweifache Bedeutung Bezug genommen: »einmal [im Sinne] dessen, was allgemein, generisch geschieht, dann [im Sinne] dessen, was geschehen soll, wenngleich es vielleicht nicht geschieht.«[32] Jedenfalls gilt die Aufmerksamkeit soziologischer Betrachtungen weniger den möglichen Gründen für die ideale Geltung von Normen, als vielmehr deren Funktion und Leistung in einer differenzierten Gesellschaft.

Soziologische Wert- und Normtheorien haben deshalb in der Regel eine *deskriptive* Ausrichtung. So betont *Max Weber*, »daß einerseits die Geltung eines praktischen Imperativs als Norm und andererseits die Wahrheitsgeltung einer empirischen Tatsachenfeststellung in absolut heterogenen Ebenen der Problematik lie-

---

30 *M. Riedel,* Norm und Werturteil, aaO. (Anm. 3), 96.
31 *E. Durkheim,* Les règles de la méthode sociologique, Paris 1895, dtsch. hrsg. v. *R. König,* [4]1976, 114.
32 *G. Simmel,* Einleitung in die Moralwissenschaft, Bd. I, [4]1964, 49.

gen.«[33] Soziologie beschäftigt sich demnach nicht mit dem immanenten Verpflichtungscharakter (»Geltung«) einer Norm als solcher, sondern mit dem gesellschaftlichen *Faktum* ihrer Geltung. Während die *Geltung* von Normen eine *wertrationale* Glaubensstruktur aufweist, sind Normen in ihrer gesellschaftlichen Dimension vor allem *zweckrational* zu deuten. Zweckrationale Normenbefolgung prägt den modernen Typus normorientierten Handelns und bedingt zugleich die *Modernität der Soziologie* im Vergleich zur Moralphilosophie. Die Zweckrationalität beinhaltet vor allem eine rationale Abwägung von Handlungszwecken, -mitteln und Nebenfolgen.[34]

Im Vergleich zur Absolutheit und Letztgültigkeit wertrationaler Optionen verfügt die Zweckrationalität über das Element der strategischen Selbstkorrektur. Wertrationale Entscheidungen erscheinen dagegen als unflexibel und korrekturunwillig. Sie widersprechen dem Wesen bzw. dem »Geist des Kapitalismus«, der zunächst eine »Entwertung«[35] der religiösen Sinnschicht, dann aber auch der traditionellen, wertabsolutistisch orientierten *ethischen* Ausrichtungen zur Folge hat. Webers berühmte Unterscheidung zwischen Gesinnungs- und Verantwortungsethik als »zwei voneinander grundverschiedenen, unaustragbar gegensätzlichen Maximen«[36] hat hier ihren Sitz im Leben. Die Skepsis gegenüber »Werten« hat bei Weber ihren Grund in dem Verdacht, daß sie keine Normen im Sinne von *praktischen Regeln* aus sich entlassen. Auch »Werturteile« bleiben wesentlich subjektiv und abstrakt.[37] Die Geltung von Werten bleibt »Sache des Glaubens, vielleicht eine Aufgabe spekulativer Betrachtung und Deutung des Lebens und der Welt auf ihren Sinn hin«[38]. Um die »regulativen Wert-

33 *M. Weber,* Der Sinn der Wertfreiheit der soziologischen und ökonomischen Wissenschaften (1917), in: *ders.,* Gesammelte Aufsätze zur Wissenschaftslehre, Tübingen [4]1973, 489–540, Zitat: 501.

34 *M. Weber,* Wirtschaft und Gesellschaft, Tübingen [5]1972, 12f.

35 *M. Weber,* Zwischenbetrachtung, in: *ders.,* Gesammelte Aufsätze zur Religionssoziologie, Tübingen 1963, 561.

36 *M. Weber,* Politik als Beruf, 57; vgl. *W. Schluchter,* Wertfreiheit und Verantwortungsethik, Tübingen 1971.

37 Der Sinn der Wertfreiheit, aaO. (Anm. 33).

38 *M. Weber,* Die Objektivität sozialwissenschaftlicher und sozialpolitischer Erkenntnis, in: *ders.,* Gesammelte Aufsätze zur Wissenschaftslehre, Tübingen [4]1973, 146–214, Zitat: 152.

maßstäbe selbst« könne und müsse »gestritten werden«[39]. Allerdings macht diese Eristik Werte tendenziell gefährlich und vertrauensunwürdig. Weber zufolge gilt es, die abnehmende, wenn nicht sogar verschwundene Konsens-Fähigkeit von Werten zu akzeptieren. Der »Polytheismus der Wertordnungen«[40], von dem schon *John Stuart Mill* gesprochen hatte[41], macht demnach die Signatur der Moderne aus.[42]

3.2 Funktional-systemtheoretischer Ansatz: Autopoietische Systeme. Die wichtigsten Präzisierungen über die Struktur von Normen und Werten sind in der funktionalen Systemtheorie *Talcott Parsons*, vor allem aber bei *Niklas Luhmann* entwickelt. Funktional-differenzierte Gesellschaften führen gleichsam zur Entflechtung und zur funktionalen Umschichtung der Beziehung zwischen Normen und Werten.[43] Die *sich selbst erzeugenden Systeme* (autopoietische Systeme) machen externe Regulierungen (allopoietische Lenkung) im Sinne idealer kontrafaktischer Norm- und Wertannahmen immer unwahrscheinlicher.[44] Ihre Subsysteme erlauben keinen übergreifenden praktisch-ethischen Sinn. »Relativismus« von Normen und Werten ist die Folge.[45]

39 Ebd., 153.
40 *M. Weber,* Wissenschaft als Beruf, Berlin [6]1975, 27.
41 In den »Essays on Some Unsettled Questions of Political Economy« (1844) und »Principles of Political Economy« (1848).
42 Vgl. *M. Gauchet,* Le désenchantement du monde. Une histoire politique, Paris 1985; *W. Schluchter,* Religion und Lebensführung, Bd. I, Studien zu Max Webers Kultur- und Werttheorie, Frankfurt a.M. 1988; *F.A. Isambert,* Sinnleere der Welt und der Sinn gesellschaftlichen Handelns nach Max Weber. Der Polytheismus der Werte, in: *J. Le Rider/G. Raulet* (Hrsg.), Verabschiedung der (Post-)Moderne?, Tübingen 1987, 63–74.
43 Vgl. *N. Luhmann,* Systemtheorie, Evolutionstheorie und Kommunikationstheorie, in: *ders.,* Soziologische Aufklärung, Bd. II, Opladen 1978, 193–203.
44 Vgl. *N. Luhmann,* Soziale Systeme. Grundriß einer allgemeinen Theorie, Frankfurt a.M. 1984.
45 *N. Luhmann,* Identität – was oder wie?, in: *ders.,* Soziologische Aufklärung, Bd. V, Opladen 1990, 14–30, Zitat: 16.

Normen und Werte leisten eine Reduktion von Komplexität auf ein für den Handelnden erträgliches Maß. Normen sind eine Form der »Generalisierung von Verhaltungserwartungen«. Durch »Generalisierung« machen sie sich relativ unabhängig von Einzelvorkommnissen, Zufällen oder gelegentlich auftretenden Widersprüchen. Normen werden dadurch »enttäuschungsfest«. Ihre zeitliche Enttäuschungsfestigkeit liegt gerade in ihrer Normativität. Es entsteht eine »formalkonstistente Erwartungsordnung«[46]. Deren Normativität sichert »enttäuschungsfeste notfalls kontrafaktische Dauergeltung«[47].

Nun sind Normen nicht ipso facto bereits *ethischer* Natur. Sie haben generell eine ordnungsstiftende Funktion, indem sie für ihr jeweiliges System spezifische Selektionen vornehmen.[48] Dennoch haben Normen immer eine zweifache Struktur: Ihr Geltungsbereich ist *situationsübergreifend*, ihr Geltungsmodus *kontrafaktisch*. Ihre »kontrafaktische Projektion«[49] betrifft erst recht ein spezifisches Teilgebiet normativer Erwartungen, nämlich die »Werte«. Ihre Abstraktheit und ihre mangelnde Spezifikation machen es leicht, sie zu teilen, aber schwer, Gesichtspunkte der Dringlichkeit und des Vorziehens *bestimmter* Handlungen anzugeben. In modernen Rechtsordnungen etwa verlieren Werte (bsplw. Gerechtigkeit) zwar nicht ihre expressiv-dekorative Funktion, wohl aber ihre operationale Kraft. Werte *funktionieren*, indem sie ein System stabil und handlungsfähig halten, bzw. sie sind nichts anderes als *Ausdruck und Schätzung der systemischen Handlungsfähigkeit*. Werte können weder als Handlungsnorm, noch als »Regel der Rechtfertigung bzw. Kritik einzelner Normen«[50] verstanden werden. Moderne Systeme zeichnen sich durch dasjenige aus, was Normen im allgemeinen und Werten im besonderen fehlt, nämlich »kognitive Lernbereitschaft«. Anders formuliert, Normen und Werte müssen einen Teil ihres normativ-kontrafaktischen Status aufgeben und stattdessen auf kognitiv vermitteltes Akzeptanzverhalten setzen. Normen werden vor allem daran gemessen, ob sie die Legitimität von Institutionen und Systemen bewerkstelligen können. Diese Legitimität »liegt weder in einer Wertableitung noch in der faktischen Verbreitung von bewußtem Konsens, sondern in der Unterstellung des

46 *N. Luhmann,* Funktionen und Folgen formaler Organisation, Berlin ³1976, 67.
47 Ebd., 121.
48 *N. Luhmann,* Sinn als Grundbegriff der Soziologie, in: *J. Habermas/N. Luhmann,* Theorie der Gesellschaft oder Sozialtechnologie?, Frankfurt a.M. 1971, 25–99.
49 *N. Luhmann,* Rechtssoziologie, Opladen ³1987, 50.
50 Vgl. *N. Luhmann,* Ausdifferenzierung des Rechts. Beiträge zur Rechtssoziologie und Rechtstheorie, Frankfurt a.M. 1981, 388; vgl. *ders.,* Legitimation durch Verfahren, Frankfurt a.M. 1983.

Akzeptierens [...] Legitim sind Entscheidungen, bei denen man unterstellen kann, daß beliebige Dritte normativ erwarten können, daß die Betroffenen sich *kognitiv* auf das einstellen, was die Entscheidenden als normative Erwartung mitteilen.«[51] Wenn man im Enttäuschungsfall an einer Norm festhält, bekommt diese ihre kontrafaktische Sollens-Qualität, »andernfalls wird sie als rein kognitive und lernbereite Vorzeichnung künftigen Geschehens behandelt.«[52]

Das Wertschema selektiert unter dem Gesichtspunkt *relativer* Dringlichkeit. »Im Wertdenken wird eine regulative Ordnung von Gesichtspunkten des Vorziehens postuliert.« Werte zeichnen sich durch drei Gesichtspunkte aus: Sie sind *generalisiert* (»kontrafaktisch stabilisierte Erwartungen«), *spezifiziert* (»Es gibt [...] viele Werte, die sich zwar nicht notwendigerweise begrifflich, wohl aber in ihren Anforderungen an das Handeln widersprechen«) und *abstrahiert* (»von dem komplexen Folgenhorizont bestimmter ursächlicher Handlungen abgelöst«)[53]. Für die Bestimmung der Funktion von Werten wären somit sowohl ontologische Gesichtspunkte (*Hans-Georg Gadamer*[54]) als auch hierarchische Zuordnungen (*M. Scheler, N. Hartmann*) überflüssig.[55]

Vor allem in ethischer Hinsicht sind Luhmanns Äußerungen relevant. Die Zweck-/Mittel-Relation reguliert den Bereich der Richtigkeit von Handlungen unter einem instrumentellen Gesichtspunkt. Werte (wie gerecht/ungerecht, schön/häßlich) dagegen sind »binär schematisierte Gesichtspunkte des Schätzens, die als Konsensunterstellungen zwar Starthilfen geben für Prozesse der Kommunikation, die aber Ergebnisse, Einigungen, Handlungen nicht präjudizieren können.«[56] Offensichtlich haben »Werte« die Aufgabe, die basale (binäre) Grundoption des jeweiligen Systems zu veranschaulichen. Indem sie die Grundoptik des Sy-

51 *N. Luhmann,* Rechtssoziologie, Bd. 2, Reinbek 1972, 261; Hervorhebung von mir.
52 Ebd., 239ff.
53 Sinn als Grundbegriff, aaO. (Anm. 48), Zitate: 25 bzw. 36.
54 *H.-G. Gadamer,* Das ontologische Problem des Wertes, in: *ders.,* Kleine Schriften, Bd. IV, Variationen, Tübingen 1977, 203–217.
55 Vgl. *H. Schnädelbach,* aaO. (Anm. 17).
56 *N. Luhmann,* Selbstreferenz und Teleologie in gesellschaftstheoretischer Perspektive, in: Neue Hefte für Philosophie, Heft 10, 1981, 1–30, Zitat: 29; vgl. *ders.,* Selbstreferenz und binäre Schematisierung, in: *ders.,* Gesellschaftsstruktur und Semantik. Studien zur Wissenssoziologie der modernen Gesellschaft, Bd. I, Frankfurt a.M. 1980, 303–313.

stems darstellen, konstituieren sie dessen Außengrenze (und somit das System selber), verhindern aber gleichzeitig dessen Implosion, indem sie nichts *präjudizieren* und somit Möglichkeiten offenlassen. Werte sind der *expressive Ausdruck der produktiven strategischen Autoregulation des Systems.*[57]

3.3 Zugänge der empirischen Soziologie. Neben dieser eher *spekulativen* Soziologie existiert ein weites Feld *empirischer* Soziologie. In diesem Zusammenhang sei zumindest erwähnt, daß vor allem im Umfeld der Moralpädagogik nordamerikanischer Herkunft der Wert-Begriff im Sinne einer subjektiven Präferenz und eines bevorzugten Verhaltenspatrons eine herausragende *diagnostische* Rolle spielt.[58] Teilweise werden praktische Strategien für Werte-Klassifikationen entworfen.[59] Einerseits beanspruchen empirische Wert-Studien, in denen ganze Bevölkerungsgruppen hinsichtlich ihrer Wertpräferenzen *evaluiert* werden, eine gültige Erklärung für faktisches Verhalten zu geben.[60] Andererseits sorgen deren Ergebnisse – wie die Kontroverse im Anschluß an die bereits erwähnte Arbeit von *Ronald Inglehart* zeigt – immer wieder für Zweifel an Methode und Zuverlässigkeit der Befragungen. Die Verbalisierung von Präferenzen läßt – leider – keinen zuversichtlichen Schluß auf das reale Verhalten zu.

57 Vgl. *A.J. Ayer*, Language, Truth and Logic, London 1967, 108ff.
58 Vgl. die von *B.P. Hall* herausgegebenen Bände über »Value Clarification as Learning Process«, New York 1973; ebenfalls: *Th.C. Hennessy,* Values and Moral Development, New York/Ramsey/Toronto 1976; *C.A. Elder,* Values and Moral Development in Children, Nashville, Tennessee 1976; *Ch.R. Kniker,* Youth and Values Education, Columbus, Ohio 1977; *J.H. Westerhoff III*, Values for Tomorrow's Children, New York 1977; *D. Sloan* (Ed.), Education and Values, New York/London 1980.
59 Vgl. *S.B. Simon et al.*, Values Clarification, New York 1972; *R.S. Larson/ D.E. Larson,* Values and Faith, Minneapolis, Minnesota 1976.
60 Vgl. *E. Noelle-Neumann,* Werden wir alle Proletarier?, Wertewandel in unserer Gesellschaft, Osnabrück 1979; *H. Klages/P. Kmieciak* (Hrsg.), Wertwandel und gesellschaftlicher Wandel, Frankfurt a.M. 1979; *W. Glatzer* (Hrsg.), Einstellungen und Lebensbedingungen in Europa. Soziale Indidkatoren XVII, Frankfurt a.M./New York 1993; *P. Zulehner/H. Denz,* Wie Europa lebt und glaubt. Europäische Wertestudie, Düsseldorf 1993.

4. Theologische Reflexionen

4.1 Protestantische Ethik. Vergleicht man die konfessionellen Ethiken, so fällt sofort auf, daß im Bereich der protestantischen Ethik die explizite Reflexion auf die Funktion und die Begründung von Normen eher zurückhaltend ausfällt.

Das Theologoumenon »Gesetz und Evangelium« bzw. »Gesetz und Gnade« enthält bereits eine gewisse Reserviertheit gegenüber der Dominanz von »Gesetzen« bzw. »Normen«. So findet man bei *Trutz Rendtorff* überhaupt *keine* Reflexion über Normen.[61] Was die Behandlung des Werte-Problems betrifft, gilt diese Feststellung für beide Konfessionen.

(1) Helmut Thielicke. In der wohl bedeutendsten Ethik des jüngeren Protestantismus, bei *Helmut Thielicke*, taucht der Begriff der »Norm« in der Grundlegung nicht einmal auf. Bestenfalls ist von »normativen Instanzen« die Rede, wobei hier das Gewissen und das Naturrecht bzw. die »Lehre von den Ordnungen« abgehandelt werden. In der Prinzipienlehre dominieren genuin *theologische* Aspekte, wie die Frage nach »Gehorsam«, »Rechtfertigung« und »Heilung«. Die Normfrage ist eher implizit gegenwärtig bei der Zuordnung des ethischen Imperativs und des Imperativs der Rechtfertigung zum »Gesetz«, das gleichwohl als »bleibender Kontrahent des Evangeliums« betrachtet wird.[62] Auf die Wertethik greift Thielicke hin und wieder terminologisch zurück, bringt jene allerdings (mit Scheler) in fragwürdige Gegenüberstellung zum angeblichen gesinnungsethischen Formalismus Kants als einer prominenten Form des ethischen Subjektivismus.

(2) Walter Kreck. Auch Walter Kreck vermeidet in seinen »Grundfragen christlicher Ethik«[63] die Verwendung des Norm-Begriffs und greift stattdessen, wie Thielicke, auf den Terminus »Gebot« zurück. Kreck findet nur wenige, eher referierende Worte für die

---

61 *T. Rendtorff,* Ethik. Grundelemente, Methodologie und Konkretionen einer ethischen Theologie, Bd. I, Stuttgart/Berlin/Köln/Mainz 1980.
62 *H. Thielicke,* Theologische Ethik, Bd. I, Dogmatische, philosophische und kontroverstheologische Grundlegung, Tübingen 1951, 188.
63 München 1975.

Wertethik, während die »Pflichtethik« Kants, wo das Begründungsproblem sittlicher Normen erstmals zu thematisieren gewesen wäre, *theologisch* zurückgewiesen wird. Beide theologische Ethiker scheinen die Frage, wie man ethische Normen überhaupt rational *begründen* könne, entweder als überflüssig oder als eine innertheologische Aufgabe zu betrachten, die auf die Begründungskonzepte der Philosophie kaum einzugehen braucht.

(3) *Heinz Eduard Tödt.* Bei diesem Ethiker findet man immerhin ein ganzes Kapitel zum Thema »Versuch einer ethischen Theorie sittlicher Urteilsfindung«[64]. Aber auch Tödt grenzt sich von den philosophischen und katholischen Versuchen zur Normtheorie ab. Sittliche Urteile sind solche, die »durch anfallende konkrete Probleme herausgefordert« werden und »in handlungssteuernde Entscheidungen« münden.[65] Wie letztere Formulierung verdeutlicht, geht es Tödt um »integrierte kognitive und voluntative Akte«. Dabei wird vor allem an Kants »praktische Urteilskraft« gedacht. Das sittliche Urteil wird in ein anthropologisches Raster eingelassen: als ein »Sich-verhalten-zu« enthält es die Aspekte von »Handeln«, »Leiden« und »Identitätsstreben«. Das Urteil entsteht in einem Schema mit einer typischen Sach- und Verlaufsstruktur, deren einzelne Schritte in einem »iterativen Prozeß« miteinander verwoben sind.

– Am Anfang stehen die *»Wahrnehmung, Annahme und Bestimmung eines Problems als eines sittlichen«.* Tödt verweist darauf, daß bereits bei dieser Identifikation »Prinzipien« am Werke sind, nennt diese aber nicht.
– Das zweite Moment betrifft eine *»Situationsanalyse«:* Es bedarf einer hinreichend präzisen Kontextualität, welche die tangierten »Güter«, die »Werteinsichten und Werthaltungen« und die Verteilung von »Verpflichtung« und »Verantwortung« regelt.
– Das dritte Moment enthält die *»Beurteilung von Verhaltensoptionen«,* wobei »die Ziel-Mittel-Relation« anerkannt, allerdings als eine pragmatisch-technische Ausrichtung »dem sittlich Gebotenen« unterstellt ist. Im Übergang zum vierten Moment findet eine direkte Bezugnahme auf die sittliche »Norm« statt. Das Urteil des Handelnden »wird Bezug nehmen auf die sittlichen Normen, die in seiner Umwelt gültig sind. Solche

64 H.E. *Tödt,* Perspektiven theologischer Ethik, München 1988.
65 Ebd., 20 bzw. 21.

Normen helfen, unter den möglich erscheinenden, situationsgerechten Verhaltensalternativen diejenige auszuwählen, die den sittlichen Vorzug verdient.«[66]

- Tödt findet im vierten Moment (»*Prüfung von Normen, Gütern und Perspektiven*«) zu einer Würdigung der Normfunktion, insofern diese vor allem in der Gestalt von Alltagsnormen selektierend-orientierend wirkt. Die Situationsprüfung fördert bereits *gültige* Normen zutage: Geltung meint dabei weniger die immanente Vernünftigkeit einer Norm, als vielmehr ihre Gültigkeit *für* ein situativ kontextualisiertes Problem.

  Tödt denkt dabei auch an bloß pragmatische Normen und verlangt deshalb die Rückkoppelung *aller* regionaler Normen an »ein Maßgeblich-Letztes als definitiven *Sinnbezug* für menschliches Verhalten.«[67] Dieses müsse »den Ausschlag geben für die Bevorzugung einer speziellen Norm, welche die Entscheidung zwischen möglichen Handlungsalternativen herbeiführt. Es muß also immer wieder eine Norm gefunden oder gewonnen werden, welche das am Problem orientierte Situationsschema mit einem der möglichen Verhaltensschemata so verknüpft, daß der daraus entspringende Entscheid dem Urteilenden als sittlich verantwortbar und begründbar erscheint.« Inwieweit in diesem äußerst interessanten Stufenschema sittlicher Urteilsfindung jenes »Maßgeblich-Letzte« zu einem »Meta-Kriterium« bei strittigen Normen werden kann, wie Tödt ein solches fordert, sei dahingestellt.

- Im fünften Moment wird nun eine »*Prüfung der sittlich-kommunikativen Verbindlichkeit von Verhaltensoptionen*« verlangt. Einerseits wird die Prinzipienlehre Kants wegen der Geschichtlichkeit des modernen Lebens zurückgewiesen, andererseits aber findet Tödt nun selber zu einer kriteriologischen Zuspitzung der Urteilsfrage: »Jeder Mensch sollte in dieser Situation und unter gleichen lebensgeschichtlichen Voraussetzungen sich so verhalten, wie es der in Aussicht genommene Urteilsentscheid gebietet; denn etwas, was uns unbedingt angeht, ist nicht dem Belieben des Individuums anheimgestellt, sondern realisiert den Bezug auf ein Maßgeblich-Letztes [...] Nicht aus der Vernunftnatur des Menschen ist dann freilich das Verbindliche, das unbedingt angeht, abzuleiten, sondern aus der zum konkreten Menschen gehörigen Verantwortung.«[68]

  Allerdings müßte man hier doch eher von einer Zuspitzung der Urteilskraft sprechen, denn die situativen und lebensgeschichtlichen Voraussetzungen lassen gerade *keine* kriteriologisch fruchtbare Verallgemeinerung zu. Begriffe wie »Verantwortung« oder »Maßgeblich-Letztes« sind für diesen Zweck einfach unterkomplex.

---

66 Ebd., 37.
67 Ebd., 39, Hervorhebung von mir.
68 Ebd., 40.

– Das sechste Moment, der eigentliche *Urteilsentscheid,* der von Tödt als ein kreativer Akt bezeichnet wird, der sich an dem »Kompatibilitäts-prinzip« der einzelnen Momente ausrichtet, bleibt somit tendentiell krite-rienlos.

Tödts Ansatz, der vor allem hermeneutisch ausgerichtet ist, darf neben einem hohen Maß an Problembewußtsein auch ein hoher Grad an Überzeugungskraft zugesprochen werden. Der wohl reflektierteste Ansatz findet sich allerdings bei *Christofer Frey.*

(4) Christofer Frey. In seiner »Theologischen Ethik« nimmt das Norm-Problem eine zentrale Stelle ein, wobei er sich vor allem mit einigen der interessantesten katholischen Positionen befaßt. Aus ihrer (konstruktiven) Kritik folgert Frey: »Statt eines Formalprin-zips der Beurteilung der Lebensförderlichkeit von Normen steu-ert die Begegnung mit dem lebendigen, gebietenden Gott den Umgang mit Normen.«

Dabei werden Normen als »schematisierende Verhaltensregulierungen, die uns verpflichten wollen und deshalb unsere Stellungnahme und unseren Selbsteinsatz herausfordern«, bezeichnet.[69] Frey legt großen Wert auf eine Auseinandersetzung mit den verschiedenen Normbegrün-dungsverfahren, wobei er sie etwas schnell mit dem Einwand der Erfolgs-losigkeit konfrontiert. Als oberstes Prinzip wählt Frey das »Liebesgebot«: »Das Liebesgebot muß der Reziprozität genügen und den Kreis der Betroffenen, der Nächsten, immer weiter ziehen, d. h. universaler bestim-men.« Frey erwartet, daß sich aus dem Liebesgebot »neue Lebensmöglich-keiten, Maßstäbe für alte und neu zu findende Normen« gewinnen lassen.[70]

Es sei an dieser Stelle betont, daß die ethisch motivierte Reser-viertheit im Bereich protestantischer Theologie noch an Gewicht bekommt, wenn sie einen »dogmatischen« Hintergrund hat. So hat *Eberhard Jüngel* die »christliche Wahrheitserfahrung« als »die radikale Infragestellung der Rede von Werten und des Denkens

---

69 Neukirchen-Vluyn 1990, 40.
70 Ebd.; zur älteren Wertethik in der evangelischen Theologie, vor allem bei *W. Herrmann* und *R. Otto,* siehe: *M. Kreß,* Ethische Werte und der Gottesgedanke. Probleme und Perspektiven des neuzeitlichen Wertbe-griffs, Stuttgart/Berlin/Köln 1990.

in Werten«[71] bezeichnet. Weil der christliche Glaube den Menschen als rechtfertigungsbedürftigen Sünder versteht, ist letzterer auf »Unterbrechung« angewiesen. Die Orientierung an »Werten« lasse keine Rechtfertigung bzw. keine Frei-Sprechung des schuldigen Menschen erhoffen.

4.2 Katholische Moraltheologie. Im Bereich der katholischen Moraltheologie lassen sich erheblich intensivere Bemühungen verzeichnen, den Norm-Begriff zu integrieren. Die »Wert«-Terminologie dagegen spielt, bis auf wenige Ausnahmen, so gut wie keine Rolle. Der Norm-Begriff scheint mehr oder weniger geräuschlos den thomasischen »Lex«-Begriff abgelöst zu haben. Die Thomas-Renaissance seit den 60er Jahren (*Wolfgang Kluxen, Wilhelm Korff, Karl-Wilhelm Merks*) in der Moraltheologie hat vor allem (und mit Erfolg) den Nachweis einer Autonomie der sittlichen Vernunft zu erbringen versucht. War die Autonomie der sittlichen Regelbegründung einmal erkämpft, ließen sich im Anschluß daran mühelos die modernen Normbegründungsdiskussionen integrieren, die hauptsächlich als Weiterführung des Autonomie-Projekts unter modernen Bedingungen verstanden wurden. Im Rahmen eines handlungstheoretisch fundierten Konzepts *moralischen* Handelns konnten nun sowohl ältere Lehrstücke – wie etwa die Lehre von der Epikie[72] – reaktualisiert als auch neuere Normenkonzepte vorurteilslos rezipiert werden.

Dabei herrscht keineswegs ein schlichter Optimismus im Hinblick auf die Möglichkeiten lückenloser Begründungen vor. So hat *Josef Fuchs* eingefordert, daß ein theologisches Handlungskonzept, ebenso wie ein philosophisches, formale Prinzipien, transzendentale Normen, »kategoriale Wertungen«, eine Hierarchie

71 *E. Jüngel,* Wertlose Wahrheit, in: *C. Schmitt/E. Jüngel/S. Schelz,* Die Tyrannei der Werte, hrsg. v. *S. Schelz,* Hamburg 1979, 60.

72 Unter Epikie versteht man seit Aristoteles die Berichtigung und Vervollständigung einer *allgemeinen* Handlungsnorm, dort wo diese allgemeine Fassung hinsichtlich neuauftretender Probleme wegen unvollständiger Ausfüllung oder schlicht wegen ihres abstrakten und situationsabgewandten Charakters der Präzisierung bedarf. Dabei steht die Anerkennung der Norm als solche nicht zur Disposition. Vgl. *G. Virt,* Epikie – verantwortlicher Umgang mit Normen. Eine historisch-systematische Untersuchung (TThS 21), Mainz 1983.

von Werten und »operative[n] Handlungsnormen« benötige. Aber unüberhörbar bleibt die Warnung vor »der Utopie des Rationalismus«[73].

5. Zum Verhältnis der Theorieansätze

Wenn wir die *Funktion* von Werten und Normen verstehen wollen, dann muß auf die erklärenden Ansätze der Soziologie zurückgegriffen werden. Dies bedeutet keineswegs, daß nun die Normativität in pure Funktionalität umzuschlagen droht. Im Gegenteil – alle Moral wäre mit Blindheit geschlagen, die sich nicht um das kümmert, was Werte und Normen *tun und bewirken*. Wie man aber Normen begründen kann und wie Werte *handlungspraktisch* wirksam werden, bleibt ein genuin philosophisches Problem, das allenfalls am Rand auch zu moralgenetischen bzw. – psychologischen Gesichtspunkten greifen kann. Die Beziehung der Theologie zu diesen beiden Ansätzen kann und muß *integrativ* sein. Dabei dürfte es eine nun wiederum genuin theologische Aufgabe sein, die Frage nach dem Bezug und nach der Differenz von Moralität und Religiosität zu stellen und zu beantworten: Integration bedeutet insofern immer auch *Situierung*.

Das Verhältnis der philosophischen und soziologischen Theorien zur theologischen Ethik läßt sich am besten dadurch charakterisieren, daß eine wissenschaftlich verantwortete *theologische Ethik* sich heute nur um den Preis der Selbstauflösung von der Bemühung dispensieren kann, jene anderen Aspekte zu integrieren. *Exklusive* theologische Begründungen offenbarungspositivistischer Natur oder solche, die sich den Inkommunikabilitätsabsichten von Institutionen verdanken, sind auf Dauer zum Scheitern verurteilt. Die unübersehbar kontrovers angelegten Begründungsverfahren von moralischen Normen in der gegenwärtigen Philosophie[74] dürfen die theologische Ethik nicht dazu ver-

---

73 *J. Fuchs,* Für eine menschliche Moral. Grundfragen der theologischen Ethik, Bd. I, Normative Grundlegung (Studien zur theologischen Ethik 25), Freiburg i.Ü./Freiburg i.Br. 1988.

74 Ein rascher Überblick über die verschiedenen Begründungstypen findet man in den beiden von *A. Pieper* herausgegebenen Bänden zur »Geschichte der neueren Ethik« (Tübingen/Basel 1992). Was die Analy-

führen, auf exklusive, »intrinsezistische« Verfahren zu setzen, die letztlich in die Sackgasse eines *ethischen Fideismus* führen.

Das Proprium theologischer Ethik liegt vielmehr in einer aus der Einstellung des Glaubens heraus konturierten Haltung *zur* Ethik – das unaufgebbar protestantische Erbe – und in einer dynamischen und evaluativen *Interpretation* der positiven, moral-konstitutiven Aspekte der »natura humana practica sub specie fidei« – das unaufgebbare Erbe katholischer Moraltheologie.

Literaturhinweise

A. Pieper (Hrsg.), Geschichte der neueren Ethik, Bd. 1 und 2, Tübingen/ Basel 1992.

M. Riedel, Norm und Werturteil, Stuttgart 1979.

G.H. von Wright, Normen, Werte und Handlungen, Frankfurt a.M. 1994.

tische Ethik betrifft, siehe *A. Pieper,* Analytische Ethik. Ein Überblick über die seit 1900 in England und Amerika erschienene Ethik-Literatur, in: PhJ 78/1971, 144–176; ebenfalls *W.K. Frankena,* Analytische Ethik. Eine Einführung, München [5]1994; *F. Kaulbach,* Ethik und Metaethik. Darstellung und Kritik metaethischer Argumente, Darmstadt 1974.

XX.
Weibliche Moralentwicklung?

Gertrud Nunner-Winkler

1. Die These von den zwei Moralen

Es gibt – so *Carol Gilligans*[1] These – *zwei Moralen*: eine – eher
weibliche – flexibel an Fürsorglichkeit und Verantwortung orientierte und eine – eher männliche – rigide an Gerechtigkeit orientierte Moral.[2]

Ein Beispiel möge die Unterscheidung illustrieren. Jugendliche wurden
gebeten, vorgegebene Fabelanfänge zu vollenden. Einer lautete: »Den ganzen Sommer über haben die Maulwürfe Gänge und Höhlen gegraben; das
Stachelschwein sonnte sich derweilen. Der Winter brach an. Das Stachelschwein fror erbärmlich und erbat Aufnahme in den unterirdischen Bau.
Die Maulwürfe ließen es ein. Es war sehr eng und alle mußten sich dicht
zusammendrängen. Das Stachelschwein aber stach. Was tun?« Die ›rigid-
gerechte‹ Antwort lautete: »Wer nicht gegraben hat, hat kein Recht auf
einen Platz.« Die ›fürsorglich-flexible‹ Antwort – die nur von Mädchen
kam – lautete: »Bei der Kälte können wir das Stachelschwein nicht rauswer-
fen. Wir legen ihm eine Decke um, dann sticht sich keiner mehr an ihm.«

---

1 Vgl. *C. Gilligan*, In a different voice: Psychological theory and women' s
  development, Cambridge 1982, deutsch: Die andere Stimme. Lebenskonflikte und Moral der Frau, München/Zürich 1984; *C. Gilligan/
  G. Wiggins*, The origins of morality in early childhood relationships, in:
  J. Kagan/S. Lamb (Hrsg.), The emergence of morality in young children,
  Chicago 1987, 277–305, deutsch: *C. Gilligan/G. Wiggins,* Die Ursprünge
  der Moral in den frühkindlichen Beziehungen, in: *H. Nagl-Docekal/
  H. Pauer-Studer* (Hrsg.), Jenseits der Geschlechtermoral. Beiträge zur
  feministischen Ethik, Frankfurt 1993, 69–104.
2 Für eine Darstellung der Debatte vgl. u. a. *H. Nagl-Docekal/H. Pauer-
  Studer*, aaO.; *G. Nunner-Winkler* (Hrsg.), Weibliche Moral. Die Kontroverse um eine geschlechtsspezifische Ethik, München [2]1995.

2. Zur moralphilosophischen Plausibilität

Die These, es gäbe genau *zwei Moralen*, ist rechtfertigungspflichtig. Sie hat sich gegen andere argumentativ gut ausgebaute Positionen zu behaupten: Die These, es gäbe keine Moral (Skeptizismus, z. B. ›Moral ist Opium für das Volk‹); es gäbe viele Moralen (Relativismus, z. B. ›jede Kultur ist gleich nahe zu Gott‹); genau eine Moral (definiert durch das inhaltliche Prinzip der Schadensvermeidung und das formale Prinzip der Unparteilichkeit) mit entweder eindeutig ableitbaren Problemlösungen (strikter Universalismus, etwa *Immanuel Kant*) oder aber mit einer ›Grauzone‹ unterschiedlicher rechtfertigbarer Lösungen für echte moralische Dilemmata (eingeschränkter Universalismus).[3]

Auch die Unterstellung einer *fixen Koppelung* von inhaltlichen Prinzipien und Anwendungsform (Gerechtigkeit gekoppelt an Rigidität; Fürsorglichkeit gekoppelt an Flexibilität) ist keineswegs zwingend. Kants Position etwa ist rigide und fürsorglich zugleich: Nicht einmal einen Mörder darf man belügen, um den eigenen Freund zu retten – zugleich aber gilt Wohltätigkeit zu üben als moralisch verbindliche Pflicht. Unser modernes alltagsweltliches Verständnis hingegen ist recht flexibel, was das Zugeständnis von Ausnahmen anlangt; Wohltätigkeit aber gilt uns als zwar lobenswert, nicht aber verpflichtend.

Solche Einwände allerdings wären irrelevant, wenn sich empirisch genau die zwei von *Gilligan* beschriebenen Positionen, und zwar geschlechtsspezifisch verteilt, vorfänden. Wie sieht es mit dieser Annahme aus?

3. Zur empirischen Triftigkeit

3.1 Differenzen im Stufenniveau

Gilligans *Ausgangspunkt* war ihre Behauptung, Frauen schnitten in *Lawrence Kohlbergs* Theorie der Entwicklung der moralischen Urteilsfähigkeit schlechter ab als Männer.

---

3 Vgl. *G. Nunner-Winkler*, Ein Plädoyer für einen eingeschränkten Universalismus, in: *W. Edelstein/G. Nunner-Winkler* (Hrsg.), Zur Bestimmung der Moral, Frankfurt/M. 1986, 126–144.

Nach L. Kohlberg[4] begreift das Kind zuerst auf präkonventionellem Niveau (bis ca. 10–11 Jahre) Moral rein instrumentalistisch: Gut ist, was belohnt, schlecht ist, was bestraft wird (Stufe 1), bzw. gut ist, was mir und gelegentlich auch anderen nutzt (Stufe 2). Auf konventionellem Niveau (charakteristisch für die meisten Erwachsenen) ist gut, was in der eigenen Bezugsgruppe (Stufe 3) bzw. in der eigenen Gesellschaft (Stufe 4) als gut gilt. Auf postkonventionellem Niveau (Stufen 5 und 6) schließlich ist gut die Orientierung an selbstgewählten universalistischen Prinzipien wie Gleichheit, Gerechtigkeit und Achtung vor der Würde der Person.

Diese Stufenabfolge gilt als Entwicklungslogik, das bedeutet: Universell[5] werden alle Stufen in gleicher Reihenfolge durchlaufen, wobei höhere Stufen vorauslaufende integrieren. Höhere Stufen sind ›besser‹, d. h. erlauben angemessenere Konfliktlösungen: Die Abfolge der Stufen nämlich bedeutet eine zunehmende Erweiterung der im Urteil berücksichtigten potentiell Betroffenen[6] (d. h. zunehmende Unparteilichkeit) sowie möglicher relevanter Gesichtspunkte[7], die erst auf dem höchsten Niveau angemessen ausbalanciert werden können.

In diesem Zusammenhang mußte die Behauptung, daß die Antworten von Frauen häufiger der Stufe 3, die von Männern hingegen häufiger der Stufe 4 zugeordnet würden, anstößig er-

4 L. Kohlberg, Stufe und Sequenz: Sozialisation unter dem Aspekt der kognitiven Entwicklung, in: ders., Zur kognitiven Entwicklung des Kindes, Frankfurt 1974, 7–255.

5 Vgl. L.J. Walker, Cognitive processes in moral development, in: G.L. Sapp (Hrsg.), Handbook of moral development, Birmingham, Al. 1986, 109–145; für eine interkulturelle Bestätigung dieser Abfolge bis Stufe 4 vgl. J. Snary, Cross-cultural universality of socio-moral development: A critical review of Kohlbergian research, in: Psychological Bulletin 97/1985, 202–232.

6 Stufe 1 formuliert die Perspektive des isolierten Aktors (gut ist, wofür ich belohnt werde), Stufe 2 die einer Dyade (gut ist, was mir und gelegentlich auch dir nutzt), Stufe 3 die einer Kleingruppe, Stufe 4 die der Gesellschaft (gut ist, was in meiner Gruppe, Gesellschaft als gut gilt); auf postkonventionellem Niveau wird die Menschheit insgesamt einbezogen (gut ist, was die unparteiliche Zustimmung aller – auch nur potentiell – Betroffener finden könnte).

7 Negative bzw. positive Folgen für den Aktor auf präkonventionellem Niveau, Intentionen auf Stufe 3, die faktische Geltung herrschender Normen auf Stufe 4.

scheinen: Frauen hätten danach ja als moralisch ›unterentwickelt‹ zu gelten. Hinter dieser ›Unterentwicklung‹ aber verbergen sich inhaltliche Unterschiede. Nach Kohlberg[8] nämlich geht es auf Stufe 3 um persönliche Anteilnahme in zwischenmenschlichen Beziehungen, auf Stufe 4 hingegen um Pflichterfüllung in Institutionen.

Mittlerweile liegen Daten von mehr als 130 Untersuchungen mit insgesamt fast 20.000 Versuchspersonen[9] vor. In den allermeisten Untersuchungen finden sich gar keine Geschlechtsunterschiede im *Moralniveau* oder sie verschwinden, wenn der Einfluß von Bildungsniveau und Berufstätigkeit kontrolliert wird.[10] Auf diese überwältigenden Gegenevidenzen reagierte C. Gilligan[11] mit einer Umformulierung ihrer These: Es gehe nicht um Niveau-Unterschiede, sondern um die benannten *inhaltlichen* Differenzen hinsichtlich Flexibilität und Fürsorglichkeit. Wie sieht es damit aus?

3.2 Rigidität versus Flexibilität

Um mit der Flexibilität zu beginnen. *Rainer Döbert* und ich[12] haben 112 14–22jährige männliche und weibliche Jugendliche unterschiedlicher Schichtherkunft u. a. über die Berechtigung von *Schwangerschaftsabbruch* befragt. Die meisten männlichen Jugend-

---

8 Vgl. *L. Kohlberg,* aaO.

9 Vgl. *L. J. Walker,* aaO.; *S. J. Thoma*, Estimating gender differences in the comprehension and preference of moral issues, in: Developmental Review 6/1986, 165–180; *G. Lind/K. Grochelewsky/J. Langer*, Haben Frauen eine andere Moral? Eine empirische Untersuchung von Studentinnen und Studenten in Österreich, der Bundesrepublik Deutschland und Polen, in: *L. Unterkircher/I. Wagner* (Hrsg.), Die andere Hälfte der Gesellschaft. Soziologische Befunde zu geschlechtsspezifischen Formen der Lebensbewältigung, Wien 1987, 394–406.

10 Der Einfluß dieser Variablen ist theoriekonform, sofern sie für kognitive Entwicklung (eine notwendige, nicht hinreichende Bedingung für Moralentwicklung) und Erfahrungen in unterschiedlichen Rollen stehen.

11 *C. Gilligan*, Reply by Carol Gilligan, in: UC Journals SIGNS 11/1986, 68–74.

12 *R. Döbert/G. Nunner-Winkler*, Wertwandel und Moral, in: *H. Bertram* (Hrsg.), Gesellschaftlicher Zwang und moralische Autonomie, Frankfurt 1986, 289–319.

lichen antworteten kurz und bündig: »Abtreibung ist Mord!« oder
aber »Jede Frau hat das Recht auf Selbstbestimmung.« Die Mädchen hingegen gaben allerlei zu bedenken: »Es kommt darauf an –
wie jung die Mutter ist, ob sie ihre Ausbildung abgeschlossen hat,
wie sie zu dem Vater des Kindes steht, ob eine Vergewaltigung
vorliegt usw. usw.« In voller Übereinstimmung mit Gilligans
These (die sie auch anhand einer Befragung von Frauen in einem
Abtreibungskonflikt entwickelt hatte) argumentierten also die
Mädchen kontextbezogen flexibel, die Jungen hingegen abstrakt,
prinzipienorientiert und rigide. Wir diskutierten aber auch über
ein Recht auf *Wehrdienstverweigerung* (das Ende der 70er Jahre noch
umstrittener war). Nun allerdings waren es die Mädchen, die –
rigide, abstrakt – feststellten: »Töten darf man nicht«, oder aber
»Verteidigung tut not«. Und es waren die Jungen, die konkret
kontextbezogene Überlegungen anstellten: »Es kommt darauf
an – ob es ein ›gerechter Krieg‹ ist, ob Atomwaffen eingesetzt
werden, wie die innere Struktur der Bundeswehr aussieht usw.
usw.« Wir schlossen daraus: Rigidität oder Flexibilität der Antwort hängen nicht von der Geschlechtszugehörigkeit, sondern
von der persönlichen Betroffenheit ab. Wer betroffen ist, hat über
mögliche Optionen, Kontextbedingungen und Folgen nachgedacht und kann sie in Rechnung stellen. (Man muß natürlich nicht
immer selbst betroffen sein – auch soziokognitive Reife oder
Lebenserfahrungen können Kontextsensitivität befördern[13]).

3.3 Fürsorglichkeit versus Gerechtigkeit

3.3.1 Fürsorglichkeit als *Personmerkmal* – Frühe moralische Weisheit: Frauen – so C. Gilligans zweite empirische Teilthese –
präferieren Fürsorglichkeit, Männer Gerechtigkeit. Wie kommt
es dazu? Die *evolutionsbiologische* Erklärung lautet wie folgt: Für
Frauen macht jedes Kind etwa ein Zwanzigstel ihres Reproduk-
tionspotentials aus – Männer hingegen können Tausende und
Abertausende Kinder zeugen. Nur ›fürsorgliche‹ Mütter also, die
sich um das Überleben ihrer Kinder kümmern, haben eine
Chance, ihre Gene in den Genpool einzubringen. Anzumerken
allerdings ist, daß ein Fürsorglichkeitsgen noch keineswegs gefunden wurde und die Reproduktionschancen auch von Männern

13 Vgl. *R.M. Hare*, Freedom and reason, New York 1963, 40.

eher durch kulturelle Normen als durch biologisch verfügbare Potenz geregelt werden.

Neuerdings folgt Carol Gilligan[14] *Nancy J. Chodorows*[15] aus der Objektbeziehungstheorie abgeleiteten Erklärung: Beide Geschlechter identifizieren sich ursprünglich mit der Mutter als erster Bezugsperson. Die kleinen Mädchen können in dieser Identifikation mit der gebenden, gewährenden Mutter verbleiben, sie bauen ein ›beziehungsorientiertes Selbst‹ auf und können so die ursprünglich beiden Geschlechtern eigene, aus der Bindungserfahrung resultierende ›frühe moralische Weisheit‹ bewahren; der kleine Junge hingegen muß sich, will er ein ›richtiger Mann‹ werden, aus dieser anfänglichen Identifikation mit der Mutter lösen und ein ›autonomes Selbst‹ entwickeln. So geht er der ›frühen moralischen Weisheit‹[16] verlustig. – Wie sieht es nun mit der *frühen moralischen Weisheit* aus?

Im Rahmen einer Längsschnittuntersuchung[17] habe ich die moralische Entwicklung von ca. 200 Jungen und Mädchen von 4–11 Jahren untersucht.[18] Im Alter von 4, 6 und 8 Jahren wurden den Kindern (gemeinsam mit *Beate Sodian* entwickelte) Bildgeschichten vorgelegt, in denen der (gleichgeschlechtliche) Geschichtenheld in Versuchung gerät, einfache moralische Regeln zu übertreten. In der Versuchungssituation wird das *moralische Wissen*, nach der Übertretung die Emotionszuschreibung zum hypothetischen Übeltäter erfragt. Die Emotionszuschreibung sollte *moralische Motivation* messen. Diese Erwartung ist aus einem kognitivistischen Emo-

14 *C. Gilligan*, aaO., 1986; *C. Gilligan/G. Wiggins,* aaO., 1987.

15 *N. Chodorow*, The reproduction of mothering, Berkeley 1978, dt.: Das Erbe der Mütter. Psychoanalyse und Soziologie der Mütterlichkeit, München 1985.

16 Diese neuere These einer frühen moralischen Weisheit widerspricht im übrigen Gilligans vorauslaufenden Beschreibungen (*C. Gilligan,* aaO., 1982) der weiblichen Entwicklung als Abfolge von Egoismus ('Überleben'), Altruismus ('Selbstaufopferung für andere') und Erreichen einer Balance zwischen Eigenbedürfnissen und Fremdansprüchen.

17 *F.E. Weinert/W. Schneider* (Hrsg.), Individual development from 3 to 12. Findings from a longitudinal study, Cambridge (im Druck).

18 *G. Nunner-Winkler*, Moralisches Wissen – moralische Motivation – moralisches Handeln. Entwicklungen in der Kindheit, in: *M. Honig/H.R. Leu/U. Nissen* (Hrsg.), Kinder und Kindheit. Soziokulturelle Muster, sozialisationstheoretische Perspektiven, München 1996, 129–173.

tionsverständnis[19] abgeleitet, nach dem Emotionen als zwar globale und rasche, gleichwohl aber kognitiv gehaltvolle Urteile über die subjektive Bedeutsamkeit eines Sachverhaltes gedeutet werden. In ihrer Emotionszuschreibung zu dem hypothetischen Übeltäter geben Kinder demnach zu erkennen, welcher Sachverhalt ihnen wichtiger ist: daß der Übeltäter eine Norm übertreten oder daß er seine Bedürnisse befriedigt hat. Es wurden unterschiedliche Geschichten vorgelegt: Der Protagonist entwendet einem Spielkameraden heimlich Süßigkeiten (negative Pflicht); weigert sich, mit einem durstigen Spielkameraden seine Coca zu teilen (positive Pflicht); weigert sich, einen zu Unrecht erhaltenen Preis mit dem übervorteilten Kind zu teilen (beide Kinder hatten die gleiche Leistung erbracht); weigert sich, einem anderen Kind zu helfen, weil er in einem Wettbewerb selbst höhere Leistungen erbringen will.

Wie steht es um das *moralische Wissen*? Bereits mit 4 Jahren wissen 98% der Kinder, daß Stehlen falsch ist; spätestens mit sechs Jahren halten auch fast alle es für geboten, in den vorgelegten Situationen zu teilen und zu helfen. In ihren Begründungen benennen sie nur selten Sanktionen (z. B. ›er kommt ins Gefängnis/die anderen Kinder mögen ihn nicht mehr/Mutter oder Lehrerin lobt/schimpft‹).[20] Überwiegend argumentieren sie deontologisch, d. h. sie verweisen auf die Tatsache, daß es eine verpflichtende Regel gibt (›Stehlen darf man nicht/man sollte helfen/teilen‹) oder geben eine negative Bewertung der Tat oder des Täters ab (›Stehlen ist gemein/die ist geizig‹). Bedürfnisse des ›Opfers‹ werden fast nur in der Coca-Geschichte erwähnt (›sonst verdurstet der‹) – insbesondere auch nicht in der oberflächlich ähnlichen Preis-Geschichte; in dieser nämlich wird die Pflicht zu teilen aus der Ungerechtigkeit der Preiszuteilung abgeleitet (›beider Leistungen waren gleich‹). Geschlechtsdifferenzen im moralischen Wissen (einzige Ausnahme vgl. unten 3.3.2) finden sich nicht; ob fürsorglichkeits- (d. h. opferbezogen) oder gerechtigkeitsorientiert (d. h. deontologisch) argumentiert wird, hängt *nicht* vom Geschlecht des Urteilenden, sondern vom Inhalt des Dilemmas ab.

19 Vgl. *R. C. Solomon*, The passions, Garden City 1976.
20 Dieses Ergebnis widerspricht Kohlbergs Beschreibung des präkonventionellen Stadiums, stimmt aber mit Turiels (*E. Turiel,* The development of social knowledge. Morality and convention, Cambridge 1983) Forschungsergebnissen zum kindlichen Moralverständnis überein.

Wie sieht es mit der *moralischen Motivation* aus? Mit überwältigender Mehrheit erwarten jüngere Kinder – Mädchen wie Jungen gleichermaßen –, daß der Übeltäter sich nach der Übertretung wohlfühlen werde (›die Süßigkeiten schmecken Klasse, weißt du‹). Dies ist ein robustes Ergebnis.[21] Bei den jüngeren Kinder läßt sich daran ablesen, daß sie der Bedürfnisbefriedigung Vorrang vor Normbefolgung einräumen.[22]

Wenn nun aber Kinder beginnen zu erwarten, daß der Übeltäter sich schlecht fühlen werde – wie begründen sie das dann? Warum will ihrer Meinung nach einer Normen befolgen? In der Literatur werden unterschiedliche Motive diskutiert: Angst vor externen Sanktionen (so Kohlbergs Präkonventionelle); Angst vor sozialen Sanktionen (so Kohlbergs Konventionelle); Angst vor Überich-Sanktionen (*Sigmund Freud*); Mitleid und Empathie (*Arthur Schopenhauer*); Achtung vor dem Gesetz (*Immanuel Kant*). Was sagen die Kinder? Weder Empathie noch Sanktionen spielen eine große Rolle. Die meisten Kinder begründen eine negative Emotion des Übeltäters damit, daß das, was er tat, nicht rechtens war. Diese formale intrinsische Motivstruktur entspricht am ehesten der Kantischen Vorstellung, moralisch sei es, aus ›Achtung vor dem Gesetz‹ zu handeln. Geschlechtsdifferenzen im Inhalt der moralischen Motivation finden sich nicht.

C. Gilligans Konzept einer frühen moralischen Weisheit, an der insbesondere Frauen festhielten, ist also *empirisch* nicht haltbar: Universell erwerben Kinder früh ein angemessenes kognitives Moralverständnis. Der Aufbau moralischer Motivation jedoch ist ein zweiter, mühsamer, differentiell verlaufender Lernprozeß, den bis zum Alter von 10–11 Jahren etwa erst ein Drittel erfolgreich abgeschlossen hat. Geschlechtsunterschiede finden sich nicht.

Auch aus *moralphilosophischer* Sicht scheint das Konzept verfehlt; es trägt dem Unterschied zwischen altruistischem und moralischem Handeln nicht Rechnung.

---

21 Vgl. *G. Nunner-Winkler/B. Sodian*, Children's understanding of moral emotions, in: Child Development 59/1988, 1323–1338.

22 Dies ließ sich auch experimentell bestätigen; vgl. *J.B. Asendorpf/G. Nunner-Winkler*, Children's moral motive strength and temperamental inhibition reduce their egoistic tendencies in real moral conflicts, in: Child Development 63/1992, 1223–1235.

Um diesen Unterschied zu erläutern: In der Helfer-Geschichte gab es zwei Protagonisten, von denen einer sich nicht stören ließ und eine hohe Leistung erbrachte, der andere hingegen half und eine geringe Leistung erbrachte. Die meisten jüngeren Kinder nun erwarteten, daß beide sich wohlfühlen werden: der eine, weil er half – der andere, weil er eine hohe Leistung erbrachte, d. h. sie unterstellten: Jeder tut, was er will, und fühlt sich wohl dabei. Nun ist es zweifellos gut, wenn einer spontan das Gute will. Moralische Motivation aber ist erst verbürgt, wenn einer das Rechte auch dann tut, wenn er dazu spontan keine Lust hat. Kinder haben von Geburt an altruistische und egoistische Impulse. Moral aber heißt, zu spontanen Impulsen mit moralischen Gründen Stellung nehmen und nur gemäß jener zu handeln, die mit den moralischen Überzeugungen verträglich sind. Moralische Motivation fungiert also quasi als Filter für die spontanen Bedürfnisse und Neigungen.

3.3.2 Fürsorglichkeit als Rollenerwartung: Wenn sich tatsächlich Geschlechtsunterschiede in der Fürsorglichkeit fänden, so sind diese also nicht frühen Unterschieden im Selbstaufbau geschuldet. Nun gibt es durchaus kulturell vorgegebene Unterschiede in den Geschlechtsrollenerwartungen: Immer noch obliegen den Frauen stärker Familienaufgaben, den Männern Berufspflichten. Familienrollen beinhalten eine umfassende Verantwortlichkeit für die Bedürfnisbefriedigung, insbesondere von Kleinkindern, Berufsrollen hingegen eine klar abgegrenzte Zuständigkeit für eindeutig umrissene Tätigkeitsfelder. Heranwachsende eignen sich die für ihr Geschlecht geltenden Erwartungen an. So mögen sie in der Tat einen geschlechtstypischen Habitus aufbauen, der für Frauen um interpersonelle Zuständigkeit, für Männer um berufsorientierte Leistungsmotivation zentriert. Für diese Interpretation weiblicher Fürsorglichkeit als Rollenkorrelat lassen sich empirische Indikatoren finden. Ich will dies entlang des Lebenslaufs diskutieren.

Erst ab der mittleren *Kindheit* zeigte sich in der Längsschnittstudie ein Geschlechtsunterschied, und zwar bei der Begründung des Hilfeleistungsgebots. Allerdings waren es die Jungen, die – fürsorglich – auf die Bedürfnisse des Bittstellers verwiesen (›der will auch gute Leistungen erbringen‹); die Mädchen hingegen benannten Sanktionen (›sonst mögen die anderen sie nicht mehr‹) oder gaben moralische Bewertungen des Täters ab (›weil man nett/lieb/hilfsbereit sein soll‹). Mädchen also verstanden ›Helfen‹ als ihnen zukommende Pflicht und genau ab dem Alter, in dem sie begreifen, daß Geschlechtszugehörigkeit ein unabänderlich stabiles Persönlichkeitsmerkmal ist[23], beginnen sie, sich die gesellschaftlich vorgegebenen Rollenerwartungen anzueignen.[24]

In der Moderne nun gewährt die *Adoleszenzphase* Heranwachsenden die Möglichkeit, zu sich selbst reflexiv Stellung zu nehmen und auch bereits angeeignete Geschlechtsrollenerwartungen zu überarbeiten. Ich will dies an einem Ergebnis aus der oben zitierten Untersuchung von *Döbert* und mir erläutern.

Es ging um die Frage nach Verteilungsgerechtigkeit. Diese eignet sich gut zur Erfassung unterschiedlicher Moralperspektiven, da es keinen vorgängigen Konsens darüber gibt, welches der möglichen Kriterien: Gleichheit, Leistung oder Bedürfnisse, den Vorrang haben solle.[25] Eine ›männliche‹ Gerechtigkeitsperspektive könnte dabei in der Präferenz von Leistungsgerechtigkeit (als klare Aufrechnung reziproker Rechte und Pflichten), eine ›weibliche‹ Fürsorglichkeitsperspektive in der Orientierung an Bedürfnissen zum Ausdruck kommen.

Wie urteilen die Jugendlichen?[26] Ich habe die Befragten nach der Heftigkeit ihrer Adoleszenzkrise in zwei Gruppen eingeteilt. Frauen mit heftiger Krise fordern – ›männlich‹ gerechtigkeitsorientiert – strikte Beitragsäquivalenz (›Jeder soll genau so viel erhalten, wie dem Wert seiner Arbeit ent-

---

23 Jüngere Kinder meinen,Geschlechtszugehörigkeit sei veränderbar; ein Junge beispielsweise könne ein Mädchen werden, wenn er ein Kleid anzieht oder sich Zöpfe flicht.

24 Vgl. *R.G. Slaby*, The self-socialization of boys and girls: How children's developing concept of gender influences their sex-role behavior, in: *J.M. Samson* (Hrsg.), Childhood and sexuality. Proceedings of the International Symposium, Quebeck/Montreal/Paris 1980, 123–127; *L. Kohlberg*, aaO., 1974.

25 Wie Döbert (*R. Döbert*, Zur Rolle unterschiedlicher Gerechtigkeitsstrukturen in der Entwicklung des moralischen Bewußtseins. Kurzfassung [Bericht über den 31. Kongreß der Deutschen Gesellschaft für Psychologie, Mannheim 1978], Göttingen 1979) an diesen Daten gezeigt hat, bedeutet reiferes moralisches Urteilen nicht die Präferenz eines bestimmten Kriteriums, sondern die Fähigkeit, die unterschiedlichen Kriterien simultan im Bewußtsein halten und situationsspezifisch ausbalancieren zu können.

26 Vgl. dazu *G. Nunner-Winkler*, Adoleszenzkrisenverlauf und Wertorientierungen, in: *D. Baacke/W. Heitmeyer* (Hrsg.), Neue Widersprüche. Jugendliche in den achtziger Jahren, Weinheim/München 1985, 86–107.

spricht – sonst strengen sich die Leute ja gar nicht an.‹). Die krisenfreien Frauen hingegen verweisen – ›weiblich‹-fürsorglich – auf Bedürfnisse (›Einer hat Familie, der andere nicht.‹) oder aufgewandte Mühen (›Daß einer mehr kriegt, bloß weil er fähig ist, wäre nicht gerecht – der andere strengt sich genauso an.‹). Genau so aber argumentierten auch die männlichen Gymnasiasten mit heftigem Krisenverlauf. Die Daten legen folgende Interpretation nahe: Die Krise ist (auch) ein Protest gegen gesellschaftliche Rollenzumutungen. Die krisenhaften Frauen rebellieren gegen die traditionelle weibliche Geschlechtsrolle, die männlichen gegen Karrierismus und Leistungsdenken. Wer aber die traditionelle weibliche Geschlechtsrollenidentität bruchlos (krisenfrei) übernimmt, nach der die Frau primär in affektive, diffuse, partikularistische Rollenzusammenhänge eingebettet bleibt, der mag in der Tat fürsorglich zu denken gewohnt sein. Wer hingegen die bislang eher den Männern zugestandene Autonomie und Unabhängigkeit für sich beansprucht, orientiert sich stärker an Rechten und Pflichten.

Daß in der Tat Fürsorglichkeit und das Bestreben, soziale Vernetzungen und Beziehungen nicht zu gefährden, mit Rollenauffassungen zu tun haben, wird auch durch die feministischen Emanzipationsdebatten, also auch in der Lebensphase des *Erwachsenendaseins*, bestätigt. Forderungen wie: ›Mein Bauch gehört mir‹ oder auch die von *Elisabeth Beck-Gernsheim* zusammengetragenen Buchtitel[27]: »Nun aber ich selbst«, »Er oder Ich« bzw. »Ich bin Ich« klingen nicht gerade fürsorglich-beziehungsorientiert. Es drückt sich darin ein neues Selbstverständnis aus, dem »Veränderungen in Bildung, Beruf, Familienzyklus, Rechtssystem usw. (zugrunde liegen), durch die Frauen aus der Familienbindung herausgelöst und auf Selbständigkeit und Selbstversorgung verwiesen werden«[28]. In dem Maße nun, in dem Frauen sich von den traditionellen weiblichen Geschlechtsrollen lösen und am gesellschaftlichen Modernisierungsprozeß teilhaben, ja ihn gar aktiv mit vorantreiben, fordern sie Gleichheit, Gerechtigkeit und Autonomie – Prinzipien einer ›männlichen‹ Gerechtigkeitsethik.

---

27 *E. Beck-Gernsheim*, Von der Liebe zur Beziehung? In: *J. Berger* (Hrsg.), Soziale Welt, Sonderband 4: Die Moderne – Kontinuität und Zäsuren, Göttingen 1986, 209–233.
28 Ebd., 222.

3.3.3 Fürsorglichkeit als institutionen- oder kulturspezifische Norm: *Ann Higgins, Clark Power* und *Lawrence Kohlberg*[29] untersuchten die Geltung altruistischer Hilfeleistungsnormen. Sie verglichen drei Reform- (›Just communities‹) und drei normale Schulen. Den Schülern wurde ein hypothetisches Dilemma vorgelegt, in dem es darum ging, einem Mitschüler zu helfen. Die Jugendlichen wurden gefragt, ob man in der vorgegebenen Situation helfen sollte, was sie selbst täten und wie ihrer Einschätzung nach die Mitschüler diese beiden Fragen beantworten würden. In den Reformschulen glaubten 80%, in den normalen nur 40% der Befragten, daß die Mitschüler die Hilfeleistung für geboten hielten. Die Hälfte der Reformschüler, aber nur etwa ein Zehntel der anderen Schüler sagte des weiteren, daß sie selbst dieser moralischen Verpflichtung auch nachkommen würden. Geschlechtsunterschiede gab es nicht.

Nicht nur einzelne Institutionen, auch gesamte Kulturen differieren in dem Grad, zu dem sie interpersonelle Verantwortlichkeit moralisch verpflichtend machen. *J. Miller* und *S. Luthar*[30] ließen Befragte in den USA und Indien für verschiedene Dilemmata entscheiden, ob es sich um eine Frage der Moral oder der persönlichen Entscheidungsfreiheit handele. Dabei zeigte sich, daß Fürsorglichkeitsdilemmata (z. B. die alternden Eltern selbst zu versorgen statt sie ins Altersheim zu geben; einen vorübergehend wohnungslosen Freund in den eigenen Haushalt aufzunehmen; eine unverschuldet unter Zeitdruck geratene Freundin bei der Anfertigung ihrer Examensarbeit zu unterstützen etc.) von den Indern als moralische, von den Amerikanern hingegen als persönliche Fragen behandelt wurden. Geschlechtsunterschiede gab es keine.

Wie diese Untersuchungen zeigen, ist Fürsorglichkeit an biologisch vorgegebene oder frühkindlich erzeugte Persönlichkeitsdifferenzen zwischen den Geschlechtern nicht gebunden. Fürsorglichkeit ist ein moralisches Gebot, dessen Anwendungsbereich kulturell umschrieben ist: In einer akuten Notsituation richtet es

29 *A. Higgins/C. Power/L. Kohlberg*, The relationship of moral atmosphere to judgments of responsibility, in: *W.M. Kurtines/J.L. Gewirtz* (Hrsg.), Morality, moral behavior, and moral development, New York u. a. 1984, 74–106.

30 *J.G. Miller/S. Luthar*, Issues of interpersonal responsibility and accountability: A comparison of Indians' and Americans' moral judgments, in: Social Cognition 7/1989, 237–261.

sich an den jeweils ›Nächsten‹ (in unserer Kultur spiegelt sich das in dem Straftatbestand ›unterlassene Hilfeleistung‹ wider). In diffuse und partikularistische Rollen ist es eingeschrieben. Familienrollen etwa enthalten fast unbegrenzte Fürsorgepflichten gegenüber den Angehörigen der eigenen Kernfamilie, in traditionalen Kulturen gegebenenfalls auch gegenüber Mitgliedern eines erweiterten Verwandtschaftsnetzes. Aber auch Organisationen können (allerdings stärker umgrenzte, d. h. spezifische) Fürsorgeverpflichtungen gegenüber ihren Mitgliedern vorsehen (z. B. Fürsorgepflicht des Arbeitgebers). Selbst der Staat übernimmt als Wohlfahrtsstaat (minimale) Versorgungsverpflichtungen für die eigenen Staatsbürger.

4. Universelle Moral versus Rollenmoral

Frühe moralische Weisheit gibt es nicht. Moral muß sozial gelernt werden, und keines der Geschlechter tut sich dabei leichter. Ab der mittleren Kindheit beginnen Jungen und Mädchen, die in ihrer Kultur für ihr eigenes Geschlecht vorgegebenen Erwartungen sich anzueignen. In unserer Kultur werden von Frauen (bislang noch) eher Anpassungsfähigkeit und Hilfsbereitschaft, von Männern eher Durchsetzungsfähigkeit und Leistungsorientierung erwartet. Dies mit Geschlechtermoralen gleichsetzen heißt Moral mißverstehen. Flexibilität etwa ist keineswegs per se moralisch; zuweilen ist sie nur Ausdruck von Machtlosigkeit[31], von Harmoniesucht und mangelnder Zivilcourage. Auch Fürsorglichkeit ist nicht immer moralisch angemessen: Wer masochistisch für die Seinen sich selbst aufopfert oder unmoralische Bedürfnisse erfüllt, handelt keineswegs moralisch.

Doch selbst wenn – etwa im Kontext von Familienverpflichtungen – moralisch angemessen flexibel-fürsorglich gehandelt wird, begründet dies keine eigene Moral. Die Erfüllung je spezifischer

---

31 Vgl. *S. Harding*, Die auffällige Übereinstimmung feministischer und afrikanischer Moralvorstellungen. Eine Herausforderung für feministische Theoriebildung, in: *G. Nunner-Winkler* (Hrsg.), Weibliche Moral. Die Kontroverse um eine geschlechtsspezifische Ethik, München ²1995, 162–189.

Rollenverpflichtungen ist Teil *einer* universell gültigen Moral, die gebietet, daß in einer arbeitsteilig organisierten Gesellschaft jeder das je Seine zu tun habe[32], ohne daß inhaltliche Unterschiede je eigene ›Moralen‹ konstituierten. So erwarten wir, daß der Brükkenbauer sorgfältig vorgehe und der Steuerbeamte unbestechlich sei – eine eigene Sorgfaltsmoral für Brückenbauer oder Unbestechlichkeitsmoral für Finanzbeamte leiten wir daraus nicht ab. Genau so gilt: Die Verpflichtung zur Fürsorglichkeit, die in akuten Notsituationen oder aus partikularistischen Rollen erwächst, ist Teil einer universellen Moral – eine eigenständige Moral konstituiert sie nicht.

5. Schlußbemerkung

Die rasche Verbreitung und hohe Akzeptanz der These von den zwei Moralen ist ihrer alltagsweltlichen Plausibilität geschuldet. (Frauen sind häufig stärker mit Familienrollen identifiziert; das Verhältnis von Rollen und Moral wird zumeist nicht angemessen reflektiert.) Aber darüber hinaus ist sie auch gegen gut begründete Einwände eher resistent.[33] Dies hängt zum einen mit unserer tief verankerten Erwartung basaler Geschlechtsdifferenzen zusammen: Unser begriffsgeleitet-systematisierender Denkhabitus nämlich verleitet uns dazu, allen Mitgliedern einer Kategorie trotz oberflächlicher Unterschiede geteilte stabile Wesensmerkmale zuzuschreiben; dies ist eine außerordentlich effiziente Verallgemeinerungsstrategie, die jedoch bei der Anwendung auf soziale Kategorien (Geschlecht, ethnische Zugehörigkeit ...) problematisch ist. Die These von den zwei Moralen nun stellt eine besonders akzeptable inhaltliche Auffüllung unserer vorgängigen Differenzannahme dar. Zum anderen aber erlaubt die Betonung von Differenzen Zugehörigkeitsgefühle und Gruppenloyalitäten zu

32 Dieses Gebot hat natürlich nur eine 'prima-facie' Geltung, d.h. die Verpflichtung bezieht sich nur auf eine im Prinzip 'wohlgeordnete' Gesellschaft, die also etwa *nicht* KZ-Wärter-Rollen enthielte (vgl. *J. Rawls*, A theory of justice, London u.a. 1972).
33 Vgl. *G. Nunner-Winkler*, Eine weibliche Moral? Differenz als Ressource im Verteilungskampf, in: Zeitschrift für Soziologie 23/1994, 417–433.

wecken, was in Zeiten eines Kampfes um die Erweiterung sozialer Teilhabe- und Gleichstellungsrechte für die Frauen funktional scheint.

Mir scheint es allerdings prekär, wenn eine politische Bewegung Loyalität nicht unter Rekurs auf geteilte Interessen, sondern auf unterstellte basale Wesensmerkmale zu mobilisieren sucht. Welche Gefahren nämlich in der Annahme stecken, Mitglieder einer sozialen Kategorie hätten unabänderliche Wesensmerkmale gemein, dürfte gerade uns Deutschen nur allzu gut erinnerlich sein.

Literaturhinweise

H. Nagl-Docekal/H. Pauer-Studer (Hrsg.), Jenseits der Geschlechtermoral. Beiträge zur feministischen Ethik, Frankfurt 1993.

G. Nunner-Winkler (Hrsg.), Weibliche Moral. Die Kontroverse um eine geschlechtsspezifische Ethik, München ²1995.

XXI.

Welche Kompetenzen und Qualifikationen benötigt die Lehrerschaft?

NORBERT METTE

1. Moralische Konflikte im Schulalltag

Es bedarf nicht viel Phantasie, um sich Situationen vorzustellen, in denen sich ein Lehrer oder eine Lehrerin der Schülerschaft gegenüber oder auch innerhalb des eigenen Kollegiums zu einer moralischen Urteilsbildung oder Konfliktentscheidung herausgefordert sieht. Sehr häufig handelt es sich dabei um Vorfälle, in denen spontan reagiert werden muß. Viele Themen und Inhalte, die im Unterricht behandelt werden, sind in hohem Maße ethisch aufgeladen, bzw. ihnen wohnt eine ethische Dimension inne. Daneben gibt es Dilemmata allgemeinerer Art, die zu einem großen Teil mit strukturellen Gegebenheiten der Schule zusammenhängen. Und im übrigen ist die Schule bekanntlich alles andere als ein gesellschaftsfreier Raum, so daß es nicht verwunderlich ist, daß sie es mit allen möglichen ethischen und moralischen Problemen, die in der sonstigen gesellschaftlichen Öffentlichkeit auftauchen oder auch aus der familiären Privatsphäre herrühren, zu tun bekommt. An einigen Beispielen sei die Bandbreite von moralischen Problemen und Konflikten, wie sie für den schulischen Alltag die Regel darstellt, veranschaulicht:

– Nach der Pause gelingt es dem Lehrer nur mit Mühe, den Klassenraum zu betreten. Hinter der Tür findet eine kräftige Balgerei statt. Dem Lehrer gelingt es zwar, die darin verwickelten Schüler zu bändigen. Aber es bleibt atmosphärisch ein Rest an Aufgebrachtheit und Unmut im Raum zurück, der es unmöglich macht, einen effektiven Unterricht durchzuziehen.

– Die Klassenlehrerin nimmt immer deutlicher wahr, daß ein neu dazugekommener Schüler Mühe hat, Anschluß an seine neue Klasse zu finden, und darunter leidet. Seine Mitschüler und -schülerinnen »schneiden« ihn – angefangen von der Sitzordnung im Klassenraum bis hin zu seinem

Ausschluß aus den Klassencliquen in den Pausen und nach der Schule. Der Schüler kriecht sich mehr und mehr in ein Schneckenhaus zurück. Auch am Unterricht beteiligt er sich kaum noch.

- Eine Lehrerin geht im Rahmen des Geschichtsunterrichts über die Kolonialisierungsepoche darauf ein, daß die Engländer nach ihrer Besetzung Indiens dort den Brauch der Witwenverbrennung untersagt hatten. Ihre Frage, ob die Engländer dazu das Recht gehabt hätten und ob man nicht jedes Volk nach seinen eigenen Sitten und Gebräuchen leben lassen solle, wurde mehrheitlich seitens der Klasse mit einem Plädoyer für Nichteinmischung beantwortet. Woher nehme man sich denn das Recht – so lautete die vorherrschende Argumentationsfigur –, einen solchen Brauch anderswo zu verbieten, selbst wenn man ihn von seiner eigenen Kultur her für falsch halte?

- Im Leistungskurs Biologie werden die neueren Entwicklungen in der Gentechnologie durchgenommen. Der Lehrer fordert die Kursmitglieder auf, sich Szenarien auszudenken, wohin diese Entwicklungen führen könnten. In der anschließenden Diskussion prallen die Meinungen darüber, ob die Menschen das auch tun dürften, was sie tun könnten, hart aufeinander.

- Um die Motivation einer Schülerin nicht völlig zu vergraulen, benotet der Lehrer die Arbeit, obwohl sie objektiv gewertet zwischen fünf und sechs liegt, noch mit ausreichend. Die Mitschülerinnen und Mitschüler geben daraufhin dem Lehrer deutlich zu verstehen, daß sie das als ungerecht empfinden.

- Im Gespräch mit einem auffällig gewordenen Schüler gibt dieser den beiden beteiligten Lehrern gegenüber offen zu, daß für ihn allein die Karriere gelte und daß er darum nicht bereit sei, auf andere, die seine potentiellen Konkurrenten sein könnten, irgendwelche Rücksichten zu nehmen.

- Auf den Versuch seitens der Lehrerschaft, nach einer Schulfête mit der Schülerschaft über den exzessiven Alkoholkonsum zu sprechen, trifft sie mehrheitlich auf Unverständnis und keinerlei Einsichtsbereitschaft mit dem Hinweis, dies sei doch völlig normal.

- In einer Grundsatzdebatte darüber, ob die Schule sich auf einen verbindlichen Wertekanon verständigen und festlegen solle, um so der Schülerschaft klarere Orientierungen vermitteln zu können, stellt sich heraus, daß innerhalb des Kollegiums dermaßen divergente Einstellungen vertreten sind, daß es unmöglich ist, sich auf eine gemeinsame Linie zu verständigen.

Die hier mehr oder weniger zufällig aneinandergereihten Beispiele unterstreichen sehr eindrücklich die These, daß es – gerade auch in der Schule – nicht möglich ist, nicht moralisch zu erziehen und zu unterrichten. Zugleich zeigen sie, daß die Anstöße dazu auf sehr unterschiedlichen Ebenen angesiedelt sind: Es macht einen gewaltigen Unterschied, ob angezielt wird, die ethischen Implikationen und Konsequenzen eines Unterrichtsinhaltes zu bedenken, oder ob es darum geht, auf Probleme und Konflikte im sozialen Umgang miteinander zu reagieren. Außerdem zeigt sich, daß die Möglichkeiten zur Aufarbeitung von ethischen bzw. moralischen Themen und Fragen unterschiedlich ausfallen: Manches kann dazu im Rahmen einer Klasse oder eines Kurses geschehen; anderes läßt sich nur auf der Ebene der Schule insgesamt (und der sie bestimmenden Schulpolitik) lösen. In vielen Bereichen steht die Schule zudem in der eigentümlichen Spannung, daß von ihr erwartet wird, als pädagogisch-moralische Institution all das kompensieren zu sollen, was anderweitig in der Gesellschaft nicht mehr geleistet wird, aber daß sie ihrerseits solchen Erwartungen nur bedingt entsprechen kann, weil sie selbst ja keinen Standort »außerhalb« dieser Gesellschaft einnehmen kann.

2. Moralische Überforderung der Unterrichtenden?

2.1 Anforderungen der Praxis. Was bedeutet das alles mit Blick auf die moralische Kompetenz und Performanz, über die Lehrerinnen und Lehrer verfügen müßten, um etwa mit den in den Beispielen auftauchenden Fragen und Konflikten angemessen umgehen zu können? Damit das so gut wie möglich gewährleistet wäre, müßte eine Lehrperson, geht man die einzelnen Fälle durch, folgenden Anforderungen genügen können:

- Sie müßte aktuelle Streitereien im Klassenraum oder im Pausenhof nicht nur autoritär »bezähmen«, sondern wirklich schlichten können, d. h. mit den Beteiligten so aufarbeiten, daß daraus Versöhnung möglich wird;
- sie müßte für gruppendynamische Prozesse in der Klasse sensibel sein und gegebenenfalls intervenieren können;
- sie müßte sich der ethischen Dimension von Unterrichtsinhalten bewußt sein und diese ausdrücklich thematisieren können;
- sie müßte zu einer eigenen ethischen Urteilsbildung und zur Wahrnehmung der sich daraus ergebenden Verantwortung imstande sein;
- sie müßte dabei zusätzlich in der Lage sein, die Entwicklung des moralischen Denkens bei Heranwachsenden (und bei sich selbst) zu berücksichtigen;

- sie müßte wenigstens rudimentär sich darüber Gedanken machen, mit welchen ethischen Herausforderungen die jetzt heranwachsende Generation im Verlauf ihres weiteren Lebens noch konfrontiert werden wird und wie sie wenigstens so gut, wie heute möglich, darauf vorbereitet werden kann;
- sie müßte in der Lage sein, den in einer pluralistischen Gesellschaft unweigerlich gegebenen Dissens und Widerspruch auch in ethischen Fragen und moralischen Belangen auszuhalten und damit zu leben, ohne darum alles als gleich gültig ansehen und akzeptieren zu müssen;
- sie müßte bereit und fähig sein, den Schülerinnen und Schülern die von ihnen (noch) nicht wahrgenommenen moralischen Implikationen und Konsequenzen ihrer Einstellungen und Verhaltensweisen vor Augen zu halten und mit ihnen darüber zu diskutieren;
- sie müßte schließlich und endlich sich von dem unbedingten Bestreben leiten lassen, jedem Schüler/jeder Schülerin ebenso wie der Schülerschaft insgesamt Gerechtigkeit widerfahren zu lassen.

Konfrontiert mit einem solchen »Leistungskatalog«, dürften viele der betroffenen Lehrpersonen schnell resignieren – nach dem Motto: Man müßte ja wohl »heilig« sein, um das erfüllen zu können. Und zudem: Auch die Lehrerinnen und Lehrer halten sich ja keineswegs ausschließlich in der Schule auf. Im Gegenteil, in ihren sonstigen Lebensbereichen haben sie es auch immer mit moralischen Konflikten zu tun, die sie möglicherweise bis in die Schule hinein begleiten und sich auf ihr eigenes Verhalten dort belastend auswirken. – Was kann darum – realistisch gesehen – erwartet und getan werden?

2.2 Flucht vor der pädagogisch-moralischen Verantwortung – kein Ausweg.
Manche Lehrer und Lehrerinnen versuchen, sich ihrer Verantwortung mit Blick auf die skizzierten Konflikte zu entziehen, indem sie sich damit rechtfertigen, daß sie zu Fachlehrkräften ausgebildet und somit für alles andere nicht zuständig seien. In »fachidiotischer« Manier delegieren sie dann die ethischen Fragen und Probleme, die bei der Behandlung von bestimmten Unterrichtsstoffen auftreten, an den dafür zuständigen Religions-, Ethik- und Philosophieunterricht; persönlich halten sie sich heraus. Bei Streitereien in der Schülerschaft wird nach der (sozialdarwinistischen) Devise verfahren, das reguliere sich von selbst; Erwachsene bräuchten sich nicht einzumischen. Und im übrigen wird der Lehrerberuf nach Weise eines »Einzelkämpfers« ver-

standen und ausgeübt; das heißt, daß auch jegliche Verständigungsprozesse innerhalb des Kollegiums als überflüssig abgelehnt werden.

Diese Darstellung mag eine Überzeichnung sein; aber vergegenwärtigt man sich Einstellungen und Verhaltensweisen mancher Lehrkräfte, so entbehrt sie jedenfalls nicht jeglichen Realitätsgehalts. Nicht selten verbirgt sich dahinter ein gewaltiges Stück an in der beruflichen Laufbahn angewachsener Bitterkeit und Resignation: Mit wieviel Elan und Ideal war man nach dem Studium in die schulische Praxis eingestiegen – und was ist schließlich in der Realität des dortigen Alltags davon übriggeblieben? Was bleibt, will man sich schließlich nicht selbst ruinieren, ist »Dienst nach Vorschrift«. Doch selbst diese Einstellung und Haltung sind alles andere als so moralisch neutral, wie sie sich selbst gerne wähnen. Im Gegenteil, von ihnen geht eine Vielfalt an auch moralisch bedeutsamen Botschaften aus; z. B.: Ethische Fragen sind etwas für Spezialisten! Warum soll ich für etwas verantwortlich sein, was von mir nicht verursacht worden ist? Die Hauptsache ist, daß es mir einigermaßen gut geht!

Als vorläufiges Fazit ist also zu ziehen: Es macht einerseits keinen Sinn, sich als Lehrperson moralisch selbst zu überfordern oder sich überfordern zu lassen. Andererseits ist es nicht möglich, sich der moralischen Verantwortung gänzlich zu entziehen. Wie läßt es sich zwischen diesen beiden Extremen zurechtkommen?

3. Einige Bemerkungen zum Stand der Diskussion

Angesichts der Häufigkeit der moralischen Fragen und Probleme im schulischen Alltag sowie der Dringlichkeit, mit ihnen gerade als Lehrperson kompetent umgehen zu können, verwundert es, daß dieser Aspekt in der pädagogischen bzw. (fach-)didaktischen Diskussion im allgemeinen eher spärlich behandelt wird. Dementsprechend ist es auch um die Lehrer- und Lehrerinnen-Aus- und Fortbildung bestellt. Das gilt selbst für das Fach, in dem ausdrücklich »Ethik« bzw. »Werte und Normen« unterrichtet werden soll(en).

Nach Durchsicht der einschlägigen Unterlagen aus allen Bundesländern kommt A.K. Treml zu der summarischen Feststellung: »Es gibt bis heute (Mai 1994) m.w. keinen einzigen real existierenden Ethiklehrer, der auf eine (grundständige) Lehrerausbildung zurückblicken könnte, die vergleichbar wäre etwa mit einer Ausbildung zum Religionslehrer oder zum Chemielehrer. Für die immer als so wichtig und schwierig apostrophierte Aufgabe des Ethiklehrers wird bis heute kein vergleichbarer Nachweis einer professionellen Qualifikation erwartet. Ethiklehrer sind professionelle Dilettanten und werden ... grundsätzlich fachfremd eingesetzt.«[1] Nurmehr in einigen der neuen Bundesländer wird derzeit die Einrichtung von Studiengängen für Ethikunterricht betrieben bzw. ist man mit der erfolgten Besetzung von Lehrstühlen dafür in Gang gekommen.

So dringlich also die Verbesserung der Ausbildung der Lehrkräfte für den Ethikunterricht ist – wenn schon ein solches Fach in den Schulen, und sei es »nur« als »Ersatzfach«, eingerichtet worden ist –, so heißt das keinesfalls, daß die Unterrichtenden in den übrigen Fächern von einer Befassung mit ethischen Problemen entlastet werden könnten. Moralerziehung ist keine Angelegenheit, die nur an einen dafür zuständigen Fachunterricht delegiert werden kann. In dieser Sache besteht Einigkeit in allen neueren schulkonzeptionellen Entwürfen – bis hin zum Leitbild der Schule als »Haus des Lernens«, wie es die Bildungskommission des Landes Nordrhein-Westfalen in ihrer Denkschrift vorgelegt hat.[2]

Soll eine solche Schule gelingen, ja soll überhaupt erst die erforderliche Reform in Richtung einer solchen Schule in Gang kommen, sind insbesondere die Lehrerinnen und Lehrer gefordert. Sie brauchen über ihr fachliches Wissen und Können hinaus grundlegende pädagogische Einsichten und Eignungen, wie sie etwa *Hartmut von Hentig* in seinem »Sokratischen Eid« für Pädagoginnen und Pädagogen zusammengestellt hat.[3] Doch ist es mit bloßen Appellen an ein (Berufs-)Ethos nicht getan. Die entscheidende Frage ist vielmehr, ob und wie die normativen Postulate,

1 *A.K. Treml*, Ethik als Unterrichtsfach in den verschiedenen Bundesländern. Eine Zwischenbilanz, in: *ders.* (Hrsg.), Ethik macht Schule! (edition ethik kontrovers 2), Frankfurt/M. 1994, 18–29, hier: 20.

2 Vgl. *Bildungskommission NRW*, Zukunft der Bildung – Schule der Zukunft, Neuwied u.a. 1995.

3 Vgl. *H. v. Hentig*, Die Schule neu denken, München/Wien 1993, 246f.

die in der Regel ein hohes Maß an Zustimmung erfahren, unter den konkreten Gegebenheiten zu aktualisieren sind.[4]

Speziell mit Blick auf die Rolle bzw. den Beitrag der Lehrpersonen im Zusammenhang von moralischer Erziehung an der Schule begegnen in der Diskussion immer wieder unterschiedliche Ansätze, die im folgenden kurz typologisiert und kommentiert werden sollen:

(1) Traditionell wird besonders mit Blick auf die moralische Erziehung die Rolle der Erziehenden und Unterrichtenden als *Vorbilder* herausgestellt.[5] Daß die Erwachsenen in Erziehungsprozessen von den Kindern und auch noch von den Jugendlichen sehr intensiv wahrgenommen werden, daß auf ihr Beispiel geachtet wird, daß ihre Glaubwürdigkeit (Übereinstimmung von Reden und Tun) geprüft wird, ist unbestritten. Die entscheidende Frage ist nur, ob und inwiefern daraus ein pädagogisches Programm konzipiert werden kann und soll. Nicht zu vergessen ist, daß das Proklamieren des Vorbild-Lernens – im Sinne einer bedingungslosen Gefolgschaft – verheerende Folgen gezeitigt hat. Es muß darum alles darangesetzt werden, daß die Heranwachsenden nicht in der Phase der Imitation ihrer Vorbilder steckenbleiben bzw. darin festgehalten werden, sondern zu selbstverantwortetem Handeln gelangen. Begünstigt wird das, wenn sie nicht bloß auf ein bestimmtes Vorbild fixiert werden, sondern die Gelegenheit haben, mit verschiedenen »Vorbildern« – bzw. besser: »Modellen« – in Kontakt zu kommen.[6]

(2) Während die Vorbild-Pädagogik davon ausgeht, daß insbesondere dem Kinde Regeln bzw. Beispiele moralisch guten Handelns grundsätzlich »von außen« vorgegeben werden müssen und entsprechend die erwachsenen Erzieher eine große Verantwortung tragen, schätzen andere Konzepte das *Vermögen der Heranwachsenden zur Eigenständigkeit* so hoch ein, daß sie auf jegliche »autoritäre« Vorgabe grundsätzlich verzichten zu können bzw. zu müssen meinen. Die Empfehlung an die Erwachsenen lautet folgerichtig, sich möglichst herauszuhalten und die Heranwachsenden sich selbst zu überlassen.

4 Vgl. den informativen Überblick zur Diskussion über das Lehrerethos von *R. Reichenbach,* Vom Tugendkatalog zur Dissenstauglichkeit, in: EvErz 47/1995, 252–262 (Lit.!).

5 Vgl. den zusammenfassenden Überblick von *G. Stachel,* Lernen durch Vorbilder oder Modell-Lernen (Beobachtungslernen; Imitationslernen), in: *ders./D. Mieth,* Ethisch handeln lernen, Zürich 1978, 86–106.

6 Vgl. die Auseinandersetzung mit der Vorbild-Pädagogik und das Plädoyer für ein »Modell-Lernen« von *I. Mieth/D. Mieth,* ebd., 106–116.

(3) »Lehrer sollten nach unserem Verständnis weder Moralprediger noch bloße Animatoren sein; sie sollten die praktische Vernunft der Kinder durch ein gesundes Verhältnis von diskursivem Austausch und moralischer Selbststeuerung zugleich in Anspruch nehmen und stärken. Das Ziel all unserer Anstrengungen sollte *Mündigkeit* sein – der moralisch autonome und verantwortliche Mensch.«[7] So umreißen *Fritz Oser* und *Wolfgang Althof* ihre Position, die sich wesentlich psychologischen Einsichten über die Entwicklung des moralischen Denkens (und Handelns) verdankt. Nach diesem Konzept vollzieht sich moralische Erziehung grundlegend als moralische Kommunikation (mitsamt ethischen Diskursen), die durch ein partnerschaftliches Partizipieren-Können aller Beteiligten gekennzeichnet ist. Damit kommt dem kommunikativen Aspekt im Erziehungs- und Lehrberuf eine hervorragende Bedeutung zu – »als kommunikative Kompetenz des Zuhörens, Erörterns, Aushandelns, aber auch Bestimmens«[8]. Diesem Konzept sind die folgenden Überlegungen verpflichtet und bemüht, seine Implikationen und Konsequenzen mit Blick auf ein mögliches »Lehrerethos« detaillierter zu erfassen.

4. Ansätze und Bedingungen für ein ethisch bewußtes Erziehen und Unterrichten in der Schule

4.1 Was die einzelne Lehrperson tun kann. Allererst gilt: Wer an der Schule als Lehrer oder Lehrerin tätig sein will oder ist, muß sich Rechenschaft darüber ablegen, wer er oder sie als Lehrer oder Lehrerin sein will. Implizit ist ein solches (Vor-)Verständnis immer schon vorhanden. Besonders aus der Weise, wie der Unterricht gestaltet wird, läßt es sich herauslesen – etwa anhand der Beobachtung, ob stärker stoff- oder stärker schülerorientiert vorgegangen wird. Genau dieses implizite Verständnis gilt es jedoch, explizit werden zu lassen. Der Lehrer oder die Lehrerin muß sich ausdrücklich klar darüber sein, als wer er/sie in der Schule auftreten möchte und auftritt. Wem, zum Beispiel, gilt ihre vorrangige Sorge: dem Unterrichtsstoff bzw. dem Lehrplan oder den Schülern und Schülerinnen? Natürlich soll damit nicht unterstellt werden, daß sich beides grundsätzlich gegenseitig ausschlösse. Aber sehr wohl kommt es, je nachdem, was im Vordergrund steht, zu unterschiedlichen Akzentuierungen.

7 *F. Oser/W. Althof,* Moralische Selbstbestimmung, Stuttgart ²1994, 28f.
8 *R. Reichenbach,* aaO., 260.

Im Sinne einer bewußten Einbeziehung der pädagogisch-moralischen Dimension ist eindeutig zugunsten einer konsequenten Schülerorientierung jedes Unterrichts zu optieren. Das ist leichter gesagt als getan. Denn zum einen dürfte sich sehr bald zeigen, daß man sich mit einer solchen Anwaltschaft für die Schüler und Schülerinnen auch Konflikte (etwa mit auf die Karriere ihres Kindes bedachten Eltern oder mit der Schulbehörde) einhandelt. Und zum anderen reicht guter Wille allein nicht aus; vielmehr ist ein *unabdingbares Maß an professioneller Kompetenz* in mehrfacher Hinsicht erforderlich:

(1) Gediegenes *fachliches Wissen und Können* sind eine Grundvoraussetzung, um in der Lage zu sein, mit dem zu behandelnden Stoff eigenständig umzugehen und ihn insbesondere in einer Weise zu elementarisieren, daß er für die jeweilige Schülergruppe so nachvollziehbar wird, daß sie ihrerseits eigenständig mit ihm umzugehen lernt.

(2) Ein solches fachliches Wissen und Können wird in dem Maße erworben und vertieft, wie auch jeweils die wissenschaftstheoretischen und -ethischen *Grundlagenfragen eines Faches* in den Blick genommen werden und von daher verschiedene Positionen kritisch miteinander verglichen werden können. Zur Vermittlung gehört nicht nur, daß die Schüler und Schülerinnen »Ergebnisse« reproduzieren können, sondern auch die damit verbundenen theoretischen und ethischen Voraussetzungen wenigstens ansatzweise zu problematisieren lernen.

(3) Gerade mit Bezug auf ethisches bzw. moralisches Lernen gilt, daß es sich nicht darauf beschränken darf, daß seine Inhalte gewissermaßen nur »von außen« in den Unterricht eingebracht werden. Die *Situation in der Klasse* ist es, die allererst und immer neu den entsprechenden »Stoff« generiert. Es wäre kurzsichtig, solche »Unterbrechungen« lediglich als Störungen aufzufassen, die möglichst schnell von Lehrerseite her zu beheben sind. Sondern gerade das Aufgreifen solcher Anlässe auch im Unterricht dürfte am ehesten die Fähigkeit, in konkreten Situationen moralisch zu entscheiden und zu handeln, vermitteln. Dazu gehören eine entsprechende Bereitschaft und Fähigkeit seitens der Lehrkräfte, die Schüler und Schülerinnen als Subjekte solcher Lernprozesse zum Zuge kommen zu lassen.

(4) In moralischen Lernprozessen ist es für die Unterrichtenden nicht möglich, sich heraushalten und eine Beobachterperspektive einnehmen zu wollen. Unweigerlich kommen auch sie mit ihren Emotionen und Sichtweisen ins Spiel. Zugleich müssen sie sich aber auch ein Stück weit zurückhalten, d.h. darauf verzichten, bestimmenden Einfluß zu nehmen, indem sie

etwa bei auftretenden Meinungsverschiedenheiten ihre Autorität als verbindliche Instanz geltend machen. Sich die eigene »Rolle« immer wieder bewußt zu machen und sensibel zu werden für die Prozesse, wie sie ablaufen, aber auch sich dafür hilfreiche *Kenntnisse* (z. B. über die Entwicklung des moralischen Urteils) anzueignen, ist eine Aufgabe, die sich jede Lehrperson »von Berufs wegen« angelegen sein lassen müßte. Angesichts der damit verbundenen Schwierigkeiten – gerade auch für Lehrende[9] – dürfte es hilfreich sein, die Möglichkeit einer *Supervision* in Anspruch zu nehmen.

4.2 Was Lehrkräfte gemeinsam tun können. Der gute Wille einzelner Lehrpersonen zu einem pädagogisch gehaltvollen Unterricht erhält empfindliche Rückschläge, wenn ständig die Erfahrung gemacht werden muß, daß die Schüler und Schülerinnen darauf nicht eingehen, sondern diese Situation ausnutzen, um ihre aus den Unterrichtsstunden mit autoritär vorgehenden Lehrern und Lehrerinnen herrührenden Frustrationen auszuagieren und abzureagieren. Es dauert nicht lange, bis sich die betroffene Lehrperson gezwungen sieht, alle ihre guten Vorsätze über den Haufen zu werfen und sich dem in der Schule vorherrschenden Standard des Unterrichts anzupassen, auch wenn sie weiß, daß das zu ihrem eigenen Nachteil sowie vor allem dem der Schüler und Schülerinnen ist. Soll das nicht die letzte Konsequenz bleiben, kommt es darauf an, alles zu tun, daß innerhalb des Lehrerkollegiums eine Verständigung und Abstimmung untereinander über die Weise des pädagogischen Umgangs in den Klassenzimmern erfolgt.

Dabei dürften unterschiedliche Auffassungen aufeinanderprallen. Aber diese nicht einfach aus einer falsch verstandenen Toleranz heraus nebeneinander stehen zu lassen, sondern gemeinsam – im Interesse der Schülerschaft, aber nicht zuletzt auch im je eigenen Interesse, da dann der Unterricht leichter vonstatten gehen könnte – um die bestmögliche pädagogische und didaktische Vorgehensweise zu ringen und sich auf eine gemeinsame Linie festzulegen (die natürlich der Eigenart jeder Lehrperson ihren legitimen Raum lassen muß), müßten sich die Lehrer und Lehrerinnen zur gemeinsamen Sache machen. Dann ist es auch

---

9 Dazu sind die Fallbeispiele und ihre Auswertungen in *F. Schweitzer u. a.,* Religionsunterricht und Entwicklungspsychologie. Elementarisierung in der Praxis, Gütersloh 1995, bes. 95–123, höchst instruktiv.

nicht schwer, die dafür erforderliche Zeit einzuräumen und gegebenenfalls »auswärtige« Unterstützung in Anspruch zu nehmen. Zugute kommt so etwas in jedem Fall der Qualität der betroffenen Schule. Mit Blick auf die soziale und moralische Dimension des schulischen Zusammenlebens liefern *Lawrence Kohlbergs* Idee und Konzept der Schule als »gerechter Gemeinschaft« einige bemerkenswerte Impulse in diese Richtung.[10]

4.3 Was an den schulischen Rahmenbedingungen zu verändern ist. Mit dem letzten Hinweis sind bereits die schulischen Rahmenbedingungen insgesamt angesprochen. Viele Lehrerinnen und Lehrer wissen ein trauriges Lied davon zu singen, daß ihr bestmöglicher pädagogischer Einsatz an seine Grenzen stößt bzw. gar paralysiert wird, wenn die strukturellen Voraussetzungen der Schule dem im Wege stehen. Das beginnt etwa damit, daß die Klassengröße eine bestimmte Zahl überschreitet und damit die Bedingungen für einen pädagogisch bedachten Umgang in der Klasse schlicht und einfach nicht mehr gegeben sind. Es ist für Lehrerinnen und Lehrer eine zermürbende Erfahrung, sich häufig in die Rolle von Dompteuren gedrängt zu sehen.

Ein weiterer Faktor, der die pädagogischen Möglichkeiten stark in den Hintergrund drängt, ist die Art und Weise, wie bürokratische und insbesondere juristische Vorschriften bestimmenden Einfluß auf das Schulleben nehmen. Dadurch wird der Schule die Grundlage dafür entzogen, zu einem Ort zu werden, der von allen Beteiligten gemeinsam gestaltet wird und für den jeder und jede Verantwortung tragen. Das Ganze wird verschärft dadurch, daß die gesellschaftlich relevanten Interessengruppen (Wirtschaft, Verwaltung etc.) die Schulen primär nicht nach pädagogischen Kriterien bemessen.

Diese und weitere strukturelle Gegebenheiten, denen die Schulen ausgesetzt sind, realistisch in Anschlag zu bringen, heißt nicht,

---

10 Vgl. dazu *F. Oser,* Die Gerechte Gemeinschaft und die Demokratisierung der Schulwelt: Der Kohlbergansatz, eine Herausforderung für die Erziehung (Berichte zur Erziehungswissenschaft 68), Fribourg 1988; *ders.,* Lernen durch die Gestaltung des Schullebens: Der Ansatz der »Gerechten Gemeinschaft« (Berichte zur Erziehungswissenschaft Nr. 82), Fribourg 1989; *ders./W. Althof,* Moralische Selbstbestimmung, aaO, 337–458.

sich einfach damit zu arrangieren. Um allerdings dagegen anzuge-
hen, ist es not-wendig, anzufangen, Schule neu, anders zu denken.[11] Es kann sich in diesem Zusammenhang als weiterführend
erweisen, daß in Lehrer- und Lehrerinnen-Verbänden (z. B. GEW
und VBE) derzeit vermehrt Überlegungen dazu angestellt werden, wie ein zukunftsträchtiges Berufsethos dieser »pädagogischen Zunft« auszusehen hätte, um das so gewonnene Profil
offensiv in die schul- und bildungspolitische Debatte einbringen
und die Einlösung der damit verbundenen Voraussetzungen etwa
in der Aus- und Fortbildung oder in schulstruktureller Hinsicht
geltend machen zu können.[12]

5. Konsequenzen für die Aus- und Fortbildung

Daß von Aus- und Fortbildung Entscheidendes dafür abhängt, ob
die Lehrkräfte dazu instand gesetzt werden, auch ihre moralische
Verantwortung in ihrem schulischen Kontext wahrzunehmen, ist
bereits mehrfach betont worden. Es genügt darum, abschließend
das Ganze in einigen zentralen Postulaten kurz und bündig zusammenzufassen:

(1) In der *fachwissenschaftlichen Ausbildung* muß jeweils die ethische
Dimension des Faches sowohl theoretisch als auch didaktisch
verstärkt berücksichtigt werden.

(2) In der pädagogischen und didaktischen Ausbildung muß die
ethisch-moralische Dimension von Erziehungs- und Bildungsprozessen bewußt gemacht und müssen Möglichkeiten ihrer praktischen Beachtung vermittelt und eingeübt werden.

(3) In den *Schulpraktika bzw. Unterrichtshospitationen* während der
Hochschul- und Referendarausbildung muß das Augenmerk
nicht nur auf die Dimension der stofflichen Vermittlung gerichtet

---

11 Vgl. z. B. *H. v. Hentig,* Die Schule neu denken, aaO; *Bildungskommission
NRW,* Zukunft der Bildung – Schule der Zukunft, aaO.
12 Vgl. dazu auch das 1992 verabschiedete und veröffentlichte Berufsleit-
bild »Lehrerin/Lehrer sein« des Dachverbandes Schweizer Lehrerinnen
und Lehrer.

werden, sondern auch auf die dabei und daneben ablaufenden sozialen und moralischen Lernvorgänge (in negativer und positiver Hinsicht).

(4) Die Lehrkräfte müssen gefördert werden, zu lernen, einen *eigenständigen ethischen Standpunkt* einnehmen und zugleich andere Standpunkte gebührend würdigen und sich mit ihnen kritisch-konstruktiv auseinandersetzen zu können.

(5) Die Lehrkräfte müssen in ihrem Elan bestärkt und kompetent (etwa mit Hilfe von Organisationsberatung) dazu angeleitet und unterstützt werden, gemeinsam mit der Schüler- und Elternschaft so gut wie möglich eine *humane und partizipative Kultur in der Schule* Wirklichkeit werden zu lassen.

(6) Das (Fortbildungs-)Angebot für Lehrkräfte zur *Supervision* muß institutionalisiert werden.

Literaturhinweise

N. Mette, Bildung und verbindliches Handeln, in: SdZ 212/1994, 453–464.

F. Oser, Moral Perspectives on Teaching (Berichte zur Erziehungswissenschaft 93), Fribourg 1993.

F. Oser/W. Althof, Moralische Selbstbestimmung. Modelle der Entwicklung und Erziehung im Wertebereich, Stuttgart ²1994.

R. Reichenbach, Vom Tugendkatalog zur Dissenstauglichkeit. Bemerkungen zum Berufsethos von Lehrpersonen, in: EvErz 47/1995, 252–262.

F. Schweitzer, Moralerziehung in der Pluralität. Schule, Staat und Gesellschaft zwischen Toleranzgebot und verbindlichem Ethos, in: Neue Sammlung 35/1995, 111–127.

XXII.
Internationale Perspektiven ethischer Erziehung

MANFRED KWIRAN/PETER SCHREINER

Wer über Schule und ethische Erziehung nachdenkt und sich umschaut, wird feststellen, daß auch in anderen Ländern zunehmend stärker versucht wird, in der Schule ethisch zu erziehen. In diesem Beitrag werden beispielhaft die Diskussionen zur »spirituellen und moralischen Entwicklung« in England, zur »Identität von Schule« in den Niederlanden und zur Einführung eines »Neuen Nationalen Curriculums« in Schweden vorgestellt sowie gemeinsame europäische Trends benannt. Die Situation in den USA stellt sich insofern anders dar, als es keinen Religionsunterricht an den öffentlichen Schulen gibt. Gleichwohl ist über die dort seit langem geführte, breite schulpädagogisch und erziehungsphilosophisch orientierte Diskussion über ethische Erziehung zu berichten.

1. England – »Spiritual and Moral Development«[1]

Die Frage nach der Rolle von Schule für die persönliche Entwicklung der Schülerinnen und Schüler ist ein zentrales Thema der aktuellen Bildungsdiskussion in England. Das Erziehungsgesetz von 1988 (Education Reform Act) versteht Erziehung im Kontext »der spirituellen, moralischen, kulturellen, mentalen und physischen Entwicklung der Schülerinnen/Schüler und der Gesellschaft«.[2] Alle Fächer des Curriculums und das Ethos der

---

1 In Großbritannien finden sich mehrere voneinander getrennte rechtliche Rahmenbestimmungen für Schule und unterschiedliche kulturelle Traditionen (England, Wales und Schottland). In diesem Beitrag geht es um die Diskussion in England.

2 *National Curriculum Council* (=NCC), Spiritual and Moral Development. A discussion paper, London 1993, 2 (Übersetzungen der engl. Zitate durch uns).

Schule sollen den damit verbundenen Zielen dienen. Im 1992 neu geregelten System der Schulaufsicht ist ihre Überprüfung Teil der Inspektion.[3]

Das Erziehungsgesetz von 1988 bedeutete eine radikale Zentralisierung des Schulwesens. Ein Nationales Curriculum mit zehn Kernfächern wurde eingeführt, verbunden mit einer genauen Aufschlüsselung von Wissen und Fähigkeiten, die am Ende verschiedener »Schlüsseletappen« (key stages) bei den Schülerinnen und Schülern überprüft werden. »Die Lehrerinnen und Lehrer sind gehalten, Tag für Tag mit ihren Klassen abzuarbeiten, was jeweils vorgeschrieben ist, und die vorgeschlagenen Leistungsüberprüfungen vorzunehmen.«[4] Anhand der Resultate dieser Prüfung stellt das zentrale Erziehungsministerium eine Rang-Skala aller Schulen auf, die veröffentlicht wird. Die Konkurrenz zwischen den Schulen soll den »Konsumenten«, d. h. den Eltern, die Wahl der besten Schule für ihre Kinder ermöglichen. Die ambivalente Anforderung an die Schule ist deutlich: zum einen soll sie den engen Vorgaben des Nationalen Curriculums folgen, zum anderen einen wesentlichen Beitrag zu »spiritual and moral development« leisten.

Mit den tiefgreifenden Änderungen von 1988 entwickelte sich auch eine kontroverse Debatte um »spiritual and moral development«. Die Nationale Curriculumbehörde (NCC) versuchte zu klären, was überhaupt darunter verstanden werden kann: »Das Erziehungsgesetz bezieht sich auf eine Dimension des menschlichen Seins, das das ›Spirituelle‹ genannt wird und alle Schülerinnen und Schüler einbezieht. Das Potential spiritueller Entwicklung ist offen für jede/n und nicht begrenzt auf die Entwicklung religiöser Glaubensüberzeugungen oder der Bekehrung zu einer Religion.«[5] Es handelt sich also nicht um Anforderungen an ein

3 Bereits im Erziehungsgesetz von 1944 wurde den lokalen Erziehungsbehörden aufgetragen »to contribute towards the spiritual, moral, mental and physical development of the community« (zit. nach *L. Broadbent*, Making sense of the spiritual and moral, in: *S. Inman/M. Buk*, Adding Values? Schools' responsibility for pupils' development, Oakhill 1995, 132). Zum System der Aufsicht über die englischen Schulen vgl. *L. Watson/ J. Williams*, Die Aufsicht über die englischen Schulen und das Problem der Qualität, in: ZfB 1995, Nr. 1, 19–32.

4 *G. Kress u. a.*, Schule in England. »Das Nationale Curriculum« und seine Folgen, in: Pädagogik 46/1994, H. 5, 45–50.

5 *NCC*, aaO., 2. Diese allgemeine Definition wird gefüllt durch verschiedene Aspekte spiritueller Entwicklung: Glaubensüberzeugungen (be-

einzelnes Fach, sondern um eine übergreifende, quer durch das Curriculum bestehende Anforderung. Dazu sollen folgende Bereiche beitragen:

- *Das Ethos der Schule*. Das bezeichnet die in der Schule vorherrschenden Werte und Verhaltensweisen, die Qualität der Beziehungen und die Art und Weise, wie mit Konflikten umgegangen wird.
- *Curriculum*. Alle Fächer sollen Fragen nach dem Ursprung des Seins, dem Sinn des Lebens, nach Gut und Böse aufnehmen.
- *Die verpflichtende gemeinsame Andacht* (Collective worship). Sie ist eine fächerübergreifende, alle Mitglieder der Schulgemeinschaft umfassende Aktivität.[6]

Kritisch muß gefragt werden, wie sich das Ethos einer Schule im Sinne eines Beitrages zu ethischer Erziehung entwickeln kann, wenn ihre Möglichkeiten zunehmend durch ökonomischen und inhaltlichen Druck von außen eingeschränkt werden. Wie lassen sich fächerübergreifende Lerngelegenheiten zu ethischen Fragen schaffen, wenn gleichzeitig das Nationale Curriculum mit seinem ausgeklügelten Prüfungs- und Überwachungssystem erfüllt werden muß? Schließlich: Ist »spiritual and moral development« überhaupt meßbar? Kann mehr überprüft werden als der Umfang, in dem Schulen eine solche Entwicklung unterstützen, und die Qualität der gemeinsamen Andacht und der Lernarrangements?

Auch wenn alle Fächer ihren Beitrag zur spiritual and moral development leisten sollen, ist doch deutlich, daß dem Religionsunterricht hierbei eine besondere Bedeutung zukommt.[7]

liefs), ein Gespür für Ehrfurcht, Wunder und Geheimnisse (A sense of awe, wonder and mystery), die Suche nach Bedeutung und Sinn (Search for meaning and purpose), »Eigenerkenntnis« (Self-knowledge), Beziehungen (Relationships), Kreativität (Creativity), Gefühle und Emotionen (Feelings and emotions), transzendentale Erfahrungen (Experiencing feelings of transcendence).

6 Die gemeinsame Morgenandacht, ein Charakteristikum des englischen Schulsystems, wurde im Zusammenhang mit dem Erziehungsgesetz von 1988 Gegenstand kontroverser Debatten. Auslösendes Moment war die Formulierung, daß die Schulandacht »wholly or mainly of a broadly Christian character« sein sollte. Damit war ein Zusammenhang zwischen Religionsunterricht und Schulandacht hergestellt, der in weiten Kreisen der Lehrerschaft Widerspruch hervorrief.

7 *NCC*, aaO., 6: »Religious Education has a particular important part to play in pupils' spiritual and moral development.«

Der Religionsuntericht wird in England im Klassenverband für alle Schülerinnen und Schüler auf einer nicht-konfessionellen Basis erteilt. Seine Richtlinien werden von regionalen Erziehungsbehörden (»Local Education Authorities«) im Dialog zwischen Vertreterinnen und Vertretern der verschiedenen religiösen Gemeinschaften in der Region, der Anglikanischen Kirche, der Schulbehörde sowie der Lehrergewerkschaften erstellt.[8] Was kann der Beitrag des Faches zur spirituellen und moralischen Entwicklung sein?

J. Rudge hat die Diskussion resümiert.[9] Anknüpfend an die Debatte im Vorfeld der Verabschiedung des Erziehungsgesetzes 1988[10] stellt er heraus, daß die spirituelle Entwicklung der Schülerinnen und Schüler und der Gesellschaft in einem pluralen Kontext gesehen werden müsse, der den Charakter der gegenwärtigen Schulen, Gesellschaft und Welt bestimme. Zwei Bilder illustrieren für ihn die erkennbaren Verhaltensweisen jeder religiösen und weltanschaulichen Tradition: die Festung (fortress) und die Reise (journey). Während in einer Festung spirituelle Entwicklung innerhalb geschlossener Mauern einer Religion oder Weltanschauung stattfindet, begeben sich im Bild der Reise die Bewohner der Festung aus ihren Mauern hinaus, um andere zu treffen und an einer gemeinsamen Reise teilzunehmen, die Enttäuschungen, viele Diskussionen und Schwierigkeiten mit sich bringt, aber gleichwohl einem gemeinsamen Zweck dient, die spirituelle Entwicklung zu stärken.[11] Die Ziele dieser »Reise« bestehen darin, die Kinder und Jugendlichen in ihrem Vertrauen in ihre eigene Identität zu stärken, ihre Toleranz gegenüber anderen zu fördern sowie bestehende Differenzen zuzulassen.

8 Zur Entwicklung des Religionsunterrichts in England vgl. *W. Haußmann*, Dialog mit pädagogischen Konsequenzen?, Hamburg 1993; *D. Day*, Modell-Lehrpläne für den Religionsunterricht: die jüngste Entwicklung in Großbritannien, in: JRP 11/1994, 1995, 167–174.

9 *J. Rudge*, Religious Education and Spiritual Development, in: Resource 16/1994, No. 3, 2–6.

10 Als Ergebnis der Diskussion findet sich im Education Reform Act, Section 8.3 die folgende Formulierung: »Any agreed syllabus ... shall reflect the fact that the religious traditions in Great Britain are in the main Christian whilst taking account of the teaching and practices of the other principal religions represented in Great Britain.«

11 *J. Rudge*, aaO., 3.

In der Debatte um »spiritual and moral development« wird einerseits der »Verdacht« geäußert, die konservative Regierung wolle diesen Bereich im Sinne der Vermittlung »nationaler Werte« instrumentalisieren. Andererseits werden aber auch Möglichkeiten gesehen, die Situation der Kinder und Jugendlichen als »Gegengewicht« einzubringen.[12]

2. Niederlande – »Identität von Schule«

Die Freiheit der Erziehung ist in den Niederlanden verfassungsmäßig verankert. Jede Gruppe von Personen hat das Recht, gemäß der eigenen religiösen oder ethischen Überzeugung eine Schule zu gründen. Schulen genießen ein hohes Maß an Autonomie.

Seit 1917 ist im Grundgesetz auch die finanzielle Gleichbehandlung von öffentlichen und freien Schulen festgelegt. Charakteristisch für das niederländische Schulwesen ist seine »Versäulung«, die früher fast alle Bereiche der Gesellschaft bestimmt hatte. Das gesellschaftliche Leben ist entlang »ideologischer Säulen« organisiert. Im Schulwesen sind bis heute etwa 1/3 der Schulen reformatorisch-christlich, 1/3 römisch-katholisch und 1/3 »neutral« bzw. öffentlich organisiert. Träger der christlichen Schulen sind i.d.R. von den Kirchen unabhängige Vereinigungen, die sich eigenständig in der Zusammenarbeit der Schulen sowie im Bereich der Fortbildung organisiert haben. Die ethische und erzieherische Orientierung einer Schule hängt in hohem Maße davon ab, welche »Identität« die Schule hat. Daran schließen sich u. a. folgende Fragen an: Was macht die Identität einer christlichen Schule noch aus, an der mehr als die Hälfte aller Schülerinnen und Schüler keinen christlichen Hintergrund mehr in die Schule mitbringen? Wie »neutral« können öffentlichen Schulen sein?

12 So versteht sich z.B. die Arbeit des Forschungszentrums für Religion und Erziehung in Warwick, wo mit einem sorgfältig ausgearbeiteten interpretativen Ansatz die konkrete religiöse Praxis und Weltanschauung von Kindern untersucht wird. Viele der Materialien sind inzwischen auch bei der Erstellung von Lehr- und Lernmaterial verwendet worden. Vgl. z.B. *The Warwick RE Project*, Bridges to Religions, 1994; Interpreting Religions, 1995. Eine Darstellung des Ansatzes findet sich bei *J. Bauer*, Gegenwärtige religionendidaktische Ansätze in England, in: *W. Weiße* (Hrsg.), Vom Monolog zum Dialog, Münster 1996.

In den *konfessionellen Schulen* wird Religionsunterricht in Übereinstimmung mit der konfessionellen Richtung der Schule erteilt, und alle Schülerinnen und Schüler müssen daran teilnehmen. Dabei hat sich die enge konfessionelle Form des Unterrichtes seit den sechziger Jahren zu einer christlich-kulturellen Bildung erweitert.[13] Immer mehr wird der Religionsunterricht als »Levensbeschouwing« im Sinne von »Einstellung zum Leben« oder »Weltanschauung« verstanden. Diese »Levensbeschouwing« wird von ihrer Funktion für den Menschen her und nicht inhaltlich definiert. »Levensbeschouwing bietet Orientierung in der komplizierten Lebenswirklichkeit … Levensbeschouwing umfaßt Religion, aber Religion nicht Levensbeschouwing.«[14] Daß der Religionsunterricht bisweilen auch als ethische Erziehung verstanden wird, zeigt die Bezeichnung »Ethiek« in einigen protestantischen Schulen.

An den *öffentlichen Schulen* findet kein Religionsunterricht statt. Wenn Eltern seine Einrichtung aber mehrheitlich wünschen, können die verschiedenen Kirchen und andere Institutionen Unterricht für die betreffenden Kinder anbieten.

Anfang der achtziger Jahre gab es in den Niederlanden eine lebhafte Diskussion darüber, wie der politisch akzeptierte *multikulturelle Charakter der Gesellschaft* in den Schulen aufgenommen werden kann, ohne von den einzelnen »Säulen« instrumentalisiert zu werden. Bei der Reform des Basisschulwesens (es integriert Kindergarten und Grundschule und wird von allen Kindern von 4 bis 12 Jahren besucht) im Jahre 1985 wurde die Lerndimension »geistige Strömungen« (geestelijke stromingen) eingeführt, die für alle Schulen verpflichtend ist, unabhängig davon, wer der Schulträger ist.[15] Die Schülerinnen und Schüler sollen auf ›objektive‹ Weise über Religionen und Weltanschauungen informiert werden, um sie auf die multikulturelle und multireligiöse Gesellschaft vorzubereiten. Diese Aufgabe wird nicht in einem zusätzlichen Fach wahrgenommen, sondern sie ist integriert in die bestehenden Fächer.

---

13 Vgl. *A.K. Ploeger*, Dordrecht ist passé. Religionsunterricht in den Niederlanden anno 1992, in: EvErz 44/1992, 29–42.
14 Ebd., 39.
15 Vgl. dazu: *W. Westerman*, Unterricht über Weltreligionen in der Grundschule. Beispiel: Die Niederlande, in: *M. Kwiran/H. Schultze* (Hrsg.), Bildungsinhalt: Weltreligionen, Münster 1988, 151–160.

In den öffentlichen Schulen wird seit einiger Zeit kaum noch von »Neutralität« gesprochen, sondern eher von »aktiver Pluriformität«. Damit wird der Versuch bezeichnet, ein eigenes Modell für die Vorbereitung auf die multikulturelle Gesellschaft zu entwickeln, das sich an zwei Polen orientiert: Eigenheit/Verschiedenheit und Gemeinsamkeit. Beide Elemente sollen im Rahmen des Unterrichts und des Schullebens wie folgt sichtbar gemacht werden.

1. Bei den gemeinsamen Elementen des Schullebens spielen Respekt und Offenheit eine entscheidende Rolle. So sollen die Religionen im Bereich ›geistige Strömungen‹ so dargestellt werden, daß sich die Kinder in ihrer Religionszugehörigkeit auch anerkannt und respektiert fühlen. Repräsentant/innen der verschiedenen Religionen sollen in die Schule eingeladen werden, Besuche bei religiösen Gemeinschaften sind vorgesehen.

2. Religionsunterricht bzw. humanistischer Unterricht soll verstärkt auf freiwilliger Basis angeboten werden. Wie dieser Unterricht konkret aussehen kann, ist noch schwer zu sagen, denn es gibt bisher weder Lehrpläne noch Leitlinien oder Schulbücher dafür.

Damit wird Abschied genommen von einem Konzept der Neutralität, in dem die Situation der Kinder nicht vorkommt. Auch für die christlichen Schulen stellt sich die Frage der Identität neu. Bei einer Mehrheit der Schülerinnen und Schüler kann nicht mehr von einer homogenen christlichen Identität ausgegangen werden. Sind die Gründe, die zu den mehrheitlich christlichen Schulen geführt haben, heute noch stichhaltig? A. Ploeger hat auf Umfragen hingewiesen, nach denen mehr als die Hälfte der Eltern und über 70 % der Jugendlichen einer öffentlichen Schule den Vorzug geben würden, wenn es eine solche in ihrer Nähe gäbe.[16]

Argumente für die Beibehaltung christlicher Schulen sehen *D. de Ruyter* und *S. Miedema* in der Auffassung, daß Identitätsbildung in der Schule dann am besten gefördert werden kann, wenn die Schule von einem »ethischen Konzept« (conception of the good) getragen wird.[17] Am Symbolischen Interaktionismus orientiert, betonen die Autoren die Bedeutung der intersubjektiven Beziehungen und der Gemeinschaft für die Herausbildung

16 *Ploeger*, aaO., 32.
17 *D. de Ruyter/S. Miedema*, Schools, Identity and the conception of the good. The denominational tradition as an example, in: SPE 1996, No.15.

einer autonomen Persönlichkeit und sehen darin auch eine wichtige Funktion für die Schulen. Schulen müssen einen erkennbaren ethischen Rahmen haben, der die Identitätsbildung der Schülerinnen und Schüler fördert und ihnen zur kritischen Auseinandersetzung mit Werten und Normen verhilft. Spannungen können entstehen bei einem normativ verstandenen ethischen Konzept, das von außen die Schule bestimmt.

Dem Ziel der Herausbildung autonomer Persönlichkeiten fühlt sich auch Ploeger in seinem Plädoyer für einen interkulturellen Religionsunterricht verpflichtet.[18] Er denkt über adäquate Methoden nach, die jungen Menschen einen Zugang zur Bedeutung von Religion und der Suche nach einem Sinn in ihrem Leben eröffnen, und geht davon aus, daß Religion ein Fragment der Lebensorientierung und menschlichen Erfahrungsmöglichkeiten von Welt geworden ist, das unterschiedlich bewertet wird. Religion als Sicht des Lebens und der Kultur sollte Auswirkungen für den konkreten Alltag haben, auch im Blick auf ethisches Verhalten. Religion werde bedeutungslos, wenn sie nicht mehr Kompetenzen menschlichen Verhaltens in allen Lebensbereichen unterstütze.[19] Ploeger betont die Bedeutung der subjektiven Aneignung von Religion für den einzelnen bzw. die einzelne. Er fordert die Aufnahme einer »angewandten kritischen Hermeneutik in einem interkulturellen Religionsunterricht.«[20]

3. Schweden – »Neues Nationales Curriculum«

Die neun Jahre dauernde Gesamtschule ist in Schweden für alle Kinder und Jugendlichen verbindlich. Nach neun Jahren wechseln mehr als 90 % der Schülerinnen und Schüler in das Gymnasium, das sich in 16 verschiedene Arten von Drei-Jahres-Programmen aufgliedert. In allen Schulen ist Religionsunterricht verpflichtendes Fach. Das Schulsystem war bis 1991 zentral organisiert, dann wurden Verantwortlichkeiten auf die regionale bzw. lokale Ebene und auf die einzelnen Schulen übertragen. »Auf nationaler Ebene wird über das Curriculum entschieden, die mittlere Ebene ist für die Schulplanung zuständig und die einzelne Schule für ihren konkreten Arbeitsplan.«[21]

18 *A.K. Ploeger*, Critical Transformation. A Plea for Applied Critical Hermeneutics in Intercultural RE, in: Panorama 7/1995, No. 2.
19 Ebd., 1.
20 Ebd., 5.
21 *Swedish Ministry of Education and Science*, 1994 Curriculum for Compulsory Schools (Lpo 94), 2.

Das Curriculum ist unterteilt in »Grundwerte und Aufgaben der Schule« und »Ziele und Richtlinien«. Es wird eine ethische Perspektive für alle Schulfächer (neben der Berücksichtigung von historischen, umweltorientierten und internationalen Perspektiven) gefordert, die bei den Schülerinnen und Schülern der Ausbildung und Entwicklung eigener Standpunkte dienen soll.[22]

Die Debatte um das »Wertefundament« der Schule wurde im Parlament und in der Öffentlichkeit kontrovers geführt. In der bestehenden Regierungskoalition vertrat vor allem die konservative neue christdemokratische Partei die Position, daß die für die Schule geltenden Normen »auf christlicher Ethik und westlichem Humanismus, die tief in unserem Land verwurzelt sind«, gründen.[23]

Übereinstimmung bestand in allen Parteien darin, daß Erziehung und Schule nicht neutral sind. Schwieriger wurde es, Antworten darauf zu finden, welche Werte denn nun gemeinsam sind und wie sie in der Schule sinnvoll vermittelt werden können. Die Diskussion bewegte sich zwischen pragmatischen, an den Menschenrechten orientierten Einstellungen und der Auffassung, daß Christentum und Humanismus die tragende Basis sein müssen. Schließlich wurde als Kompromiß in das Curriculum aufgenommen: »Erziehung in der Schule soll nicht-kirchlich sein.«[24] Der Religionspädagoge R. Larsson stellt dazu fest, daß wohl niemand ganz sicher wisse, »was ... ›christlich‹ im neuen Curriculum konkret bedeutet, wenn es überhaupt etwas bedeutet«.

Der schwedische Religionsunterricht hat sich im Laufe der Zeit von einem »Christentumsunterricht« zu einem Unterricht über Religion, Ethik und Lebensfragen entwickelt.[25] Eine lutherisch-konfessionelle Unterweisung wurde zunächst zu einem christlich-ethischen Unterricht auf biblischer Grundlage (1919), dann zur »Christentumskunde« (Grundschullehrplan 1962) und »Religionskunde« (1969 und 1980). Die im Begriff der »Lebensfragen« feststellbare humanorientierte Wende in der konzeptionellen Ausrichtung (1991) macht deutlich, »daß der Religionsunterricht aus

---

22 Ebd., 9.
23 Zit. nach *R. Larsson*, New Syllabus for RE in Sweden 1994, Collegial Paper at ISREV IX, Goslar 1994, 4.
24 *Swedish Ministry*, aaO., 5.
25 Vgl. *R. Larsson*, Religionsunterricht in Schweden, in: EvErz 44/1992, 53–61.

einem kirchlichen in ein gesellschaftlich-politisches Bestimmungs-
feld überführt wurde.«[26] Damit bekamen auch ethische Fragestellungen ein größeres Gewicht. In der aktuellen Diskussion ist
»Lebensdeutung« (livstolksningsprocess) ein wichtiges Ziel. In
einem Papier der Curriculum-Kommission für den Religionsunterricht heißt es: »Das Ziel des Religionsunterrichtes ist es, den
Prozeß der Lebensdeutung der Schülerinnen/Schüler anzuregen
und zu fördern und sie dabei mit den wichtigsten Konzepten von
Lebensdeutung bekannt zu machen. Erziehung sollte den Schüle-
rinnen/Schülern Möglichkeiten eröffnen, ethische und moralische
Fragen zu bearbeiten und herauszufinden, was es bedeutet, als
Mensch Verantwortung wahrzunehmen.«[27] Ethisch erziehen wird
somit als zentrale Aufgabe des Religionsunterrichts angesehen.

Die Öffnung des Faches gibt ihm eine Schlüsselstellung für die ethische
Erziehung in der Schule. Der 1994 verabschiedete neue Lehrplan sieht
ethische Fragen als integralen Bestandteil dieses Unterrichts an: »Der Religionsunterricht soll die Erfahrungen und Deutungen von Welt erweitern
und vertiefen, Möglichkeiten anbieten, um über religiöse, moralische und
ethische Fragen nachzudenken und (die Schülerinnen/Schüler) vorbereiten, verantwortlich handelnde Mitmenschen und Bürgerinnen/Bürger zu
werden.«[28]

4. USA – »Die andere Situation«

4.1 Ethische Erziehung als integrales Element. In den USA wird ethische
Erziehung als ein wesentlicher Bestandteil der Erziehung in der
Familie und in den Schulen gesehen. Was allerdings oft vernach-
lässigt wurde, ist der Aspekt der Entwicklung des ethisch-morali-
schem Handelns im Vergleich zum ethischen Denken. *Jo Ann
Freiberg* ist z. B. überzeugt, daß Menschen nur moralisch mündig
und gebildet (»morally autonomous agents«) sind, wenn sie als
Konsequenz des moralischen Denkens auch moralisch handeln.[29]

26 Ebd., 56.
27 Zit. nach *Larsson*, aaO., 1994, 5.
28 Ebd., 6.
29 *J.A. Freiberg,* Experiental Moral Learning, in: *G.L. Sapp* (Ed.), Handbook of Moral Development, Birmingham: Alabama 1986, 185.

Beides muß in der ethischen Erziehung und in einem Ethik-Unterricht vorgesehen sein: das Handeln und die Entscheidung.

Die vorhandenen Programme ethischer Erziehung legen fast ausschließlich den Schwerpunkt auf die Entwicklung moralisch-ethischer Entscheidungen (moral decision making). Die bekanntesten Ansätze favorisieren zudem die kognitiven Aspekte ethischen Lernens. Auch in *Lawrence Kohlbergs* kognitiver Theorie der moralischen Entwicklung geht es um die Entwicklung von Fähigkeiten moralischen Denkens. In ähnlicher Weise ist der Ansatz von *Matthew Lipmans* »Philosophy for Children« zu sehen. Obwohl man davon ausgehen kann, daß eine Verbesserung des ethisch-moralischen Denkens eine Voraussetzung ist für die Entwicklung ethischen Handelns, ist es auch sicher, daß solche Entwicklungen des Denkens keine Garantie für ethisches Handeln sind. Freiberg ist überzeugt, daß, wenn wir unsere Kinder und Jugendlichen zu einem ethischen Handeln in der Erziehung und in der Schule anleiten möchten, wir ihnen authentische Erfahrungen ermöglichen müssen, die eine Entwicklung und Praxis des Verhaltens vorsehen. Alle nur denkbaren Formen sozialer Interaktion müssen Teil eines solchen Programms sein.

Die Trennung von Staat und Kirchen bewirkte in den USA Freiheit für Kirchen, Religionen und religiöse Gruppen. Sie sorgte aber auch dafür, daß sich ein »amerikanisches Bewußtsein« entwickeln konnte, in dem alle unterschiedlichen Gruppen Platz haben.[30] Folgerichtig gibt es keinen konfessionellen Religionsunterricht in den öffentlichen Schulen. Der weitaus größte Teil der amerikanischen Schulen wird durch ein Curriculum bestimmt, wo der Fächerkanon und eine große Wahlfreiheit der Programme (ab dem 9. Schuljahr) eine direkte ethische Erziehung nicht vorsehen, sondern indirekt in den Fächern ethische Fragen aufgenommen werden. Wo immer Ethik als separates Fach unterrichtet wird, gleicht es eher einem humanistischen Modell.[31] Die Schüler klären ihre Verhaltensweisen. Die unterschiedlichen persönlichen Standpunkte, auch das soziale Umfeld, können zu Richtlinien führen, die den Umgang mit anderen Menschen erleichtern. Es wird sogar von einem erzieherischen Fundus (»educational resource«) gesprochen, der als Bereicherung für Schule und Gesellschaft empfunden wird und die unterschiedlichen religiösen und

---

30 *W. Herberg,* Protestant, Catholic, Jew, New York 1960, 79.
31 *G.C. Higgins,* Ethics and High School Students, in: RE 81/1986, 288ff.

ethischen Traditionen der anderen bewußt wahrnimmt. *J.L. Elias* bemerkt im Blick auf die Werteerziehung: »Ethische Erziehung (Education in values) hat verschiedene Formen. Es wird vorausgesetzt, daß alle Menschen durch persönliche, kulturelle und institutionelle Faktoren in Werte hinein sozialisiert worden sind. Eine Klärung der Werte (values clarification) versucht, die Personen auf ihre Werte aufmerksam zu machen. Die Werte-Analyse ergänzt dies durch die Untersuchung der Grundlagen für die eigenen Wertentscheidungen.«[32]

4.2 Konzeptionen. In den letzten Jahrzehnten sind unterschiedliche Ansätze der ethisch-moralischen Erziehung entwickelt worden. Wir nennen fünf wichtige Konzepte: Kognitive Entwicklung *(Lawrence Kohlberg)*; Philosophie für Kinder *(Matthew Lipman)*; Werte-Klärung *(Louis E. Raths, Merrill Harmin, Sidney B. Simon)*; Ethisch-moralische Erziehung *(John Dewey)*; Experimentelles ethisches Lernen *(Jo Ann Freiberg)*.

– *L. Kohlberg* meinte aus einer Dewey-Perspektive zu argumentieren. Dies ist heute umstritten.[33] Sein Interesse ist nicht so sehr der Inhalt ethischer Entscheidungen, sondern die Struktur ethisch-moralischen Denkens. Für Kohlberg zeigt das Denken hinter der Entscheidung die Ebene oder Stufe, auf der sich der Schüler/die Schülerin befindet. Ziel dieser Konzeption ist es, daß Kinder zu entwickelteren Stufen ethisch-moralischen Denkens gelangen. Dies geschieht im Unterricht in der Diskussion von ethischen Problemfällen (moral dilemma). Die Problem-Fallbeispiele enthalten gegensätzliche Behauptungen und setzen bei der Ebene des moralischen Denkens an, das für die Klasse allgemein gilt. Die moralische Situation ist genau beschrieben und enthält Fragen, die die Schüler auffordern, tiefer in die Materie einzudringen.[34]
– *M. Lipman* möchte die Kinder zu kleinen Philosophen erziehen, nicht nur zu ethisch-moralisch gebildeten Menschen. Er benutzt philosophische Geschichten, die sich auch mit ethischen Fragen befassen. Er ist über-

32 *J.L. Elias,* Values. Education in Values, in: *I.V. Cully/K.B. Cully* (Eds.), Encyclopedia of Religious Education, New York 1990, 679.
33 *J.A. Freiberg,* John Dewey: Theory and Practice of Moral Education, Ph.D. Diss. Ohio State University 1982.
34 *W.J. Hague,* New Perspectives on Religious and Moral Development, University of Alberta Printing Services 1986, 244. Vgl. die Beiträge von *F. Schweitzer* u. *F. Oser* im vorl. Band.

zeugt, daß die Kinder hierdurch ihre Denkfähigkeiten verbessern, Kreativität zeigen, persönlich wachsen sowie ein ethisches Verständnis entwickeln.

- Die Werte-Klärungs-Konzeption von *L.E. Raths/M. Harmin/S.B. Simon* ist wahrscheinlich das am weitesten verbreitete Konzept. Ähnlich wie bei Kohlberg stehen auch hier die Inhalte nicht im Vordergrund. Statt dessen ist der Prozeß des Wertens wichtig. Die Kinder und Jugendlichen erhalten Anleitung, ihre persönlichen Werte und ethischen Einstellungen zu überprüfen. Sie wählen zwischen Alternativen und bedenken die Konsequenzen. Die Lehrkräfte verhalten sich »neutral« und ermöglichen den Schülern und Schülerinnen die Identifizierung ihrer persönlichen Werte.
- Für *J. Dewey* kann es keine besondere Unterrichtseinheiten über Ethik oder Werte geben. Die ethische Erziehung beginnt mit der Geburt und entwickelt sich je nachdem, wie die Umwelt und die Bedingungsfelder aussehen. Das Ziel der ethischen Erziehung ist dem der Bildung gleichgesetzt. Die Schülerinnen und Schüler werden ethisch erzogen, um ihre Lebensentwicklung zu fördern, um ihnen zu helfen, in der sozialen Welt erfolgreich und lebensfähig zu werden. Die Werte werden durch die Interessen des Gemeinwohls geprägt. Eine ethische Erziehung sollte die Schülerinnen und Schüler auf diese Zusammenhänge aufmerksam machen und es ihnen im Klassenzimmer ermöglichen, sich mit sozialen Situationen auseinanderzusetzen.[35]
- *J.A. Freibergs* Konzeption des experimentellen ethischen Lernens unterscheidet sich von Rollenspielen, Simulationen und anderen Spielmöglichkeiten dadurch, daß sie versucht, »wahre« Situationen herzustellen, in denen die Schüler/Schülerinnen in die Übung involviert sind. Sie sollen sich mit den Erfahrungen so identifizieren, daß sie Teil der Situation sind. Experimentelles ethisches Lernen versucht, das moralische Denken und Handeln im Programm ethischen Lernens zusammenzubringen. Freiberg setzt auf authentische Erfahrungsmöglichkeiten im Unterricht; nur dann können die partizipierenden Schüler/Schülerinnen wirklich wissen, was sie tun würden.[36]

Das Anliegen der ethischen Erziehung in den Schulen ist es, den demokratischen Idealen zu dienen. Diese können nur wirksam werden, wenn sie auch als Lebensstil (way of life) angeboten werden. Schülerinnen und Schüler sollen in der Schule die Mög-

---

35 *J.W. Vare,* Moral Education in a Democratic Society: A Confluent, Eclectic Approach, in: *G.L. Sapp* (Ed.), Handbook of Moral Development, Birmingham, Alabama: Religious Education Press 1986, 212.

36 *Freiberg,* aaO., 191.

lichkeit haben, demokratisches Leben einzuüben. Ziel der Erziehung ist die Entwicklung des »guten Lebens« durch Erfahrungen, die die Interessen, Bedürfnisse und Fähigkeiten der Schüler/Schülerinnen berücksichtigen. Ethische Erziehung geschieht durch den pluralistischen demokratischen Ansatz, der die Achtung vor dem anderen, vor anderen Traditionen und kulturellem Gut in das Gemeinsame mit einbezieht.[37]

4.3 Zur Praxis ethischer Erziehung. Die amerikanische Schule ist in der Regel durch ein affektiv-soziales Klima geprägt. Die persönliche Erfahrung und die persönliche Beteiligung ermöglichen wirkliches Lernen, auch in ethischer Hinsicht. Ziel ist dabei persönliche Autonomie, die sich nicht an einer Gehorsamsmoral orientiert, sondern Raum für Kreativität und Einsicht in neue Möglichkeiten ethischer Verantwortung gewährt. Die Verantwortung der Schulen für den ethischen Unterricht zeigt sich etwa in folgenden Begriffen und Werten:

Human personality – the basic virtue (Menschliche Persönlichkeit als grundlegender Wert); Moral responsibility (moralische Verantwortung); Institutions as servants (Institutionen sind Dienst am Menschen); Common consent (Gemeinwohl); Devotion to truth (Verpflichtung zur Wahrheit); Respect for excellence (Achtung vor der Leistung); Moral equality (moralische Gleichheit); Brotherhood/Sisterhood (Brüderlichkeit, Geschwisterlichkeit), The pursuit of happiness (Das Streben nach Glück); Spiritual enrichment (spirituelle Bereicherung: moralische und spirituelle Werte).[38]

Freilich: obwohl es in vielen Schulen Angebote in Ethik gibt, ist man sich nicht sicher, welchen Beitrag die Schule zur ethischen Erziehung und moralischen Entwicklung wirklich leistet. Es wird vermutet, daß viele Schülerinnen und Schüler kaum über die Stufe 4 von Kohlberg (konventionelle Moral) hinauskommen.[39]

37 *W. Braun/B. Naudascher,* Für eine menschenfreundliche Schule. Erfahrungen im amerikanischen Schulwesen, München 1978, 17.
38 *R.L. Hunt,* Public Education and the Teaching of Religion, in: *M.J. Taylor* (Ed.), Religious Education. A Comprehensive Survey, Nashville: Abingdon Press 1960, 96.
39 *Herberg,* aaO., 79.

Auch heute noch sind die USA ein Einwanderungsland, und der Pluralismus der Religionen und Kirchen ist eine wesentliche gesellschaftliche Realität, die auch das Bildungswesen prägt und ständig verändert. Neben regionalen Problemen werden auch eine globale Perspektive und ein entsprechendes Bewußtsein in der Schule hervorgehoben. Die Schülerinnen und Schüler werden ermutigt, ihren eigenen Weg zu finden, zu ihrer eigenen ethischen Meinung zu kommen. Dabei wird immer wieder auf die Tatsache hingewiesen, daß die Kultur sich ständig im Wandel befindet und die unterrichtliche Aufgabe und der ethische Bildungsauftrag als solcher daher nie fertig sein können.

5. Übergreifende Tendenzen

Am Ende dieses Beitrags soll nach übergreifenden Tendenzen gefragt werden, wobei wir uns vor allem auf die genannten europäischen Beispiele beziehen. Wer über Schule nachdenkt, sollte sich der Gefahr der Funktionalisierung und Instrumentalisierung bewußt sein, mit denen Schule zu tun hat, wenn sie gesellschaftliche Probleme lösen soll und durch die damit verbundenen Ansprüche überfordert wird. Das wird in den vorgestellten Beispielen auch im Blick auf ethische Erziehung deutlich.

(1) *Neue Herausforderungen für die Schule.* Die Unzufriedenheit mit der Schule ist überall feststellbar und wirkt nachhaltig. Äußere Ursachen dafür lassen sich in »Signaturen der Zeit« finden, in denen langfristige gesellschaftliche Entwicklungen deutlich werden, die ethische Herausforderungen beinhalten. In einer neueren Studie werden genannt:[40]
»– die Pluralisierung der Lebensformen und der sozialen Beziehungen,
– die Veränderung der Welt durch neue Technologien und Medien,
– die ökologische Frage,
– die Bevölkerungsentwicklung und die Auswirkungen der Migration,

---

40 *Bildungskommission NRW*, Zukunft der Bildung – Schule der Zukunft, Neuwied 1995, XII.

- die Internationalisierung der Lebensverhältnisse,
- der Wandel der Wertvorstellungen und Orientierungen.«

Eine »Internationalisierung von Bildung« wird als Konsequenz zwar vielfach gefordert, aber viele Menschen besinnen sich neu auf ihre nationalen oder regionalen Eigenheiten.[41] Schule soll angesichts einer vorherrschenden Unübersichtlichkeit Orientierung ermöglichen, sie soll auf eine Zukunft vorbereiten, in der mit den Risiken und Herausforderungen verantwortlich umgegangen wird. Die Orientierung an Kern- und Schlüsselproblemen hat als methodisch-didaktisches Prinzip für einen sinn- und wertorientierenden Unterricht vielerorts Resonanz gefunden.

(2) *Zur ethischen Dimension von Schule.* Lange Zeit bestand Konsens darüber, wie ethische und religiöse Erziehung in der Schule realisiert werden soll. In fast allen europäischen Ländern war dafür ein Fach, zumeist Religionsunterricht bzw. Religionskunde, zuständig. In der heutigen Zeit kann ein Fach allein die Aufgabe ethischer Erziehung nicht mehr leisten. Eine übergreifende ethische Orientierung von Schule ist erforderlich in allen Fächern, aber auch im Schulleben. In diesem Rahmen sind dann auch die einzelnen Fächer gefragt, ihren Beitrag zur ethischen Erziehung zu leisten. Der Religionsunterricht steht dabei in einer besonderen Verantwortung. Von ihm wird erwartet, daß er die Schüler- und Erfahrungsorientierung als didaktisch-methodisches Prinzip aufnimmt und damit in andere Fächer ausstrahlt.[42]

(3) *Zur Struktur von Schule.* Die veränderte gesellschaftliche Situation und die in der Schule wahrzunehmende Aufgabe der Orientierung junger Menschen durch ethische Erziehung stellen auch die Frage nach angemessenen Formen und Strukturen von Schule. Zunehmend wird eine größere Lebens- und Weltnähe der Schule gefordert, ihre Öffnung zum realen Leben, zur community und schließlich zu ethischer Erziehung und moralischem Lernen. In fast allen Ländern Europas rückt man von einer zentralistischen Systemplanung des Bildungswesens ab. Die einzelne Schule wird zunehmend als eigenständige Gestaltungseinheit verstanden. Dadurch wachsen Möglichkeiten, ein differenziertes Schulprofil zu entwickeln,

41 Ebd., 117.
42 Vgl. *H. Schmidt*, »Ethik« lernen?, in: *A. Treml* (Hrsg.), Ethik macht Schule! (edition ethik kontrovers 2), Frankfurt 1994, 36–42, Zitat: 41.

das auch für ethische Erziehung Erfahrungs- und Einübungsfelder ermöglicht. Ein Konsens in solchen Fragen kann den Schulen auch nicht mehr von außen vorgegeben werden, dazu sind die jeweiligen Kontexte und Bedingungen der Schule zu unterschiedlich.[43] Will die Schule ihre Schülerinnen und Schüler auf die bestehende Pluralität von Sinn- und Wertorientierungen in der Gesellschaft vorbereiten, muß sie auch Möglichkeiten dazu bieten, damit z.B. die Wahrnehmung von Verantwortung in der Schule eingeübt und erfahren werden kann. Feststellbar ist auch ein Abschied von einer »neutralen« Position von Schule, wie etwa die Debatte in den Niederlanden zeigt.

(4) *Ambivalenzen.* Schule wird zunehmend von ökonomisch bestimmten Auffassungen und Interessen von Effektivität und Rationalisierung geprägt, sie wird quasi »vom Markt umklammert«. Dabei spielt die wachsende europäische Integration in der Begründung eine wichtige Rolle. Schulreformen werden durchgeführt, um die Schule den Erfordernissen des europäischen Binnenmarktes anzupassen. »Wenn diese Veränderungen ausschließlich ökonomischen Zielen dienen und immer auffallender den Gesetzen des freien Marktes folgen, so sind alle Bildungsexperten, Lehrer und Schüler aufgerufen, die Beschleunigung derartiger Innovationsprozesse zu verhindern und dem Wertmaßstab mächtiger gesellschaftlicher Interessengruppen den eigenen Wert ihrer pädagogisch-humanistischen Prinzipien und Wertvorstellungen entgegenzusetzen.«[44] Was hier im Blick auf die schwedische Schulreform geäußert wird, gilt wohl übergreifend und skizziert ein Ziel, dem ethische Erziehung in der Schule verpflichtet sein sollte.

Die Zeiten für ethisch orientierte Erziehung und Bildung werden nicht einfacher. Schule gerät in den Sog einer schwieriger werdenden ökonomischen Situation, die Effizienz und Rationalität auch im Bildungsbereich fordert, gerade auf dem Hintergrund eines zusammenwachsenden Europas. Der Austausch mit den Nach-

---

43 Vgl. *Ch.T. Scheilke/F. Schweitzer*, Schule in der Pluralität, in: EvErz 46/1994, 301–310.
44 *I. Kriwet,* Die Schule in der Umklammerung des Marktes: Schulreform in Schweden, in: ZfB 1995, H. 1, 33–49, Zitat: 44.

barn ist notwendig. Er sollte zu Kooperationen all derjenigen führen, die ihre erzieherische Aufgabe von der Lebenswirklichkeit und den Interessen der Kinder und Jugendlichen her verstehen und mit ihnen zusammen für die Gestaltung einer zukunftsfähigen Welt eintreten.

Literaturhinweise

Bildungskommission NRW, Zukunft der Bildung – Schule der Zukunft. Denkschrift, Neuwied u. a. 1995.

C. *Erricker* (Ed.), Teaching World Religions. A Teacher's Handbook, Oxford 1993.

S. *Inman/M. Buk,* Adding Values? Schools' responsibility for pupils' development, Oakhill 1995.

M. *Kwiran,* Ethisch erziehen in den USA, in: Schulfach Religion 15/1996, Nr. 1/2, 245–266.

W. *Stark u. a.* (Hrsg.), Moralisches Lernen in Schule, Betrieb und Gesellschaft (Protokolldienst 7/96), Bad Boll: Evangelische Akademie 1996.

VIERTER TEIL

Praktische Hinweise

XXIII.
Materialien und Medien für den Ethik- und Religionsunterricht

Helmut Hanisch

Ethik- und Religionsunterricht sind zwei getrennte Fächer, die sich aufgrund unterschiedlicher Begründungszusammenhänge konstituieren.[1] Was beiden Fächern jedoch gemeinsam ist, das ist der Anspruch, Schülerinnen und Schülern bei der Bewältigung ihres Lebens Sinnhorizonte zu eröffnen, die sie befähigen, ihr persönliches Dasein zu gestalten und sich in der komplexen gesellschaftlichen Realität, in die sie hineinwachsen, zu orientieren und handlungsfähig zu werden. Dabei ist es erforderlich, unterschiedliche Deutungshorizonte kennenzulernen und nach deren Begründung zu fragen.

Ausgangspunkt ist in beiden Fächern die Alltagswelt der Schülerinnen und Schüler, die zu ethischen Reflexionen herausfordert. Insofern erscheint es legitim, im folgenden Materialien und Medien vorzustellen, die in beiden Fächern benutzt werden können. Im einzelnen gilt dies für ethische Fragestellungen, die sich mit dem Zusammenleben im Alltag, mit der Umwelt, dem Gewissen, sozialen Strukturen und mit einem toleranten Umgang mit anderen Kulturen und Religionen beschäftigen. Da sich der Ethikunterricht neben anderen religiösen und weltanschaulichen Positionen auch mit Fragen der christlichen Lebenspraxis befaßt, gibt es einen weiteren Überschneidungspunkt, der sich auf die christliche Ethik konzentriert. Lohnend ist es, die Materialien und Medien des jeweils anderen Faches zu sichten und zur Kenntnis zu neh-

---

1 Vgl. dazu *K.E. Nipkow*, Ethik und Religion in der Schule in den Krisen der Moderne. Zum Verhältnis von Religionsunterricht und Ethikunterricht, in: *A.K. Treml* (Hrsg.), Ethik macht Schule! Moralische Kommunikation in Schule und Unterricht (edition ethik kontrovers 2), Frankfurt a. M. 1994, 8 ff. und *H. Schmidt,* Religionsunterricht und Ethikunterricht: nebeneinander – gegeneinander – miteinander? in: EvErz 47/1995, 240 ff.

men. Dadurch ist es möglich, Gemeinsamkeiten sowie Unterschiede zu erkennen und die eigene Position zu profilieren. Damit werden die Voraussetzungen für einen vorurteilsfreien ethischen Diskurs geschaffen, der dem jeweiligen Unterricht zugute kommen wird.

1. Vorlesebücher bzw. Textsammlungen

Für die Unterrichtspraxis ist es vorteilhaft, neben den Angeboten, die einzelne Schulbücher enthalten, weitere Texte zur Verfügung zu haben, mit denen sich Schülerinnen und Schüler entweder selbständig beschäftigen können oder die als Ergänzung im Unterricht herangezogen werden können. In letzter Zeit sind Textsammlungen erschienen, auf die sowohl im Religionsunterricht als auch im Ethikunterricht zurückgegriffen werden kann. Die Textsammlungen sind in der Regel thematisch geordnet, so daß eine schnelle Auswahl möglich ist.[2]

Willi Hoffsümmer, Kurzgeschichten, Bd. 1–4 (Matthias-Grünewald-Verlag Mainz). Bd. 1: 13. Aufl. 1993; Bd. 2: 8. Aufl. 1992; Bd. 3: 6. Aufl. 1987; Bd. 4: 1991).

Mehrere Vorteile zeichnen diese vierbändige Textsammlung aus:
– Die Texte sind kurz. Selten gehen sie über eine Druckseite hinaus.
– Es handelt sich in der Regel um einfache erzählerische bzw. anekdotische Texte, so daß sie auch leicht in der Hauptschule Verwendung finden können.
– Die Texte sind thematisch geordnet. Für den Ethikunterricht verdienen folgende Kategorien im Hinblick auf die Lehrpläne besondere Aufmerksamkeit: Advent und Weihnachten; Familie; Passion und Ostern; Liebe/ Nächstenliebe; Krieg/Frieden; Sinn des Lebens; Gemeinschaft; Ferien/ Umwelt; Tod/Gericht/Himmel/Hölle. Manche Texte eignen sich als Anstoßtexte, um Erlebnisse und Erfahrungen der Schülerinnen und Schüler zu aktualisieren. Andere Texte können dazu dienen, in der Auseinandersetzung mit ihnen eigene ethische Positionen zu artikulieren und zu begründen.

---

2 Die erwähnten Werke stellen eine Auswahl dar. Aus Platzgründen ist es leider nicht möglich, eine komplette Übersicht zu bieten.

Hubertus Halbfas, Das Menschenhaus (Calwer Verlag Stuttgart/Patmos Verlag Düsseldorf, 2. Aufl. 1973).

Lehrerhandbuch Religion. Informationen und Materialien zur Unterrichtsvorbereitung (Calwer Verlag Stuttgart/Patmos Verlag Düsseldorf, 2. Aufl. 1975).

Schon etwas älter, doch nach wie vor wertvoll. Die Textsammlung enthält für unterschiedliche Themen der Lehrpläne des Religions- und Ethikunterrichts eine Reihe unverzichtbarer Kurzgeschichten und Lyrik. Die Texte erschließen in erster Linie Themen wie »Leben in der Familie«, »Sinn des Lebens«, »Tod«, »Leben in der Gemeinschaft« und »Gott«. Daneben finden sich Bilder und Grafiken, die zur Auseinandersetzung einladen.

Für die Unterrichtspraxis ist das Lehrerhandbuch eine wertvolle Hilfe. Es enthält neben weiteren Texten Textinterpretationen sowie methodisch-didaktische Anregungen. Die thematische Anordnung der einzelnen Textsorten erlaubt eine rasche inhaltliche Orientierung.

Hubertus Halbfas, Das Welthaus. Ein religionsgeschichtliches Lesebuch (Calwer Verlag Stuttgart/Patmos Verlag Düsseldorf, 4. Aufl. 1990).

Bei kritischer Durchsicht der Religions- und Ethikbücher fällt auf, daß sie viele theoretische Texte enthalten. Die Textsammlung von Halbfas bietet eine Fülle von kürzeren Texten aus dem Bereich der Religionsgeschichte. Bei der Behandlung der Weltreligionen kann auf sie zurückgegriffen werden. Vorteilhaft ist, daß die Texte in der Regel nicht zu lang sind, so daß sie von den Schülerinnen und Schülern schnell erfaßt und erörtert werden können. Besonders hilfreich erscheinen die Texte, die sich mit der Frage des Todes und einem Weiterleben nach dem Tod beschäftigen. Lohnend dürfte es sein, die Vorstellungen eines Weiterlebens nach dem Tod in der Antike, in den Naturreligionen und im Buddhismus mit der christlichen Auferstehungshoffnung zu vergleichen.

Vorlesebuch Ökumene. Geschichten vom Glauben und Leben der Christen in aller Welt, hrsg. von Susanne Beck u. a. (Kaufmann Verlag Lahr/Bercker Verlag Kevelaer 1991).

Neben Geschichten, die Glaubenszeugnisse zum Inhalt haben, thematisieren viele Texte zentrale Themen des Religionsunterrichts als auch des Ethikunterrichts. Dazu gehören – nur um einige zu nennen – »Weihnachten«, »Vorurteile«, »Versöhnung«, »Gerechtigkeit«, »Arm und reich«, »Umgang mit der Schöpfung«, »Familie«, »Frieden« und »Rassismus«. Leider sind die Texte nicht thematisch geordnet. Durch ein differenziertes Stichwortverzeichnis ist jedoch eine schnelle Orientierung möglich. Hilfreich ist es, daß vor jedem Text eine kurze Inhaltsangabe zu finden ist, die die

Auswahl erleichtert. Manche Texte sind verhältnismäßig lang, so daß sich Kürzungen empfehlen oder das freie Nacherzählen durch den Lehrer bzw. die Lehrerin. In erster Linie wird man auf das Textangebot in der Sekundarstufe I zurückgreifen können.

Erzählbuch zum Glauben. Für Religionsunterricht, Kindergottesdienst und Familie; Bd. I: Das Glaubensbekenntnis; Bd. II: Die Zehn Gebote; Bd. III: Das Vaterunser; Bd. IV: Wort und Sakrament; hrsg. von Elfriede Conrad u. a. (Benziger Verlag Zürich/Kaufmann Verlag Lahr, 2. Aufl. 1986).

In allen vier Bänden dieses Erzählwerkes finden sich Geschichten, die sich mit ethischen Konflikten aus christlicher Sicht auseinandersetzen. Deshalb erscheint es für den Religionsunterricht unverzichtbar, auf dieses Textangebot zurückzugreifen. Da Themen wie »Zehn Gebote«, »Schuld und Vergebung«, »Miteinander Teilen«, »Bergpredigt« usw. eine wichtige Rolle spielen, ist es für diejenigen, die Ethikunterricht erteilen, ebenfalls geeignet. Einschränkend ist jedoch darauf hinzuweisen, daß die Erzählungen in erster Linie für die Klassenstufen 5 und 6 geeignet erscheinen. Der Aufbau und die Gliederung entsprechen dem *Vorlesebuch Ökumene.* Ein Stichwortregister erleichtert das Auffinden von Geschichten zu bestimmten thematischen Zusammenhängen.

Vorlesebuch Drittes Reich. Von den Anfängen bis zum Niedergang, hrsg. von Dieter Petri und Jörg Thierfelder (Kaufmann Verlag Lahr/Butzon & Bercker Kevelaer 1991).

Vorlesebuch Kirche im Dritten Reich. Anpassung und Widerstand, hrsg. von Dieter Petri und Jörg Thierfelder (Kaufmann Verlag Lahr 1993).

Die beiden Vorlesebücher erfüllen unterschiedliche didaktische Funktionen. Sie geben zunächst einen Einblick in die Zeitumstände des Dritten Reiches bis zu seinem Untergang. Dadurch wird es möglich, daß eine geschichtliche Epoche für den Leser lebendig wird, die den Schülerinnen und Schülern in ihrer menschenverachtenden Grausamkeit und Brutalität kaum bewußt ist. Daneben können anhand der zusammengestellten Texte ethische Fragen aufgegriffen und erörtert werden. Dazu gehören die Themen »Gewalt«, »Rechtsradikalismus«, »Rassismus«, »politische Verantwortung«, »Schuld«, »Gewissen« und »Antisemitismus«. Dabei handelt es sich um Grundprobleme, die gegenwärtig genauso aktuell sind wie vor 60 oder 70 Jahren.

Hilfreich ist es, daß neben den Erzählungen Zeitdokumente angeboten werden, die es erlauben, das faktische Geschehen zu rekonstruieren. Die Schülerinnen und Schüler haben dadurch die Möglichkeit, subjektive Aussagen an objektiven Gegebenheiten zu messen bzw. deren Auswirkungen im Alltag zu verfolgen. Dadurch weitet sich die ethische Fragestellung aus. Der Verweisungszusammenhang von strukturellen politischen sowie gesellschaftlichen Bedingungen und individuellem Handeln rückt in den Vordergrund, so daß andere Konflikte aufbrechen, als dies im sozialen Nahbereich der Fall ist. Nach *Heinz Schmidt* sind damit »soziale Strukturen und Prozesse«[3] angesprochen, in die das Handeln des einzelnen eingebunden ist.

Ein Stichwortregister trägt dazu bei, daß der Benutzer dieses Erzählwerkes rasch die Texte finden und auswählen kann, die er im Unterricht heranziehen möchte. Im Hinblick auf die oben angedeuteten komplexeren ethischen Herausforderungen ist davon auszugehen, daß sich die Textsammlungen für den Gebrauch im Ethik- und Religionsunterricht ab dem 9./10. Schuljahr eignen.

Parabeln und andere moralische Erzählungen zur Belebung des religiösen und sittlichen Gefühls für die Jugend (Steinkopf Verlag Stuttgart, 2. Aufl. 1819).

Das Erscheinungsjahr 1819 ist kein Druckfehler. Mit dem Hinweis auf diese Schrift soll exemplarisch gezeigt werden, daß es im Laufe der Geschichte eine Reihe von Publikationen mit Texten gab, die der religiös-sittlichen Erziehung der Jugend dienen sollten. Solche Textsammlungen laden dazu ein, historische Wandlungen ethischer Positionen zu erschließen. Dadurch wird die Kontextabhängigkeit bestimmter ethischer Orientierungsmuster erkennbar. Auf diesem Hintergrund stellt sich die Frage, ob ethische Normen und die sie fundierenden Werte grundsätzlich dem gesellschaftlichen Wandel unterworfen sind oder ob es überzeitliche verbindliche Maßstäbe gibt. Mit dieser Fragestellung wird ein ethischer Konflikt aufgegriffen, der die Geschichte der Philosophie seit ihren Anfängen durchzieht. Eine mögliche Verwendung historischer Texte erscheint im Zusammenhang mit Fragen der »Praxis und Theorie der Sittlichkeit«[4] in der Sekundarstufe II sinnvoll.

2. Ganzschriften

In den letzten Jahren sind viele Kinder- und Jugendbücher erschienen, die sich dazu eignen, ethische Fragestellungen, die nach einer positionellen Klärung verlangen, ausgehend von der Lebenswirk-

---

3 Vgl. *H. Schmidt*, Didaktik des Ethikunterrichts II. Der Unterricht in Klasse 1–13, Stuttgart u. a. 1984, 36 ff.
4 Vgl. *H. Schmidt*, aaO., 49 ff.

lichkeit der Schülerinnen und Schüler aufzugreifen. Der Vorteil der Beschäftigung mit Ganzschriften besteht darin, daß sie »lebensnäher« sind, weil sie ganzheitliche Lebenszusammenhänge darstellen, die dazu herausfordern, sich mit komplexen Konfliktsituationen auseinanderzusetzen. Im Sinne eines ganzheitlich-analytischen Vorgehens[5] lassen sich unterschiedliche Fragestellungen aus dem Textzusammenhang herausgreifen und im Unterricht diskutieren.[6]

Peter Härtling, Alter John (Beltz & Gelberg, 5. Aufl. 1983).

Peter Härtling erzählt in seinem Kinderroman die Geschichte des John Navratil, der in betagtem Alter zu seinem Sohn zieht und mit dessen Familie zusammenlebt. Schrulligkeiten und Eigentümlichkeiten des alten Menschen werden exemplarisch beschrieben. Konflikte im familiären Zusammenleben bleiben nicht aus. Besondere Schwierigkeiten, mit dem alten Mann zurechtzukommen, hat die Schwiegertochter. Großes Verständnis zeigt der Großvater für das Verhalten seiner beiden Enkelkinder Laura und Jakob. Die beiden Kinder erleben, wie ihr Großvater krank wird und bald danach stirbt.

Bei der Lektüre dieses Romans kann davon ausgegangen werden, daß die Erzählung bei den Schülerinnen und Schülern viele ähnliche Erlebnisse und Erfahrungen wachruft und zu einem Nachdenken anregt über den angemessenen Umgang mit alten Menschen, über das Verhalten in familiären Beziehungskonflikten, den Sinn des Lebens und über Sterben und Tod. Damit sind wesentliche Themen erfaßt, die sich in den Lehrplänen der Sekundarstufe I finden. Die Lektüre setzt zugleich viele Handlungsmöglichkeiten frei. So können die Schülerinnen und Schüler eine Bilddokumentation ihrer eigenen Herkunftsfamilie anfertigen, einen kleinen Erzählband von »Familiengeschichten« erstellen, alte Menschen interviewen, um Orientierungsmuster in Erfahrung zu bringen, die für sie bestimmend waren oder sind, einen »Tugendkatalog« alter Menschen aufstellen oder eine Photodokumentation von Grabsteininschriften anfertigen.

5 Vgl. dazu *W. Schulz,* Unterricht – Analyse und Planung, in: *P. Heiman/ G. Otto/W. Schulz,* Unterricht. Analyse und Planung, Hannover [6]1972, 31.
6 Anregungen zum methodischen Vorgehen bei der Behandlung einer Ganzschrift finden sich in: *H. Hanisch,* Ich bin ein Stern – Zugang zum Thema Judentum. Ein Unterrichtsprojekt in einem 5. Schuljahr, in: ChL 47/1994, 394 ff.

Elfie Donelli, Servus Opa, sagte ich leise (dtv junior, 12. Aufl. 1994).

In diesem Kinderroman begegnet uns der zehnjährige Michael Nidetzki, der ein inniges Verhältnis zu seinem Großvater hat. Gern verbringt er seine freie Zeit mit dem Opa in dessen Wohnung. Opa kann herrliche Geschichten erzählen und verfügt über eine faszinierende Sammlung ungewöhnlicher Dinge. Das glückliche Zusammensein der beiden wird eines Tages jäh getrübt. Michael erfährt, daß sein Großvater an Krebs erkrankt ist. Für beide beginnt eine fast unerträgliche Leidenszeit. Schließlich stirbt der Großvater. Er hinterläßt Michael einen Brief, den dieser nach der Beerdigung erhält.

Vergleichbar zu dem Roman von *Peter Härtling* steht im Mittelpunkt der Erzählung der alte Mensch. Dabei treten bei Donelli nicht die familiären Konflikte in den Vordergrund, obwohl sie auch angesprochen werden, sondern der Umgang mit dem Leiden des todkranken Großvaters und die Verarbeitungsstrategien, die Michael und die anderen Familienmitglieder dabei entwickeln. Ein weiterer Aspekt ist die liebevolle Zuwendung des alten Menschen zum Enkelkind, die auf seine Entwicklung und Bildung wesentlichen Einfluß nimmt.

Die Beschäftigung mit diesem Buch lädt dazu ein, neben Fragen des Alters die Frage nach Bedingungen der Sozialisation aufzugreifen und prägende Einflüsse von Kindheitserfahrungen aufzudecken. Daneben eignet sich die Erzählung dazu, über Glück und menschliches Leid nachzudenken. Damit sind wiederum wichtige Themen der Lehrpläne in der Sekundarstufe I angesprochen.

Christel und Isabell Zachert: Wir treffen uns wieder in meinem Paradies (G. Lübbe Verlag Bergisch-Gladbach, 8. Aufl. 1994).

In einer Briefdokumentation mit erzählenden Zwischentexten nimmt der Leser Anteil am Schicksal des 16jährigen Mädchens Isabell, das an einem unheilbaren Krebsleiden erkrankt. Hoffnung und Verzweiflung prägen das Schicksal der Heranwachsenden, bis ihr schließlich schmerzlich bewußt wird, daß sie sterben muß. Auf ihrem Weg zum Tod begleiten sie Freundinnen, Leidensgefährten, ihre Eltern und Geschwister, Ärzte und Freunde der Familie. Wie groß die Anteilnahme am Schicksal des Mädchens ist, geht aus vielen geschilderten Einzelheiten hervor. Besonders rührend bemüht sich ein Arzt um die seelische Begleitung der Erkrankten. Beim Sterben ist der christliche Glaube Isabell eine große Hilfe. Dies wird unaufdringlich in den Briefen dokumentiert, die sie an verschiedene Personen schreibt. Zugleich nimmt sie durch ihre Ausstrahlung vielen Menschen die Angst vor dem Tod.

Das Thema Leiden und Tod, das in den Lehrplänen eine wichtige Rolle spielt, kann anhand dieses eindrucksvollen Buches erarbeitet werden.

Dabei ist eher an die Klassenstufen 9 und 10 zu denken als an jüngere Schülerinnen und Schüler. Die Bewältigung des Lebensschicksals aus christlicher Sicht wirft im Ethikunterricht die Frage auf, welche anderen Orientierungen Menschen helfen können, dem Menschen angesichts von Sterben und Tod Kraft und Hoffnung zu schenken.

Gunter Preuß, Stein in meiner Faust (Otto Maier Ravensburg 1993).

Da in Ethikbüchern dem Problem des Zusammenlebens im wiedervereinten Deutschland kaum oder gar keine Rechnung getragen wird, kommt diesem Buch besondere Aufmerksamkeit zu. Die Fragen, die dieses Buch programmatisch stellt, lauten: Wie können junge Menschen aufgrund einschneidender gesellschaftlicher Veränderungen ihr Leben gestalten? Wie können sie mit der Schuld umgehen, die ihre Eltern auf sich geladen haben?

Preuß erzählt die Geschichte eines Jungen, der sich nach der Wende von seinen Eltern sowohl innerlich wie auch räumlich gelöst hat. Sie sind und waren überzeugte Vertreter des sozialistischen Systems in der DDR und hatten den Versuch unternommen, den Jungen nach den Idealen kommunistischer Herrschaft zu erziehen. Wie Alexander, der Held des Romans, später entdeckt, hatten sie auch für die Staatssicherheit gearbeitet und einen nahen Freund der Familie bespitzelt. Alexander ist enttäuscht von seinen Eltern und läuft von zu Hause weg. Zwischen einer rechtsradikalen Gruppe, die von einem Mädchen geführt wird, und einem alten Mann, der ihm aufgrund eigenen Erlebens im Dritten Reich die Verirrungen rechtsradikaler Gesinnung vor Augen führt, wird er hin- und hergerissen.

Dieses Buch eignet sich in mehrfacher Hinsicht für eine ausführliche Behandlung im Unterricht. Es greift folgende Themen auf: Identitätsfindung, Gewalt, Rechtsradikalität, Orientierung in einer veränderten Welt und Umgang mit Schuld.

Inge Auerbacher, Ich bin ein Stern (Beltz & Gelberg 1992).

Auerbacher, eine Jüdin, erzählt in ihrem Buch vom Leben ihrer Familie in Kippenheim. Eines Tages werden ihr Vater und ihr Großvater abgeholt und nach Auschwitz deportiert. Sie kehren jedoch nach einiger Zeit wieder zurück. Durch die Ereignisse der »Reichskristallnacht« veranlaßt, zieht die Familie nach Jebenhausen bei Göppingen. Dort wohnen die Großeltern. Obwohl sich die Verfolgung der Juden dramatisch zuspitzt, berichtet Inge von einer glücklichen Kindheit. Diese endet schlagartig im August 1942. Die Familie erhält eine schriftliche Aufforderung, sich für die »Abwanderung« bereitzuhalten. Inge und ihre Eltern werden nach Theresienstadt verschleppt. Eindrucksvoll beschreibt die Autorin die menschenunwürdigen Lebensbedingungen im Lager. Ständiger Begleiter des Lagerlebens ist die Angst, nach Auschwitz verladen zu werden. Immer wieder werden Personen in Viehwaggons geladen und in die Gasöfen gefahren. Durch eine Kriegsversehrung, die Inges Vater im Ersten Weltkrieg erlitten hat, bleibt die Familie verschont. Am Kriegsende befreien alliierte Truppen die Lagerinsassen. Inge kehrt mit ihren Eltern nach Göppingen zurück und wandert schließlich nach Kanada aus. Dort schreibt sie das Buch »Ich bin ein Stern«.

Neben historischen Einzelheiten und Dokumenten gibt das Buch einen ausgezeichneten Einblick in das Familienleben frommer Juden. Der Ablauf jüdischer Feste wird beschrieben, und immer wieder beschäftigt Inge die Frage nach Gott, an dem sie trotz brutaler Schicksalsschläge vertrauensvoll festhält. Für Schülerinnen und Schüler, die in ihrer Alltagswirklichkeit kaum oder gar keine Berührung mit dem Judentum haben, bietet die Lektüre einen wertvollen Zugang im Hinblick auf das Selbstverständnis gelebten jüdischen Glaubens, auf dessen Hintergrund vertiefende Informationen erarbeitet werden können. Zugleich wirft dieses Buch die Frage nach einem toleranten Umgang mit Andersgläubigen auf.

Jehan Sadat, Ich bin eine Frau aus Ägypten. Die Autobiographie einer außergewöhnlichen Frau unserer Zeit (W. Heyne Verlag München, 29. Aufl. 1995).

Bei der Durchsicht der Schulbücher für den Religions- und Ethikunterricht fällt auf, daß vielfach nur abstrakt über den Islam informiert wird. Zwar versuchen die Autoren bei den Alltagserlebnissen, die Schülerinnen und Schüler im Umgang mit muslimischen Mitbürgern gewonnen haben, anzuknüpfen. Dennoch bleiben diese Erlebnisse weitgehend äußerlich. Um zu einem vertieften Zugang gelebten muslimischen Glaubens zu finden, bietet es sich an, auf das Selbstzeugnis von Jehan Sadat zurückzugreifen. Dabei ist es nicht nötig, die ganze Biografie zu lesen. Im Hinblick auf die religiöse Fragestellung ist das Kapitel »Jugend in Kairo« aufschlußreich. In ihm schildert die Autorin, wie sie aus einer »Mischehe« stammend – ihre Mutter war Christin – Zugang zum muslimischen Glauben gewinnt. In der Erzählung erschließen sich in unaufdringlicher Weise die Bedeutung islamischer Feste und Elemente der Frömmigkeitspraxis. Dabei erscheint es besonders wertvoll, daß sie aus der Sicht der Frau dargestellt werden. Dieser Aspekt kommt in Schulbüchern in der Regel zu kurz oder die Rolle der Frau im Islam wird verkürzt dargestellt. Da die Darstellung leicht lesbar geschrieben ist, kommt sie auch schon für die unteren Klassen der Sekundarstufe I in Frage.

Neben der religiösen Perspektive enthält das genannte Kapitel wichtige Aspekte weiblicher Identitätsfindung. Die Darstellung von Jehan Sadat kann als eine Art Folie dienen, auf deren Hintergrund Fragen der Identitätsgewinnung von Mädchen und Jungen thematisiert werden können.

Fernando Savater, Tu was du willst. Ethik für die Erwachsenen von morgen (Campus Verlag Frankfurt/New York, 2. Aufl. 1994).

Unterrichtlich bereitet es oftmals große Schwierigkeiten, Heranwachsende an grundsätzliche Überlegungen ethischen Denkens und ethischer Theoriebildung heranzuführen. Dem spanischen Autor Fernando Savater ist es gelungen, auf anschauliche und fundierte Weise ethische Begriffe zu reflektieren und jungen Menschen verständlich zu machen. Stilistisch bedient er sich dabei des Gespräches, das er fiktiv mit seinem heranwachsenden Sohn führt. Zentrale Themen wie »Wille«, »Freiheit«, »Verantwortung« greift er ebenso auf wie »Moral« oder »Sinn«. Dazu enthält seine kleine Abhandlung eine Reihe wertvoller philosophischer Lesetips für Jugendliche.

Dieses Buch könnte von den Schülerinnen und Schülern in einem 9./10. Schuljahr als Ganzschrift gelesen werden. Als Alternative bietet es sich an, es in Auszügen auf ein Schuljahr verteilt zu erarbeiten.

Jostein Gaarder, Sofies Welt. Roman über die Geschichte der Philosophie (C. Hanser Verlag München 1993).

Weniger als Ganzschrift für den Unterricht, jedoch als Anregung für die Lektüre von interessierten Schülerinnen und Schülern – besonders der Sekundarstufe II – sei auf dieses Buch aufmerksam gemacht. Es gibt einen leicht lesbaren Einblick in die Geschichte der Philosophie. Für den Unterricht eignet sich die Hörspielreihe »Sofies Welt«[7]. In Auszügen kann darauf im Zusammenhang mit bestimmten Fragestellungen im Unterricht zurückgegriffen werden.

3. Filme

Um der Gefahr der Textdominanz im Religionsunterricht und im Ethikunterricht zu entgehen, ist es ratsam, immer wieder auf Filmmaterial zurückzugreifen. Dabei ist die didaktische Funktion, zum Nachdenken über ethische Probleme anzuregen, bei dem zum einen eigene Erfahrungen und Erlebnisse aktualisiert und zum anderen Stellungnahmen provoziert werden. Dazu eignen sich besonders Zeichentrickfilme. Daneben gibt es eine Reihe von Kurzspielfilmen, die komplexe Handlungen enthalten. Sie laden zur Analyse ethischer Konflikte ein und lassen nach alternativen Handlungsstrategien fragen. Schließlich ist an Filme mit doku-

---

7 Erschienen beim Hörverlag München, erhältlich im Buch- und Musikalienhandel auf Cassette oder CD.

mentarischem Charakter zu denken. Sie informieren über gesellschaftliche Konflikte. Im folgenden werden einige Videofilme kurz vorgestellt, die über Kreis- oder Landesbildstellen leicht zugänglich sind. Zu allen Filmen gibt es Begleithefte mit methodischen Hilfen.

3.1 Zeichentrickfilme

Trott (Katholisches Filmwerk GmbH, Postfach 11 11 52, 60046 Frankfurt a. M.), 7 Min.

Der Zeichentrickfilm schildert das eintönige Leben eines Mannes, der seinen Alltag zwischen Bett, Bad und Arbeitsplatz verbringt. Die Eintönigkeit des Daseins wird durch entsprechende musikalische Untermalung verstärkt. Eines Tages begegnet er einem Menschen, der ihn aus dem Trott des Alltags herausholen möchte. Doch der Mann weiß mit der neuen Freundschaft wenig anzufangen. Das Ergebnis ist, daß er sich betrinkt. Im Rausch malt er sich sein neues Leben aus. Schließlich wird ihm bewußt, daß er eine neue Lebensorientierung nicht durch andere Menschen finden kann, sondern sein Schicksal selbst gestalten muß.

Der Film lädt dazu ein, nach dem eigenen Lebensalltag zu fragen und über eine sinnvolle Lebensgestaltung nachzudenken. Ein Ergebnis der unterrichtlichen Behandlung könnte es sein, daß die Schülerinnen und Schüler selbst einen Videofilm drehen, der Antworten auf die gestellte Frage enthält.

Das Spiel (Katholisches Filmwerk s.o.), 15 Min.

Ein Mädchen und ein Junge sitzen nebeneinander und zeichnen Bilder. In der Phantasie der Kinder wird das Gezeichnete lebendig. Die gezeichneten Figuren beginnen zunächst eine harmlose Verfolgungsjagd. Die Mittel, die sie spielerisch einsetzen, werden immer brutaler. Aus dem harmlosen Spiel wird ein erbitterter Kampf, der schließlich zu einer Katastrophe führt. Die Kinder kommen erst dadurch zur Besinnung, daß ein Tintenfaß umstürzt. Sie erschrecken heftig über diesen Vorfall.

Der Film eignet sich dazu, die Frage nach Aggression und Gewalt aufzuwerfen. Dabei können die Alltagserfahrungen der Schülerinnen und Schüler thematisiert werden, die sie nicht zuletzt auch in Phantasiebildern ausleben. Zu fragen ist, an welcher Stelle das harmlose Spiel in sein Gegenteil umkippt. Eine Diskussion über Ursachen und Folgen von Gewalt kann zur Darstellung komplexer Erklärungsmodelle führen. Daneben fordert der Film dazu auf, nach alternativen Verhaltensmustern zu suchen, die das Gewaltpotential so kanalisieren, daß katastrophale Entwicklungen vermieden werden können.

3.2 Kurzspielfilme

Diakonie. Das notwendige Tun (Calwer Verlag Stuttgart):
- *Winnibaldstr. 10 ... 30 Min.*
- *Die im Dunkeln ... 30 Min.*
- *Ich will nicht mehr nach Hause ... 30 Min.*
- *Die Asylanten kommen ... 30 Min.*
- *Die neuen Armen ... 30 Min.*
- *Anrufe vor Mitternacht ... 30 Min.*

Die sechs Filme, die ursprünglich im Süddeutschen Rundfunk gesendet wurden, beschäftigen sich mit den Themen »Zivildienst« (Winnibaldstr. 10), »Haftentlassene« (Die im Dunkeln ...), »Kindesmißhandlung« (Ich will nicht mehr nach Hause), »Asylbewerber« (Die Asylanten kommen), »Neue Armut« (Die neuen Armen) und »Alkoholismus« (Anrufe vor Mitternacht). Die Nennung der Inhalte verdeutlicht, daß die Filme im Zusammenhang mit Lehrplanthemen des Religionsunterrichts und des Ethikunterrichts in Sekundarstufe I stehen. Vorteilhaft ist bei den Filmen, daß ethische Fragestellungen nicht isoliert betrachtet, sondern in komplexen alltagsweltlichen Zusammenhängen dargestellt werden. Damit sind eindimensionale Antworten als mögliche Lösungen der angedeuteten Konflikte ausgeschlossen. Bei allen Filmen ist danach zu fragen, wie Menschen in den geschilderten Situationen handeln sollen, um allen Beteiligten eine faire Lebenschance zu geben und gutes Leben zu ermöglichen. Zugleich machen die Filme auf Spannungen und Konflikte aufmerksam, die den sozialen Nahbereich transzendieren. Sie erhellen Ursachen, die sowohl in gestörten Beziehungsverhältnissen als auch in gesellschaftlichen Fehlentwicklungen zu sehen sind.

Ein anderes Kind (Calwer Verlag Stuttgart), 28 Min.

Der Film zeichnet realistisch nach, welchen Belastungen Familien ausgesetzt sind, in denen ein behindertes Kind aufwächst. Besondere Probleme entstehen dabei für die Mutter, die sich verpflichtet fühlt, sowohl dem behinderten Kind (Down Syndrom) als auch den anderen Familienangehörigen gerecht zu werden. Daß dies nur teilweise gelingen kann, zeigen Alltagskonflikte, die sich besonders am Verhalten des älteren Bruders offenbaren. Zu den familiären Schwierigkeiten treten Anfeindungen, die aus der sozialen Umwelt kommen. Sie treiben die Betroffenen in Rechtfertigungszwänge.

Gegenüber Textmedien besitzt der Film den Vorteil, vielschichtige Probleme (u. a. Geschwisterkonflikt, Belastung der Mutter, Beziehungsprobleme zwischen Vater und Mutter und das Unverständnis der Mitmenschen) zur Sprache zu bringen. Das ethische Problem, das sich stellt, äußert sich in der Frage nach einem gesellschaftlich verantwortlichen Umgang mit geistig behinderten Menschen, der der Würde des Menschen Rechnung trägt.

Schwarzfahrer (Katholisches Filmwerk s.o.), 12 Min.

Eine alte Frau steigt in die Straßenbahn und setzt sich neben einen Farbigen. Sie wird während der Fahrt nicht müde, in ausfälliger Form über Ausländer zu schimpfen. Dabei greift sie verbal immer wieder auch direkt den Farbigen an, der neben ihr sitzt. Auf die Anfeindungen reagiert er nicht. Er schaut an der Frau vorbei. Als der Fahrkartenkontrolleur kommt, reißt der Farbige der alten Frau die Fahrkarte aus der Hand und steckt sie in den Mund, kaut auf ihr herum und verschluckt sie. Da die alte Frau nun keinen Fahrausweis mehr hat, wird sie als Schwarzfahrerin entlarvt. Sie muß mit dem Kontrolleur aussteigen. Ihr Hinweis, daß der Farbige ihre Karte gegessen habe, läßt den Kontrolleur am Geisteszustand der Frau zweifeln.

Der mehrfach ausgezeichnete Film fordert zu einer intensiven Beschäftigung mit dem Thema »Vorurteile« heraus, das in vielen Lehrplänen für den Religionsunterricht und Ethikunterricht enthalten ist.

Denn sie wissen nicht, was sie tun (Katholisches Filmwerk s.o.), 30 Min.

Der Film zeichnet ein Porträt des 16jährigen Schülers Martin, der in den Sog einer Gruppe rechtsradikaler Jugendlicher geraten ist. Im Laufe der Filmhandlung äußern sich die Mutter und Martins Lehrerin zum Verhalten des Jungen. Dabei wird die Hilflosigkeit der Mutter offenbar, auf Martin so einzuwirken, daß er eine neue Lebensorientierung findet.

Thematischen Bezug bilden »Rechtsradikalismus« und »Ausländerhaß«. Der Film kann zum Anlaß dienen, verwandte Phänomene aus der Erlebniswelt der Schülerinnen und Schüler zur Sprache zu bringen und nach Verhaltens- und Handlungsorientierungen zu fragen, die einen fairen Umgang miteinander erlauben. Zugleich drängt sich die Frage nach den Ursachen des Rechtsradikalismus auf, die mit der Sinnfrage in engem Zusammenhang steht.

3.3 Dokumentationen

Frauen ohne festen Wohnsitz (Katholisches Filmwerk s.o.), 25 Min.

Im Mittelpunkt des Filmes steht das Leben obdachloser Frauen. Ihre Lebensumstände werden geschildert und Hintergründe aufgezeigt, die zur Obdachlosigkeit geführt haben. Dabei werden die psychischen Probleme und Belastungen offenkundig, die durch die Obdachlosigkeit potenziert werden.

Der Film lädt dazu ein, darüber nachzudenken, welche gesellschaftlichen und persönlichen Fehlentwicklungen dazu geführt haben, Frauen in die Obdachlosigkeit zu drängen, und welches persönliche wie gesellschaftliche Engagement notwendig wäre, um den Betroffenen zu helfen. Zu spiegeln ist das Lebensschicksal der Frauen an den Menschenrechten. Um eine qualifizierte Auseinandersetzung mit den involvierten ethischen Problemen zu ermöglichen, ist der Einsatz dieses Mediums ab dem 9.Schuljahr ratsam.

Dietrich Bonhoeffer. Nachfolge und Kreuz, Widerstand und Gehorsam (Calwer Verlag Stuttgart), 28 Min.

In vielen Schulbüchern der Sekundarstufe II sind verstreut Texte von *Dietrich Bonhoeffer* enthalten. Um zu vermeiden, daß die Person des Theologen und Widerstandskämpfers unanschaulich bleibt, liegt es nahe, auf diese Filmdokumentation zurückzugreifen. In ihr werden die Lebensstationen Bonhoeffers nachgezeichnet. Daneben kommen Zeitzeugen zu Wort, die persönliche Eindrücke und Erlebnisse mit Bonhoeffer wiedergeben. Auf dem Hintergrund dieser biografischen Skizze erscheint es lohnend, sich mit der Ethik Bonhoeffers vertiefend auseinanderzusetzen. Der Einsatz dieses Filmes empfiehlt sich in der Sekundarstufe II bei der Frage nach der Praxis und Theorie der Sittlichkeit.

Der nicht bei seinen Leisten blieb. Adolph Kolping. Priester und Sozialanwalt (Katholisches Filmwerk s .o.), 35 Min.

Die Biographie *Adolph Kolpings* zeigt exemplarisch Leben und Werk eines engagierten Christen, der sich im 19. Jahrhundert um die Handwerksgesellen bemühte. Sie bildeten damals eine der größten proletarischen Gruppen in der Gesellschaft. Ihnen verhalf der Handwerker und Priester zu beruflichem Selbstbewußtsein und sozialer sowie religiöser Geborgenheit.

Deutlich wird in diesem Film, wie Diakonie auf die speziellen Nöte der Zeit antwortet und gesellschaftliche Rahmenbedingungen schafft, in denen vernachlässigte Gruppen ein neues Selbstwertgefühl und faire Lebenschancen erhalten. Der Film kann bereits in der Sekundarstufe I eingesetzt werden.

4. Schulbücher[8]

In den letzten Jahren haben sich verschiedene Schulbuchverlage darum bemüht, *Ethikbücher* herauszugeben, deren didaktisches Selbstverständnis darin besteht, durch Text- und Bildmedien Zugänge zu den thematischen Schwerpunkten unterrichtlich zu erschließen, die in den Lehrplänen für den Ethikunterricht enthalten sind. Im Hinblick auf die einzelnen Schuljahre folgen die Publikationen einem vergleichbaren Schema. Die Bücher für die Schuljahre 5–8 gehen in der Regel auf Fragestellungen ein, die sich mit der Identitätsbildung und dem sozialen Nahraum beschäftigen. Gelegentlich werden Fragen berührt, die sich mit verantwortlichem Handeln in sozialen Strukturen beschäftigen. Dazu enthalten die Bücher auf allen Altersstufen einen religionskundlichen Teil, in dem auf die Weltreligionen eingegangen wird. Die Schwerpunkte sind dabei das Christentum, der Islam, das Judentum, der Buddhismus und der Hinduismus. Im 9./10. Schuljahr treten zu Themen, die sich mit der Selbstfindung des Individuums beschäftigen, verstärkt Fragestellungen der ethischen Urteilsbildung und -begründung. Dazu kommt die Beschäftigung mit komplexen gesellschaftlichen Strukturen, die den einzelnen herausfordern, zwischen globalen Ansprüchen und eigener Sinndeutung einen Ausgleich zu finden, der ethisch zu verantworten ist. In der Sekundarstufe II konzentrieren sich die Schulbücher auf Fragen der ethischen Urteilsbegründung. In diesem Zusammenhang werden einzelne philosophische Ethiken vorgestellt und deren Begründungsstrategien entfaltet. Jugendlichen werden Informationen über die großen Religionen angeboten. Auffallend ist, daß der Rückbezug zur Lebenswirklichkeit der Schülerinnen und Schüler weitgehend in den Hintergrund gerät. Nur in wenigen Publikationen kommt die Frage ins Spiel, welche Relevanz die ethischen Entwürfe verschiedener Philosophien und Religionen im Hinblick auf die Alltagspraxis heutiger junger Menschen besitzen.

Die *Religionsbücher* folgen im Hinblick auf ethische Fragestellungen etwa dem gleichen Schema wie die Ethikbücher. In den

8 Aus Platzgründen konzentriert sich die folgende Vorstellung auf einige Schulbücher für den Religions- und Ethikunterricht. Dabei muß aus verschiedenen Gründen auf Vollständigkeit verzichtet werden. Das Fehlen der einen oder anderen Publikation stellt somit kein Werturteil dar. Auch wird darauf verzichtet, Religions- und Ethikbücher aus dem Grundschulbereich vorzustellen. Wer sich im Hinblick auf entwicklungspsychologische Fragestellungen, die für beide Fächer in der Grundschule bedeutsam sind, kundig machen möchte, sei auf das Buch verwiesen: *F. Schweitzer u. a.*, Religionsunterricht und Entwicklungspsychologie. Elementarisierung in der Praxis, Gütersloh 1995.

Schuljahren 5–8 stehen im Zentrum Themen, die sich in erster Linie auf den sozialen Nahraum und auf die Identitätsbildung beziehen. Die Maßstäbe der ethischen Urteilsbegründung ergeben sich im Gegensatz zu den Ethikbüchern aus dem Zeugnis der Heiligen Schrift. Daneben informieren die Bücher in allen Schuljahren über Fremdreligionen. Die erzieherische Absicht ist dabei, die Schülerinnen und Schüler zu einem toleranten Umgang mit Angehörigen anderer Religionen anzuleiten und einen eigenen religiösen Standpunkt zu gewinnen. Ab dem 9./10. Schuljahr treten Themen der Nachfolge-, Umwelt- und Sozialethik in den Vordergrund. Fragen der persönlichen Sinnfindung werden vertieft und die Beschäftigung mit Fremdreligionen ausgeweitet. In der Sekundarstufe II wird die Frage der christlichen Urteilsbildung aufgegriffen und im Vergleich mit anderen weltanschaulichen Positionen erörtert. Besonders geschieht dies im Zusammenhang mit den Themen »Werte und Normen« und »Anthropologie«.

Ethikbücher für das 5./6. Schuljahr

1. ethik 5/6 von Antje Kröker – Kostlan u. Rudolf Spann (Bayrischer Schulbuch Verlag München 1987).

2. Ethik 1, hrsg. von Siegfried Kätzel (Militzke Verlag Leipzig 1992).

3. auf andere achten. ethik 5/6 hrsg. von Uwe Gerber u. a. (Verlag Moritz Diesterweg Frankfurt a. M. 1995). ethik 7/8 und 9/10 in Vorbereitung.

4. Ethik 5/6, hrsg. von Frieder Burkhardt u. a. (Cornelsen Verlag Berlin 1995).

Thematische Schwerpunkte dieser Bücher sind »Leben in der Gemeinschaft«, »Menschen, die Hilfe brauchen«, »Umgang mit anderen«, »Glück«, »Umgang mit Konflikten«, »Feste und Feiertage« und die »Abrahamitischen Religionen«.

Religionsbücher für das 5./6. Schuljahr

1. Das neue Kursbuch Religion 5/6, hrsg. von Ottheinrich Knödler u. a. (Calwer Verlag Stuttgart/Diesterweg Verlag Frankfurt a. M. 1984).

2. Kursbuch Religion. Neuausgabe 5/6, hrsg. von Helmut Hanisch u. a. (Diesterweg Verlag Frankfurt a. M. 1995).

3. Entdeckungen machen. Unterrichtswerk für den evangelischen Religionsunterricht in der Sekundarstufe I. Bd. 5/6, hrsg. von Jürgen Kluge (Cornelsen Verlag Schwann-Girardet Düsseldorf 1987).

4. LebensZeichen 5/6, hrsg. von Birgit Besser-Scholz (Vandenhoeck & Ruprecht, Göttingen 1993).

Die ethischen Themen in diesen Schulbüchern entsprechen weitgehend den Themen der Ethikbücher. Im einzelnen werden behandelt: »Leben in der Gemeinschaft«, »Menschen, die Hilfe brauchen«, »Feste und Feiertage (das Kirchenjahr)«, »Gewissen«, »Glück«, »Wahrheit und Lüge«, »Evangelisch-Katholisch«. Ein besonderer Schwerpunkt im zweiten Buch liegt auf den »Abrahamitischen Religionen«. Besonders betont wird hier der interreligiöse Dialog.

Ethikbücher für das 7./8. Schuljahr

1. Herausforderung Zusammenleben 1, hrsg. von Philipp Wiesehöfer (Cornelsen Verlag/Hirschgraben Frankfurt a. M. 1987).

2. ethik 7, hrsg. von Rudolf Spann (Bayrischer Schulbuch Verlag München 1991).

ethik 8, hrsg. von Brigitte Feiks u. a. (Bayrischer Schulbuch Verlag München 1989).

3. Ethik 7/8, hrsg. von Karl-Heinz Gehlhaar (Militzke Verlag Leipzig 1994) Landesausgabe Sachsen-Anhalt.

Die zentralen Themen der Bücher sind »Identitätsfindung«, »verantwortliches Handeln im gesellschaftlichen Nahbereich (Konflikte)«, »Umweltethik«, »Weltverantwortung«, »Sexualethik«, »Werte und Normen« und »Asiatische Religionen«.

Religionsbücher für das 7./8. Schuljahr

1. Das neue Kursbuch Religion 7/8, hrsg. von Gerhard Kraft u. Heinz Schmidt (Calwer Verlag Stuttgart/Diesterweg Verlag Frankfurt a. M. 1986).

2. Kursbuch Religion. Neuausgabe 7/8, hrsg. von Helmut Hanisch u. a. (Diesterweg Verlag Frankfurt a. M. 1991).

3. Entdeckungen machen. Unterrichtswerk für den evangelischen Religionsunterricht in der Sekundarstufe I. Bd. 7/8, hrsg. von Jürgen Kluge (Cornelsen Verlag Schwann-Girardet Düsseldorf 1988).

4. LebensZeichen 7/8, hrsg. von Michael Schwieger (Vandenhoeck & Ruprecht, Göttingen 1992).

Die ethischen Themen im Religionsunterricht konzentrieren sich auf folgende Bereiche: »Konflikte und Konfliktbewältigung«, »Gewissen«, »Diakonisches Handeln (Umgang mit behinderten und alten Menschen)«, »Drogenmißbrauch«. Daneben spielt die Beschäftigung mit dem Judentum, dem Islam und dem Hinduismus eine wichtige Rolle. Auch kommt das Thema »Sekten« zur Sprache. Im Vergleich zu den Themen, die in den Ethikbüchern aufgenommen sind, sind hier ebenfalls Überschneidungen feststellbar.

Ethikbücher für das 9./10. Schuljahr

1. ethik 9, hrsg. von Erika Müller u. a. (Bayrischer Schulbuch Verlag München 1995).

ethik 10, hrsg. von Susanne Schullerus-Keßler u. a. (Bayrischer Schulbuch Verlag München 1989).

2. Herausforderung Zusammenleben 2, hrsg. von Philipp Wiesehöfer (Cornelsen Verlag Berlin 1992).

3. Menschenbilder. Ethik/Werte und Normen 9/10 (Vandenhoeck & Ruprecht Göttingen, 2. Auflage 1989).

4. Arbeitsbuch Ethik. 9. Schuljahr. Realschule, hrsg. von Harald Herrmann u. a. (Konkordia Verlag Bühl 1986).

Arbeitsbuch Ethik 10. Schuljahr. Realschule, hrsg. von Harald Herrmann u. a. (Konkordia Verlag Bühl 1988).

5. Arbeitsbuch Ethik 9. Schuljahr. Gymnasium, hrsg. von Harald Herrmann u. a. (Konkordia Verlag Bühl 1986).

Arbeitsbuch Ethik 10. Schuljahr. Gymnasium, hrsg. von Harald Herrmann u. a. (Konkordia Verlag Bühl 1988).

6. Ethik 9/10, hrsg. von Siegfried Kätzel (Militzke Verlag Leipzig 1994). Landesausgabe Sachsen-Anhalt.

Thematisch treten in den Ethikbüchern 9/10 folgende Schwerpunkte in den Vordergrund: »Sinn des Lebens«, »Gewissen«, »Arbeit und Freizeit«, »Familie«, »Tod«, »Werte und Normen« und »Weltreligionen«. Dabei handelt es sich im einzelnen um das Judentum, das Christentum, den Islam, den Buddhismus und Hinduismus.

Religionsbücher für das 9./10. Schuljahr

1. Das neue Kursbuch Religion 9/10, hrsg. von Heinz Schmidt u. a. (Calwer Verlag Stuttgart u. M. Diesterweg Verlag Frankfurt a. M. 1988).

2. Kursbuch Religion. Neuausgabe 9/10, hrsg. von Helmut Hanisch u. a. (Calwer Verlag Stuttgart u. M. Diesterweg Verlag Frankfurt a. M. 1993).

3. Entdeckungen machen 9/10, hrsg. von Jürgen Kluge (Cornelsen Verlag Schwann-Girardet Düsseldorf 1988).

4. LebensZeichen 9/10, hrsg. von Birgit Besser-Scholz (Vandenhoeck & Ruprecht, Göttingen 1992).

Als »Schnittmengen« finden sich in den Religionsbüchern 9/10 folgende ethische Themen: »Verantwortung für die Schöpfung«, »Arbeit und Leben«, »Sexualethik«, »Nachfolgeethik«, »Sinn des Lebens«, »christliche Lebensführung (Bergpredigt)«, »Juden und Christen« sowie »Islam«.

Ethikbücher für die Schuljahre 11–13

1. Ethik. Lehr- und Arbeitsbuch für den Ethikunterricht an allgemeinbildenden und beruflichen Gymnasien 11, 12 und 13, hrsg. von W. Schwoerbel u. a. (Stam Verlag Köln/München 1995 bzw. 1994).

2. Ethik. Arbeitsbuch 11, 12 und 13, hrsg. von Hein Fäh u. a. (Konkordia Verlag Bühl 1990, 1987, 1988). Landesausgabe für Baden-Württemberg.

3. Sachwissen Ethik. Ein Begleit- und Arbeitsbuch für den Unterricht in Ethik, Werte und Normen, Philosophie, Lebensgestaltung und Religion – Sekundarstufe II, hrsg. von Jürgen Wolf u. a. (Vandenhoeck & Ruprecht Göttingen 1993).

4. Ethik 12/13. Handeln und Verantworten, Bd. I, hrsg. von Rudolf Blaier u. a. (Konkordia Verlag Bühl 1993).

Thematische »Schnittmengen« sind bei allen Büchern mit Ausnahme der Landesedition für Baden-Württemberg die »philosophische Begründung der Ethik«, »Recht und Gerechtigkeit«, »Mensch und Natur« sowie »Anthropologie«. Thematische Unterschiede sind bei den einzelnen Schulbuchausgaben dadurch bedingt, daß es im Hinblick auf das Selbstverständnis des Faches Ethik in der Sekundarstufe II verschiedene konzeptionelle Auffassungen gibt – je nachdem, ob es eher als »Ethik« oder als »Werte und Normen« oder als »Philosophie« verstanden wird. Bezeichnend dafür ist der Untertitel des 3. Buches.

Religionsbücher für die Schuljahre 11–13

1. Sachwissen Religion, hrsg. von Hans Freudenberg u. Klaus Goßmann (Vandenhoeck & Ruprecht Göttingen 1988).

2. Grundlinien Religion I und II, hrsg. von Uwe Gerber u. a. (M. Diesterweg Verlag Frankfurt a. M. 1990 und 1992).

3. Kursbuch Religion 11+, hrsg. von Ulrich Kämmerer u. a. (Calwer Verlag Stuttgart/M. Diesterweg Verlag Frankfurt a. M. 1995)

Im Zentrum dieser Editionen stehen die Themen »Nachfolgeethik«, »Sinn des Lebens«, »Werte und Normen«, »Mann und Frau«, »Schuld und Gewissen«, »Friedensethik«, »Kirche und Staat«, »Juden und Christen« sowie »Fremdreligionen«.

Lehrerhandbücher

Vereinzelt gibt es zu den genannten Religions- und Ethikbüchern Lehrerhandbücher. Eine genaue Übersicht ist zum gegenwärtigen Zeitpunkt kaum möglich, weil manche Publikationen in Vorbereitung sind, andere sich im Planungsstadium befinden. Unklar ist, wann diese Handbücher auf dem Markt sein werden.

5. Arbeitsmaterialien/Bücher zur grundlegenden Information/ Nachschlagewerke

5.1 Arbeitsmaterialien

Um das Materialangebot für die Religions- und Ethiklehrer/innen zu komplettieren, sei auf Themenhefte verwiesen, die es – was den Religionsunterricht anbelangt – in reicher Fülle gibt. Sie sind in erster Linie entweder als Zusatzmaterial zu Schulbüchern zu verstehen, oder sie können an die Stelle von Schulbüchern treten. Dadurch kann die Kongruenz der im Unterricht verwendeten Materialien mit dem jeweiligen Lehrplan leichter herbeigeführt werden als durch ein Unterrichtswerk. Als Reihen für den Religionsunterricht in der Sekundarstufe II seien erwähnt:

- *Konzepte*, hrsg. von Rüdiger Kaldewey u. a. Verlag Moritz Diesterweg und Kösel Verlag. Hierbei handelt es sich in erster Linie um systematische Textsammlungen zu unterschiedlichen Themen.
- *Oberstufe Religion*, hrsg. von Eckhart Marggraf und Eberhard Röhm. Im Gegensatz zu den Heften »Konzepte« ist diese Veröffentlichungsreihe stärker didaktisch strukturiert und enthält viele Abbildungen.

Als Reihe für den Ethikunterricht ist auf »*Kurs Ethik*« hinzuweisen, die von Uwe Gerber u. a. beim Verlag Moritz Diesterweg herausgegeben wird. Bislang liegen die Hefte »Anthropologie« und »Sexualität« vor.

5.2 Bücher zur grundlegenden Information

Um sich umfassend und vertiefend über das konzeptionelle Selbstverständnis des Faches Ethik zu informieren, eignet sich:
H. Schmidt, Didaktik des Ethikunterrichts, Bd. 1 und 2, Stuttgart u. a. 1983 und 1984.

Für den Religionsunterricht sei verwiesen auf:
K.E. Nipkow, Grundlagen der Religionspädagogik, Bd. 1- 3, Gütersloh 1975 ff. u.ö.

H. Schmidt, Religionsdidaktik, Bd. 1 und 2, Stuttgart u. a. 1984.

H. Schmidt, Leitfaden Religionspädagogik, Stuttgart u. a. 1991.

G.R. Schmidt, Religionspädagogik. Ethos, Religiosität, Glaube in Sozialisation und Erziehung, Göttingen 1993.

In zwei Werken können sich sowohl Religions- als auch Ethiklehrer Kenntnis über wichtige ethische Konzepte verschaffen:
P. Antes u. a., Ethik in nichtchristlichen Kulturen, Stuttgart u. a. 1984.

W. Bender, Ethische Urteilsbildung, Stuttgart u. a. 1988.

5.3 Nachschlagewerke

Ein Nachschlagewerk, das sich in gleicher Weise für Schülerinnen und Schüler wie für Lehrerinnen und Lehrer eignet, ist das:
Wörterbuch Ethik der Weltreligionen. Die wichtigsten Gemeinsamkeiten und Unterschiede, hrsg. von M. Klöcker/M. Tworuschka/U. Tworuschka, Gütersloh 1995.

XXIV.

Ethische Themen in Lehrplänen
Synopse der Fächer Ethikunterricht, Evangelische und Katholische Religionslehre – am Beispiel des Gymnasiums

ROBERT SCHELANDER

1. Voraussetzungen und Einschränkungen

Was ein bestimmter Lehrplan leisten kann, erfährt man erst dann, wenn man mit ihm arbeitet. Was tatsächlich unterrichtet wird, steht auf einem anderen Blatt und findet sich noch in viel zu wenigen Untersuchungen.

Die grundsätzliche Vergleichbarkeit der herangezogenen Lehrpläne ist in der folgenden Synopse vorausgesetzt. Sie gilt trotz der nachfolgend angeführten Einschränkungen.

Eine Synopse ist wie das Inhaltsverzeichnis eines Buches. Sie ersetzt nicht die Lektüre, sie gibt erste Überblicke und erlaubt einen länder-, schulstufenspezifischen und fächerübergreifenden Themenvergleich. Sie kann für eine Lehrplananalyse als Grundlage und erste Orientierung dienen. Die vorliegende Synopse kann sowohl planende Lehrerinnen und Lehrer als auch lehrplanplanende Personen zu einer Fülle von Anfragen an den eigenen Lehrplan anregen.

Für die Synopse sind einige Einschränkungen zu bedenken. Die schulgesetzlichen Bestimmungen hinsichtlich der einzelnen Fächer sind unterschiedlich.[1] Nicht in jedem Land ist der Ethikun-

---

[1] Die Fächerbezeichnung ist in den einzelnen Ländern unterschiedlich. In diesem Artikel werden einheitlich die Fächerbezeichnungen Ethikunterricht, Evangelische Religionslehre und Katholische Religionslehre verwendet. Der Zusammenhang mit den jeweiligen länderspezifischen Fächern ist jedoch deutlich. Für Brandenburg wurde die Rubrik LER (Lebensgestaltung-Ethik-Religion) verwendet und dafür die vom Ministerium für Bildung, Jugend und Sport des Landes Brandenburg veröffentlichten »Hinweise zum Unterricht im Lernbereich Lebensgestaltung-Ethik-Religion« ausgewertet. Es handelt sich dabei um keinen Lehrplan.

terricht eingeführt. Er wird nicht immer in allen Schulstufen erteilt. Auch bezüglich des Religionsunterrichtes gibt es die bekannten Ausnahmeregelungen.

Hinsichtlich der Vergleichbarkeit der Lehrpläne sind folgende Einschränkungen zu bedenken:

- Sie haben ein unterschiedliches Alter, entstammen daher unterschiedlichen religionspädagogischen Diskussionen und Rahmenbedingungen.
- Die Zuordnung zu bestimmten Themen ist nicht immer eindeutig möglich.[2] Jedes Thema ist selbst vieldeutig, und nicht immer geben Untergliederungen und nähere Ausführungen weiteren Aufschluß über eine Unterrichtseinheit.
- Die Lehrpläne verzeichnen thematische Vorgaben in unterschiedlicher Breite und Tiefe. Der tatsächliche Stellenwert eines Themas innerhalb eines Lehrplanes ist oft nur schwer auszumachen.
- Die mit dem einzelnen Thema des jeweiligen Lehrplanes verknüpften fachdidaktischen Leitvorstellungen können nicht berücksichtigt werden.
- Viele Themen der Religionsunterrichts-Lehrpäne enthalten ethische Implikationen. Nur wenn diese explizit dokumentiert sind, wurden sie auch aufgenommen.

2. Angaben zur Erstellung der Synopse und Hilfen zum Lesen

Die vorliegende Synopse listet 50 Themen in fünf Lernfeldern auf und ordnet sie den Fächern Ethikunterricht, Evangelische Religionslehre und Katholische Religionslehre des jeweiligen Landes[3] nach Schulstufen getrennt zu. Das Vorkommen eines bestimmten Themas in einem Lehrplan[4] wird an der entsprechenden Stelle

2 Manche Themenangaben sind sehr phantasievolle Kreationen. Damit wird dem Bedürfnis und Interesse der Schülerinnen und Schüler nach einer »griffigen« Formulierung Rechnung getragen. Die Klarheit bezüglich der zu unterrichtenden Inhalte geht dabei verloren. In Hessen hat man versucht, diesen Konflikt mit einer Doppelformulierung in den Griff zu bekommen (vgl. RRL, Sekundarstufe I, Katholische Religion, 1987, 40).

3 Berlin wurde, da keine gültigen Lehrpläne vorliegen, nicht mit in die Synopse aufgenommen.

4 Der Stand der Lehrpläne entspricht dem 30. September 1995. In der Religionspädagogischen Jahrbibliographie 10. Jg. 1995, Münster 1996 ist auf S. 319–357 eine Gesamtaufstellung aller hier verwendeten Lehrpläne enthalten. Dies entlastet uns von einer Auflistung an dieser Stelle, die aus Raumgründen nicht zu leisten wäre. Wir verweisen daher auf diese Liste.

der Synopse mit den Sigeln »X«, »tw« und »W« (vgl. unten) verzeichnet. Anstatt die Themen alphabetisch aufzulisten, wurden die Einzelthemen jeweils einem von fünf Lernfeldern (Persönliches Leben – Gemeinschaftliches Leben – Sinn des Lebens – Verantwortung für sich und andere – Weltdeutung, Menschenbild und Religion) zugewiesen.[5] Zum Einzelnen sei noch auf folgendes verwiesen:

- Häufig treten Themen in polaren Formulierungen (»Glück und Leid«) auf; deshalb finden sich auch diese Doppelungen im thematischen Synopsenraster wieder. Eine Übereinstimmung wird auch dann verzeichnet (»X«), wenn nur einer der beiden Begriffe im Lehrplan genannt wird.
- Auf nur vereinzelt vorkommende Themen (Heimat, Trauer, Mitleid etc.) wurde verzichtet, um das Raster nicht zu sehr aufzublähen und unübersichtlich werden zu lassen.
- Überhaupt wurde versucht, die Zahl möglicher Themen zu begrenzen und bestimmte Themenformulierungen in die am ehesten passende Rubrik einzuordnen. Ich habe versucht, das schwierige Problem der unterschiedlichen Differenzierungstiefe (die Zahl der angegebenen Themen pro Jahrgang schwankt außerordentlich) mit einer anderen Gewichtung des Vorkommens zu lösen. Kommt ein Thema nur in einem zeitlich oder thematisch eingeschränkten Ausmaß vor, so wird dies mit »tw« (teilweise) verzeichnet.
- Manche Lehrpläne, zumal in den höheren Jahrgangsstufen, sehen von verbindlichen Themenvorgaben ab. Werden keinerlei auswertbare Themenvorgaben gemacht, so bleibt die entsprechende Jahrgangsstufe unberücksichtigt. Werden einzelne Themenvorschläge gemacht oder zur Wahl gestellt, so werden diese mit »W« (Wahlmöglichkeit) gekennzeichnet. Dabei wird zwischen einer Wahlpflicht – z.B. zwischen zwei Themen – und einer thematischen Auflistung möglicher Themen nicht unterschieden.[6]

5 Der thematische Gesamtumfang, der von der Synopse erfaßt wird, und die Abgrenzung der jeweiligen Lernfelder lassen sich salopp so formulieren (= Gegenstand dieser Fächerverbindung!): Der Mensch, der über sein eigenes Leben nachdenkt (I), erkennt, daß er ein soziales Wesen ist (II), das sich in vielfältigen biographischen und gesellschaftlichen Herausforderungen (IV) bewähren muß. Die dabei sich einstellende Frage nach dem Sinn des (seines) Lebens (III) versucht er in Auseinandersetzung mit vorgegebenen religiösen und weltanschaulichen Traditionen (V) zu bearbeiten.

6 Im Einzelfall können sehr viele Themen zur Wahl stehen, was die Gewichtung des Vorkommens natürlich relativiert.

– Hinweise, insbesondere zu Einschränkungen des jeweiligen Geltungsbereichs (wenn z. B. für bestimmte Jahrgangsstufen dieses Fach nicht eingerichtet ist oder kein Lehrplan hierzu veröffentlicht ist), werden jeweils am Beginn des ersten Blattes des jeweiligen Bundeslandes in einer Fußnote geboten.

Diese Synopse ist ein Kompromiß zwischen einer notwendigen Reduzierung (von Daten) um der Vergleichbarkeit willen und einer dennoch zu belassenden Differenziertheit, um einer Nivellierung zu begegnen. Ich hoffe, diese Balance ist mir geglückt.

3. Synoptische Übersicht der Themen

Siehe die Seiten 428–442.

		Lernfeld I: Persönliches Leben												
		BW[1]			Bayern			BB[2]		B[3]	HH[4]		HE[5]	
Themen	Kl.	E	EV	K	E	EV	K	LER	EV	BG	E	EV	EV	K
1 Der Mensch: Würde und Rechte, Personalität	5/6				X									
	7/8				tw				W					
	9/10			X							X			
	11–13		X	X	tw	X								X
2 Lebensweg und Lebensgestaltung	5/6					X								
	7/8				X	X							W	
	9/10	X	W		W				W	W				W
	11–13													
3 Ich, Identität	5/6												W	
	7/8	X			tw		X	W						
	9/10	tw				X	X	W	W					
	11–13					X	X							
4 Erziehung, Schule	5/6		W								X		W	
	7/8			X	tw	X		W	W					
	9/10	tw											W	W
	11–13		W											
5 Wahrhaftigkeit, Lüge	5/6		2									X	W	
	7/8								W	X				
	9/10					tw								W
	11–13		2											
6 Aggression und Gewalt	5/6												W	
	7/8								W	X				
	9/10								W	X				
	11–13	X	W											
7 Schuld, Strafe, Vergebung	5/6				tw									X
	7/8													
	9/10		W					X	W	W			W	
	11–13													
8 Arbeit, Beruf, Leistung	5/6													
	7/8													
	9/10	X			X	X			W	X	X		W	W
	11–13			W			X							
9 Freizeit	5/6				tw									
	7/8				tw	tw								
	9/10									W				
	11–13			W										
10 Konsum, Medien	5/6		W		tw									
	7/8													
	9/10	W												
	11–13		W			W								
11 Drogen, Sucht	5/6													
	7/8							W	W	X			W	W
	9/10													
	11–13													

Themen	Kl.	Lernfeld II: Gemeinschaftliches Leben												
		BW[1]			Bayern			BB[2]		B[3]	HH[4]		HE[5]	
		E	EV	K	E	EV	K	LER	EV	BG	E	EV	EV	K
12 Werte und Normen, Dekalog	5/6		W		tw		tw							
	7/8						X	X	W					W
	9/10	X			X	X			W				W	
	11–13		W				X							
13 Moralisch urteilen, Gewissen	5/6				X					X				
	7/8		W		X									
	9/10	X		X	X	tw	X	W						X
	11–13					X	X							
14 Verantwortlich handeln	5/6				tw									
	7/8				X			W	W					
	9/10	X			X			W	W					
	11–13				X									
15 Zusammenleben mit anderen	5/6		W	X	X	X							X	
	7/8	tw			X			W	W				W	
	9/10							W						
	11–13	X	W											
16 Politische und gesellschaftliche Verantwortung	5/6						tw							
	7/8													
	9/10						X		W					X
	11–13					tw	X	X						
17 Konflikte, Versöhnung	5/6													
	7/8					X		W	W			X		
	9/10	X						W						
	11–13													
18 Autorität	5/6											X		
	7/8				X		X							W
	9/10						X	W						
	11–13													
19 Vorurteile, das Fremde, Nationalismus	5/6		W			X								W
	7/8	tw	W											
	9/10		W					W	W	X				
	11–13	W	W											

X … Synopsenthema erscheint im Lehrplan
tw … Synopsenthema teilw. im Lehrplan
W … Synopsenthema ist im Lehrplan wählbar (Wahlthema)
Kl. … Klasse   EV … Evangelische Religion
E … Ethik   K … Katholische Religion

BW … Baden-Württemberg
BB … Brandenburg
B … Bremen
HH … Hamburg
HE … Hessen

1 Das Fach Ethik ist in Baden-Württemberg erst ab Klasse 8 eingerichtet.

2 Das Fach Lebensgestaltung-Ethik-Religion ist in Brandenburg für die Klassen 7/8 und 9/10 der Sekundarstufe I eingerichtet. Für das Fach Evangelische Religion wurden die Angaben für die Differenzierungsphase herangezogen.

3 Für das Fach Biblische Geschichte bzw. Religion (evangelisch) wird hier das Sigel »BG« verwendet. Die Rahmenrichtlinien und Kursleisten für die gymnasiale Oberstufe enthalten keine auswertbaren thematischen Vorgaben.

Themen	Kl.	BW E	BW EV	BW K	Bayern E	Bayern EV	Bayern K	BB LER	BB EV	B BG	HH E	HH EV	HE EV	HE K
Lernfeld III: Sinn des Lebens														
20 Sinn des Lebens	5/6													
	7/8							W	W					
	9/10				X			W	W	X			X	W
	11–13		W	W			X							X
21 Wünsche, Hoffnung, Enttäuschung	5/6													
	7/8				X			W	W				W	W
	9/10	W	tw				X							
	11–13													W
22 Angst und Geborgenheit	5/6													X
	7/8				X			W		X				
	9/10		tw											
	11–13													
23 Grenz-situationen	5/6													
	7/8													
	9/10					tw		W						
	11–13						X							
24 Glück, Leid	5/6		W		X					X				
	7/8								W	X				
	9/10		X	tw				W					W	X
	11–13		W		X									
25 Freiheit und Abhängigkeit	5/6						tw							
	7/8								W					X
	9/10	tw	W					W						
	11–13	W			X									
26 Leben und Tod, Sterben	5/6													
	7/8							W	W					
	9/10	X	tw		X	X		W	W	X			X	W
	11–13													
27 Idole – Vorbilder	5/6													
	7/8	tw			X		X	W	W	X				W
	9/10							W						
	11–13													

4 Für das Fach Religion (evangelisch) wurden nur die Angaben zu den Klassen 5/6 ausgewertet, da das Fach in den übrigen Klassen nicht eingerichtet ist bzw. keine Themenvorgaben gemacht werden. Das Fach Ethik ist nur für die Klassen 9/10 eingerichtet.

5 Das Fach Ethik wurde, da keine auswertbaren Themenangaben gemacht werden, nicht mit aufgenommen. Im Fach Evangelische Religion der gymnasialen Oberstufe finden sich ebenfalls keine auswertbaren thematischen Vorgaben.

Themen	Kl.	BW			Bayern			BB		B	HH		HE	
		E	EV	K	E	EV	K	LER	EV	BG	E	EV	EV	K
28 Gesundheit, Krankheit	5/6													
	7/8		W		tw			W	W					W
	9/10													
	11–13													
29 Familie Partnerschaft	5/6		W		tw									
	7/8					X			W	X				
	9/10	X	W	X	X			W		X				
	11–13					W	X							
30 Freundschaft, Liebe, Sexualität	5/6		W										W	W
	7/8		W					W	W	X				
	9/10	X		X	X		tw		W	X			W	X
	11–13				tw									
31 Frau – Mann, Geschlechterrollen	5/6													
	7/8						tw							
	9/10				X			W	W	X				
	11–13		W											
32 Krieg und Frieden	5/6													
	7/8				tw								W	X
	9/10		X					W	W	X	X			
	11–13		W		tw	X								W
33 Recht und Unrecht, Gerechtigkeit	5/6											X	W	X
	7/8		X					W	W					
	9/10		X					W	W					
	11–13	X	X	X	X	X								W
34 Hilfsbedürftige Menschen	5/6			X		X				X	X		X	W
	7/8		W		X	X			W			X	X	
	9/10	tw								X				X
	11–13													W
35 Arm und Reich, Not und Unrecht in der (Dritten) Welt	5/6									X	X			W
	7/8		W		X								X	
	9/10	X						W		X				
	11–13			X										
36 Verantwortung für die Umwelt	5/6		W	X	tw	X							X	X
	7/8		X		tw	X	X	W	W				X	
	9/10		W		tw	W			W	X	X			
	11–13	X	W		tw	W								W
37 Technik, Wissenschaft, Wirtschaft	5/6				tw									
	7/8				tw									
	9/10				X				W					
	11–13	X	X	X	tw	W	X							
38 Zukunft	5/6													
	7/8													
	9/10			X					W				X	X
	11–13						X							

| Themen | Kl. | BW | | | Bayern | | | BB | | | B | HH | HE | |
		E	EV	K	E	EV	K	LER	EV	BG	E	EV	EV	K
39 Weltentstehungsvorstellungen	5/6	W		X	X									X	
	7/8				X		X		W						W
	9/10									X					
	11–13														
40 Gottesvorstellungen, Religionskritik	5/6				X										X
	7/8			X				W	W					X	X
	9/10				X			W	W	X				W	W
	11–13	X	X	X	X	X									
41 Weltbilder, Menschenbilder	5/6				X										
	7/8				X										
	9/10		W												
	11–13	2		X	X		X								
42 Feste und Feiern	5/6	W	W	X	X	X						X	W		
	7/8					X		W	W						
	9/10														
	11–13														
43 Weltreligionen	5/6														W
	7/8					X		W	W						
	9/10				X			tw	W						
	11–13			tw	X										
44 Christentum	5/6														
	7/8														
	9/10	X													
	11–13				tw										
45 Judentum	5/6				X								X	W	W
	7/8		W	W					X					X	
	9/10	X			X	X		W	X						X
	11–13		W				tw								
46 Islam	5/6								X				X		
	7/8	X	X	X			tw	W	X					X	X
	9/10					X									
	11–13						tw								
47 Östliche Religionen	5/6														
	7/8						tw								
	9/10		W		X				W	X			W	W	
	11–13	X					tw								
48 Sekten, Esoterik	5/6														
	7/8						tw	W	W	X			W	W	
	9/10		W			tw	tw		W	X					
	11–13		W												
49 Nichtreligiöse Weltanschauungen	5/6														
	7/8							W							
	9/10							W	W						
	11–13														
50 Philosophische Ethik: Geschichte, Konzepte und Personen	5/6														
	7/8					X									
	9/10							W							
	11–13	X			X	X									

| | | Lernfeld I: Persönliches Leben | | | | | | | | | | | | |
| | | MV[6] | | NI | | | NW | | RP | | | Saar[7] | | |
Themen	Kl.	EV	K	E	EV	K	EV	K	E	EV	K	E	EV	K
1 Der Mensch: Würde und Rechte, Personalität	5/6						W							
	7/8													
	9/10		X	X				X				X		X
	11–13			X	X	X		X	X	X				
2 Lebensweg und Lebensgestaltung	5/6								X					
	7/8	X			X			X						
	9/10													
	11–13													
3 Ich, Identität	5/6													X
	7/8			X		X	X			X	W			
	9/10						X		X					X
	11–13			X	X									
4 Erziehung, Schule	5/6			X			W							
	7/8									X				X
	9/10													
	11–13			X			X							
5 Wahrhaftigkeit, Lüge	5/6				W								X	
	7/8													
	9/10			X		W				W				
	11–13													
6 Aggression und Gewalt	5/6													
	7/8													
	9/10												X	
	11–13							W						
7 Schuld, Strafe, Vergebung	5–6													
	7/8	X		X				X		X				X
	9/10				X							W	X	
	11–13				X						W			
8 Arbeit, Beruf, Leistung	5/6	X					W							
	7/8													
	9/10	X			X	X			X	W				
	11–13			14						W				X
9 Freizeit	5/6													
	7/6			tw										
	9/10				X	X			X	W				
	11–13													X
10 Konsum, Medien	5/6													
	7/8													
	9/10													
	11–13													
11 Drogen, Sucht	5/6													
	7/8												X	
	9/10													
	11–13													

Lernfeld II: Gemeinschaftliches Leben														
		MV[6]		NI			NW		RP			Saar[7]		
Themen	Kl.	EV	K	E	EV	K	EV	K	E	EV	K	E	EV	K
12 Werte und Normen, Dekalog	5/6			X										
	7/8				X					X				
	9/10				X				X			X	X	
	11–13				X	X	X	X		X	W			
13 Moralisch urteilen, Gewissen	5/6													
	7/8	X								X			X	
	9/10			X	X			X				X		X
	11–13			X	X				X	X	W			
14 Verantwortlich handeln	5/6													
	7/8													X
	9/10									X	X			
	11–13			X					X					
15 Zusammenleben mit anderen	5/6	X	X	X	X		X		X	X				X
	7/8	X			X									X
	9/10			X					X	X	W			
	11–13													
16 Politische und gesellschaftliche Verantwortung	5/6													
	7/8													
	9/10						W	X		X		W	X	
	11–13				X		X			X	X			
17 Konflikte, Versöhnung	5/6			X										
	7/8													
	9/10									W				
	11–13								X					
18 Autorität	5/6													X
	7/8				X									
	9/10									W				
	11–13								W					
19 Vorurteile, das Fremde, Nationalismus	5/6													
	7/8									X			tw	
	9/10													
	11–13			X						W				

X   ... Synopsenthema erscheint im Lehrplan
tw ... Synopsenthema teilw. im Lehrplan
W   ... Synopsenthema ist im Lehrplan wählbar (Wahlthema)
Kl. ... Klasse   EV ... Evangelische Religion
E   ... Ethik   K ... Katholische Religion

MV ... Mecklenburg-Vorpommern
RP ... Rheinland-Pfalz
NI ... Niedersachsen
Saar ... Saarland
NW ... Nordrhein-Westfalen

6 Es liegen Lehrpläne für das Fach Evangelischer Religionsunterricht für die Klassen 5 bis 8 und für das Fach Katholischer Religionsunterricht für die Klassen 5 bis 10 vor.

7 Das Fach Allgemeine Ethik wird in den Klassen 9 und 10 unterrichtet. Die Lehrpläne in den Fächern Evangelische Religionslehre und Katholische Religionslehre für die gymnasiale Oberstufe waren mir nicht zugänglich.

434

Lernfeld III: Sinn des Lebens

Themen	Kl.	MV[6]		NI			NW		RP			Saar[7]		
		EV	K	E	EV	K	EV	K	E	EV	K	E	EV	K
20 Sinn des Lebens	5/6													tw
	7/8													
	9/10	X									X			
	11–13			X		X	X		X		W			
21 Wünsche, Hoffnung, Enttäuschung	5/6								tw					
	7/8					W							tw	
	9/10													X
	11–13										W			
22 Angst und Geborgenheit	5/6	X			W	X							X	
	7/8						W			X				tw
	9/10											W		
	11–13													
23 Grenzsituationen	5/6													
	7/8			X						X	W			X
	9/10							X						
	11–13													
24 Glück, Leid	5/6			X					X					
	7/8													
	9/10		X	X		X	W				W		W	X
	11–13			X							W			
25 Freiheit und Abhängigkeit	5/6													
	7/8													
	9/10		X						X		X			
	11–13			X	X				X					
26 Leben und Tod, Sterben	5/6	X												
	7/8													
	9/10		X	X	X	X			X		X	W	X	X
	11–13										W			
27 Idole – Vorbilder	5/6		X				X		tw				X	
	7/8	X			X						X			X
	9/10													
	11–13													

X   ... Synopsenthema erscheint im Lehrplan
tw   ... Synopsenthema teilw. im Lehrplan
W   ... Synopsenthema ist im Lehrplan wählbar (Wahlthema)
Kl. ... Klasse   EV ... Evangelische Religion
E   ... Ethik   K ... Katholische Religion

MV   ... Mecklenburg-Vorpommern
RP   ... Rheinland-Pfalz
NI   ... Niedersachsen
Saar ... Saarland
NW   ... Nordrhein-Westfalen

		Lernfeld IV: Verantwortung für sich und andere												
		MV[6]		NI			NRW		RP			Saar[7]		
Themen	Kl.	EV	K	E	EV	K	EV	K	E	EV	K	E	EV	K
28 Gesundheit, Krankheit	5/6													
	7/8													
	9/10											W		
	11–13													
29 Familie, Partnerschaft	5/6	X							tw		W			
	7/8			X									X	
	9/10							X			W			
	11–13													
30 Freundschaft, Liebe, Sexualität	5/6				W	W			tw	X				
	7/8	X								X	X			X
	9/10			X	X	X	W			X	X	W	X	
	11–13						X							
31 Frau – Mann Geschlechterrollen	5/6													
	7/8													
	9/10	X												
	11–13													
32 Krieg und Frieden	5/6			X										
	7/8													
	9/10	X		X	X	W				X	W	W		X
	11–13			X					W	X	W			
33 Recht und Unrecht, Gerechtigkeit	5/6												X	
	7/8	X												
	9/10		X											
	11–13			X										
34 Hilfsbedürftige Menschen	5/6			X			W	W		X	X			X
	7/8			X				X		X	W		tw	
	9/10						X			X	X	W	tw	
	11–13													
35 Arm und Reich, Not und Unrecht in der (dritten) Welt	5/6													
	7/8				W					W				
	9/10			X			X							
	11–13			X										
36 Verantwortung für die Umwelt	5/6	X			X	X	X			X				X
	7/8			X	X		W			X			X	
	9/10							X		X		W		
	11–13						X							
37 Technik, Wissenschaft, Wirtschaft	5/6													
	7/8													
	9/10						W							
	11–13			X			X		X	X				
38 Zukunft	5/6								tw					
	7/8													
	9/10				W				X			X	W	
	11–13				X		X	X		W				

		MV[6]		NI			NRW		RP			Saar[7]		
Themen	Kl.	EV	K	E	EV	K	EV	K	E	EV	K	E	EV	K
39 Weltentstehungsvorstellungen	5/6			X	X	X	X							
	7/8		X		X					X	X	X		
	9/10					X	X							
	11–13							X						
40 Gottesvorstellungen, Religionskritik	5/6			X								W	X	
	7/8	X	X		X									
	9/10					X		X		X		X	X	
	11–13					X	X	X	X	X	X		W	
41 Weltbilder, Menschenbilder	5/6													
	7/8													
	9/10				X									
	11–13									X	W			
42 Feste und Feiern	5/6	X	X	X		X	W	X	tw		W			tw
	7/8													
	9/10								tw		W			
	11–13													
43 Weltreligionen	5/6				X									
	7/8						X		X		W			
	9/10			X	X									
	11–13			X	X					X	W			
44 Christentum	5/6				X									
	7/8				X									
	9/10													
	11–13													
45 Judentum	5/6	X	X											
	7/8			X				X					X	
	9/10		X		X	X	W			X				
	11–13									X				
46 Islam	5/6						X							
	7/8	X		X	X	X				X			X	
	9/10						W							
	11–13													
47 Östliche Religionen	5/6													
	7/8													
	9/10						W		X	X	W		X	
	11–13													
48 Sekten, Esoterik	5/6													
	7/8						W	X						
	9/10				X		W			X	W		X	
	11–13			X										
49 Nichtreligiöse Weltanschauungen	5/6													
	7/8													
	9/10				X			X						
	11–13				X		X		X					
50 Philosophische Ethik: Geschichte, Konzepte und Personen	5/6													
	7/8													
	9/10													
	11–13				X					X				

Lernfeld I: Persönliches Leben

Themen	Kl.	SN E	SN EV	SN K	ST[8] E	ST[8] EV	SH[9] EV	SH[9] K	TH E	TH EV	TH K
1 Der Mensch: Würde und Rechte, Personalität	5/6										
	7/8										
	9/10										
	11–13			X	X	X		X			X
2 Lebensweg und Lebensgestaltung	5/6	X							X		
	7/8										
	9/10	X			X				X		
	11–13				X						
3 Ich, Identität	5/6				X		X	X		X	X
	7/8	X			X	W	W	W		X	X
	9/10		W	X				W			
	11–13				X					X	
4 Erziehung, Schule	5/6				X		tw				
	7/8		X						X		
	9/10				X						
	11–13										
5 Wahrhaftigkeit, Lüge	5/6	W									
	7/8							W			
	9/10				X			W			X
	11–13										
6 Aggression und Gewalt	5/6						tw		X		
	7/8									X	
	9/10								X		
	11–13										
7 Schuld, Strafe, Vergebung	5/6						tw				
	7/8							W			
	9/10			X	X			W			
	11–13				X		W				
8 Arbeit, Beruf, Leistung	5/6										
	7/8										
	9/10	X					W		X	X	X
	11–13						W	W			
9 Freizeit	5/6										
	7/8										
	9/10	X							X		X
10 Konsum, Medien	5/6						W				
	7/8										
	9/10						W				
	11–13						W				
11 Drogen, Sucht	5/6										
	7/8										
	9/10										
	11–13						W				

		Lernfeld II: Gemeinschaftliches Leben									
		SN			ST[8]		SH[9]		TH		
Themen	Kl.	E	EV	K	E	EV	EV	K	E	EV	K
12 Werte und Normen, Dekalog	5/6		W			X		X			
	7/8					X		W			
	9/10							W	X		
	11–13	X	X		X	X		X			
13 Moralisch urteilen, Gewissen	5/6				X						
	7/8						W	X			
	9/10	X	W	X			W	X			
	11–13	X			X	X	X				
14 Verantwortlich handeln	5/6	X			X					X	
	7/8	X			X		W				
	9/10	X									
	11–13										
15 Zusammenleben mit anderen	5/6	X	W		X	X	X	tw	X	X	X
	7/8									X	X
	9/10										
	11–13									X	
16 Politische und gesellschaftliche Verantwortung	5/6										
	7/8										
	9/10		W	X						X	X
	11–13		X	X				W		X	
17 Konflikte, Versöhnung	5/6					W	tw				
	7/8	X			X		W		X		
	9/10										
	11–13										
18 Autorität	5/6										
	7/8					X					
	9/10										
	11–13										
19 Vorurteile, das Fremde, Nationalismus	5/6		W		X				X		
	7/8										
	9/10		W		X						
	11–13										

X ... Synopsenthema erscheint im Lehrplan   SN ... Sachsen
tw ... Synopsenthema teilw. im Lehrplan   ST ... Sachsen-Anhalt
W ... Synopsenthema ist im Lehrplan wählbar   SH ... Schleswig-Holstein
     (Wahlthema)   TH ... Thüringen
Kl. ... Klasse   EV ... Evangelische Religion
E ... Ethik   K ... Katholische Religion

8 Für Sachsen-Anhalt ist der Lehrplan Evangelischer Religionsunterricht für das Gymnasium nicht veröffentlicht. Die Jahrgangsstufe 10 bildet die Einführungsstufe zur Sekundarstufe II, deshalb sind in der Synopse unter der Rubrik 9/10 nur die Themen der Jahrgangsstufe 9 verzeichnet, jene der Jahrgangsstufe 10 unter 11–13.

Themen	Kl.	SN E	SN EV	SN K	ST[8] E	ST[8] EV	SH[9] EV	SH[9] K	TH E	TH EV	TH K
20 Sinn des Lebens	5/6						X				
	7/8				X			W			
	9/10	X	W					W	X	X	X
	11–13				W						
21 Wünsche, Hoffnung Enttäuschung	5/6										
	7/8	X							X		
	9/10			tw							
	11–13										
22 Angst und Geborgenheit	5/6						W	tw			
	7/8										
	9/10										
	11–13									X	
23 Grenz-situationen	5/6										
	7/8										
	9/10										
	11–13									X	
24 Glück, Leid	5/6				X				X		
	7/8					W					
	9/10	X		tw					X	X	
	11–13				W						X
25 Freiheit und Abhängigkeit	5/6		X								
	7/8					X					
	9/10				X	W					
	11–13	X							W	X	
26 Leben und Tod, Sterben	5/6					W					
	7/8				X						
	9/10		X	X	X					X	
	11–13					W					X
27 Idole – Vorbilder	5/6										
	7/8				X	W		W			X
	9/10							W			
	11–13					X				X	

(Überschrift der Tabelle: **Lernfeld III: Sinn des Lebens**)

9 Der Lehrplan Evangelische Religion in Schleswig-Holstein verzeichnet nur die Klassen 7/8 der Sekundarstufe I und verzichtet auf thematische Vorgaben zur Sekundarstufe II. Der Lehrplan Katholische Religion der Klassenstufen 7–10 verzichtet auf eine Zuordnung der Themen zu den einzelnen Jahrgangsstufen. In der Synopse wird daher das Vorkommen eines ethischen Themas sowohl unter 7/8 als auch unter 9/10 (jedoch mit »W«) verzeichnet.

Lernfeld IV: Verantwortung für sich und andere

Themen	Kl.	SN			ST[8]		SH[9]		TH		
		E	EV	K	E	EV	EV	K	E	EV	K
28 Gesundheit, Krankheit	5/6										
	7/8				X						
	9/10										
	11–13							W			
29 Familie, Partnerschaft	5/6									X	
	7/8										
	9/10	X		X					X		X
	11–13							W			
30 Freundschaft, Liebe, Sexualität	5/6						X	tw			
	7/8				X			W	X		X
	9/10	X	W		X			W		X	
	11–13										
31 Frau – Mann, Geschlechterrollen	5/6										
	7/8										
	9/10										
	11–13										
32 Krieg und Frieden	5/6										
	7/8							W			
	9/10		W					W	X	X	tw
	11–13					W					
33 Recht und Unrecht, Gerechtigkeit	5/6										
	7/8										
	9/10										tw
	11–13	X		X	X			W	W		
34 Hilfsbedürftige Menschen	5/6	X			tw		tw		X	X	
	7/8	X	X					W	X	X	
	9/10				X			W	X		
	11–13			X						X	
35 Arm und Reich, Not und Unrecht in der (Dritten) Welt	5/6						X				X
	7/8	X								X	
	9/10				X						
	11–13			X							
36 Verantwortung für die Umwelt	5/6	X	X		tw				X		
	7/8				X				X		
	9/10	X	X	X	X						tw
	11–13				X				W	X	
37 Technik, Wissenschaft, Wirtschaft	5/6										
	7/8										
	9/10	X									
	11–13				X			W	W		X
38 Zukunft	5/6				X						
	7/8						W	W			
	9/10							W			
	11–13				X			X		X	X

Themen	Kl.	SN			ST[8]		SH[9]		TH		
		E	EV	K	E	EV	EV	K	E	EV	K
39 Weltentstehungs-vorstellungen	5/6		X						X		
	7/8							W			X
	9/10		X					W			
	11–13										
40 Gottesvorstellungen, Religionskritik	5/6		X					X	X		X
	7/8	X	X				W	W			
	9/10		X					W			X
	11–13	X	X	X		X		X	W	X	X
41 Weltbilder, Menschenbilder	5/6										
	7/8				X						
	9/10										X
	11–13		X	X		X		X			
42 Feste und Feiern	5/6	X	W		X	X			X	X	X
	7/8										
	9/10		W								
	11–13										
43 Weltreligionen	5/6	X			tw						X
	7/8						W	W			
	9/10				X	X		W	X		X
	11–13										
44 Christentum	5/6								X		
	7/8								X		
	9/10										
	11–13										
45 Judentum	5/6				X				X		
	7/8							W	X		X
	9/10		X	X				W			
	11–13										
46 Islam	5/6								X		
	7/8	X	X			X			X		
	9/10		W								
	11–13										
47 Östliche Religionen	5/6										
	7/8	X									
	9/10								X		
	11–13										tw
48 Sekten, Esoterik	5/6										
	7/8	X	X			W				X	X
	9/10			tw					X	X	
	11–13										
49 nichtreligiöse Weltanschauungen	5/6										
	7/8										
	9/10										tw
	11–13										X
50 Philosophische Ethik: Geschichte, Konzepte und Personen	5/6										
	7/8										
	9/10										
	11–13	X	X	X	X	X		X			

XXV.
Anhang

1. Abkürzungsverzeichnis

1.1 Biblische Bücher (nach den Loccumer Richtlinien)

Altes Testament

Gen	Genesis (1 Mose = Das 1. Buch Mose)[1]
Ex	Exodus (2 Mose = Das 2. Buch Mose)
Lev	Levitikus (3 Mose = Das 3. Buch Mose)
Num	Numeri (4 Mose = Das 4. Buch Mose)
Dtn	Deuteronomium (5 Mose = Das 5. Buch Mose)
Jos	Das Buch Josua
Ri	Das Buch der Richter
Rut	Das Buch Rut
1 Sam	Das 1. Buch Samuel
2 Sam	Das 2. Buch Samuel
1 Kön	Das 1. Buch der Könige
2 Kön	Das 2. Buch der Könige
1 Chr	Das 1. Buch der Chronik
2 Chr	Das 2. Buch der Chronik
Esra	Das Buch Esra
Neh	Das Buch Nehemia
Tob	Das Buch Tobit (= Das Buch Tobias) [griechisch]
Jdt	Das Buch Judit [griechisch]
Est	Das Buch Ester [mit griechischen Zusätzen]
1 Makk	Das 1. Buch der Makkabäer [griechisch]
2 Makk	Das 2. Buch der Makkabäer [griechisch]
Ijob	Das Buch Ijob (Hiob = Das Buch Hiob)
Ps	Die Psalmen
Spr	Das Buch der Sprichwörter (= Die Sprüche Salomos)
Koh	Das Buch Kohelet (Pred = Der Prediger Salomo)
Hld	Das Hohelied (= Das Hohelied Salomos)
Weish	Das Buch der Weisheit (= Die Weisheit Salomos) [griechisch]

[1] In der Tradition der Lutherbibel werden die in runden Klammern angegebenen Bezeichnungen und Abkürzungen gebraucht.

Sir	Das Buch Jesus Sirach [griechisch]	2 Kor	Der 2. Brief an die Korinther
Jes	Das Buch Jesaja	Gal	Der Brief an die Galater
Jer	Das Buch Jeremia		
Klgl	Die Klagelieder des Jeremia	Eph	Der Brief an die Epheser
Bar	Das Buch Baruch [griechisch]	Phil	Der Brief an die Philipper
Ez	Das Buch Ezechiel (Hes = Das Buch Hesekiel)	Kol	Der Brief an die Kolosser
Dan	Das Buch Daniel [mit griechischen Zusätzen]	1 Thess	Der 1. Brief an die Thessalonicher
		2 Thess	Der 2. Brief an die Thessalonicher
Hos	Das Buch Hosea	1 Tim	Der 1. Brief an Timotheus
Joël	Das Buch Joël		
Am	Das Buch Amos	2 Tim	Der 2. Brief an Timotheus
Obd	Das Buch Obadja		
Jona	Das Buch Jona	Tit	Der Brief an Titus
Mi	Das Buch Micha	Phlm	Der Brief an Philemon
Nah	Das Buch Nahum	Hebr	Der Brief an die Hebräer
Hab	Das Buch Habakuk		
Zef	Das Buch Zefanja	Jak	Der Brief des Jakobus
Hag	Das Buch Haggai	1 Petr	Der 1. Brief des Petrus
Sach	Das Buch Sacharja	2 Petr	Der 2. Brief des Petrus
Mal	Das Buch Maleachi	1 Joh	Der 1. Brief des Johannes
		2 Joh	Der 2. Brief des Johannes
Neues Testament		3 Joh	Der 3. Brief des Johannes
Mt	Das Evangelium nach Matt(h)äus	Jud	Der Brief des Judas
Mk	Das Evangelium nach Markus	Offb	Die Offenbarung des Johannes
Lk	Das Evangelium nach Lukas		
Joh	Das Evangelium nach Johannes		
Apg	Die Apostelgeschichte		
Röm	Der Brief an die Römer		
1 Kor	Der 1. Brief an die Korinther		

BRU	(= Berufsschulreligionsunterricht). Magazin für die Arbeit mit Berufsschülern
BVerfGE	Entscheidungen des Bundesverfassungsgerichts
ChL	Die Christenlehre, Berlin 1947ff.
CpB	Christlich-pädagogische Blätter. Zeitschrift für den Katechetischen Dienst, Wien 1887ff.
EKL	Evangelisches Kirchenlexikon. Internationale Theologische Enzyklopädie, 4 Bde. u. Registerband, Göttingen ³1986ff.
es	edition suhrkamp
ESL	Evangelisches Soziallexikon, Stuttgart ⁷1980
EStL	Evangelisches Staatslexikon, Stuttgart ³1987
EuU	Ethik und Unterricht, Tübingen, jetzt: Frankfurt
EvErz	Der Evangelische Erzieher, Frankfurt a.M. 1948ff.
EvTh	Evangelische Theologie, München, jetzt: Gütersloh 1934ff.
GTA	Göttinger Theologische Arbeiten
GTB	Gütersloher Taschenbücher
JK	Junge Kirche
JRP	Jahrbuch der Religionspädagogik, Neukirchen-Vluyn 1984ff.
KatBl	Katechetische Blätter, München 1875ff.
KESH	Korrespondenzblatt Evangelischer Schulen und Heime, Bielefeld 1959ff.
KSL	Katholisches Soziallexikon, Graz ²1980
KuD	Kerygma und Dogma, Göttingen 1955ff.
LM	Lutherische Monatshefte
LThK	Lexikon für Theologie und Kirche, Freiburg/Br. ³1993ff.
MThZ	Münchener Theologische Zeitschrift
NJW	Neue Juristische Wochenschrift
NTD	Das Neue Testament Deutsch, Göttingen
PF	Pädagogische Forschungen, Heidelberg 1957ff.
PhJ	Philosophisches Jahrbuch
RGG³	Die Religion in Geschichte und Gegenwart., 6 Bde. u. Registerbd., Tübingen ³1956–1965
RPP	Religionspädagogische Praxis, Stuttgart/München 1971ff.
rhs	Religionsunterricht an höheren Schulen
RUB	Reclams Universalbibliothek
SdZ	Stimmen der Zeit
SPE	Studies in Philosophy and Education, New Brunswick 1960ff.
StL	Staatslexikon, Freiburg ⁷1985ff.
stw	suhrkamp taschenbuch wissenschaft

ThB	Theologische Bücherei, München, jetzt: Gütersloh
TRE	Theologische Realenzyklopädie, Berlin/New York 1976ff.
TThS	Tübinger Theologische Studien
UTB	Uni-Taschenbücher
WA	M. Luthers Werke: Weimarer Ausgabe 1883ff.
ZEE	Zeitschrift für Evangelische Ethik, Gütersloh 1947ff.
ZfB	Zeitschrift für Bildungsverwaltung
ZP	Zeitschrift für Pädagogik, Weinheim 1955ff.
ZThK	Zeitschrift für Theologie und Kirche, Tübingen 1903ff.

1.3 Sonstiges

BGB	Bürgerliches Gesetzbuch
DIFF	Deutsches Institut für Fernstudien an der Universität Tübingen
EKD	Evangelische Kirche in Deutschland
GG	Grundgesetz der Bundesrepubllik Deutschland
HIBS	Hessisches Institut für Bildungsplanung und Schulentwicklung, Wiesbaden
ISREV	International Seminar on Religious Education and Values
NCC	National Curriculum Council/England
RE	Religious Education
RPI	Religionspädagogisches Institut
RRL	Rahmenrichtlinien

Haag, Karl Friedrich – Studiendirektor, Leiter der Gymnasialpäd-
agogischen Materialstelle der Evangelisch-Lutherischen Kirche in Bayern,
Marquardsenstr. 2, 91054 Erlangen.
Schriftleiter und Verfasser verschiedener Beiträge und Themenhefte der
»ARBEITSHILFE für den evangelischen Religionsunterricht an Gym-
nansien«.
Nachdenklich handeln. Bausteine für eine christliche Ethik (Studienbuch
Religionsunterricht Sekundarstufe II), Göttingen 1996.

Hanisch, Dr. Helmut – Professor für Religionspädagogik an der Theologi-
schen Fakultät der Universität Leipzig,
Emil-Fuchs-Str. 1, 04105 Leipzig.
Verfasser und Herausgeber von Unterrichtswerken, Schulbüchern und
Lehrerhandbüchern; Empirische Untersuchungen zur Entwicklung des
Gottesbildes und zur Akzeptanz des Religionsunterrichts bei Schülerinnen
und Schülern in den Neuen Bundesländern.

Hoenen, Dr. Raimund – Professor für Evangelische Theologie und Didaktik
des Religionsunterrichts an der Martin-Luther-Universität Halle/Witten-
berg und am Institut für Grundschulpädagogik in Köthen,
Am Saaleck 5, 06628 Saaleck.
Jugend und Religion im Sozialismus. Empirische Probleme christlicher
Verkündigung in der DDR, in: U. Nembach (Hrsg.), Jugend und Religion
in Europa, Frankfurt a.M. 1987, 69–82.
Das konfirmierende Handeln der Gemeinde, in: E. Schwerin (Hrsg.),
Gemeindepädagogik, Münster 1991, 91–118.
Ritualisierte Weltanschauung in der Bildungspolitik der DDR, in: JRP
11/1994, Neukirchen-Vluyn 1995, 77–91.

Kunig, Dr.jur. Philip – Professor für Staatsrecht, Verwaltungsrecht und
Völkerrecht unter Einschluß des Umweltschutzrechts, Arbeitsbereich
Recht der natürlichen Lebensbedingungen, Freie Universität Berlin,
Thielallee 52, 14195 Berlin.
Das Rechtsstaatsprinzip, Tübingen 1986.
Kommentierungen in: I. von Münch/P. Kunig (Hrsg.), Grundgesetzkom-
mentar, Bd. 1, München [4]1992; Bd. 2, München [3]1995; Bd. 3, München
[3]1996.

Kwiran, Prof. Dr. Litt. D. h.c. Manfred – Titularprofessor an der Theologischen Fakultät der Universität Bern/Leiter des Amtes für Religionspädagogik der Ev.-Luth. Landeskirche in Braunschweig,
Klostergang 66, 38104 Braunschweig.
Religionsunterricht in USA – ein Vergleich. Edukative und methodische

Perspektiven amerikanischer Religionspädagogik – ein pragmatischer Ansatz, Frankfurt a.M. 1987.

Religionsunterricht im 5. Schuljahr, Stuttgart u. a. 1996.

Hrsg. der Schulbuchreihen »Glauben und Leben« (Schroedel Verlag) und »Gott sitzt auf einer Wolke« (Klett-Verlag).

Lachmann, Dr. Dr. Rainer – Professor für Evangelische Theologie mit Schwerpunkt Religionspädagogik und Didaktik des Religionsunterrichts an der Univeristät Bamberg,
Hetzerstr. 3, 96049 Bamberg.

Der Religionsunterricht Christian Gotthilf Salzmanns, Bern/Frankfurt a.M. 1974.

Ethische Kriterien im Religionsunterricht, Gütersloh 1980.

Grundsymbole christlichen Glaubens. Eine Annäherung (Biblisch-theologische Schwerpunkte 7), Göttingen 1992.

Langer, Dr. Wolfgang – Professor für Religionspädagogik und Katechetik an der Katholisch-Theologischen Fakultät der Universität Wien,
Schottenring 21, A-1010 Wien.

Praxis des Bibelunterrichts (RPP 16), Stuttgart/München 1975.

Religionsunterricht in einer »nachchristlichen« Gesellschaft, Hildesheim 1985.

Religionsunterricht in Österreich: 1970–1990. Zur Meinungslage in Österreich (gem. m. Paul M. Zulehner und H. Denz), Wien 1995.

Marggraf, Eckhart – Direktor des Religionspädagogischen Instituts der Evangelischen Landeskirche in Baden,
Marie-Alexandra-Str. 22, 76135 Karlsruhe.

Europa als Thema des Religionsunterrichts, in: EvErz 44/1992, 62 ff.

Einführung in den Lehrplanentwurf: Evangelische Religionslehre am Gymnasium in Baden-Württemberg, in: Comenius-Institut (Hrsg.), Lehrplananalyse 1993, Münster 1993, 83–102.

Hrsg. der Reihe »Oberstufe Religion« und stellvertr. Redakteur der Zeitschrift »entwurf. Religionspädagogische Mitteilungen«.

Mette, Dr. Norbert – Professor für Praktische Theologie an der Gesamthochschule-Universität Paderborn,
Liebigweg 11a, 48165 Münster.

Theorie der Praxis, Düsseldorf 1978.

Voraussetzungen christlicher Elementarerziehung, Düsseldorf 1983.

Religionspädagogik, Düsseldorf 1994.

Mokrosch, Dr. Reinhold – Prof. für Praktische Theologie/Religionspädagogik am Fachbereich Erziehungs- und Kulturwissenschaften der Universität Osnabrück, Neuer Graben/Schloß, 49069 Osnabrück.

Das religiöse Gewissen. Historische und sozialempirsche Untersuchungen zum Problem einer (nach)reformatorischen, religiösen Gewissensbildung bei 15- bis 19jährigen, Stuttgart u. a. 1979.

Die Bergpredigt im Alltag. Anregungen und Materialien für die Sekundarstufe I/II, (GTB 746), Gütersloh 1991.

Gewissen und Adoleszenz. Christliche Gewissensbildung im Jugendalter, Weinheim 1996.

Nipkow, Dr. Karl Ernst – Prof. em. für Praktische Theologie/Religionspädagogik der Evangelisch-Theologischen Fakultät der Universität Tübingen, Weiherstr. 49, 72074 Tübingen.

Grundfragen der Religionspädagogik, Gütersloh 1975ff., Bd. 1 ⁴1990, Bd. 2 ⁴1990, Bd. 3 ³1992.

Erwachsenwerden ohne Gott? Gotteserfahrung im Lebenslauf, München ⁴1992.

Bildung als Lebensbegleitung und Erneuerung. Kirchliche Bildungsverantwortung in Gemeinde, Schule und Gesellschaft, Gütersloh ²1992.

Nunner-Winkler, Dr. Gertrud – Privatdozentin, Max-Planck-Institut für psychologische Forschung München,
Postfach 440109, 80750 München.

Chancengleichheit und individuelle Förderung, Stuttgart 1971.

Zur Bestimmung von Moral (gem. m. W. Edelstein), Frankfurt a.M. 1986.

Moral und Person (Hrsg. gem. m. W. Edelstein und G. Noam), Frankfurt 1993.

Oser, Dr. Fritz – Professor für Pädagogik und psychologische Didaktik an der Universität Fribourg,
Rue Faucigny 2 CH–1700 Fribourg.

Das Gewissen lernen. Probleme intentionaler Lernkonzepte im Bereich der moralischen Erziehung, Olten/Freiburg 1976.

Der Mensch. Stufen seiner Entwicklung (gem. m. P. Gmünder), Gütersloh ³1992.

Moralische Selbstbestimmung. Modelle der Entwicklung und Erziehung im Wertebereich. Ein Lehrbuch (gem. m. W. Althof), Stuttgart (1992) ²1994.

Schelander, Dr. Robert – Universitätsassistent am Institut für Religionspädagogik der Evangelisch-Theologischen Fakultät der Universität Wien, Rooseveltplatz 10, A-1090 Wien.

Altes Testament und evangelischer Religionsunterricht. Erinnerung an

einen Disput vor 100 Jahren, in: S. Kreuzer/K. Lüthi (Hrsg.), Zur Aktualität des Alten Testaments. FS Georg Sauer, Frankfurt a.M. 1992, 305–315.
Religionstheorie und Reformbewegung. Eine Untersuchung zur liberalen Religionspädagogik (Studien zur Theologie 9), Würzburg 1993.

Schmidt, Dr. Heinz – Professor für Praktische Theologie an der Theologischen Fakultät der Universität Heidelberg,
Karlstr. 16, 69117 Heidelberg.
Religionsdidaktik, Bd. 1 und 2, Stuttgart 1982 und 1984.
Didaktik des Ethikunterrichts, Bd. 1 und 2, Stuttgart 1983 und 1984.
Leitfaden Religionspädagogik, Stuttgart 1991.

Schmitt, Dipl.-Theol. Christoph – Wissenschaftlicher Mitarbeiter am Institut für Religionspädagogik der Katholisch-theologischen Fakultät der Universität Tübingen,
Liebermeisterstr. 12, 72076 Tübingen.
Adaptionen klassischer Märchen im Kinder- und Familienfernsehen. Eine volkskundlich-filmwissenschaftliche Dokumentation und genrespezifische Analyse der in den achtziger Jahren von den westdeutschen Fernsehanstalten gesendeten Märchenadaptionen mit einer Statistik aller Ausstrahlungen seit 1954, Frankfurt a.M. 1993.

Schreiner, Dipl.Päd. Peter – Wissenschaftlicher Mitarbeiter am Comenius-Institut Münster,
Schreiberstr. 12, 48149 Münster.
Interkulturelles und interreligiöses Lernen in Europa, in: EvErz 46/1994, 316–328.
Hermeneutik der Aneignung – Anfragen aus dem Bereich interreligiösen Lernens, in: U. Becker, C.T. Scheilke (Hrsg.), Aneignung und Vermittlung. FS K. Goßmann, Gütersloh 1995, 138–147.
Ansätze interreligiösen Lernens in multikulturellen Schulen, in: D. Fischer u. a. (Hrsg.), Auf dem Weg zur Interkulturellen Schule, Münster/New York 1996, 147–163.

Schweitzer, Dr. Friedrich – Professor für Praktische Theologie/Religionspädagogik an der Evangelisch-theologischen Fakultät der Universität Tübingen,
Liebermeisterstr. 12, 72076 Tübingen.
Lebensgeschichte und Religion. Religiöse Entwicklung und Erziehung im Kindes- und Jugendalter, (München 1987) Gütersloh ³1994.
Die Religion des Kindes. Zur Problemgeschichte einer religiponspädagogischen Grundfrage, Gütersloh 1992.
Die Suche nach eigenem Glauben. Einführung in die Religionspädagogik des Jugendalters, Gütersloh 1996.

Simon, Dr. Werner – Professor für Religionspädagogik, Katechetik und Fachdidaktik »Religion« am Fachbereich Katholische Theologie der Johannes-Gutenberg-Universität Mainz,
Regerstraße 6, 55127 Mainz.
Inhaltsstrukturen des Religionsunterrichts, Zürich 1979.
Lernorte des Glaubens. Glaubensvermittlung unter den Bedingungen der Gegenwart (gem. mit M. Delgado), Berlin/Hildesheim 1991.
Mithrsg. von: Bilanz der Religionspädagogik (gem. mit H.-G. Ziebertz), Düsseldorf 1995.

Szagun, Anna-Katharina – Professorin für Religionspädagogik an der Theologischen Fakultät der Universität Rostock,
Schröderplatz 3/4, 18051 Rostock.
Behinderung. Ein gesellschaftliches, theologisches und pädagogisches Problem, Göttingen 1983.
Partnerschaftliches Verhalten von Behinderten und Nichtbehinderten. Möglichkeiten und Grenzen religionspädagogischer Bemühungen in Schule und Kirche zu seiner Anbahnung, Erprobung und Einübung, Münster 1991.

Wils, Dr. Jean-Pierre – Professor für Moraltheologie an der Katholisch-Theologischen Fakultät der Universität Nijmegen,
Stiftsgasse 1, 47559 Kranenburg.
Subjektivität und Sittlichkeit, Freiburg/Schweiz u. a. 1987.
Verletzte Natur. Ethische Prolegomena, Frankfurt a.M. 1991.
Die große Erschöpfung, Paderborn 1994.

473

Schulbücher für den Ethikunterricht

WERTE UND NORMEN /
ETHIK / RELIGION

Entwürfe – Konzepte – Modelle
Hrsg. von Hans Werner Dannowski,
Irmgard Pickerodt und Jürgen Wolff

1: Jürgen Wolf
Vom Sinn der Arbeit
1989. 122 Seiten mit zahlr. Abb.,
mit Lehrerbegleitheft, kart.
ISBN 3-525-78317-5

2: Karsten Petersen
Die Apokalypse im Hinterkopf
Denken, Glauben und Handeln in
katastrophalen Zeiten. 1990.
192 Seiten mit zahlr. Abb., kart.
ISBN 3-525-78318-3

3: Georg Heseding
Menschenrechte und Folter
1991. 164 Seiten mit zahlr. Abb.,
kart. ISBN 3-525-78319-1

4: Irmgard Pickerodt / Jürgen Wolf
Zivilisation und Identität:
Der abendländische Weg
1991. 160 Seiten mit zahlr. Abb.,
kart. ISBN 3-525-78320-5

5: Martin Wagner
Auf Leben und Tod
Das Grundgesetz und der „finale
Rettungsschuß". 1992. 144 Seiten
mit 6 Abb., kart.
ISBN 3-525-78325-6

6: Egbert Daum /
Friedrich Johannsen
Leben – Sterben – Tod
1993. 153 Seiten mit zahlr. Abb.,
kart. ISBN 3-525-78326-4

7: Elke Hofmann / Hannelore Iffert /
Jürgen Wolf · Sprechen, Besitzen,
Beherrschen. Drei Konfliktfelder
Unter Mitarbeit von K. Bauer,
G. Doyé, M. Falkenau, W. Iffert,
I. Pickerodt, A. Rodenwald, R. Rom-
berg. 1994. 160 Seiten mit zahlr.
Abb., kart. ISBN 3-525-78327-2

Sachwissen Ethik

Ein Begleit- und Arbeitsbuch für den
Unterricht in Ethik, Werte und Nor-
men, Philosophie – Sekundarstufe II
– und für die Erwachsenenbildung
Hrsg. von Hans-Werner Dannowski,
Irmgard Pickerodt und Jürgen Wolf.
Mit Beiträgen von Peter Antes, Hans-
Werner Dannowski, Hartmut Kreß,
Wolfgang Raupach-Rudnick und
Jürgen Wolf. 1993. 248 Seiten mit
25 Abb., kart.
ISBN 3-525-61333-4

In allgemeinverständlicher Form
werden die wichtigsten Problemfelder der heutigen Moraldiskussion dargestellt und auf ihre
ethischen Grundlagen hin bearbeitet.

Ein grundsätzliches Kapitel über
Ethik und Moral eröffnet den
Dialog zwischen den verschiedenen Auffassungen. Es folgen
Beiträge zur Erschließung der
wichtigsten Problemfelder ethischer und moralischer Auseinandersetzung: Menschenbilder;
Zähmung der Gewalt – Toleranz
und Menschenrechte; Grundwerte und Grundrechte; Werte-
und Normenwandel; Verantwortung; Ökologische und politische
Moral; Liebe und Sexualität;
Altern als Grunddaseinsproblem.

Vandenhoeck
& Ruprecht

Arbeitshilfen zum Ethikunterricht

Rainer Gaedt
Freundschaft, Liebe, Sexualität

Arbeitshilfen für den Religions-
und Ethikunterricht in der Sekundarstufe I. 1995. 197 Seiten mit
12 Abb., kart.
ISBN 3-525-61111-0

Kaum ein anderes Thema beschäftigt auch heute noch Jugendliche mehr. Die „sexuelle
Befreiung" hat weitgehend
stattgefunden, aber es besteht
Bedarf bei Hilfen für die Entwicklung einer selbstbestimmten, neuen Moral. In unserer
Gesellschaft ist die „Liebe" ein
Gegenentwurf, eine Hoffnung
auf dauerhafte Gemeinschaft
gegen alle Erfahrung des Scheiterns. Die wichtigste Aufgabe
des Unterrichts ist heute, Sexualität und Liebe sprachfähig
zu machen. Das Buch gibt Anregungen und weist auf Probleme hin, die bei der Behandlung
eines so sensiblen Themas auftreten können. Alle Elemente
und Materialien sind im Unterricht und in Projektwochen erprobt.

Gottfried Adam /
Rainer Lachmann (Hg.)
Methodisches Kompendium für den Religionsunterricht

2. Auflage 1996. 452 Seiten mit
11 Abb., kart.
ISBN 3-525-61335-0

Das Kompendium ist aus der
Arbeit mit Studierenden für das
Lehramt, die das Fach Evangelische Religionslehre gewählt
haben, hervorgegeangen. Darüber hinaus richtet sich das
Buch an alle, die mit dem Religionsunterricht befaßt sind.

„In knapper und informativer
Form ist ein Handbuch und
Nachschlagewerk für die Praxis
entstanden, das interkonfessio-
nell ebenso nützlich ist, wie es
Anregungen für methodische
Vielfalt und Medieneinsatz in
verwandten Fächern zu geben
vermag. ... nicht nur für Religionslehrer zu empfehlen."
ekz-Informationsdienst

Vandenhoeck & Ruprecht